证券法苑

第三十六卷

（2022年9月）

邱勇 总编

蔡建春 刘绍统 主编

Zheng Quan · Fa Yuan

法律出版社

LAW PRESS · CHINA

北京

图书在版编目(CIP)数据

证券法苑. 第三十六卷 / 蔡建春, 刘绍统主编. --
北京 : 法律出版社, 2023
ISBN 978-7-5197-7495-0

Ⅰ. ①证… Ⅱ. ①蔡… ②刘… Ⅲ. ①证券法-中国
-文集 Ⅳ. ①D922.287.4-53

中国国家版本馆 CIP 数据核字(2023)第 010386 号

证券法苑(第三十六卷)
ZHENGQUAN FAYUAN
(DI-SANSHILIU JUAN)

蔡建春 刘绍统 主编

责任编辑 彭 雨
装帧设计 贾丹丹

出版发行 法律出版社
编辑统筹 法律考试·职业教育出版分社
责任校对 王 丰 李景美
责任印制 胡晓雅
经 销 新华书店

开本 710 毫米×1000 毫米 1/16
印张 35.25 **字数** 540 千
版本 2023 年 2 月第 1 版
印次 2023 年 2 月第 1 次印刷
印刷 固安华明印业有限公司

地址:北京市丰台区莲花池西里 7 号(100073)
网址:www.lawpress.com.cn
投稿邮箱:info@lawpress.com.cn
举报盗版邮箱:jbwq@lawpress.com.cn

销售电话:010-83938349
客服电话:010-83938350
咨询电话:010-63939796

书号:ISBN 978-7-5197-7495-0
定价:105.00 元

凡购买本社图书,如有印装错误,我社负责退换。电话:010-83938349

证券法苑 第三十六卷
（2022年9月）

主办单位：上海证券交易所

卷首语

2022年,资本市场法治建设持续推进。《公司法(修订草案)》“一读”后正在进一步研究论证,《企业破产法》修订亦在紧锣密鼓推进中,证券违法犯罪立案追诉标准修订发布,这些都将给资本市场法治建设带来重大制度革新。资本市场改革监管持续推进,给法治研究提出了新的实践命题。本卷组编了一批专题研究文章,共分为6个栏目,简要介绍如下。

本卷就“上市公司破产制度”栏目组织了6篇专题约稿。李曙光教授在《专栏荐读:资本市场视角下的破产法修改》中指出,破产法基于资本市场的主体特殊性及衍生品交易特殊性应当作出特殊安排,并应就上市公司监管制度与新兴的破产制度如何合理衔接、如何防止破产制度成为“逃废债”的工具、如何让破产制度更好地维护金融交易效力与金融市场稳定方面开展更为深入的探讨。《上市公司适用破产和解程序的误区与矫正——以我国首起上市公司破产和解案为例》通过分析我国首起上市公司破产和解实践——*ST澄星的和解协议执行案件,指出应当允许公司在破产和解碰壁后适用破产重整程序,从而给予公司多一次获取重生的机会。《上市公司预重整信息披露规则构建》讨论了公司在预重整及其他法庭外债务重组过程中信息披露规范性的重要意义,如明确可以延迟披露的情形,以实现对证券市场信息公开与上市公司企业拯救二者之间的价值均衡。《企业杠杆并购扩张失败下的债权人保护——以破产撤销权的适用为视角》讨论了企业杠杆并购扩张失败时的债权人保护问题。《论上市公司破产重整中的中小投资者保护》认为应当从强化信息披露、加强重整价值识别以及加强重整中资金占用、违规担保解决的监管入手,进一步完善上市公司破产重整中对于中小投资者利益的倾斜保护。《退市常态化背景下上市公司重整的制度逻辑探讨》指出上市公司重整不应以壳价值作为判断依据,而应注重对于主业具有竞争力的上市公司,支持其通过重整化解风险,从而回归立法本源及监管本意。

"金融司法案例评注"栏目收录了4篇文章。《私募基金纠纷的裁判逻辑与法律适用——基于上海法院2014~2020年案件审理情况分析》结合司法裁判案例,分析了私募基金合同性质、刚性兑付效力认定、投资者适当性义务认定、管理人和托管人义务界定、对赌协议效力认定、清算退出的损失确定等重点疑难问题,提出应从完善私募基金规范体系、统筹行业监管和自律管理、统一裁判标准等维度多措并举,防范化解私募基金纠纷风险。《信息披露犯罪中控股股东实际控制人法律责任的司法认定》一文关注了行政执法和刑事司法在控股股东实控人责任主体和行为罪数认定方面的差异,并主张对控股股东、实际控制人的主体审查应在遵循行政法规范要素的基础上,采取穿透式的证据收集方式和证明体系予以证明。《上市公司董事违反受托义务之司法审查——基于行为保全的事前救济视角》基于《民事诉讼法》第103条规定的行为保全制度在商业审判中鲜有实践的情况,主张应通过合理的制度设计使公司、股东以及债权人对董事违反受托义务采取必要的防御措施。《我国反洗钱穿透识别的监管进路——以司法裁判为视角》指出既往我国的客户身份识别模式未能充分体现"风险为本"的反洗钱监管理念,因此金融机构应对客户身份做好"穿透识别"的尽职调查工作。

就《公司法》修改,本卷探究了公司的本质及相关各方约束机制背后的法律逻辑。"公司法的信义解释"栏目收录了2篇文章。《财产法视角下的公司法》指出,公司是一系列财产权利和合同权利的混合体,但是信义义务主要跟随所有权利益,即信义义务是在管理资产的过程中产生的所有权利益，而非合同性质的剩余经济利益。因此，公司法的财产法理论能够很好地厘清公司与合同的边界，并与公司契约论一起，成为解释公司本质的“一体两翼”。《重新审视自我交易：在禁止利益冲突与公平之间》发现，无论是明确禁止自我交易或是允许公平的自我交易，它们都要求严格的忠诚；同时提供例外情形或免责机制，以豁免受信人责任。因为，公司法根本上就是信义规则的组合（包括公司和董事实际采用的例外规则），且不同法系在适用上都具有相似性。

“公司治理新趋势”栏目收录了2篇文章。《指数基金和公司治理：让股东成为股东》分析了指数基金运营的激励措施与信息结构。贝莱德、道富等指数共同基金巨头在成为上市公司的重要股权投资者后，有强烈且直接的动机去获取信息并明智地进行投票，因此不应剥夺其投票权或为其设置特殊限制。《公司和证券法对社会责任与企业宗旨的影响》一文追踪了证券法对公司社会责任处理方法的发展，并分析了公司章程引入宗旨条款、从而帮助解决社会责任和公司使命等问题的几种可能形式。

“证券交易制度”栏目收录了3篇文章。《内幕交易事实推定的抗辩无力及其矫正》一文分析了当前内幕交易行政执法存在双重叠加推定的情形，即“接触内幕信息知情人（推定知悉）+敏感期交易（推定利用）=内幕交易”。文章建议应实质性地保障相对人对于事实推定的抗辩权，从而提高内幕交易事实认定的精准性和正当性。《我国证券市场量化交易的法律监管问题研究》认为量化交易存在策略同质化、加剧市场波动、加深信息不对称程度等问题，因此需要从多个层次预防与治理新技术可能造成的金融风险。《新冠肺炎疫情以来欧盟卖空监管的改革动向及其启示》认为应该在禁止“裸卖空”的同时增强卖空交易在促进价格发现、增加市场流动性等方面的积极作用。

“制度研究”栏目收录了3篇文章。《论美国证券法域外适用的边界及其对中国的启示》梳理了美国证券法域外适用的经验和教训，认为中国证券法的域外适用应当增强对模糊性与明晰性的驾驭能力，从而在司法和执法上不断探索域外取得确定性与灵活性的动态平衡。《战略投资者的定位、功能与监管约束——兼评上市公司再融资〈“战投”监管问答〉》分析了2020年2月证监会发布《发行监管问答——关于引导规范上市公司融资行为的监管要求》(修订版)以来的实践情况,并建议提升对战略投资者认定的包容性,提高对战略投资者锁定期要求,明确战略投资者持有股份的最小比例,完善定增发行后的持续监管,以便更好地发挥战略投资者的制度功能。在加强金融科技监管的大背景下,《智能投顾算法规制的路径选择》建议以事前形式审查、事中持续性质量管控、事后问责为主线构建智能投顾算法的规制路径。

编　者

2022 年 7 月

【上市公司破产制度】

专栏荐读:资本市场视角下的破产法修改/李曙光 / 1
上市公司适用破产和解程序的误区与矫正
——以我国首起上市公司破产和解案为例/张钦昱 / 4
上市公司预重整信息披露规则构建/贺　丹 / 22
企业杠杆并购扩张失败下的债权人保护
——以破产撤销权的适用为视角/龙泓任 / 36
论上市公司破产重整中的中小投资者保护/林蔚然 / 56
退市常态化背景下上市公司重整的制度逻辑探讨
/宋洪流　孙建波　田　原　熊文欣 / 70

【金融司法案例评注】

私募基金纠纷的裁判逻辑与法律适用
——基于上海法院2014~2020年案件审理情况分析
/沈竹莺　杨　晖　黄佩蕾　徐佳云 / 87
信息披露犯罪中控股股东实际控制人法律责任的司法认定
/陈　晨 / 114
上市公司董事违反受托义务之司法审查
——基于行为保全的事前救济视角/曹晓路 / 138
我国反洗钱穿透识别的监管进路
——以司法裁判为视角/傅福兴　李伊凝 / 161

【公司法的信义解释】

财产法视角下的公司法

/[美]罗伯特·安德森四世 著　林斯韦 译/177

重新审视自我交易:在禁止利益冲突与公平之间

/[美]安德鲁·图赫 著　林少伟　洪喜琪 译/252

【公司治理新趋势】

指数基金和公司治理:让股东成为股东

/[美]马塞尔·卡汉　爱德华·B.罗克 著

梁　爽　陈翔宇　何　演 译/320

公司和证券法对社会责任与企业宗旨的影响

/[美]托马斯·李·哈森 著　刘　辉　周菁菁 译/367

【证券交易制度】

内幕交易事实推定的抗辩无力及其矫正/杨　狄/428

我国证券市场量化交易的法律监管问题研究/吕桐弢/445

新冠肺炎疫情以来欧盟卖空监管的改革动向及其启示

/徐承志/468

【制度研究】

论美国证券法域外适用的边界及其对中国的启示

/李健男　林晓鹏/486

战略投资者的定位、功能与监管约束

——兼评上市公司再融资《"战投"监管问答》/赵洪春/509

智能投顾算法规制的路径选择/栗胜男/530

征稿启事/547

编辑体例/550

Bankruptcy System of Listed Companies

Column Recommendation: Revision of Bankruptcy Law under the Perspective of Capital Market / *Li Shuguang* / 1

Misunderstandings and Correction of Bankruptcy Conciliation Procedure of Listed Companies—Taking the First Bankruptcy Settlement Case of Listed Companies in China as an Example / *Zhang Qingyu* / 4

Construction of Information Disclosure Rules for Prepackaged Reorganization of Listed Companies / *He Dan* / 22

Creditor Protection under the Failure of Leveraged Mergers and Acquisitions Expansion—From the Perspective of Application of Bankruptcy Cancellation Right / *Long Hongren* / 36

Protection of Minority Investors in the Bankruptcy Reorganization of Listed Companies / *Lin Weiran* / 56

Discussion of the Insititutional Logic of Listed Companies' Reorganization under the Background of Delisting Normalization / *Song Hongliu*, *Sun Jianbo*, *Tian Yuan*, *Xiong Wenxin* / 70

Commentary on Judicial Cases

Adjudicative Logic and Legal Application of Private Fund Disputes—Based on the Analysis of Case Trials of Shanghai Courts from 2014 to 2020 / *Shen Zhuying*, *Yang Hui*, *Huang Peilei*, *Xu Jiayun* / 87

Judicial Cognizance of the Legal Liability of Contraolling Shareholder and Actual Controller in the Crime of Information Disclosure / *Chen Chen* / 114

Judicial Review of Directors' Breach of Fiduciary Duty in Listed Companies—From the Perspective of ex ante Relief based on Behavior Preservation / *Cao Xiaolu* / 138

Supervision Approach of Look – through Identification of Agency in Anti – money Laundering—From the Perspective of Judicial Judgment / *Fu Fuxing*, *Li Yining* / 161

The Fiduciary Interpretation of Company

A Property Theory of Corporate Law / *Robert IV Anderson*, *translated by Lin Siwei* / 177

Reassessing Self – Dealing: Between no Conflict and Fairness / *Andrew F. Tuch*, *translated by Lin Shaowei*, *Hong Xiqi* / 252

New Trends in Corporate Governance

Index Funds and Corporate Governance: Let Shareholders be Shareholders / *Marcel Kahan & Edward B. Rock*, *translated by Liang Shuang*, *Chen Xiangyu*, *He Yan* / 320

Corporate and Securities Law Impact on Social Responsibility and Corporate Purpose / *Thomas Lee*

Hazen, translated by Liu Hui, Zhou Jingjing / 367

Securities Trading System

Powerlessness of Defense of Presumption of Facts in Insider Trading and its Correction / *Yang Di* / 428

Research on Legal Supervision of Quantitative Trading in China's Securities Market / *LüTongtao* / 445

Reform Trend of EU Short Selling Regulation since COVID – 19 Pandemic and its Enlightenment / *Xu Chengzhi* / 468

Institutional Research

On the Boundary of Extraterritorial Application of American Securities Law and its Enlightenment to China / *Li Jiannan, Lin Xiaopeng* / 486

Positioning, Functions and Regulatory Constraints of Strategic Investors—Comments on the Regulatory *Questions and Answers of Strategic Investment* in Refinancing of Listed Companies / *Zhao Hongchun* / 509

Path Choice for Algorithm Regulation of Intelligent Investment Adviser / *Li Shengnan* / 530

Invitation for Contribution / 547

Editing Style / 550

《证券法苑》(2022)
第三十六卷,第1~3页

专栏荐读:资本市场视角下的破产法修改

李曙光*

资本市场是现代国民经济的重要组成部分,体现了市场经济的发展状况,号称“晴雨表”。而以上市公司为代表的证券发行人,更是国民经济的“生力军”。近年来,党中央、国务院对资本市场改革发展高度重视,提出“要打造一个规范、透明、开放、有活力、有韧性的资本市场”。要实现这一目标,完善资本市场法治体系是根本保障。除了公司法、证券法之外,破产法同样是对资本市场影响深远的基础性法律,需要给予充分关注。总体而言,破产法应当是资本市场风险化解和各类主体清理债务的有力法律工具。

破产法统一适用于所有企业法人,其宗旨是公平整理所有的债权债务,以保护债权人和债务人的合法权益。陷入财务困境的上市公司、债券发行人或者证券公司等主体,都可以在破产法框架下实现重建复兴或者清理退出,从而实现资本市场“出清”,维护优胜劣汰的市场秩序。

同时,破产法应当对资本市场作出特殊安排。

* 中国政法大学破产法与企业重组研究中心主任,博士生导师。

这也是境内外破产法较为普遍的做法。主要包括以下两个方面:

一是资本市场主体的特殊安排。例如,对于证券发行人的破产程序,美国破产法允许证券监管机构作为利益相关方实施监督,我国最高人民法院也与证券监管机构共同对上市公司重整进行审查。对于证券公司等金融机构的破产程序,境外法律也会设置特别规定。尤其是在2008年金融危机后,欧美各国均注重建立金融机构有序退出机制,以防止系统重要性金融机构倒塌对资本金融市场的巨大冲击。我国对金融机构规定了风险处置程序,同样也是为了实现金融机构风险的有效化解。

二是资本市场交易效力的特别规定。资本市场交易创新一日千里,以场外衍生品交易为代表的金融交易实行单一协议、终止净额结算等机制,对传统破产法中的选择履行权、破产撤销与无效行为等制度提出了挑战。发达国家逐步在立法中确立相关制度,其核心在于为符合条件的金融交易提供豁免适用相关破产规则的空间,以实现金融市场交易结算的有效性,防止系统性风险的发生和蔓延。

目前,随着我国社会经济形势的快速发展变化,特别是供给侧结构性改革深入推进、营商环境不断优化、全面改革不断深化,作为市场经济基本法律的破产法也需要修改完善。全国人大常委会于2021年对《企业破产法》进行了执法检查,《企业破产法》修改也已列入十三届全国人大常委会立法规划。在修法过程中,有必要对与资本市场密切相关的破产法问题进行充分的讨论研究。

首先,如何在破产制度中实现对上市公司中小投资者的有效保护。上市公司具有明显的公众性,我国上市公司重整实践中显示出了若干突出问题,对中小投资者利益保护力度不足。怎样通过完善证券监管机构介入机制、重整信息披露制度、出资人组表决机制、资金占用与违规担保问题监管机制等,实现保护广大投资者权益的目标?在退市常态化背景下,如何与退市制度做好衔接?应当确立怎样的上市公司重整价值判断依据,防止以规避退市为目的,忽视企业自身持续经营能力的“保壳式重整”?

其次,如何将上市公司监管制度与新兴的破产制度进行合理衔接。例如,近年来日益常见的预重整机制,有助于尽早鉴别企业的生存空间，尽早通过各方协商清理债务、缩短正式破产重整程序的时间，更大程度地保存企业的商业价值。上市公司监管是否可对预重整信息披露进行差异化的调整安排？旨在快速了结债权债务关系的破产和解制度，在适用于上市公司场景时，似乎并不能充分保护股东利益。是否能比照适用破产重整程序对股东的保护机制，并限制破产和解的准入门槛，增加上市公司适用破产和解程序的特殊机制？

再次，如何防止破产制度成为"逃废债"的工具。我国债券市场已经是世界第二大市场，公司信用类债券市场更是广受关注。但是，债券市场违约问题甚至恶意"逃废债"的乱象，都对债券市场的信用环境造成了明显的负面影响。保障债券市场的违约处置和风险化解可谓是当前和今后法制建设的重要课题。破产法的任务，就是为债券违约处置提供制度方案，同时为打击"逃废债"行为设置规范依据。本次破产法修改应当对此有所回应。是否可通过完善破产法中的立案审查、可撤销与无效行为等制度，增强对各种逃废债务行为的约束力度？

最后，如何让破产制度更好地维护金融交易效力与金融市场稳定。如前所述，交易终止净额结算等机制需要豁免适用破产法中的若干制度。可喜的是，2022 年 4 月审议通过的《期货和衍生品法》已对该问题有所回应。但是，这一规定是否足以回应金融市场交易合约的实践需求？另外，我国正在推进金融稳定立法进程。作为维护金融市场稳定的宏观性立法，在采取各项防范化解金融市场风险的特别措施时，是否可调整适用破产法相关规定？

总之，资本市场监管和发展，对破产法修改提出了强烈的现实需求，更为破产法修改提供了多维的研究视角。本次专栏收录的文章主要是关于上市公司与破产法律制度，来自理论界与实务界的作者们从不同层次探讨分析了相关问题，希望能给读者带来思考与启发。我们更加希望，能有更多的专家学者关注研究资本市场与破产法交叉领域的法律问题，为完善资本市场法治体系贡献智慧力量。

（编辑：姜沅伯）

《证券法苑》(2022)
第三十六卷,第4~21页

上市公司适用破产和解程序的误区与矫正[*]

——以我国首起上市公司破产和解案为例

张钦昱[**]

摘要:破产和解旨在快速了结债权债务关系。缺乏担保阻断机制等营业保护措施,致使公司破产和解失败后,股东丧失公司控制权,财产权益归于零。破产和解的性质是民事契约,契约的相对性意味着行政机关难以介入,司法的强制性也较为薄弱,股东在破产和解中没有得到充分保护。可以在比照适用破产重整程序对股东的保护机制,并限制破产和解的准入门槛的基础上,审慎运用破产和解处置受困的上市公司。可以通过强化股东的正当程序权利,增加上市公司在适用破产和解程序的特殊机制。

关键词:上市公司　破产和解　重整　退市　正当程序

2022年4月28日,江苏省无锡市中级人民法

---

* 本文为北京市社会科学基金青年项目“互联网平台的市场退出研究”(项目编号:22FXC026)的阶段性成果。

** 中国政法大学民商经济法学院教授,博士生导师。

院认定*ST澄星的和解协议执行完毕，我国首起上市公司破产和解案尘埃落定。[1]*ST澄星曾于2021年11月5日被债权人申请重整，后经*ST澄星申请，法院给予其6个月的庭外重组期限。2022年3月11日，*ST澄星向法院申请破产和解，3天后法院裁定受理，又经过31天，在债权人会议上双方通过和解协议。2022年4月19日，法院裁定认可和解协议并终止破产和解程序。*ST澄星案开拓了上市公司纾困的全新路径，破产和解程序第一次对上市公司付诸实施并取得成功。此前，*ST华业曾于2019年9月5日申请破产和解，因长达3个半月的时间内其申请均未被法院受理，遂撤回。[2]

作为资本市场的新兴事物，破产和解能否堪当挽救危困上市公司的大任，其与破产重整程序有何界分，又是否应当推广普及？本文结合*ST澄星案，在指出破产和解的制度性质、设计意旨与适用困境的基础上，为上市公司适用破产和解提出总体完善架构，并围绕正当程序原则构建股东权益保护的特殊机制。

一、破产和解对股东权益的减损：破产和解的清算导向与股东权益受损风险之耦合

破产和解一直被人们视为破产预防工具，作为与破产重整并驾齐驱的公司拯救程序。有学者指出，在破产法确立了以避免债务人破产为主要目标的破产和解制度之后，破产法的功能亦从一元走向多元，继而出现了所谓“破产保护”“破产救济”“破产自愿”等概念。[3] 破产和解程序给予了债务人自我挽救的机会。[4] 但近年来，人们愈加对破产

---

〔1〕 江苏省无锡市中级人民法院：终止澄星股份和解程序民事裁定书，案号：(2022)苏02破2号之二，2022年4月15日。

〔2〕 北京市第一中级人民法院：准许北京华业资本控股股份有限公司撤回和解申请民事裁定书，案号：(2021)京01破申655号，2021年12月20日。

〔3〕 参见汤维建：《破产程序与破产立法研究》，人民法院出版社2001年版，第33页。

〔4〕 参见叶林：《上市/证券公司破产、重整、和解问题的法律思考》，载《法治论坛》2008年第2期。

和解的功能产生怀疑。有学者便指出,破产和解难以拯救企业,无非是了结债权债务关系的破产程序。[5] 司法实务界也有类似观点。2019年11月8日,最高人民法院印发《全国法院民商事审判工作会议纪要》,在第十部分"关于破产纠纷案件的审理"的总述部分鲜明地指出,"……及时发挥破产重整制度的积极拯救功能……注重发挥和解程序简便快速清理债权债务关系的功能……"并在第107条第2款再次重申了该观点。

(一)破产和解程序中营业保护措施的匮乏

破产拯救文化盛行的背景下,再建型程序愈加受到推崇。公司拯救的要义在维护其营业。"从一个企业的角度讲,营业就是它的生命运动;营业既是企业生命力的表现,也是企业生命力的来源。"[6] 作为公司财产、组织、利益与对外交易的枢纽,营业的不断持续,能够在强化公司营运价值的基础上,确保公司有机会集聚更多资产,从根本上转危为安。一个有效的破产拯救程序正是通过保障公司继续营业,调整和重组公司债务,促使公司摆脱困境,焕发生机。

在追求破产效率、降低破产成本、防范破产欺诈与产生良好的破产效果之间,破产和解的立法者选择了前者。[7] 破产和解意在实现债权人与债务人公司之间的让步谅解,快速了结债权债务关系,对债务人公司的营业是存续、出售还是关闭在所不问。这一点在和解协议草案的内容上,如债务清偿的财产来源、债务清偿的方式、债务清偿的期限等方面可以得到印证。从这个意义上说,破产和解对公司的重生功效被过分夸大。

担保阻断机制的缺失是破产和解清算导向的例证。间接融资是我国公司获取资本的主要方式。间接融资中,银行一般要求公司提供担保,公司会将厂房、机器设备作为抵押物,即公司最具价值的资产一般都附着有担保。当公司无法清偿到期债务而申请破产时,一旦允许有担保债权人行使别除权,将担保物拍卖变现,公司赖以生存的物质基础

[5] 参见张钦昱:《破产和解之殇——兼论我国破产和解制度的完善》,载《华东政法大学学报》2014年第1期。

[6] 参见王卫国:《论重整企业的营业授权制度》,载《比较法研究》1998年第1期。

[7] 参见齐明:《中国破产法原理与适用》,法律出版社2017年版,第178页。

会被掏空，公司恢复生产经营难度变大，债权人的受偿概率与比例随之显著下跌，债权人对公司继续存续的合理期待也会减弱。在世界银行发布的《营商环境报告》(2020年)中，我国有担保债权人在破产程序中仅能够回收36.9%的债权，在190个经济体中仅排名第86位。[8] 有担保债权人的清偿率都难以保证，遑论劣后清偿的无担保债权人，致使债权人全体达成拯救公司的意见更为困难。

破产和解程序允许有担保债权人行使权利。出于对债权能否足额回收的担忧，有担保债权人会在法院裁定和解后立刻行使权利。越来越多的破产实践证明，有担保债权人恣意实现权利将不利于破产程序的宗旨。[9] 破产和解对担保物权的纵容，造成随着公司核心资产与物质条件流失，公司面临分崩离析的局面，与拯救公司的愿景渐行渐远。在这个意义上，对公司而言，破产和解的程序价值低于重整的程序机制。

与破产和解程序相反，除担保物存在损毁或者价值显著降低的可能，危及担保权人权利，经担保人向法院请求恢复行使担保权的情况之外，重整程序中的担保权暂停行使。担保物权停止行使准则是自动中止原则的自然延伸。一旦公司经营不善的消息扩散，不同债权人知悉后往往会遵循"早起的鸟儿有虫吃"的行为准则，竞逐收割公司资产组成的"公共池塘"。[10] 自动中止原则通过停止债务人公司对债权人的个别清偿，有效避免债务人财产因被瓜分而损失"营运价值"。重整程序更进一步，将中止范围扩至担保物权，确保债务人获得"喘息空间"，享有商议、制定、批准重整计划的充足时间，公司转危为安的概率大增。

重整不局限于债务减免和财务调整，重整的重点是维持企业的营运价值。[11] 这从《企业破产法》中"破产重整"一章出现10次"营业"的表述，4处"经营"的表述，而"破产和解"一章中仅出现1次"营业"

[8] See World Bank, *Doing Business* (2020), available at https://archive.doingbusiness.org/en/data/exploretopics/resolving - insolvency, accessed Mar. 15, 2022.

[9] See *United Nations Commission on International Trade Law*, *Legislative Guide on Insolvency Law*, United Nations publication No. E.05.V.10, p.84 (2005).

[10] 参见张钦昱：《重整计划制定权归属的多元论》，载《社会科学》2020年第2期。

[11] 参见《全国法院破产审判工作会议纪要》第17条。

表述,且用于陈述破产和解程序终止后的情况,并未出现“经营”的表述,便可窥见一斑。重整计划草案中,“债务人的经营方案”被置于首要规定的内容。因经营方案关乎债务人公司的拯救,乃重整成功的关键,需要更注重从商业角度提供债务人挽救的可行性。经营方案的核心内容是如何经营,涉及经营方式、人员安排、资金筹措等,更为关键的是如何改善流动性,提升生产绩效,增强营利能力,加大市场竞争力。〔12〕为此,重整程序往往伴随着新资本的注入,以盘活公司业务,改善公司经营管理和资金状况。重整程序特别允许债务人或者管理人在以继续营业目的的前提下,可以借款并可为该借款设定担保,重整后融资的债权人也享有优待。〔13〕重整程序亦设计了债务人自行管理、管理人主持营业的管理两种营业授权模式,赋予债务人继续营业的特别权利,以帮扶信用不佳、陷入财务困境的债务人恢复生机。

(二)破产和解程序中股东权益的双重侵害

1. 股东控制权陷入旁落境地

破产和解程序有较大概率引发破产清算的负面结果,对公司股东影响甚巨。常态下的公司,股东是公司的剩余权人,股东(大)会是最高权力机关,对公司行使控制权。公司一旦进入破产清算状态,剩余索取权和剩余控制权移至债权人。股东因公司资不抵债,自益权减损为零,在破产费用、共益债务、劳动债权、税收债权等权利人受偿后,方能获得渺茫的清偿机会,其共益权亦最终让位于管理人,由管理人接管债务人财产,处理债务人内部管理事务,决定日常开支和其他开支,管理和处分债务人的财产。依据《上海证券交易所股票上市规则》(2022年1月修订,上证发〔2022〕1号)第9.4.13条,公司被法院裁定破产清算,触及规范类强制退市情形,公司股票被终止上市。公司退市会收紧直接融资渠道,降低公司市场信用和吸引力,公司市值缩水,股东财富湮灭。

破产和解程序中,债权人整体对公司享有所有权,管理人接管公司

〔12〕 参见韩传华:《企业破产法解析》,人民法院出版社2007年版,第281页。

〔13〕 参见《最高人民法院关于适用〈中华人民共和国企业破产法〉若干问题的规定(三)》(2020年修正)第2条。

财务，股东丧失公司治理权与程序控制权。与此相反，股东在破产重整程序中享有自主管理权。在重整期间时，破产重整程序允许债务人采取自行管理模式，债务人可以在管理人监督下自行管理财产和营业事务。即使采取惯常的管理人模式，破产重整程序也允许管理人聘任债务人的经营管理人员负责营业事务。作为债务人的自救措施，债务人自行管理实质是股东的自行管理，或者是控股股东的自行管理。[14] 自行管理模式下，公司拥有债务人与管理者的双重身份，这种双重身份不会削弱股东原来的控制权，非破产法有关公司治理的规则同样适用于重整程序。[15] 在常规营业范围内，自行管理债务人的交易实施无须经法院的批准，利害关系人需得到法院的支持方能限制债务人的实施权，但法院十分尊重债务人的商业判断，说服法院作出这种命令绝非易事。[16]

2. 股东财产权面临清零风险

破产和解的清算导向致使公司因缺乏转机需要的资本与营业，境遇持续恶化。雪上加霜的是，公司若在破产和解程序中出现障碍，将因缺乏缓冲、挽救或干预措施迅速滑向破产清算境地。在重整程序中，倘若重整计划草案未获通过，债务人或者管理人可与未通过重整计划草案的表决组进行充分协商，该表决组在协商后可以重新表决。也就是说，重整计划草案在表决失败时，享有额外一次重新表决并获通过的机会。即使重整计划草案经第二次表决仍未获通过，在满足一定条件时，法院还能够强制裁定批准重整计划草案，终止重整程序。重整程序设置上述保护网，使真正具有重整价值的公司，不会因部分债权人滥用表决权，对合理的重整计划草案形成“钳制”，而丧失拯救机会。

在破产和解程序中，和解协议草案仅有一次表决程序。一旦债权人会议否决，该草案便彻底丧失了获得通过的机会且不能补救，法院会径行裁定终止和解程序，宣告债务人破产。破产和解协议的“刚性”表

---

〔14〕 参见许胜锋：《重整中债务人自行管理制度价值及风险的实用性研究》，载《中国政法大学学报》2017 年第 3 期。

〔15〕 See Edward S. Admas, *Governance in Chapter* 11 *Reorganizations*: *Reducing Costs*, *Improving Results*, 73 Boston U. L. Rev. 581 (1993).

〔16〕 See In re Dilley, 378 B. R. 1,6 (Bankr. D. Maine 2007).

决机制与其快速了结债权债务关系的定位相匹配。破产和解程序舍弃了二次表决与“强裁”制度带来的程序拖沓、司法成本高昂的问题以及引发的程序正义的争议,换来程序的简易、便捷和效率。

二、破产和解对损害股东行为钳制的失灵:破产和解的封闭属性与上市公司社会属性之矛盾

(一)破产和解的契约本质与缺陷

破产和解的本质是私法的契约,债务人提出的破产和解申请是要约,债权人会议以决议方式通过和解协议的决议为承诺。[17] 破产和解鼓励当事人自行协商,就债务人的财务困境达成公允、一致的解决方案,实现对各方当事人公平的价值分配。[18] 具体而言,债务人和债权人所订立的和解协议对于全体债务人与和解债权人皆具有法律拘束力,而对于未参与通过和解协议相关程序的主体如债务人的保证人以及其他连带债务人并没有约束力。

因缺乏对股东权益侵害行为的制衡机制,破产和解的契约品格受到诟病。破产和解程序忽视了以股东利益为代表的社会公共利益,连带损害了职工就业、国家税收、环境保护、资本市场健康发展以及社区经济繁荣。破产和解程序中,推动程序进程的债务人与债权人旨在实现彼此利益的最大化,即债务人能够快速了结债务,债权人群体在公平分配基础上获得更多受偿。他们的眼中只有利益博弈关系,却没有发现他们参与的破产和解的结果已然牵连到他人。

近代以来,人们逐渐意识到,必须将共同生活纳入自身的范畴,个体行为产生的影响超越个体,人们走向一个将个体吸纳在内的共同体时代。[19] 人们意识到作为社会最为活跃的节点组织,公司向下承载就

---

〔17〕 参见王欣新:《破产法》(第4版),中国人民大学出版社2019年版,第270页。

〔18〕 参见[美]查尔斯·J.泰步:《美国破产法新论》(第3版)(下册),韩长印、何欢等译,中国政法大学出版社2017年版,第1201页。

〔19〕 参见张钦昱:《新型权利之检讨与义务之勃兴——群体性权利的视角》,载《思想战线》2021年第1期。

业、环境、税收，向上承载资本市场发展与经济社会稳定。债权人与债务人的契约自由，对其他利益相关人产生了外部性、公共物品缺失、竞争失效、信息不对称、分配不公、宏观经济波动等问题。[20] 遗憾的是，行政机关、司法机关对破产和解引发的市场失灵问题束手无策。

（二）行政外部干预失序

2019 年 6 月 22 日，国家发展改革委员会等十三部委印发的《加快完善市场主体退出制度改革方案》指出，在破产程序中要充分发挥政府相关职能，协调解决破产过程中维护社会稳定、经费保障等方面的问题。截至 2021 年年底，我国登记在册的企业为 4842.3 万户，其中仅有 4697 家上市公司。数量稀缺的上市公司宣布进入破产程序，会对资产市场造成较大冲击，对上市公司自身声誉、债权人、职工等影响甚大，容易产生群体突发事件，破坏社会秩序，对数量众多、分布分散的投资者也将引发连锁反应。破产和解程序中意思自治发挥作用的空间较为宽广，政府缺乏介入的空间，对股东难谓好消息。

面对失败便坠入深渊的风险，破产和解显示了公司最后一搏的决心。在公司正常运营时，债权人与公司对削减债务都难以达成一致，何况公司在遇到危机、债权人颗粒无收时。公司需要给与其命运休戚相关的中小股东以兜底保障，才能在申请破产和解时得到他们的包容。上市公司住所地政府以及证券监督管理机构对公司化解债务所做努力的支持，对中小股东无疑是一颗定心丸。破产中立原则下，“破产污名”观下的破产歧视现象应被禁止，破产程序对公司自身及利害关系人社会资本不断累积、市场信用良性循环的破产文化应被强化。[21] 但是，公司申请破产往往会在资本市场引发股价波动，产生影响社会稳定事件会侵蚀公司声誉。因此，政府的维稳预案等须在公司破产申请时一并准备，方能在公司申请破产时打消股东顾虑。遗憾的是，相较于破产重整程序，破产和解的申请并不强求上述材料，对上市公司破产的后续困难考虑不周。

---

〔20〕 参见张钦昱：《〈民法典〉中的公共利益——兼论与公序良俗的界分》，载《暨南学报（哲学社会科学版）》2021 年第 7 期。

〔21〕 参见张钦昱：《破产歧视与反歧视》，载《法学杂志》2021 年第 6 期。

为获得"喘息空间"[22],上市公司在破产程序中可能会有重大资产交易、定向增发股份、股权让与担保等行为,这在一定条件下将触发证券监管机构的监管。当前证券法律法规鲜有关于上市公司破产的特别规定,证券监管机构将破产公司仍然视为健康公司履行监管职责。比如,《上市公司重大资产重组管理办法》取代2008年11月11日发布的《关于破产重整上市公司重大资产重组股份发行定价的补充规定》(中国证券监督管理委员会公告〔2008〕44号,已失效),规定在公司控制权变更之日起36个月之内,无论其是否处于破产程序,只要公司向收购人及其关联人购买资产致使上市公司发生一定根本变化,应提交中国证监会审核并由其作出予以核准或者不予核准的决定。倘若破产和解协议涉及上述事项,经法院审查后裁定认可,但在执行中,因未能得到中国证监会的核准而无法实际执行,便会出现"行政权否定司法权的尴尬局面"[23]。

破产和解制度难以纾解困局,盖因破产和解协议完全由债权人与债务人达成,法院居中认可,排除了行政机关介入的空间。当前的破产和解程序天然地排斥行政机关,这与1986年通过的《企业破产法(试行)》(已失效)规定的破产和解与整顿程序形成鲜明对比。《企业破产法(试行)》规定的破产和解以整顿为前提。只有在被申请破产企业的上级主管部门在对该企业申请整顿后,企业方可提出和解协议草案,且破产和解与整顿全程均由企业上级主管部门负责主持。《企业破产法(试行)》中的规定,有较多计划经济成分,借助政府主管部门的行政权力进行。[24] 2006年通过的《企业破产法》走向了另外一个极端,采取分离主义,将整顿程序与和解程序的联动机制拆散,确保破产和解不与任何行政程序挂钩,更加符合当事人意思自治精神。

(三)司法居中调处失效

破产和解程序的司法强制性薄弱,法院对滥用权利的债权人缺乏抗衡机制,对债务人及股东保护并不周延。在破产和解程序中,法院无

〔22〕 H. R. Rep. No. 95 – 595, 95th Cong., 1st Sess. 340 (1977).

〔23〕 人民法院出版社编:《司法解释理解与适用全集·企业破产卷》(第2卷),人民法院出版社2018年版,第922页。

〔24〕 参见郭星亚主编:《破产清算中的律师实务》,人民法院出版社1996年版,第49页。

法指定债务人应当还款或者和解的确切期限,无法设定破产和解的准入门槛,更无法利用“强裁”机制对未能通过的破产和解协议力挽狂澜。法院对破产和解程序唯一的制衡手段是对债权人会议通过的和解协议的裁定认可。《企业破产法》没有对法院的裁定认可标准作出规定,仅规定了在“债务人的欺诈”“债务人的其他违法行为”两种情形下,法院应当裁定和解协议无效,与股东权益是否得到维护没有直接关联。也就是说,法院无权在破产和解协议形成的过程中,通过参与破产和解协议的讨论、表决,以对债权人与债务人施加影响,无权对协议内容是否合理、对股东等利益相关人是否公平进行审查,更无权变更破产和解协议的内容,而仅能在事后对决议内容与程序是否合法作出判断。[25] 如果法院动用否决权,破产和解程序即宣告终止,债务人面临破产清算的命运,对股东而言无异于是灭顶之灾。盖因法院在破产和解程序中的职权具有消极、被动的特点,其对滥用权利而罔顾债务人处境的债权人掣肘措施匮乏,对股东的保护软弱无力。此外,法院通常并不会监督破产和解协议的履行进度。如果该协议无法得到执行,经债权人请求,法院方可作出终止和解协议执行的裁定。

对比破产重整程序,一般情况下,法院尊重当事人的意愿,给予当事人较大的谈判空间,在依法保护债权人和出资人合法权益的基础之上,有效挽救陷于困境的公司。在当事人出现意见分歧致使重整计划未能通过时,法院享有强制批准重整计划草案的权力,避免公司破产清算。[26] “强裁”规则被视为引导谈判行为向均衡结果发展的精巧的控制机制,达到“结构引致的均衡”。[27] 此外,重整计划监督期届满时,管理人应向法院提交监督报告,法院由此对债务人重整计划的执行情况形成有效监督。破产重整程序的司法强制性,为值得挽救的公司意外地滑入破产清算程序以及股东权益清零,额外设立了一道防线。

---

〔25〕 参见郁琳:《我国企业破产法和解制度评析》,载《中国青年政治学院学报》2008 年第 6 期。

〔26〕 参见张钦昱:《论公平原则在重整计划强制批准中的适用》,载《法商研究》2018 年第 6 期。

〔27〕 参见高丝敏:《重整计划强裁规则的误读与重释》,载《中外法学》2018 年第 1 期。

三、上市公司适用破产和解的基本进路:明令禁止抑或取长补短

《企业破产法》修法的主流观点是在“破产重整”一章加入上市公司的特殊规制,而上市公司在破产和解程序中没有特别处置措施。上市公司与破产清算程序的不适配,使得在《企业破产法》“总则”“申请和受理”“管理人”“债务人财产”“破产费用和共益债务”“债权申报”“债权人会议”这些章节中,总结上市公司破产的一般规律不切实际。对股东利益保护的紧迫性致使或者禁止上市公司适用破产和解程序,或者在破产和解程序中对上市公司的股东保护作出特别规定。

(一)审慎适用破产和解程序

在出台特别规制措施前,上市公司适用破产和解程序应非常谨慎。相较于破产清算,破产和解具有简捷、高效、低成本的优势,但这也使得其与破产重整相比,难以适用于债权债务关系复杂的公司的危机处置,特别是社会影响较大、牵扯利益关系繁杂、中小股东等弱势群体较多的上市公司的危机处置。上市公司破产的负外部性不局限于债权人与债务人,而是外溢至包括股东在内的社会公共利益。破产和解的内在机制设计无益于公司营业复苏,股东在公司的权益易被调整为零。破产和解契约属性又使其难以照顾股东诉求。

在*ST澄星案中,破产和解全程不见股东身影,但其结果却无时无刻不对股东造成影响。*ST澄星进入破产和解程序并发布和解协议草案的行为,未经股东大会表决,不能反映公司全体股东的意志,属于个别人越权擅自申请破产和解,无视股东利益。和解协议确保澄星公司中小股东权益不会被调整,看似中小股东利益得到妥善维护。倘若公司破产和解失败,将直接引发公司破产清算和退市的连锁效应,威胁公司股东权益。股东不仅对破产和解协议丧失任何建议、表决、异议权,也无法组成像出资人委员会一样的集体维权组织。在2022年4月14日债权人会议通过和解协议草案,4月19日法院裁定认可和解协议并终止和解程序后,和解协议也因缺乏外部力量的监督而完全依靠债务

人的自觉履行。从本案和解协议来看,尚须债权人调配资金,出资22.39亿元解决资本占用问题,存在较大不确定性。一旦*ST澄星不能执行或者不执行和解协议,其会落入破产清算和退市的境地。债务人倘若不履行已经通过的和解协议,或将引发债权人等新提起的诉讼,使得本已复杂的债权债务关系雪上加霜,影响资产市场稳定。2022年4月28日法院裁定确认和解协议执行完毕,上述多重假设没有发生,但是并不能确保未来没有类似风险发生,也缺乏制度性规则制约破产和解导致的股东风险。

(二)比照适用破产重整程序

我国当前关于上市公司破产的绝大部分法律法规,仅对上市公司的破产重整程序予以特别规制。比如,中国证券监督管理委员会于2008年颁布《关于破产重整上市公司重大资产重组股份发行定价的补充规定》(已失效)、原中国银行业监督管理委员会2010年作出的《关于庆泰信托投资有限责任公司重整后续变更事项的批复》,还有最高人民法院2012年印发的《关于审理上市公司破产重整案件工作座谈会纪要》,都仅对上市公司的破产重整程序进行了相关规定。值得注意的是,2022年3月,上海证券交易所与深圳证券交易所分别发布《上海证券交易所上市公司自律监管指引第13号——破产重整等事项》《深圳证券交易所上市公司自律监管指引第14号——破产重整等事项》,上述规则虽然首次识别出上市公司的破产和解,但除第10条第2款外,其他所有条款均与重整或破产清算一并规定。此外,上述自律监管规则的标题中仅出现"破产重整"表述,在起草说明中分别出现40次、36次"重整",但仅分别出现2次、5次"和解"。

破产重整程序因时间拖延、费用昂贵、负外部性较大、司法资源投入巨大,常常被人诟病。[28] 有学者直言,破产重整法已经死亡。[29] 但是,鉴于破产重整程序对股东保障较为充分,上市公司的破产和解程序可在一些环节比照适用重整程序。*ST澄星案的诸多做法正是如此。

---

〔28〕 参见胡利玲:《破产重整制度之审思》,载《中国政法大学学报》2009年第4期。

〔29〕 参见[美]道格拉斯·G.贝尔德、[美]罗伯特·K.拉斯穆森:《重整法的末路》,苏汶琪译,载李曙光、郑志斌主编:《公司重整法律评论》(第4卷),法律出版社2015年版,第3页。

比如,*ST 澄星的破产和解协议除了包括澄星股份的基本情况,债权分类、调整及受偿方案外,还包括着眼于公司复苏的经营方案,与大多数重整计划别无二致。*ST 澄星破产和解协议第四部分是庭外重组与庭内和解衔接问题,这是因为在庭外重组期间,公司开展了债权预申报和预审查、预审计和预评估等各项工作。这与庭外重组设计与预重整程序有异曲同工之妙。考虑到*ST 澄星的破产和解不涉及出资人权益调整,中小股东的权益不会被调整,上市公司重整计划中较为重要的出资人权益调整方案在其破产和解协议中没有涉及。因此,*ST 澄星破产和解协议的诸项目基本与一般重整协议包括的债权分类方案、债权调整及受偿方案、经营方案、重整计划的执行期间及执行完毕的标准、重整计划执行的监督期限等别无二致。

要严格把握上市公司适用破产和解的准入。由于债务人提出的破产和解协议草案,可能被公司实际控制人、董事、监事和高级管理人员等关键少数主导,并推动债务人提出可能损害中小投资者利益的方案,比如债务人与债权人合谋低价处置核心资产等,且破产和解失败会引发破产清算风险,所以适用破产和解应当规定上市公司提交相关材料,证明其具有破产和解的可行性。法院可依据当事人的破产和解意愿,债务人的行业地位、品牌价值、经营情况、财产状况判断是否适用破产和解。可以设立上市公司适用破产和解的"黑名单",比如,上市公司存在欺诈发行、重大信息披露违法或者其他严重损害证券市场秩序的重大违法行为,存在涉及国家安全、公共安全、生态安全、生产安全和公众健康安全等领域的违法行为的不能适用。

四、上市公司适用破产和解的特别设计:围绕股东的正当程序权利

股东在破产程序中,其权益不是自动被调减为零。倘若公司尚有作为一个整体而继续运转盈利的运营价值,股东权益便存在未予虚化的可能。特别地,我国上市公司即使资不抵债,也具有"壳"价值,这可能使得公司实际的总资产一举超过负债,使得依据资产负债表破产的

公司，现实中反而具有熬过危机的资本，股东权益自然得以完整留存。破产和解的清算导向使得立法者并未对表面上没有权益的股东设计表意通道，破产和解程序难觅股东的身影，对股东的忽视显而易见。

中小股东缺乏破产和解程序的申请决策权，又对破产和解协议不具表决权，破产和解的消极后果却由他们承担，其享有的权利与负担的义务不匹配。应当在上市公司的破产和解程序中，强化股东的正当程序权利。正当程序在破产法中尤其表现在程序公正、当事人权利行使正当、个人权利可充分表达等方面。〔30〕 正当程序规则似“稳定器”，确保股东诉求能够充分表达，实现股东权益的实质公平；正当程序规则又似“调节阀”，在破产和解单纯追求契约自由的效率价值外，确保当事人行为的正当性，实现各方利益纠纷的定分止争。贯彻正当程序规则，破产和解程序应当充分保障上市公司股东的通知、听证、信息披露、申诉等“正当程序权利”〔31〕，实现股东对自身利益的“合理期待”〔32〕。

（一）程序启动权

1. 破产和解申请权

公司可直接向法院申请破产和解，也可在法院受理破产申请后、宣告债务人破产前，向法院申请和解，并提出破产和解协议草案。至于债务人的何种组织机构适格，可从以下两方面观察。其一，公司破产和解失败将面临破产清算风险，落入“对公司合并、分立、解散、清算或者变更公司形式作出决议”的股东（大）会职权范畴。其二，公司在破产和解中可能实施重大资产重组。依据《上市公司重大资产重组管理办法》规定，上市公司进行重大资产重组，应当由董事会依法作出决议，并履行股东大会审议程序。由此，全体股东的利益通过股东（大）会的决议程序在破产和解申请与否及协议内容中有所体现。值得注意的是，无论是股东（大）会的清算决议，还是重大资产重组决议，均需要持

---

〔30〕 See Goldberg v. Kelly, 397 U. S. 254, 264 – 65 (1970).

〔31〕 See Russell A. Eisenberg & Frances Gecker, *Due Process and Bankruptcy: A Contradiction in Terms?*, 10 Bankr. Dev. J. 47, 114 (1994).

〔32〕 See James Steven Rogers, *The Impairment of Secured Creditors' Rights in Reorganization: A Study of The Relationship Between the Fifth Amendment and the Bankruptcy Clause*, 96 Harv. L. Rev. 973, 1031 (1983).

2/3以上表决权的相关股东通过。如此高的比例要求,意味着中小股东在破产和解中的话语权不足,难以表达诉求。若破产和解协议草案调整了股东利益,中小股东既因欠缺信息披露渠道难以周知权益受损事实,又没有发声的机会。倘若破产和解失败引发公司最终破产清算,中小股东甚至任何股东已然丧失回转程序的可能,也绝无救济的途径,他们将不得不面临颗粒无收的局面。究其原因,除了效率性考量外,《企业破产法》将破产和解程序设想得过于简单。立法预设债务人与债权人达成协议,公司将免于清算,股东利益自然得到留存,无须劳烦其费力地参与其中,但对破产和解协议若以牺牲股东利益而达成的情况考虑不周,也未充分照顾破产和解失败时股东的利益。

应当赋予上市公司的中小股东以破产和解申请权。与中小股东在破产和解申请方面的式微形成鲜明对比的是,重整程序中出资额占债务人注册资本10%以上的出资人即可向法院申请重整,无须达到严苛的比例要求。对中小股东的倾斜性照顾,有利于增强他们拯救公司的动机,甚至鼓励他们为拯救公司投入新的融资,并增加破产重整程序适用及成功的机会。[33] 破产和解程序应当放宽上市公司股东的破产和解申请门槛,比如规定出资额占债务人注册资本1/2或者比例更低的出资人也可提出破产和解的申请。

2. 听证参与权

上市公司的破产和解牵涉利益关系复杂,法院是否受理对利害关系人影响较大。为了破除案件受理的"暗箱操作",给予受到上市公司破产事件牵连的各方质证、争辩、了解法院的认知过程与逻辑理由的机会,克服恶意破产及破产讨债问题,避免侵害股东权益,有必要令法院在审查破产和解申请时举行听证会,组织债务人,一般债权人,股东,税务机关、环境机关等公法债权人参加。

我国各地已大体建立了破产案件立案前听证机制。2009年最高人民法院印发《关于审理公司强制清算案件工作座谈会纪要》,规定审理强制清算案件的审判庭审查决定是否受理强制清算申请时,一般应当召开听证会。根据《深圳市中级人民法院破产案件立案规程》第17

〔33〕 参见李永军等:《破产法》(第2版),中国政法大学出版社2017年版,第223页。

条规定,法院对于债务人提出的重整申请;除债务人下落不明外的债权人对债务人提出的破产清算、重整申请;符合条件的出资人对债务人的重整申请;在全国、全省及本辖区范围内有重大影响企业提出的破产申请,应当进行听证调查。但该规程并未明确法院对上市公司的破产和解申请是否也应进行听证审查。法院对上市公司的破产和解申请也应建立听证审查机制,除了邀请中小股东参与外,还应当听取证券监管部门的意见,便于证券监督管理机构可提前衔接后续的相关事项,保障股东权益,防范资本市场风险。

(二)信息披露权

当事人的谈判是破产和解制度的灵魂,其容易陷入"囚徒困境",产生损人不利己的后果。[34] 利益冲突的协调涉及信息收集、控制、交换与选择,保证信息充分、准确、对称的信息披露制度是化解利益冲突的重要手段。[35] 特别地,破产和解的博弈双方是破产公司与债权人,却对破产和解协议之外的股东造成影响。因此,有必要确保股东知晓破产和解程序的各项进展,构建良好的信息传导环境,降低交易成本。[36] 毕竟,股东知情权是其行使表决权、异议权、救济权的前提。

《企业破产法》《证券法》对破产上市公司的信息披露付之阙如,致使上市公司破产落入监管重叠与监管真空的"旋转门"。实践中,我国上市公司的重整计划篇幅往往较少,与动辄200余页的美国信息披露声明有着一定差距。[37] 上海证券交易所与深圳证券交易所分别发布《上海证券交易所上市公司自律监管指引第13号——破产重整等事项》《深圳证券交易所上市公司自律监管指引第14号——破产重整等事项》,对上市公司及有关各方在预重整、重整、和解、破产清算期间的信息披露义务作出规定,旨在总结实践探索经验的基础上,对上市公司

[34] 参见高丝敏:《论破产重整中信息披露制度的建构》,载《山西大学学报(哲学社会科学版)》2021年第3期。

[35] 参见杨忠孝:《信息披露与重整程序信任机制建设》,载《山西大学学报(哲学社会科学版)》2021年第3期。

[36] 参见张钦昱:《元宇宙的规则之治》,载《东方法学》2022年第2期。

[37] 参见韩长印:《简论破产重整计划表决的信息披露机制——以美国法为借鉴》,载《人民司法》2015年第1期。

股东,特别是中小股东的知情权、表决权等进行保护,具有重大价值。可以在《企业破产法》修订时,在"破产和解"一章中加入信息披露一般条款,不仅能使上述指引有上位法依据,也能使信息披露在法律层面得到重视。

(三)表决权

中小股东在破产和解程序全程缺席,其利益被大股东代表又缺乏异议机制。与此对比,重整计划草案讨论时,股东代表可以列席,当股东利益受到重整计划草案影响时,由股东组成的出资人组能够单独对该事项享有表决权。破产重整程序着眼于公司发展的未来,认为在公司主体资格消灭前,股东都有权表达意见。为了最大程度盘活公司,重整计划草案多涉及新投资方的引入,给予新投资方以股份的对价往往成为诱因,免不了调整公司股权结构,比如要求股东出让股份、"债转股"、增资、调整其在董事会中的代表权,这些整合也需要股东配合和同意。此外,在法院"强裁"重整计划草案时,一个必要条件是重整计划草案对出资人权益的调整公平、公正,或者出资人组已经通过重整计划草案。该规定设定了法院干预股东意思自治的底线,股东利益不至于被不当剥夺。因此,当破产和解协议涉及上市公司的股东权益调整时,可以考虑借鉴重整制度,增设股东的表决权。

可以考虑在破产和解程序中增设出资人委员会,凸显股东的表决权。依据《美国破产法》,在有必要确保股东诉求得到充分表达时,管理人或法院可设立出资人委员会。[38] 出资人委员会与股东(大)会不同,前者的职权直接源于法律规定,与后者乃股东权益的自然延伸不同,这是重整程序重视股东权利的典型体现。当股东面临诸如仅能够"列席"讨论重整计划表决的债权人会议、代表权不充分表达等情况时,出资人委员会能够履行沟通协调、参与谈判、调查监督、工作人员任免等职权,多一条路径维护股东的参与权。[39] 当前,出资人委员会仅存在于破产重整程序,可以在破产和解程序中借鉴引入该委员会制度。

---

〔38〕 See 11 U.S.C. § 1102(a)(2).

〔39〕 参见张钦昱:《公司重整中出资人权益的保护——以出资人委员会为视角》,载《政治与法律》2018 年第 11 期。

（四）救济权

应当允许破产和解程序向破产重整程序转换，给予股东多一次保护自身权益的机会，这对于上市公司的中小股东意义更为重大。《企业破产法》并未明确两种程序的转化问题，有学者基于两种程序均为破产拯救的同质性，相互转换会无端耗费成本，不赞成两种程序能够相互转换。〔40〕 本文认为，当事人选择破产和解程序只能破釜沉舟，否则只能不可逆地陷入清算境地，公司及利害关系人承受的风险与收益不匹配。破产和解的制度旨在债权债务关系的快速解决，是高效简易版的破产清算，应当像破产清算随时转用破产重整程序一样，允许公司获得复苏的机会，允许公司在破产和解碰壁后适用破产重整程序。

在*ST 澄星案中，债权人先是对公司提出破产重整申请，公司后向法院申请破产和解，并提交和解协议草案，法院遂受理公司的破产和解申请。〔41〕 法院对破产申请的和解视为其同意撤回对公司的重整申请，这是破产重整向破产和解转化的一次实践。应当允许程序的逆向转换，即便*ST 澄星破产和解失败，也不至于直接破产清算，为公司获取重生机会、股东保护自身利益争取空间。

（编辑：张　越）

---

〔40〕 参见李永祥、丁文联主编：《破产程序运作实务》，法律出版社2007年版，第278～279页。

〔41〕 江苏省无锡市中级人民法院：受理*ST 澄星破产和解申请裁定书，案号：（2021）苏02破申11号，2022年3月14日。

《证券法苑》(2022)
第三十六卷,第22~35页

上市公司预重整信息披露规则构建

贺　丹*

摘要:上市公司预重整信息披露是债务重组实践给证券市场信息披露规则设计提出的全新问题。预重整信息披露规则的构建应考虑预重整与依据破产法进行的正式重整之间的差异,在信息披露范围上涵盖庭外债务重组,同时规定可延迟披露的情形,以实现证券市场信息公开与上市公司拯救两者之间的平衡。

关键词:上市公司　预重整　法庭外债务重组　信息披露　延迟披露

上市公司债务重组实践给市场信息披露规则[1]提出了全新的问题。在我国实践中,为提高企业拯救效率,结合了当事人自治的合同式重组与正式破产程序两者优势的预重整被较多应用。继二重集团预重整之后,上市公司中南文化、广州浪奇、安控公司等上市公司先后启动预重整。地方法院与政府部门也相继制定了预重整实施的相关司

* 北京师范大学法学院副教授。

[1] 本文研究的信息披露是指证券市场的公开信息披露,不涉及债务人在破产程序中对债权人及其他利益相关者所作的信息披露。

法、行政文件,其中部分文件中列明上市公司属于可以进行预重整的范围。〔2〕

上市公司预重整将涉及包括投资者、债权人在内的利益相关者的权益调整,相关信息会对证券市场价格产生重大影响,对预重整信息披露的规范也已经引起相关部门重视。2022 年 1 月 7 日,上海证券交易所、深圳证券交易所分别发布《上海证券交易所股票上市规则》(2022 年 1 月修订)、《深圳证券交易所股票上市规则》(2022 年修订),〔3〕其中均规定上市公司实施预重整等事项的,参照破产事项规定履行信息披露义务。〔4〕 另外,2022 年 3 月 31 日,上海证券交易所、深圳证券交易所涉及破产重整信息披露事项的自律监管指引中也均对预重整有所涉及。〔5〕 两指引文件规定:"实施预重整等程序的上市公司,参照本指引规定履行信息披露义务。""上市公司实施预重整、重整、和解、破产清算期间,原则上股票及其衍生品种不停牌,上市公司及有关各方应当切实做好内幕信息保密及内幕交易防控工作,分阶段披露破产事项的

〔2〕 参见《淄博市中级人民法院关于审理预重整案件的工作指引(试行)》(淄中法〔2020〕61 号)第 3 条:"债务人符合下列情形之一的,可以进行预重整:(一)债权人人数众多,债权债务关系复杂,或职工安置数量较大,影响社会稳定的大型企业;(二)产业规模庞大,占据行业龙头或重要地位,对地区经济发展和金融环境稳定有重大影响的大型企业;(三)上市公司或对上市公司影响较大的关联企业;(四)其他直接受理重整申请可能对债务人生产经营产生负面影响或者产生重大社会不稳定因素的企业。"

〔3〕 参见《关于发布〈上海证券交易所股票上市规则(2022 年 1 月修订)〉的通知》,载 http://www.sse.com.cn/lawandrules/sselawsrules/stock/main/listing/c/c_20220107_5679269.shtml。《关于发布〈深圳证券交易所股票上市规则(2022 年修订)〉的通知》,载 http://www.szse.cn/disclosure/notice/general/t20220107_590541.html。

〔4〕 两交易所关于预重整信息披露的规定均在其上市规则第七章"应当披露的其他重大事项"中的第五节"破产事项"中的第 7.5.1 条,条文为:"上市公司发生重整、和解、清算等破产事项(以下统称破产事项)的,应当按照法律法规、本所相关规定履行相应审议程序和信息披露义务。公司实施预重整等事项的,参照本节规定履行信息披露义务。"

〔5〕 参见《上海证券交易所上市公司自律监管指引第 13 号——破产重整等事项》,载 http://www.sse.com.cn/lawandrules/sselawsrules/stock/main/listing/c/c_20220331_5700541.shtml。《深圳证券交易所上市公司自律监管指引第 14 号——破产重整等事项》,载 http://www.szse.cn/lawrules/rule/stock/general/supervise/t20220331_592199.html。

进展,并充分提示相关风险。”“上市公司预重整程序转换或者结束时,上市公司应当及时披露预重整期间临时管理人的履职情况、预重整程序取得的成效、预重整与破产重整程序衔接安排等内容。”可见预重整的证券市场信息披露已经成为一个重要的实践问题。

此前的研究主要集中于破产重整的市场信息披露。预重整与正式破产重整存在差别,其灵活、效率、非正式特征对市场公开信息披露规则提出了新的挑战。基于这种差异,上市规则与指引文件征求意见稿均使用的是“参照”破产事项作出信息披露的规定。那么,预重整应当如何“参照”破产重整程序作出信息披露?这一问题又可以进一步延伸出以下问题:上市规则中提及的“预重整等事项”的范围应当如何明确?预重整与依据破产法进行的正式重整之间的差异是否会影响信息披露的要求?预重整信息披露如何在信息披露要求与上市公司企业拯救之间实现平衡?

一、预重整模式范畴及其对信息披露的影响

与破产重整等程序不同,我国现行法律并未对“预重整”这一概念作出界定,上市规则也并未对“预重整等事项”范畴作出界定。要明确预重整信息披露义务时点,需要对其范畴作出界定。

(一)“预重整相关事项”的范畴

债务重组是预重整的核心。债务重组的实质是当上市公司陷入债务困境时,为摆脱困境与其利益相关者(特别是债权人与股东)就此前确定的契约重新谈判的过程。在这一过程中,是否一定发生之后的正式重整,从而产生一个“预重整”的结果,并非全部是谈判当事人在谈判启动时所能预知的。“预重整”被纳入证券市场信息披露视野的原因是,当上市公司的债务重组谈判发生时,有可能对上市公司的利益相关者特别是投资者利益产生影响。

从投资者保护的角度,正式与非正式的债务重组谈判都应当纳入到信息披露的范围内。世界银行在对庭外重组进行分析时,认为正式破产程序和非正式破产程序之间并没有清晰的区分线。世界银行的法

庭外债务重组报告将处理债务问题的不同方法表示为一个正式程度逐渐增加的"方法集合",如图1所示:

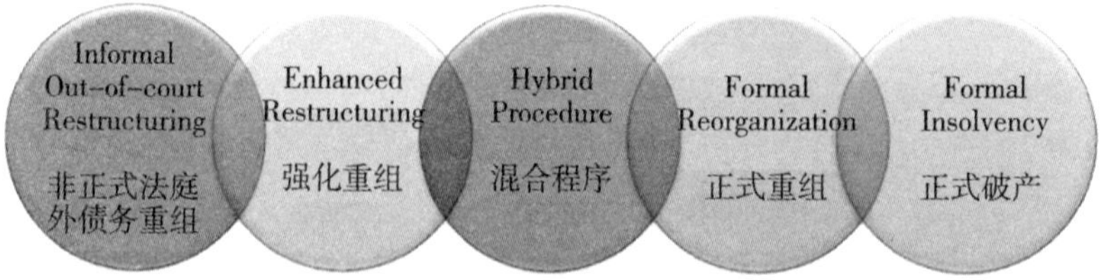

图1　处理债务问题的不同方法

世界银行专家使用图1对债务人用于解决其债务问题的不同方法作出说明。图1中从左至右其"正式"程度不断增加,也就是外力介入当事人意思自治的程度不断加深。最左侧的非正式法庭外债务重组,是一种合同式重组,完全由当事人自行谈判达成债务重组协议。"强化重组"是指遵循自律性规范进行的庭外重组,债务人与债权人自愿遵循自律规范,英格兰银行支持下的"伦敦模式"重组便属于此类。最右侧的"正式破产"是指破产法中的破产清算。"正式重组"是指破产法中的破产重整。居中的被称为"混合程序"的债务重组方式,兼有合同式庭外重组的特点和司法介入特征,司法介入的形式多种多样,包括法院指定调停人、中止强制执行、法院承认债权人之间庭外协议等,常见的一种情况是"预先打包重组"(prepackage)[6]。如果对照我国实践中出现的债务重组模式,之前所述的各地"预重整"模式应属于"混合程序",而且是与"正式重组"极为接近甚至重叠的一种。而银保监会推动的通过银行业金融债委会进行的债务重组,由于其提供了一套行业内部规则,属于"强化重组"的范畴。前述不同层次的债务重组均可能对投资者权益产生影响,应当受到信息披露规则的规范。

信息披露的核心在于当上市公司出现可能影响证券市场交易价格的事件时,上市公司应将这些事件对市场披露,以确保市场主体在公平

[6] Jose M. Garrido, *Out-of-court Debt Restructuring* (英文版),2012. 中文译本参见《世界银行法庭外债务重组研究资料:法庭外债务重组》,郑志斌、刘玥译,贺丹审校,载王卫国、郑志斌主编:《法庭外债务重组》(第1辑),法律出版社2017年版。

的信息基础上开展交易。债务重组是公司摆脱财务困境的一种方式，其启动与实施均有可能对公司的股份债务状况产生重大影响，当属应当披露的信息。从投资者保护的角度，符合这一实质的做法均应纳入信息披露规则规范范围。

（二）司法实务中的两类“预重整”

我国不同地区实施的预重整实践均依据本地发布的有关“预重整”的相关行政、司法文件启动。最早一份涉及预重整的司法文件是《浙江省高级人民法院关于企业破产案件简易审若干问题的纪要》（浙高法〔2013〕153 号），在这份纪要中“预登记”制度可以用于预重整，如第 8 条第 2 款规定：“企业破产预登记期间，占已知债权（含担保债权）总额二分之一以上主要债权人召集，可以比照企业破产法的相关规定建立债权人联络、协商机制并开展相关工作。”这份纪要同时规定了在预登记期间所作出的承诺以及形成的相关方案在进入重整后的效力。第 9 条第 2、3 款规定：“债权人在预登记期间对债务清偿方案所做的不可翻悔的承诺，在债务人进入企业破产和解或重整程序后，相关承诺对承诺方仍然具有拘束力。法院受理企业和解或重整申请后，可以以预登记期间（含集中管辖期间）形成的债务清偿方案或资产重组方案为基础，由债务人或管理人制定和解协议草案或重整计划草案，通过债权人会议予以确认。”在这些文件中，由行政机关发布的只有一份，即《温州市人民政府办公室关于印发〈企业金融风险处置工作府院联席会议纪要〉的通知》（温政办函〔2018〕41 号），该份会议纪要明确了预重整工作的有关问题，即第 2 条规定：“……（三）预重整程序由属地政府启动，并指定入选人民法院管理人名册的中介机构负责具体工作；人民法院对相关工作进行指导和监督。（四）债务人企业进入预重整程序应由属地政府发布书面文件予以确认。发布文件的时间作为预重整程序正式启动的时间。（五）人民法院根据政府文件由立案部门立‘引调’案号交破产审判业务庭；破产审判业务庭负责预重整阶段的法律指导和监督……（九）重整计划草案由债务人或管理人制定，并提交债权人会议进行预表决。同意重整计划草案的表决票效力可以带入重整程序。”《全国法院破产审判工作会议纪要》（法〔2018〕53 号）第 22 条提出，探索推行庭外重组与庭内重整制度的衔接。在企业进入重整程序之前，可以先由债权人与债务人、出资人等利害关系人通过庭外商业谈判，拟定重组方案。重整程序启动后，可以重组方案为依据拟定重整计划草案提交人民法院依法审查批准。之后，《全国法院民商事审判工作会议纪要》（法〔2019〕254 号）第 115 条规定庭外重组协议效力可以延伸到重整程序中，为各地法院探索预重整制度提供了指引。2019 年后，各地法院发布了数十份涉及预重整的司法文件。

这些关于预重整的司法、行政文件中，对预重整的界定存在差异。其中一部分文件将预重整明确为程序，并有明确的启动时点，如《北京破产法庭破产重整案件办理规范（试行）》（京一中法发〔2019〕437 号）第 27 条规定，本规范所称“预重整”，系指为了准确识别重整价值和重整可能、降低重整成本、提高重整成功率，人民法院在以“破申”案号立案后、受理重整申请前指定临时管理人履行本规范第 36 条规定的职责，债务人自愿承担本规范第 38 条规定的义务，由临时管理人组织债务人、债权人、出资人、重整投资人等利害关系人拟定预重整方案的程序。一些指引文件要求法院对启动预重整作出决定，如《南京市中级人民法院关于规范重整程序适用提升企业挽救效能的审判指引》（宁中法审委〔2020〕1 号）第 19 条规定，受理重整申请前，对于具有重整原因的债务人，为提高程序内重整效率和成功率，经债务人同意预重整并获得政府、主管部门等支持意见后，由法院听证审查决定对债务人进行预重整。作为程序启动的预重整，法院往往会指定预重整期间的管理人，相关指引也对预重整中达成的协议在重整程序中的效力认可作出规定。

另一些预重整指引文件更重视解决庭外重组与庭内重整的衔接问题，预重整没有明确的启动时点，如《重庆市第五中级人民法院预重整工作指引（试行）》中所称“预重整”，指衔接庭外重组和庭内重整，对债务人与债权人等利害关系人达成的符合该指引规定的庭外重组协议在重整申请受理后予以确认的程序。破产申请受理前，庭外商业谈判的期间称为预重整期间；破产申请受理后，可以庭外达成的重组协议为依据拟定重整计划草案。这份指引文件将预重整分为两类：一是破产申请前的预重整；二是破产申请审查阶段的预重整。“破产申请前的预重整”完全由当事人自行谈判，法院不介入。“破产申请审查阶段的预重整”,法院弱介入,出具预重整备案通知书。预重整备案通知书应当载明预重整期限、预重整辅助机构、债务人应开展的工作、禁止滥用预重整等内容。

可见,在现有各地的“预重整”实践中,“预重整”的内涵并不一致,有些“预重整”在法院或行政机关指导下进行,有明确的启动时点,而有些“预重整”则并非如此。因此,无法一律通过“进入预重整”来确定其信息披露义务的产生时点。

(三)预重整信息延迟披露的逻辑

将庭外债务重组纳入信息披露视野并不意味着其与正式重整采用同样的披露规则,两者的差异要求信息披露规则作出调整。证券市场信息披露的一般规则是在信息成熟后,应对市场作出披露,以确保市场参与者对信息的公平获知。但庭外重组信息或者预重整的庭外重组阶段的信息披露却有其特殊性,对债务重组信息的延迟披露反而有利于保护投资者利益。

在庭外重组的信息披露规则中,债务重组信息的延迟披露是法律规制的核心,其逻辑在于:

其一,延迟披露庭外债务重组信息可以更好地促成债务重组的成功。庭外债务重组的核心是私密谈判。债务人与债权人通过私密谈判达成债务重组协议的优势存在于以下方面。私密谈判可以避免因企业正式破产程序开始而引发的关注,可以更有效地保护债务人企业的商誉;私密谈判可以更高效地达成协议,而且当事人之间可以更自由地根据债务人情况确定协议的内容,而无须受到破产法的约束。〔7〕

其二,延迟披露可以避免更坏结果的发生。在大多数情况下,在债务重组谈判未达成协议时,发行人庭外重组的信息一旦对市场披露,市场投资者可能迅速丧失对发行人证券的信心,从而导致发行人不可避免地进入破产程序。此时,债务人、债权人与投资者的权益均会受到不利影响。

---

〔7〕 See Jose M. Garrido, *Out - of - court Debt Restructuring*, World Bank Publications - Books, The World Bank Group, Number 2230, October,2012.

二、预重整信息披露差异处理的国际经验

庭外重组信息的延迟披露需要实现信息公开与债务人重组成功二者之间的均衡。在国际上,涉及资本市场发行人的前述不同层次的债务重组均有出现,当市场发行人进行债务重组,以摆脱债务危机时,如何对市场作出信息披露也已经纳入法律视野。美国与欧盟通过两种不同做法对庭外重组的延迟披露作出了规范。美国通过判例确认了相关规则,欧盟则通过明确法律规则对此作出了规定。

(一)美国判例:未披露申请破产之考虑不构成误导

美国对于庭外重组期间的信息披露的判例原则主要体现在贝利思诉施瓦兹(Beleson v. Schwartz)[8]一案中。贝利思为证券集团诉讼的牵头原告,代表在2003年6月30日至7月15日购买了洛拉尔空间与通信公司(Loral Space & Communications Ltd.,以下简称"洛拉尔公司")证券的投资者提起诉讼。被告为洛拉尔公司及公司董事长兼首席执行官施瓦兹。在这一案件中,纽约南区法院认为发行人洛拉尔公司未披露其就破产出售事宜进行谈判不违反证券法。2002年,洛拉尔公司出现财务困难,负债22亿美元,该公司试图采取措施摆脱财务困境。此时,国际通信卫星公司(Intelsat Ltd.)有意购买其公司资产。2003年,国际通信卫星公司要求洛拉尔公司申请破产以完成资产交易。2003年5月27日,施瓦兹召开董事会,讨论将此次资产出售作为预重整部分。5月30日,双方同意此次资产出售通过《美国破产法》"363条出售方式"[9]进行,即在进入重整程序后,由法院批准此项交易。2003年6月24日,洛拉尔公司向其债权人提供了现金流量预测报告,该报告假设公司将与债权人达成和解,同时公司将于30日内申请

[8] 599F. supp. 2d 519(S. D. N. Y. 2009).

[9] "363条出售方式"是指根据《美国破产法》第363条,企业进入破产程序后,其在正常经营范围之外的资产出售需经过法院批准。近年来,企业在重整中往往根据此条由法院批准出售其主要资产。参见贺丹:《通用公司重整模式的破产法分析》,载李曙光、郑志斌主编:《公司重整法律评论》(第2卷),法律出版社2012年版。

破产。原告主张资产收购的尽调事宜在2003年6月30日已经开始。最终在2003年7月12日至13日间双方达成协议,国际通信卫星公司以不低于10亿美元的价格收购资产。2003年7月14日,洛拉尔公司董事会批准了交易,并决定提出破产申请。2003年7月16日,双方签署资产收购协议,国际通信卫星公司支付10.6亿美元购买资产,洛拉尔公司申请破产。在当日开市前,洛拉尔公司公告其资产收购以及其申请第十一章重整的消息。根据原告主张,在2日内,洛拉尔公司的股价由3.01美元降至2003年7月16日的30美分。原告于2003年8月11日起诉,主张被告违反证券法的信息披露义务。

在这一案件中,证券发行人洛拉尔公司进行的便是一种较为典型的预重整。债务人在申请破产重整前谈判并达成资产收购协议,之后申请进入破产重整程序,并通过适用《美国破产法》第363条,在法院批准下完成资产出售。法院在审理中的主要关注点是如果要求发行人对其资产出售作出披露,会给发行人以及投资者造成不利影响,同时法院考虑的另外一方面问题是未披露信息是否会对社会公众造成误导。法院基于以下事实认为:洛拉尔公司未披露其预重整信息不会导致对市场投资者的误导。第一,被告提交证据证明洛拉尔公司此前已经披露其不佳的财务状况以及亏损状况。洛拉尔公司做了每10股折合为1股的反向股份拆分,但仍留有22亿美元债务。第二,洛拉尔公司已经对公众披露以下情况,其普通股价值为1.11亿美元,而其债务为股份价值的20倍。第三,洛拉尔公司已经预警市场其股票价格将降低,并且其并无足够现金支付其债务。第四,洛拉尔公司股价一直在走低,《华尔街日报》已经将公司债券评级为“垃圾”债券。第五,相关的出版物已经报道,分析师预测洛拉尔公司将会申请第十一章破产重整。因此,法院认为洛拉尔公司糟糕的财务状况已经通过其信息披露为公众所知晓,公司未披露其计划申请破产这一事项并不会给市场造成误导。法院同时认为,要求公司将其考虑申请破产的事项作出披露,将“对公司及其管理层造成不可承受的负担”,如果施加这一要求,所有有可能进入破产程序的公司在其作出信息披露后,由于投资者信心的丧失,这些公司都将不可避免地进入破产程序。法官认为,要求公司对其破产计划作出披露的要求将可能提前阻断公司可以保留其经营可能性和避免破产的其他尝试的可能。[10]

（二）欧盟规则：延迟披露须满足特定条件

欧盟相关规则规定于《欧盟市场滥用条例》（EU Market Abuse Regulation – EU MAR）中，该条例于2016年7月3日生效。该条例的立法形式意味着其对所有成员国具有约束力。即使在英国，这一条例也由2020年12月31日通过的《2018年退出欧盟法案》[European Union（Withdrawal）Act 2018][11]纳入英国法律。2019年《脱欧市场滥用条例》对《欧盟市场滥用条例》作出修改，以确保条例在英国有效运作。[12]

在《欧盟市场滥用条例》序言部分第50项中将法庭外债务重组作为可以延迟披露的情形作出了特别说明。其认为，正在进行的谈判或相关事宜的结果或正常进程可能会受到公开披露的影响。特别是，如果发行人的财务生存能力面临严重和迫在眉睫的危险，即使并不在其准据适用的破产法范围内，但由于公开披露信息将严重损害现有和潜在股东的利益，并破坏旨在确保发行人长期财务复苏的具体谈判的达成，信息的公开披露可以被延迟一段有限的时间。

《欧盟市场滥用条例》第17（1）条规定，发行人和排放配额市场参与者（Emission Allowance Market Participants – EAMPs）应尽快向公众通报与他们直接相关的内部信息。第17（4）条规定发行人和排放配额市场参与者可延迟向公众披露内部信息，前提是以下三个条件必须同

---

〔10〕 See Richard J. Corbi, *Nondisclosure of Planned Corporate Bankruptcy Does Not Violate Federal Securities Law*, American Bankruptcy Institute Journal, 28.6（2009）, p. 32 – 33, 73.

〔11〕 See Craig, Paul, *Constitutional Principle, the Rule of Law and Political Reality: The European Union（Withdrawal）Act 2018*, Modern Law Review 82.2（2019）, p. 319 – 350.

〔12〕 See FCA, *Market Abuse Regulation*, https://www.fca.org.uk/markets/market-abuse/regulation?__cf_chl_captcha_tk__=O6P7jEsjeVja.FYZ3vpXefKgS_P_Vpp55Y32f1BjcDI-1641437407-0-gaNycGzNGVE，2022年1月5日访问。《欧盟市场滥用条例》的欧盟实施措施也由《2018年退出欧盟法案》纳入英国法律，并通过FCA2019/45规定进行了修订。FCA 2019/23和FCA 2019/26分别对《市场行为资料手册》（Market Conduct Sourcebook）和《披露指南和透明度规则资料手册》（Disclosure Guidance and Transparency Rules sourcebook）进行了修改。

时得到满足:一是立即披露可能会损害发行人或其他发行许可市场参与者的合法权益;二是延迟披露不可能误导公众;三是发行人或排放配额市场参与者能够确保该信息的保密性。

这三个条件中的第一个条件所提及的"合法权益"指被欧洲证券市场管理局明确确定包含通过法庭外债务重组方式达成谈判的权益。《欧盟市场滥用条例》第17(11)条要求欧洲证券市场管理局(ESMA)向发布相关指南,对延迟披露内幕信息的合法利益以及延迟披露可能误导公众的情况作出指引。[13] 欧洲证券市场管理局在其指引中明确,可能构成"合法权益"的一种情况是,发行人的财务生存能力处于严重和紧迫的危险之中,尽管尚未被纳入破产法规范的范围内,但立即公开披露内幕信息将严重损害现有和潜在股东的利益,危及旨在确保发行人财务复苏的谈判的结束。

《欧盟市场滥用条例》第17(4)条提到的另外两个条件是对延迟披露的限制。也就是说并非任何情况下,债务重组均可以获得延迟披露的权利。发行人必须保证延迟披露不会对公众造成误导,以及这一内部信息能够被严格保密。这里需要进一步解释的是何种情况下不会对公众造成误导。基于条例的授权,欧洲证券市场管理局在其指南中对于延迟披露"可能误导公众"的情形提供了示例。有三种情况:一是发行人拟延迟披露的内幕信息与发行人先前就内幕信息所指事项发布的公告存在实质差异。二是发行人打算延迟披露的内幕信息表明发行人此前公开宣布的财务目标不大可能达成。三是发行人打算延迟披露的内幕信息与市场预期相反,这些市场预期基于发行人之前曾向市场释放的信息形成,如通过采访、路演或其他发行人组织或经其批准的交流。也就是说,判断延迟披露是否会误导公众的重点是看延迟披露的信息是否与市场预期相一致,这种市场预期的形成与发行人此前向市场发布的信号紧密相关。这里的市场预期可以考虑金融分析师的评论等情况。例如,发行人此前已经向市场披露了自己的财务危机,此时延

[13] See *European Securities and Markets Authority*, Guidelines on the Market Abuse Regulation – market soundings and delay of disclosure of inside information, https://www.esma.europa.eu/sites/default/files/library/2016-1130_final_report_on_mar_guidelines.pdf.

迟披露债务重组信息并不会给市场造成误导。但如果发行人此前释放的信息是财务状况良好,那此时延迟披露其进行债务重组的事实就会误导公众。

三、我国的规则设计

上市公司预重整证券市场信息披露规则构建,需要考虑对证券市场信息公开与上市公司企业拯救两者之间的平衡。证券市场信息公开从终极意义上讲是对投资者公平交易权利的维护。证券产品的价格判断高度依赖于信息,确保证券市场信息获取的公平性,使所有的投资者得以在同样的信息基础上开展证券交易,对于证券市场发展至关重要。与此同时,通过债务重组拯救陷入财务困境的上市公司,可以保全上市公司的营运价值,使较大范围内的利益相关者因此获益。这些利益相关者包括债权人、雇员以及持有上市公司在证券市场上发行与交易的全部证券的持有人,甚至在这些证券存在衍生金融产品时,也涉及其衍生金融产品投资人的利益保护。

目前我国上市规则所界定的预重整信息披露规则是“参照破产事项”作出信息披露。这种参照实施具体可以包括以下内容。

(一)根据是否存在司法介入区别对待不同情形的预重整

“预重整”与其类似事项的实质是上市公司为摆脱债务困境所进行的债务重组。由于各地对“预重整”范围界定存在差异,“预重整”界定无法直接以各地方司法、行政文件作为参引。同时,如果仅以法院启动的“预重整”作为考虑信息披露义务的时点,又有可能遗漏在自律规则下进行的债务重组或者完全合同式的债务重组。

预重整在其实施过程中,往往由正式破产程序之前的重组谈判部分以及进入正式破产程序的两部分构成。从我国实践来看,进入正式破产程序前的谈判环节包括三种可能:一是完全合同谈判的债务重组。二是有部分行业自治规则介入的债务重组,例如通过金融机构债权人委员会的债务重组,由于金融机构债委会依据《中国银监会办公厅关于做好银行业金融机构债权人委员会有关工作的通知》(银监办便函

〔2016〕1196号)以及之后中国银保监会、发展改革委、中国人民银行、中国证监会制定的《金融机构债权人委员会工作规程》进行,这些规则中规定有债权人多数决原则,能够较好地提升谈判效率。〔14〕 三是由司法文件所规定的预重整,司法文件规定的预重整又可以分为可明确开始时点的预重整与无法明确开始时点的预重整。可明确开始时点的预重整主要是在法院有明确起始时点,包括在法院进行预登记、在法院以"破申"字号立案等。

对于上述三种情况的预重整,尽管均应纳入信息披露规范范围,但在具体的信息披露要求中应有所区别。对于完全合同式的预重整以及金融机构债委会预重整,应允许其在符合条件的情况下暂时延迟披露。对于能够明确进入地方司法文件所称"预重整"程序的债务重组谈判,则应在其在法院预登记或预重整立案之日起产生信息披露义务。

(二)设置债务重组信息的延迟披露规则

基于上市公司债务重组与预重整前期的实践考量,信息披露规则应当许可发行人在一定期间内延迟披露其债务重组谈判事项。但这一延迟披露应当满足两个条件:一是延迟披露不会给市场造成误导。也就是在债务重组进行的当时,对发行人财务状况的市场预期与发行人的真实状况不存在较大差别,依据发行人此前公布的信息,市场主体并不会因发行人暂时未公开债务重组信息而受到损害。反之,如果市场预期认为发行人不存在财务问题,那么此时发行人应当披露其处于财务困境的事实。二是债务重组信息被严格保密。此时债务重组信息的知情人,包括公司内部人、被纳入债务重组谈判的债权人以及有可能存在的重整融资方、发行人资产收购方等利益主体均属于内幕信息知情人。他们有条件接触和获得实质性的非公开信息,因此,在债务重组内幕信息公开前,上述知情人对其所知悉的信息负有保密义务,不得据此买卖股票,也不得泄露此信息或者建议他人买卖股票。

---

〔14〕 债委会重大事项的确定,原则上应当同时符合以下条件:一是经占金融债权总金额的2/3以上比例债委会成员同意;二是经全体债委会成员过半数同意。

四、结语

预重整的信息披露问题有其自身的复杂性，并非简单“参照”破产事项所能完成。预重整信息披露规则的构建应考虑预重整与依据破产法进行的正式重整之间的差异。信息披露的范围应既包括国内被称为“预重整”的相关程序，也涉及其他法庭外债务重组行为。同时，信息披露规则应明确规定可以延迟披露的情形，以实现证券市场信息公开与上市公司企业拯救二者之间的价值均衡。

（编辑：姜沅伯）

《证券法苑》(2022)
第三十六卷，第36～55页

企业杠杆并购扩张失败下的债权人保护

——以破产撤销权的适用为视角*

龙泓任**

摘要：近年来，我国许多企业在杠杆并购扩张的过程中陷入困境。破产撤销权的适用能够防止对债权人利益的恶意侵害、维护杠杆并购交易的公平。但破产撤销权的适用也面临公允性的区分与识别、对债权人利益过度保护、对交易安全的破坏等困境。我国破产法在适用时需要细化债务人的财务状况审查标准、构建杠杆并购交易的安全港制度。通过这样的方式，破产撤销权可以引导杠杆收购朝市场化、法治化方向发展，杠杆收购交易各方利益可以得到平衡。

关键词：破产撤销权　杠杆并购　困境企业　债权人保护

---

* 本文受到国家社会科学基金重点项目“公司法修订中的重大问题研究——基于私人自治与公共规制之间的平衡”(21AFX019)的支持。

** 北京大学法学院2020级博士研究生。

一、问题的提出:高杠杆并购扩张影响债权人利益

杠杆并购这种特殊的企业并购模式最早出现于资本市场成熟的美国,并主导了数次全球并购浪潮。美国的杠杆并购交易在经历了20世纪90年代的沉寂后,从2003年开始再度兴起,并曾于2007年达到超过4000亿美元的高值。[1] 在经历了改革开放40多年的经济高速增长后,我国资本市场的发展取得了举世瞩目的成就,业已成为全球第二大并购市场,公开数据显示,2018年我国上市公司并购重组交易金额约17万亿元人民币,[2]2019年深市公司并购重组交易金额达1.08万亿元,占全市场的54%。[3] 伴随企业并购重组业务的兴旺,杠杆并购作为一种支持并购重组的融资模式,近年来越来越多地被运用于我国企业并购的实践中,并引发了不少争议案例。[4] 因为高杠杆下的并购重组会使得企业的资本结构高度杠杆化(背负沉重的债务),巨额的债务所带来的利息支出就有可能使得企业承担沉重的运营压力,一旦市场环境发生变化或者商业判断失误,企业就有可能因此而走向破产。

近年来,随着我国经济进入由高速增长到高质量增长的结构调整转型期,外加全球新冠肺炎疫情的重大冲击,许多杠杆并购的企业都承受着巨大的资金压力,其中不乏大家耳熟能详的知名企业。例如,海航集团曾在2015~2017年大举海外并购,其并购巅峰时期的投资规模接超过400亿美元,最终由于高杠杆并购扩张失败、资不抵债而进入破产

---

[1] See Michael Sinkevic & Benjamin S. Kaminetzky, *Leveraged Buyout Bankruptcies, the Problem of Hindsight Bias, and the Credit Default Swap Solution*, 2011 Colum. Bus. L. Rev. 118 (2011).

[2] 数据来源于原证监会副主席姜洋2018年6月1日在“新时代香港资本市场再出发”研讨会上的演讲,载http://www.csrc.gov.cn/pub/newsite/zjhxwfb/xwdd/201806/t20180601_339003.html。

[3] 数据来源于深圳证券交易所:《2020年深市并购重组市场情况综述》,载http://www.szse.cn/aboutus/trends/news/t20210124_584380.html。

[4] 例如,“宝能系”对万科股权收购案、“龙薇传媒”对“祥源文化”(原“万家文化”)股权收购案等杠杆收购案例。

程序;恒大集团也因高杠杆下盲目多元化扩张而陷入财务困境;类似的剧情还发生在方正集团、东北特钢等企业身上。

在杠杆收购的实际操作中,具体的担保情况、资金来源、交易模式变化复杂并且形式多样,但是其最基本的形态是:收购方联合其他投资者以极少的自有资金成立一家专门用于收购目标公司的“空壳公司”(其作用相当于 SPV),以“空壳公司”的名义向投资机构获得一笔“过桥贷款”(bridge loan)以开展业务,随后“空壳公司”以目标公司资产为抵押向商业银行以及保险、信托基金等贷款人进行债权融资以及发行大量的垃圾债券(junk bond)以获得巨额资金,从目标公司原股东手中购买股权(通常会高于二级市场的市价)。获得目标公司控制权后,收购方将主导“空壳公司”与目标公司合并,将“空壳公司”的所有债权债务转移到目标公司名下,并通过经营目标公司来达到偿还债务、获取利益的目的(见图 1)。[5]

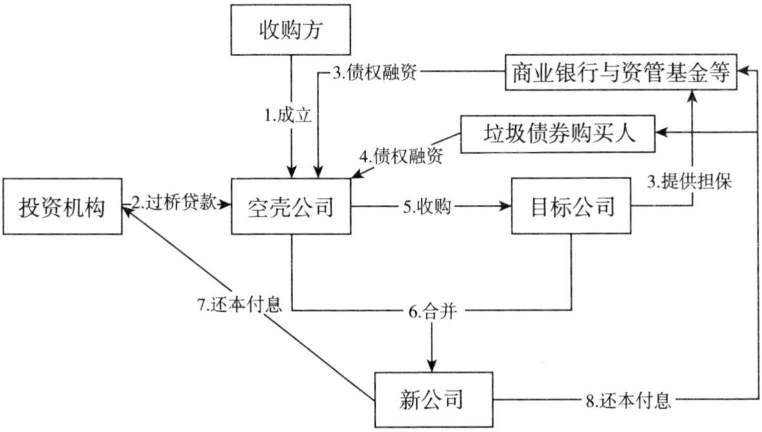

注:“债权融资”“提供担保”,两个“流程 3”,同时进行。

图 1 杠杆收购流程示意图

在基本形态之上,实践中的杠杆并购交易模式有多种变形。试举两种例子:其一是目标公司的管理层可能以目标公司的财产作为担保

[5] See Emily L. Sherwin, *Creditors' Rights against Participants in a Leveraged Buyout*, 72 Minn. L. Rev. 449 (1988).

向银行进行贷款,然后将贷款转借给“空壳公司”作为无担保借款,用于向目标公司的股东收购股票;其二也可能是目标公司的股东与收购方达成协议,以目标公司的资产作为担保,未来的收益作为偿还股权转让价款的主要来源。

在类似的杠杆并购案例中,企业的债权人应当是法律应予重点保护的对象。因为无论杠杆并购形式如何变化,杠杆收购都会对目标公司的普通债权人造成不利影响。因为在杠杆收购的过程中,目标公司的资本结构高度杠杆化,这在相当大程度上增加了目标公司的破产风险。[6] 那么,对于普通债权人来说,他们从交易中一无所获,且随着与该债务相关的风险增加,他们的债权价值就会下降。

如果目标公司在杠杆收购时已经濒临破产,这笔交易看起来就会更糟。因为破产法的“绝对优先权原则”确定了公司破产时的清偿顺序,根据“绝对优先权原则”,在破产程序中,只有债权人得到全额偿付后,股东才能获得清偿。[7] 而失败的杠杆收购将破坏绝对优先权规则,它允许股东以溢价(通常不低于二级市场的市价)将股权变现,而债权人很有可能得不到偿付。

因此,平衡和保护失败的杠杆并购下的债权人利益,对于我国降低系统性金融风险、推动杠杆并购活动规范化具有显著的现实意义。

---

〔6〕 See Emily L. Sherwin, *Creditors' Rights against Participants in a Leveraged Buyout*, 72 Minn. L. Rev. 450 (1988).

〔7〕 我国《企业破产法》关于“绝对优先权原则”的规定体现于第 87 条和第 113 条,但有学者认为,这两条法条没有涉及绝对优先权规则应解决的无担保债权人组内以及无担保债权人和股权组的清偿顺序。参见张钦昱:《论公平原则在重整计划强制批准中的适用》,载《法商研究》2018 年第 6 期;丁燕、黄涛周:《绝对优先原则的重新审视》,载《东方论坛》2017 年第 1 期。但笔者认为,从《企业破产法》第 113 条规定来看,其未列明股东的原因或许是在清算程序中,丧失偿还能力债务人的股东显然得不到任何分配。笔者认为,只有债权人得到全额偿付后,股东才能获得清偿的基本观念在我国是存在的。

二、对杠杆并购交易的追索:破产撤销权的债权人保护思路

正如马克斯·韦伯(Max Weber)所言,“在某种意义和程度上,当事人之间的任何法律交易,只要是涉及对法律上得到保障的控制权的处置,都会影响到其他人”[8]。企业间的并购重组等商事交易安排虽属契约自由,但如果其严重地影响了第三方(债权人)的利益,则必然要面临法律的监管。这也是破产撤销权的理论基础,立法者希望通过破产撤销权维系商业交易的公平与诚实信用。

(一)破产撤销权适用的理论基础:保护债权人免受不公平交易的影响

有学者提出“破产撤销权从其设立之初,就承担着防止债务人在丧失清偿能力的情况下,通过无偿转让、非正常的交易或者偏颇清偿债务等方法损害全体或多数债权人的利益、破坏破产法的公平清偿原则的责任”[9]。破产撤销权最早可以追溯至罗马法中的“保罗诉权”,在查士丁尼《法学总论》第六篇“诉权”中规定“债务人为了要欺骗债权人,将其所有物交付他人,而其物已经总督命令由债权人占有者,债权人得主张撤销交付,并诉恢复该物”[10]。最初的破产撤销权与民法撤销权并未有所区分,直到14世纪,商业交易发达的意大利从法律上取消了撤销权的主观意图要件(欺诈意图),这种撤销权为17世纪的《法国商法典》所承袭,规定于第442条的破产条文之中,成为破产撤销权;而《法国民法典》第1167条则继承了罗马法中撤销权的传统,成为民法撤销权。这种民法与破产法撤销权分立的立法模式日后为德国、日本等众多大陆法系国家所采纳并逐渐发展。[11] 英美法系破产撤销权的

[8] [德]马克斯·韦伯:《论经济与社会中的法律》,中国大百科全书出版社1998年版,第116页。

[9] 参见李永军、王欣新等:《破产法》(第2版),中国政法大学出版社2017年版,第65页。

[10] 参见[古罗马]查士丁尼:《法学总论》,张启泰译,商务印书馆1989年版,第207页。

[11] 参见史尚宽:《债法总论》,荣泰印书馆股份有限公司1978年版,第457页。

源头可以追溯到1571年的《伊丽莎白十三法令》，其针对的是债务人具有妨害、延误或欺骗债权人实际意图的给付。美国1918年通过的《反欺诈转让示范法》(UFCA)在前者的基础上创设了若干种拟制欺诈诉因(不考虑主观意图的撤销权)，确立了欺诈转让的两个基本类型，即实际欺诈转让(intentional fraud)和拟制欺诈转让(constructive fraud)。1978年的《美国破产法》和1984年的《反欺诈转让示范法》(UFTA)进一步细化了撤销权相关规则。[12]

应当说，破产撤销权起源于防止债务人对债权人利益的恶意侵害。伴随着商业交易的发展，其不仅肩负着反欺诈的任务，更承担着保障商业交易的公平与诚信、制止对债权人利益的损害、平衡破产程序中各方利益的使命。

(二)破产撤销权适用的域外实践：United States v. Gleneagles Investment Co.

虽然在杠杆并购失败的问题显现之前，破产撤销权就已经存在于法律规范之中，但真正将破产撤销权适用于杠杆收购领域，则是由美国司法实践在1982年至1984年的United States v. Gleneagles Investment Co.案中开创的。[13] 该案中美国联邦政府(United States)起诉雷蒙德煤矿公司(Raymond Colliery Co.)拖欠联邦所得税、利息和其他罚款。[14] 在追讨拖欠税款的过程中，美国联邦政府发现雷蒙德公司最有价值的煤矿和土地上，均有IIT公司(Institutional Investors Trust, IIT)贷款的抵押权。该抵押权将保障IIT公司的债权在抵押财产范围内得到优先清偿。在雷蒙德公司已资不抵债的情况下，这将阻碍政府对拖欠税款的追讨。原告经过调查发现，这些被担保贷款的目的均是为大美煤矿公司(Great American Coal Co.)购买雷蒙德煤矿公司的股票提供

---

〔12〕 参见[美]查尔斯·J.泰步：《美国破产法新论》(第3版)(中册)，韩长印、何欢、王之洲译，中国政法大学出版社2017年版，第633页。

〔13〕 565 F. Supp. 556 (M. D. Pa. 1983); 571 F. Supp. 935 (M. D. Pa. 1983); 584 F. Supp. 671 (M. D. Pa. 1984).

〔14〕 由于雷蒙德公司的部分煤矿涉嫌违法销售给了格伦伊格尔斯投资有限公司(Gleneagles Investment Co.)，因此在本案中，原告以格伦伊格尔斯投资公司为共同被告。故而案件名称为United States v. Gleneagles Investment Co.。

融资。因此,联邦政府以欺诈转让为由,请求法院判决将这笔贷款的抵押权予以撤销。

承办法官在本案中首次指出,杠杆收购中的贷款被用于支付购买雷蒙德公司原股东的股票,而不被用于雷蒙德公司的经营业务,正是由于这笔贷款导致雷蒙德公司的财务状况急转直下、濒临破产。故而,法院认为雷蒙德公司对这笔贷款承担的还款义务以及在优质资产上设立担保的行为并未收到合理对价(fair consideration),因此判决担保权的设立属于欺诈转让财产的行为。

由此一石激起千层浪,美国司法实践中将撤销权应用于杠杆收购的案例泉涌而出,并不断扩充破产撤销权的使用范围。例如,在 Moody v. Sec. Pac. Bus. Credit, Inc. 案[15]中,法院并非基于合理对价的理由撤销杠杆收购交易,而是以杠杆收购交易后,目标公司的"资本低于合理正常值"为由,支持债权人撤销杠杆收购交易中抵押权的请求。根据这一理由,即便杠杆收购交易并未导致目标公司事实破产,但只要目标公司的资本因此而处于不合理的状态,杠杆收购交易也会被法院撤销。[16]

在此基础之上,面临欺诈撤销的主体也不再局限于杠杆收购交易中的贷款人,目标公司的原股东转让股权的交易也被法官纳入撤销权行使的范围之中。在 Kupezt v. Wolf 案[17]中,管理人向法院主张,银行的贷款经购买方之手流向了目标公司的原股东,而这笔贷款的还款义务及担保责任都是由目标公司来承担,原股东在获取该笔贷款的时候并未支付合理对价,因此请求法院予以撤销,并得到了法院的支持。

三、破产撤销权在杠杆并购中适用可能面临的困境

美国司法实践将破产撤销权适用于杠杆收购领域并不断扩张的做

〔15〕 971 F. 2d 1056 (3d Cir. 1992).

〔16〕 See Bruce A. Markell, *Toward True and Plain Dealing: A Theory of Fraudulent Transfers Involving Unreasonably Small Capital*, 21 Ind. L. Rev. 469, (1988).

〔17〕 Kupezt v. Wolf, 845 F. 2d 842 (9th Cir. 1988).

法,引起了金融机构、杠杆收购参与方以及学界对这一问题的激烈争论。反对的观点认为破产撤销权的适用范围扩张在一定程度上维护了债权人利益,但更大程度上加大了正常商业判断的司法风险,阻碍了公司高管市场的发展,给商业交易带来过大的不确定性,有违效率追求。鉴于美国破产撤销权在杠杆并购实践中适用的争议,有必要分析破产撤销权在杠杆并购中适用可能面临的困境。

(一)对杠杆并购交易公允性的区分与识别问题

1. 杠杆并购交易撤销的司法审查规则

对于判断一项失败的杠杆收购交易是否能撤销,美国司法审查通常使用的是拟制欺诈规则(constructive fraud law),该规则继承了14世纪以来商法撤销权的特点,只要证明特定的明确规定的事实,就可以认定诉争给付属于欺诈转让,而无须考虑债务人的实际主观意图如何。[18]

(1)基础要件:转让所得低于合理对价

在拟制欺诈的诉讼中,债务人"交易所得的对价低于该给付或义务的合理对等价(reasonably equivalent value)"[19]是债权人唯一必须证明的要件。这一要件只要与债务人事实破产、债务人转让之后的剩余资本低于合理正常值或债务人将承担的债务在到期后将超出其偿还能力三个要件中的任何之一相结合,就能够"终局性"地证明拟制欺诈的成立。[20]

(2)可选要件之一:事实破产

债权人要证明拟制欺诈的成立,除了证明转让所得低于合理对价之外,还需要证明目标公司在杠杆收购作出时财务状况已经出现困

---

〔18〕 参见[美]查尔斯·J. 泰步:《美国破产法新论》(第3版)(中册),韩长印、何欢、王之洲译,中国政法大学出版社2017年版,第645页。

〔19〕 11 U. S. C. §548 (a)(1)(B)(i); UFTA §4(a)(2) & §5(a).

〔20〕 参见[美]查尔斯·J. 泰步:《美国破产法新论》(第3版)(中册),韩长印、何欢、王之洲译,中国政法大学出版社2017年版,第648页。

境。[21] 在二者之中,首先可以证明的就是“债务人在杠杆收购之时已经破产,或因杠杆收购而陷入破产”[22]。

(3)可选要件之二:剩余资本低于合理正常值

即使目标公司并未因杠杆收购交易而陷入破产,其也可能因为“交易已经发生或即将发生,且转让之后债务人的剩余资本低于合理正常值”[23]而被撤销。这一要件对于杠杆收购交易来说是相当关键的,因为杠杆收购必然会导致目标公司的资产负债率发生较大变化。

(4)可选要件之三:负债超出清偿能力

最后一个目标公司财务状况恶化的可选证明要件是“该债务人意图承担或自己认为将要承担的义务在到期后将超出其清偿能力”[24],即通常所说的“现金流(cash flow)测试”。其道理简单来说就是,一家负债大于资产的目标公司,如果预期其业务运营能够产生足够的现金来偿还到期的债务,就不会被认为破产。这也体现了“现金流”作为一种或有资产的性质。

2. 交易是否存在公允对价的判断困境

正如前文所述,杠杆收购交易是否存在公允对价的判断,对于区分和识别可撤销的杠杆收购交易至关重要。然而在实践中,这一要件似乎是不证自明的。在失败的杠杆收购中,目标公司的原股东在杠杆收购中已经将股权转手到了收购方,原股东借此得以全身而退;而收购方并未投入较大的自有资金,利用“空壳公司”的法人有限责任制度,其无须承担“空壳公司”出资额以外的责任。从司法实践来看,法院也偏向于这一逻辑,认为这种财产转让的行为并未获得合理对价。在Kohlberg Kravis bought RJR Nabisco 这一美国史上最大的杠杆并购案中,法官认为杠杆收购给目标公司带来了沉重的债务负担,而目标公司

---

[21] 这种可选择的财产状况证明要件也相当容易理解:财务健康的公司可以自由地进行高风险投机交易(危害金融管理秩序等社会公共利益的除外),即使交易是没有任何对价的赠予,抑或是交易彻底失败,债权人利益也不会受到损害;只有在财务状况不佳的情况下,如果进行相关交易,才会损害债权人利益。

[22] 11 U. S. C. §548 (a)(1)(B)(ii)(I); UFTA §5(a), UFCA §4.

[23] 11 U. S. C. §548 (a)(1)(B)(ii)(II); UFTA §4(a)(2)(i), UFCA §5.

[24] Ibid.

并未因此获得应有的好处，因此撤销了贷款人的担保物权。[25]

单就评估方法来说，美国法学会撰写的《公司治理原则：分析与建议》指出，"在确定公允价格时，应该采用相关的证券金融市场上对从事类似业务的公司或者类似资产通常采用的评估概念和技术"[26]。所谓"类似的评估概念和技术"在运用到评估拟制欺诈规则中的三个可选财务状况标准时，就变成了评估专家们刻意操作评估结果的最强武器。

评估的相关问题是广泛存在的，但在破产撤销权应用于杠杆收购领域中时，相关评估专家和法院在评估财务状况时所呈现的事后审查偏见（hindsight bias），则是对既有规则的一大冲击。[27] 现实情况就是，只有失败的杠杆收购才会有债权人行使撤销权的问题，而能否撤销交易的关键因素是杠杆收购时目标公司的财务状况，债权人当然会主张目标公司财务状况不佳濒临破产，他们的证据是"目标公司最后破产了"。法院本应仅根据杠杆收购时的情况和信息来评估这笔交易，但事实结果使得相关评估内在性（inherently）地偏向债权人一方。[28] 因此有学者评论说，"由于杠杆收购是以账面价值不被承认的隐性价值存在（目标公司获得间接利益）为前提的，因此，用账面价值来衡量杠杆收购的偿付能力，将使几乎所有杠杆收购的目标公司都被认定为破产，从而可以将每一笔被质疑为欺诈转让的杠杆收购交易撤销"[29]。

因此，对于法官来说，要回到杠杆收购交易作出时去判断目标公司是否收到合理对价，而不受杠杆收购已经失败这一既然事实的影响，显然是相当困难的。这种事后审查的偏见将导致许多正常的杠杆收购交

〔25〕 Metro. Life Ins. Co. v. RJR Nabisco, Inc. , 716 F. Supp. 1504, 1505 – 06 (S. D. N. Y. 1989).

〔26〕 参见美国法律研究院通过并颁布：《公司治理原则：分析与建议》（下卷），楼建波等译，法律出版社2006年版，第922页。

〔27〕 See Alemante G. Selassie, *Valuation Issues in Applying Fraudulent Transfer Law to Leveraged Buyouts*, 32 B. C. L. Rev. 377 (1991).

〔28〕 See Laura Femino, *Ex Ante Review of Leveraged Buyouts*, 123 Yale L. J. 1848 (2014).

〔29〕 See Raymond J. Blackwood, *Applying Fraudulent Conveyance Law to Leveraged Buyouts*, 42 Duke L. J. 369 (1992).

易面临撤销风险,间接提升了杠杆收购的交易成本,阻碍了资本市场和企业并购重组业务的发展,成为不少学者对破产撤销权应用于杠杆收购领域的主要批评点,导致了在区分和识别可撤销杠杆收购交易上的一大现实困境。

3. 目标公司财务状况的评估困境

拟制欺诈规则中的三个可选要件可以总结为对目标公司财务状况恶化的证明,然而在实践中,对目标公司财务状况进行客观评估并非易事。例如,对于目标公司"事实破产"这个要件的证明,最为关键的部分就是对于破产的界定。美国相关法律对破产的定义是"债务人资产的公允价值低于其所有债务到期时将要支付的金额"〔30〕。但债务人资产怎样计算才称得上公允,其实是一个很复杂的会计学问题,其高度依赖假定前提、方法、变量的选择以及权重。然而,不同会计计量方法的选择会对债务人是否事实破产的判断产生鲜明的影响。〔31〕故而会有法官抱怨称"评估是一个可塑的概念,很难衡量对错;评估结果高度依赖于那些做评估的专家的主观看法,在某种程度上没有一个评估结果是大家客观公认的"〔32〕。

总而言之,目标公司因杠杆收购而陷入破产的证明并不像资产与负债的比较这么简单。实践中,原告方聘请的会计师往往会得出目标公司因杠杆收购已陷入破产,而被告方聘请的会计师会得出完全相反的结论,〔33〕最后情况又会变成法官对"是否事实破产"进行完全主观的判断。〔34〕

(二)对债权人利益过度保护的问题

有学者指出,破产撤销权在杠杆收购领域的应用为普通债权人维

---

〔30〕 11 U. S. C. § 101(26) (A); UFTA § 2.

〔31〕 See Kevin J. Liss, *Fraudulent Conveyance Law and Leveraged Buyouts*, 87 Colum. L. Rev. 1505 (1987).

〔32〕 See Credit Managers Ass'n of S. Cal. v. Fed. Co., 629 F. Supp. 175, 188 (C. D. Cal. 1985).

〔33〕 See Franco Modigliani & Merton H. Miller, *The Cost of Capital*, *Corporation Finance and The Theory of Investment*, 48 Am. Econ. Rev. 261 (1958).

〔34〕 See Michael Sinkevic & Benjamin S. Kaminetzky, *Leveraged Buyout Bankruptcies*, *the Problem of Hindsight Bias*, *and the Credit Default Swap Solution*, 2011 Colum. Bus. L. Rev. 142 (2011).

护自身利益提供了有力的武器,但这项类似于免费的保险制度也可能被债权人滥用,导致贷款人和目标公司利益受损。[35] 现有的规则允许债权人事先支持杠杆收购交易,即使这笔交易有巨大的风险,然后通过破产撤销权制度将风险转移给贷款人和目标公司。例如,目标公司由于经营效率低下且财务状况不佳(债权人到期很难收到足额本息)而被杠杆收购,如果在收购后目标公司经营顺利,债权人将能因此而获得足额本息;如果目标公司进展不顺利,债权人则可以通过破产撤销权,解除交易中贷款人的担保,追回支付给原股东的价款,以使其获得更多清偿。[36]

这种不当激励(misaligning incentives)将造成杠杆收购中交易各方利益保护新的不平衡。尤其是在目标公司财务状况不佳的情况下,既有规则容易将失败的杠杆收购认定为欺诈转让而撤销,那么债权人受此激励,会鼓励并设法制造高风险的杠杆收购,用贷款银行的钱去进行一场“赌博”,赌赢了其自身利益将得到保障,赌输了则将风险全部推给贷款人。[37]

(三)对交易安全的维护问题

破产撤销权应用于失败杠杆收购交易中,体现了破产法的实质正义的理念。然而由于破产撤销权可撤销行为的认定标准具有不确定性,[38] 各方批评破产撤销权在杠杆收购交易中的应用过分主观地偏重公平,而缺少对商业判断及社会公共利益的尊重,有损交易安全。

这种对交易安全维护不足的问题主要体现在对并购方或者贷款人

---

[35] See Anthony Michael Sabino, *Applying the Law of Fraudulent Conveyances to Bankrupt Leveraged Buyouts: The Bankruptcy Code's Increasing Leverage over Failed LBOs*, 69 N. D. L. Rev. 41 (1993).

[36] See In re Bay Plastics 187 B. R. 315 (Bankr. C. D. Cal. 1995). 在本案中,目标公司 Bay Plastics 陷入财务困境。收购方提出杠杆收购这家境况不佳的公司。目标公司的债权人被新买家的良好信誉所吸引,同意放弃其对目标公司资产上的抵押权顺位,以便相关资产能够担保银行贷款获得收购资金。15 个月后,目标公司进入破产程序,债权人用破产撤销权撤销了贷款银行对相关资产的抵押权。

[37] See Laura Femino, *Ex Ante Review of Leveraged Buyouts*, 123 Yale L. J. 1844 (2014).

[38] 参见《美国破产法协会美国破产重整制度改革调研报告》,何欢、韩长印译,中国政法大学出版社 2016 年版,第 211 页。

“善意”的认定标准过于高上。在前文提到的 United States v. Gleneagles Investment Co. 案中,法官认为,贷款人在给收购方提供数以亿元的贷款的时候,必然会对贷款的用途、目标公司的财务状况进行审查,如果债务人财务状况不佳,那么贷款人就不存在善意。[39] 这一类“知道或者应当知道”[40]的标准似乎又带来了新的问题。一方面,在杠杆收购交易中,这一标准太过宽泛,贷款人一般都会了解到杠杆交易的交易模式,而如果该交易被认定为“欺诈”,贷款人很难证明自己对于“欺诈”的行为毫不知情;另一方面,如果贷款人在借款的时候,对债务人的财务状况进行调查时没有发现问题,但是在杠杆收购交易之后,债务人的财务状况陷入了困境,贷款人能否主张自己出于善意仍未可知。

四、破产撤销权在杠杆并购中适用困境的进路

破产撤销权在杠杆收购中运用的实践确实为弱势的普通债权人提供了救济、重新分配了交易风险。但上述分析也说明了在公允对价的判断以及目标公司财务状况的评估上存在问题,如果过于强调撤销权的使用,很可能造成债权人侵害其他交易方利益的不当激励,对交易安全和信赖的维护也会产生破坏。故而,在运用破产撤销权来保护失败杠杆并购中债权人的利益时,需要吸取美国司法实践的经验教训,思考破产撤销权在杠杆并购中适用困境的进路。

(一)市场信息对公允性判断的佐证思路

长期以来,美国最高法院一直相信,受到良好监管的金融市场能够有效地处理既有的信息,从而公平、恰当地评估证券价值。[41] 这种想法影响了一些法院在破产撤销权适用于杠杆收购的判断与分析上,甚

[39] 565 F. Supp. 556 (M. D. Pa. 1983).

[40] 类似的观点还包括:贷款人对不利财务状况的了解、获取利益或者滥用控制地位的意图。See Pereira v. Checkmate Communications Co. (In re Checkmate Stereo & Elecs.), 9 Bankr. 585, 617 – 18 (Bankr. E. D. N. Y. 1981), aff'd, 21 Bankr. 402 (E. D. N. Y. 1982).

[41] Basic v. Levinson, 485 U. S. 224, 244 (1988).

至有法院将市场价格信息作为目标公司财务状况的主要判断依据，基本上无视传统的估值和偿债能力分析方法以及专家证人的意见。[42] 这种运用市场价格信息来对目标公司财务状况进行评估的方法，将对既有规则下的传统方法作出有益的补充。

然而，并非所有的金融市场价格都能反映目标公司的偿付能力。例如，最常见的公司股票价格就不太能反映这一指标，因为股票价格的波动受到太多其他因素影响，很难证明其与目标公司的资本充足与否有关。再如，债券价格也不太能反映这一指标，因为债券的交易价格可以高于或低于票面价值，其受到当前和预期基准利率波动的影响太大，当债券的期限较长时，其受到利率的影响就更大。因此，如果有一种金融产品在金融市场上的价格主要受到公司偿付能力的影响，那么这类市场价格将能够为法院在破产撤销权适用于杠杆收购的判断与分析上提供准确的参考信息。有学者提出，在信用违约互换（credit default swaps）市场上的信用息差（credit spreads）可以很好地承担这一职能。[43]

（二）事前审查理念对债权人保护的平衡

事前审查模式（ex ante review）的理论基础在于，如果杠杆收购交易是可靠的，则在实施杠杆收购前对目标公司进行相关欺诈撤销的审查将大大减少在经营失败后再对目标公司进行审查所面临的审查偏见和各方利益冲突问题。[44] 具体来说，该审查模式设想在杠杆收购实施之前，由一个独立的第三方评估机构对整个杠杆收购交易进行审查（审查标准与欺诈撤销标准相同），并为目标公司现有债权人提供反对杠杆收购的途径；与之相对应的，事前审查通过的杠杆收购，日后将在破产撤销诉讼中具有推定不存在拟制欺诈的构成要件，除非债权人能

---

〔42〕 VFB LLC v. Campbell Soup Co., 482 F.3d 629 (3d Cir. 2007). 法官认为，市场价格是衡量公司价值的一个更可靠的指标，而不是一两个专家证人的主观估计。

〔43〕 See Michael Sinkevic & Benjamin S. Kaminetzky, *Leveraged Buyout Bankruptcies, the Problem of Hindsight Bias, and the Credit Default Swap Solution*, 2011 Colum. Bus. L. Rev. 166 (2011).

〔44〕 See Laura Femino, *Ex Ante Review of Leveraged Buyouts*, 123 Yale L. J. 1852 (2014).

够拿出充分可信的证据推翻事前审查。

首先，达成杠杆收购协议的相关方（收购方、贷款人、目标公司原股东）向独立的第三方评估机构提出审查申请。在此环节中，独立的第三方评估机构可以采取法院指定的商业评估专家、会计师和债务评级机构等组成的委员会形式。[45] 随后，收购方和贷款人需要向独立的第三方评估机构提交他们已经完成的关于目标公司资产、负债和未来现金流预测的尽职调查（律师、会计师、投资银行以及投资咨询公司在内的众多机构都会参与尽职调查的过程）；[46] 由于收购方和贷款人会在交易协商过程中，基于维护自身利益的目的完成这些尽职调查，所以事前审查要求提交的材料将不会给收购方和贷款人带来额外尽调成本。[47]

其次，独立的第三方评估机构将对提交的目标公司财务信息，按照既有的破产撤销权适用于杠杆收购交易审查规则所用的三个财务困境标准，分析这笔杠杆收购交易。也就是说，独立的第三方评估机构会审查这笔杠杆收购交易是否会让目标公司事实破产、资本低于合理正常值、在债务到期时无法偿还债务以及是否收到合理对价。在事前审查模式下，既有规则设立的标准没有任何变化，唯一改变的就是审查的时间。但这一点改变就可以彻底克服事后由于目标公司破产所带来的审查偏见问题，也可以避免在交易各方利益冲突的情况下评估效果大打折扣。与此同时，目标公司的债权人可以向独立的第三方评估机构提交材料来反对杠杆收购，以此获得充分的机会参与到杠杆收购的决策

〔45〕 通常挑选财务相关人员，是因为杠杆收购的撤销权审查标准都与目标公司的财务状况相关；而评级机构参与评估过程，因为杠杆收购的参与方往往希望在目标公司进行杠杆收购后的债务评级中获得一定的良好评级。See John H. Ginsberg et al., *Befuddlement Betwixt Two Fulcrums: Calibrating the Scales of Justice to Ascertain Fraudulent Transfers in Leveraged Buyouts*, 19 Am. Bankr. Inst. L. Rev. 94 (2011).

〔46〕 See Christian C. Day et al., *Riding the Rapids: Financing the Leveraged Transaction Without Getting Wet*, 41 Syracuse L. Rev. 736 (1990).

〔47〕 See Matthew T. Kirby et al., *Fraudulent Conveyance Concerns in Leveraged Buyout Lending*, 43 Bus. Law. 27, 40 (1987).

中来。[48] 评估机构的专家们也可以更公正、公允地评估目标公司的前景，对杠杆收购交易的可行性作出判断。

最后，由独立的第三方评估机构综合双方提供的信息，对杠杆收购是否可行作出审核决定，并向双方反馈审查意见。更为关键的是，审核结果并不具有终局性，也就是说，如果第三方评估机构拒绝拟议的杠杆收购交易，有关各方可对交易内容进行调整，并再次提交第三方评估机构审查。例如，如果第三方评估机构认为出售使得目标公司负债过高，各方可以降低收购价格或者采取股权融资的方式降低杠杆收购后目标公司负债，以期杠杆收购方案获得通过。[49]

通过这种方式，事前审查也将成为债权人和杠杆收购的发起者之间的博弈。[50] 独立的第三方评估机构在降低杠杆收购交易风险的同时，间接地在杠杆收购交易的决策中代表了债权人的利益，节省了债权人集体行动的成本，也避免了不同组别债权人之间利益不同的复杂问题。根据杠杆收购的交易模式，第三方评估、改变杠杆收购的交易内容甚至于解决异议债权人的相关费用都将由收购方承担。可以想象，在现实情况下，这些新增的交易成本很可能会以收购价格降低的形式，由目标公司的原股东一起分担，从而解决杠杆收购中债权人的财富不公平地流向原股东，这一破产撤销权所要解决的真正问题。[51]

（三）安全港制度对交易安全的维护

安全港制度一向被认为是平衡交易安全与交易公平的重要手段。首先，在“善意”相对人保护的安全港制度构建中，笔者觉得比较中允的观点是，贷款人了解到其信贷资金被用于杠杆收购时，就应当对杠杆收购交易的成败承担一定的风险责任，但是这样的责任应当在合理的

---

〔48〕 例如，债权人聘请的专家作出的关于目标公司资产、负债和未来现金流预测数据与收购者和贷款人提交的数据相差太大、目标公司故意提供虚假的财务数据或者其他欺诈性行为等材料。

〔49〕 See Alemante G. Selassie, *Valuation Issues in Applying Fraudulent Transfer Law to Leveraged Buyouts*, 32 B. C. L. Rev. 406 (1991).

〔50〕 在此情况下，收购方或许会以清偿、改变利率或提供担保的形式，对部分异议债权人的利益提供保障，以换取杠杆收购协议的通过。

〔51〕 See Laura Femino, *Ex Ante Review of Leveraged Buyouts*, 123 Yale L. J. 1858 (2014).

限度之内。正如学者指出"贷款人应当在合理的初步审查(reasonable preliminary review)范围之内对杠杆收购交易的成败承担责任,超出这个范围就不能被要求放弃自己在杠杆收购中的担保利益"[52]。至于合理的初步审查范围如何界定,争论的观点有很多,笔者觉得比较合理的界定是,从一般商业判断的角度,根据贷款人的专业知识以及在杠杆收购交易中所扮演的角色,在了解目标公司的财务状况下,判断贷款人放贷的行为是否显得反常(atypical)或缺乏商业理由(business justification)。[53]

此外,对于原股东的安全港制度构建,一般认为"涉及金融中介的结算资金支付"免受破产撤销权影响。因为通过集中竞价的公开交易市场进行转让的股份被撤销交易将严重破坏证券转账系统(securities transfer system)的安定性,增加相关交易的交易成本。由于在杠杆收购交易中涉及对原股东股权转让价款的追回问题,如果是通过金融中介进行的大额股权转让,撤销交易势必会对证券转账系统的安定性造成较大破坏。因此,将涉及金融中介的私募证券交易以及所有的公募证券的交易,排除出破产撤销权的适用范围,以维护证券转让系统的安定性,降低证券交易成本,维护社会公共利益。除此之外,也有观点认为应将原股东区分为"无辜股东"(innocent shareholder)(对收购资金来源不知情的股东)和"内部控制股东"(了解交易经过的股东),继而免除前者的责任。[54] 但是这种安全港制度的设计招致了一些学者的批评,因为一旦认定原股东获得股权转让价金的行为是可撤销的,那么依据是否知悉交易内幕而免除部分原股东的责任是没有法律依据的。

---

〔52〕 See Emily L. Sherwin, *Creditors' Rights against Participants in a Leveraged Buyout*, 72 Minn. L. Rev. 492 (1988).

〔53〕 这种观点源于《证券法》对违反证券法规交易主体的银行、律师、会计师所要求承担的次级责任(secondary liability)的标准。See Woodward v. Metro Bank, 522 F. 2d 84, 97 (5th Cir. 1975).

〔54〕 Kupezt v. Wolf, 845 F. 2d 842 (9th Cir. 1988); *Wieboldt Stores*, Inc. v. Schottenstein, 94 B. R 488 (N. D. Ill. 1988).

五、我国破产撤销权适用于杠杆并购的分析与展望

我国破产撤销权规定于《企业破产法》第31条和第32条，立法明确的可撤销行为包括：(1)无偿转让财产的行为；(2)以明显不合理的价格进行交易的行为；(3)放弃债权的行为；(4)偏颇清偿行为。

总的来说，立法对于可撤销行为的内涵和外延并未作充分的说明，这就为司法实践提供了解释的空间。例如，对第三人债权提供担保的行为可以被解释为一种“转让”财产的行为；也可以将担保物权这类财产性权利视为“财产”，[55]进而审视杠杆收购交易中的对价是否合理；等等。

但我国破产撤销权的立法及相关司法解释没有为可撤销行为规定任何的抗辩事由或者安全港规则，对于可撤销行为的审查标准也并没有明确的规定。故而笔者认为，在我国司法实践中运用破产撤销权追索杠杆并购交易时，需要吸取美国司法实践的经验教训，避免破产撤销权的适用造成并购重组市场的交易成本陡增、为债权人带来不当激励、破坏商事交易的稳定和预期的问题。就此而言，我国破产撤销权适用于杠杆并购交易中需要构建两个审查维度。

(一)细化杠杆并购时债务人的财务状况审查标准

在杠杆并购交易可以作为一项可撤销行为的基础上，笔者认为，首先需要思考的是“是否需要考虑债务人的财务状况”，即“破产状况”的认定。如果债务人财务状况良好，无论其进行风险多高的投资活动，抑或是直接将财产赠与他人，只要其有足够的资金偿还债权人，就可以自由支配其财产。因此，债务人的财务状况是无偿行为的认定上不可避免的探讨话题。美国的立法给了我国值得借鉴的经验。《美国破产法》提供了三个可选证明要件：(1)债务人在杠杆收购之时已经破产，或因杠杆收购而陷入破产；[56](2)交易已经发生或即将发生，且转让

[55] 参见许德凤：《论破产中无偿行为的撤销》，载《法商研究》2012年第1期。

[56] 11 U. S. C. §548 (a)(1)(B)(ii)(I); UFTA §5(a), UFCA §4.

之后债务人的剩余资本低于合理正常值;[57](3)该债务人意图承担或自己认为将要承担的义务在到期后将超出其清偿能力。[58] 本文之前也分析过,这三个可选证明要件都面临着事后审查偏见的问题,在实践中不同的专业人士运用不同的分析方法得出的结果往往大相径庭,法官的选择也经常带有先入为主的主观判断色彩,这在杠杆收购领域是难以避免的。就现阶段而言,笔者认为还是应当以合理的商业判断为原则,[59] 尊重财务专业人士通过会计分析以及财务数据分析的方法对交易发生时债务人财务状况发表的意见。在此基础之上与市场价格、事先审查安全港制度相结合,综合判定债务人的财务状况。

(二)构建破产撤销权中的安全港规则

正如前文所述,域外司法实践中运用安全港规则来确保破产撤销权的适用能够体现实质公平的原则,同时又能兼顾效率,不至于对追求效率的商业交易产生严重掣肘。因此,笔者认为应当通过吸收域外关于有偿善意买受人安全港规则、金融中介结算资金支付的安全港规则来实现在债权人利益保护中对商业效率及社会公共利益的平衡。

除此之外,应吸取事后审查偏见的教训,采用事前审查原则的观念,构建破产撤销权适用于杠杆收购的事前审查安全港制度。具体来说,可以由达成杠杆收购协议的相关方(收购方、贷款人、目标公司原股东)向独立的第三方评估机构提出审查申请。随后,收购方和贷款人需要向独立的第三方评估机构提交他们已经完成的关于目标公司资

〔57〕 11 U. S. C. §548 (a)(1)(B)(ii)(II); UFTA §4(a)(2)(i), UFCA §5.

〔58〕 11 U. S. C. §548 (a)(1)(B)(ii)(III); UFTA §4(a)(2)(ii), UFCA §6.

〔59〕 此处值得一提的是,我国《企业破产法》第128条规定了债务人的法定代表人、其他直接责任人员的赔偿责任。基于代理理论的观点,公司管理层是基于公司所有权人(股东)的委托,为股东的利益而代理公司的管理和经营,管理层对此股东的委托承担信义义务;而信义义务要求管理层基于合理的商业判断去处理高风险的商业交易。笔者认为,只要是管理层基于合理的商业判断,在符合债务人内部关于风险控制的规定下作出的交易决定,就可以免予承担赔偿责任(如聘请财务专家进行风控和尽调分析,没有给予额外的"成功费"之类的干扰;没有与收购方恶意串通以获取"金降落伞计划"等)。当然,在破产重整程序中,管理人和出资人委员会将对所有债权人及出资人承担信义义务,因此其责任主体会有所区别。参见张钦昱:《公司重整中出资人权益的保护——以出资人委员会为视角》,载《政治与法律》2018年第11期;张钦昱:《重整计划制定权归属的多元论》,载《社会科学》2020年第2期。

产、负债和未来“现金流”预测的尽职调查;独立的第三方评估机构将对提交的目标公司财务信息,按照本文所述规则,以判断是否构成无偿行为以及是否达到两个财务困境标准之一,分析这笔杠杆收购交易。与此同时,目标公司的债权人可以向独立的第三方评估机构提交材料来反对杠杆收购,以此获得充分的机会参与到杠杆收购的决策中来。最终,由独立的第三方评估机构综合双方提供的信息,对杠杆收购是否可行作出审核决定,并向双方反馈审查意见。更为关键的是,审核结果并不具有终局性,也就是说,如果第三方评估机构拒绝拟议杠杆收购交易的,有关各方可对交易内容进行调整,并再次提交第三方评估机构审查。经过类似程序的杠杆收购交易,不会在司法审查中被撤销,以此维护交易各方的稳定和预期。

六、结论

新兴的杠杆收购交易因其在交易模式上具有将目标公司的债权人利益转移至原股东的特点,这带来了在目标公司破产后,能否运用维护商事交易公平原则的破产撤销权来保护债权人利益的问题。在这一问题的背后,是破产撤销权对于公平与效率价值平衡的追求,也是杠杆收购交易中债权人有效保护的核心。

法律规则既要对债权人因杠杆收购交易而利益受损的事实给予足够的关注,同时又不能忽略杠杆收购交易对于并购重组市场的重要贡献。由此引发了对适用于杠杆收购领域的美国欺诈撤销规则的争论,仅仅依靠现有的规则很难满足司法实践的需求,需要构建新的规则来面对司法实践的挑战。通过市场价格信息对于目标公司破产概率的反应,为法官判断目标公司财务状况如何提供有益的补充材料;通过事前审查模式和安全港制度的构建,完善杠杆收购的风险分配,彻底扭转事后审查偏见带来的财务评估困境。通过以上方式,破产撤销权可以引导杠杆收购朝市场化、法治化方向发展,使高风险商事交易事前得到化解,杠杆收购交易各方利益得到平衡。

(编辑:姜沅伯)

《证券法苑》(2022)
第三十六卷,第56~69页

论上市公司破产重整中的中小投资者保护*

林蔚然**

摘要:目前,我国资本市场上市公司破产重整实践逐渐增多。与传统破产法特别强调保护债权人不同的是,我国上市公司破产重整实践中对于中小投资者的利益也有一定的倾斜保护。这是由我国上市公司重整不退市、上市公司的公众性等特殊情况决定的,需要对壳价值与重整价值关系、股东权益强制调整等问题有正确的认识。应当从强化信息披露、加强重整价值识别以及加强重整中资金占用、违规担保解决的监管入手,进一步完善我国上市公司重整监管制度。

关键词:上市公司　破产重整　中小投资者　壳价值　信息披露

近年来,上市公司破产重整案例逐渐增多,仅2020年、2021年,实施破产重整的上市公司就达32家之多,破产重整制度在挽救危困企业、促进企业重生方面的作用逐渐为各界重视。我国上市公司

---

* 本文仅代表作者个人观点,与所任职单位无关。

** 现任职于深圳证券交易所。

破产重整制度的主要规则依据最高人民法院于2012年发布的《关于审理上市公司破产重整案件工作座谈会纪要》(以下简称《上市公司重整案件审判纪要》),就上市公司破产重整作了细化规定。但随着制度环境的变化与实践的日益增多,《上市公司重整案件审判纪要》已经逐渐体现出来一定的不适应。

为此,《国务院关于进一步提高上市公司质量的意见》(国发〔2020〕14号,以下简称国发14号文)明确指出,要完善上市公司破产重整制度。全国人大会常务委员会执法检查组《关于检查〈中华人民共和国企业破产法〉实施情况的报告》亦明确指出,上市公司破产情况复杂,《企业破产法》对上市公司重整的特殊要求导致实践中的问题缺乏制度回应。[1] 学界与实务界也对是否应当对上市公司破产重整作特殊规定、上市公司重整中保护中小股东权益有否必要、中小投资者利益保护从何处着手等问题存在一定的争议。

一、上市公司重整中小投资者权益保护的必要性

传统的破产法理论往往强调公司在资不抵债情况下对于债权人利益的保护,认为公司既然归于破产则股东权益当然归零,无股东利益保护的必要。[2] 事实上,上市公司重整计划中也有学者往往持此论,在重整计划中称股东权益已然清零,但该理论一方面否认了上市公司破产重整的特殊性以及特别规制的必要性,另一方面也与实践中上市公司破产重整实践相去甚远。[3] 事实上,境外法域也较少对上市公司重

---

〔1〕 参见王东明:《全国人民代表大会常务委员会执法检查组关于检查〈中华人民共和国企业破产法〉实施情况的报告——2021年8月18日在第十三届全国人民代表大会常务委员会第三十次会议上》,载中国人大网,http://www.npc.gov.cn/npc/kgfb/202108/0cf4f41b72fe4ddeb3d536dfe3103eb3.shtml。

〔2〕 转引自唐旭超:《论上市公司重整中的股东权益》,载《政治与法律》2014年第6期。该理论也是诸多重整计划论述权益调整方案合理性的支撑。

〔3〕 根据《上市公司重整案件审判纪要》,上市公司破产重整制度的主要目的之一就是保护中小投资者。实践中,我国证监会在上市公司破产重整中介入程度亦较深,关注事项也多为中小股东权益保护。

整进行特殊的制度安排。[4] 那么,我国上市公司破产重整的特殊性究竟体现在何处?为何实践中上市公司破产重整中的中小投资者权益保护是立法者、司法者以及监管者均较为关注的事项之一?原因如下:

一是我国上市公司重整不退市的特性。境外交易所在公司进入破产程序时往往会因投资价值的缺乏而让公司退市。比如,我国台湾地区"证券交易所股份有限公司营业细则"(2013 年 2 月 21 日修正)第 50 - 1 条规定,"上市公司有下列情事之一者,本公司对其上市之有价证券,应依'证券交易法'第一百四十四条规定终止其上市,并报请主管机关备查:……四、经法院裁定准予重整确定或依'公司法'第二百八十五条之一第三项第二款规定驳回重整之申请确定者"。东京交易所《证券上市规则》第 601.1(3)条,公司的进入破产(bankruptcy)或重整程序(reorganization)后,股票会相应退市。略有差异的是,纽交所与纳斯达克的规则中仅规定上市公司进入破产程序后,除非触及了持续挂牌标准,交易所将采用自由裁量权决定公司是否退市,并未明确破产重整公司一定要退市。但实践中,在证券交易所上市的重整公司一般均会被交易所退市。[5] 与此不同的是,根据沪深交易所股票上市规则,我国上市公司在重整申请受理后,会被实施退市风险警示,既不停

---

〔4〕 在重整制度起源地的美国,美国证监会(SEC)往往也会以债券持有人利益保护者的角色介入公众公司重整,SEC 自身关注点主要是信息披露、证券欺诈等传统证券领域。对于美国证监会在重整过程中关注的事项,SEC 公司执法部的破产小组负责人曾有过系统论述。See Bambach A. *The SEC in Bankruptcy: Past and Present*, Am. Bankr. Inst. L. Rev., 2010(18), p. 607. 与我国重整制度安排较为类似的是日本。此外,我国台湾地区"公司法"第 284 条第 1 款规定,"法院对于重整之申请,除依前条之规定裁定驳回者外,应即将声请书状副本,检送主管机关、目的事业'中央'主管机关、'中央'金融主管机关及证券管理机关,并征询其关于应否重整之具体意见。"根据我国台湾地区的"公司法"第 282 条的规定,只有公开发行股份或债券的公司可以申请重整,所以受理法院系例行征求台湾地区"证管会"的意见。但是根据我国台湾地区学者的研究,台湾地区"证管会"在实践中较少提出意见。参见林群弼:《由比较法之观点论我国现行公司重整之规定》,载《台大法学论丛》2005 年第 34 期。

〔5〕 根据部分学者的统计,美国重整公司的退市比例达 90%。See Dawkins, M., Bhattacharya, N., Bamber, L., *Systematic Share Price Fluctuations after Bankruptcy Filings and the Investors Who Drive Them*, Journal of Financial and Quantitative Analysis, 2007(42), p. 399 - 420. 值得注意的是,该类公司退市后仍可以在场外市场交易,除非被 SEC 取消注册,则仍需遵守美国证监会的披露要求。

牌也并不退市，所以重整期间公司的股票仍处于持续交易状态，因此对于该类公司进行针对性的制度安排也有一定的合理性。

二是上市公司公众性的一般特性。与普通公司不同的是，上市公司涉众性较强，尤其是较多的中小股东。以公司申请重整的最近一个报告期的股东户数为依据，2019～2020 年 35 家重整上市公司的人均股东数达 10 万户，股东人数最多的 *ST 海航达 43.39 万户。加之我国上市公司重整不停牌、不退市的现状，公司重整期间仍在市场上活跃交易，大量中小股东参与到股票的买卖中，必然要对中小股东的权益进行一定的保护。此外，由于我国上市公司股权较为集中，控股股东对于公司经营失败责任较大，甚至部分公司陷入困境的主要原因是控股股东、实际控制人盲目扩张甚至占用上市公司资金或者操纵上市公司违规为自己及关联企业提供担保，如 *ST 海航，其陷入困境的主要原因就是控股股东对上市公司的资金占用行为，导致公司陷入债务困境。在此情况下，认为进入重整程序后，中小股东的权益归零，因此不存在对其保护的基础，显然有违法律的公平正义一般原则。

二、上市公司破产重整制度中的三个理论问题

我国上市公司重整不退市的特性以及公众属性，为上市公司重整作出特殊制度安排提供了一定的合理性和必要性。但实践中，如何看待上市公司的重整价值？壳价值是否就等同于重整价值？股东权益调整的理论基础究竟为何？如何认识占用担保解决方案与重整的关系？以上问题一直困扰着理论及实务界。

（一）如何处理壳价值与重整价值的关系

我国上市公司重整不停牌、不退市的事实决定了重整上市公司的壳价值依旧，而“保壳”也就成为公司重整的主要目的之一。尽管自科创板设立并试点注册制以来，我国上市公司数量已经出现较大增长、上市周期也相对缩短，上市公司壳价值较之以往有所“缩水”。但与境外不同的是，尽管在注册制下对上市条件的判断已经简化，但对信息披露

质量、会计规范基础等依旧存在较高的要求,[6]上市公司的壳价值依然客观存在。由于上市公司对于所在地的纳税、就业以及经济发展作用较大,多数地方政府在公司出现债务困境后仍倾向于“保壳”,实际控制人以及投资人的“买壳”“卖壳”需求也存在,壳价值会成为“保壳”的影响因素之一甚至是唯一因素。[7] 同时,因为净资产连续两年为负属于强制退市条件之一,[8]而破产重整可以在司法途径下合法地实现净资产转负为正,该制度已经成为上市公司“保壳”的主要手段之一。2019~2021 年的 35 家重整公司中,26 家处于被实施退市风险警示或暂停上市状态,足以看出破产重整对“保壳”的作用。已重整的公司中,天翔环境的重整投资人即在重整投资协议中约定,重整投资款的支付前提是公司能够恢复上市。[9] *ST 德奥在重整后被交易所退市,其重整投资人即向公司发函,要求公司返还重整投资款并单方面终止协议。

从破产重整制度本身出发,重整制度因需协调各方利益、程序烦琐等原因,制度成本较高,并非适用于所有困境企业。对于产品缺乏市场、技术已被淘汰的“僵尸企业”,实应该通过破产清算制度出清市场,而不应进行重整。我国台湾地区法院在受理公司重整申请前,就需要法院指定专人调查公司的重整价值,还需向各相关部门函询意见,[10]可见对重整价值识别的重视程度。《全国法院破产审判工作会议纪

---

[6] 此外,注册制以来,我国证券监管机构始终强调要把好资本市场入口关,并将首次公开发行企业的现场检查、现场督导等监管方式的常态化、制度化,也客观上起到了一定的筛选作用,为首次公开发行行为设立了一定的门槛。根据部分自媒体统计,如将撤回企业数量纳入考察范围,2021 年首次公开募股企业的真实通过率仅为 65%。参见《443 家企业上会,191 家终止审查,2021 年 IPO 真实过会率到底是多少?》,载微信公众号“大象 IPO”,https://mp.weixin.qq.com/s/5nOzhBj5WHlioOoUiqkIBA,2022 年 6 月 5 日访问。

[7] 参见王欣新:《〈全国法院破产审判工作会议纪要〉要点解读》,载《法治研究》2019 年第 5 期。

[8] 沪深两交易所对此规定相同,可参见《上海证券交易所股票上市规则》。

[9] 参见成都天翔环境股份有限公司:《关于签订重整投资协议暨确定重整投资人的公告》,载 http://www.szse.cn/disclosure/listed/bulletinDetail/index.html?e6cf71ed-00d5-4a05-8591-5395efa00753,2022 年 6 月 11 日访问。

[10] 见附注 5。

要》(以下简称《破产审判纪要》)也明确提出,人民法院在审查重整申请时,要综合考虑债务人的资产状况、技术工艺、生产销售、行业前景等因素,判断债务人是否具有重整价值。尽管《破产审判纪要》未提及行政许可,但实践中一般认为较为稀缺的行政许可也是重整价值的考量因素之一。据此推论,因为我国大陆上市公司需获得行政许可,所以一般认为上市公司的融资地位即壳价值也属于重整价值之一,部分人甚至持"壳价值等于重整价值"的观点。

事实上,如果公司能够通过重整有效恢复持续经营能力,从而摆脱濒临退市的窘况固无不可,但壳价值与一般的行政许可不同:一般行政许可主要是认可某企业有从事某行业的资质,与企业的资产质量、技术人员密切相关,重整中可以通过保留主要资产、承接技术人员的方式实现企业的保留;而上市公司的壳价值则与持续经营能力、公司治理水平、信息披露规范等要求息息相关,空壳公司大多数已经达不到前述要求,而重整程序本身也很难提升公司在前述方面的表现,如通过重整程序将其滞留市场,会对市场产生不良激励,极易滋生内幕交易、财务造假等问题。此外,由于上市资格本身也是一种特殊的融资渠道,如放任空壳公司通过重整"保壳"、滞留市场,将严重干扰资本市场的资金配置效率,与破产重整优化资源配置[11]的基本制度定位也不相符。

(二)如何认识股东权益调整制度

上市公司重整过程中,权益调整方案是保证公司获得足够偿债资源的手段之一。上市公司权益调整的方式主要有存量股份让渡以及资本公积金转增股份让渡两种。2015 年前,上市公司权益调整方案主要是存量股份让渡[12]。随着融资环境收紧、减持监管的加强,控股股东纷纷开始通过股票质押融资,而在公司进入重整程序后,因控股股东的股份多被质权人申请保全而冻结甚至轮候冻结,客观上其权益无法在重整程序中得到调整,于是通过资本公积金转增股本的方式调整股东权益以获得偿债资源逐渐成为主流。据统计,2015~2021 年实施破产

---

〔11〕 参见贺小荣、王富博、杜军:《破产管理人与重整制度的探索与完善——〈全国法院破产审判工作会议纪要〉的理解与适用(上)》,载《人民司法》2018 年第 13 期。

〔12〕 参见李曙光、郑志斌主编:《公司重整法律评论》(第 2 卷),法律出版社 2012 年版,第 142~170 页。

重整的48家上市公司，均通过资本公积金转增股本的方式进行了股东权益调整，其中仅3家还存在部分的通过存量股份让渡的方式调整股东权益的情况。

传统理论认为，股东所持股份代表对公司的剩余索取权，而破产状态下公司处于资不抵债或流动性枯竭状态，从会计价值看，在债权人分配完公司财产后公司资产已不存在剩余，股东所持股份价值当然为零，股东权益本应清零。通过资本公积金转增股本的方式调整权益后，原股东甚至还可以保留部分股份，自然是符合股东利益的。这已经成为目前上市公司重整计划中论证权益调整方案合理性的固定表述。但在上市公司存在可观的壳价值的情况下，该理论的合理性就受到了一定的挑战。

具体而言，股票价值受股东财产流通性与公司财务状况两个因素影响，有时甚至流通性影响更大。因此，股票同时代表着公司的剩余索取权与股东的财产流通权，在中小股东对公司经营失败所负责任较小甚至不负责任的情况下，能否当然通过权益调整剥夺中小股东所持股份就存在一定的疑问。甚至有学者质疑，目前在上市公司重整过程中的强制权益调整涉嫌侵害股东的财产权，构成实质上的违宪。〔13〕

事实上，根据学者〔14〕分析，破产重整制度中的权益调整，本质上是股东与债权人的股债交易，二者通过彼此让渡利益，以获取重整成功后更大的期望收益，债权人在公司经营面貌改善后可以通过二级市场出售股票获得更高的清偿率，股东也得以保留部分权益以享受重整后公司资产增加的好处，这属于帕累托改进，也符合重整制度协商、妥协的制度精神。*ST盐湖、*ST重钢等公司在重整后，公司基本面得到改善，二级市场股价表现不俗，均大幅提高了其债务的清偿率。据统计，

〔13〕 参见齐明：《我国上市公司重整中出资人权益强制调整的误区与出路》，载《法学》2017年第7期。

〔14〕 参见许德风：《公司融资语境下股与债的界分》，载《法学研究》2019年第2期。

在可以计算债权清偿率[15]的12家公司中,以重整完成后第30个交易日收盘价计算的债权清偿率高于以除权价格计算的债权清偿率的重整公司共有6家,这也侧面印证了股债交易理论合理性。

但是,认为不应由出资人决定让渡比例及让渡方式,进而得出出资人表决程序实属不必要的观点失之偏颇。实践中,债权人会议表决的事项为重整计划,其中含权益调整方案以及债权受偿方案,事实上是债权人集体通过债权人会议的方式接受了权益调整比例以及债转股比例。出资人会议则主要表决权益调整方案,系通过集体表决机制做出了处置资产的决策。

因此,既然权益调整本质上属于股东与债权人的股债交易行为,出资人会议制度属于股东处置自己资产的行为,就要求保证股东对于股份的处置价格、处置比例均有一定的知情权,并且确保出资人会议决议的法律地位,要求法院除非出于公共利益强制批准重整计划,否则须将出资人表决结果作为批准重整计划的依据之一,才能从根本上解决权益调整制度的公平性问题。

(三)如何认识占用担保监管与重整制度的关系

资金占用以及违规担保问题(以下简称占用担保)一直我国资本市场挥之不去的隐患,也是部分上市公司陷入困境、实施重整的原因之一。在我国上市公司一股独大的背景下,控股股东、实际控制人作为公司的实际经营主体,无论是公司因其经营失败抑或被其侵犯利益而陷入经营困境,重整方案均应体现对其相应的惩戒。为此,《上市公司重整案件审判纪要》明确,控股股东、实际控制人及其关联方在上市公司破产重整程序前实施违规占用、担保等行为对上市公司造成损害的,制定重整计划草案时应当根据其过错程度对控股股东及实际控制人所支配的股权作相应调整。甚至有观点认为,上市公司债权人之所以对现

[15] 考虑到因债转股价格虚高,绝大部分重整计划中确定的债权清偿率偏高,为保证清偿率的相对客观,在检索获得公司披露的债务重组收益以及会计处理中确定的债转股价格后,通过公式另行计算债权清偿率,公式为:债务清偿率=(债务规模-债务重组收益-会计处理确定的债转股价格×债转股股份数量+基准日价格×债转股股份数量)/债务规模,其中基准日价格分别为资本公积金转增后除权价格以及重整计划批准后第30个交易日的收盘价。

有的清偿比例不满,根本原因是对作为使公司陷入困境的责任方的控股股东及实际控制人未承担相应责任不满。[16]

国发14号文明确,上市公司实施破产重整的,应当提出解决资金占用、违规担保问题的切实可行方案。根据《关于上市公司破产重整案件审判纪要》,公司在重整实施前须向证监会报送重整可行性计划等材料以获取无异议函,其中占用担保解决方案是否切实可行是关键。[17] 对此,有观点认为,占用担保的责任人为控股股东、实际控制人,控股股东、实际控制人以此阻碍公司重整存在义务错配的问题,是对中小投资者的二次伤害。但该问题的实质与实际控制人隐瞒、指使公司财务造假,导致公司被处罚甚至退市的本质相同,都存在净化市场环境、规范市场秩序与避免某家公司投资者损失的两类法价值。针对公司违法犯罪行为的执法过程中,如何平衡二者关系一直是证券执法者面对的困难之一。

具体而言,占用担保属我国资本市场的沉疴积弊之一,风险外溢性极强,根本上侵蚀上市公司独立性,严重影响着上市公司质量的提高。但因重整程序属司法程序,相关方对该问题认识不够,容易简单将占用担保债务等同于上市公司享有的债权,易导致责任方借司法程序逃脱责任,实践中部分重整公司通过资本公积金转增股本、债权人均担、重整收益对冲等方式解决占用担保问题,事实上并未实现对责任方的责任追究与惩戒。加之我国资本市场的法治环境尚不够健全,上市公司大股东挪用公司资金、损害公司利益的行为长期得不到足够震慑,刑事、民事的追责机制尚未健全,无法实现有效的制度约束。具体而言,民事责任方面,尽管2020年3月实施的《证券法》豁免了投资者保护机构提起派生诉讼时的持股比例、时间要求,但由于诉讼费用缴纳、取证困难等问题,目前实践案例仍较少;而刑事责任方面,背信损害上市公司利益罪名适用较为困难,地方司法机关在适用挪用资金罪等方面仍不甚积极,某上市公司大股东挪用公司资金十几亿元甚至导致公司退

---

〔16〕 参见许德风:《破产法论:解释与功能比较的视角》,北京大学出版社2015年版,第477~479页。

〔17〕 参见王振翔:《上市公司重整中违规担保、资金占用的解决方案》,载微信公众号“竞天公诚律师事务所”2022年6月12日。

市,最后却被当地检察院以情节轻微、认罪态度良好为由决定不予起诉,可见一斑。

因此,在后端法治供给不足、相关部门认识不到位的情况下,仅以担心二次伤害为由而放松前端管制,则无疑会进一步形成不良激励,使得董事、监事和高级管理人员等内部人员放松对控股股东的监督约束,甚至变相鼓励其配合大股东违法违规,这种对占用担保的制度性"包容"甚至鼓励,将会导致更大范围中小投资者权益受损。更何况,对于个案的中小投资者的保护而言,更应当通过民事诉讼、先行赔付等制度实现损害补偿。

三、上市公司破产重整的三项制度安排

综上,在上市公司重整过程中确需重视中小投资者权益保护,否则考虑到我国上市公司控股股东一股独大的现状,中小投资者被损害利益的可能性极大。具体应当从以下方面加强制度建设。

(一)明确重整公司的信息披露要求

如前所述,我国上市公司进入重整程序后并不会退市或停止交易,依旧保持上市公司的身份。但考虑到公司已经进入司法程序,有观点认为从尊重司法的角度,对于上市公司重整应该减少"行政监管干预",尽量通过司法程序促使公司重生。但该观点存在值得商榷之处。一方面,重整程序涉及的公司股权结构调整、主营业务更换、实际控制人变更等事项,均对股价影响较大。根据对2019~2021年35家上市公司重整期间的股价走势的统计,[18]仅5家公司股价有微跌,其余30家公司股价涨幅达80%,甚至有7家公司的股价翻倍,*ST众泰的涨幅达457%。因此,重整公司必须履行持续的信息披露义务,以杜绝内幕交易等违法违规行为。更何况,在重整制度不断发展的过程中,上市公司重整变得愈加复杂,预重整、控股子公司重整甚至关联公司协同重

---

〔18〕 从重整申请日至重整计划批准日。

整等司法实践创新不断[19],2020 年、2021 年,预重整上市公司占重整上市公司的比例分别为 49%、60%;与关联企业同步重整的上市公司占重整公司比例分别为 67%、50%。因此,在重整程序不断复杂化的背景下,信息披露监管的必要性更加凸显,必须保证重整过程的公开、透明,才能有效地保证市场公平秩序,防范内幕交易风险。另一方面,重整制度的本意是通过各利益相关方的磋商、协调,保证具有一定重整价值的公司可以存续并恢复持续经营能力,以实现社会效益。因此,股东、债权人尤其是中小股东及中小债权人的参与权是重整制度必须予以保证的,而参与的前提是享有知情权,只有持续性、高质量的信息披露方能保证公司重整能够兼顾各方利益,实现重整制度的本意。

近期,沪深交易所发布了关于破产事项的信息披露指引,对重整、清算、和解等程序中的关键环节、关键事项提出了细化的披露要求,做出了有益的探索。下一步,应当考虑在《企业破产法》《上市公司监督管理条例》等法律、行政法规层面明确法律依据,夯实上市公司破产重整信息披露的上位法基础。

(二)加强上市公司重整价值的识别

考虑到上市公司重整较之一般企业重整的程序更为繁杂,规范成本更多,司法、行政监管以及地方政府为之均投入大量精力,应避免其沦为单纯的"保壳"工具。为充分发挥重整对于挽救危困企业的作用,建议应强调法院对于上市公司重整价值的识别,对于业务萎缩、基本丧失持续经营能力的上市公司,不宜简单地因其仍具有上市地位而认为其有重整价值。具体实现路径方面,可以借鉴沪深两所股票上市规则在退市条件下对于空壳"僵尸企业"的认定标准,在受理其重整时需尤为注意考察,充分考虑其行业前景、技术水平等因素。

此外,"纯保壳式重整"的出现,部分原因也是此前上市公司重整制度的具体规范付之阙如,重整投资人可以简单地通过"低价获得重整投资股票、高价二级市场抛售获利"的方式,而非通过改善公司经营情况的方式套取无风险收益,重整制度成为无风险套利工具,市场对于

---

[19] 据统计,上市公司预重整、与关联企业同步重整的比例近些年逐渐增加。在此之前,采用该两类重整方式的公司则极少。

重整价值的识别机制无法有效发挥。对此，应当从股票价格、锁定期等方面入手，规范各方参与重整的方式，降低"纯保壳式重整"的收益水平，实现制度纠偏，充分发挥重整价值识别的市场机制。不同于现有的获取上市公司股份的方式均存在价格下限的制度设计，[20]重整投资中获得股份的价格未设置下限。据统计，2015年以来，在披露了重整投资人的41个重整案例中，投资人入股价格均价仅为1.7元/股，占重整计划批准日收盘价的45.7%，甚至有近1/3的重整投资人入股价格低于股票面值，如坚瑞沃能及*ST飞马的重整案中，投资人获得股票的价格甚至仅为0.06元/股，远低于市价，这不免会形成不良激励，近两年入股价格不断创新低也侧面印证了这一事实。

(三)强化占用担保解决方案的监管

经梳理，重整上市公司解决占用担保的方案主要有以下五类：一是在重整实施前，由责任方或重整投资人以自有的现金、非现金资产清偿，或协调债权人解除违规担保合同；二是在重整实施前，由上市公司将享有的、责任方因占用担保产生的对上市公司的债权与上市公司所欠的等额债务进行抵销[21]；三是重整实施过程中责任方将转增获取的股份变现偿债或者将其"回填"至公司以抵消因占用担保所欠公司债务[22]；四是重整实施过程中通过债委会表决的方式，要求所有债权人均摊上市公司对责任方的债权[23]；五是将重整过程中公司的债务

[20] 除二级市场买入外，协议转让、再融资、大宗交易、发行股份购买资产等方式都有价格下限要求。

[21] 深圳赫美集团股份有限公司：《重整计划》，载 http://www.szse.cn/disclosure/listed/bulletinDetail/index.html? 658e0725 - acc0 - 4214 - 8e91 - 030291477bd8，2022年6月11日访问。

[22] 《供销大集集团股份有限公司及其二十四家子公司重整计划》，载 http://www.szse.cn/disclosure/listed/bulletinDetail/index.html? 4195790f - fc64 - 40e4 - b2b0 - 545a19b646a7，2022年6月11日访问。

[23] 成都天翔环境股份有限公司：《重整计划(草案)》，载 http://www.szse.cn/disclosure/listed/bulletinDetail/index.html? e82b54c8 - 7226 - 44ec - a06a - 50f6ec26a94d，2022年6月11日访问。

重组收益,对冲责任方所欠上市公司的债务。[24]

就上述解决思路而言,除以自有资金或非现金资产偿还所欠公司债务、解除违规担保合同的方案外,其余模式的解决方案均已异化为由上市公司债权人、重整投资人等第三方代责任方偿还其所欠公司债务,占用担保的责任方事实上未产生任何经济损失,有变相逃废债的嫌疑。其中,出让转增股份换取重整投资人“兜底”解决的方式,人为地将投资人获得的股份区分成因投资认购的股份与因解决占用担保问题而获偿的股份,但对重整投资人而言,只需控制出资成本即可,股份来源性质影响不大,最终责任方借此方式“金蝉脱壳”;转增股份“回填”解决模式下,占用担保的责任方在无须出让存量股份、无任何经济利益让渡的情况下,“解决”了占用担保问题;重组收益“对冲”方式中,债务重组收益本归属于公司,却被用来对抵责任方对公司的债务,违反了债务相对性的基本法理。

可见,占用担保的责任方不仅通过重整程序逃避了其应承担的责任,还享受了公司重整成功后的二级市场红利,造成了“占用担保后可通过重整解决”的逆向激励,损害了上市公司及中小投资者合法权益,破坏了市场的诚信基础,一定程度上会助长控股股东借破产重整逃废债的风气,天翔环境重整案侧面印证了这一点。如前所述,公司在重整实施前须向证监会报送占用担保解决方案以获取无异议函。天翔环境重整案中,公司于重整申请受理前与公司债权人签订债权对抵协议,约定以公司对外债务对抵大股东资金占用款,但在公司重整申请于2020年12月被受理后,即变更了债务抵偿的用途以增加公司资本公积金,并通过债权人会议的方式要求各债权人均担大股东资金占用款,涉嫌损害债权人利益。

对此,下一步建议从严监管占用担保在破产重整中的解决,应要求公司原则上在进入重整程序前解决占用担保问题,并明确禁止通过债权人会议要求债权人均担占用担保损失、资本公积金转增股本“回填”

---

〔24〕 中南红文化集团股份有限公司:《重整计划》,载 http://www.szse.cn/disclosure/listed/bulletinDetail/index.html?d069096b-b99d-45af-a86e-f84368041e24,2022年6月11日访问。

偿还公司债务等明显损害中小债权人及投资者利益的所谓“解决”方案。

四、结语

与破产清算制度不同，破产重整作为挽救危困企业的工具，其制度精义即为各方的协商、妥协，实现其社会价值。我国资本市场的特色赋予了上市公司重整制度的独特意义，上市公司重整不退市的独特制度设计也增加了重整程序中各方博弈的复杂程度，简单地借鉴境外的“绝对优先原则”，否认中小投资者权益保护在上市公司重整程序中的必要性，无益于解决我国资本市场的现实问题。对此应当有更为清晰的认识。

（编辑：姜沅伯）

《证券法苑》(2022)
第三十六卷,第 70 ~86 页

退市常态化背景下上市公司重整的制度逻辑探讨*

宋洪流　孙建波　田　原　熊文欣**

摘要:2020 年年末,退市新规发布实施,证券监管部门加强退市监管,出清壳公司导向明显。但实践中部分上市公司重整仍存在以规避退市为目的,忽视企业自身持续经营能力等问题,导致部分重整后的上市公司成为壳公司,进而成为被退市出清的目标,实质浪费了大量的重整资源。在退市常态化背景下,上市公司重整应当明晰制度逻辑,不应以壳价值作为重整价值的判断依据,应回归立法本源,支持主业具有持续经营能力的上市公司通过重整化解风险。

关键词:上市公司　破产重整　退市制度　持续经营能力

2020 年至 2022 年 6 月 30 日,沪市主板 11 家公司完成破产重整,已经被申请重整尚未裁定的有 6 家,[1]

---

* 本文仅代表作者个人观点,与所在单位无关。

** 作者均任职于上海证券交易所。

[1] 数据来自 Wind 金融终端数据库、上海证券交易所、巨潮资讯网、中国裁判文书网、全国企业破产重整案件信息网等网站检索结果。

总体数量远超以往。上市公司破产重整逐步成为市场关注的焦点，其博弈主体众多，横跨破产法、公司法、证券法三大领域，关涉上市公司收购、退市、重大资产重组等核心问题，牵动股票二级市场交易。实践操作中，上市公司重整的运作模式令人眼花缭乱，复杂程度堪称冠绝资本市场。然而，万变不离其宗。根据统计，多数公司在重整前已被实施退市风险警示（*ST），通过破产重整避免退市是其重要目标和驱动力之一。在目前退市常态化背景下，从该角度进行观察，也许能寻到重整制度的基础逻辑轨迹，以期更好地理解和规范上市公司破产重整。

2020年年末，沪深两交易所进行了退市制度改革。新规旨在出清壳公司，从“亏损退市”的制度逻辑转向考核持续经营能力的“空壳退市”。[2] 特别是2022年上半年，退市力度不断加大，沪深两市42家公司股票触及强制退市，常态化退市机制初步形成。这一新的市场环境将对重整生态产生重大影响，单纯以“保壳”为目的的重整逻辑将发生变化。重整和退市形成了一对较为复杂的耦合关系：一方面，实践中的重整通过债务减免、延期清偿以及债转股等方式解决债务负担，[3] 改善公司的财务状况，调整股权结构和公司治理架构，从而避免股票退市风险。另一方面，破产重整与退市都是资本市场风险出清的重要途径，上市公司自身通过重整化解债务风险、解决历史包袱实现蜕变。但若重整失败，也将面临破产清算和股票终止上市的风险。基于此，本文梳理了重整与退市的逻辑关系，总结了过往实践中出现的主要问题，并结合新的市场背景进行分析，提出了相应的制度完善建议。

一、上市公司破产重整与退市的制度耦合

（一）上市公司破产重整的特殊性

上市公司破产重整主要指股票在证券交易所挂牌的上市公司进行破产重整，这与非上市公司以及退市公司破产重整有不同之处。为表

[2] 参见彭江：《多维度精准打击空壳公司》，载《经济日报》2021年12月9日。

[3] 参见王欣新：《重整制度理论与实务新论》，载《法律适用》2012年第11期。

述方便,前者可统称为“线上重整”,后者可统称“线下重整”。一般而言,破产制度秉承债权人优先原则,旨在最大限度保护债权人利益。[4]其中,破产重整的各项制度设计也是在上述大原则框架下,由法院指定的管理人主导重整计划草案的起草,最终决定方则为债权人会议,必要情况下出资人权益也可以被调整。但相较一般企业,上市公司属于公众公司,虽然在各方利益权衡中以债权人利益保护为先,但也要兼顾上市公司的营运价值,以及社会利益和国家利益。[5] 线上重整的特殊性具体如下。

1. 具有较强的涉众属性[6]

相较一般企业,上市公司重整涉及社会公众利益。具体而言,线上重整有众多利益相关方。从内部来看,线上重整涉及公司员工、债权人、大股东、重整管理人;从外部来看,还有重整投资人以及数以万计的中小投资者。根据测算,目前被申请重整的上市公司,平均投资者人数为6.48万人/家,其中市值最高的上市公司投资者人数达14.90万人/家。一方面,上市公司重整较强的公众性决定了其方案设计需平衡多方利益,尤其是广大中小投资者的利益。对于一般企业重整,实践中在重整企业明显资不抵债情况下,已有案例在重整计划中将出资人权益调整为零。但对于上市公司,中小股东并非企业经营失败的主要过错方,同时考虑到影响广泛性,显然线上重整将出资人权益调整为零不具有可行性。另一方面,庞大的股东群体中也不排除存在“搭便车”的情况,部分股东未充分参与公司治理,甚至存在利用重整等事项炒作股价、不当获利的情况。

此外,上市公司一般体量庞大,其重整事项可能对地方经济、金融体系等产生重大影响。一方面,体量庞大的上市公司是地方经济的重要支柱,其重整事项对地方稳定也有一定影响。因此相较一般企业法人,上市公司的破产重整影响重大且广泛。2015年年底*ST新亿重整

[4] 参见司伟:《“绝对”与“相对”之辩:论我国企业破产重整中优先原则的选择》,载《中国法律评论》2021年第6期。

[5] 参见张钦昱:《破产优先权之限制理论研究》,法律出版社2016年版,第123~126页。

[6] 参见杨鹿君:《上市公司重整中的股东权益调整:实践经验与理论证成》,载《经贸法律评论》2022年第1期。

案中,中小股东权益调整事项引起了较大的市场关注,对当地稳定发展带来了一定的影响。另一方面,上市公司的金融债权人众多,公司重整成败关涉区域金融经济稳定。*ST 海航重整案中,债权人申报债权合计超 3000 亿元,公告显示管理人审查确认债权超过 1600 亿元[7],债权金额庞大,其中银行等金融债权人占据主要部分。同时,上市公司往往是市场焦点,破产重整更是脱胎换骨的典型案例,容易引起市场、媒体和舆论的广泛关注,其显著不同于传统破产法下若干封闭主体之间的博弈。

2. 具有流动性溢价

上市证券的流通性能够为其资产提供附加价值,证券化的资产价值体现在流通性上。[8] 同时在 A 股市场中,特定的制度环境使得上市资源相对稀缺,已有上市公司存在较高的壳价值,也进一步推高了流动性溢价,成为实践中上市公司重整价值的重要组成部分,进一步催生线上重整沦为"造壳运动"的重整异化问题。

另外,流动性影响还体现在二级市场会对重要信息即时反应上。上市公司股票在重整期间持续交易,敏感地反映重整期间的各类信息变化,进而影响众多投资者通过交易进行的博弈。因此,线上重整不单是公司债权人与公司之间的利益平衡,也涉及广大市场投资者的利益。以往的规则中,重整中的上市公司往往处于长期停牌状态,该规则旨在弱化其流通性,避免其上市交易特性产生副作用。2018 年停复牌制度改革之前,人民法院受理上市公司破产重整后,对公司股票实施退市风险警示,交易 30 个交易日后即长期停牌,直至重整实施完毕。这种停复牌安排是为了防止重整过程中的博弈对市场交易产生重大影响,导致市场预期不稳。因此,当时的线上重整是弱化上市公司的公众性、外部性和流通性,留给重整各方充分博弈的时间和空间。但在目前强化停牌监管的背景下,上市公司破产重整原则上不再停牌,其流通性影响

---

[7] 参见《海南航空控股股份有限公司及其十家子公司重整计划》,载上海证券交易所,http://www.sse.com.cn/disclosure/listedinfo/announcement/c/new/2021-11-01/600221_20211101_3_nOiOrTzs.pdf。

[8] See Amihud, Y. and H. Mendelson, *Asset Pricing and the Bid-Ask Spread*, Journal of Financial Economics, 1986, 17, p. 223-249.

将会放大。2018年，证监会发布《关于完善上市公司股票停复牌制度的指导意见》（已失效）。沪深两所同步出台停复牌规则，明确了审慎停牌、分阶段披露和严格保密的原则。上述规则明确规定，上市公司破产重整期间原则上股票不停牌。因而，线上重整的启动、方案的制定、重整投资人引进以及经营能力的恢复，都需要在公开透明的市场交易背景下实施。

3. 具有不同的监管环境

本质上，破产重整是司法程序，法院处于核心地位，决定重整中的重大事项，包括是否受理重整申请、是否裁定批准重整计划等。但是鉴于上市公司是证券市场的重要参与方，本身就受到证券监管机构的监督和管理，加之上市公司重整涉及公众利益，可能对市场、甚至金融系统造成重大影响，因此线上重整事项相较一般企业面临更为严格的监管环境。根据2012年10月最高人民法院印发的《关于审理上市公司破产重整案件工作座谈会纪要》（法〔2012〕261号），申请人申请上市公司破产重整的，应当提交证券监督管理部门的意见。重整计划草案涉及证券监管机构行政许可事项的应当启动与证监会的会商机制。实践中，证监会对于上市公司重整的审查主要集中在受理重整程序前并购重组行政许可事项以及全流程的信息披露事项。2022年3月，沪深两所出台了上市公司破产重整等事项信息披露指引，对信息披露作了规范，强化了重整博弈的公开性，对重整投资人、权益调整方案、重整计划草案的披露等均提出了要求。

（二）上市公司重整与退市之间的耦合关系

重整与退市的制度起点均为瞄准风险公司，化解或者出清风险；制度终点均旨在提高上市公司的质量。但二者的手段和方式存在差异，重整是挽救危困，退市是优胜劣汰。两种制度存在一定的共生关系。

1. 退市制度核心在于优化金融资源配置

截至2022年6月13日，A股上市公司共有4827家，[9]体量庞大，其中小部分公司主营业务空壳化，壳公司炒作是脱实向虚的典型代表，长期占据金融资源。在此背景下，退市制度优化资源配置的核心功能

〔9〕 数据来自Wind金融终端数据库。

具有重要意义。党的十九大明确提出深化金融体制改革,增强金融服务实体经济能力。这对退市制度提出了更高的要求。2020年11月,中央全面深化改革委员会第十六次会议审议通过了《健全上市公司退市机制实施方案》,会议指出"要坚持市场化、法治化方向,完善退市标准,简化退市程序,拓宽多元退出渠道,严格退市监管,完善常态化退出机制"[10]。同时,"十四五"规划中也将建立常态化退市机制作为深化金融供给侧结构性改革的内容之一。[11]

2. 重整与退市锚定目标公司高度重合

走向破产重整的上市公司,往往也有退市风险。典型的重整公司具有资不抵债的特征。根据沪深两所股票上市规则,一旦上市公司期末净资产为负,则将被实施退市风险警示。其后若未能改善资不抵债情形,将被终止上市。因此,重整与退市两项制度指向的目标公司重合度较高。根据统计,2015年至2022年6月30日,被申请破产重整的24家上市公司中,净资产为负的有18家[12]。另外,重整失败的公司将被破产清算,公司主体资格灭失,证券交易所股票上市规则也规定其股票退市。历史上,沪市中新科技[13]和吉恩镍业[14]在被实施退市风险警示后,均被债权人申请重整,希望通过破产重整实现保壳。但其重整未被法院受理,公司股票被终止上市。

---

[10] 《习近平主持召开中央全面深化改革委员会第十六次会议强调 全面贯彻党的十九届五中全会精神 推动改革和发展深度融合高效联动 李克强王沪宁韩正出席》,载共产党员网,https://www.12371.cn/2020/11/02/ARTI1604319222417265.shtml。

[11] 参见《中华人民共和国国民经济和社会发展第十四个五年规划和2035年远景目标纲要》,载中华人民共和国中央人民政府,http://www.gov.cn/xinwen/2021-03/13/content_5592681.htm。

[12] 数据口径为季报及定期报告中归属母公司股东的权益为负的公司。

[13] 参见《中新科技集团股份有限公司关于尚未收到法院裁定进入破产重整的提示性公告》,载巨潮资讯网,http://www.cninfo.com.cn/new/disclosure/detail?plate=sse&orgId=9900030462&stockCode=603996&announcementId=1211583001&announcementTime=2021-11-15%2007:34。

[14] 参见《吉林吉恩镍业股份有限公司关于债权人申请对公司重整未被法院受理的提示性公告》,载巨潮资讯网,http://www.cninfo.com.cn/new/disclosure/detail?plate=sse&orgId=gssh0600432&stockCode=600432&announcementId=1204233458&announcementTime=2017-12-16。

3. 重整与退市两种制度存在共生关系

从规则体系来看，上市公司破产重整主要是由《企业破产法》予以规范，最高人民法院的规范性文件也作了相应规定。上市公司退市方面，则根据《证券法》的规定，由证券交易所业务规则作出详细的规定。目前与退市有关的规则，均在沪深交易所的股票上市规则中。因此，从规则层面来看，似乎两个制度之间并没有必然的关系。但从实践中来看，破产重整与退市之间存在共生关系。重整各方之所以参与重整，其前提条件为上市公司不能退市。上市公司保住上市地位，又能够为破产重整提供壳资源，为重整成功提供支持。因此，在两种制度锚定的目标公司高度重合的情况下，二者无法截然割裂。

4. 持续经营能力是两大制度的研判重点

2020 年年末沪深交易所退市新规发布实施，对原有规则进行大幅修订。本次退市制度改革中，最大的亮点就是财务类公司退市的逻辑发生了巨大变化，单一的亏损退市指标被营业收入和净利润组合指标取代。这体现了注册制背景下，退市制度由考核持续盈利能力变为考核持续经营能力，精准刻画并及时出清不具备持续经营能力的公司，进而将资本有效配置到优质产业、优质企业，实现资本市场助力实体经济发展的目标。对重整制度而言，持续经营能力同样也是其关注重点。破产重整的立法本意是保护债权人利益的同时，帮助陷入经营困境的企业恢复信用及“造血”能力，促进实体经济提质增效，而不是打造“僵尸企业”，浪费重整资源。最高人民法院在 2018 年 3 月印发的《全国法院破产审判工作会议纪要》[15]第 14 条明确了重整企业的识别审查。破产重整的对象应当是具有挽救价值和可能的困境企业；对于“僵尸企业”，应通过破产清算，果断实现市场出清。

---

〔15〕 参见《全国法院破产审判工作会议纪要》，载最高人民法院网，https://www.court.gov.cn/zixun-xiangqing-83802.html，2022 年 6 月 13 日访问。

二、上市公司重整制度问题的实践观察

（一）规避退市成为部分公司重整的目的

据统计，2015年至2022年6月末有18家公司进入重整程序，有12家上市公司在法院裁定重整前就已经被实施退市风险警示。上述公司普遍盈利能力较弱，经营资产不足，面临较大的退市风险，重整成为其规避退市风险的重要路径，可以使其在短时间内实现财务数据上的解困，如ST实达、ST海航、ST康美等公司，重整前一个会计年度净资产均为负值，已经被实施退市风险警示，当年度重整计划执行完毕，其债务危机得以化解，年末净资产成功由负转正，避免了触及净资产连续为负的财务退市指标。除面临财务类退市风险之外，个别公司经营不善，股价持续下行，也面临股价跌破1元的交易类退市风险。例如，ST庞大和*ST永泰股价前期持续多日低于1.5元，亟须通过重整提升市值。总体来看，上市公司进入重整程序时，大都面临着较为严重的退市危机，破产重整的直接目的之一就是化解退市风险。

（二）“净壳”成为部分上市公司重整的结果

目前多数上市公司重整只纾解了债务危机，退市风险虽得以解除，但是在没有资产注入的情况下，公司主营业务依然很难有起色，沦为壳公司。[16] 沪市破产重整的公司，多数均具有未来注入资产的承诺或者业绩承诺。例如，*ST新亿承诺了未来的经营业绩[17]、ST实达承诺注

〔16〕参见李曙光等：《公司重整法律评论》，法律出版社2019年版，第399～402页。

〔17〕参见《新疆亿路万源实业投资控股股份有限公司重整计划（草案）》，载巨潮资讯网，http://www.cninfo.com.cn/new/disclosure/detail?plate=sse&orgId=gssh0600145&stockCode=600145&announcementId=1201827800&announcementTime=2015-12-11。

入大数据资产[18]、柳化股份也承诺寻找优质资产注入[19]。但上述公司经过重整后,基本上没有支撑公司持续经营的资产,也未能实现重整计划中的注入资产愿景,反而沦为壳公司,可能成为被退市的对象。实际上,破产重整变成了上市公司"净壳"的工具,例如九有股份(原石岘纸业)、宇通重工(原宏盛股份)、保千里(原中达股份)的重整,使这些上市公司沦为壳公司,后续经过了多次股权转让和资本运作。其中较为典型的为云维股份,其重整完成后成为以贸易为主营业务的公司,2018 年实现营业收入 2568 万元,2019 年仅有 828 万元,完成重整后的 4 年里一直处于微盈状态,相较重整前盈利能力并没有得到提升。对这部分公司而言,重整只为保住上市地位,对推动上市公司质量提升的作用有限。

(三)重整成为部分重整投资人获取壳资源的手段

在当前股份转让定价机制下,重整投资人能够以较低的价格获取控制权,入场即可获取较高投资收益。就过往重整情况来看,2015 年至 2022 年 6 月末,沪市完成重整的 18 家公司[20]中有 10 家发生控制权变更,重整投资人受让股份价格总体在市价的 40% 左右,严重损害了中小股东甚至是债权人的利益。其中一个极端案例为 ST 实达,其股权登记日的收盘价为 2.86 元,但重整投资人受让股份的价格却不足 0.6 元/股,参与的重整投资人的投资收益极高。低投入高回报使化解公司风险的重整程序变成了一门"生意",吸引了不少专注于资本运作的投资方参与重整,以获取上市公司控制权,但此类投资方缺乏对实体经济的运营经验,对上市公司的业务发展鲜有帮助。

---

[18] 参见《福建实达集团股份有限公司重整计划》,载巨潮资讯网,http://www.cninfo.com.cn/new/disclosure/detail? plate = sse&orgId = gssh0600734&stockCode = 600734&announcementId = 1212034366&announcementTime = 2021 - 12 - 28。

[19] 参见《柳州化工股份有限公司重整计划》,载巨潮资讯网,http://www.cninfo.com.cn/new/disclosure/detail? plate = sse&orgId = gssh0600423&stockCode = 600423&announcementId = 1205632188&announcementTime = 2018 - 11 - 27。

[20] 分别为 * ST 新亿、ST 云维、重庆钢铁、ST 抚钢、ST 柳化、* ST 厦工、ST 庞大、莲花健康、* ST 安通、* ST 力帆、* ST 永泰、* ST 贵人、* ST 中孚、* ST 基础、* ST 海航、* ST 松江、* ST 康美、* ST 实达。

（四）重整概念成为市场炒作的标的

当前上市公司破产重整不再长期停牌，在连续交易情况下，各参与方对信息的需求有所提升，重整过程中的信息披露制度亟待完善，重整投资人股份锁定期缺乏明确规则，难以形成稳定的市场预期，容易成为市场炒作的目标。特别是，重整投资人认购转增股份与股份非公开发行和协议转让相比，缺乏价格约束，定价依据披露不充分；重整计划中的资产注入及业绩承诺流于形式，承诺兑现遥遥无期；管理人作为重整期间的信息披露责任人，不能起到实质性监督作用，信息披露意识不足。ST 实达在重整完毕除权后，其股价出现连续 30 个涨停（涨跌幅 5%），二级市场交易价格翻了 6 倍，市值超过 100 亿元。但其完成重整后一个季度（2022 年一季度）的营业收入仅有 354.05 万元，可见市场对其重整后注入大数据资产的预期炒作几近疯狂。

三、新环境下上市公司破产重整制度的应有逻辑

退市新规出台的两年时间里，沪市已有 26 家公司触及强制退市情形，退市公司数量大幅增长，壳公司等丧失持续经营能力的公司生存空间不断收窄。注册制以及退市制度改革加快了上市公司新陈代谢速度，显著增强了资本市场资源配置功能，风险类公司很可能逐渐被市场抛弃，这一导向将对重整制度产生重大影响。退市监管框定的不具备持续经营能力的目标公司，不宜作为重整挽救的对象，否则即便经过重整这类公司仍将面临出清风险。[21] 因此，明确上市公司重整定位，激发制度活力，强化重整化解风险功能具有必要性。

（一）上市公司重整是成本高昂的“救赎”

破产重整中，各参与方的妥协实质是重整资源的分配。在兼顾各方当事人利益的情况下分配重整资源，是线上重整的核心内容。具体体现为公司出资人权益调整方案、债权受偿方案等安排。实践中，为了

---

〔21〕 参见郑志斌：《上市公司退市，重整机制失灵?》，载微信公众号“破产法快讯”2022 年 6 月 7 日，https://page.om.qq.com/page/Ombto0UmXKig4w1PkpMQ134A0。

重整成功,股东及债权人等相关方通常均需付出较为高昂的代价。2015 年至 2022 年中旬,18 家完成破产重整的公司平均债权清偿率为 75.17%,其中 15 家公司实施债转股,以股抵债价格平均增幅为 117%,远高于股票市价,即债权人利益减损明显。与此同时,18 家公司均实施了资本公积转增股份,其中 13 家公司转增股份均由原股东无偿让渡,5 家公司部分转增股份向原股东或中小股东分配,即投资者付出了一定代价。此外 18 家公司中有 14 家引入重整投资人,重整投资人均支付一定现金对价,其中安通控股重整投资人合计支付 45.27 亿元现金。由此不难看出,线上重整需要大量的重整资源,包括债权人承受的债权打折偿付、重整投资人支付的现金对价以及中小投资者权益调整。这一场成本高昂的"救赎",如何避免其变成低买高卖的投机把戏,真正使付出的成本获得收益,是线上重整需要考虑的重要因素。

(二)"壳价值"不应作为重整价值判断的主要依据

A 股上市公司壳价值是我国资本市场特定制度及环境的衍生物,其存在具有客观性和长期性。[22] 在证券市场实行准入制度的情况下,壳资源便具有稀缺性,加之上市公司具有更强的筹资优势、广告效应、资产变现能力等,这使得壳资源产生了超越实体净资产概念的虚拟价值,这种价值往往以上市公司控制权转让溢价为载体。注册制改革之前,A 股市场"炒壳""倒壳"现象层出不穷,随着改革不断深入,资本市场价格发现功能不断完善,壳价值已呈现大幅下降趋势。但这种价值的存在不可否认,可以使上市公司实现资产证券化,其资产流通性大大加强,必然会产生一定幅度的溢价。这种溢价甚至是重整各方博弈的筹码之一。在线上重整过程中,很多市场主体基于上市公司具有壳价值推断其具有重整价值,[23] 这实质上是延续过去"卖壳"的思路,忽视企业作为经营实体的实际绩效,反而注重其证券化所带来的虚拟价值,本末倒置。在资本市场持续深化改革的当下,面对注册制审核加速市场优胜劣汰、退市制度强力出清壳公司,对重整制度的价值判断也应当

---

〔22〕 参见刘晓婷、张敬石:《我国 A 股相对于 H 股溢价的实证分析——基于"壳价值"的解释》,载《金融与经济》2016 年第 1 期。

〔23〕 参见李曙光等:《公司重整法律评论》第 5 卷,法律出版社 2019 年版,第 399 ~402 页。

回归立法本意，以企业经营及业务能力作为核心判断标准，而不是一叶障目、脱实向虚，让重整程序成为一场“净壳”运动。

（三）线上重整要重点关注中小投资者利益保护

根据《企业破产法》，重整程序中，上市公司最高权力机构由股东大会变更为债权人会议，即债权人获得了重整公司的剩余索取权和剩余控制权，而股东大会是中小股东参与公司治理的主要路径，这导致在与债权人的博弈中，中小股东权益容易被过多调整。另外《企业破产法》并未对重整投资人相关事项进行细节规定，实践中重整投资人的产生、转增股份受让定价等事项主要由管理人、原控股股东、主要债权人及意向投资人等几方协商确定，协商过程及确定依据均不对外披露，具有较强的随意性。多家上市公司的重整投资人以远低于二级市场的价格获得转增股份，这证明在与重整投资人的博弈中，中小股东权益很可能被不公平让渡。“进入破产重整程序后，股东对公司的控制权旁落，难觅利益发声代表”，[24]特别是中小股东代表缺位。但实际上，对于公司经营失败，中小股东并不是过错方，有别于境外资本市场股东与管理层之间的委托代理问题，A股公司治理矛盾主要为处于控制地位的大股东与小股东之间的利益冲突，[25]在因控股股东等相关方经营失败导致公司进入重整程序的情况下，中小股东本身权益就受到损害，如果在重整程序中不对其进行保护，其利益存在再次被剥削的可能。[26]因此对于线上重整，需要强化对中小投资者利益的保护。

（四）提高持续经营能力是线上重整的落脚点

上市公司破产重整能够在短时间内处置亏损资产、降低负债规模甚至解决资金占用、违规担保等复杂问题，对于化解债务风险作用显著。但实践证明，重整对公司的持续经营能力仅仅起到“维持”作用，无法从根本上让公司脱胎换骨。因此，判断哪些公司值得投入资源进行重整，是破产重整制度的重要命题。2020年10月，国务院《关于进

---

〔24〕 张钦昱：《破产法新视阈——破产法与相关部门法的共生与融合》，法律出版社2021年版，第162页。

〔25〕 参见梅丹：《第二类委托代理问题、大股东勤勉度与大股东激励——基于掏空行为的视角》，载《现代管理科学》2013年第4期。

〔26〕 参见唐旭超：《论上市公司重整中的股东权益》，载《政治与法律》2014年第6期。

一步提高上市公司质量的意见》要求拓宽多元退出渠道,明确提出完善破产重整制度,支持上市公司通过并购重组、破产重整等方式出清风险。[27] 证监会会议也指出,提高上市公司质量是资本市场全面深化改革的重中之重,要重点推动"重整一批、重组一批、退市一批",促进存量上市公司风险有序出清。[28] 由此看出,破产重整作为多元化退出渠道之一,对于上市公司风险化解具有重要作用,但其核心目的在于提高上市公司质量。

基于以上价值取向和落脚点,一方面,需要选择具备重整价值的标的;另一方面,也需要考虑通过重整能否实现资产注入。重整价值判断方面,需要进行事先实质判断。线上重整不能仅满足于完成债务重组、短时间内规避退市的结果,还应当优化公司资产链条或者资产整体,提振持续经营能力,对标首发上市条件,塑造高质量上市公司。试想,若线上重整结果是使上市公司成为空壳公司,仅依靠贸易等轻资产业务维持运营,持续经营能力存在重大不确定性,那么实质上公司风险并未化解,依旧是退市新规出清的目标,此类重整实质上是对重整资源的严重浪费,也与线上重整的制度设计目的相背离。资产注入方面,重整目前作为司法程序,法院主要关注其程序合规性,对于重整方案可能涉及的资产注入标的、定价等不作实质性审查,但是线上重整有其特殊性,一旦方案涵盖注入资产,往往构成重组上市,这就对标的质量及相关方案提出较高要求,需要履行行政审批程序。这就导致包含重组的重整方案往往难以满足公司对标的选择、重整时间、方案调整等多方面的要求,实践中也仅有个别公司成功同步实施破产重整和重大资产重组。在此情况下,多数上市公司采用先重整后重组的方式。实践中 18 家已完成重整的上市公司中有 7 家公司在重整计划中明确后续将注入盈利能力强的优质资产,但切实执行的公司数量极少。一方面,这从侧面证明公司重整的主要动力在于"保壳"而非聚焦持续经营能力;另一方

〔27〕 参见《国务院关于进一步提高上市公司质量的意见》,载中华人民共和国中央人民政府网,http://www.gov.cn/zhengce/content/2020-10/09/content_5549924.htm。

〔28〕 参见《证监会:重点推动重整一批、重组一批、主动退一批,促进存量上市公司风险有序出清》,载 21 财经,https://m.21jingji.com/article/20201110/herald/c1a67816f9972a28e4bb0133aa1d4051.html。

面，也说明相关方拟注入的标的资产可能并不满足重组上市条件。基于此判断，线上重整实际更适合主营业务仍然具有一定竞争力，只是受累于财务负担或部分亏损资产导致业绩不佳的公司，此类公司能够充分发挥破产重整效能。

（五）线下重整也是化解上市公司风险的选择之一

线上重整及线下重整所面临的程序要求、信息披露要求、外部影响等都存在重大差异。在此情况下，依据公司的不同特点选择重整工具有利于合理配置重整资源，实现重整效用最大化。实践中，2015 年至 2022 年 6 月末，18 家完成线上重整的公司中部分公司通过重整彻底化解风险，盈利能力不断增强，如重庆钢铁、安通控股等公司。此类公司主营业务较为突出，经营层面具有核心竞争力。通过破产重整，公司解决了大规模债务，处置了亏损资产，同时还引入了产业投资人，进一步加深与相关方的业务合作，实现了业绩持续大幅增长。另外，部分公司选择退市后进行重整，增强风险化解的灵活性，在满足条件后重新上市。重新上市第一股招商南油的前身为沪市公司长航油运，由于连续亏损，公司于 2014 年 6 月终止上市。而后，该公司于 2014 年 7 月进行线下重整，剥离主要亏损资产并实施债转股，成功扭亏为盈，并于 2019 年重新上市。首家主动退市后重新上市的公司为国机重装，其前身为沪市公司二重重装，于 2015 年主动退市，并在退市后先重整再重组，业务及财务情况均获得极大改善后，于 2020 年重新上市。由此可见，线下重整相较线上重整更为灵活，而且由于不再受退市指标约束，相关方案的制定及执行具有更大空间，能够与重大资产重组进行更好的衔接，实现风险的有效化解。

四、完善上市公司破产重整制度的几点建议

（一）强化线上重整的准入约束，避免重整沦为“净壳”工具

从前文分析来看，线上重整复杂程度远超线下重整，为了避免浪费重整资源，判断困境上市公司是否适合利用重整机制进行脱困具有必要性。这一判断的重要因素就是公司是否具有可持续经营能力，即重

整价值。从法院角度来看,《全国法院破产审判工作会议纪要》中明确,“人民法院在审查重整申请时,根据债务人的资产状况、技术工艺、生产销售、行业前景等因素,能够认定债务人明显不具备重整价值以及拯救可能性的,应裁定不予受理”。从上市公司角度来看,重整价值主要指持续经营能力。这体现在三个方面:一是财务指标方面。按照证券交易所的退市规则,具体的财务类量化指标为最近一个会计年度营业收入低于1亿元且扣除非经常性损益前后净利润孰低为负值。二是产业发展方面。对此应当进行实质判断,聚焦实体经济,关注公司的主营业务情况。三是重整方案可行性方面。需要判断上市公司能否通过破产重整彻底化解风险,而不是暂时性解决债务问题。实践执行中,应进一步发挥中国证监会在上市公司重整中的事前把关作用,将证券监管通过规则形成明确预期。整体来看,应当提高线上重整的门槛,避免破产重整沦为单纯摆脱债务、炒作壳公司的工具,从根本上提升上市公司质量。例如,安通控股,通过重整解决了资金占用和违规担保问题,为后续正常经营奠定了基础。再如,中孚实业,通过重整焕然新生,抓住行业发展契机,2021年营业收入同比增长86.83%。

(二)提高线上重整的信息披露要求,强化透明度

重整中的利益相关方众多,各自诉求复杂,利益相关方博弈过程的不透明,容易滋生利益输送的空间,建议加强线上重整博弈过程中的信息披露监管。在证监会统筹指导下,上海证券交易所发布了《上市公司自律监管指引第13号——破产重整等事项》,重点规范上市公司的信息披露行为,将控股股东、重要子公司重整、预重整等均纳入信息披露监管范围,对于重整投资人招募、债权人会议、重整计划草案、出资人权益调整等均细化了披露要求。通过公开的市场监督,为线上重整博弈提供一个公正的环境,对于连续交易中的二级市场,也能够及时提供信息,明确投资者的预期,保护中小投资者的利益。提高透明度,核心是压实破产管理人、重整投资人、控股股东等的信息披露义务和责任,通过证券监管立法,规范线上重整的各方行为,也能为市场监督发挥作用提供便利条件。

(三)鼓励产业投资人取得控制权,打击“卖壳式”重整

为发挥产业协同作用,提高上市公司持续经营能力,应鼓励产业投资人取得控制权,后续更好地支持公司经营。但财务投资人多数意在取得投资收益,可能在承诺期届满后适时转让公司股权,不利于上市公司控制权的稳定以及可预见性。目前,破产重整中的重整投资人取得股份定价缺乏实质约束,在普遍入股价格大幅低于二级市场的情况下,其中的套利空间可能会引发短期炒作。最新的沪深两所信息披露指引中,要求重整投资人进行股份锁定,这一定程度上抑制了短期炒作。建议在完善重整准入门槛时对重整方案严格把关,不支持"卖壳式"重整,鼓励产业投资。例如安通控股,本是国内集装箱运输行业的龙头民营企业之一,因大股东违规占用资金等问题引发破产风险,产业投资人招航物流入股成为控股股东,双方共享内贸物流网络,实现了双赢局面。

(四)审慎对待线上重整与重大资产重组的嵌套与衔接安排

《关于审理上市公司破产重整案件工作座谈会纪要》中规定,重整计划草案涉及行政许可的,人民法院需要启动会商机制,会商中国证监会。在执行时,并购重组要履行中国证监会的行政许可程序。实践中,线上重整基本没有嵌套重大资产重组。往往是重整方案执行完毕后,再行筹划重大资产重组,采用的是前后衔接模式。这源于破产法主要解决债务问题,无法解决证券法项下的资产重组问题,人民法院也无法代替中国证监会进行重组审核。[29] 司法与行政天然的职能差异,使得在以法院为主导的重整中嵌套重组可能会出现行政审批被"绑架"的情形,同时在后续监管中若重组方案出现重大变化将导致司法与行政监管的冲突,进而催生监管真空,诱发制度套利。因此,建议从制度层面强化重整与重组的相互独立,审慎监管包含资产注入的重整方案。

(五)鼓励线下重整,做好退市衔接

随着注册制改革的逐渐深入,发行上市预期日渐明确,退市常态化逐步形成,优胜劣汰的渠道不断畅通。建议完善退市制度,对于那些本来就缺乏持续经营能力的壳公司,直接予以退市。退市后具有重整可能的,可以进行线下重整、资产注入,符合条件的可以重新上市。形成

---

〔29〕 参见王欣新、徐阳光:《上市公司重整法律制度研究》,载《法学杂志》2007年第3期。

"线上重整高门槛、线下重整低门槛"的差异化制度安排,集中重整的金融资源优先配给上市公司,切实提高上市公司质量,推动国民经济转型升级。

(编辑:韩励豪)

《证券法苑》(2022)
第三十六卷,第87~113页

私募基金纠纷的裁判逻辑与法律适用

——基于上海法院2014~2020年案件审理情况分析*

沈竹莺** 杨 晖*** 黄佩蕾****
徐佳云*****

摘要:私募基金纠纷相关问题涉及募集、投资、管理、退出各环节,本文结合司法裁判案例,分析基金合同性质及效力判断、刚性兑付效力认定、投资者适当性义务认定、管理人和托管人义务界定、对赌协议效力认定、清算退出的损失确定等重点疑难问题,分析私募基金纠纷发生的原因,深入剖析既有案例的裁判逻辑和法律适用问题,并为私募基金法律风险防范提出对策建议。

关键词:私募基金 投资者适当性 管理人义务 刚性兑付 退出清算

---

* 本文仅为作者学术见解,不代表所在单位观点。本文曾获上海法院2021年优秀司法统计分析成果评选一等奖。

** 上海金融法院申诉审查及审判监督庭副庭长,法学硕士。
*** 上海金融法院申诉审查及审判监督庭法官助理,法学博士。
**** 上海金融法院综合审判一庭法官助理,法学硕士。
***** 上海金融法院申诉审查及审判监督庭法官助理,法学硕士。

私募基金是直接融资市场的重要组成部分,是组合投资、专业管理、利益共享、风险共担的集合资产管理的主要方式之一。私募基金行业快速发展,在提高直接融资比重、推动科技创新、优化资本市场投资者结构、服务实体经济和丰富居民财富管理等方面发挥了积极作用。与此同时,私募基金行业也出现了一些问题,如管理运作不规范、公开或者变相公开募集资金、规避合格投资者要求、不履行登记备案义务、变相资金池运作、刚性兑付、利益传输、自融自担,甚至出现侵占、挪用基金财产、非法集资等严重侵害投资者利益的违法违规行为,行业风险逐步显现。

涉私募基金民事纠纷数量呈逐年上升趋势。相关纠纷因涉及投资者、管理人、托管人、增信第三人、投资标的公司等多方主体,法律关系较为复杂,投资者适当性要求、保底或刚兑约定、管理人义务边界等法律适用疑难问题较多,在审判实践中存在较多争议。2019 年 11 月《全国法院民商事审判工作会议纪要》(以下简称《九民纪要》)的出台,也对私募基金纠纷的裁判产生了较大影响。本文拟结合司法裁判案例,比较私募基金纠纷的既有裁判规则,并通过对私募基金相关法律及监管规定的分析,对此类纠纷的审理思路及发生原因进行梳理,以期为涉私募纠纷的风险防范及审理裁判提供对策建议。

一、2014 ~ 2020 年上海法院涉私募基金案件情况

以 2014 年至 2020 年为审结日期范围,以裁判文书中含"私募"一词,且以"委托理财合同纠纷"或"其他合同纠纷"为裁判文书案由搜索上海法院民事裁判文书,共搜索到 224 个裁判文书。经过人工研读筛查,去除尚未生效的案件和与私募基金无关的案件,并将一审关联到二审,最终保留有效裁判文书样本 125 篇。

(一)案件数量整体呈上升趋势,2017 ~ 2019 年快速增长

从样本案件的立案时间分布来看,2014 年为 14 件(其中 13 件为批量案件),2015 年为 2 件,2016 年为 10 件,2017 年为 8 件,2018 年上升至 21 件,2019 年继续上升至 43 件,2020 年回落至 27 件。考虑到法院的收

结案周期以及纠纷发生和判决作出之间的时间差,2018 年该类纠纷案件数量增加具有显著性(见图 1),体现出私募基金纠纷在 2017 ~ 2019 年间呈现快速增长趋势。

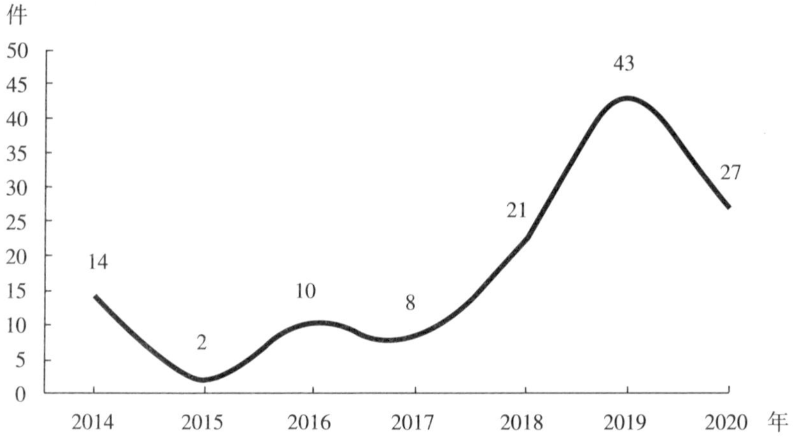

图 1　2014 ~ 2020 年上海涉私募基金案件数量变化趋势

(二) 纠纷主要为投资者诉基金管理人

就涉诉主体而言,所涉纠纷原告大多数为投资者,被告大多数涉及管理人,其次为第三方担保人和私募基金投资标的公司,少数涉及其他投资者。125 件涉私募基金纠纷中,原告为投资者的为 107 件,原告为基金管理人的为 14 件,原告为投资顾问的为 3 件,原告为融资居间人的为 1 件。

被告涉及基金管理人的纠纷为 82 件(包括将管理人及其法定代表人、控股股东、担保人、投资标的等列为共同被告的纠纷),被告涉及担保人的纠纷为 38 件,被告涉及投资标的纠纷为 36 件,被告涉及托管人的纠纷为 2 件,被告涉及销售机构的纠纷为 2 件, 被告涉及投资者的纠纷为 1 件,存在将多种主体列为被告的情况(见图 2)。

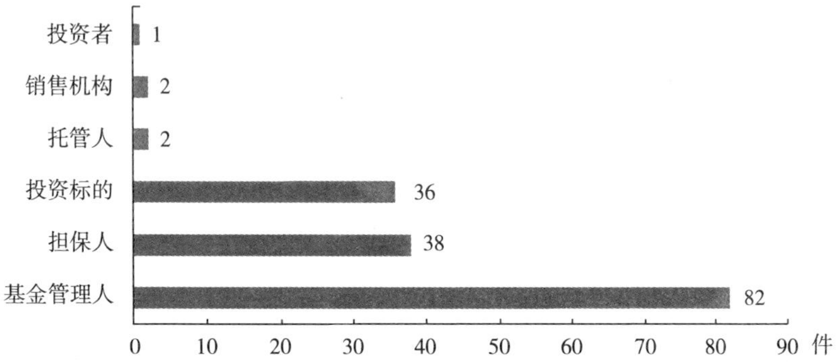

图2　涉私募基金案件被告类型

(三)纠纷涉及募投管退各环节,相对多发于投资和退出阶段

本次样本中核心争议涉及私募基金募集环节的为22件,涉及投资环节的为26件,涉及管理环节的为17件,涉及退出环节的为82件,其中22件纠纷涉及私募基金运作的多重环节(见图3)。

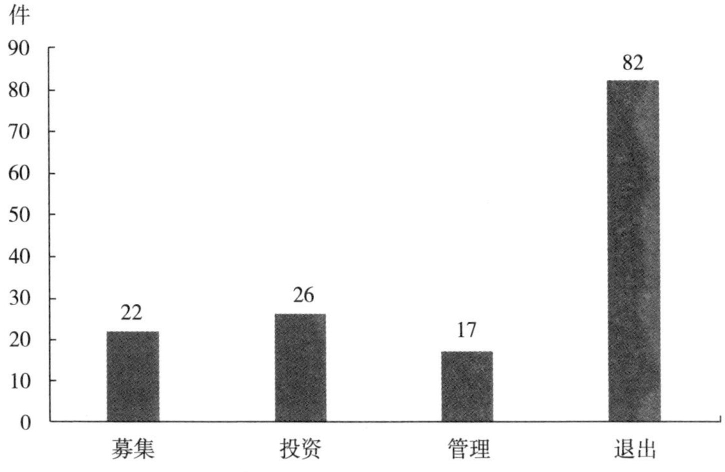

图3　私募基金纠纷涉及环节分布

1.募集阶段。募集阶段具体争点主要为是否尽到投资者适当性义务,具体纠纷情形为:

(1)投资者不适格纠纷。①因管理人在对投资者风险承受能力评级、风险评估等认定过程中未全面审慎评估或评估程序不合规,引发投资者不适格纠纷。②投资者情况在投资期间发生变化，各方对是否需进行动态风险评估及风险匹配存在争议。③非合格投资者委托合格投资者代持基金份额，管理人未对投资者委托第三方认购金融产品作出合理审查，导致涉案的投资者不具备合格投资者资格所引发的纠纷。

(2)产品不适格纠纷。①管理人未对产品进行有效风险评级，对推介资料的合规性未作合理审查，导致投资者购买的产品不适格。②基金产品风险评级因市场情况发生变化，管理人未及时更新基金产品信息引发纠纷。

(3)管理人未合理匹配投资者与产品纠纷。①管理人未充分揭示风险，如未对特殊群体作出充分的告知说明及风险揭示，后基金产生亏损，投资者主张返还投资本金和利息引发纠纷。②由于市场变化，产品发生变化导致投资者风险承受能力与基金产品风险等级不匹配，但投资者不愿退出引发纠纷。

(4)销售机构未尽责纠纷。①管理人未充分调查代销机构，选任不具有相应资质代销机构引发纠纷。②代销机构未对委托人、代销产品和投资者充分审查，导致投资者不具备适当性。③代销机构存在不当推介行为。

2. 投资阶段。投资阶段具体争点主要为管理人未履行合理审慎投资义务、对赌回购、投资者是否有权直接向投资标的主张权利等，具体纠纷情形为：

管理人未充分履行审慎投资义务引发纠纷。基金管理人投资前未尽尽职调查义务，或在投资期间擅自挪用基金财产，或未按投资合同约定擅自操作基金财产；未依据合同约定履行特定投资管理义务，如未按约定在基金触及预警线和止损线时进行减仓和平仓操作等，导致基金产生亏损所引发的纠纷。

3. 管理阶段。管理阶段具体争点主要为管理人、托管人是否履行义务，具体纠纷情形为：

(1)管理人未充分履行信息披露义务引发纠纷。管理人在基金募集阶段和运作阶段，未如实向投资者披露基金投资、资产负债、投资收益分配、基金承担的费用和业绩报酬、可能存在的利益冲突情况以及可能影响投资者合法权益的其他重大信息，隐瞒或者提供虚假信息，导致投资者作出错误投资决定遭受损失所引发的纠纷。

(2)管理人不合法合规行为引发纠纷。基金管理人未依法登记或基金未依法办理备案手续,或在募资阶段管理人使用无资质人员参与募集,后基金最终无法兑付本金及利息,各方对募集行为合法性和基金合同效力存在争议。

(3)管理人和托管人职责边界难以界定引发纠纷。投资者投资私募基金遭受重大损失,甚至发生管理人经营中断、“失联”、“跑路”等极端情形,此时投资者以托管人未尽监督义务、未尽托管义务为由,要求其与管理人承担连带赔偿责任或补充赔偿责任,各方对于托管人的义务内容及责任范围存在争议。

4.退出阶段。退出阶段具体争点主要为基金合同是否达到解除条件、合伙型或公司型私募基金投资者退出程序、清算条件、基金未清算损失如何认定等,具体纠纷情形为:

(1)管理人行为导致退出条件未充分满足引发纠纷。管理人以退出条件未满足为由,对投资者退出请求进行抗辩,投资者以管理人过错导致基金合同目的不能实现为由主张解除基金合同,引发“合同目的不能实现”认定纠纷。

(2)投资者直接向私募投资基金投资标的主张权益引发纠纷。投资者主张行使债权人代位权或根据《合伙企业法》第68条,以管理人怠于向投资标的公司主张权益等理由向投资标的公司主张权利,弥补投资损失。

(3)合伙型、公司型、契约型私募基金中,非经合伙会议决策程序同意、公司决策程序同意、合同约定程序条件同意退出引发纠纷。

(4)私募基金未经清算时的投资者损失认定纠纷。私募基金合同未到期、已到期、分期已到期、分期未到期时,因私募基金合同或者分期合同中就清算启动程序、条件、责任主体,清算责任约定不明及如何适用发生争议。

(5)不能清算时的投资者损失确定纠纷。包括管理人过错导致清算不能,引发的是否可按管理人过错程度确定投资损失纠纷;管理人怠于履行清算义务导致损失金额无法确定时的投资者损失赔偿认定纠纷。

(6)公司型私募基金中的优先清算权条款效力认定纠纷。

（四）基金内部纠纷占绝大多数

涉诉主要争议法律关系为基金募集、内部治理和退出法律关系的案件，在样本案件中共有109件，占比87%。少数案件为基金对外投资法律关系，共16件，占比13%。

基金募集、内部治理和退出法律关系纠纷中，主要诉请表现为投资者请求基金管理人等支付投资本金及收益。就具体请求权基础而言（见图4），请求基金管理人承担违约责任的为77件，请求解除合同的为19件，请求确认合同无效的为10件，请求确认合同不成立的为1件，请求确认合同未生效的为1件，请求判定侵权的为1件。

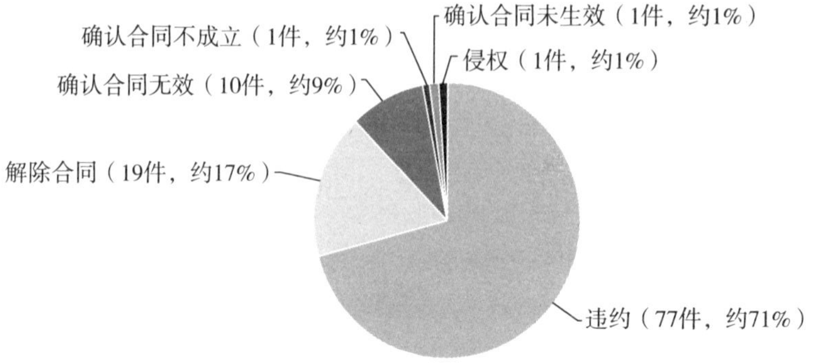

图4　涉私募基金纠纷案件请求权基础类型

对外投资法律关系纠纷中，主要纠纷是基金管理人诉投资标的公司返还借款、履行回购义务等或投资者直接向基金用资方主张权利。对外投资中的回购现象较普遍，且形式多样，涉及法律关系复杂。涉及对外投资法律关系的16件案件中有13件主要争议焦点涉及对赌或回购，表现形式为股权回购、收益权回购、投资标的差额补足等。

（五）私募基金涉及多种组织形态，法律关系较为复杂

私募基金作为一种灵活的资产管理形式，从其组织形态划分，可以分为契约型、合伙型、公司型。其中，契约型私募基金占多数，本次样本中涉契约型私募基金纠纷案件为96件，占比77%；涉合伙型私募基金纠纷案件28件，占比23%；组织形态未披露的为1件。私募基金的基础法律形式多样，实践中可以形成委托代理法律关系、信托法律关系、综合性法律关系，因其基础法律关系性质不同而受到不同法律规范，同时由于纠纷涉及担保增信等多重法律关系,私募基金案件的范围不够明晰,案由难以统一,常见的有委托理财合同纠纷、金融借款合同纠纷、其他合同纠纷等。

(六)本金收益承诺普遍存在且形式多样

分析发现,无论是私募内部法律关系,还是外部投资法律关系,均普遍存在本金收益承诺行为。本次样本中提供本金收益承诺的案件数为58件,占比46%。提供本金收益承诺主体主要为管理人和投资标的,少数为第三方担保人或其他投资者。其中管理人提供本金收益承诺的为35件(仅管理人提供本金收益承诺的为2件,管理人与其他主体如投资标的、第三方担保人等共同提供本金收益承诺的为33件),投资标的(投资标的本身、投资标的股东、实际用资人等)提供本金收益承诺的为19件,第三方担保人(投资顾问等)提供本金收益承诺的为3件,其他投资者作为提供本金收益承诺主体的为1件(见图5)。形式包括本金收益承诺、差额补足、保底条款、份额回购、固定收益、连带保证等。

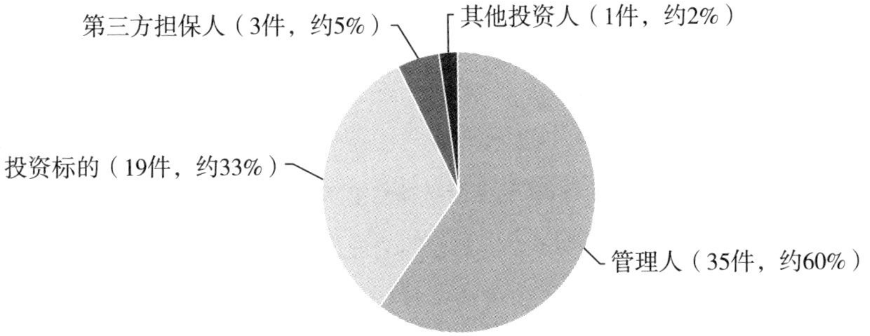

图5　提供本金收益承诺主体

二、私募基金案件审理中的主要疑难点

经分析,该类案件在审理中主要存在基金合同的性质认定、基金合同的效力判断、本金收益承诺的性质与效力认定、管理人是否违约的判断、对外投资中对赌协议效力的判断、退出是否以清算为前提等疑难问题。

（一）基金合同的定性难

关于基金合同的法律关系性质，根据具体案情不同，法院判决中存在的观点主要有信托关系、委托理财关系和借贷关系等。

首先，分歧主要集中于存在保底条款的情形。部分法院判决认为，这种投资者提供资金、定期收取固定利息、到期收回投资本金、不承担任何投资风险的行为更符合借贷法律关系的特征，故属于“名为私募基金合同，实为民间借贷”的情形，法院应按照实际构成的法律关系进行“穿透式”处理，进而判决管理人依约返还本金和利息。反之，也有法院判决认为保底条款的存在不影响委托理财关系的认定，但保底条款免除了委托人作为投资者应承担的部分投资风险，使得民事权利失衡，同时该条款有悖于委托代理制度的基本原理，故保底条款单独无效。此外，还有少数法院判决认为原、被告均未举证证明私募基金有备案手续，故不能认定基金合同为委托理财关系，应依据资金实际占有、使用的事实认定其为民间借贷关系。

其次，关于信托和委托理财关系的区分。部分法院判决明确论述了涉案法律关系为信托关系，即“投资者基于对基金管理人的信赖，将其财产委托给基金管理人，由基金管理人以自己的名义为投资者的利益进行管理，应适用有关信托法律规定”。另有法院判决认为，这种投资者将资产交给资产管理公司、投资咨询公司等非金融机构或自然人的行为，符合非金融机构作为受托人的委托理财形式，应构成民间委托理财合同关系。

（二）基金合同的效力认定难

分析发现，判决认定基金合同无效的理由主要有：保底条款无效导致合同整体无效；基金投资行为构成变相买卖外汇而无效；管理人不具备相应资质而无效；向不特定对象宣传推介私募基金，违背公共秩序而无效；构成伞形信托、场外配资，违反相关禁止性规定而无效。经分析，与合同效力认定有关的主要争议在于行政监管与司法认定的衔接，即相关监管规定是否属于法律、行政法规的效力性强制规定，违反监管规定是否属于导致合同无效的情形。

1. 基金的本金收益承诺

中国证监会2014年颁布的《私募投资基金监督管理暂行办法》第

15 条规定,“私募基金管理人、私募基金销售机构不得向投资者承诺投资本金不受损失或者承诺最低收益”。《关于规范金融机构资产管理业务的指导意见》(以下简称《资管新规》)第 2 条和《九民纪要》第 92 条均禁止刚性兑付。

参考相关判决,一般法院依据《证券投资基金法》《私募投资基金监督管理暂行办法》的规定,认为基金管理人、私募基金管理人不得向投资者承诺投资本金不受损失或者承诺最低收益;认定保底或者刚兑条款合同违反了法律法规的强制性规定而无效。[1] 但有判决认为《私募投资基金监督管理暂行办法》属于部门规章,不属于法律或行政法规,在强制性规定的效力层级上不符合原《合同法》第 52 条第 5 种情形规定,因此不能直接导致合同无效。也有判决从损害公共利益的角度进行了论证,认为保底条款如果有效将损害私募投资领域的公共秩序,应属无效。

在本文研究的 125 件案件中,共有 58 件涉及本金收益承诺,形式较为多样。在主体上除基金管理人自身作出承诺外,还有管理人的法定代表人、股东及其关联公司,以及投资标的公司等第三方作出承诺。在时间节点上既有在基金募集时承诺保底收益,也有在基金到期后承诺返还本息。承诺方式除在基金合同中直接约定保底条款外,还有签订基金份额预约受让协议、回购协议、还款协议、和解协议、收益权转让协议以及出具保证函、承诺函、差额补足函、债务加入函等。从司法观点来看,涉本金收益承诺的法律适用疑难问题主要集中在以下几点:

一是关于基金管理人自身本金收益承诺的认定。首先,分歧在于对效力的认定以及在认定本金收益承诺有效的基础上是否需要进一步对整个基金合同进行“穿透式”认定,即是否认定双方实际构成借贷关系。其次,关于保底条款无效后的法律后果,既有认定保底条款无效导致基金合同整体无效的观点,也有认定基金合同有效、仅保底条款无效的观点。

二是关于基金管理人的密切关联利益主体如股东、投资经理、实际控制人、关联公司等关联方作出的本金收益承诺的效力。对此,因相关

---

[1] 参见上海金融法院:鑫纪元资本管理有限公司与新疆峰石盛茂股权投资管理有限公司其他合同纠纷一审民事判决书,案号:(2019)沪74民初610号,2020年11月10日。

法律法规并无明确规定,在司法实践中存在不同观点。参考相关判例,有法院判决指出基金管理人的股东是以其个人名义与投资者签订补充协议,并非履行职务行为,是双方真实的意思表示,并不违反法律强制性规定,应当认定合同有效。反之,亦有判决认定承诺主体并非管理人,但与管理人实际上是利益共同体,且从约定来看双方在签订协议时已知悉承诺人为管理人实际控制人的事实。因此,补充协议系为规避法律、行政法规的监管而做出的约定,有损社会公共利益,应认定其为无效合同。此外,除管理人关联方作出本金收益承诺承诺的外,还有投资标的公司直接对投资者作出承诺的情况,现有案例均认可其效力。

三是关于基金管理人及其密切关联方之外的第三方作出本金收益承诺的效力。对于该类保本收益承诺的具体性质认定,部分法院判决认定构成保证、非典型担保合同,部分法院判决认定构成债务加入合同,部分法院判决认定构成单方允诺、独立合同,另有较多法院判决未对本金收益承诺的性质作出明确论述,仅从协议为当事人真实意思表示、内容不违反法律和行政法规的强制性规定等角度认可了相关协议的效力。

四是关于损失确定后承诺返还本息的效力。58 件涉及本金收益承诺的案件中,有 15 件为到期或损失发生后管理人、投资标的或其他第三方担保人通过签订还款协议或承诺函承诺返还本息,法院均判定为有效。有法院判决认为,"保本保收益条款系在合同签订或履约过程中,各方对于投资是否会产生预期收益均不能确定时所作出的无论投资实际盈亏与否均保证出资方不受损失的承诺。本案中,涉案基金合同并不保证基金财产一定盈利,亦不保证最低收益。基金存续期间届满后,盈亏情况已经固定,此时是否对投资者的损失进行补偿,系民事主体对自己民事权利的处分,不属于法律所禁止的范畴"[2]。有判决认为原、被告将基金合同变更为还款协议"系双方的真实意思表示,合法有效,双方均应依照合同约定履行各自的义务"[3]。

---

〔2〕 上海金融法院:赵某与邓某某其他合同纠纷二审民事判决书,案号:(2020)沪 74 民终 736 号,2020 年 9 月 29 日。

〔3〕 上海市徐汇区人民法院:潘某某与上海西鼎股权投资基金管理有限公司委托理财合同纠纷一审民事判决书,案号:(2019)沪 0104 民初 26271 号,2020 年 2 月 10 日。

2. 基金未登记备案

关于向中国证券投资基金业协会(以下简称中基协)登记备案的规定是否属于效力性强制规定,判决中也存在不同观点。一般认定基金管理人未登记的,不具备私募投资基金管理人的资质,基金合同无效。[4] 而基金未备案是否会导致合同无效,司法裁判对此存在不同观点,既有认定为有效的也有认定为无效的。[5] 但是大多数观点认为管理人已登记,仅是私募产品没有备案,在这种情况下其违反的是行业管理性规定,不应认定合同无效。

3. 场外配资

关于场外配资效力,金融监管和司法审判的认定范围和尺度不一致。司法审判中,《九民纪要》将场外配资限定于一定范围,根据《九民纪要》第 86 条,场外配资业务主要是指一些 P2P 公司或者私募类配资公司利用互联网信息技术,搭建起游离于监管体系之外的融资业务平台,将资金融出方、资金融入方即用资人和券商营业部三方连接起来,配资公司利用计算机软件系统的二级分仓功能将其自有资金或者以较低成本融入的资金出借给用资人,赚取利息收入的行为……除依法取得融资融券资格的证券公司与客户开展的融资融券业务外,对其他任何单位或者个人与用资人的场外配资合同,人民法院应当根据《证券法》第 142 条、《最高人民法院关于适用〈中华人民共和国合同法〉若干问题的解释(一)》(已失效)第 10 条的规定,认定为无效。也有判决认为,证监会于 2015 年 4 月 22 日即叫停"伞形信托"的融资融券业务,系争协议约定"伞形信托"悖于稳健有序的证券市场监管秩序,损害了社会公共利益,认定基金合同无效。[6] 行政监管上所界定的场外配资较司法审判的范围更广。2015 年 7 月 12 日,证监会公布《关于清理整顿违法从事证券业

[4] 参见上海市第一中级人民法院:房银(上海)资产管理有限公司与郭某某委托理财合同纠纷一案二审民事判决书,案号:(2018)沪 01 民终 1408 号,2018 年 6 月 25 日。

[5] 参见上海市浦东新区人民法院:朱某某与励琛(上海)投资管理有限公司委托理财合同纠纷一审民事判决书,案号:(2018)沪 0115 民初 55275 号,2018 年 11 月 7 日。

[6] 参见上海市第一中级人民法院:上海佳晔长清股权投资基金管理有限公司与彭某某委托理财合同纠纷一案民事判决书,案号:(2018)沪 01 民终 13696 号,2019 年 3 月 12 日。

务活动的意见》,从监管层面正式开启规范场外股票配资交易。该意见从监管角度定义的场外股票配资是指机构和个人借助信息系统为客户开立虚拟证券账户,借用他人证券账户、出借本人证券账户等形式,代理客户买卖证券,违反了《证券法》《证券公司监督管理条例》关于证券账户实名制、未经许可从事证券业务的规定,损害了投资者合法权益,严重扰乱了金融监管秩序。随后证监会在2015年9月17日《关于继续做好清理整顿违法从事证券业务活动的通知》中指出,信托产品证券账户也被纳入清理范围。

(三)投资者适当性义务认定难

基金募集阶段的争议集中于投资者适当性义务的履行,即投资者以其本身不属于合格投资者、基金销售机构未尽适当性义务为由,诉请后者就投资损失承担赔偿责任。在产品风险等级评价标准的客观性、适当性义务的具体履行标准、弱匹配水平下投资者知情且同意是否可以购买风险等级较高的产品、适当性义务履行与投资损失之间的因果关系等问题上,实践中还存在一定争议。

对于适当性义务,有判决将适当性义务分解为了解客户的义务、了解产品的义务、风险告知说明义务、适当推荐义务等四项内容,并从风险承受能力调查问卷的无签名、推介人员不了解基金存在杠杆情况、未就可能发生的最大损失风险作出特别说明等方面认定基金销售机构未尽到适当性义务。据此认为基金销售机构对造成投资损失存在过错,酌情由其承担部分的本息损失。反之,另有法院判决驳回投资者诉请,理由为:卖方机构是否妥善履行适当性义务可从其是否了解投资者并对其进行分类、是否了解产品或服务及其分级、是否对投资者与产品或服务进行匹配几方面考量。投资者对自身投资具有审慎的注意义务,即使是销售人员告知其尽量把风险承受能力填高一点,作为具有一定投资经验的投资者,在投资过程中对此缺乏理性人应有的基本注意义务,投资者就其投资者信息进行不实陈述的后果应由其自行承担。[7]

(四)管理人、托管人义务范围界定难

管理人及托管人义务的履行,包括在证券投资基金中按照合同约定

〔7〕 参见上海市浦东新区人民法院:卢某与嘉实财富管理有限公司委托理财合同纠纷一审民事判决书,案号:(2020)沪0115民初4150号,2020年9月11日。

进行减仓及平仓操作,在股权投资基金中的投资行为符合合同约定、管理人适当履行信息披露义务以及托管人适当履行监管义务等。

1. 管理人违约行为的认定

实践中,关于管理人的违约行为,现有案例主要是依据基金合同中有关管理人义务的条款予以认定,并由管理人承担举证责任。具体情形有:未对投资者进行回访确认、对投资者存在误导性陈述、尽职调查未尽到审慎义务、通过关联公司转移挪用投资款、未按照约定投资范围投资运用基金财产、未以基金名义开立基金财产专户、未在中基协登记备案、向投资者隐瞒并提供虚假信息、在基金净值跌破止损线后伪造投资者签名签署基金补充协议继续投资运作、未及时平仓、未按约支付赎回款和约定收益、怠于行使清算义务等。关于管理人应承担的违约责任,有法院判决管理人按照合同约定支付违约金、支付投资款本金及相应利息损失、返还投资本金并承担部分投资损失、赔偿未进行减仓或平仓操作导致的损失扩大部分等。

2. 管理人的信息披露义务

当前,我国并未在立法上对私募基金运作期间的信息披露作出专门规定,而是采取行业自律管理的方式予以规范引导。中基协于 2016 年 2 月 4 日发布了《私募投资基金信息披露管理办法》,其中第四章专门规定了基金运作期间的信息披露义务,若违反该办法,由协会采取自律管理措施。虽然《私募投资基金信息披露管理办法》仅为自律性管理规则,但在司法实践中,亦有法院判决以此作为判断基金管理人、托管人信息披露义务的界定依据。

3. 托管人违约行为的认定

关于托管人的法律地位及其与管理人之间的职责边界,理论上存在较大争议,司法裁判中倾向于用相关法律规定及合同约定来确定二者各自的职责范围。理论上有观点认为管理人是典型的受托人,应当承担信义义务,也有观点认为基金托管人与管理人应为共同受托人,还有观点认为托管人与管理人同为基金受托人但各自独立履行职责,不是信托法意义上的共同受托人等。从目前的司法裁判来看,法院并未将管理人和托管人认定为共同受托人,对于管理人和托管人的权利和义务,是直接根据有关法律规定及合同约定来加以确定。并且,即便是在管理人存在违约行为时，在托管人不存在违约行为的情况下，托管人对投资者的损失通常不承担赔偿责任。例如，判例认定基金合同已明确约定，托管人对于管理人是否妥当执行风险控制措施不承担监督职责，管理人未按照合同约定执行预警止损操作给委托人造成损失的，由管理人承担相应责任，托管人不承担任何责任。[8]

（五）对外投资之对赌、回购效力认定难

对外投资纠纷中的主要争议焦点为对赌和回购的效力认定。外部争议主要是基金管理人诉投资标的公司返还借款、履行回购义务等或投资者直接向基金用资方主张权利。对外投资中的对赌或回购条款设置现象普遍，且易引发纠纷。涉及对外投资法律关系的16件案件中有13件主要争议焦点为回购，表现形式为收益权回购、投资标的差额补足等。

（六）基金退出和清算处理难

1. 基金合同的解除

部分投资者在未能收回本金或收益时，也会通过诉请解除合同达到挽回损失的目的。其中，判决认定合同解除的具体情形有三类，包括合同约定的投资期限已届满、管理人未履行主要合同义务以及基金合同实际未履行。例如，有判决认定基金管理人未提供该基金和所投资股权的任何信息，投资者也未获得任何投资收益，双方协议的合同目的并未实现，合同应解除。再如有判决认定，因管理人停止经营，合同目的无法实现，投资者提出解除合同，收回投资，符合法定解除条件。[9]

2. 清算程序差异化

契约型、合伙型和公司型私募基金，清算的方式存在差异，针对性地分类处理难度较高。公司型私募基金受到《公司法》《企业破产法》关于股东退出、股份回购、股份转让、资本维持等相关规定约束；合伙型私募要受到《民法典》规定的合伙合同以及《合伙企业法》的相关规定约束，尤其要受到上述法律法规关于退伙、合伙份额转让、合伙的利润分配和

---

〔8〕 参见上海金融法院：赵某某与上海缠红资产管理有限公司、国信证券股份有限公司金融委托理财合同纠纷二审民事判决书，案号：(2019)沪74民终663号，2019年11月11日。

〔9〕 参见上海市虹口区人民法院：胡某某与望洲资产管理（上海）有限公司其他所有权纠纷一审民事判决书，案号：(2017)沪0109民初21444号，2018年1月23日。

亏损承担问题的规定约束。

3. 未经清算时损失难以认定

在清算未启动、未完成或无法清算时,投资者往往以基金管理人履职不当为由提起损害赔偿之诉,如何判断管理人是否存在过错、损失金额无法确定时的投资者损失赔偿如何认定、管理人应在何种范围内承担责任成为司法裁判的难点,在司法实践中也形成不同的裁判路径。

由于有些私募基金的基础资产流动性较差,变现周期长,投资者损失往往难以认定。如果案涉私募基金尚未清算完成,管理人多以损失尚未确定作为抗辩理由。对投资者损失的认定存在不同的观点。有观点认为,基金财产作为独立于基金管理人的固有财产,在管理人未对涉案私募基金进行清算的情况下,投资者能否取得清算后的基金剩余财产,获取收益,目前尚不能确定。现投资者径行要求管理人返还投资款本金并按业绩比较基准支付投资收益,无事实和法律依据,不予支持。[10] 也有观点认为,私募基金未经清算也可以认定损失,即推定投资者的投资不能获得全部偿还,可先判决基金管理人偿还投资者全部投入,投资者受偿后不再参与私募基金分配,此后的收益归管理人所有,或者由管理人就其过错承担相应责任,待清算结束后该部分赔偿数额从投资者应获分配基金数额中予以扣减。还有观点认为,可通过法院委托审计、估价等方式确定私募基金价值,据此确定投资者损失,并判决管理人承担相应赔偿责任。另有观点认为,在特殊情形下,损失虽未最终确定但受托人确有责任时,为避免诉累,法院可判决受托人就"私募基金清算完成后投资者的损失"承担一定比例的赔偿责任;或者,私募基金虽未经清算但有其他证据证明损失已确定实际发生的,法院可判决管理人承担相应的赔偿责任。

以上观点体现了两种路径选择,一是严格按照侵权责任原理,认为只有在清算结束后投资者的损失才能固定,但是面对基金管理人不启动清算程序或是清算期间过长的现状,这种路径对于投资者的保护不够及

---

〔10〕 参见上海市嘉定区人民法院:朱某某与上海星黔投资有限公司委托理财合同纠纷一审民事判决书,案号:(2020)沪0114民初1186号,2020年4月1日;上海金融法院:朱某某与上海星黔投资有限公司委托理财合同纠纷二审民事判决书,案号:(2020)沪74民终565号,2021年5月20日。

时、有力。二是减少诉累,使投资者可以及时得到救济,从实际运用效果达成投资者、管理人、用资人利益的平衡,但是该路径推定投资者损失这个前提缺少足够的理论支撑,在实践中也存在较大争议。

三、涉私募基金纠纷发生的原因

(一)法律规范体系尚不完整

私募基金的规范层级较低,尚未形成系统的法治规则体系。目前针对私募基金的立法层级较低,没有专门法律规范,主要为监管部门出台的部门规章和行业自律组织出台的规范性文件。上述规范位阶较低,在司法审判法律适用中常存在分歧。同时私募基金纠纷中涉及法律关系多元,在清算退出等具体问题中均存在私募基金监管规范与《公司法》《合伙企业法》《企业破产法》等不同法律规范之间的协调问题。涉私募基金的具体法律规范体系见表1。

表1　私募基金相关法律法规、规范性文件

效力级别	发布单位	法律法规、规范性文件名称
法律	全国人民代表大会	《证券投资基金法》《公司法》《合伙企业法》《民法典》《信托法》等
部门规章	证监会	《私募投资基金监督管理暂行办法》《关于加强私募投资基金监管的若干规定》等
司法解释性质文件	最高人民法院	《九民纪要》等
部门规范性文件	中国人民银行、银保监会、证监会、国家外汇管理局	《资管新规》等
行业规定	中基协	《私募投资基金管理人登记和基金备案办法(试行)》《私募基金管理人登记须知(2019年版)》《私募投资基金募集行为管理办法》等

(二)配套监管机制尚不健全

对私募基金的监管力度尚不能适应市场发展现状,易引发监管套利问题。我国对私募基金采取了不设行政许可,实行协会登记备案、行业自律管理、监管部门事中事后查处的监管体制。对于私募基金管理人没有严格的市场准入机制,无须中国证监会审批,向中基协登记即可,对私募基金实行备案制度。监管重点集中在募集环节,对私募基金后续管理运行和清算退出缺少规制,也缺少配套的私募资产评估规范和退出市场平台,私募基金风险监测机制不健全。

(三)行业合规内控尚不完备

私募基金行业合规意识较为薄弱,风险防范意识较低。纠纷发生在私募基金募、投、管、退的各个运作环节,反映出私募基金规范运作水平较低、合规意识薄弱、内控不健全、风控能力不足,暴露出违规推介销售、虚假宣传、承诺收益、违背约定进行投资、为关联方或实际控制人提供等方面问题。部分私募基金机构甚至违规开展“资金池”“名股实债”“名基实贷”等业务,向投资者承诺刚性兑付收益,从事非标债权等影子银行与类信贷业务,涉嫌非法集资,滋生社会风险隐患。

(四)从业人员专业水平有待提升

私募基金从业机构人员的专业化水平和预防风险能力有待提升。私募基金销售人员的金融专业知识水平与私募基金产品的复杂程度之间存在差距,无法充分履行基金参与人的相应职责义务。如适当性义务履行中,目前通行的问卷方式无法准确、科学地衡量投资者风险偏好和承受能力,通用的银行理财产品风险评级方法无法完全与私募基金金融产品风险特征相匹配,卖方机构无法科学匹配产品与投资者。私募基金管理人的专业化管理能力尚不能满足多种私募基金组织形式及多重法律关系下的私募基金规范高效运作的需要。

(五)投资者风险防范意识仍显薄弱

投资者教育不足,投资者对私募基金定价机制、法律关系及风险防范关注不够,盲目追求高收益。目前,我国私募基金自然人投资者占比较大,投资者教育尚不能满足私募基金市场的快速发展。金融机构与投资者力量悬殊,且信息不对称问题严重。部分投资者在投资过程中缺乏理性人应有的基本谨慎注意义务,对个人风险承受能力存在不实陈述,无法客观评估自身投资能力。同时,投资者也缺乏必要的私募基金相关法律规范知识,不了解私募基金运作的内在机制和基本原理,忽视风险,仅仅关注高收益,片面要求私募基金行业提供各种形式的保底保收益承诺,导致相关纠纷频发。

四、涉私募基金纠纷案件的审理思路

(一)基金合同法律关系的性质

《九民纪要》第 88 条第 2 款规定:"根据《关于规范金融机构资产管理业务的指导意见》的规定,其他金融机构开展的资产管理业务构成信托关系的,当事人之间的纠纷适用信托法及其他有关规定处理。"《资管新规》第 2 条第 3 款规定:"私募投资基金适用私募投资基金专门法律、行政法规,私募投资基金专门法律、行政法规中没有明确规定的适用本意见,创业投资基金、政府出资产业投资基金的相关规定另行制定。"

从现行法律规定来看,《证券投资基金法》在 2012 年修订时首次将非公开募集基金纳入调整范围,因此普遍认为《证券投资基金法》是私募基金领域目前的最高位阶的基础法律。该法虽没有明确规定当事人之间的法律关系,但该法以《信托法》为上位法。并且,从立法观点来看,在全国人大常委会法制工作委员会对《证券投资基金法》的释义中有明确提及,证券投资基金法针对证券投资基金信托这一特殊的信托行为,确立了基金持有人(投资者)、管理人、托管人三方主体之间的信托法律关系。[11] 因此,在证券投资基金中,可依法认定私募基金管理人和投资者之间构成信托法律关系。需注意的是,现行监管根据私募基金投资领域的不同对基金类型做了划分,虽然私募股权投资基金和其他私募基金在组织架构上与证券投资基金相同,但关于是否适用《证券投资基金法》尚存疑问,这可能对认定当事人之间是否构成信托关系存在影响。从现有案例来看,关于基金合同效力、性质的认定,还要结合合同的具体

---

〔11〕 参见吴高盛主编:《中华人民共和国证券投资基金法释义及实用指南》,中国民主法制出版社 2013 年版,第 42 页。

约定,在认定形成信托关系或委托理财关系的基础上,对管理人、托管人权利义务内涵及外延进行明确,进而解决刚兑条款效力、清算退出争议。

(二)刚性兑付对基金合同的影响

根据《九民纪要》第92条和《资管新规》第19条的规定,对于存在刚性兑付的,法院应认定保底条款无效,而非合同整体无效。对于是否构成刚性兑付,应根据承诺主体区分认定效力。

根据证监会颁布的《私募投资基金监督管理暂行办法》第15条规定,私募基金管理人、私募基金销售机构不得向投资者承诺投资本金不受损失或者承诺最低收益。中基协制定的《私募投资基金备案须知(2019年版)》第13条规定,管理人及其实际控制人、股东、关联方以及募集机构不得向投资者承诺最低收益、承诺本金不受损失,或限定损失金额和比例。但《资管新规》第19条规定的刚兑情形,限制主体为资管产品的发行人、管理人。《九民纪要》第92条规定的刚兑主体也仅限于发行人、销售机构、管理机构。

对于作为金融机构的基金管理人、销售机构所承诺的刚性兑付,应否定其效力。首先,刚性兑付使得风险仍停留在金融体系内部,将本应由投资者自行承担的损失投资风险转嫁至作为管理人的金融机构,如果此种风险累积,在各类风险尤其是信用风险集中爆发后,个别金融机构可能因不能刚性兑付而引发系统性风险。其次,刚性兑付不利于资源配置和直接融资服务实体经济。刚性兑付违反了信托业务"受人之托,代人理财"的法律关系本质,提高了无风险利率水平,不利于金融资源的合理配置,损害了金融秩序及金融市场的稳定。

投资顾问出具的本金收益承诺应为无效。《证券投资基金法》第103条明确禁止基金投资顾问机构在提供基金投资顾问服务时以任何方式承诺或者保证投资收益,该承诺或保证行为扰乱社会经济秩序,属于损害社会公共利益的行为,属于违反法律、行政法规的强制性规定的情形,应为无效。

(三)违反适当性义务的责任认定

适当性义务要求卖方机构将适当的产品销售给适当的客户,负担起合理推荐、适当销售的义务。履行适当性义务是卖方机构尽责的主要内容,也是打破刚性兑付、实现买者自负的前提和基础。目前,在大资管背景下,《信托法》《证券法》《证券投资基金法》《证券公司监督管理条例》对适当性义务都有明确规定,实践中采取的适当性义务履行标准主要是参照《证券期货投资者适当性管理办法》的相关规定制定的。在认定未尽适当性义务导致投资损失时,应严格审查两者的因果关系。

首先,从责任主体上看,就私募基金募集销售而言,包括管理人自行募集和基金销售机构委托募集,凡是具体实施基金募集销售行为的主体,均应当履行适当性义务。

其次,在责任认定上,实行举证责任倒置。投资者仅需证明其购买了产品并遭受了损失,由管理人对其对客户的了解、产品适当、告知说明和文件交付等履行适当性义务的情况承担举证责任,促使管理人更加规范地履行适当性义务。

再次,适当性义务具体内容主要对照金融监管部门规定的适当性内容,主要包括投资者认定及分类、产品风险等级划分和适当性匹配三个方面。其中,对于金融产品相关的市场风险、信用风险、合同主要内容的重要事项告知说明义务是适当推荐的前提,在审理时应对上述义务予以实质审查而非形式判断。

最后,关于违反适当性义务的责任承担。法律、行政法规规定的适当性义务属于法定义务,违反该义务应承担侵权责任。法律、行政法规未规定的适当性义务一般属先合同义务,违反先合同义务应承担缔约过失责任。金融机构应当承担损失赔偿责任,具体责任大小以实际损失为上限,按过错比例或信赖利益大小承担。在违反法定适当性义务而导致的侵权责任之诉中,损失数额按《九民纪要》第 77 条计算,然后根据双方过错大小分配责任、分担损失;在违反先合同义务而导致的合同之诉中,应根据信赖利益的大小确定最终的责任和损失金额。无论是判断过错比例还是衡量信赖利益大小,都可从《九民纪要》第 78 条所规定的两个方面进行判断:一是投资者是否存在故意提供虚假信息、拒绝听取卖方机构建议等情况;二是根据投资者投资经验、受教育程度等情况,判断适当性义务的违反是否影响投资者作出自主决定。

(四)违反受托义务的责任认定

基金作为一种资产管理形式,具体在法律组织形式上又可分为公司制、合伙制和契约制,因此管理人与客户之间的权利义务关系因其具体法律组织形式的不同而分别受到《公司法》《合伙企业法》《信托法》等的规制。

《信托法》第25条规定,受托人应当遵守信托文件的规定,为受益人的最大利益处理信托事务。受托人管理信托财产,必须恪尽职守,履行诚实、信用、谨慎、有效管理的义务。《九民纪要》出台后,也强调要重点审查受托人在"受人之托,忠人之事"的财产管理过程中,是否恪尽职守,履行了谨慎、有效管理等法定或者约定义务,即除审查管理人是否履行合同约定义务之外,还应审查管理人是否尽到上述法定义务。但实践中,对于受托义务的内容和边界很难形成一个统一的标准去衡量。各类私募基金合同文本虽在上述原则性规定的基础上对管理人义务作出了细化的约定,但上述合同文本中仍然充斥着大量模糊的概念。

关于托管人的法律地位及其与管理人的职责边界。契约型基金与公司型等基金不同,通常不会设置类似"股东会—董事会"等本身较为成熟的治理机制来协调资金所有人与管理人之间的关系,基金管理人对资金运用有较大的自主权限。因此,托管人的角色在契约型基金中更为重要,其被赋予了补充基金管理人信用和制衡管理人滥权的功能。但从实践中的职责分工来看,托管人行为自主性明显低于管理人。最明显的是,即使托管人发现管理人投资指令违反合同约定,也只能通知管理人进行改正。而且,托管人也难以独立以自己名义对外代表基金行使权利,在收费水平上也明显低于管理人。因此,若将托管人与管理人视为信托法上的共同受托人,可能会混淆二者的角色分工。从司法实践来看,托管人的职责范围主要来自《信托法》《证券投资基金法》的规定以及托管人与管理人签订的基金合同、托管协议。因此,托管人不仅负有概括性的受托义务,也有具体的合同职责。至于托管人与管理人的职责边界,应在具体案件中就他们的履责能力、行为的主观过错程度以及外部条件等因素综合考虑,不宜盲目扩大托管人的责任,或在管理人缺位时直接认定托管人的替代责任。

综上,受托义务主要来自法律的概括性规定与基金合同的约定,因此投资者可以侵权之诉或以违约之诉追究违反受托义务者的责任,但无论是以何种诉请,均应审查管理人、托管人履职时是否存在过错以及二者行为与投资者损失是否存在客观因果关系。

（五）基金对外投资之对赌协议的效力

对赌一般指投资人和投资标的合意预设特定的商业目标，并约定如在特定期间内该商业目标未成就，则投资人对投资标的享有利益补偿、股权回购等请求权，以充分保护投资人权益的行为。

《九民纪要》中讨论的对赌，主要针对的是私募基金在对外投资时和被投资企业的股东、实际控制人和被投资企业之间发生的法律关系。[12] 在私募基金对外投资中，如果投资标的为公司，依照《公司法》和《九民纪要》对公司对赌的相关规定进行审理。如果投资标的为合伙企业，则依照《合伙企业法》以及《民法典》合伙合同章节的相关规定进行审理。

关于投资标的为公司时的情形。应注意同时从《民法典》和《公司法》两个维度来审查对赌协议。《九民纪要》第 5 条明确规定，与投资标的公司对赌原则上有效，但是在实际履行中需要结合《公司法》的相关规定进行判断。如果投资者请求投资标的公司回购股权的，应以投资标的公司完成减资程序为前提，如果投资者请求投资标的公司金钱补偿的，应以投资标的公司存有可分配利润为前提，不具备可履行性的，判决驳回诉讼请求。

关于投资标的为合伙企业时的情形。对合伙财产份额转让、收益差额补足的认定，应当在《民法典》与《合伙企业法》对合伙法律关系进行一般与特殊并行规定的框架下，主要审查其是否符合法律关于合伙企业财产份额转让及合伙企业利润亏损分配方面的规定。一是应符合合伙企业财产份额转让的相关法律规定。要区分普通合伙与有限合伙的财产份额转让以及对内转让与对外转让，并实质审查合伙人的意思表示内涵及形式。二是应符合《合伙企业法》的利润亏损分配规定。从退出协议的差额补偿条款签订主体及形式来分析协议效力。差额补偿协议在有限合伙人与其他合伙人或者第三方之间签订，那么在私募基金有限合伙企业持续期间，对赌权利人要求义务方支付差额补偿，该金钱债务存在于私募基金有限合伙企业之外，资金并非源于有限合伙企业，更非该

〔12〕 参见刘燕：《“对赌协议”的裁判路径及政策选择——基于 PE/VC 与公司对赌场景的分析》，载《法学研究》2020 年第 2 期。

有限合伙企业财产的分配，因此并未违反《合伙企业法》及《民法典》的相关规定，该差额补偿协议应为有效。若差额补偿协议的义务方是该私募基金有限合伙企业，或者资金实际来源于该有限合伙企业，则权利人行使对赌权利、要求支付投资收益差额，因该资金属于有限合伙企业的收益，其实质是在合伙企业存续期间分配财产，显然有违《合伙企业法》及《民法典》关于合伙存续期间不得分配合伙财产的相关规定。

（六）基金的退出和清算

私募基金作为一种投融资工具，存在投资者退出私募基金以及私募基金退出其投资标的两层退出关系。如私募基金对投资标的进行股权投资，私募基金退出投资标的方式包括公开上市、并购及回购。

对于清算阶段投资者利益保护这一难题，需要从清算义务、清算的启动、操作、损失认定等制度设计层面进一步完善。清算是基金管理人的义务，资管产品到期后，基金管理人未及时进行清算，投资者起诉要求金融机构履行清算义务的，应给投资者司法救济。否则，在管理人怠于清算的情况下，极易造成僵局。私募基金符合清算条件的，管理人应在一定期限内履行清算义务。对于公司型、合伙型私募基金清算应依照《公司法》、《合伙企业法》及《民法典》合伙合同等相关规定进行。具体清算期限可视案件实际合理确定，并充分保障投资者的知情权。

首先，对于公司型私募基金、合伙型私募基金，法律均规定了基金管理人的清算义务，未在法律规定期限内成立清算组或确定清算人的，投资者可以通过诉讼的方式要求法院指令强制清算。对于契约型私募基金，目前只能由当事人通过合同约定确定清算事宜。中基协制定的《私募投资基金合同指引 1 号（契约型私募基金合同内容与格式指引）》第 57、58 条列明了清算小组的组成、剩余资产的分配等私募基金财产清算的有关事项，但并未载明清算小组的确定时间以及基金管理人不清算时如何处理，而且该合同文本也仅有参考作用，不具有强制力。但即便在合同没有约定或是约定不明的情形下，投资者也有权利要求管理人对基金进行清算。

其次，进一步规范、细化清算程序。一是明晰界定清算人职责。进入清算阶段后，清算人应秉持投资者利益最大化原则，承担清算核对基金资产的义务，分类核实基金现金资产、非现金资产及对外债权债务，编制资产负债表和财产清单。其中,对非现金资产部分能够退出的项目,应积极寻求变价方案,尽快退出并变现,对无法及时变现的,应采取合理方法进行评估,制定未来退出方案或直接分配。在此基础上,形成首次资产清理报告,并继续通过诉讼或非诉讼等方式收回基金权益,最终完成对投资者的分配、基金清算备案及工商注销登记等手续。二是明确规定资产清理报告的出具时间,积极推进清算程序。对于投资者而言,即便进入清算阶段,也并不意味着可以立即得到分配。虽然《公司法》等法律法规也未就清算期作出强制性规定,但清算人应当在清算开始后尽快(90 日内)出具首次资产清理报告,投资者才可以知晓其是否产生损失、损失的大致数额,并将该报告作为侵权诉讼中所遭受损失的初步证据。三是充分保障投资者知情权。清算期间,基金管理人仍需履行中基协所要求的信息披露义务,清算人也应当及时向投资者披露清算人的组成、清算费用、资产清理报告、基金持有人会议、资产变现情况、重大诉讼进展等与投资者利益相关的信息。

最后,对于具体清算的损失认定可以区分以下三种情况进行处理:一是通常情形下应坚持清算前置,私募基金盈亏需要通过清算才能确定,只有经由清算方能确定投资者损失数额。私募基金未经清算的,投资亏损无法确定,故应驳回投资者诉请,除非损失的确定不以资管产品清算为前提。二是私募基金未经清算的情况下,可通过法院委托审计、估价等方式确定价值,据此确定投资者损失,并判决管理人承担相应赔偿责任。三是在部分案件中,管理人的违法或违约行为与损失范围的因果关系明确,尽管损失总额不易厘定但损失比例易于确定,为方便投资者进行司法救济并减少讼累,可判定受托人就清算后投资者的损失按照比例承担责任。或者,资管产品虽未经清算但有其他证据证明损失已实际发生的,可判定受托人承担相应的赔偿责任。

五、余论:多维度防范化解私募基金纠纷风险

(一)完善私募基金规范体系,明晰私募基金的内部运作及外延边界

尽快推动制定更高位阶的私募基金法律规范,协调私募基金专门法

律规范与《公司法》《合伙企业法》等组织规范协调。明确金融监管规范中针对私募基金的不同组织形式,不同法律关系性质下的基金管理人、托管人主体的权利义务范畴,细化禁止刚兑形式,明确清算退出具体环节规范。夯实加强私募基金监管的制度基础,使私募基金回归资产管理本源。

(二)统筹行业监管和自律管理,加强私募基金全维度监管,杜绝监管套利

厘清监管和自律的边界,强化监管和自律的联动,加强严格准入制度,细化信息披露要求,着力防控系统性风险,对重点关注机构加强风险监测与排查。充分发挥行业示范引领作用,优化制定自律监管和行业标准,规范市场发展方向。对不同组织形式的基金实行差异化、精细化监管。加强投资者教育,尤其是对自然人投资者进行全方位的私募基金运作基本知识原理、法律规范体系、风险防范教育,培育好私募基金市场的投资者基础。把握好监管和发展的平衡,使私募基金在资本市场中发挥好支持创业创新、服务实体经济和促进居民财富管理的作用。

(三)规范争议解决机关适用法律,加强裁判标准统一

正确选择适用法律,根据不同情形的私募基金注重规范间的协调,统筹协调好私募基金专门规范与《公司法》《合伙企业法》《企业破产法》等组织法律规范,合理参考适用部门规章、规范性文件等较低位阶文件。具体法律适用方面,明确私募基金的基础法律关系性质,明晰参与各方的权利义务,强化私募基金内部治理。针对不同组织形式,在私募基金设立之初明确其法律关系性质。

推动司法与仲裁相协调,促进裁判统一。实践中,对相当部分私募基金纠纷采用仲裁方式解决。根据不完全统计,2018~2020 年上海国际仲裁中心一家仲裁机构受理的涉私募基金案件即达到 516 件,远高于司法诉讼案件数量。仲裁不公开的特性使得不同的裁判机构、裁判人员的观点缺少交流,导致仲裁裁决差异较大。考虑到市场中大部分私募基金纠纷诉诸仲裁,仲裁裁决结果又会影响私募基金行业操作,从而影响私募基金行业发展方向,因此有必要加强仲裁裁决的法律适用与司法裁判标准的统一。

（四）规范私募基金行业募集、投资、管理、退出运作全流程

私募基金行业应提高合规意识，加强风险防范，提高私募基金从业机构人员的专业化水平。募集阶段，提高对投资者风险承受能力测评的精确性，增强投资者与产品特质间的适配性，加强对销售环节适当性义务的审查，提升适当性义务履行的审慎性与专业性。投资阶段，基金管理人应履行审慎投资义务，按照基金法律关系的约束，在投资前充分尽职调查，按照约定操作基金财产。管理阶段，基金管理人应对被投资项目进行跟踪监控，并在运作过程中充分履行披露义务。托管人应与管理人、投资者明确约定托管职责，划清权利义务界限，主动担负保护基金财产安全、及时报告监管部门的职责，与投资者、监管机构有效对接，共同推动风险事件的处置，尽最大可能维护投资者权益。退出与清算阶段，私募基金各方主体应在明确私募基金法律关系性质的前提下，按照基金合同事先明确的清算主体、清算启动条件、清算程序、清算方式、清算期限、清算责任等相关清算条款，加强清算不能时的投资者权益保护。

（五）提升投资者主体意识，全面了解私募基金运作原理，增强风险防范意识，正确投资导向

投资者应如实客观提供自身相关风险承受能力信息，主动了解产品投资范围及标的情况。投资者应关注基金合同的关键条款，重点关注私募基金合同有关当事人权利义务关系的约定，私募基金管理人、托管人、投资顾问、代销机构、增信第三人的职责内容。在纠纷化解的过程中投资者应充分关注自身的知情权，主动了解有关产品投资、运作、损失、清算等环节的相关资料。投资者应充分认识理解私募基金定价原理与风险承受之间的关系，基金法律关系的实质以及基金法律主体之间的权利义务关系，形成合理投资预期，理性维权。

（编辑：谢贵春）

《证券法苑》(2022)
第三十六卷,第114~137页

信息披露犯罪中控股股东实际控制人法律责任的司法认定*

陈　晨**

摘要:在全面实施股票发行注册制和依法从严打击证券违法犯罪活动的大背景下,对公司控股股东、实际控制人违法犯罪法律责任制度完善和执法力度强化的重要性日益凸显。《刑法修正案(十一)》针对控股股东、实际控制人实施信息披露犯罪增设了法律责任条款,对该条款应理解为注意性规定而非法律拟制。控股股东、实际控制人对公司实际控制权是一种事实性权力,对控股股东、实际控制人的主体审查应在遵循行政法规范要素的基础上,采取穿透式的证据收集方式和证明体系予以证明。滥用公司事实控制力实施了侵权、违法甚至犯罪行为是控股股东、实际控制人被追究刑事法律责任的基础,应厘清具体行为的方式和相应法律责任,并对行政执法和刑事司法在责任主体和行为罪

---

* 本文系国家社科基金一般项目“公司债券违约市场化处置机制研究”(19BFX154)、最高人民检察院2022年度检察应用理论课题“全面实行股票发行注册制背景下证券犯罪司法疑难问题研究”的阶段性成果。

** 上海市人民检察院第四检察部三级高级检察官,经济学博士,复旦大学管理学院博士后。

数认定方面的差异予以必要关注。

关键词:控股股东　实际控制人　公司控制权　主体　行为　责任

实际控制人制度是公司法、证券法的基础概念,是资本市场多项重要制度展开的逻辑起点和规制对象。近年来,上市公司控股股东、实际控制人滥用公司控制权,越过公司决策机构,实施资金占用、违规担保,非法开展关联交易的情况屡见不鲜,有些上市公司控股股东、实际控制人甚至实施信息披露、操纵证券市场、内幕交易等违法犯罪行为,在这些违法犯罪案件中,财务造假案件呈现"实际控制人核心决策、组织实施,主观恶性明显"的特点,成为行政监管和刑事打击的关注焦点。[1] 对此,《刑法修正案(十一)》在《证券法》强化实际控制人法律责任的基础上,在信息披露类犯罪中增设针对特殊主体——控股股东和实际控制人的特别条款,重申其刑事法律责任。[2]

对于《刑法修正案(十一)》针对信息披露犯罪增设的控股股东、实际控制人条款,刑法学者有不同解读,有学者认为,增设特别条款可能导致共同犯罪的混乱,并无必要。[3] 也有学者认为,由于控股股东、实际控制人不能解释为信息披露犯罪中"直接负责的主管人员和其他直接责任人员",因此必须通过修改刑法予以解决。[4]亦有学者将其解释为"共犯正犯化"。[5] 本文认为,对于《刑法修正案(十一)》对《刑法》第160条、第161条所增设的控股股东、实际控制人特别条款,应理解为提示性、注意性规定而非法律拟制。司法适用中应立足于刑法共同犯罪理论,遵循行政犯罪兼具行政违法性和刑事违法性的基本原则,

---

〔1〕 参见《证监会通报首批适用新〈证券法〉财务造假案件处罚情况》,载 http://www.csrc.gov.cn/pub/newsite/zjhxwfb/xwdd/202107/t20210723_402157.html。

〔2〕 本文所指信息披露类犯罪,主要包括《刑法》第160条欺诈发行证券罪和第161条违规披露、不披露重要信息罪。

〔3〕 参见张明楷:《增设新罪的原则——对〈刑法修正案十一(草案)〉的修改意见》,载《政法论丛》2020年第6期。

〔4〕 参见田宏杰:《行刑共治下的违规披露、不披露重要信息罪:立法变迁与司法适用》,载《中国刑事法杂志》2021年第2期。

〔5〕 参见刘宪权:《刑法个罪修正条文具体适用的溯及力问题研究》,载《法商研究》2022年第2期。

对该条款进行准确理解和认定。本文将结合行政执法和刑事司法实践,对控股股东、实际控制人的主体身份、具体行为、罪数厘分等问题进行探讨,以期准确认定二者法律责任,切实维护资本市场的诚信与秩序。

一、控股股东、实际控制人的主体认定标准

证券犯罪是典型的行政犯,行政犯构成要件的概念一般应从属于行政法规范。刑法条文中并未有对实际控制人和控股股东的具体规定,在刑事案件中认定实际控制人和控股股东,应从公司控制权的法理基础出发,遵循行政法规范的路径予以认定。

1. 主体认定的法理基础和行政法规范

从法理学角度,权力基于其存在形态的差别,可划分为法律上的权力与事实上的权力,与法律上的权力主体与对象之间的关系是以法律为依据的情况不同,事实上的权力完全源于权力主体拥有的物质与精神上的优势而存在。[6] 公司实际控制权天生是一种事实上的权力,它并非源于法律授予,也不以法律为依据运作,而是依赖于控制人通过一定比例的所有权参与公司的经营管理,或者能对公司行为产生重大影响的外部环境等所获得的战略地位。[7]

从法律规定角度,《公司法》对何为控股股东和实际控制人作了相关规定[8]。证监会《上市公司收购管理办法》(2020 年修正,以下简称《收购管理办法》)第 84 条就包括控股股东在内对上市公司的“控制

---

〔6〕 参见周永坤:《规范权力:权力的法理研究》,法律出版社 2006 年版,第 140 页。

〔7〕 参见郭富青:《论公司实际控制权:性质·渊源·法律导向》,载《甘肃政法学院学报》2011 年第 1 期。

〔8〕 《公司法》(2018 年修正)第 216 条规定:“……(二)控股股东,是指其出资额占有限责任公司资本总额百分之五十以上或者其持有的股份占股份有限公司股本总额百分之五十以上的股东;出资额或者持有股份的比例虽然不足百分之五十,但依其出资额或者持有的股份所享有的表决权已足以对股东会、股东大会的决议产生重大影响的股东。(三)实际控制人,是指虽不是公司的股东,但通过投资关系、协议或者其他安排,能够实际支配公司行为的人……”

权”作了进一步细化和明确，该条聚焦于投资者对上市公司的持股比例、对公司股份的表决权以及对董事会成员选任的决定权等情形。[9]

《证券法》赋予上市公司控股股东、实际控制人信息披露义务的理据在于，包括监管部门在内的市场主体对控股股东、实际控制人的有效信息知之甚少，控股股东、实际控制人往往利用这种身份的隐蔽性从事一些侵害公司、股东或者其他债权人合法权益的行为，如开展有损上市公司利益的自我交易，或者利用控制权迫使公司为其或者其指定的关联方进行违规担保，甚至掏空上市公司的资产。在此情况下，控股股东、实际控制人需要向上市公司及其他投资者负有相应的诚信义务，以制约和平衡其对上市公司的控制权，因此法律要求控股股东、实际控制人应当对相关信息按照法定程序进行披露，即信息披露义务。由于上市公司公告是信息披露的直接载体，因此控股股东、实际控制人的信息披露义务一般是通过上市公司公开信息披露方式予以履行。虽然《证券法》未对控股股东、实际控制人信息披露义务的履行方式进行具体规定，但证监会相关信息披露管理办法和交易所对于控股股东、实际控制人的行为作出了明确指引。[10] 关注控股股东、实际控制人的信息披露义务和披露方式，对于理解《刑法》第160条、第161条增设的实际控制人条款所规定的犯罪行为方式非常重要。

2. 控股股东和实际控制人的判定要素

公司控制权是一种现实的权力，须通过相关主体对公司实施控制的事实才能证明其存在，实践中，判定控股股东、实际控制人的重要标

---

〔9〕 参见《收购管理办法》第84条：“有下列情形之一的，为拥有上市公司控制权：(一)投资者为上市公司持股50%以上的控股股东；(二)投资者可以实际支配上市公司股份表决权超过30%；(三)投资者通过实际支配上市公司股份表决权能够决定公司董事会半数以上成员选任；(四)投资者依其可实际支配的上市公司股份表决权足以对公司股东大会的决议产生重大影响；(五)中国证监会认定的其他情形。”

〔10〕 控股股东、实际控制人应当严格按照有关规定履行信息披露义务，并保证披露信息及时、公平、真实、准确、完整，不得有虚假记载、误导性陈述或者重大遗漏，在发生控制权变动、对上市公司进行重大资产重组或者债务重组、经营状况恶化等等可能对上市公司证券及其衍生品种交易价格产生较大影响的事件情况下，控股股东、实际控制人应当及时告知上市公司，并应当履行配合上市公司完成与信息披露相关的问询、调查以及查证工作等义务。参见《上市公司信息披露管理办法》《上海证券交易所上市公司控股股东、实际控制人行为指引》等。

准是相关主体所占股权/股份比例和其对公司的影响或控制情况,核心标准是证明其通过持股、协议或者其他安排,对公司支配的能力和行为。这是认定控股股东、实际控制人的一般原则,但司法实践中面临着更加纷繁复杂的案件事实,下面重点讨论三个问题。

(1)问题之一:形式判断与实质判断

股权比例无疑是判断控股股东、实际控制人的重要因素,实践中股权转让和变动的标准问题可能引发认定争议,如在一起信息披露违法违规案〔11〕中,当事人黄某某申辩,其与他人签订了股权转让协议书和委托持股协议引起股权变更,不应再披露控制该公司的情况。此案例涉及控股股东股权转让和变动的标准问题,具体表现为在股权转让协议签订后但企业工商登记未变更的情况下,实际控制关系应以形式还是以实质进行判断的问题。

首先,本案中是否发生股权转让行为和公司控制权变更。根据相关司法解释,认定股权变动发生的基本事实依据有两种,一是当事人向公司出资或者认缴出资;二是已经受让或者以其他形式继受公司股权。〔12〕本案中,黄某某与何某签署的股权转让协议中约定"甲方(指何某)保证按合同约定支付股权转让价款",而黄某某在接受行政执法部门询问时却说"股权转让价款采用承债式操作方法,何某不需要向我支付现金,由何某承接金信担保所有的债务"。通过对比黄某某的陈述和合同约定内容,本案中存在实际履行合同(承债方式)与合同约定(支付价款)不一致的情况,也没有证据证明何某已经向公司缴纳了出资,所以在该案中股权转让协议的实际履行完成情况并不确定,股权转

〔11〕 该案为山西S文化传播股份有限公司(以下简称S文化)第一大股东黄某某等主体在认购S文化非公开发行股票过程中,未依法披露相关人员控制企业、任职及重大诉讼等情况而引发的一起信息披露违法违规案件。该案中,黄某某在多次信息披露文件中,均未按照规定披露本人在广西JX融资性担保有限公司的任职情况等信息。参见中国证监会山西监管局行政处罚决定书〔2017〕3号。

〔12〕 《最高人民法院关于适用〈中华人民共和国公司法〉若干问题的规定(三)》(法释〔2020〕18号)第22条规定:"当事人之间对股权归属发生争议,一方请求人民法院确认其享有股权的,应当证明以下事实之一:(一)已经依法向公司出资或者认缴出资,且不违反法律法规强制性规定;(二)已经受让或者以其他形式继受公司股权,且不违反法律法规强制性规定。"

让协议的签署并不意味着股权转让行为的完成与公司控制权的变更。

其次,签订股权转让协议后,黄某某的行为进一步佐证了其对公司的实际控制权的延续。在股权转让协议书和委托持股协议书签订后,黄某某仍作为公司主要负责人参与经营,表现为其直接与银行联络或洽谈决定相关担保业务,继续参与广西金信的业务活动,并因该公司负有较大数额的担保债务而继续承担数额极大的个人保证责任,且成为相关诉讼的被告,法院也并未因为该股权转让协议的存在而免除黄某某的担保责任。黄某某仍然参与经营,是其作为控股股东和承担相应信息披露义务的实质依据。

本案说明,在涉及控制权的重要因素——一定的持股比例或特定股权投资关系时,对股权变动以及该变动引发的控制权变更应作实质判断,尤其是需要结合其他经营行为等综合认定控制人权力的事实状态。

(2)问题之二:定量判断与定性判断

《公司法》和《收购管理办法》等法律法规、部门规章层面对实际控制人的认定标准的规定主要是基于一定的持股比例或者对公司表决权的实际支配权的要求,这是否意味着对上市公司实际控制人的认定以持有一定比例的股份为前提?〔13〕理解这个问题还是需要回归公司控制权的本质,相关主体对公司实施控制的事实状态是认定公司控制权的核心要义,这种控制权可能表现为一定的持股比例或者特定的股权投资关系,也可能表现为基于其他优势而产生的对公司重要事项的影响力,例如具有垄断、市场支配或交易优势地位的经营者对公司形成事

〔13〕 如在HQ科技信息披露违法违规案中,被处罚董事张某某与独立董事李某某在行政处罚的陈述申辩阶段及后续行政诉讼的一审、二审中均提出,根据证监会2007年《〈首次公开发行股票并上市管理办法〉第十二条"实际控制人没有发生变更"的理解和适用——证券期货法律适用意见第1号》,实际控制董事会及管理层,是以支配或行使表决权、影响股东会决议为前提。《收购管理办法》第84条关于拥有上市公司控制权情形的规定中,前4项均规定了一定的持股比例或者对公司表决权的实际支配权的要求。该案中顾某某不存在支配或行使表决权决定董事会成员的情形,因为3.8%股权并非由顾某某指定相应证券购入或间接持有,即便存在指定购入行为,也是其他主体的自主投资行为,无法据此认定顾某某可以行使相应的表决权。具体案情可参见中国证监会行政处罚决定书〔2017〕47号。

实控制权,或者根据管理协议、租赁经营协议、承包经营协议、委托经营协议和托管经营协议等而形成的对公司的经营管理权等。[14]

因此,不可简单地将"公司控制权"等同理解为"特定的股权投资关系或者持股比例"。考虑到公司控制权是能够对股东大会的决议产生重大影响或者能够实际支配公司行为的权力,在具体案件中既需要审查相应的股权投资关系,也需要根据个案的实际情况,综合对发行人股东大会、董事会决议的实质影响,对董事和高级管理人员的提名及任免所起的作用等因素进行分析判断,方能准确认定公司控制权的归属。[15]

在广西HQ科技股份有限公司(以下简称HQ科技)披露违法违规案[16]中,证监会认定不晚于2014年12月29日,顾某某通过指定第三方持有HQ科技3.8%的股权,并通过与相关股东及重组方的协商、协议安排,成为HQ科技的实际控制人,遵循了《〈首次公开发行股票并上市管理办法〉第十二条"实际控制人没有发生变更"的理解与适用——证券期货法律适用意见第1号》(证监法律字〔2007〕15号,以下简称《证券期货法律适用意见1号》)中提出的对实际控制人的定性思路。该案的争议焦点之一在于认定顾某某成为HQ科技实际控制人的具体时点,而对该时点的判断核心在于对标志性事件的认定,在二级市场中,支配公司的行为,通常需要通过控制董事会和管理层来实现,因此控制董事会和管理层可以作为认定实际控制人的标志性事件。实际控制人的认定,核心标准在于能否"实际支配公司行为",因此特定的股权投资关系、支配或行使股权表决权并非认定实际控制人的必要条件。

---

〔14〕 参见郭富青:《论公司实际控制权:性质·渊源·法律导向》,载《甘肃政法学院学报》2001年第1期。

〔15〕 证监会于2007年发布的《证券期货法律适用意见1号》中指出,"公司控制权是能够对股东大会的决议产生重大影响或者能够实际支配公司行为的权力,其渊源是对公司的直接或者间接的股权投资关系。因此,认定公司控制权的归属,既需要审查相应的股权投资关系,也需要根据个案的实际情况,综合对发行人股东大会、董事会决议的实质影响、对董事和高级管理人员的提名及任免所起的作用等因素进行分析判断。"

〔16〕 参见中国证监会行政处罚决定书〔2017〕47号。

（3）问题之三：无实际控制人与推定实际控制人

无实际控制人是实践中上市公司存在的一种现象，一般是指公司不存在能够实际控制公司行为的主体。对于如何认定无实际控制人，可以参照《收购管理办法》第 84 条之规定，从不满足上市公司能认定其有实际控制人的角度入手，综合考虑公司实际情况进行判断。具体而言，如果上市公司股权结构分散，不存在持股 50% 以上的控股股东；不存在实际支配公司股份表决权超过 30% 的情况；单个股东无法控制股东大会；单个董事无法控制董事会；股东间无一致行动协议；单个董事、高级管理人员无法支配公司重大财务和经营决策。〔17〕除了参考《收购管理办法》规定进行反向考察认定，相关交易所的业务规则中亦设定了一些推定规则，将公司第一大股东或持股比例超 30% 的股东推定为实际控制人。〔18〕上述规则能否成为行政执法和刑事司法对于“实际控制人”的主体认定依据？下面对两种主要情况进行讨论。

一是应通过穿透性审查剥离出隐瞒实际控制人的事实情况。根据业内的统计研究，实际控制权普遍存在于公司治理中，无实际控制人是公司控制权分配的特殊状态，上市公司完全缺少能主导支配公司行为并实施控制主体的情况较少见。〔19〕从过往监管实践来看，即使对外信息披露无实际控制人，也可能系刻意隐瞒。在刻意隐瞒情况下，“无实际控制人”即构成信息披露违法的具体样态，近年来，行政机关在相关处罚案件中对隐瞒实际控制人的真实情况的信息披露违法行为进行了穿透证明和责任追究，刑事机关可以借鉴上述认定思路和证据标准予以认定。

二是确属于无实际控制人的情况。在上市公司、发行人实施证券

---

〔17〕 参见方重：《强化无实际控制人上市公司监管的思考》，载《清华金融评论》2020 年第 10 期。

〔18〕 如《上海证券交易所股票上市规则》中规定，上市公司无控股股东、实际控制人的，公司第一大股东及其最终控制人应当比照控股股东、实际控制人遵守相应的规定；《上海证券交易所科创板股票发行上市规则审核问答（二）》第 5 条第 2 款规定：“发行人股权较为分散但存在单一股东控制比例达到 30% 的情形的，若无相反的证据，原则上应将该股东认为为控股股东或实际控制人……”

〔19〕 参见李祎璐等：《上市公司无实际控制人情况探析：基于沪市视角》，载《证券法苑》第 24 卷，法律出版社 2018 年版，第 106～123 页。

信息披露违法犯罪的情况下,能否根据相关规则推定大股东为实际控制人从而追究其法律责任?本文认为,交易所业务规则中的推定规则不能当然适用于行政执法和刑事司法实践中,主要理据如下:

首先从法理来看,证券法、刑法与自律监管规则不仅存在法律效力上的差别,更存在法理基础和规制目标的区分。

虽然实际控制人对拟上市公司的稳定经营、公司决策效率、公司责任承担等方面均具有重要意义,但当前关于判断认定公司控制权主体的法律规定付之阙如,在上市公司和股东均不认定的情况下,认定实际控制人的监管路径也尚不明确。针对上述公司滥用无实际控制人规则的乱象,由监管部门介入进行实质认定不可避免,但同时考虑到上市公司实际控制人牵一发而动全身,甚至可能引起诉讼纠纷,监管机关秉持"披露先行,事后监管"的监管原则,发挥交易所与监管派出机构的联动监管机制作用,规范实际控制人的认定行为,可能是达到法律效果、监管效果和市场效果统一的更优选择。前述上市法律文件则充分体现了交易所对拟上市企业的控股股东、实际控制人的关注,旨在督促拟上市企业在招股说明书等发行文件中如实披露信息。在发行审核过程中,交易所还会对 IPO 发行人申请文件中"无实际控制人"的陈述进行审核问询,[20]要求发行人说明认定公司"无实际控制人"的充分依据和理由,督促发行人律师、保荐机构进行核查,并就发行人对实际控制人的认定是否符合公司实际情况,是否准确发表明确核查意见。因此,交易所业务规则中对实际控制人的推定规则设定,是对公司控制权认定主体和路径的实践探索,通过明确对拟上市公司文件中"无实际控制人"陈述的审核重点,要求发行人和中介机构核查说明的依据,并且提

〔20〕 如在上海安路信息科技股份有限公司的 IPO 审核问询中,上交所关注到发行人披露公司无控股股东、实际控制人被问询,要求发行人说明是否实际受到创始人及核心管理层等人员控制;入股的华大半导体和上海安芯之间是否还存在其他利益安排,是否对发行人构成共同控制,发行人控制权状态及认定依据,以及是否与公司实际情况相符,并要求保荐机构、发行人律师结合《科创板首次公开发行股票注册管理办法(试行)》第 12 条的规定,对所问询的事项进行核查并发表明确意见。参见《关于上海安路信息科技股份有限公司首次公开发行股票并在科创板上市申请文件的审核问询函的回复》,载 http://static. sse. com. cn/stock/information/c/202106/94101e6c81c941f98431266abf91b115. pdf。

示大股东的合法行为边界，防止其滥用大股东地位损害公司和中小股东合法权益。上述推定规则发挥的更多的是一种指引性作用，特别是在全面实施股票发行注册制背景下，此规则体现了交易所对拟上市企业发行审核和上市公司监管体系所负的自律监管功能。与此相比较，刑法中对控股股东、实际控制人的法律责任制度构建，更多的是基于公法的视角，对其滥用对上市公司的实际控制权力，实施违法犯罪行为的规制，公司控制权是构成其违法犯罪行为的构成要件，而构成要件本身一般只能通过证明而非推定。[21]

其次，从事实角度而言，上市公司第一大股东并不当然是控股股东、实际控制人，实践中，存在很多通过间接持股股东影响、操纵或控制股东大会的决策权的情况，如母公司对其孙子公司股东(大)会的决策实施影响、操纵或控制，甚至行为人会刻意隐瞒实际股权关系，通过一些空壳公司控股上市公司实施违法犯罪行为。此外，相关主体即使未达到股权比例或特定股权安排，也可以通过一些特定的合同安排享有公司的控制权或对公司的重大决策产生实质的影响，如非控股股东根据表决权代理、表决权协议或表决权信托等表决权分离工具取得或能够动员多数表决权，从而对股东(大)会决议产生决定性影响，在这种情况下，形式上的第一大股东亦非控股股东、实际控制人。

综上讨论，刑事司法案件中不宜直接借鉴交易所业务规则认定第一大股东"实际控制人"的主体地位，还应采取"实质重于形式"标准，根据事实综合判断公司的实际控制权归属，方能构建追究实际控制人、控股股东的法律责任的逻辑起点。

3. 对控股股东和实际控制人的"穿透式"证明

行政执法和司法实践中，对控股股东、实际控制人主体身份的认定经常会遇到证明难题，行为人为了逃避行政和刑事责任，往往会采取成立空壳公司或者由他人代持股份等各种隐匿手段，隐瞒其控股股东的真实身份，因此需要从证据收集和证明体系构建两方面对其加以"穿

〔21〕 当然在刑法中也有对行为人的主观状态进行推定的，如《刑法》第191条洗钱罪中对行为人对清洗资金源于上游犯罪的主观"明知"状态的推定，但该推定仍需要基础事实的证明作为前提。

透”认定。

一是多角度收集证据,除了被告人、犯罪嫌疑人主观供述,投资协议、委托合同、信托合同等书证外,还需要收集关联程度较高、指向比较明确的证人证言。对于实际控制人而言,需要从资金的来源、投入、使用决策,人员动议、配置和任命过程以及信息披露违法犯罪的动议提出、具体实施、获利分配等全过程进行证据收集和固定。

二是构建更加客观科学的证明体系。在具体案件中,综合运用包括相互印证证明、整体综合证明、排除等一种或多种证明方法,特别是针对两类人员主体身份高度的隐匿性特征,“还需要运用好穿透式刑事证明的方法”,[22]即在人员组织体系上予以主体身份的穿透,在犯罪行为的事实上予以客观行为的穿透,在涉案资金的流转上予以资金流向的穿透,直至准确地认定两类人员的真实身份、地位作用。例如,在下面予以详细分析的陈某某系K生态环境科技股份有限公司(以下简称K生态公司)实际控制人信息披露违法案件[23]中,行政机关就是秉持“穿透式”的实质认定思路,对阳光K新能源集团有限公司(以下简称阳光K公司)持有K生态公司股份情况的证明,从直接持有和间接持有两个方面进行了合并计算,并从重大决策和资金来源的角度查明了陈某某间接持股的事实,其认定思路和证明体系可资刑事案件借鉴。

在该案中,针对K生态公司2017年年度报告披露公司无实际控制人的虚假记载,行政执法机关就陈某某系K生态公司实际控制人的问题,分两步进行证明。

(1)陈某某是否实际控制阳光K公司。K生态公司2015年至2018年年度报告披露的控股股东为阳光K公司,行政执法机关从持股比例和董事任命两个角度收集证据予以论证陈某某实际控制阳光K公司。首先,从持股比例来看,基于陈某某持有FC新能源投资有限公司(以下简称FC公司)66.81%股权,而FC公司持有阳光K公司31.5%股权,从而认定陈某某可以通过FC公司实际支配阳光K公司

〔22〕 曹坚:《以“穿透式”思维理解刑法实际控制人条款》,载《检察日报》2021年2月4日,第003版。

〔23〕 参见中国证监会行政处罚决定书〔2020〕19号。

股份表决权超过30%。其次,从董事会成员选任情况看,监管部门具体查证了年报所应披露的期间内,阳光K公司董事会人员变动情况,证明了陈某某对董事会半数以上成员选任的决定权。[24]

(2)关于阳光K公司是否实际控制K生态公司。首先,从持股比例看,一方面,阳光K公司持有K生态公司29.08%股份;另一方面,阳光K公司通过实际控制J科技有限公司(以下简称J科技公司),间接持有K生态公司3.76%的股份。为证明间接持股的事实,行政机关收集了J科技公司的股东、人事、财务、印章管理、重大事项决策等均受阳光K公司控制的证据,并查证J科技公司用于认购K生态公司3.76%股份的资金实际来源于阳光K公司,从资金来源和重大事项控制权综合认定阳光K公司能够实际控制J科技公司。合并直接持股和间接持股,阳光K公司持有K生态公司股份占K生态公司总股本的比例超过30%。其次,阳光K公司自2015年9月2日至2017年12月31日能够控制K生态公司董事会,阳光K公司有权选任K生态公司半数以上董事,可决策K生态公司重大事项。

综上两步骤,行政机关认定陈某某为K生态公司实际控制人,并对其作为K生态公司信息披露违法行为的主要责任人员予以行政处罚(见图1)。

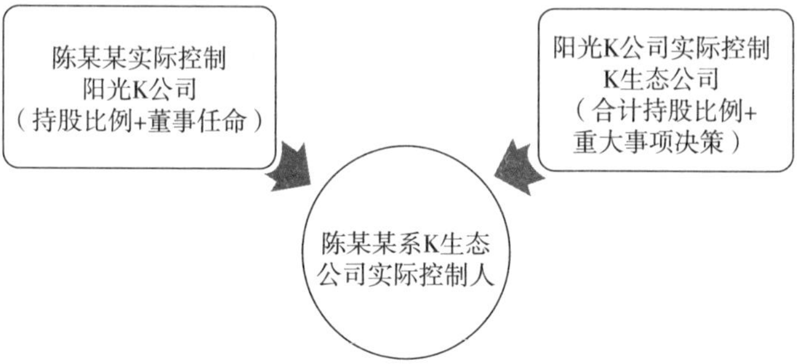

图1　陈某某系K生态公司实际控制人的证明思路

〔24〕 2017年3月,阳光K公司董事会成员由9名变为5名,其中FC公司委派2名董事(陈某某、江某),阳光K公司第二大股东委派董事1名(陈某颖),另一股东委派董事1名(李某某)。上述人员中,陈某颖为陈某某的女儿,陈某某安排陈某颖担任董事;李某某亦由陈某某安排担任董事。2018年5月,陈某颖不再担任阳光K公司董事,新增董事唐某某同时系FC公司股东(持股20%)。

二、控股股东、实际控制人的犯罪样态及认定路径

拥有事实上权力的主体对其行为显现的法律关系的后果往往不承担责任,即权力本身并不必然引发法律责任,一般只有其行使实际控制权的行为构成其他法律关系中的侵权行为时,该主体才能被追究法律责任。具体到对实际控制人、控股股东的追责问题而言,并不是建立在其"控制"公司的逻辑层面,即"控制"权力本身并不违法,是其滥用其对公司的事实控制力实施了侵权、违法甚至犯罪行为时,方成立追究法律责任的基础,因此,研究控股股东、实际控制人的违法犯罪样态对于准确行政执法和刑事司法而言非常关键。

对控股股东、实际控制人在信息披露违法犯罪的具体行为样态,证券法和刑事法律的具体规定在不断演变。2005 年《证券法》中对骗取核准发行违法和违反披露义务违法中实际控制人和控股股东的行为均为"指使"。[25] 对于"指使"应当如何理解,具体包括哪些情况,相关法律法规和规章却未涉及。从文义解释的角度而言,此处的"指使"与刑法中的"指挥""领导""教唆"等类似,但由于行政处罚实践中,在认定违法行为构成要件时一般并不考虑当事人的主观状态,[26] 完全照搬刑法共同犯罪的理论适用于行政执法可能并不符合执法实际。为解决这一问题,2011 年《信息披露违法行为行政责任认定规则》中对两类人员的行为方式虽然仍扩张为"指使",但通过对"指使"具体含义和认定标准的认定诠释,即"指使"包括"直接授意、指挥从事信息披露违法行为",或者"隐瞒应当披露信息、不告知应当披露信息"两大类行为,将两类人员的"指使"行为方式进一步细化为"授意""指挥""隐瞒""不

---

〔25〕《证券法》(2005 年修订)第 189 条第 2 款规定:"发行人的控股股东、实际控制人指使从事前款违法行为的,依照前款的规定处罚。"第 193 条第 3 款规定:"发行人、上市公司或者其他信息披露义务人的控股股东、实际控制人指使从事前两款违法行为的,依照前两款的规定处罚。"

〔26〕一般情况下,某一行为是否构成违法,并不以行为人是否存在违法的故意或过失为必要条件。

告知”四种客观行为[27]，该认定规则对“指使”行为内涵的理解既沿袭了刑法共犯的相关理论基础，又结合了行政处罚的实践予以适当扩展。2019年修订的《证券法》吸收了《信息披露违法行为行政责任认定规则》的基本思路，从法律层面上将两类人员的行为扩张为“组织、指使”和“隐瞒”两大类。《刑法》在与《证券法》联动修改过程中，吸收了《证券法》的上述修改思路，《刑法修正案（十一）》将控股股东、实际控制人的犯罪行为具体划分为三类模式，一是“实施”；二是“组织、指使”；三是“隐瞒”相关事项导致前款规定的情形发生。

对控股股东、实际控制人违法犯罪行为方式的规定不断细化，其内涵外延不断清晰明确，对于法律所规定的行为方式准确厘清，是证明和认定其法律责任的基础。

（一）实施

根据《现代汉语词典》的解释，所谓“实施”，是指实行（法令、政策等）。[28] 通过对《证券法》《刑法修正案（十一）》的法条梳理可见，“实施”是此次《刑法修正案（十一）》增加的行为方式，需要特别关注。相较于“组织、指使”的行为方式，“实施”一般是指本人亲自作出某种行为。在实践中，公司、企业的控股股东、实际控制人能够对发行人、公司、企业的行为产生重大影响或者实际支配公司、企业行为。实践中，出现了控股股东、实际控制人控制公司印章和信息披露渠道，绕开股东大会、董事会等法定机构，直接以公司名义实施披露虚假信息的情形。因此，《刑法修正案（十一）》将控股股东、实际控制人直接实施不按照规定披露信息的行为规定为犯罪。

---

〔27〕 参见《信息披露违法行为行政责任认定规则》（中国证券监督管理委员会公告〔2011〕11号）第18条规定：“有证据证明因信息披露义务人受控股股东、实际控制人指使，未按照规定披露信息，或者所披露的信息有虚假记载、误导性陈述或者重大遗漏的，在认定信息披露义务人责任的同时，应当认定信息披露义务人控股股东、实际控制人的信息披露违法责任。信息披露义务人的控股股东、实际控制人是法人的，其负责人应当认定为直接负责的主管人员。控股股东、实际控制人直接授意、指挥从事信息披露违法行为，或者隐瞒应当披露信息、不告知应当披露信息的，应当认定控股股东、实际控制人指使从事信息披露违法行为。”

〔28〕 参见中国社会科学院语言研究所词典编辑室编：《现代汉语词典》（第7版），商务印书馆2014年版。

如于某某违规不披露重要信息案一案[29]中,于某某系某上市公司实际控制人,同时担任该上市公司法定代表人、董事长。2006 年 11 月至 2008 年 11 月间,于某某以该上市公司的名义,为其控股股东 Q 集团等关联方提供 24 笔担保逾人民币 1.6 亿元,该上市公司对上述担保事项未按规定予以披露。由于上市公司依法应当披露的担保信息未按规定披露,并且连续 12 个月的担保累计金额占净资产的比例远远超过 50%,已符合相应的刑事追诉标准,[30]于某某作为该上市公司直接负责的主管人员,被判处违规不披露重要信息罪。该案中,于某某的行为属于比较典型的控股股东、实际控制人控制公司印章和信息披露渠道,直接“实施”信息披露违法犯罪的情形,其使用上市公司公章,以上市公司的名义,为控股股东 Q 集团等关联方提供多笔担保并不予信息披露,达到刑事处罚的追诉标准。在具备上述信息披露违法犯罪手段和情节的前提下,即使行为人不在上市公司担任“董事、监事、高级管理人员”等具体职务,也会因可根据实际控制人主体身份,对其所实施的使用上市公司公章、以上市公司名义对外担保的行为,认定为《刑法修正案(十一)》关于《刑法》第 161 条第 2 款中的“实施”行为。

(二)组织、指使

公司、企业的控股股东、实际控制人组织、指使他人不按照规定披露重要信息构成犯罪的情况。控股股东、实际控制人能够实际影响或者支配公司行为,其容易组织、指使其他信息披露义务人不按照规定披露重要信息,对股东等他人的利益损害很大。因此,《刑法修正案(十一)》将控股股东、实际控制人组织、指使他人实施不按照规定披露重要信息的行为规定为犯罪。

所谓“组织、指使”,一般是自己策划后让别人去具体实行某种行为,组织、指使者一般具有地位上的优势。在信息披露违法犯罪活动

[29] 参见“于某某违法不披露重要信息案”,江苏省扬州市邗江区(县)人民法院刑事判决书,(2012)扬邗刑初字第 0005 号。

[30] 根据 2010 年《最高人民检察院、公安部关于公安机关管辖的刑事案件立案追诉标准的规定(二)》第 6 条第 5 款之规定,依法负有信息披露义务的主体,未按照规定披露的担保所涉及的数额或者连续十二个月的累计数额占净资产百分之五十以上的,应予立案追诉。

中，“组织、指使”是控股股东、实际控制人最容易出现的一种行为方式。在HLX欺诈发行及信息披露违法案[31]中，HLX信息披露违法行为贯穿于骗取发行核准和上市后持续披露阶段，主要采取虚构收回应收账款和虚增营业收入等方式。[32] 该案中，章某为HLX的控股股东，参与了与其他4名股东商量冲减应收账款的讨论，知悉并同意以股东垫资或向他人拆借资金方式冲减应收账款，统一在IPO申请文件上签名保证文件内容的真实性、准确性、完整性。行政执法部门收集了证明章某的上述行为的证据，认为上述行为已充分证明了章某作为控股股东，“指使”HLX骗取发行核准的主观意图和客观行为，将章某认定为HLX一案中最主要的责任人员，[33]并对章某等三人作出了8年的市场禁入决定。[34]

需要关注的是，行政机关在执法实践中强调，实际控制人滥用支配地位，授意、指挥上市公司从事信息披露违法行为，应当认定为“指使行为”，而这种“授意、指挥”，既可能是明示，也可能是隐瞒、不告知或默许。例如，一起行政处罚案例中，公司实际控制人颜某某刻意隐瞒关联方，明确要求上市公司的银行存款由Z集团统一支配，具体包括以上市公司名义贷款、将相关款项转至颜某某指定账户、为颜某某等关联方

---

〔31〕 参见中国证监会行政处罚决定书〔2014〕16号。

〔32〕 行政机关认为，由于《证券法》对何为“指使”未做规定，中国证监会对“指使”的解释，仅见于2011年《信息披露违法行为行政责任认定规则》第18条，且由于《证券法》第189条和第193条关于“指使”条款的表述一致，因此对《证券法》第189条中的“指使”的定义，可以借鉴《信息披露违法行为行政责任认定规则》的表述。具体分析参见中国证券监督管理委员会行政处罚委员会编：《证券期货行政处罚案例解析》第1辑，法律出版社2017年版，第204页。

〔33〕 此案因证监会首次适用2005年《证券法》第189条第2款，对骗取发行核准的发行人控股股东和实际控制人进行处罚而颇受关注，证监会在作出行政处罚前专门作出通报，在披露了所调查的HLX骗取发行核准和信息披露违法的基本事实基础上，对章某等人的违法行为性质和严重情节进行认定，并强调指出“证监会将以一贯的决心和态度，坚定不移地依法严厉打击各种类型的违法违规行为”。由于章某等三人的行为对HLX骗取发行核准和虚假信息披露行为的发生起主要作用，此三人应对HLX此等严重扰乱证券市场秩序并损害投资者利益的行为承担主要责任。《证监会通报海联讯骗取发行核准和信息披露违法案》，载http://www.csrc.gov.cn/tianjin/tjfzyd/tjaljs/201503/t20150306_269677.htm。

〔34〕 参见中国证监会市场禁入决定书〔2014〕16号。

提供担保。上述行为涉及其实际控制的三家上市公司,颜某某作为实际控制人,同时在其控制的三家上市公司组织、策划、领导并实施上述行为,三家公司的违法违规行为交叉关联,且三家上市公司均未披露,其行为已经构成实际控制人指使上市公司从事案涉违法行为的情形。[35]

(三)隐瞒

隐瞒,是指有法定义务披露某种重大事项而未予披露,公司、企业的控股股东、实际控制人隐瞒相关事项导致公司、企业违规披露或者不披露重要信息构成犯罪的情况,主要包含了两种情形,下面分别结合案例讨论。

第一种情形,控股股东、实际控制人隐瞒自身应当披露的重要信息导致公司、企业违规披露或者不披露重要信息构成犯罪。如前所述,《证券法》等法律法规对公司、企业的控股股东、实际控制人的信息披露义务做了明确的规定,如果控股股东、实际控制人违规披露或者不披露自身重要信息,导致公司、企业违规披露或者不披露重要信息构成犯罪的,其危害程度更大,对股东等他人利益所造成的损害也更重。虽然在公司、企业违规披露或者不披露重要信息构成犯罪的情况下,控股股东、实际控制人也能够作为单位犯罪的直接责任人员予以处罚,但是通过《刑法》第 161 条第 2 款规定,强调控股股东、实际控制人的责任,特别是在控股股东、实际控制人是单位的情况下,能够对单位处以罚金,可以起到从重处罚的效果。因此,控股股东、实际控制人隐瞒自身应当披露的重要信息属于这里规定的"隐瞒相关事项"。

在一起行政执法案例中,上海 J 集团有限公司(以下简称 J 集团)作为 J 实业控股股东,未将其持股真实情况告知 J 实业,且在 J 实业发函询证时隐瞒了对相关账户的控制情况,导致 J 实业出现信息披露违法情形。证券监管机关依法对 J 集团的隐瞒行为予以惩处,费某甲、费某乙作为 J 集团的总经理、董事长,被认定为直接负责的主管人员。[36] 本案中,正是控股股东 J 集团隐瞒自身应当披露的重要信息,导致 J 实

---

〔35〕 参见中国证监会行政处罚决定书〔2021〕87 号。

〔36〕 参见中国证监会上海监管局行政处罚决定书沪〔2018〕48 号。

业构成信息披露违法行为，J集团上述行为方式应认定为信息披露违法犯罪中的两类人员的“隐瞒”行为。

第二种情形，控股股东、实际控制人利用其控制公司、企业的权利，隐瞒一些其掌握的公司、企业的核心和关键性信息，如重大资产交易动向系虚构，进行关联交易实施损害公司、企业利益等。上述行为导致公司、企业违规披露或者不披露重要信息构成犯罪的情况，也属于这里规定的“隐瞒相关事项”。基于此，《刑法》第161条第2款将控股股东、实际控制人因隐瞒相关事项导致违规披露或者不披露重要信息的情况规定为犯罪。

三、控股股东、实际控制人的刑事责任认定

《刑法修正案（十一）》在《刑法》第160条和《刑法》第161条中增设实际控制人、控股股东特别条款，此两罪名规定的犯罪主体存在差别，因此所涉及控股股东、实际控制人会出现适格主体的差别，从而导致“单罚制”和“双罚制”的差别。

1.《刑法》第161条：“单罚制”+“双罚制”

根据《刑法》规定，第161条违规披露、不披露重要信息罪的犯罪主体为“依法负有信息披露义务的公司、企业”，包括依据《证券法》《公司法》《银行业监督管理法》《证券投资基金法》等法律、行政法规、规章规定的具有信息披露义务的股票发行人、上市公司，公司、企业债券上市交易的公司、企业，银行、基金管理人、基金托管人和其他信息披露义务人。[37] 虽然本罪为单位犯罪，但刑法规定只处罚单位直接负责的主管人员和其他直接责任人员，对单位没有判处罚金，[38] 避免双罚制对公司、企业股东和其他投资者造成进一步的伤害。

---

〔37〕 参见黄太云：《〈刑法修正案（六）〉的理解与适用（上）》，载《人民检察》2006年第14期。

〔38〕 参见黄太云：《刑事立法的理解与适用：刑事立法背景、立法原意深度解读》，中国人民公安大学出版社2014年版，第75页；王爱立主编：《中华人民共和国刑法释义》，法律出版社2021年版，第303页。

因此,当控股股东、实际控制人实施或者组织、指使实施信息披露犯罪行为时,追究刑事责任应采取“单罚制” + “双罚制”。所谓“单罚制”是指仅刑事处罚依法负有信息披露义务的公司、企业的直接负责的主管人员和其他直接责任人员,对其处以相应的自由刑,并处或者单处罚金;而“双罚制”是指,如果控股股东、实际控制人本身是单位,构成单位犯罪的,对单位判处罚金,并对其直接负责的主管人员和其他直接责任人员,依照第 161 条第 1 款的规定处罚。

2.《刑法》第 160 条:“双罚制” + “双罚制”

根据《刑法》规定,第 160 条欺诈发行证券罪的犯罪主体是一般主体,单位和个人均可构成,第 160 条第 3 款规定,单位犯前两款罪的,对单位和单位中直接负责的主管人员和其他直接责任人员均应依法进行刑事处罚。

对此,控股股东、控制人组织、指使欺诈发行证券犯罪时,可能出现两个“双罚制”。第一个“双罚制”,如果是单位构成欺诈发行证券犯罪,应对犯罪单位和其直接负责的主管人员和其他直接责任人员均进行刑事处罚;第二个“双罚制”,如果控股股东、实际控制人组织、指使欺诈发行证券行为,而控股股东、实际控制人本身构成单位犯罪,则对控股股东、实际控制人的犯罪单位和单位中直接负责的主管人员和其他直接责任人员均进行刑事处罚。

需要说明的是,在适用《刑法》第 160 条和第 161 条时,如控股股东、实际控制人为单位,实际上构成了刑法理论上的共同法人犯罪(或称单位共同犯罪),即两个以上法人构成的共同犯罪。[39] 共同法人犯罪系法人犯罪的共犯形态,与一般的自然人共同犯罪存在较大的差别,在确定法人在共同犯罪中的作用并对其判处相应的罚金时,需要考虑以下因素:(1)犯意的发起;(2)法人的规模;(3)分赃的情况。这三点在信息披露犯罪中均有集中的体现,比如控股股东、实际控制人对发行人、上市公司的优势地位和重大事项的影响力,与上市公司规模的悬殊以及在犯罪的实际获益情况区别等。司法者应该综合以上诸方面因素,正确地评价控股股东、实际控制人在共同犯罪中所起的作用,区分

〔39〕 在本文中因讨论主题需要,对刑法上的“单位”和“法人”不作特别区分。

法人犯罪的主犯与从犯，在此基础上，确定罚金数量，做到对共同法人犯罪罚当其罪。[40]

四、行政执法和刑事司法的冲突与衔接

近年来，在打击证券期货违法犯罪特别是信息披露犯罪中，抓实“关键少数”、追责“首恶”，对上市公司治理有决定性影响的控股股东、实际控制人、董监高进行重点关注，切实提高证券市场的违法违规成本，实现精准打击目标，已经成为证券执法司法机关的共识，行政执法和刑事司法的衔接日益紧密。但基于行政执法和刑事司法的法律依据和执法司法标准上存在一定差别，在责任主体和违法犯罪行为认定方面也会存在差异。

1. 行政违法与刑事犯罪责任的主体区别

行政机关在信息披露违法案件中，出于厘清责任、精准打击的执法思路，在行政处罚中探索区分责任主体的差异化处理机制时，可能出现只处罚控股股东、实际控制人员而不处罚上市公司的情况。例如，史某某等人行政处罚案例[41]中，实际控制人史某某指使W信息股份有限公司（以下简称W信息）相关财务人员划转资金的行为，系其个人及其所控制的H投资公司与W信息之间的非经营性资金往来，而史某

〔40〕 参见陈兴良：《共同犯罪论》（第3版），中国人民大学出版社2019年版，第172～188页。

〔41〕 本案基本案情：史某某系W信息原实际控制人。2019年1月至3月，史某某指使W信息相关财务人员将W信息、上海W信息系统有限公司（系W信息全资子公司）累计7.4亿元资金转账至H投资公司（系W公司控股股东）银行账户及其他由史某某制定的公司银行账户。为掩盖上述关联交易情况，史某某指使W信息相关财务人员对W信息相关定期报告财务报表相关科目进行调整。因史某某的隐瞒、掩盖行为，W信息未能按照规定及时披露上述关联交易事项，同时导致W信息公司虚假记载、重大遗漏。在本案中，实际控制人史某某利用自己对公司的控制力，将上市公司W信息作为自己解决资金周转困难的“工具”，并“指使”其进行信息披露违法行为。案例具体可参见《“监管”依法惩处信息披露违法犯罪！上海检察机关、上海证监局发布典型案例》，载https://baijiahao.baidu.com/s?id=1683297773497965005，2021年8月1日访问。

某、H投资公司通过规避上市公司审议程序、指使相关财务人员调整财务报表等手段,隐瞒、掩盖了上述事项,最后导致W信息未依法履行信息披露义务。在此过程中,上市公司W信息成为史某某信息违法的“工具”,因此上市公司在信息披露违法中的故意较小,行政监管机关对实际控制人和上市公司责任进行了差异化处理,只追究了实际控制人史某某的违法责任〔42〕。

从行政执法角度,重点打击实际控制人的违法行为的做法有利于提升证券监管执法的准确性、科学性和有效性,对于保护投资者和股东的合法权益也有积极意义,但是在刑法案件中,采取上述责任追究方式处理相似案件可能存在法律上的障碍。基于《刑法》第161条规定违规披露、不披露信息罪是实行单罚制的单位犯罪,认定控股股东、实际控制人的刑事责任,要建立在上市公司单位犯罪成立的基础上,因此,在认定上述两类人员刑事责任的同时,还需要对单位的主管人员和其他直接责任人员追究相应的刑事责任。

2. 违法行为与刑事罪数的差别

如果控股股东、实际控制人同时担任公司的董监高,行政执法中可能根据其主体身份认定两个违法行为。之所以如此,主要是因为行政执法中对特定主体的处罚根据在于其法定勤勉义务。由于该类人员依法负有确保公司信息披露真实性、准确性、完整性、及时性、公平性的责任,并且需要在对外披露的信息文件上签字作出保证,既往案件中,行政执法机关不要求严格证明其信息披露违法犯罪的主观故意状态,〔43〕

〔42〕 行政处罚决定书中指出,史某某作为W信息原实际控制人,其行为已构成2005年《证券法》第193条第3款所述“发行人、上市公司或者其他信息披露义务人的控股股东、实际控制人指使从事前两款违法行为”的情形。根据当事人违法行为的事实、性质、情节与社会危害程度,依据2005年《证券法》第193条第3款的规定,决定对史某某给予警告,并处以60万元罚款。参见中国证监会上海监管局行政处罚决定书沪〔2020〕10号。

〔43〕 根据中国证券监督管理委员会《信息披露违法行为行政责任认定规则》(中国证券监督管理委员会公告〔2011〕11号)第13条第2项之规定,认定信息披露义务人信息披露违法主观方面通常要考虑以下情形之一,包括信息披露义务人的主观状态,信息披露违法是否是故意的欺诈行为,是否是不够谨慎、疏忽大意的过失行为。因此行政案件中,对财务造假持故意的欺诈心理状态,抑或疏忽大意过失的主观故意状态而导致财务造假发生,都可能构成信息披露违法。

甚至无须考察发行人的实际财务状况是否符合财务指标要求即认定"欺诈"。行为人的特殊主体身份和信息披露法定义务是认定行政违法的核心要素。

如在前述J实业如实披露控股股东持股情况信息披露违法一案中,费某甲具有两种身份:(1)费某甲时任J实业的董事长,因J实业2015年上半年度报告、第三季度报告及年度报告,2016年第一季度报告及下半年度报告中未如实披露J集团上述持股情况,相关定期报告中有关股东持股情况部分存在虚假记载,费某甲被认定为J实业信息披露违法行为的直接负责的主管人员。〔44〕(2)费某甲时任控股股东J集团副董事长、总经理。作为J实业的控股股东,J集团向J实业隐瞒其通过相关证券账户持有"界龙实业"股份的行为构成《证券法》第193条第3款所述情形〔45〕。根据《信息披露违法行为行政责任认定规则》中规定的控股股东指使下的信息披露违法行为的"双罚制"原则和对法人控股股东责任人员的认定规则,〔46〕费某甲被认定为控股股东J集团上述违法行为的直接负责的主管人员。行政机关对费某甲基于两种身份下的两种行为均予以认定,并根据《证券法》第193条第1款和第3款的规定,对费某甲作出分别警告,并每项分别处以10万元罚款,两项合并处理,对费某甲给予警告,共处以20万元罚款。〔47〕上述处理思路在不少行政处罚案例中均有体现,亦系当事人的申辩焦点之一,如在山东L生物科技股份有限公司、程某某等人信息披露违法一案中,程

〔44〕行政机关认定J实业违反了《证券法》第63条"发行人、上市公司依法披露的信息,必须真实、准确、完整,不得有虚假记载、误导性陈述或者重大遗漏"的规定,构成了《证券法》第193条第1款所述的违法行为。上述法律条文均引自2014年修正的《证券法》,在2019年修订的《证券法》中相应条款为第193条。

〔45〕根据《证券法》(2014年修订)第193条第3款之规定,发行人、上市公司或者其他信息披露义务人的控股股东、实际控制人指使从事前两款违法行为的,依照前两款的规定处罚。在2019年修订的《证券法》中相应条款为第193条。

〔46〕参见《信息披露违法行为行政责任认定规则》第18条第1款规定:"有证据证明因信息披露义务人受控股股东、实际控制人指使,未按照规定披露信息,或者所披露的信息有虚假记载、误导性陈述或者重大遗漏的,在认定信息披露义务人责任的同时,应当认定信息披露义务人控股股东、实际控制人的信息披露违法责任。信息披露义务人的控股股东、实际控制人是法人的,其负责人应当认定为直接负责的主管人员。"

〔47〕参见中国证监会上海监管局行政处罚决定书沪〔2018〕47号。

某某系山东L生物科技股份有限公司法定代表人、董事长和实际控制人，提出行政机关对其进行二次处罚，违反立法本意和《行政处罚法》"一事不两罚"的基本原则。对此，执法部门回应，系基于程某某作为实际控制人指使他人从事本案相应违法行为，程某某作为L生物董事长在相应年报、半年报审议中投赞成票或签字等违法行为分别给予处罚，不违反"一事不二罚"的行政处罚原则。[48]

相对于刑事司法审查，行政执法更注重形式审查，可能出现根据两种不同的主体身份及各主体所承担的相应的信息披露义务而分别作出行政处罚的情况。但在刑事案件审查中，不宜采取近似于"因位追责"的方法，而是要综合考量其身份和作用，根据其具体行为和其身份对行为的影响及帮助对控股股东、实际控制人的法律地位和责任予以认定。

根据我国刑法共同犯罪的基本理论和《刑法》第26条的法律条文规定，犯意的发起者、纠集者、指挥者，犯罪的主要责任者和犯罪的主要实行者均可能构成共同犯罪的主犯。[49]从前述对控股股东、实际控制人的主体身份、地位作用和行为类型分析，一般从犯意发起、指挥、犯罪的主要责任和实行等方面入手，将控股股东、实际控制人认定为共同犯罪的主犯。因此，在刑事案件中对控股股东、实际控制人条款的理解与适用，应不拘泥于《刑法修正案（十一）》中的《刑法》第160条和第161条的规定，而应与"《刑法》总则中关于共同犯罪、主从犯、单位犯罪等的原则性规定有机结合起来予以评价"，正是因为"实际控制人条款不是创造出了一种新的主犯，也没有超过《刑法》总则共同犯罪相关条款的范畴"，所以在适用时应该以规范的刑法原则、条文规定和法律术语予以认定。在具体案件中，一是在对其法律身份认定时，在根据修正后的法律条文将控股股东、实际控制人认定为信息披露犯罪中共同犯罪主体的同时，在认定二者的实际作用和具体分工时还需援引刑法的主犯条款，追究其在共同犯罪中作为主犯的刑事法律责任；二是

---

〔48〕 参见中国证监会行政处罚决定书〔2021〕3号。

〔49〕 根据我国《刑法》第26条的规定和共同犯罪的基本理论，共同犯罪的主犯主要包括集团犯罪的首要分子、聚众犯罪的首要分子和其他在共同犯罪中起主要作用的犯罪分子。而"其他共同犯罪的主犯"，主要包括犯意的发起者、纠集者、指挥者，犯罪的主要责任者和犯罪的主要实行者五种类型。同前注〔40〕，第172~188页。

当控股股东、实际控制人是单位时,还需要根据单位犯罪的刑法理论和实践,追究单位犯罪中直接负责的主管人员和其他直接责任人员的刑事责任。

(编辑:谢贵春)

《证券法苑》(2022)
第三十六卷,第138～160页

上市公司董事违反受托义务之司法审查*

——基于行为保全的事前救济视角

曹晓路**

摘要:我国上市公司治理实践中存在董事对公司整体利益维护义务缺失、内部董事在控制权争夺时中立义务违背、独立董事对实际控制人监督义务缺位等制度实践困境。而商业判断规则、整体公平规则、强化审查规则构成特拉华州法院审查董事违反受托义务适用的三大规则,根据特拉华州公司法,在董事违反受托义务的情形下,公司、股东以及债权人不仅能通过司法审查的方式获得事后救济与赔偿,也能通过向法院申请禁止令的形式,通过司法审查在事前救济阶段的介入,实现预期利益之防御。《民事诉讼法》第103条确立了行为保全制度,实践中行为保全申请常见于知识产权与海商事案件中,在我国公司法语境中,尤其是董事违反受

---

* 本文系2022年西安交通大学中央高校基本科研业务费专项科研项目(SK2022034)、国家社科基金一般项目"公司双层股权结构的法律构造研究"(19BFX131)阶段性研究成果。

** 西安交通大学法学院助理教授、硕士研究生导师,法学博士。

托义务之情形下，由股东、债权人提出的行为保全申请寥寥无几。究其原因主要是行为保全的制度在适用上还存在若干困境，通过合理的制度设计能够实现公司、股东以及债权人对董事违反受托义务的预期利益之防御。

关键词：董事受托义务　司法审查　行为保全　事前救济

上市公司董事是上市公司重大事项决策、重大利益实现的关键角色，资本市场中"万科股权之争""瑞幸咖啡财务造假""康美药业财务造假"等标志性案件暴露出我国上市公司董事违反受托义务侵权的情形较为突出。与私人公司中公司董事侵权利益情形不同的是上市公司董事违反受托义务的侵权后果往往及于中小股东、债权人等不特定的对象，而且具有较强的时效性特征与损害结果不可逆、损失填补与修复难的特征。例如，在"万科股权之争"中，公司内部董事与独立董事所采取的反收购措施导致上市公司股价下跌，此时中小股东很难基于现行公司法规则主张民事赔偿，即便后期主张民事赔偿也可能由于损失无法精确计算而不了了之。又如，在上市公司的财务造假案件中，由公司内部董事策划实施的财务造假行为一旦发生并被查处，中小股东及债权人虽然可以对公司董事提起民事诉讼请求赔偿，但结果往往是该公司及实施造假行为的董事因为财务造假行为股价暴跌资不抵债、董事个人无力履行赔偿责任。概言之，本文试图解决过往上市公司董事违反受托义务案件中"重事后赔偿、轻事前救济"的现象，探讨通过建立对上市公司董事违反受托的义务的司法审查规则来实现行为保全的事前救济效果。

一、我国上市公司治理中董事违反受托义务之制度救济困境

在我国公司治理实践中，董事会是整个公司法体系下负责公司治理最为核心的机构。在 2016 年的"万科股权之争"中，万科的内部董事集体质疑并公开诉诸媒体拒绝已成为公司第二大股东的宝能系进入公司董事会，同时公司内部董事还质疑宝能系持股合法性，这种内部董

事与外部大股东之间的公开博弈攻防的案例在我国公司法治理史中较为罕见。以下通过分析董事受托义务的范围及违反司法审查的方式与后果,借助行为保全制度的基本法理构建董事违反受托义务的事前司法救济渠道。

(一)董事对公司整体利益维护义务之缺失

在我国《公司法》中董事会作为公司最高权力机关股东大会的执行机关,负责公司治理中所有核心权力事项。董事参与董事会的任何决策事项都存在代议成本,其成本本质上由全体股东均摊,那么在此情形下董事参与董事会决策所形成的决议具有行动上的一致性。[1] 董事个人对特定事项的发言必须符合公司的整体利益,例如在"万科股权之争中"无论是内部董事还是独立董事都采用了多种媒体手段发声,发表自己对公司控制权之争的看法,但是相关意见的发表具有很强的个人主义色彩,由此给万科的股价带来了短期大幅波动,那么此种情形下董事个人对公司重大特定利益事项发表意见时必须受到权利约束。[2] 《公司法》上的公司利益指代公司的整体利益也即全体股东的共同利益,在上市公司中最直观的表现就是公司经营业绩持续向好,股价持续上涨。在公司出现财务危机濒临破产重整时,董事对公司利益的维护还意味着应当维护公司全体债权人利益。[3] 在《公司法》中,董事还有支持并容忍公司股东行动自由的义务,董事对股东权利的任何限制性措施及审查措施都必须是基于股东的行为直接违反了《公司法》上的强制性规范从而损害公司的整体利益,否则董事无权限制股东的行动自由。在我国上市公司的治理实践中,由于大股东"一股独大"情形的存在,董事会的大多数董事包括内部董事与独立董事均由大股东提名,当大股东利益与公司整体利益趋同时,这种治理结构具有决策高效、执行果断的优点。但当特定事项上大股东利益与公司整体利益、中小股东利益相左时,这种治理架构下,董事就无法履行维护公司整体利益之义务。

---

〔1〕 参见林少伟:《董事横向义务之可能与构造》,载《现代法学》2021 年第 3 期。

〔2〕 参见叶林:《董事忠实义务及其扩张》,载《政治与法律》2021 年第 2 期。

〔3〕 参见吕成龙:《上市公司董事监督义务的制度构建》,载《环球法律评论》2021 年第 2 期。

（二）内部董事在控制权争夺时中立义务之违背

根据我国现行《公司法》《证券法》《上市公司章程指引》等规定，董事是上市公司治理中参与度最深的角色，在上市公司的重大决策事项上具有特殊的权利义务体系，因此董事在上市公司面临控制权争夺及控制权更迭时必须平等地对待所有的股东。〔4〕事关公司控制权争夺的特定事项上，一旦大股东经过法定程序投票作出决策，公司内部董事必须严格恪守执行者的角色。在涉及控制权更迭等事项上，公司内部董事的中立性义务尤为突出，此时内部董事对外部股东的所谓监督限制措施必须受到约束。〔5〕在我国上市公司治理实践中，公司内部董事往往由大股东提名，在绝大多数情形下，内部董事与大股东利益高度趋同，在公司重大决策事项上也存在一致行动的关系。那么在面对公司控制权更迭等特定事项时往往就会出现内部董事违反中立义务，对公司外部股东参与公司治理以董事监督之名进行过度干预，从而产生反收购的效果以忠实于公司原来的大股东及实际控制人。〔6〕但这种情形下的董事的"忠诚"并不构成履行《公司法》意义上的忠实义务，相反，这种"忠诚"直接导致了内部董事在控制权争夺时中立义务之违背。例如在"万科股权之争中"，公司内部董事的反收购决策不仅不代表公司大股东利益（当时万科不存在真正意义上的具有实际控制权的大股东），亦不代表公司中小股东的意志，更多地代表公司原有高管及创始职业经理人团队自身的利益。从后来控制权争夺的结果来看，内部董事在控制权争夺时中立义务之违背行为并未被约束，相关的中立义务规则亦未被确立，需要在后期的相关规则设计中加以完善。

（三）独立董事对公司控制人监督义务之缺位

我国从 2001 年开始从美国引入独立董事制度以期加强对公司大股东、实际控制人、内部董事、高管及职业经理人团队的监督，但是基于

---

〔4〕 参见刘斌：《重塑董事范畴：从形式主义迈向实质主义》，载《比较法研究》2021 年第 5 期。

〔5〕 参见郑彧：《上市公司实际控制人法律责任的反思与构建》，载《法学研究》2021 年第 2 期。

〔6〕 参见缪因知：《董事"监督"公司外部股东时的义务》，载《南京师大学报（社会科学版）》2022 年第 2 期。

目前上市公司的治理实践,前述制度设计目标未能得到有效实现。[7] 在美国上市公司治理实践中,由于美国大多数上市公司的股权高度分散,股东代理成本降低的同时也带来了上市公司内部人控制治理的隐患,为此美国大多数上市公司通过将上市公司董事会三分之二的董事席位赋予独立董事来保证董事会独立地履行监督公司内部董事及高管团队的职能。但在我国的上市公司治理实践中,与美国截然相反,我国上市公司的股权高度集中且"一股独大"现象普遍。[8] 我国上市公司独立董事通常由大股东提名,独立董事的薪酬也由上市公司自行确定,从而导致了独立董事群体在人事任免与薪酬发放上高度依赖于公司大股东,因而独立董事的独立监督权利受到限制,在涉及公司控制权之争时,前述独立董事往往与提名其任职的大股东、实际控制人存在一致行动的关系,无法发挥其对大股东、公司实际控制人的监督作用。[9] 甚至在多数情形下,独立董事已经逐渐异化为与公司内部董事在决策表决事项上高度趋同的特定群体。"万科股权之争"中,公司的独立董事就几乎无法起到有效监督公司内部董事及高管团队的功能,甚至还出现了独立董事在特定表决事项上与公司存在利益冲突的情形,这显然违背了独立董事设立的监督义务初衷。值得庆幸的是"康美药业独董天价赔偿案"后,独立董事职能重置与提名、任命、薪酬、决策规则的重构可能使独立董事制度重新迎来新的曙光,我国上市公司独立董事的特定监督义务缺位问题也可能得到解决。

二、普通法系中上市公司董事违反受托义务之审查规则

根据英美公司法的观点,董事被认为具有与信托受托人相似的法律地位,所以被课以与信托受托人类似的受托义务(fiduciary duty),受

[7] 参见郭富青:《我国独立董事的制度悖论、缺陷与解决途径——对"康美药业案"引发的独立董事辞职潮的思考》,载《学术论坛》2022 年第 1 期。

[8] 参见冷静:《康美启示:证券集团诉讼首案的制度突破与未尽议题》,载《中国法律评论》2022 年第 1 期。

[9] 参见李曙光:《康美药业案综论》,载《法律适用》2022 年第 2 期。

托义务同时也是美国公司法中最重要的概念之一。[10] 在理论上审查规则(standard of review)主要是法院对行为人的特定行为进行司法审查时判断特定行为人是否需要承担相应责任的规则。在美国公司法理论框架下,董事的忠实义务、注意义务在性质上被认定为行为规则。美国法院审查董事是否履行受托义务时所援引的商业判断规则(business judgment rule)、整体公平规则(entire fairness)、强化审查规则(enhanced scrutiny)则构成审查规则。

(一)商业判断规则

特拉华州法院在运用商业判断规则审查董事是否违反受托义务时,一般仅从形式与逻辑上审查该名董事是否尽到追求公司利益的义务,在这一标准下,法院会最大限度地尊重董事基于一般谨慎下作出的商业判断。[11] 美国公司法和判例法的指导性思想是"董事优先"(director primacy),出于鼓励董事大胆决策、勇于追求风险的目的,商业判断规则作为一项董事责任避风港的规则被确立下来。考虑到商业决策的专业性,法官缺乏审查的专业知识,容易受到事后偏见的影响,从而打击董事群体勤勉尽责的积极性。通常商业决策的结果往往无法符合决策时的预期,但这并不构成董事违反受托义务的事由。

特拉华州法院在利用商业判断规则审查董事决策时有严格的程序要件保证。这一严格程序是建立在理性经济人假设的基础上,即法院会推定董事作出某项商业决策是立足于充分的决策信息,且完全善意地认为其决策符合公司的最大利益。[12] 因此针对董事的决策是否受到商业判断规则的保护,主张由原告方来承担举证责任。原告需证明:首先,董事的该项决策并非出于善意的目的;其次,董事在这项决策上存在利益冲突,具体表现为存在关联关系或在决策时丧失了独立性;最后,董事在作出该项决策时已经不具备理性,即已经不符合一般公众对

〔10〕 参见梁爽:《美、日公司法上的董事合规、内控义务及其对我国的启示》,载《中外法学》2022 年第 2 期。

〔11〕 参见翁小川:《商业判断司法谦抑规则研究》,载《政法论丛》2021 年第 4 期。

〔12〕 参见王建文:《论董事"善意"规则的演进及其对我国的借鉴意义》,载《比较法研究》2021 年第 1 期。

于理性经济人决策的合理期待。[13] 针对以上三点的任一指控成立,即可突破商业判断规则的约束进入下一个审查程序。[14] 如果董事被证明决策并非出于善意的目的,则构成董事违反积极忠诚义务的情形,依照 Disney 案所确立的判例承担责任。[15] 如果董事被证明在决策事项上存在利益冲突,则将进入整体公平规则中进行审查。如果董事被证明在决策时不具备理性,即存在重大过失,则视为对注意义务的违反。[16] 总的来说,如果原告无法证明董事在决策时存在以上三点中的任一情形,则法院会尊重董事基于推定善意下所作出的商业判断。

必须指出的是,在审查董事是否违反受托义务时,商业判断规则必须是优先第一顺位适用的审查规则,只有在极端特殊的情形下才可能跳过商业判断规则而适用其他审查规则。[17]

(二)整体公平规则

当董事被证明存在利益冲突时,此时特拉华州最高法院会把审查规则范围从商业判断规则转为整体公平规则。在整体公平规则中,董事在决策事项上具备利益冲突是触发整体公平规则的前提。在董事会决策过程中,若具备利害关系的董事占总数的一半及以上,那么毫无疑问这些董事可以左右决策的结果,直接触发整体公平规则。但是若具备利害关系的董事数量,低于董事会总数的一半,如果法院认定该决策事项属于董事决策的重大事项,依然触发整体公平审查规则,原因在于个别董事在决策中可能存在"搭便车"的现象。[18] 一旦法院启动整体公平审查规则,具备利害关系的董事必须证明该笔交易属于公平交易(fair dealing),并且支付了公平价格(fair price)。[19] 审查交易是否属

---

〔13〕 See Holland, supra note 44, at 700 (citation omitted).

〔14〕 See Weinberger, 457 A.2d, at 710.

〔15〕 See Stephen M. Bainbridge, *Corporate Governance after the Financial Crisis*, Oxford University Press, 2012, p.88 – 89.

〔16〕 See Stone, 911 A.2d, at 369 – 70.

〔17〕 See Omnicare, Inc. v. NCS Healthcare, Inc., 818 A.2d 914, 927 (2003); Trados, 73A.3d, at 44.96 Stephen M. Bainbridge, *The Business Judgment Rule as Abstention Doctrine*, 57 Vand. L. Rev.

〔18〕 See Allen et. al, supra note 12, at 875; Trados, 73 A.3d, at 44.

〔19〕 See Weinberger, 457 A.2d, at 711.

于公平交易，目的在于保证交易过程的公平，审查内容包括该交易的发起缘由、交易时机、交易架构、协商过程、披露机制以及以何种方式取得董事会及股东会的同意等。而公平价格审查的重点在于交易对价的是否公平，在上市公司收购、兼并、重组过程中，公平价格审查必须综合考量公司的资产负债、公司市值、营收状况、未来估值等多个方面。不同于商业判断规则对董事主观状态进行审查，公平交易及公平价格审查只涉及客观层面，不考虑主观因素，若客观上认定不属于公平交易，那么即可认定董事决策违反整体公平规则。

在商业判断规则审查中，法官一般会尊重董事在推定善意下所作出的商业判断，即尽可能考虑董事在作出决策时的主观状态。而在整体公平审查规则下，审查内容既包括实体层面，也包括程序层面，所以整体公平审查规则也被称为特拉华州公司法中最为严苛的审查标准。[20] 整体公平审查规则主要针对董事忠诚义务中的消极方面，即董事有不作为的义务来力图避免利益冲突。而针对董事忠诚义务中的积极方面，即董事有积极作为的义务来追求公司利益的最大化，不在整体公平规则审查范围之内。

（三）强化审查规则

由于整体公平规则的审查范围过于严苛，特拉华州法院在整体公平规则的基础上制定出一种折中的审查规则即强化审查规则。董事在决策过程中是否存在利害关系，其证明责任划分一直以来都是难题。因为在强化审查规则下，董事在被要求证明其是否存在利害关系时，仅需要证明其作出的行为恰当且符合合理期待，其行为的目的是维护公司的利益而非利己，也即强化审查规则下主要考察董事在作出决策时的行为与动机。

强化审查规则审查的范围主要是董事无须经过股东会授权可单方作出决策的行为。即便在决策时董事具备独立性且不具备利害关系，其决策也有可能受到有利害关系之董事的影响，因此在强化审查规则下，该名董事需负举证责任。特拉华州法院强化审查规则主要包含以下四种规则：

---

〔20〕 参见丁勇：《董事执行股东会决议可免责性研究》，载《法学》2020 年第 5 期。

第一种是股权高度分散的公司出售时所必须履行的 Revlon 规则。在 1985 年 Inc. v. MacAndrews & Forbes Holdings 案中,Pantry 公司拟收购 Revlon 公司,Revlon 公司董事采取"毒丸计划"进行反收购,并寻求白衣骑士 Forstmann 公司进行竞购。随后被 Pantry 公司起诉至特拉华州最高法院,特拉华州最高法院认为从 Revlon 公司董事会被授权与 Pantry 公司进行谈判时开始,Revlon 公司董事的受托义务内容发生了变化,此时 Revlon 公司董事不需要基于控制权维持的目的来维系公司的存在,而是应当基于全体股东的利益寻求最高出价者收购公司。换言之,此时董事的身份已经由公司的防御者、保护者转变为拍卖者,谋求"价高者得"。〔21〕第二种是公司面临敌意收购时 Unocal 规则。在 Unocal 案中,特拉华州法院允许董事在公司面临敌意收购时,可以采取相应的措施进行防御。但是这种防御必须经过法院的合理性审查(reasonableness test)与比例性审查(proportionality test)。在合理性审查下,董事需证明敌意收购的威胁真实存在,董事基于善意的目的已经做了大量的尽职调查后认为该项敌意收购会对公司长久造成威胁。在确认威胁存在后,法院进一步就其防御措施进行比例性审查,法院首先会判断董事所采取的反收购防御措施是否过于严苛,如果这个防御措施被证明是唯一可以被股东接受的措施,那么法院会认定该项防御措施对全体股东具备强制性。〔22〕 如果这个防御措施被证明实施后将阻却敌意收购方的一切收购可能,那么该项措施将被认定为具备排他性(preclusive),〔23〕法院将认定董事的上述行为违反注意义务,其采取的反收购措施无效。第三种是上市公司并购交易中签订交易协议时的 Omnicare 规则,在上市公司收购、兼并过程中,往往收购方与被收购方会签订交易保护协议,一来保证守约方能够向违约方寻求经济补偿,二来交易保护协议避免第三方恶意介入而导致收购无法完成。特拉华州最高法院在 Omnicare 案中认为董事与收购方签订交易保护协议,若没有得到董事会授权,则上述交易保护协议与敌意并购反收购措施类似,

〔21〕 See 506 A. 2d. 173(Del 1985).

〔22〕 See Air products and Chemicals, Inc. v. Airgas. 16A. 3d48, 57(Del. Ch. 2011).

〔23〕 See Paramount Commc'ns, Inc. v. Time, inc, 571 A. 2d. 1140(Del. 1989).

适用上文的 Unocal 审查规则，主要审查交易保护协议是否具有强制性与排他性，是否符合合理期待。[24] 如果审查中发现具备强制性与排他性或不具备合理性的情形，那么该交易保护协议无效。第四种是由股东投票权妨害所衍生的 Blasius 规则，在 Blasius 案中，Blasius 公司拟并购 Atlas 公司，故提议修改公司章程，将公司董事会的席位由 7 席增加到 15 席，前期 Blasius 公司通过增持已成为大股东，Atlas 公司现任董事会趁 Blasius 公司在履行增持手续的时间差内，抢先改选董事会并将董事席位仅增加至 9 席，最终成功阻止了 Blasius 公司控制董事会的目的。特拉华州最高法院认为虽然缩短董事会筹备时间，提前召开董事会不违反特拉华州公司法，但是该不当行为(inequitable action)不能因其在法律上被默许为合法而被认定为有效，董事维护其控制权的手段不能与公司的民主运作机制相违背。该案中存在目的不当行为，当董事有阻碍股东投票权行使的行为时，董事必须证明其目的基于强烈的正当性(compelling justification)，[25] 否则视为违反受托义务，行为无效。

三、行为保全的制止功能：董事违反受托义务之事前救济

我国 2005 年《公司法》修改中引入了美国法中受托义务体系下的忠实义务与勤勉义务。在我国现行《公司法》第 147 条、第 148 条中规定了董事的忠诚、勤勉义务，并采用列举的方式阐述了违反忠实义务的情形。第 149 条规定董事违反忠实、勤勉义务应该对公司承担赔偿责任。[26] 但这种损害赔偿属于事后救济，多表现为财产上的损失填补。但在美国法上，董事违反受托义务，作为原告的当事人所能采取的救济途径不仅仅只包含由财产上的赔偿责任所得到的事后救济，也包括通过禁止令的形式所得到的事前救济。法院会通过禁止令的形式裁定被

---

〔24〕 See Omnicare, Inc. v. NCS Healthcare, Inc, 818A. 2d914, 932(Del. 2003).

〔25〕 See Blasius Industries, Inc. v. Atlas Corp. 564A. 2d 651, 654 – 55(Del. 1988).

〔26〕 参见《公司法》第 149 条："董事、监事、高级管理人员执行公司职务时违反法律、行政法规或者公司章程的规定，给公司造成损失的，应当承担赔偿责任。"此处董事作为赔偿义务主体，其赔偿对象为公司，但究其赔偿的性质尚无定论。

告为一定行为或不为一定行为来实现原告的诉前利益保全。而我国《民事诉讼法》在2012年修订过程正式引入了“行为保全”制度,在现行《民事诉讼法》第103~111条中对行为保全制度的申请、担保、裁定、执行等环节进行了规定。[27] 目前学界对行为保全制度的研究更多聚焦于知识产权、海商法等领域。在我国现行《公司法》与《证券法》框架下,针对上市公司收购与反收购、兼并重组案件中的董事违反受托义务情形能否寻求司法审查的介入,能否寻求事前救济,能否借助《民事诉讼法》上的行为保全制度来实现诉前利益的保全等问题尚不明确。

(一)公司法语境下的行为制止请求权

根据现行《公司法》第149条,董事违反忠实、勤勉义务,造成公司利益受损,应该承担赔偿责任。这一损害赔偿责任适用以造成公司利益损失为前提,属于事后救济范畴。若董事的上述行为是在损害尚未发生或者正在发生中,能否援引《公司法》第149条寻求事前救济?我国台湾地区“公司法”第149条规定,董事会决议,为违反法令或章程之行为时,继续一年以上持有股份之股东,得请求董事会停止其行为。[28] 关于公司法理论上的行为制止请求权,有学者认为属于单独股东权、固有权以及共益权。[29] 按照我国台湾地区“公司法”第149条的理解,无论是董事会还是董事,股东行为制止请求权行使的前提是董事会或董事存在违反法律规定或公司章程的行为。那么董事违反受托义务是否属于上述情形?通说认为董事违反受托义务当然构成对公司法强制性规范的违背,即此时的公司或股东享有行为制止请求权。而在美国法上关于董事违反受托义务的行为制止请求权,则通过禁止令的形式来实现事前救济,德国法则通过“假处分”的行为来实现行为保全,英国法更多采用临时禁止令的形式,这一点与美国类似。英美法院一般在签发禁止令时会考量签发与否对申请人利益之损害保护是否超过相对人之利益损害。当申请人有足够的证据证明其将遭受董事违反受托义务之行为所带来的不可挽回的损失时,特拉华州法院通常情况

---

〔27〕 参见吴英姿:《民事禁令程序构建原理》,载《中国法学》2022年第2期。

〔28〕 参见陈彦良:《企业并购中目标公司之董事责任》,载《台北大学法学论丛》第89期。

〔29〕 参见柯菊:《股份有限公司股东之违法行为制止权》,载《法令月刊》第25卷第8期。

下会签发临时禁止令来阻却损失的发生。

（二）行为保全在公司法司法审查实践中的适用

根据现行《民事诉讼法》第103～111条，根据利害关系人的申请，如证明当事人一方的行为可能导致判决难以执行或可能造成其他损害的，人民法院可以责令一方当事人为一定行为或禁止其为一定行为。在中水（西安）环境科技有限公司、许某某与（株）韩某变更公司登记纠纷案中，法院认为所涉及的诉讼标的是行为而非财产，双方所申请禁止的行为均不会导致判决难以执行，双方也均未提交充分证据证明可能因对方当事人的行为造成其他损害，故对其行为保全申请未予准许。[30] 在东莞市天益生物工程有限公司与杨某损害公司利益责任纠纷案中，针对董事杨某可能存在竞业禁止的情形以及损害公司利益的行为，一审法院根据申请作出了行为保全裁定，禁止杨某作出损害公司财产的行为。但在我国司法实践中，行为保全更多被适用于知识产权、海商事案件的诉前保全裁定。[31] 早在2012年《民事诉讼法》修订前，在我国知识产权类侵权纠纷中，最高人民法院就曾采用"诉前禁令"做法，责令当事人在诉前停止有关行为。[32] 尽管我国的行为保全制度与英美法上的禁止令制度有相似的地方，但在很多方面存在不同，英美法上的禁止令主要针对行为人的行为，不产生物权处分效力，当事人如果

---

〔30〕 参见陕西省高级人民法院：中水（西安）环境科技有限公司、许某某与（株）韩某变更公司登记纠纷二审民事判决书，案号：(2017)陕民终37号，2017年7月3日。该案中，法院否决原告行为保全申请的理由是根据《民事诉讼法》第103条的规定，人民法院对于可能因当事人一方的行为或者其他原因，使判决难以执行或者造成当事人其他损害的案件，根据对方当事人的申请，可以裁定对其财产进行保全、责令其作出一定行为或者禁止其作出一定行为；当事人没有提出申请的，人民法院在必要时也可以裁定采取保全措施。本案所涉及的诉讼标的是行为而非财产，双方所申请禁止的行为均不会导致判决难以执行，双方也均未提交充分证据证明可能因对方当事人的行为造成其他损害，故对于韩某的诉讼禁令申请及中水公司的行为保全申请一审法院均未予准许。

〔31〕 参见广东省东莞市中级人民法院民事判决书，(2016)粤19民终3738号。这是目前裁判文书网仅有的可以检索到董事、高管因违反竞业禁止的忠实义务，而被公司申请行为保全的判决书。本案中一审法院作出了行为保全裁定，禁止杨某搬离天益发酵公司所有的位于东莞市松山湖的公司财产的行为。

〔32〕 参见宾岳成：《禁诉令性质的行为保全裁定之考量因素及保障措施——我国知识产权诉讼首例禁诉令裁定解读》，载《法律适用》2021年第4期。

违反法院签发的禁止令,将构成“藐视法庭罪”被定罪量刑。而在我国的行为保全实践中,法院针对行为人作出的行为保全裁定往往需要借助间接的手段来执行,如通过司法拘留或罚款等途径来威慑行为人遵守法院的行为保全裁定。[33] 而在德国法中与行为保全相对应的概念是假处分,这一概念为我国台湾地区的“民事诉讼法”所吸收。假处分的目的在于维持现状,保障当事人权利的临时稳定。从目的来看,假处分通常具备防御性质,一般理解为对民事权利的一种预防性保护的措施。

(三)公司法语境下行为保全适用困境

2012年《民事诉讼法》修改虽然引入了行为保全制度,但行为保全制度在公司法案件适用中却鲜有出现。根据现行《民事诉讼法》第103条的规定,我国行为保全制度的裁判方式是裁定,也就意味着裁定并不涉及对实体问题的审查,其仅就程序问题进行审查。而在我国的民事诉讼审判实践中历来都是“重实体轻程序”,这就导致了行为保全申请在现实中的效果大打折扣,也造成立法、司法以及理论研究在行为保全问题上的割裂。[34] 根据对《民事诉讼法》第104条的理解,申请人应该在法院采取保全措施后的30日内提起诉讼或申请仲裁,如违反时限,行为保全解除。这也就意味着在我国的民诉法中行为保全仅仅只是作为后诉的一个前置程序,并未单独将其提升至美国法上“禁止令”和德国法上“假处分”的程序高度。具体到公司法上的行为保全适用难题,存在以下两个困境:首先,根据《民事诉讼法》第103条,法院必须自接到情况紧急的行为保全申请的48小时内作出裁定。在48小时的超短裁定时限内,面对公司法上复杂的利益冲突,法院司法审查的事前介入的限度把握上存在难题。[35] 与传统商标、专利纠纷相比,公司法上的行为保全案件裁定复杂度更高,诉前行为保全的申请范围也更广。法官需要根据利害关系人的申请在48小时内迅速做出裁定以实现对诉前利益的保障,而面对目前我国各级法院普遍存在的“案多人少”难

〔33〕 参见郭小冬:《诉讼保全的实体法视角及其展开》,载《北方法学》2021年第1期。

〔34〕 参见任重:《我国诉前行为保全申请的实践难题:成因与出路》,载《环球法律评论》2016年第4期。

〔35〕 参见毕潇潇:《利益衡量视角下行为保全适用条件研究》,载《当代法学》2019年第4期。

题,48 小时的超短时限给法官办案带来了巨大压力,这也导致很多法官在诉前行为保全的裁定上采取了“用脚投票”消极态度。[36] 其次,根据《民事诉讼法》第 104 条第 1 款,利害关系人申请行为保全必须提供担保,不提供担保法院将直接裁定驳回申请。而在美国、德国的行为保全实践中,并非所有类型的行为保全申请都需要利害关系人提供担保。具体到公司法案件中,当上市公司的小股东利益遭受大股东以及董事、高管的预期侵害,向法院申请对公司大股东、董事、高管特定行为的行为保全时,法院根据《最高人民法院关于适用〈中华人民共和国民事诉讼法〉的解释》第 152 条的规定,为避免出现“恶意申请”的情况,往往会要求小股东提供巨额担保。而大部分情况下,小股东无法提供巨额担保,这就形成一个悖论,即行为保全制度中的强制担保应该如何更合理的适用?是否应当区分不同的情形?在特定条件下法院是否可以裁定申请人不用提供担保?行为保全制度设计的初衷就是为债权人设置预防性的紧急权利保护,在公司法案件尤其是涉及董事受托义务审查的案件中更好地适用行为保全制度,可能不仅仅需要民事诉讼法上的理论创新,更需要结合公司法上的程序要件来实现。

四、司法审查的介入:上市公司董事违反受托义务之行为保全

目前我国公司法实践中鲜有,单独以董事违反受托义务可能导致公司、股东潜在利益受损而向法院申请行为保全的案例。在东莞市天益生物工程有限公司与杨某暾损害公司利益责任纠纷案[37]中有相类似的情形,当事人申请了行为保全,但是法院审查范围却并不包括董事是否履行了受托义务。我国 2005 年《公司法》修改时并未直接系统引入美国公司法的受托义务体系,仅仅引入受托义务体系下的忠实、勤勉义务。而现行《民事诉讼法》行为保全的制度框架与司法实践尚不完

〔36〕 参见李曼:《民事行为保全担保制度的完善路径》,载《当代法学》2018 年第 3 期。
〔37〕 参见东莞市天益生物工程有限公司等诉杨某暾公司利益责任纠纷二审民事判决书,案号:(2016)粤 19 民终 3738 号,2016 年 11 月 11 日。

善,导致我国董事违反受托义务时公司、股东无法从程序法的角度得到事前救济。现实中董事违反受托义务从而导致公司、股东利益受损的案例比比皆是,在上市公司中这一现象也较为普遍。下文笔者将以上市公司收购与反收购为例,探讨如何通过事前救济的方式来实现原告方的诉前利益保全,如何从行为保全制度出发利用司法审查的方式对董事违反受托义务的行为进行限制,如何更好将《公司法》程序性条款与现行《民事诉讼法》相衔接以及如何进一步完善行为保全的制度设计,探索扩大其在公司法中的适用范围。

(一)上市公司董事违反受托义务之行为保全适用

美国公司法规定如果董事存在违反受托义务的情形,但这一义务的违反尚未导致公司、股东的实际利益受损,为防御可能发生的利益损害,一方当事人有权向法院申请临时禁止令或永久禁止令,来防御其可能存在的利益损失。以上市公司收购与反收购案件为例,根据我国《民事诉讼法》第103~111条的规定,上市公司的股东、收购方及其他利害关系人可以就上市公司董事所采取的反收购措施申请行为保全,即便上述反收购措施尚未获得董事会、股东会批准,由于存在可能侵害上市公司股东、收购方以及利害关系人利益之情势,基于行为制止请求权的权源,上市公司股东、收购方以及利害关系人得以申请行为保全来防御预期利益的损失。

1. 申请条件

在上市公司收购与反收购案件中,最常见的董事违反受托义务的情形即董事为保住自身控制权而采取一系列反收购措施来阻止敌意收购方收购的情形。这其中涉及大量反收购措施的司法审查问题,而司法审查的重点在于董事是否违反受托义务(在我国《公司法》中表现为忠实、勤勉义务),由于我国《公司法》中的忠实、勤勉义务的描述过于抽象以及对于董事违反忠实、勤勉义务究竟应当承担什么的民事责任尚不清晰,就董事违反受托义务的行为保全申请而言,只涉及程序问题,不涉及实体问题的审查。在申请中,申请人需证明,董事违反受托义务如不申请行为保全可能导致未来判决难以执行,或者不立即申请可能导致申请人的利益遭到难以弥补的损失。情况紧急的法院必须自接到当事人申请的48小时内作出裁定,法院裁定的主要考量是董事违反受托义务是否可能导致将来判决难以执行或者导致当事人的权益遭受难以弥补的损失。一旦法院裁定准予行为保全,即可责令董事在一定期限内为一定行为或不为一定行为。例如禁止董事在上市公司收购周期内采取任何反收购措施,责令董事未取得股东大会授权前不得作出任何反收购以及有损公司、股东、利害关系人利益的行为。

2. 是否需要提供担保

根据《民事诉讼法》第 103 条,对于行为保全是否需要担保。在上市公司收购与反收购案件中,董事违反受托义务应区分以下三种情形:第一,行为保全的裁定并不直接以当事人申请为前提,《民事诉讼法》第 103 条第 1 款规定,即便当事人没有提出行为保全申请,法院认为必要时依然可以依职权裁定行为保全。在这种情形下,行为保全一般推定为不需要担保。第二,根据《民事诉讼法》第 103 条第 2 款的规定,人民法院根据当事人的申请裁定行为保全,可以责令当事人提供担保。在这一情形下,法院拥有自由裁量权,可以根据申请人的实际情况来责令当事人是否需要提供担保。第三,根据《民事诉讼法》第 103 条第 2 款的规定,当事人申请行为保全应当提供担保而没有提供担保的,裁定驳回行为保全申请。在这一情形下,申请人必须强制提供担保。[38]

3. 法院的司法审查范围

对于上市公司收购与反收购案件,在美国特拉华州法院的司法实践中,法院在对董事违反受托义务的行为保全申请进行司法审查时,不仅审查申请的形式要件,更侧重于审查行为保全申请的实质内容。即法院根据当事人的申请,会进行法庭调查,根据当事人双方的举证,审查董事是否存在违反受托义务的情形。[39] 若董事存在违反受托义务的情形,则审查该违反情形是否可能导致公司、股权以及债权人的潜在利益受损,如证明存在利益受损之风险,法院会通过签发禁止令的形式责令该名董事为一定行为或不为一定行为。而根据我国《民事诉讼

〔38〕 目前民诉法学界对《民事诉讼法》第 103 条的理解存在差异,多数学者认为行为保全申请一般需要提供担保,但也存在例外情形。关于是否需要提供全额担保《民事诉讼法》第 103 条赋予了法官自由裁量权。

〔39〕 参见丁金钰:《我国民事部分判决的掣制与突围——以最高人民法院指导案例 115 号为中心》,载《知识产权》2020 年第 12 期。

法》第103~111条,我国法院针对行为保全的审查侧重于董事违反受托义务是否可能导致将来判决难以执行或者导致当事人的权益遭受难以弥补的损失。如能证明存在这一情形,法院会裁定行为保全,责令该名董事为一定行为或不为一定行为。但是,我国行为保全制度与英美法系的禁止令、冻结令不同,行为保全从我国民诉法理论角度看,并不是一个单独的"诉",而是作为"诉"的前置程序或"诉"的前置手段,是依附于"诉"而存在的。[40] 根据《民事诉讼法》第104条第3款的规定,法院在裁定行为保全申请后的30日内当事人如果不提起诉讼或仲裁,则该行为保全解除。而在英美法系中,与行为保全相对应的禁止令、冻结令是一种独立的诉讼形态,并不依附于主诉而存在,其是作为一种事前救济手段来防御可能出现的利益受损的情形。

4. 违反行为保全的法律后果

在英美法系国家,行为人违反法院签发的禁止令、冻结令,将会被认为是藐视法庭、法官,妨碍司法运行秩序,通常会被法院以"藐视法庭罪"为由进行处罚。传统的藐视法庭罪又被分为刑事藐视法庭罪(criminal contempt)和民事藐视法庭罪(civil contempt)。所谓刑事藐视法庭罪,是指法院为排除妨害司法行为设定的罪名,[41] 如当庭侮辱法官、扰乱庭审秩序、庭外骚扰证人、泄露审判秘密等。对这类行为,法院往往对当事人处以监禁或罚金,但如果当事人并非故意,则可免予处罚。所谓民事藐视法庭罪,是指法院为维护当事人利益,对拒不遵守或执行法院命令的行为进行的处罚,如拒不出庭、拒不履行等。民事藐视行为并不以故意为前提,只要证人主动到庭、被告主动履行,即可免予处罚。有法官据此概括:"民事藐视法庭行为人进出监狱大门的钥匙,其实都装在他们自己的口袋里。"不过,由于故意和非故意很难判定,再加上处罚方式趋同,绝大多数普通法系国家和地区如今已不再区分刑事藐视行为和民事藐视行为。英美法系国家对法官的自由裁量权给予了最大限度的尊重,对藐视法庭罪的定罪可以不必经过追诉程序直

---

〔40〕 参见王学棉:《"具体"的诉讼请求》,载《国家检察官学院学报》2016年第2期。

〔41〕 参见卢建平、孙本雄:《刑法职业禁止令的性质及司法适用探析》,载《法学杂志》2016年第2期。

接由法院按照简易程序定罪处罚。[42] 例如英国《1981年藐视法庭法》(The Contempt of Court Act 1981),《美国联邦法典》(United States Code)第18篇第401条、第402条,《美国联邦法院刑事诉讼规则》(Federal Rules of Criminal Procedure)第42条都对此作了相关规定。传统大陆法系国家如《俄罗斯联邦刑法典》第297条、《法国刑法典》第434-24条、《意大利刑法典》第343条、《韩国刑法典》第138条,也都设置了藐视法庭罪的相关罪名。[43]

而根据《民事诉讼法》第103~111条的规定,并无当事违反行为保全的相关法律责任的描述。根据我国法院的执行实践来看,对违反法院保全措施的行为,更多地以财产处罚形式来执行。针对特殊情况下当事人拒不履行法院的行为保全裁定的,法院才借助间接的执行途径,如司法拘留等手段来强制被执行人履行执行义务。在《刑法》中与之相对应的是第313条,拒不执行判决、裁定罪,即行为人拒不履行人民法院作出的行为保全裁定,情节严重构成犯罪的,最高可处7年以下有期徒刑。

(二)反收购案中上市公司董事违反受托义务之行为保全效果

1. 阻断收购的继续进行

在上市公司收购与反收购案件中,针对董事可能存在的违反受托义务的情形,特拉华州法院通常签发禁止令责令该名董事收购期内为一定行为和不为一定行为以起到阻却收购继续进行的目的。例如在上文笔者提到的Unocal案中,因董事可能存在违反受托义务中基于忠实义务的利益揭露义务,特拉华州法院法官认为,董事违反该项受托义务可能影响股东的投资决策,一旦股东的决策作出,其后果将不可挽回,因此签发禁止令,暂时阻却该宗收购案,待恢复股东自由之决策时再行表决。而在Del Monte案中,Del Monte公司的财务顾问公司Barclays Capital极力撮合两家与之存在关联关系的私募基金公司收购Del Monte,一方面为了以低价收购Del Monte(因为作为财务顾问公司

〔42〕 参见李洪杰:《刑事禁止令适用状况实证研究》,载《法商研究》2017年第4期。

〔43〕 参见王思思:《拒不执行判决、裁定罪追诉程序的完善研究——以审执分离背景下法院的角色厘定为前提》,载《法学杂志》2021年第2期。

Barclays Capital 公司掌握 Del Monte 公司的核心财务数据)。另一方面在收购时 Barclays Capital 作为收购双方的财务顾问能够收取巨额佣金。Del Monte 公司董事草拟收购案准备将公司出售,后被知情股东诉至特拉华州法院,法官认为 Del Monte 公司董事负有主导公司出售程序之受托义务,但在收购案中未履行尽职调查义务,致使公司可能被低价贱卖,因此根据上文 Revlon 案所确立的最佳价格出售规则签发禁止令,责令该宗收购案延期 20 天交付股东表决,并限制在此期间内的任何收购要约。[44] 总的来说,特拉华州法院在类似案件中是否签发禁止令,其裁判要旨是董事未尽受托义务是否可能导致公司、股东在该宗收购案中承受无法挽回的损失,即上市公司出售时董事必须恪守 Revlon 案所确立的最佳价格出售规则。但是也存在例外的情况,如果董事违反受托义务时,该宗收购案仅存在唯一的收购方且无更高的竞价者出现,在此种情形下,法院签发禁止令可能会直接破坏该公司唯一被出售的机会,因而此情形下一般不宜签发禁止令。[45] 特拉华州衡平法院在 Lear 案中认为,股东对其所持有的上市公司的股票有自己的价值判断,出现收购要约时,收购方与被收购方股东应当充分沟通。在收购案中投下反对票的股东如果认为收购价格不公,可以向法院提请诉讼证明董事在收购案中存在违反受托义务之情形,一旦收购案成型,原告股东将丧失其固有的股东权利。[46] 出于谨慎起见,特拉华州法院一般不会直接签发阻断收购继续进行的禁止令,而会优先通过其他途径实现事前救济。

2. 补充的信息披露

在反收购案件中,除了上文法院签发禁止令直接阻却交易的继续进行,特拉华州法院通常还会签发禁止令来责令董事履行补充信息披露义务。在 Lear 案中,Lear 公司董事会准备出售公司给 American Real Estate Partners,并将出售事宜委托给公司的董事首席执行官全权进行,后该名董事提议以每股 35 美元价格出售公司。但有部分股东认为该

---

〔44〕 See In re Del Monte Foods Co. Shareholders Litigation, 25 A. 3d 813, 826 – 828 (Del. Ch. 2011).

〔45〕 See Del Monte, 25 A. 3d, at 836.

〔46〕 See Lear, 926 A. 2d, at 123.

提议价格偏低可能损害股东利益向特拉华州衡平法院提起诉讼，并向法院申请禁止令阻却收购交易的继续进行，但法院认为该公司董事会已将出售事宜全权委托给该名董事，虽然程序上有待股东会追认但不妨碍出售公司的合理性，拒绝签发禁止令来阻却交易的继续进行。但法院通过审查发现该名董事曾向董事会提出修改其退休待遇等提议但遭董事会拒绝，可能存在利用其出售全权代表身份谋取个人利益的潜在情形，因而签发禁止令责令该名董事就其与 American Real Estate Partners 接触以及收购谈判的细节补充披露给所有股东，待股东掌握充分信息后自行判断是否继续该项交易，在补充信息披露义务履行前，责令禁止在期间范围内的一切收购合约。[47] 该公司股东经充分了解收购信息后投票否决了该宗收购案。特拉华州衡平法院在 Lear 案中确立了法院签发禁止令的一项重要内容即责令董事在特定的时期内履行补充信息披露义务。[48]

3. 反收购措施的撤销

在特拉华州公司法体系下，当某一上市公司遭到敌意收购时，允许目标公司的董事就敌意收购行为，基于保护股东利益的角度，采取反收购措施。但是该反收购措施必须受到法院的司法审查，且如果董事采取反收购措施后股东的利益得到了保障，即时起不得继续采取反收购措施。在 Interco 案中，Interco 公司的董事为了防御敌意收购而采取了“毒丸计划”，并在“毒丸计划”实施后立即对公司进行了重组谋求提升公司的价值。收购方就目标公司董事会所采取的“毒丸计划”起诉至特拉华州衡平法院，法院审查认为 Interco 董事基于善意的目的作出商业判断认为敌意收购方的报价不足以反映 Interco 公司的市场价值，法院对董事这一商业判断予以尊重。[49] 但是董事会采取“毒丸计划”进行防御，公司股东利益得以维系，此时反收购的目的已经实现，即应撤除反收购的防御措施。在此时收购方提出了新的报价，Interco 公司董事应当允许公司股东在敌意收购方新的报价与公司重组预案之间做出

---

〔47〕 See Lear, 926 A. 2d, at 98.

〔48〕 See Doug Rendleman (2013), *Remedies: A Guide for the Perplexed*, Saint Louis University Law Journal 57(3), p. 570.

〔49〕 See Interco, 551 A. 2d, at 795.

选择,而不应当出于控制权维系的目的继续“毒丸计划”,因而签发禁止令,[50]要求 Interco 公司董事立即撤除“毒丸计划”,召开股东会让股东就收购案与重组案进行投票表决。

(三)上市公司董事违反受托义务之行为保全制度完善

在我国的司法实践中,由于董事违反受托义务而向法院申请行为保全的案例寥若晨星。上文笔者提到了行为保全在公司法框架下的适用困境,例如,我国历来“重实体轻程序”的司法传统导致行为保全制度的实践效果大打折扣,“48 小时超短裁定时限”给法官带来了巨大的裁定压力导致法官“用脚投票”的现象产生等。未来除了应当进一步针对《民事诉讼法》第 103 ~ 111 条进行解释外,还应当从行为程序设计上重新赋予行为保全制度生命力。在我国上市公司反收购案中,以“万科股权之争”为例,上市公司股权高度分散导致公司“内部人控制”问题严重,董事会在重大事项决策上几乎架空了股东会,董事会采取反收购措施几乎直接绕开了股东会的权力制约。如果在这一类型案件中引入针对董事违反受托义务的行为保全申请,通过司法审查介入的形式来实现股东预期权利的防御,既有利于规范上市公司收购与反收购秩序,保障公众股东的利益;又有利于扩大行为保全制度的适用范围,充分发挥行为保全制度对预期权利防御之最高目的。

1. 行为保全庭审程序与裁定时限的完善

根据《民事诉讼法》第 103 ~ 104 条的规定,针对情况紧急的诉前保全,法院必须在 48 小时内作出行为保全裁定。关于如何理解“情况紧急”,民诉法学者认为应从程序上理解,即“情况紧急”为不需要经过庭审、言词辩论,法官径行裁定的特别程序。[51] 根据德国《民事诉讼法典》第 937 条第 2 款的规定,通常情况下的“假处分”申请需要经过庭审环节、双方需进行言词辩论,法官根据庭审的结果决定是否裁定“假处分”申请。但是情况紧急的条件下,法官可以依职权径行裁定“假处分”申请。原因在于根据德国民诉法理论,“情况紧急”已属于“假处

---

〔50〕 See Interco, 551 A.2d, at 799.

〔51〕 参见李晓枫、郭萍:《评析〈民事诉讼法〉中行为保全制度的立法突破与不足》,载《法律适用》2015 年第 6 期。

分”的申请理由，因此法院不进行言词辩论直接裁定符合法理。[52] 英国衡平法院在临时禁止令的申请上也存在类似的规定，如果法院在不通知被申请人的情况下直接签发临时禁止令必须具备充分理由，上述禁止令的签发必须是在无可避免的紧急情况下，或者存在如果将该禁止令提前通知被申请人可能导致对申请人不公的情形。借鉴上述两国的实践经验，未来我国法院在行为保全申请程序中是否需要庭审、是否需要双方辩论这一问题上可以考虑给予法官更大的自由裁量权。法官在紧急情况下可以不进行庭审径行裁定，但必须证明如果进行庭审可能妨碍债权人利益的实现，导致对申请人的不公。此外针对 48 小时的超短裁定时限，当法官面对复杂的上市公司反收购案时，由于案情复杂、涉及公众股东人数过多，法官很难在 48 小时时限内作出裁定。如果原被告申请双方案情复杂，申请行为保全需要适用庭审辩论程序，为了给予原告方充分的准备时间搜集证据，行为保全裁定时限可适当放宽至一周内。

2. 行为保全申请担保制度的完善

《民事诉讼法》第 103 ~ 104 条对针对行为保全申请是否需要担保区分了三种情形，即不需要担保、法院裁定担保以及强制担保。第 103 条第 2 款下，法官拥有是否要求行为保全申请人提供担保的自由裁量权，法官可以根据案件的具体情况决定行为保全申请需要提供担保的数额。在德国法上，“假处分”申请是否需要由法院命令担保，属于义务性裁量的事项，法官在是否要求“假处分”申请人提供担保的事项上拥有自由裁量权。[53] 而在英国衡平法上，法院针对申请人的临时禁止令申请一般会要求原告申请人作出特定的义务承诺（undertaking），这一义务承诺范围包含被申请人因为临时禁止令可能遭受的经济损失。这一义务承诺是由申请人向法院作出，而非面向被申请人。申请人可以不作出义务承诺，法院也不得强迫申请人，但通常的结果是在没有义务承诺的情况下法院一般不签发临时禁止令。在我国的司法实践中，

---

〔52〕 参见张文亮：《涉外临时救济的三重困境及应对分析——兼评我国现行涉外临时救济体系》，载《现代法学》2017 年第 6 期。

〔53〕 参见赵旭东：《论虚假陈述董事责任的过错认定——兼〈虚假陈述侵权赔偿若干规定〉评析》，载《国家检察官学院学报》2022 年第 2 期。

几乎绝对多数的行为保全申请被要求提供担保,法院在行为保全申请审查中过分强调担保可能会导致以担保替代对申请事由的审查,由此可能产生两方面的问题:一是由于只要提供全额担保,法院一般会裁定行为保全申请,这样导致市场竞争中竞争对手恶意利用行为保全申请阻却竞争;二是在董事违反受托义务之行为保全申请中,上市公司中小股东的利益可能遭受预期侵害,如果一律要求中小股东提供全额担保,那么行为保全制度可能在公司法、证券法适用中流于形式。[54] 未来我国法院在行为保全申请的担保数额确定上不一定必须确定是全额担保,参照德国、英国法官的做法,担保数额的确定应与被申请人可能遭受的损失为限,但这一损失通常小于全额担保。英国法院在签发临时禁止令时,针对申请人的义务承诺,法官一般会综合考量申请人的财务经济状况,并不会因为义务承诺范围无法涵盖被申请人可能遭受的所有损失而拒绝签发临时禁止令。

3. 处分原则与法官自由裁量权的平衡

处分原则是民事诉讼法的一项基本原则,《民事诉讼法》第 105 条载明了处分原则在行为保全申请中的适用,即行为保全申请限于请求范围。德国法中"假处分"申请一般以当事人的请求范围为限,但是在例外情形下,法院在审查范围内拥有更广泛的自由裁量权。在反收购案件中申请人向法院申请禁止令时其申请中一般并未包含精确的申请事由,申请禁止令的目的是防御公司、股东、债权人预期利益之损失,而这一申请下法官拥有足够的自由裁量权来审查董事是否违反受托义务以及董事违反受托义务是否可能导致公司、股东以及债权人利益的预期损失。在特殊情况下,法官自由裁量权会超越处分原则,原因在于涉及上市公司收购与反收购案件,申请人往往并不局限其本身,潜在的利益关联者往往是不特定的,如果法官单纯依据处分原则审查申请范围往往导致对不特定对象之不利因素的出现,因而需要在当事人处分原则与法官自由裁量权之间寻求平衡。

(编辑:谢贵春)

[54] 参见李建伟、岳万兵:《董事对债权人的信义义务——公司资本制度视角的考察》,载《中国政法大学学报》2022 年第 2 期。

《证券法苑》(2022)
第三十六卷,第161～176页

我国反洗钱穿透识别的监管进路
——以司法裁判为视角*

傅福兴**　李伊凝***

摘要:穿透识别是金融监管的普遍要求,而明确金融机构穿透识别的规则标准恰是当前反洗钱监管面临的现实难题。本文首先阐述隐名识别的法理依据,通过分析法院裁判对识别代理关系适用情形及隐名代理关系的效力认定,归纳出司法中穿透识别的途径方式。其次结合反洗钱现有监管规则及实践,明确识别要素,并在全局识别层面构建风险监控指标,为我国反洗钱监管穿透识别提供实践标准,也为金融机构践行客户尽职调查工作提供依据。

关键词:反洗钱　监管　穿透识别　代理关系　尽职调查

2022年1月,央行、银保监会、证监会发布《金融机构客户尽职调查和客户身份资料及交易记录保存管理办法》(以下简称《管理办法》)。《管理办

* 本文仅代表作者个人观点,与所在单位无关,且不作为针对任何案件或问题的意见或建议。

** 现任职于华泰期货公司金融产品部。

*** 慕尼黑大学法学博士研究生。

法》施行后,原《金融机构客户身份识别和客户身份资料及交易记录保存管理办法》同时废止。《管理办法》与国际反洗钱金融行动特别工作组(Financial Action Task Force on Money Laundering,FATF)《打击洗钱、恐怖融资与扩散融资的国际标准:FATF 建议》(International Standards on Combating Money Laundering and the Financing of Terrorism & Proliferation, The Fatf Recommendations,以下简称《FATF 建议》)保持一致,在规章名称及正文中均使用"客户尽职调查"一词取代"客户身份识别",在总则部分突出强调"风险为本"的基本原则,并要求将客户全生命周期管理融入持续尽职调查的要求中。显然,客户尽职调查将成为反洗钱的首要核心义务。

《FATF 建议》在"对客户代理人的尽职调查"中明确提出:当进行第 10 条建议里的(a)和(b)项下的客户尽职调查措施时,各国应要求金融机构核实任何声称经授权代理客户行事的人,并识别和核实其身份。[1] 同时,《管理办法》要求对被代理人采取客户尽职调查措施时应当"识别并核实"代理人身份,而非原办法的"核对"。[2] 我国《反洗钱法》亦有要求金融机构关注代理关系的存在。[3] 大陆法系框架内的代理制度,在公开原则的基础上,根据公开的限度可区分为显名代理和隐名代理。[4]

实践中,隐名代理往往为金融机构所忽视,具体表现在隐名股权代持、非合格投资者集资准入等领域。在此类违规情形中,或有金融机构

---

〔1〕 See CDD – Persons Acting on Behalf of a Customer: When performing elements (a) and (b) of the CDD measures specified under Recommendation 10, financial institutions should also be required to verify that any person purporting to act on behalf of the customer is so authorized, and should identify and verify the identity of that person.

〔2〕 参见《金融机构客户尽职调查和客户身份资料及交易记录保存管理办法》第 26 条:"金融机构应当采取合理方式确认代理关系存在,在按照本办法的有关要求对被代理人采取客户尽职调查措施时,应当识别并核实代理人身份,登记代理人的姓名或者名称、联系方式、有效身份证件或者其他身份证明文件的种类、号码,并留存代理人有效身份证件或者其他身份证明文件的复印件或者影印件。"

〔3〕 《反洗钱法》第 16 条第 3 款规定:"客户由他人代理办理业务的,金融机构应当同时对代理人和被代理人的身份证件或者其他身份证明文件进行核对并登记。"

〔4〕 See H. L. E. Verhagen, *Agency in Privete International Law*, Hague, Martinus Nuhoff Publishers,1995, p. 32.

声称其已经履行客户尽职调查义务，仍无法有效识别代理关系的存在，并试图以此为由规避监管。究其根本，反洗钱监管在该领域要解决的核心问题即是界定金融机构穿透识别义务的构成要件。法理层面，隐名代理的概念主要适用于合同法律关系；实践层面，与司法裁判保持相当的一致性也有利于反洗钱监管工作的开展。据此，本文将先阐述代理制度的法理原则，再着重以隐名代理的司法裁判为视角，探索反洗钱监管应对金融机构提出穿透识别要求的合理限度。

一、隐名识别的法理依据

根据罗马法的传统，合同只能用于约束自己，而非他人（alteri stipulari nemo potest）。[5] 然而，随着贸易水平的提高以及劳动分工的细化，借助他人缔结法律行为成为必然，推动了代理制度的成文化。[6] 代理是指基于代理权以被代理人的名义实施法律行为，该法律行为的后果由被代理人承担的制度。[7] 由于在代理关系中代理人的法律行为的效力归属于被代理人，因而代理行为的"公开性"（Offenkundigkeit）是其制度规范的核心。[8] 公开原则（Offenkundigkeitsprinzip）作为大陆法系代理制度的基础，是有效识别代理关系存在的关键，也将作为反洗钱监管对金融机构穿透识别要求的核心准则。

公开原则的主要目的是保护交易相对方的信赖利益，确保交易相对方能够确定与之签订合同的对象。[9] 代理关系的公开原则具体表现为，代理人在做出行为的同时使相对人知晓行为的意思表示源于被代理人。[10] 须注意的是，公开的方式不限于明确地以被代理人的名义行为，"如有情况表明，该行为应是以被代理人的名义做出"时亦符合

〔5〕 Vgl. Kaser/ Knütel/ Lohsse, Römisches Privatrecht, 21. Aufl., 2017, § 11 Rn. 2 –4.

〔6〕 Vgl. MüKoBGB/ Schubert, 9. Aufl., 2021, BGB § 164 Rn. 6.

〔7〕 Vgl. Staudinger/ Schilken, 18. Aufl., 2019, Vor § 164 Rn. 16.

〔8〕 Vgl. MüKoBGB/ Schubert, 9. Aufl., 2021, BGB § 164 Rn. 1.

〔9〕 Vgl. MüKoBGB/ Schubert, 9. Aufl., 2021, BGB § 164 Rn. 17.

〔10〕 Vgl. Larenz/ Wolf, Allgemeiner Teil des Bürgerlichen Rechts, 9. Aufl., 2004, S. 834.

公开原则的要求。[11] 若代理人表示其为他人做出法律行为,即使未明确说明被代理人的身份信息,也不影响公开性的存在。[12]

笔者认识到,代理中存在两类欠缺公开性的情况:其一,代理人意欲以他人名义行为,但是由于口误等意思表示上的错误未明确向第三人表明该行为归属于被代理人,且第三人也对此代理行为并不知情;其二,代理人并未有向第三人表达其为他人行为的意思,且第三人对此代理行为并不知情。根据民法理论,意思表示有瑕疵的,可以撤销该意思表示。第一类情况虽欠缺公开性,且存在意思表示上的错误,但是出于对交易安全的保护,该法律行为并不会因此而被撤销或确定无效。[13] 在此类情况下,该欠缺公开性的行为会导致代理行为的后果直接归属于代理人,而非被代理人。[14] 相较而言,第二类情况中代理人甚至没有表达以他人名义行为的想法,但司法实践也并未完全排除此类情况下认定代理人"隐名"行为成立代理关系的可能性。德国亦通过判例法对此类情形作出了规定,被称为"公开性原则的例外"。[15]

具体而言,若交易相对方不在意交易对象之身份,且不在意行为人是否遵守公开原则,则代理行为是否符合公开原则并不影响代理关系的存在。[16] 此类公开原则的例外情形在日常进行现金交易时尤为普遍。在这类情况中,缺乏明确的为他人行为的意思表示并不影响代理行为的有效性。[17] 该观点虽然为大多数学者所支持,但亦有不同观点认为,主流观点违反了债法关系中的公开原则,在所谓的"例外"情形下被代理人在物权行为中直接享有权利并承担义务。[18] 就如行为人在交易相对方的商店购买生活日用品,其间并未表明其为他人行为,并

---

〔11〕 Vgl. § 164 I a. E. BGB: "oder ob die Umstände ergeben, dass sie in dessen Namen erfolgen soll."

〔12〕 Vgl. Brox/ Walker, Allgemeiner Teil des BGB, 33. Aufl., 2009, Rn. 524.

〔13〕 Vgl. § 164 II "Tritt der Wille, in fremdem Namen zu handeln, nicht erkennbar hervor, so kommt der Mangel des Willens, im eigenen Namen zu handeln, nicht in Betracht."

〔14〕 Vgl. Brox/ Walker, Allgemeiner Teil des BGB, 33. Aufl., 2009, Rn. 525.

〔15〕 Vgl. Jürgens/ Loer, 6. Aufl., Betreuungsrecht 2019, BGB § 164 Rn. 3.

〔16〕 Vgl. Brox/ Walker, Allgemeiner Teil des BGB, 33. Aufl., 2009, Rn. 526.

〔17〕 Vgl. Jürgens/ Loer, 6. Aufl., Betreuungsrecht 2019, BGB § 164 Rn. 3.

〔18〕 Vgl. Prutting, Schenrecht, 18. Aufl., 2009, Rn 386.

选择现金结账的方式,一手交钱一手交货地转移了商品的占有。主流观点和反对观点在债权关系的认定上呈现出差异,主流观点认为行为人的行为构成代理,合同双方为被代理人和第三人;反对观点认为,债权关系上的代理因缺乏公开性而不成立,合同双方为行为人和第三人。但两种观点均认可,在该隐名代理的情况中,被代理人系直接从行为人处取得所有权,而非从代理人处。[19]

显然,两类欠缺公开性的情况以行为人主观上是否存在明确为他人行为的意思表示为区分。但从法理及实践而言,行为人是否有该意思表示并不会影响代理关系的认定。其原因在于公开性的认定须以第三方,即交易相对方的视角解读行为人之法律行为。[20] 如果交易相对方知道行为人以被代理人名义行为,且法律后果直接归属于被代理人,或交易相对方并不在意是否存在代理行为,则不论其是否客观上符合"明示""以某人名义"的行为外观,代理关系中的公开原则均不会被违反,代理关系往往能够成立,即德国法学中所称之"公开的隐名代理"(Offenes unechtes Geschäft für den, den es angeht.)。同时,仍需注意的是,若公开的隐名代理基于交易相对方并不在意是否存在代理行为而成立,则必须再通过事实客观地确定行为人为被代理人行为,否则该公开的隐名代理依然不能构成代理关系。[21] 与之相对应的则被称为"真正的隐名代理"(Verdeckte echte Geschäft für den, den es angeht),[22] 其是对公开原则的公然违反,因而不能认定被代理人与第三方之间存在合同关系。简而言之,若隐名关系不符合公开原则,则不能成立代理关系,穿透识别也就无从谈起,故代理关系的穿透监管关键在于确定其可被"公开识别"的要素。

---

〔19〕 Vgl. Brox/ Walker, Allgemeiner Teil des BGB, 33. Aufl., 2009, Rn. 527.

〔20〕 Vgl. OLG Düsseldorf NJW 1989, 906.

〔21〕 Vgl. MüKoBGB/ Schubert, 9. Aufl., 2021, BGB § 164 Rn. 142.

〔22〕 Vgl. Staudinger/ Schilken, 18. Aufl., 2019, Vor § 164 Rn. 51.

二、司法裁判的适用方向

在反洗钱穿透监管的实践中,识别隐名代理正是难点所在。一般认为,《民法典》第925条即为我国对隐名代理制度的规定,其通过构建"第三人知道"这一要件认定代理关系的成立与否。[23] 参考《德国民法典》中更为具体的表述,可知晓识别"第三人知道"的关键在于确认"哪些情况足以表明行为人是以隐名人之名义做出的意思表示"。因而,以下将分析司法裁判中对相对人识别隐名代理的限度要求,重点探究审判实践中对识别途径方式的认定,并兼述法院对我国《反洗钱法》代理相关规则适用的裁量思路,以此为反洗钱监管标准提供参考。

(一)民事识别适用情形的认定

隐名代理在形式上表现为行为人不以被代理人的名义进行意思表示,但未阻却相对人通过除被代理人直接显名以外的其他方式知晓代理关系存在的情形。在正常的交易中,要求相对人对交易方有充分了解也符合基本的商业惯例。在司法实践中,对于法条的适用与理解并无障碍,但法院会特别关注案件事实的认定,着重考量相关证据是否足以证实相对人知晓代理关系的存在。

据此,本文对隐名代理相关的736份民事裁判文书进行统计归纳,梳理法院裁判思路,发现其主要以识别途径方式为基本思路,再通过不同的主体行为表现进行综合判断,不同主体可分为隐名人(被代理人)、行为人(代理人)、相对人(与代理人签订合同的对手方)三类。

1. 以隐名人的行为进行识别

(1)因隐名人在合同中间接显名的行为可证。隐名人虽不直接作为合同签订的对手方,即其不直接作为合同甲乙中的任一方,但在合同内容中记载有其相关人员,相关证据足以达到高度盖然性标准,可以认

---

〔23〕 参见《民法典》第925条:"受托人以自己的名义,在委托人的授权范围内与第三人订立的合同,第三人在订立合同时知道受托人与委托人之间的代理关系的,该合同直接约束委托人和第三人;但是,有确切证据证明该合同只约束受托人和第三人的除外。"

定为相对方知道代理关系的存在。例如在准合同纠纷的判决中,法院认为涉案合同约定隐名人公司的员工为合同的联系人,应当推定相对方知道涉案合同的实际签订人为隐名人。[24] 更为明显的一类情况是隐名人在合同中签字间接显名。在这种情况下,虽然涉案协议首部中甲方为行为人,但在协议尾部隐名人也签字并加盖公章及负责人私章,并且在合同附件中有隐名人出具的土地授权委托书。[25]

(2)因隐名人实际履行义务或行使权利的行为可证。该类情况常见于借款合同关系中,如隐名人参与借款磋商过程,由隐名人向相对人提出借款需求,但隐名人因个人原因无法收取借款,而委托行为人代为签署借条和收取借款,借款由隐名人实际使用,行为人未获取任何借款利益。此外,在款项逾期未能偿还时,也无证据证明相对人曾向行为人进行过追讨,据此可以认定相对人明知隐名代理的存在。[26] 又如行为人以借款人的身份在借款合同上签字,但在合同实际履行中,案涉借贷资金于放款当日即被全部转入隐名人账户,行为人实际并未使用案涉借款,亦不实际参与借款关系的履行活动,不享受借款活动的利益。隐名人实际享受借款人的权益,承担借款人的义务,隐名人为实际借款人,行为人仅为名义借款人。[27]

(3)因隐名人在其他相关文件中明示代理关系的行为可证。例如在借款合同纠纷案件中,行为人向银行提交的《借款申请报告》中载明还款来源为隐名人公司销售收入,且将记录有"隐名人公司以行为人名义进行借款"的股东会决议交予银行作为涉案借款的贷款资料。[28]

---

〔24〕 参见北京市第一中级人民法院:荣联科技集团股份有限公司与北京泽佳科益科技有限公司合同纠纷二审民事判决书,案号:(2022)京01民终1753号,2022年4月25日。

〔25〕 参见最高人民法院:泰安凤仙山果典发展有限公司、宁阳县华丰镇人民政府建设用地使用权纠纷再审民事裁定书,案号:(2019)最高法民再149号,2019年5月16日。

〔26〕 参见广东省广州市中级人民法院:廖某某、蓝某某等民间借贷纠纷民事二审民事判决书,案号:(2021)粤01民终31427号,2022年4月27日。

〔27〕 参见吉林省延边朝鲜族自治州中级人民法院:李某某、郑某某等金融借款合同纠纷民事二审民事判决书,案号:(2022)吉24民终142号,2022年2月16日。

〔28〕 参见湖南省岳阳市中级人民法院:湖南平江农村商业银行股份有限公司、湖南福星泰环保材料科技发展有限公司等金融借款合同纠纷民事二审民事判决书,案号:(2022)湘06民终284号,2022年4月26日。

2. 以行为人的行为进行识别

(1)因行为人关联身份的行为可证。在合同签订的过程中,考虑对手方关联身份的行为有无异常理应是相对方的基本责任。例如在建平红山村镇银行股份有限公司、魏某等金融借款合同纠纷案件中的借款合同关系中,行为人作为名义借款人,其身份是隐名人公司的普通员工,与隐名人公司具有较强的人身依附关系,从其身份和工作职位来看,有大额资金需求的可能性很小。此外,贷款实际用途为矿山开采,但行为人事实上并未从事相应的行业且其在隐名人公司务工,隐名人公司恰有该项业务,隐名人为行为人提供担保借款,不符合交易习惯且有违常理。[29]

(2)因行为人与隐名人间特殊的身份关系可证。例如因行为人与隐名人之间存在亲属关系,且日常对外经营管理的大部分事务均由行为人负责,而隐名人作为项目经营权人对此予以默认,则可推知二者之间存在隐名代理关系。[30] 又如行为人系隐名人公司的法定代表人,其签订合同的行为系职务代理。[31]

(3)因行为人明示代理的行为可证。例如行为人虽以自己的名义签订合同,但其出具有《授权委托书》,且在合同中载明标的所有权人信息及行为人系代管机构的合同地位。[32]

(4)因行为人在所签订的合同中记载行为可证。例如在财产保险合同纠纷的判决中,因代理人在所签订的合同中明确记载货物为客户所有,且在附件等明细表中均明确了客户的品牌,因而法院认为第三人

---

〔29〕 参见辽宁省朝阳市中级人民法院:建平红山村镇银行股份有限公司光明支行、魏某等金融借款合同纠纷二审民事判决书,案号:(2022)辽13民终866号,2022年4月28日。

〔30〕 参见四川省乐山市中级人民法院:袁某某、任某某等确认合同效力纠纷二审民事判决书,案号:(2022)川11民终50号,2022年2月23日。

〔31〕 参见吉林省长春市中级人民法院:纪某、姜某某等债权转让合同纠纷二审民事判决书,案号:(2021)吉01民终2286号,2022年1月20日。

〔32〕 参见湖南省长沙市中级人民法院:王某、喻某某等房屋租赁合同纠纷二审民事判决书,案号:(2021)湘01民终16036号,2022年2月18日。

不可能不知道被代理人。[33] 又如在版权合同中约定向第三人提供作者的授权书,该授权书条款的内容足以证明第三人在签订合同时知悉委托代理关系。[34] 同时,如在所签订的合同中直接载明了代理人是受委托而进行合同行为的,当然可以被认定为第三人明知。[35]

3. 以相对人的行为进行识别

(1)因相对人的事前行为可证。相对人在当下事件中未见证代理关系的发生,但当事人此前的行为亦有可能足以使相对人知晓交易对手间代理关系的存在。例如相对人在目标合同签订前已与代理人、被代理人共同签订有《投资合作协议》,后再分别与代理人、被代理人签订目标合同,上述行为表明相对人明知代理关系的存在。[36] 又如相对人在事前参与股权收购过程,法院认定其理应知晓隐名人委托行为人代为收购案涉股权的事实。[37]

(2)因相对人的事后行为可证。例如在汽车买卖合同中,相对人与行为人签订了《汽车购销合同》,后又基于同一事由与隐名人签订了《接车协议》,可推知相对人明知行为人系受托人。[38]

(3)因相对人在文件上的记载行为可证。例如在建设工程施工合同纠纷案件中,相对人在结算单中对管理费和税金载明支付隐名人管

---

[33] 参见最高人民法院:中国大地财产保险股份有限公司绵阳中心支公司与中远物流仓储配送有限公司保险人代位求偿权纠纷案,案号:(2014)民申字第1584号,2014年11月24日。

[34] 参见最高人民法院:周某与西安梦舟影视文化传播有限责任公司著作权权属、侵权纠纷申请再审民事裁定书,案号:(2015)民申字第2832号,2015年12月22日。

[35] 参见最高人民法院:陕西三丰房地产开发有限公司、西安正荣置业发展有限公司借款合同纠纷再审审查与审判监督民事裁定书,案号:(2021)最高法民申1554号,2021年3月31日。

[36] 参见最高人民法院:北京长富投资基金与武汉中森华世纪房地产开发有限公司等委托贷款合同纠纷案,案号:(2016)最高法民终124号,2016年6月27日。

[37] 参见湖南省长沙市中级人民法院:甘某某、葛某某等股权转让纠纷二审民事判决书,案号:(2021)湘01民终14913号,2021年12月24日。

[38] 参见重庆市第四中级人民法院:邓某某与重庆市黔江区乐乐汽车销售有限责任公司,余某买卖合同纠纷二审民事判决书,案号:(2022)渝04民终35号,2022年2月28日。

理费,足以证实相对人知晓代理关系的存在。[39]

(4)因相对人长期合作的行为可证。例如相对人与行为人是长期合作伙伴,且合同载明最终用户的区域,法院认定相对人应当完全清楚行为人的代理身份。[40] 需注意的是,如行为人与隐名人在审判过程中仅单方陈述认可代理关系的存在,则不能据此证明相对人知晓其交易对手间的代理关系。[41]

司法裁判中对相对人识别隐名代理的限度要求主要体现在对识别途径方式的认定上,前文所述分类列举亦难免有挂一漏万的可能,但可知此类审判认定的思路并无太大差异。反洗钱穿透识别的监管要求可借鉴其基本方向,再结合实践进一步明确标准。

(二)司法裁决对《反洗钱法》中代理关系的效力认定

除了民事裁判中对隐名代理识别程度要求的情况进行判定外,法院对适用《反洗钱法》相关代理规则形成的隐名代理法律关系亦可能给予否定性评价。金融借款法律关系受国家金融制度管理、约束,对于借款人的信用、贷款能力、借款用途等有着严格的要求与审查标准。以委托方式冒用他人名义申请贷款的行为实质上增加了金融机构的信贷风险,也扰乱了信贷秩序。因此,对于当事人之间以隐名代理的方式向银行贷款的行为,法院可能认定此种隐名代理关系无效。[42] 在确认合同无效后,则依据《民法典》第 157 条的规定,按照过错情况由各方承担相应的责任。[43]

---

〔39〕 参见新疆生产建设兵团第十二师中级人民法院:陈某某、新疆生产建设兵团第十二师三坪农场等建设工程施工合同纠纷二审民事判决书,案号:(2022)兵 11 民终 9 号,2022 年 3 月 4 日。

〔40〕 参见北京市高级人民法院:福建德氏电子科技有限公司与赛尔网络有限公司进出口代理合同纠纷二审民事判决书,案号:(2021)京民终 69 号,2021 年 12 月 30 日。

〔41〕 参见广东省广州市中级人民法院:黄某某、广州市兴正塑料制品有限公司买卖合同纠纷二审民事判决书,案号:(2022)粤 01 民终 4805 号,2022 年 4 月 20 日。

〔42〕 参见江苏省徐州市中级人民法院:李某某、彭某委托合同纠纷二审民事判决书,案号:(2021)苏 03 民终 10891 号,2022 年 3 月 16 日。

〔43〕 参见《民法典》第 157 条:"民事法律行为无效、被撤销或者确定不发生效力后,行为人因该行为取得的财产,应当予以返还;不能返还或者没有必要返还的,应当折价补偿。有过错的一方应当赔偿对方由此所受到的损失;各方都有过错的,应当各自承担相应的责任。法律另有规定的,依照其规定。"

三、反洗钱穿透监管的规则构建与适用

在相当程度上,民事司法实践应对隐名代理的经验比行政执法更为丰富。因此,在当前我国反洗钱穿透监管缺乏足够实践案例的情况下,或可借鉴民事司法对隐名代理情况的认定。但隐名代理制度作为民事法理关系中的概念,需依照我国反洗钱的实际情况及行政法的原则进行调整后,方可适用于反洗钱穿透监管的规则当中。

(一)监管标准的构建

宏观层面,反洗钱监管与民事司法裁判的根本区别在于其保护的法益不同。如前文所述,民事司法中裁判隐名代理关系无效可能并不妨碍反洗钱监管认定隐名代理关系的存在,监管机构仍可以此对未履行识别义务的金融机构进行处罚。

微观层面,是否履行"客户尽职调查义务"需要结合金融机构的主观态度和客观行为进行判断。就主观态度的判断而言,法理中往往区分"明知"或"应知"。但基于反洗钱审慎监管的原则,对金融机构应有更严格的要求,实践中不存在需要判定"明知"或"应知"的问题,统一选择以"应知"为标准更为妥当。

此外,为形成完整的逻辑链条,基于隐名代理的公开原则,除了"识别的途径方式"这一要件外,还需同时定义"识别的时间区间""识别的对象限度"两个关键要素。

1. 识别的时间区间

若以金融机构与行为人建立服务关系的时点划分期间,可区分为事前、事中、事后三个时间区间。在实践中,金融机构对客户的尽职调查理当是持续深入且定期反复的工作。在反洗钱穿透监管规则层面,一向强调"风险为本"和"风险跟踪"原则,要求对客户综合状况作持续关注,及时调整监管等级并采取对应措施,保持反洗钱工作模块之间的联动性。

同时,本次《管理办法》修改也特别明确金融机构应当持续关注客户的风险状况、交易情况和身份信息变化,并根据客户风险状况确定业

务存续期间内对客户身份状况的定期审核频次和方式。[44] 据此,无论从监管实践或规则层面而言,穿透识别均应覆盖金融机构与客户关系存续的完整区间,金融机构不能以时间节点为由豁免识别义务。

2. 识别的对象限度

在宏观层面的识别对象范围中,修改后的《管理办法》列举了证券公司、期货公司、基金公司及基金销售机构的业务,扩大了客户尽职调查的适用范围,确保覆盖所有业务。[45] 在具体的识别对象层面,监管实践中仍需对金融机构穿透识别的限度作明确规定。即便隐名人未公开任何身份信息,但金融机构知晓代理关系的存在却未作进一步识别,则反洗钱穿透监管可对金融机构作出处罚。

换而言之,反洗钱穿透监管对金融机构穿透识别的对象限度可分双重判定义务:第一重义务为金融机构应确认"是否存在"代理关系,并不要求其识别到隐名人的任何身份信息;在前述义务的基础上,第二重义务则要求金融机构应详细了解被代理人即隐名人的身份信息以及其建立业务关系和交易的目的和性质。如第一重判定足以确认不存在代理关系,则无须再推进至第二重义务的识别。

3. 识别的途径方式

对识别的途径方式主要基于前文对民事审判中隐名识别适用的认定情形进行归纳。司法裁判中向来主张"以事实为依据",其本质在于以"法院认定"的事实为依据,而法院认定的信息则来源于各方当事人在案件中的具体行为表现。因此,可借鉴司法裁判的思路,以行为主体作为分类标准,将当事人的行为区分为三类,以此列举识别的途径方式(见表1)。

---

〔44〕《管理办法》第27条规定:"金融机构在与客户建立业务关系时,应当根据客户尽职调查所获得的信息,及时评估客户风险,划分风险等级,并根据客户风险状况确定业务存续期间对客户身份状况的定期审核频次和方式。对洗钱或者恐怖融资风险等级最高的客户,金融机构应当至少每年进行1次审核。金融机构应当持续关注客户的风险状况、交易情况和身份信息变化,及时调整客户洗钱和恐怖融资风险等级。"

〔45〕参见《管理办法》第12条规定:"证券公司、期货公司、证券投资基金管理公司以及其他从事基金销售业务的机构在为客户办理以下业务时,应当开展客户尽职调查,并登记客户身份基本信息,留存客户有效身份证件或者其他身份证明文件的复印件或者影印件……"

表1　识别途径方式列举

行为主体	行为识别
隐名人/被代理人	(1)在合同中间接显名的行为; (2)实际履行义务或行使权利的行为; (3)在其他相关文件中明示代理关系的行为
行为人/代理人	(1)关联职务或职业身份的行为; (2)特殊亲属的身份关系; (3)明示代理的行为; (4)在所签订的合同等文件中的记载行为
相对人/金融机构	(1)事前行为; (2)事后行为; (3)在相关文件上的记载行为; (4)长期合作或交易惯例

笔者也认识到,实践中识别的途径纷繁复杂,此种列举的方式显然不足以覆盖所有情况。但列举的意义并不在于试图穷尽所有可识别的路径,而在于通过以行为主体分类的方式,来为反洗钱监管判定金融机构是否尽职提供监管思路。

(二)风险监控指标的设置

回溯分析我国反洗钱监管的实践工作。在监管层面,从人民银行对金融机构反洗钱处罚的案例中可以发现,几乎不存在因客户实际涉嫌反洗钱犯罪而被处罚的情况,多数为金融机构未按照反洗钱相关规定履行识别义务而被处罚;在金融机构内部反洗钱层面,通过日常报送可疑交易而最终识别出反洗钱犯罪的概率也几近于零。事实上,反洗钱监管需要在审慎的基础上兼顾效率,故而一般不会对金融机构单一识别事件做判定,而是对其整体行为进行检查。

随着"风险为本"监管理念的深入,通过"评估"工作,强化本机构内部制度落实执行的可操作性及内部控制有效性将是反洗钱监管的重点所在。因此,反洗钱监管在日常穿透识别方面可以通过对金融机构的客户规模、身份信息、识别方式、风险等级等指标进行评估监管,再结合大数据的分析方式对金融机构识别义务的履行情况作认定(见表2)。

表 2 反洗钱监控风险指标

风险因子	风险指标
客户规模	1. 账户类客户数量、资产规模及评估期间客户交易金额; 2. 客户稳定性(客户净增长率和波动率)
客户身份信息	1. 身份信息不充分情况的客户数量、资产及交易规模; 2. 无法了解交易背景目的的客户数量; 3. 身份与资产不匹配的客户数量、资产及交易规模
客户身份识别方式	区分面对面开展客户身份识别/非面对面开展客户身份识别/依托第三方义务机构开展身份识别/通过代理开户
客户风险等级	1. 新增高风险客户数量、调整风险等级的客户数量及客户总体风险等级率; 2. 自然人客户存在同一控制人风险的情况; 3. 高风险客户交易情况; 4. 客户涉及高风险地区的情况; 5. 高风险职业客户情况
客户风险情况	1. 客户属于洗钱或上游犯罪高风险群体的情况; 2. 客户办理高风险业务的情况; 3. 客户涉及可疑交易报告的情况; 4. 客户被采取管控措施的情况(被采取强化尽职调查/限制资金转出、限制开仓、限制产品申赎、限制办理新业务/被提交高管审批); 5. 客户涉及反洗钱名单的情况

(三)金融机构对监管要求的适用

据对中国人民银行2021年反洗钱处罚公开数据统计,涉及身份不明客户的处罚金额约为15,500万元,平均单笔处罚金额约为360万元。《管理办法》新增"不得为身份不明的客户提供服务或者与其进行交易"[46]的规定也体现出监管部门对此类问题的重视,其本质仍在于对金融机构穿透识别的反洗钱监管要求。

反洗钱监管虽强调以审慎监管为原则,但并非罔顾金融机构在实践中需要面对的困难。监管规则亦需符合"法不可强人所难"的标准,这

〔46〕《管理办法》第8条规定:"金融机构不得为身份不明的客户提供服务或者与其进行交易,不得为客户开立匿名账户或者假名账户,不得为冒用他人身份的客户开立账户。"

是监管规范期待可能性的核心所在。因此,对于开展客户尽职调查会导致发生泄密事件的情况,金融机构可在提交可疑交易报告后不开展客户尽职调查。[47] 此外,金融机构也可以依照监管规定要求其他机构在客户尽职调查工作中予以配合。[48]

而在识别对象限度层面,先前的反洗钱监管制度只规定金融机构应了解客户的交易目的和交易用途,但未规定金融机构可以以此要求客户提供相关辅助证明,如交易的合同、协议等。因而,金融机构往往只能依据其内部制度开展工作,面对客户质疑也无法可依。对此,监管亦予以了相应的支持。[49] 核查方法层面,FATF 在对中国互评估的过程中认为,中国金融机构采取的客户身份识别和核实措施有效性不足。本次《管理办法》新增了金融机构向民政、税务等政府公开渠道及外国政府机构、国际组织等官方机构认证获取信息进行核实的规定。[50] 据此,我国金融机构应当在监管规则的要求与授权范围内履行穿透识别义务,做好客户尽职调查工作,而不能再以形式上的“客户身份识别”规避监管处罚。

四、结语

反洗钱是金融监管的重要组成部分,其监管范围涉及全金融行业产品及业务,《国务院办公厅关于完善反洗钱、反恐怖融资、反逃税监管体制机制的意见》对发挥反洗钱在维护经济社会安全稳定等方面的作用提

---

〔47〕 参见《管理办法》第 33 条规定:“如果怀疑客户涉嫌洗钱或者恐怖融资,并且开展客户尽职调查会导致发生泄密事件的,金融机构可以不开展客户尽职调查,但应当提交可疑交易报告。”

〔48〕 参见《管理办法》第 40 条规定:“金融机构应当在开展客户尽职调查中相互配合。”

〔49〕 参见《管理办法》第 7 条第 1 款第 2 项规定:“了解客户建立业务关系和交易的目的和性质,并根据风险状况获取相关信息。”

〔50〕 参见《管理办法》第 24 条规定:“金融机构应当通过来源可靠、独立的证明材料、数据或者信息核实客户身份,包括以下一种或者几种方式:(一)通过公安、市场监督管理、民政、税务、移民管理等部门或者其他政府公开渠道获取的信息核实客户身份……”

出了明确要求。随着国内金融业务发展创新及国际反洗钱标准的更迭,我国反洗钱监管也面临更多的挑战,完善反洗钱监管标准将有效提升我国洗钱风险防范的能力。

既往我国的客户身份识别模式未能充分体现“风险为本”的反洗钱监管理念,与国际反洗钱标准也存在一定差距,因此强调金融机构做好“穿透识别”的客户尽职调查工作具有相当的现实意义。反洗钱监管需要在防范利用金融体系从事洗钱等犯罪活动的基础上,提升金融服务效率,明确穿透识别代理关系的合理监管标准与监管方式尤为重要。

(编辑:姜沅伯)

《证券法苑》(2022)
第三十六卷,第177~251页

财产法视角下的公司法*

[美]罗伯特·安德森四世 著**
林斯韦 译***

摘要:公司契约论认为公司是投资人、债权人、员工等生产要素提供者之间的"契约束",这也是理解公司本质的主流学说。循此观点,作为公司法核心的普通股股东不是公司所有人,仅是公司众多合同请求权人之一,公司本身及其财产上也不存任何财产性利益,公司由此成为契约束编织的浮萍。甚至可以说,公司法是合同法的特别法。

公司法学界及司法界多服膺公司契约论,例如,特拉华州法院屡次将公司执照组织文件(charter documents)视为"合同"。法院及评论家也不约而同将公司法视为由各州提供的既有合同默示条款。然而,公司契约论未能解释公司法某些根本特征,如信

---

* Robert IV Anderson, *A Property Theory of Corporate Law*, 2020 Colum. Bus. L. Rev. 1 (2020). 译文工作受国家留学基金委员会"国家建设高水平大学公派研究生项目"(202006010189)、中国法学会民法学研究会青年学者研究项目(2021MFXH001)资助。感谢作者安德森教授以及《哥伦比亚商法评论》(Columbia Business Law Review)主编米格尔(Miguel)的中文翻译授权。

** 佩珀代因大学卡鲁索法学院教授。

*** 北京大学法学院博士研究生。

义义务何以只依附股东而非公司其他合同请求权人？公司契约论也不能解释公司法"对物性"特征，该特征亦非合同法能简单摹画的。公司契约论始终不能就上述问题给出一个圆满答案。

财产法理论能找回公司契约论遗失的拼图，厘清公司法的边界，解释公司法的独特性。在财产法理论中，公司是一个所有权结构——将一系列混乱的对人请求权转化为有序"打包"的对物财产权——这就是"股"。对物结构使权利去人化，也即在无须征得合意和免除权利人身份特性的情况下，权利便能被分割、转让。所有权利益的财产属性关键在于剩余控制权，也即投票权。投票权也印证了普通股是财产利益而非合同利益这一判断。

财产法理论认为，公司是一系列财产权利和合同权利的混合体，其为公司法"光滑的平面"提供"牵引力"。如果财产与合同存有界限的话，那么此界限同样也能界分公司法和合同法。相应地，股东所特有的信义义务不是因为股东是经济上的剩余请求权人，而是因为股东享有剩余控制权。股东的剩余控制权构成所有权利益，因而有别于其他公司请求权人。公司的财产法理论很好地阐明了公司法许多特征，也厘清了信义义务模糊的范围。

一、引 言

主流学说认为，公司本质是各种生产要素缔结的"合同束"。[1] 梳

〔1〕 See, e. g., Stephen M. Bainbridge, *The Board of Directors as Nexus of Contracts*, 88 Iow A L. Rev. 1, 9 (2002) ("公司法学界的主流模型即是所谓的合同束理论。"); Stephen M. Bainbridge, *Director Primacy: The Means and Ends of Corporate Governance*, 97 Nw. U. L. Rev. 547, 550 (2003) (将契约论视为关于厂商的"流行"理论，且表示"标准的契约论将公司视为合同束"); Margaret M. Blair & Lynn A. Stout, *A Team Production Theory of Corporate Law*, 85 Va. L. Rev. 247, 287 (1999) ("在过往的二十年里，公司法学界由'契约论'或者说'法律和经济学派'主导。"); Melvin A. Eisenberg, *The Conception That the Corporation is a Nexus of Contracts and the Dual Nature of the Firm*, 24 J. Corp. L. 819, 819 (1999) [注意到，自从詹森(Jensen)和麦克林(Meckling)首次明确表述公司合同契约论，该方法"已经占据公司法的法律和经济学文献"]; Thomas W. Joo, *Contract, Property, and the Role of Metaphor in Corporations Law*, 35 U. C. DAVIs L. Rev. 779, 780 (2002) (表明公司契约论"占领公司法学界"且"几近主流").

理法律和经济学文献后,该理论将员工、债权人、股权投资人甚至顾客视为达成"一系列明示或默示合同"的各类参与者,共同构成公司。[2] 该理论强调,公司是缺省性规范下自愿达成的合同,而非政府对强制性规范的肯认。[3] 因为公司是一系列合同,所以规制公司内部事务的公司法也仅是合同法的特殊法。换言之,公司"只是合同而已"。

尽管公司契约论源自作为经济主体的厂商理论,[4] 却对作为法律主体的公司理论产生了深远的学术及司法影响。公司法律师一般认为,公司法监管股东和受信管理者的"内部事务",[5] 但公司契约论认为,这类关系也是合同关系,同公司缔结的其他合同一样,别无二致。[6] 基于此,股东被视为公司"所有人"的传统观点让位于股东是合同的相对人,即股东是资本的提供者和剩余风险的承担者的观点。[7] 合同范式也使诸学者完全否认公司内所有权存在的意义。[8] 基于此视角,股东只不过是公司众多合同请求权者中的一员——在耶鲁大学法学院教授梅西(Jonathan Macey)和特拉华州最高法院前大法官斯特林(Leo Strine)看

---

〔2〕 Frank H. Easterbrook & Daniel R. Fischel, the Economic Structure of Corporate Law, p. 12 (1991). 伊斯特布鲁克和费希尔甚至把侵权请求权人也纳入此类。See Id.

〔3〕 该主张也颇具争议。See, e. g., William W. Bratton, Jr., *The "Nexus of Contracts" Corporation: A Critical Appraisal*, 74 Cornell L. Rev. 407, 438–46 (1989)(主张在公司建立过程中,公司契约论忽视州"主权"及其强制性规则的存在);Grant M. Hayden & Matthew T. Bodie, *The Uncorporation and the Unraveling of "Nexus of Contracts" Theory*, 109 Mich. L. Rev. 1127, 1128–29 (2011)(主张"州公司法而非合同类决策塑造现代公司的结构").

〔4〕 See infra Section II A.

〔5〕 See generally Deborah A. De Mott, *Perspectives on Choice of Law for Corporate Internal Affairs*, 48 Law & Contemp. Probs. 161, 161 (1985)("对于许多公司法律师而言,'内部事务'准则——有且仅有一州,且通常是公司设立地应被授予监管公司与其高管、董事及股东的关系,即便不是逻辑上的必然,也是不可抗拒的。").

〔6〕 See infra note 8 and accompanying text.

〔7〕 See Barry D. Baysinger & Henry N. Butler, *Race for the Bottom v. Climb to the Top: The ALI Project and Uniformity in Corporate Law*, 10 J. Corp. L. 431, 433 n. 9 (1985)("现代公司契约论认为,将股东视为公司的所有人毫无意义;他们最好应被视为供给公司某类资本的风险承担者。").

〔8〕 See Julian Velasco, *Shareholder Ownership and Primacy*, 2010 U. Ill. L. Rev. 897, 899 (2010)("然而,如今法学家及其他领域学者似乎已达成'股东不所有公司'的共识。"). Velasco 不同意此观点,并提出股东享有公司所有权的理论。See Id. at 901.

来,股东“没有什么特别的”。[9]

从合同视角窥视公司法教义或颇为激进,该想法却有更激进的深刻内涵。不同于公司法的重要教义,公司契约论模糊乃至消弭公司的边界,预示公司法无“内”“外”之别。当所有针对公司的请求均为合同请求权时,公司也就没有明确的边界。[10] 该理论大概暗示,公司压根不存在。[11] 该抹杀公司内外边界的理论有别于传统公司法的标准答案。传统公司法认为,公司法规制公司“内部”关系,也即公司的高管、董事及其股东的关系。[12] 事实上,公司内外边界的缺位可能预示着,独立公司法及其他商事组织法并不存在,余下的仅是合同,换言之,公司仅是置于特殊背景下的合同。

如果公司仅是合同,那么公司法所能为之事无非为根据合同法解释认定有效抑或偶尔无效合同。这是因为合同视角下不能过多地指引公司与其传统合同关系请求权人(如员工、顾客、供应商等),这些主体之间的关系被认定为合同关系且受制于合同法基本原则。股东也被视为合同请求权人,股东权利源于合同法,这是公司契约论唯一创新之处。然而,除非合同视角下的股东能阐发其他新知,否则该理论除了一般合同法法理的旧识外,似乎也没有更新的内容。

关于如何处理股东与公司的关系,这或是公司契约论唯一能发挥作用的地方,但该理论于此也折戟沉沙。该理论无法解释股东与公司间最

---

〔9〕 Jonathan Macey & Leo E. Strine, Jr., *Citizens United as Bad Corporate Law*, 2019 WIs. L. Rev., 451, 483 (2019).

〔10〕 See, e. g., D. Gordon Smith, *The Critical Resource Theory of Fiduciary Duty*, 55 Vand. L. Rev., 1399, 1432 (2002). 事实上,詹森(Jensen)和麦克林(Meckling)明确表明,“界分公司‘内部’和‘外部’是毫无意义的。劳动、材料、资本所有者以及消费者输出者与法律拟制体(公司)间达成众多复杂的关系(包括合同关系),这才是有意义的。” Michael C. Jensen & William H. Meckling, *Theory of the Firm: ManagerialBehavior, Agency Costs and Ownership Structure*, 3 J. Fin. Econ. p. 305, 311(1976).

〔11〕 Eisenberg, supra note 1, at 832. Gulati, Klein 和 Zolt 更进一步,其提出一个没有公司,只有“连接的合同”模型。See G. Mitu Gulati et al., *Connected Contracts*, 47Ucla L. Rev. p. 887, 894 (2000).

〔12〕 See, e. g., Ann M. Lipton, *Manufactured Consent: The Problem of Arbitration Clauses in Corporate Charters and Bylaws*, 104 Geo. L. J. 583, 597(2016).

根本且最重要的方面,例如,归属股东信义义务的范围和来源问题。[13]与之相类似,公司契约论也未能就公司法强制性规范,[14]如章程目的、信义义务概念的存在给出合理解释。因此,与其说公司契约论就公司法律问题提供了新路径,毋宁说这只是正当化既有的"合同"安排而已。[15]

对股东关系的合同解释还伴随另一重问题,也即公司股东所谓"合同"与一般合同关系的迥异。[16] 即便公司被视为合同束,确定合同何时属于公司内部事务进而受制于特殊规则之问题仍然存在。公司契约论不负责"内外界限"的划分,因而合同束模型也未能厘定公司的边界。即便在阐明厂商经济理论时,合同束模型确曾发挥重要作用,但在揭示公司法重要特征时,它要么未能予以合理解释,要么产生抵触。公司契约论未能供给公司法理论以源头活水,反而模糊了法律的根本特征。

本文基于财产法旨在提出关于公司法的新理论——财产法视角下的公司法,这与合同法视角下的公司法截然不同。本文补充公司契约论,明晰财产属性,界定与合同特性不同的公司法属性。财产法理论认为,公司中存在法律边界,该边界很大程度上遵循了"合同—财产"的划分方式。公司是合同性和财产性利益的混合体。缺省性规范和强制性规范分别展现了公司法的不同方面。信义义务、投票权、有限责任、永久存续、可转让股票体现的是公司财产法属性。在财产法理论中,公司剩余请求权对应投票权,缺省规则和信义义务保护该权利。公司债权人、雇员、供应商、顾客乃至(最)优先股的利益则属于合同性利益,明示合同条款和善意规则相应保护该利益。

财产法视角下的公司法理论不认为,所有一般意义上的"公司法"请求权都源自财产而非合同。正如公司利害相关人一样,股东能与公司或公司其他选区(corporate constituency)缔结合同,这些请求权也如其他合同请求权一般。与之相反,公司中的财产性利益是剩余治理权,源于公司法中对普通股的相关规定,特别(但非唯一)体现为股东大会及剩

〔13〕 See infra Section II. B.

〔14〕 See, e. g., Marc T. Moore, Corporate Governance in the Shadow of the State 4 – 6 (2013)(认为公司契约论的弱点在于未能就公司法的强制性规范予以合理解释).

〔15〕 See Hayden & Bodie, supra note 3, at 1127.

〔16〕 See infra Section II. C. 2.

余投票权。因此,所谓股东针对公司请求权的合同方面指的是那些超出公司法缺省性规范的请求权。需要注意的是,优先股股东诸多权利多属合同请求权,因为优先股权利本质上源于公司法"执照"一章法律条文的授予,[17]而非公司法中的缺省性规范。[18] 源自公司法强制性或缺省性规范的公司法基本原则应被认定为财产性权利基本原则更为合适。

本文以科斯式提问方式建构财产法视角下的公司法。[19] 当年科斯问到,以经济为目的的交易为什么以厂商形式(许可或科层结构)而非市场形式(独立合同)展开?本文同样要追问的是,为什么以授予股东股份,而非以所有权人直接所有公司财产和所有权人之间的合同关系构建公司?下文揭示,传统公司契约论强调公司股东剩余风险分配的功能,然此功能可借其他法律工具实现,因而未揭示公司特殊性。不能被合同法复制的公司特性在于公司商业关系的"物化"(in rem - ification),这是公司法的核心,拓展、升华了既有"组织法具备的对物和财产等属性"的相关研究。[20]

第一部分阐明,将公司契约论融入既有公司法理念是多么困难,而新兴财产法视角挑战纯粹的公司契约论。

第二部分简述厂商理论,以此作为公司契约论的背景知识,展现其对公司法律理论的影响。

第三部分是本文立论的关键。首先假设公司不仅仅是一系列合同(也绝非仅是对财产法的接受)。公司是一种所有权结构,一类将各类财产和非财产关系打包的技术。它使权利去除繁琐属人特性,将其打包为易于分割和转让的标准化单元财产,这就是"股"。该理论视角将公司视为所有(own)商业财产的一种手段,"股"将混乱的对人合同性权利转化为简洁的对物财产性权利,以此实现权利流转的便捷。

其次进一步揭示股东在公司中确存财产性利益。该论点中心是,财

---

[17] 本文统一将"charter"译为"执照"或"营业执照",将"bylaw"译为"章程",下同。

[18] See, e. g., *In re Sunstates Corp. S'holder Litig.*, 788 A. 2d 530, 533 (Del. Ch. 2001). ("因此,法律承认,优先股的存在和范围需由公司执照确定,优先股权利本质上属于合同性权利。")

[19] See R. H. Coase, *The Nature of the Firm*, 4 Economica 386, 390 (1937).

[20] See infra Section II. C. 1.

产法理论强调,“排他权”是财产的核心(或曰典型)特征。有选任、解任董事等投票权的股东享有“不被排他的排他权”。有投票权的股东独享的公司利益也被视为一种所有权利益。所有权的边界也即公司法的边界,这意味着公司法最好应被理解为财产法的特别法,而非合同法的特别法。然而,该章澄清仅是财产“弱”形式,它仅与公司组织缺省性(及大部分强制性)特征有关。该章追问,在财产法的框架中,公司法律结构发挥何种特殊作用,并以此描绘财产权和合同权间的边界。

第四部分论证财产法理论如何关联“剩余请求权”分析,后者充斥于公司法与经济学文献中。信义义务和股东投票对此的标准答案是,股东与公司达成不完全合同,股东是经济法上的剩余请求权人。[21] 尽管这也是事实,但同样也有很有合同请求权人享有公司剩余经济利益。因此,剩余请求权范式不能解决公司法上诸多疑难问题。本章表明,公司法上更为重要的剩余权是剩余控制权,也即投票权——通常情况下该权利独被股东享有。股东,作为财产性投票权的剩余所有人,理应成为公司法剩余请求权分析中的重点。

财产法理论如何解决公司法中长期的困扰,解释公司法新动态,这是第五章的研究内容。特拉华州越来越倾向认为应将“执照”中条款视为合同解释,[22]“执照”中条款应如何被解释,这或是该理论最显著的应用领域。此外,财产法理论也不失为公司法痼疾的一剂良药,例如非股东请求权人是否享有信义权利、资不抵债状态下信义义务的范围、逐渐流行的双层资本结构带来的问题乃至公司的社会责任都能在该理论范式中寻得解答。

二、公司契约论及其缺陷

公司契约论认为,公司是各类合同请求人缔结成的合同束。[23] 因

---

〔21〕 See infra Section I. B.

〔22〕 See supra notes 59 – 62 and accompanying text.

〔23〕 See Easterbrook & Fischel, supra note 2, at 12(公司是“合同束,是一系列默示或明示合同”)。

此,股东也仅是合同请求权人,尽管其合同请求权属于另一类合同。[24] 如果将公司解释为一系列合同,那么所有权概念便与公司无涉,因为包括股东在内的请求权人权利都将被定性为合同权,而非财产权。本章第一节论述合同路径如何发展为厂商经济理论,第二节表明厂商理论是如何影响公司法理论的,第三节揭示公司契约论在解释公司法基础规则时面临的具体问题。该章也为下一章财产法视角下的公司法理论构建奠定基础。

(一)厂商合同理论

在知识谱系上,公司契约论接续罗纳德·科斯的《公司的本质》一书观点。[25] 在此皇皇巨作中,科斯追问厂商何以存在,也即交易为什么不是通过市场合同安排而达成。[26] 理论上,企业家无须借助"厂商"便可直接与各种必要生产要素的提供者缔结合同,进入生产阶段。换言之,无须借助组织、科层甚至"内部"构造,企业也能火热开张。

然而,在现实生活中,厂商确确实实存在。科斯主张,厂商之所以存在,是因为市场交换尤其是价格机制带来的交易成本。[27] 企业家与众多要素提供者缔结合同的成本或是高昂的,因为其需要通过"价格机制"决定"相关价格"。[28] 科斯主张,当企业家通过雇员关系而非合同关系节约交易成本时,厂商便诞生了。[29] 在科层制雇佣关系中,厂商无须就要素提供的价值、员工业绩条款进行再磋商,只需告诉雇员什么任务应该完成,最终节省交易成本。当然,某些交易的开展仍采取市场中的缔约形式,但这是以交易成本允许此类合同交易存在为前提。在另一些交易中,厂商以内部科层结构替代市场交易,降低交易成本。

科斯的厂商理论首创了"合同束"概念,但未给出纯粹合同法解释

---

〔24〕 See, e. g. , Macey & Strine, supra note 9, at 483 – 85(股东也是"同类的合同请求权人"且"仅是其投资的公司的合同相对方").

〔25〕 See Coase, supra note 19.

〔26〕 See Coase, supra note 19, at 390("我们旨在探究在专业分工交换经济背景下,厂商缘何出现。").

〔27〕 See Id. at 390 – 91.

〔28〕 See Id. at 390("为什么成立厂商有利可图的最主要原因是,使用价格机制有成本。通过价格价值'组织生产'最显著的成本莫过于发现相关的价格是多少。").

〔29〕 See Id. at 391.

路径。相反,科斯为非市场(厂商内)交易提供了理论供给。[30] 数十年后,阿尔钦和德姆塞茨两人的批评方使厂商合同理论进一步发展。[31] 阿尔钦和德姆塞茨认为,厂商内部与外部的关系均属合同关系,内外别无二致。[32] 例如,企业家同员工的关系与其同承包人的关系一样,并没有什么不同,二者均由企业家给出指令,另一方要么选择接受合同条款,要么选择离开。某种程度上,阿尔钦和德姆塞茨才是"合同束"的理论创始人,因为在其模型中,厂商所有关系均是合同关系,这不同于科斯"科层+合同"的混杂结构。[33]

尽管阿尔钦和德姆塞茨的研究路径是明显的合同进路,但二者回避公司中财产问题。阿尔钦和德姆塞茨的合同进路是基于科斯"科层"/"市场或合同"两分法而发展,而非基于财产与合同法律概念划分,即便其理论模型中仍保留传统享有剩余权利和监督责任的所有人(owner)。[34] 事实上,在该文几近一页关于所有权概念的长脚注中,作者都在质疑所有权是否应该附随股权利益,却始终没有怀疑所有权概念本身。[35] 该命题也未处于阿尔钦和德姆塞茨研究的中心,这可能是因为其未将控制权与剩余权分离的投资人融资公司(investor - financed company)纳入解释范围。

詹森和麦克林在《厂商理论:经理行为、代理成本和所有权结构》这

---

〔30〕 See Coase, supra note 19, at 388.

〔31〕 See Armen A. Alchian & Harold Demsetz, *Production, Information Costs, and Economic Organization*, 62 Am. Econ. Rev., p.777, 784 - 85 (1972).

〔32〕 Id. at 777(认为厂商内部的"纠纷解决权"与"一般市场上的合同缔结"没有什么区别。).

〔33〕 See Thomas S. Ulen, *The Coasean Firm in Law and Economics*, 18J. Corp. L. 301, 319 (1993)(阿尔钦和德姆塞茨的进路"而非科斯的进路,开启现代公司法的合同关系集群论,也即合同束理论"。).

〔34〕 See Alchian & Demsetz, supra note 31, at 783[这是一个权利束:①剩余请求权;②监督生产行为;③作为所有生产合同中共享的中心当事人;④变动团队人员组成;⑤转让这些权利。上述权能定义所有权,或言之定义典型厂商(资本的、自由经营的公司)的雇主。].

〔35〕 正如后文更为充分的讨论,阿尔钦和德姆塞茨的脚注并未质疑所有权概念本身。相反,他们明显通过投票权判定所有权。他们提出的问题是,所有权(投票权)是否应该强制性地分配给剩余所有人。See infra notes 270 - 272 and accompanying text.

一经典论文中解决了“投资人融资如何影响公司本质”这一问题。[36] 该文通过“合同束”阐明“当外部融资增加,代理成本如何增加”,这也是詹森和麦克林二人的最主要原创贡献。[37] 该理论补足了复杂厂商理论中的重要板块——当公司接受外部投资者融资,其代理成本也随之提高。因引进代理成本这一分析工具,两位作者的工作被视为奠定了厂商组织理论的微观经济学基础。

詹森和麦克林在研究中将厂商视为完全合同。[38] 基于此视角,所有针对公司的请求权本质上都是合同请求权,且“划分厂商(或其他类型组织)的内部与外部关系没有意义”。[39] 詹森和麦克林的理论模型包含股东在内的资本提供者,这标志其理论实现了经济学厂商理论向法学公司理论初步地转变。换言之,在詹森和麦克林的理论视角下,先前理论模型中的股东和企业家都“消失不见”,这使得股东微观经济学理论以及公司契约论的发展成为可能。

尤金·法玛的《代理问题和厂商理论》则将厂商所有权是否存在的质疑推向高潮。[40] 该文仍以合同束视角直接探寻公众公司所有权和控制权分离,[41] 他一开始就否定“公司存有所有权人的假设”的意义。[42] 法玛之所以如此论断,是因为在许多公众公司中,权利高度分散的股东不能“控制公司的决策”,这与先前理论模型描绘“所有人”的形象背道而驰。[43] 该理论模型指出,“证券所有权和厂商控制权的分离可以被解释为经济组织一种有效形式。”[44] 法玛理论消灭的是作为假设前提的所有权,而非作为结论的所有权。

---

〔36〕 See Jensen & Meckling, supra note 10, at 306.

〔37〕 See Id. at 311(“私人公司或厂商仅是服务于合同束关系的法律拟制体。”).

〔38〕 See Id. at 311.

〔39〕 See Id.

〔40〕 See Eugene F. Fama, *Agency Problems and the Theory of the Firm*, 88 J. Pol. Econ. 288 (1980).

〔41〕 See Id. at 289(既有文献未能解释所有权和控制权分离的大公司,并基于“合同束”方法提出一套新的理论。).

〔42〕 See Id. at 289.

〔43〕 See Id. at 290(“祛除证券所有者所有公司”的执念是很重要的,因为这是理解‘公司决策控制权并不一定归股东所有’的第一步。”).

〔44〕 See Id. at 289.

总而言之，这些宝贵研究的视域不限于市场经济中作为“黑箱”的厂商，相反，新合同视角检视厂商内部的个人激励，奠定了组织行为的微观经济学基础。微观经济学路径抽离了厂商的拟人化主体人格，取而代之的是，公司本质是“他们”而非“它”。[45] 这解放了厂商理论中本不应背负“物化实体”负担，也使经济学家轻装上阵，探寻厂商中的经济安排何以采此形式而非彼形式。

值得注意的是，科斯及其后续理论的解释对象仅是经济组织，而非公司法。公司法不规制公司同外部供应商订立的合同，而只规制资本供应者。与之相类，商业组织同资本供应者订立的合同也不在科斯理论框架内。然而，当厂商合同理论开始考虑外部投资者时，它也在逼近股东，研究重点也由“为什么由厂商代替市场完成生产要素的磋商”转变为“为什么由厂商而非合同完成资本的洽谈”，二者在此交集。厂商合同论为公司契约论奠定论证基础，而后者偏离公司中的所有权。问题关键在于，公司契约论如何解释公司法中以股东为核心的法律制度？

（二）公司契约论

厂商合同理论不完全等同于公司契约论，后者中的公司属法律实体，但前者很快渗透进后者当中。尽管两种理论渗透于很多标志性作品中，但最负盛名者莫过于伊斯特布鲁克和费希尔的作品。[46] 其论述可视为公司契约论范式中最重要且最具代表性的作品。伊斯特布鲁克和费希尔的思想既是本文分析原点，也是公司契约论模型的试金石。

伊斯特布鲁克和费希尔从公司契约论出发解释公司各项法律制度。[47] 二者关于公司法的理论视角是完全合同性的，例如，他们认为州立公司法不过是降低合同当事人之间缔约成本的“现成”合同条款。[48] 合同束假设认为，作为财产性利益的普通股与其他基于合同而产生的请

---

〔45〕 Kenneth Shepsle 观察国会后，也作出了类似的著名论断。See Kenneth A. Shepsle, *Congress Is a "They," Not an "It": Legislative Intentas Oxymoron*, 12 Int'l Rev. L. & Econ. 239, 244 (1992).

〔46〕 See Generally Easterbrook & Fischel, supra note 2.

〔47〕 See Id. at 15.

〔48〕 See Frank H. Easterbrook & Daniel R. Fischel, *Voting in Corporate Law*, 26 J. L. & Econ., 395, 401 (1983).

求权之间并无任何区别——基于此,公司完全是合同:

> 比起债券持有人、债权人及员工(包括董事)等贡献给企业专门资源的主体,股东作为公司的“所有人”不具有更多的正当性,前者却不享有任何投票权。企业所有参与者默示或明示地与其他参与人缔结合同,且他们仅在其权利有利于公司整体的情况下享有投票权。[49]

因此,在合同束视角下,公司法律制度完全来自公司各类请求权人缔结的合同。

尽管伊斯特布鲁克和费希尔试图解释公司法方方面面,但与本文主题最相关的莫过于股东投票权和信义义务。伊斯特布鲁克和费希尔学说面临的第一个问题是,在合同范式下,董事何以向股东背负信义义务;第二个问题是,股东投票权何以存在。[50] 毕竟合同当事人通常不向另一方当事人负有信义义务,至于合同一方当事人为何能投票决定可能影响所有人的决策,为何此类投票权是独占的,其法理基础也不甚明晰。事实上,在合同范式内耕耘的阿尔钦和德姆塞茨也有类似主张,即投票权无须完全附着于股东。[51]

伊斯特布鲁克和费希尔以普通股剩余经济风险承担为例,阐明信义义务和股东投票权。普通股股东是剩余经济请求权人,其有权在剩余债务清偿完毕后获得剩余利益。[52] 在此视角下,股东似乎与其他合同请求权人没有什么差异,但“无法事前解决所有突发事件”的股东合同不完备性却是其特有属性。[53] 股东合同不完备性赋予管理层自由裁量权。然而,管理层利益不同于剩余请求人利益,[54] 管理层的自由裁量权

---

〔49〕 See Id. at 396.

〔50〕 伊斯特布鲁克和费希尔甚至也承认摆在其面前的这个难题,其俏皮地打趣道“信义义务是怎么混入这些合同当中的呢?”See Easterbrook & Fischel, supra note 2, at 90.

〔51〕 See infra notes 270 – 272 and accompanying text.

〔52〕 See Easterbrook & Fischel, supra note 2, at 67 – 70.

〔53〕 See Id. at 90 – 93.

〔54〕 See Id. at 90 – 91.

不当地影响作为剩余请求权人股东的利益。这给投票权和信义义务“附着于剩余请求权”之上的法理基础——“因为剩余请求权人负担公司剩余风险,且有强激励作出最优的投资和管理决策”。〔55〕

在伊斯特布鲁克和费希尔看来,类似于合同法和经济学中的合同漏洞填补,信义义务就是公司法版“假设磋商”或“本欲如此”。〔56〕信义义务内容大约接近无缔约成本时合同的状态。〔57〕对投票权的解释也是如此:假如磋商和执行合同的成本足够低廉,投资者所能达成的磋商合意便是投票权的内容。〔58〕伊斯特布鲁克和费希尔认为,假如作为剩余请求权人的股东完全磋商,那么股东也应磋商过此类保护措施。因此,信义义务是节省交易成本、效率最大化的司法定制填补漏洞举措。

然而,问题的关键在于股东经济请求权的剩余权属性。几乎所有生产要素合同都是非完全合同,且几乎所有非生产要素合同都预留了管理者自由裁量权。如上所述,这种裁量权也可能与合同对方当事人利益相悖。并非所有合同都能激发信义义务,更勿论投票权。在伊斯特布鲁克和费希尔理论框架下,股东合同之所以特殊,仅是因为股东请求权的剩余权属性。在某种程度上,普通股股东甚至不愿意通过合同条款明确表述信义义务的内容,其有意缔结不完全合同。根据伊斯特布鲁克和费希尔的解释,“开放合同 + 剩余经济索取权”最终生成了股东的信义义务和投票权。

上述理论与传统所有权视角下的公司股东利益相去甚远。传统观念基于股东在公司中的财产性利益,部分正当化信义义务。〔59〕与之相

〔55〕 See Id.

〔56〕 See Ian Ayres & Robert Gertner, *Filling Gaps in Incomplete Contracts*: *An Economic Theory of Default Rules*, 99 Yale L. J. 87, 89 - 90 (1989)(描述“本欲如此”的缺省规则,伊斯特布鲁克和费希尔拥抱此视角。).

〔57〕 See Easterbrook & Fischel, supra note 2, at 92(“社会最优信义义务规则大概接近于如果没有成本且能磋商洽谈、执行合同的情况下,投资者和管理者所达成的磋商合意。”).

〔58〕 See Easterbrook & Fischel, supra note 48, at 398.

〔59〕 See Thomas Lee Hazen, *The Short - Term/Long - Term Dichotomy and Investment Theory*: *Implications for Securities Market Regulation and for Corporate Law*, 70 N. C. L. Rev. 137, 203 (1991)(“传统的信义义务模型”是“管理者代公司真正所有权人——股东享有权利”).

反,合同束路径却是基于"信义义务受益人剩余请求权人的身份 + 不完全合同"正当化信义义务。公司契约论主张,信义义务并非因为所有权而产生,股东在公司中也没有财产性利益,甚至说公司中根本没有财产性利益。[60] 公司契约论动摇了公司法的根基——股东与非股东请求权原本存在的楚河汉界。

随着法律与经济学的发展,公司法学界很快接纳了合同束的理论范式。在法院系统,这种接纳尤为明显。常年以来,特拉华州法院虽将公司执照视为合同,且紧紧跟随公司契约论的理论范式,但其仍坚持传统所有权概念,辅以公司契约论思考。[61] 然而,在过去短短数十年间,公司契约论通过法院渗透至方方面面,以至于特拉华州案件中通常将公司的执照和章程视为"合同"。[62] 在学术界大部及实务界部分,当公司契约论逐渐挤占其他理论范式的生存空间时,质疑公司所有权理论的声音便不绝于耳。[63]

尽管"合同束"的比喻已深入人心,但未抹杀普通股在公司法上扮演的特殊角色。"纯粹"公司合同束理论范式主张,法院仅应根据当事人剩余请求权人的地位而区别对待针对公司的各类请求权。然而公司

---

〔60〕 See, e. g. , Ronald J. Gilson & Charles K. Whitehead, *Deconstructing Equity: Public Ownership, Agency Costs, and Complete Capital Markets*, 108 Colum. L. Rev. 231, 241 (2008)("最近研究将公司解构为'合同束',否定股东作为所有人的身份,将公司视为股东、债权人、管理人等各类主体形成的均衡体。上述各类主体以公司为核心磋商缔结一系列复杂的关系。").

〔61〕 See, e. g. , Malone v. Brincat, 722 A. 2d 5, 9 (Del. 1998)(董事"有为了所有权人的股东的利益而管理公司事务的法律责任").

〔62〕 See, e. g. , Airgas, Inc. v. Air Prods. & Chems. , Inc. , 8 A. 3d 1182, 1188(Del. 2010)("公司的执照和章程是公司股东间的合同……").

〔63〕 See, e. g. , Martin Lipton & William Savitt, *The Many Myths of Lucian Bebchuk*, 93 VA. L. Rev. 733, 754 (2007)(股东的所有权是一个谜。). 需要注意的是,为了论证这一观点,作者引用下文 Martin Lipton's article Election Contests in the Company's Proxy: An Idea Whose Time Has Not Come。该文引用 Martin Lipton 早期论述,且视其为权威。See Martin Lipton & Steven A. Rosenblum, *Election Contests in the Company's Proxy: An Idea Whose Time Has Not Come*, 59 Bus. Law. 67, 72 (2003) [citing Martin Lipton & Steven A. Rosenblum, *A New System of Corporate Governance: The Quinquennial Election of Directors*, 58 U. Chi. L. Rev. 187 (1991)].

法教义并未完全屈从于此类“纯粹”理论范式。[64] 相反,法院仍普遍以“股”作为大致界分标准,基于内部事务的法理,在公司和合同法间划分边界。然而,法院已意识到,这种划分方法尤显粗糙,优先股便是一例。特拉华州法院通常区别优先股的合同性权利及其“信义”权利。[65]

无论是学术界也好,审理重要案件的特拉华州法院也罢,其实践均表明,向公司契约论演进的法学思潮正在发生。然而,如下所述,“纯粹”公司契约论难以兼容公司法基本原则。由各类不同但平等合同请求权编织而成的合同束脱离财产法坚实基础而“自由漂浮”,这很难获得州立公司法支持。正如普通法大多监管作为所有人的股东,此类公司法专门处理股东权利。此外,法院仍坚持区别合同性权利和信义义务权利。这些事实都表明,公司契约论或多或少存在例外。下节便凸显公司契约论与公司法及其实践的格格不入。

(三)法律背景下的厂商合同理论

即使公司契约论在最浅层次意义上质疑所有权,它也面临公司法重要特征的解释难题。公司契约论首先需要解释的是将股东视为公司“所有人”的传统观点。[66] 事实上,《标准商事公司法》(Model Business Corporation Act)基本法条遵循的也是此传统观点。[67] 此观点在法院系统颇为流行,也即法院经常把股东视为公司的“所有人”。[68] 问题的关键在于,“所有人”等标签称谓仅仅是特殊合同关系的便捷指代,抑或确有独立意涵?

本节探寻支持及反对公司中财产性权利和合同性权利的理由。第一小节论述支持及反对公司股权财产论的理由。第二小节阐明支持及

---

〔64〕 See William W. Bratton, *The New Economic Theory of the Firm: Critical Perspectives from History*, 41 Stan. L. Rev. 1471, 1517 (1989)(“总而言之,公司型企业驳斥公司是‘合同’的观点。”).

〔65〕 See infra Section V. B.

〔66〕 See Velasco, supra note 8, at 898 – 901(股东所有权属于“传统观点”。).

〔67〕 在《标准商事公司法》中,股被定义为“划分国外或国外公司财产性利益的单元。” See Model Business Corporation Act § 1.40 (AM. BAR Ass'N2016). 鉴于“财产性”意味着“属于、关联抑或持有财产”,《标准商事公司法》即明确主张股是所有权利益。See Proprietary, Black's Law Dictionary (11th ed. 2019).

〔68〕 See, e. g. , N. Am. Catholic Educ. Programming Found. , Inc. v. Gheewalla, 930 A. 2d 92, 101 (Del. 2007) [quoting Malone v. Brincat, 722 A. 2d 5, 9 (Del. 1998)].

反对股权契约论的理由。该部分从“合同法基本原则同公司法特征不符”展开。下述讨论表明,无论是公司契约论也好,财产法视角下的公司法也罢,普通股股东的缺省性权利都应断然落至“财产—合同”分界线中偏财产的一侧。然而,相较于“股东是公司中‘所有人’”的传统观点,实际情况更为复杂。股东透过公司享有所有权利益,某些利益强,某些利益如合同般微弱,但所有利益都依赖具体请求权。第三章、第四章以及第五章着重讨论作为所有权结构的公司具有的精微特性。

1. 普通股及财产法理论

公司股权特性是否符合财产的典型特征?财产法理论提供了财产界定的各种方法,最典型者莫过于“权利束”理论。该理论借鉴奥诺雷(A. M. Honoré)提出所有权的11项权能。[69] 尽管财产法文献充分发展该理论,但该理论仍受到财产法“新本质说”挑战,“新本质说”确定了财产多个本质属性。[70] 本节先讨论公司所有权如何契合奥诺雷的“权利束”理论,下一章第二节再聚焦“新本质说”对公司所有权的影响。

根据奥诺雷的论述,所有权包括占有权、使用权、管理权、收益权、处分权、安全保障权、遗赠权、无期限的权利、有害使用之禁止权、被执行的责任以及剩余权等11项权能。[71] 奥诺雷上述罗列的关于财产属性的方方面面均表明,相较传统私人土地永久所有权(fee simple ownership),所有权要更为复杂。股东也非永久所有权人那般的公司财产所有权人。

所有权怀疑论者通常以永久所有权作为参照系,对比股权,发现其缺失某些所有权权能,以此证成所有权之不存。[72] 某种程度上,所有权质疑论者是正确的——股东确实欠缺所有权某些权能,至少在法律上财

---

〔69〕 See A. M. Honoré, *Ownership*, *in Oxford Essays in Jurisprudence* 107, A. G. Guest ed., (1961).

〔70〕 See Katrina M. Wyman, *The New Essentialism in Property*, 9 J. Legalanalysis, 183, 184 (2017).

〔71〕 See Id. at 113 - 34.

〔72〕 See, e. g., Kent Greenfield, The Failure of Corporate Law 45(2006)(“相较其他事实上的所有权人,股东‘拥有更少的所有权利’”). Richard A. Booth, *Who Owns a Corporation and Who Cares*?, 77 Chi. - Kent L. Rev., 147, 163 - 65 (2001).(毒丸计划的股东仅存出售公司之否定权,因而股东不像所有权人)。

产归公司所有。例如,在缺少授权的情况下股东无权使用公司财产。[73] 相较董事管理权,股东不因股东身份而享有管理公司权利。[74] 因此,至少从表面上看,股权不具备财产中某些重要权利。

另一方面,股权确存某些强财产权之特征,例如公司收益权、处分权、安全保障权、遗赠权、无期限的权利[75]以及剩余权。这不能证明,股东也拥有永久所有权中完满所有权形式,只能证明相较公司其他选区,股东权利更强。而这正是奥诺雷所谓的所有权:确认所有权权能的"利益最大化可能"。[76]

股东至少享有三项非最强请求权形态的直接权利,[77] 即受限的使用权、占有权和管理权。然而,奥诺雷所称的权能并非所有权的必要条件。[78] 仅以使用权为例,我们可以清楚地看到,为了个人消费而使用某财产的权利不是所有权的核心权能,不然这无法解释租赁合同关系的存在。在租赁关系中,房东没有在租期内实现使用财产的权利,但其权利仍保有所有权最强请求权形式。与之相类,许多财产上有多个所有权人,所有权人以垂直化、集中化的方式行使控制权。[79] 例如,房主协会(homeowners' associations)、共管公寓以及合作社都属于共同利益社团,

---

〔73〕 See, e. g. , Daniel J. H. Greenwood, *Person, State, or Not: The Place of Business Corporations in Our Constitutional Order*, 87 U. Colo. L. Rev. , 351,383 (2016).

〔74〕 似乎可以认为,董事所有公司。See Velasco, supra note 8, at 911 n. 69 (2010). 然而该主张可以被"董事不能把公司财产用作个人使用或消费"的观点驳斥。Id. 对于那些认为股东不能所有公司者也犯了同样的错误,Velasco 已注意到,董事只能在"履行其义务"时使用公司财产,这只是削弱其财产使用权而非所有权中的使用权能。See Id.

〔75〕 其他主体与公司缔结的合同均有合同终止期限。公司董事也适用一年合同期限或者分层董事会中的多年期限。See Del. Codeann. tit. 8, § 141(d) (2019).

〔76〕 See Honoré, supra note 69, at 108.

〔77〕 股东是否就公司所有财产负有被执行的责任,这点尚不明晰。See Infra Section III. C. 1. 然而,正如其称谓所揭示的那般,权能非"权利",而是一种责任。此外,股东不负有责任的原因在于"类财产权利"通常被也被称为"积极财产分割",第三章第三节将讨论此种问题。

〔78〕 See Honoré, supra note 69, at 112 – 13("对于在特定体系中认定某一物品作为'所有人'的继承人,罗列出的权能并非必要条件。正如我们了解的,'所有人'的使用将会拓展至那些所有权权能并不齐备的领域。").

〔79〕 这是多个所有人财产的特性,这类财产也被称为"共管财产"。See Gregory S. Alexander, *Governance Property*, 160 U. Pa. L. Rev. 1853, 1856, 1866 – 73 (2012).

其所有人使用权都受到限制，但不能否定这些组织形式关涉所有权。[80] 此外，正如下文更细致地论述到，所谓"使用"权能反对意见忽视以下事实：之所以以某种特定方式限制股东财产使用权，这也是为其他股东利益着想。

更重要的是，作为整体的股东至少间接享有上述全部权利。在最重要的公司法法域中，股东无须董事会的同意便能解散公司。具言之，在加利福尼亚州和纽约州，绝大多数股东无须董事同意便能解散公司。[81] 特拉华州允许公司解散无须董事会，但仍需股东一致同意的投票。[82] 上述州的股东享有以集体、间接方式任意操控、使用公司财产的权利。《标准商事公司法》有一套不一样的规则，也即要求董事和股东一致同意解散公司，[83] 然而股东始终保有解任不认同其主张董事的权利。[84]

类似强制清算、分割以共同租赁方式所有的财产，单方解散公司权便是一个强财产权能。这不仅意味着股东能脱离公司支配公司财产，也意味着股东具有财产权利中的"毁灭权"。[85] 公司契约论者无法解释股东为何有权转移公司财产，而此现象清楚地暗示，当股东向公司投入财产时，股东同时保有所有权利益。

公司法语境下的管理权和占有权阐明了公司法的财产权维度。占有权主要指排除他人使用的权利，董事会主要享有管理权。[86] 然而，股东们能够通过董事的任免实现其意志。[87] 作为整体的股东能够视"任

---

[80] 关于此类比较研究，参见 Jane B. Baron, *Rescuing the Bundle – of – Rights Metaphor in Property Law*, 82 U. Cin. L. Rev. 57, 80 – 81 (2013)。

[81] See Cal Corp. Code § 1900(a) (West 2018); N. Y. Bus. Corp. Law §001(a) (McKinney 2019).

[82] See Del. Code Ann. tit. 8, § 275 (2019). 1969 年以前，特拉华州法律要求公司解散董事需提起动议，但同年即免除此项要求。See Act of June 23, 1969, 57 Del. Lawsch. 148, § § 31 – 32 (codified as amended at Del. Code Ann. tit. 8, § 275 (2019)). 1987 年新的条款替代原有的条款，但法律仍保留通过"董事—股东"联合提起动议，而由股东单独解散公司的规定。

[83] See Model Bus. Corp. Act § 14.02 (Am. Bar Ass'n 2016).

[84] See Id. § 8.08.

[85] See, e. g., Lior Jacob Strahilevitz, *The Right to Destroy*, 114 Yale L. J. 781, 781 – 87 (2005)("毁灭权"作为所有权权能的历史可以从现在追溯至罗马法。).

[86] See Del. Code Ann. tit. 8, § 141(a) (2019).

[87] See Id. § 141(k).

何关于直接管理的限制”于无物,这足以说明此限制是为股东本身利益而设计,而非顾及债权人等公司其他选区之利益。至于股东不能单独享有这些权利也并非为了保护其他主体的利益,仅是为了保护其自身的利益。股东权利限制是事实上的,而非法律上的,保护股东利益的程序法律限制基本不存在。

另外两项权能——股东解散公司、直接转移财产的权利以及解任管理层的权利通常会招致以下质疑——因为公众公司中单独股东缺乏事实上的控制权,上述权利无异于空头支票。〔88〕 所有权质疑论者主张,在公众公司中召集绝大多数股东投票以控制公司财产,这是不切实际的(尽管也有可能)。所有权有无的争论通常沦为老生常谈——控制权事实上的匮乏使个人股东无法被视为财产所有权人。本文将此种论点命名为“控制权质疑”。

欲回应“控制权质疑”,首先可以试想公众公司与仅有一个股东的封闭公司的情况。即便所有权质疑论者也会承认,封闭公司中的唯一股东在公司中存有财产性利益。〔89〕 公众公司的股东控制权受限,因而其缺乏行使所有权权能的实际能力。〔90〕 但循“控制权质疑”之逻辑,封闭公司的唯一股东具有完全控制权,因而该股东具有所有权。

表面上看,将所有权转化为控制权的论证或是迷人的,但“仅把股东视为风险承担人”,这恐难与公司现实交易相适应。合同束模型认为,“普通股股东将其风险承担功能出售给公司”。〔91〕 从经济学视角看来,

---

〔88〕 See, e. g. , Lucian A. Bebchuk, *The Myth of the Shareholder Franchise*, 93 Va. L. Rev. 675, 688 – 94 (2007)(表决权征集竞赛的高成本、分层董事会是股东通过授权替换管理层的障碍).

〔89〕 See Lynn A. Stout, *Bad and Not – so – Bad Arguments for Shareholder Primacy*, 75 S. Cal L. Rev. 1189, 1191 (2002)(“因此,尽管将封闭公司中仅存的控制股东大致视为是公司‘所有人’或是情有可原的,但将公众公司与其股东的关系形容为所有权关系却颇具有误导性”). 她紧接着说道,“从经济学的角度出发,在封闭公司发行债券后,该公司的唯一控制股东是否仍‘所有’公司仍不无疑问。” Id. at 1191 – 92.

〔90〕 See Velasco, supra note 8, at 907 – 12 (2010)(回应股东因缺乏控制权而不具有所有权的普遍观点。其认为,股东作为共同所有权人确存某类控制权。). Velasco 认为控制权质疑不具有说服力。Id. at 907 – 10.

〔91〕 Henry N. Butler, *The Contractual Theory of the Corporation*, 11 Geo. Mason L. Rev. 99, 107 (1989).

这属于有益"假设"模型,但从法学视角出发,这无疑会带来很多问题。在公众公司特定语境下,普通股股东"出售"风险承担功能或存功能性意义,然而,当我们逐步检视时,又会发现其中逻辑矛盾之处。

试以独资企业为例阐明此问题。假如独资企业有员工的话,在经济学意义上,作为组织团体(corporation)的独资企业也同时属于厂商(firm)。[92] 因此,厂商理论中关于公众公司是合同束的论点同时也能应用于合伙、有限责任公司甚至独资企业等其他商业形式。[93] 在独资企业中,独资人直接所有商业财产是共识。独资人是否出售"风险承担功能"给独资企业?恐怕没有几个人会得出肯定答案,部分也是因为企业中不存在"股"的利益。

否定公司所有权存在的学者常以股东"让渡风险承担功能"为论据。[94] 为了检视这一观点的可靠性,让我们思考以下更为贴近的示例。理论上,独资人可以出售企业底层财产中1%的份额给99位投资人。此时组织没有一个实体的形式,[95]但原来的合资人仍是财产的共同所有人,而非合同请求权人。此组织的构架或许一团乱麻,但这种混乱也属于财产法上的混乱。另外,假如持有公司100%份额的股东出售1%的份额,那么公司契约论者仍倾向认为,此时公司的结构仍是"合同束"。

过程类似,结果缘何不同?在前后两示例中,原来的企业家均丧失了控制权,因此结果迥异原因不在于企业控制权的丧失与否,而在于法人实体的有无。据"控制权质疑"逻辑,设立后的独资企业仍然具有财产属性,因为其控制权100%掌握在独资人手里。如果唯一股东出售99%的利益(以公司股权的形式),"控制权质疑"论便会认为,原先股东保有的1%股权由财产性利益转变为合同性利益。如果说,在财产性利

---

[92] See supra Section II. A(科斯厂商理论本质在于科层或"特许"而非市场架构于员工之上).

[93] See Velasco, supra note 8, at 921("小型的公司、封闭公司、有限责任公司、合伙甚至独资企业均在合同束的理论范畴内。").

[94] See, e. g., Daniel J. H. Greenwood, *Fictional Shareholders*: *For Whom Are Corporate Managers Trustees*, *Revisited*, 69 S. Cal. L. Rev. 1021, 1034n. 24 (1996).

[95] 此种组织安排更像是普通合伙。普通合伙是"两个或两个以上自然人以共同所有人身份形成社团盈利"。See Unif. P'ship Act § 102(11)(Nat'l Conference of Comm'rs on Unif. State Laws 2013).

益转化为合同性利益的过程中存在某种催化剂的话，那么这种催化剂也应该是公司成立本身，也即以后一种方式成立的公司本身，而非所谓的控制权让渡。

上述示例揭示了“控制权质疑”的无力。财产权实际行使的困难不能使其转化为合同性权利。假如将财产所有权分割为多人所有（从而消除有力控制权）能使得财产性权利转化为合同性权利，那么将分散的合同性权利集合归一人所有便会发生合同性权利转化为财产性权利的效果。循此逻辑，当其他股东交易股票时，个人股东的股权性质会随其他股权交易而变动不居，股权性质在财产性利益和合同性利益之间来回旋转。然而，当财产权分割或合同性权利集中于一人时，此种“财产—合同”权利性质的转化并不会发生。在无须将财产性权利转化为合同性权利的前提下，财产的所有人便能将其财产权分割为任意部分。

将财产划分为多人持有的份额不会使财产利益转变为合同利益，故而公众公司的股东与封闭公司的股东享有相同类型的利益。换言之，假如一人公司归股东所有，那么其他类型的公司都是归股东所有。假如公众公司仅是合同权利束，那么一人公司也是合同权利束。公司成立本身是将财产性权利转化为合同性权利的唯一因素。公司契约论不是这么认为的，此解释故而与“控制权质疑”矛盾。

另一反对公司财产权的理由并非来自股权划分的份额数量，而是来自多种生产要素的必要性。公司经营需要公司各选区的贡献，例如财产投入、劳动力投入或资本投入。任一要素提供者都期待得到相应补偿，且任何投入都对公司经营至关重要。因此，研究者似乎可以得出以下推论，因为各类要素投入集合对生产而言至关重要，所以单一的投入人（例如普通股的资本投入人）不能对公司主张所有权。[96] 事实上，甚至可以认为，股东投入没那么重要，因为资本是可以替代的。

驳斥该论点的理由与上述“控制权质疑”相类。假设某个新成立的公司没有经营业务，且该公司的生产要素投入仅为普通股股东的资本，那么普通股股东在该公司中享有所有权利益便无疑义的。随着公司的壮大，员工的雇佣，生产商、顾客合同的签订，股东享有的所有权利益便

---

〔96〕 See Greenfield, supra note 72, at 46.

会因此转化为合同性利益吗？该论点混淆了公司经营与公司本身。诚然，假如没有公司各选区的投入，公司经营无法开展，然而，即便公司无法与其他选区开展业务，公众公司仍然是公司——而一人公司缺少股东便难成公司。[97]

更为复杂的是，另一反对公司财产权的理由来自公司法自身。公司形式的核心特征是，股东一般无权直接命令董事会采取某一特定行为，[98]甚至连股东单方面制定章程这一不可分割的权利也受限。[99] 换言之，股东利用章程“合同”限制董事管理的自由裁量权是受限的，[100]董事不要求遵循大多数股东的指示。该事实明显违背财产法的概念。然而，有两点理由可以回应此种质疑。

首先，这种限制属于程序上的而非实体上的限制。股东一般能随时解任董事，且有权以董事经营管理不善为由解任董事。[101] 股东能轻易地解任“不听话”的董事，换一个“听话”的董事。在解任董事时，股东一般不负有义务，因而其能以包括“不听话”在内的任何理由解任董事。

其次，此种限制本质是合同权利的限制，也是所有权结构公司的特性。鉴于股东一般不互负信义义务，董事会中心的管理使股东能事先承诺遵守信义义务。[102] 非控股股东不对他人负有信义义务，假如董事有“听话”义务，则多数股东意志替代董事意志，抹杀董事对少数股东负有的义务。因此，为了保护少数股东免受多数股东侵害，限制股东干涉董事决策是一种理性的事先承诺措施。这对不负有类似善意义务的、类财产属性的股东而言至关重要。

---

〔97〕 非股份制公司有一些不同特性，将在下文第三章第二小节讨论。

〔98〕 See Paramount Commc'ns Inc. v. Time Inc., Nos. 10866, 10670, 10935, 1989 WL 79880, at *30 (Del. Ch. July 14, 1989)(“行使管理公司权力的董事有义务遵循多数股东意愿，公司法并非依此理念而展开。”)aff'd, 571 A.2d 1140 (Del. 1989).

〔99〕 See, e.g., CA, Inc. v. Afscme Emps. Pension Plan, 953 A.2d 227, 239–40 (Del. 2008).

〔100〕 See Jill E. Fisch, *Governance by Contract: The Implications for Corporate Bylaws*, 106 Calif. L. Rev. 373, 383–87 (2018)(讨论美国州县和市政工人联合会限制股东以章程方式指示董事会履行其管理责任。).

〔101〕 See Del. Code Ann. tit. 8, § 141(k) (2019).

〔102〕 See Theodore N. Mirvis et al., *Bebchuk's "Case for Increasing Shareholder Power": An Opposition*, 120 Harv. L. Rev. F. 43, 51 n.24 (2007).

易言之,董事会决策的强制性构造是保护少数股东财产性权利的一种手段。董事会无满足多数股东期许的义务。[103] 董事会无须遵照多数股东的指令而行事,这是保护少数股东财产性利益的特征。此特征让人不禁联想起信托制度的构造,而非合同关系。

总之,关于所有权的一般质疑都依赖简单修辞完成论证。反对论者常以有体财产上的单独永久所有权为例,持一种局限的所有权观,接着分析股东权利不符合上述标准。这种论证仅表明,股东并非布莱斯通意义上的公司"所有权人"而已,因为布莱斯通的释义是,"所有权是单独、专制地占有……排除空间中其他个体的权利。"[104] 这不能否定,股东在公司中确存某些财产性利益。个体享有财产性利益无须拥有全部的所有权权能。无须成为布莱斯通意义上的"所有权人",个体也能享有财产中的所有权利益。股东无法执行所有权的权能不等于股权不是所有权利益。[105] 下一节将指出,合同法视角下的股权与公司法是怎样的格格不入。

2. 将普通股视为合同带来的问题

公司契约论从一开始便滥用合同模型。合同双方当事人通常互负合同义务及权利,但股东对公司或他人不负有义务,也往往不对公司给付对价。[106] 当然,股东可能缔结投票权协议等合同,并因此负有合同义务,享有合同权利,但这不是因为股东拥有股权而发生的法律后果。有

---

〔103〕 副大法官斯特林深刻洞见,"董事不是测量喜怒无常股东情绪的温度计……在任职期间,董事可以善意采取其认为有利于股东利益的举措,尽管董事明白,股东并不赞成其做法"。In re Lear Corp. S'holder Litig.,967 A.2d 640, 655 (Del. Ch. 2008) (citations omitted). See also Paramount Commc'ns Inc. v. Time Inc., Nos. 10866, 10670, 10935, 1989 WL 79880, at *30 (Del. Ch. July 14, 1989)("行使管理公司权力董事有义务遵循多数股东意愿,公司法并非依此理念而展开。事实上,董事而非股东被寄予管理公司的义务。") aff'd, 571 A.2d 1140 (Del. 1989).

〔104〕 2 William Blackstone, *Commentaries on the Laws of England* 2, Univ. Chi. Press 1979 (1766).

〔105〕 See Eisenberg, supra note 1, at 825–26.

〔106〕 See Ann M. Lipton, *Manufactured Consent: The Problem of Arbitration Clauses in Corporate Charters and Bylaws*, 104 Geo. L. J. 583, 602(2016)("大多数股东,尤其是那些在二级市场购得股票的股东通常不对公司负有义务或向其提供任何对价。").

论者可能会认为,如果把股份构造视为合同,那么股东不负有义务,只享有权利,股份本质上是单方合同。事实上,股东也没有从公司处获得任何具体权利的好处。因此,公司契约论在把公司视为合同的同时,也把公司当成“怪物”。[107]

通过修改公司执照、章程、相关公司法及可适用的判例法,公司与股东之间的“合同”也能在无须征得所有“当事人”同意的前提下而被修改。公司与股东间“合同”的单方修改带来了许多难解问题。[108] 无须所有“当事人”的合意甚至无须通知所有“当事人”,“合同”便能单方面地被修改,这在合同法上是难以被接受的(尽管并非闻所未闻)。[109] 这引人深思,当我们认识到变更公司“合同”的机制不像合同基础规则时,便会发现其机制更类似信托。[110]

公司契约论擅于解释公司法中强制性规范数量稀少的原因,然而却难以解释数量少、但基础性的强制性规范缘何留存至今。企业家仅能选择有限数量的组织形态,这或许是最为根本的强制性规范。[111] 相对有限的组织形态更类似财产法上“物权法定”(numerus clausus)的原则,而非合同法上无限变化可能性的原则。[112]

除组织形态外,公司契约论也难以解释强制性信义义务。信义义务在合同关系中鲜见,却在信托等财产性构造中常见。[113] 公司实体上许多对物特征在合同法上或许闻所未闻,但在财产法上却十分普遍,公司契约论在解释此种特征时便显得左支右绌,十分吃力。[114] 公司法与公

---

[107] Id.

[108] See Albert H. Choi & Geeyoung Min, *Contractarian Theory and Unilateral Bylaw Amendments*, 104 Iowa L. Rev. 1, 21 - 32 (2018)(讨论合同法基本原则适用于章程的单方修改。).

[109] See Lipton, supra note 106, at 603 - 05.

[110] See Id. at 587.

[111] See Id. at 619.

[112] See Id. at 619(有限的标准化的实体形式模仿财产法上有限的租赁形式。).

[113] 关于信托法属于合同法还是财产法存在争论。See John H. Langbein, *The Contractarian Basis of theLaw of Trusts*, 105 Yale L. J. 625, 671 (1995).

[114] See Thomas W. Merrill & Henry E. Smith, *What Happened to Property in Law and Economics*?, 111 Yale LJ. 357, 360 (2001)(“历史上,财产权被视为具有对物性。”).

司契约论这种紧张的关系便是本节研究的重点。

如上所述,伊斯特布鲁克和费希尔认为,公司合同的不完全特征加上剩余请求人的身份,最终产生信义义务。[115] 事实上,普通股"合同"确实"不完备"到了极致,其中很少或基本不存在明示条款。[116] 公司执照条款仅规定公司治理规则,也未确定任何股东的特定经济权利。[117] 因此,在公司契约论看来,普通股股东与公司之间的关系就如没有明示条款的合同,股东唯一的权利便是各州提供的"现成"合同缺省性规范。

在合同束理论中,公司合同不包括课以董事信义义务的具体条款。然而,即便在不完全合同及赋予一方合同当事人裁量权的情况下,合同自身也不会当然创设信义义务,[118] 只会由善意义务和公平交易原则取而代之。例如,自由雇佣关系中雇主通常无须书面合同便能行使权利,但其并不对雇员负有信义义务。[119] 雇员可能对雇主负有信义义务,但其原因不是因为合同的不完备性,而是因为雇员的代理人身份。[120] 事实上,上述雇佣关系的例子指出了另一种可能性。公司高管等雇员之所以可能负有信义义务,是因为雇主授权其改变雇主多属财产方面的法律

---

〔115〕 See supra Section II. B.

〔116〕 See infra Section V. A.

〔117〕 正如下文第四章第二节所述,公司剩余利益的经济权利论述常常是自相矛盾的。

〔118〕 See, e. g. , Saint Bernard Sch. of Montville, Inc. v. Bank of Am. , 95A. 3d 1063, 1078 (Conn. 2014)("仅仅合同关系不足创设信义义务或信任关系。"). 特拉华州法院已在思考,在不同的语境下,例如保险公司——被保险人、计划管理人——参与人等不完全合同关系中,合同是否能创设出信义义务,不幸的是,答案是否定的。See Crosse v. BCBSD, Inc. , 836 A. 2d492, 497 (Del. 2003)(健康服务公司不对计划参与负有信义义务。). 特拉华州最高法院之前认为:信义义务关系理念来自信托法,且该理念被更妥当地适用于受信人与受益人利益同向的状态。在此情况下,受信人被要求仅应按照受益人财产利益行事。See Corrado Bros. v. Twin City Fire Ins. Co. , 562 A. 2d 1188, 1192 (Del. 1989)(citation omitted). Crosse 案的法官认为,如果当事人利益并非"完全一致",那么不会产生信义义务关系。See Crosse, 836 A. 2d at 495. 尽管法院不可能刻板地要求当事人利益"完全一致"(否则信义义务构造服务于谁?),但显而易见的是,特拉华州法院将对合同关系中延伸的信义义务课以更高的标准。

〔119〕 See, e. g. , Wynn v. Wachovia Bank, N. A. , No. 3:09CV136, 2009 WL1255464, at *5 (E. D. Va. May 6, 2009)("尽管雇员对雇主负担信义义务,但雇主不负担相应的义务。").

〔120〕 See Restatement (third) of Agency § 8.01 cmt. c (Am. Law Inst. 2006).

关系。此义务的产生与雇佣合同的不完备性毫无干系。[121]

从合同不完备性角度透视信义义务还会带来其他问题。公司合同不包含董事行使自由裁量权的条款,与之相类,股东如何行使诸如投票权、章程修改、董事提名等自由裁量权的相关条款也不在其中。依照合同束逻辑,股东至少在上述方面也应负有信义义务。然而,股东仅凭股东身份不负有信义义务、善意义务等其他义务,尤其在其行使投票权时。[122] 在很多情形下,这对控股股东也适用。[123] 股东和董事关系发生某种失衡,这不符合合同视角下的信义义务构造,更不符合股东享有合同权利这一观点。[124]

公司契约论另一抵牾之处是,公司法中普通股本身具有强制属性。尽管公司也缔结各类合同,但其无须为了证明自身“在法律上的”(de jure)有效存在而缔约。与之相反,公司有效设立必须在执照授权下发行普通股。[125] 事实上,在公司法中,众多请求权中的普通股是唯一具此重要性。同样,公司可以合同形式免除所有与合同相对人缔结合同关系的活动,然公司不能以合同形式消灭普通股,这是因为公司法规定,所有股份制公司必须以某种方式保有公司剩余利益。例如,《特拉华州标准公司法》(Delaware General Corporation Law, DGCL)规定,公司可以回购其股票,但“公司必须有 1 股或 1 股以上或多种类或多系列的流通股,其

---

[121] See Id.

[122] See Ringling Bros. - Barnum & Bailey Combined Shows, Inc. v. Ringling, 53 A. 2d 441, 447 (Del. 1947)(“总而言之,在投票事项上,股东享有广泛的自由裁量权,无论股东投票的出发点是个人谋利、心血来潮抑或反复无常……”).

[123] See Williams v. Geier, 671 A. 2d 1368, 1380 - 81 (Del. 1996)(“股东,甚至是控股股东可以基于其经济利益而妥适投票。”). Ford v. VMware, Inc. , C. A. No. 11714 - VCL, 2017 WL1684089, at * 15 (Del. Ch. May 2, 2017)(“特拉华州法院一贯主张,控制股东的信义义务不能限制其投票权。”).

[124] 因为合同一方当事人始终对另一方当事人负有不可消灭的、善意和公平交易的义务,然而股东没有此类义务。See Mohsen Manesh, *Creatures of Contract: A Half - Truth about LLCs*, 42 Del. J. Corp. L. 391, 421 - 24 (2018)(善意义务是作为公司法强制性规则而存在的。).

[125] See Model Business Corporation Act § 6. 01(b) (Am. Bar Ass'n 2016)[“公司的章程必须授权(1)一类或多类或一系列股票加在一起能具有完全的投票权;(2)一类或多类或一系列股票(可是能同种类的股票,种类和系列股需具有投票权)加在一起有权取得公司清算时的净资产。”].

股票或股票加总应具有完整的投票权”。[126]《标准商事公司法》也有类似条文规定。[127] 这两部公司法都要求，具有完全投票权的股份必须始终存在。试问，为何此类要求仅针对具有投票权的股份，而非公司其他请求权？

上述问题的一个回答或是，假如具有完全投票权的股份不存在，那么董事会将成为一个自我存续的机构。在此情形下，董事会将承担更为重要的角色，因为该公司本质上被认为“无主”之公司。[128] 非营利型公司便属于此种公司构造，下文将就此展开更详细的讨论。[129] 就营利型公司而言，公司法规定，具有投票权的股权强制性存在，而对于公司其他请求权而言，仍奉行“无基础合同，无请求”的逻辑。值得注意的是，具有普遍意义的强制性规范是具有完全投票权的股份应有流通性，而非具有经济上剩余请求权的股份应有流通性。[130] 剩余投票权和经济剩余请求权区分的重要性将在第四章提及。

以下事实进一步证明了剩余投票权的特殊地位——董事会干涉此权力之禁止。此禁止不源于明示或默示的合同约定，而源于公司法的强制性规定。例如，特拉华州法院禁止董事通过章程修改的方式干涉股东的投票权。在特拉华州，股东有无须董事的批准而单方面修改章程的权利，[131] 此种权利不可被剥夺。[132] 当且仅当公司设立时执照授权时，董

---

[126] Del. Code Ann. tit. 8, § 151(b) (2019).

[127] See Model Business Corporation Act § 6.03(c) (Am. Bar Ass'n 2016)(“公司的股票必须保证在外流通。在外流通的股票必须保证，一类或多类或一系列股票加总具有完全的投票权，一类或多类股票加总有权取得公司清算时的净资产。”).

[128] See infra notes 179 – 183 and accompanying text.

[129] See infra Section III. B.

[130] 如上所述，《标准商事公司法》和《特拉华州标准公司法》在此规定有所不同。《标准商事公司法》规定，具有完全投票权和剩余财产请求权的股票应具流通性，而《特拉华州标准公司法》仅规定，具有完全的投票权的股票应具有流通性。See Compare Del. Code Ann. tit. 8, § 151(b)(2019), with Model Business Corporation Act § 6.03(c) (Am. Bar Ass'n 2016).

[131] See Del. Code Ann. tit. 8, § 109(a) (2019).(“当公司而不是非股份制公司已收到关于其股份的价款时，股东享有接受、修改、废除章程的投票权。”)

[132] See Id.(“根据实际情况，这种权利已经授予董事会或管理机构，然后该事实不应剥夺股东或公司成员此种权力，也不能限制他们接受、修改、废除章程的权力。”)

事方才享有单方面修改章程的权利。[133]

在公司法上,对股东特权的保护是非常特殊的。董事会干涉公司特权需要接受较高程度的审查,然而,这种审查不适用于对干涉股东权的裁判。[134] 禁止股东无因解任董事的章程条款无效;[135]解任董事需要超级多数决的条款无效。[136] 上述例子均表明,股东投票权与公司法、信义义务间似乎存在某种特别的关系。

此外,在执行方面,股东投票权还受到强制性的财产规则保护。[137] 普通股股东的投票权不存在效率违约的情况,董事会也不能以此为由侵害其权利,仅以报酬给付为赔偿。假设按照惯例,公司通常没有竞争董事席位的候选人,[138]董事会往往也会英明地推断出股东年会的召开、年会董事选举纯属浪费钱,但董事不能"效率违背"公司关于投票的约定,支付相应的损害赔偿金。在此情况下,财产规则的禁止令保护股东投票权,此禁止令属于财产(因此是财产规则条款)而非合同的特征。[139]

投票权利益的财产属性也能被股份回购请求权证明。股份回购请求权通常附着于投票权利益之上。对于公司法上需要全体一致决的事项,回购请求权是一种法律制度上的变通。换言之,股份回购请求权是

---

〔133〕 See Id.("任一公司能在其设立执照中授予董事接受、修改和废除章程的权力……")

〔134〕 See Blasius Indus., Inc. v. Atlas Corp., 564 A.2d 651, 659 (Del. Ch. 1988).

〔135〕 See In re VAAL Co Energy, Inc. Stockholder Litigation, C. A. No. 11775 - VCL, at *5 (Del. Ch. Dec. 21, 2015)(Hon. J. Travis Laster, 副大法官,就简易裁判的对方动议作出口头裁判。).

〔136〕 See Frechter v. Zier, C. A. No. CV 12038 - VCG, 2017 WL 345142, at *3 - 4 (Del. Ch. Jan. 24, 2017).

〔137〕 关于财产规则和责任规则的划分,这是私法上一个基础性命题。See Guido Calabresi & A. Douglas Melamed, *Property Rules, Liability Rules, and Inalienability: One View of the Cathedral*, 85 Harv. L. Rev. 1089, 1092 (1972).

〔138〕 缺省性规则是董事以普通多数决的方式选举产生,所以董事席位与选任人人数一致时,候选人一定能被选上。See Lee Harris, *The Politics of Shareholder Voting*, 86 N. Y. U. L. Rev. 1761, 1788 n. 133 (2011).

〔139〕 合同性权利当然也能通过财产规则以禁止令的方式保护。然而,合同中禁止令救济的前提是,损害赔偿的救济不充分。土地推定是独一无二的,因此不需要此种证明。See, e. g., 42 Am. Jur. 2D Injunctions § 116, Westlaw (database updated Feb. 2020).

公司法从全体一致决转化为绝对多数决的对价。[140] 回购请求权给付股东股权以公平价款，并以此交换其否定可能剥夺股东财产交易的权利。[141] 交易中的异议回购请求权大体都与投票权有关，尽管并非完全如此。[142] 除投票权以外，股份回购请求权不与公司其他利益发生联系，这是因为其他利益属于合同性利益，而非财产性利益。

假如公司首次未能获得授权公开招股登记，那么其股票也不能发行。[143] 这也是股票有别公司其他请求权之处。公司通过州颁发的执照而设立，被授权发行的所有股份都要求公开。[144] 相反，合同不要求公开登记或公开其所为。公司中其他选区也不要求公开其可能在公司中存有的所有利益总量。公司中以公开登记的方式生成请求权利益者，有且仅有股权一家。

公司执照需要公开登记以告知第三人，此种要求是财产法上的要求，而非合同法上的。[145] 该登记要求也是为了提醒第三方股东的对物权利，或者说对世的权利，这属于财产利益上的特征，而非合同利益特征。[146] 与之相关，如果公司设立执照同公司章程相冲突，那么仍然应以

---

〔140〕 See Michael Bradley & Michael Rosenzweig, *Defensive Stock Repurchases and the Appraisal Remedy*, 96 Yale L. J. 322, 331 (1986).

〔141〕 See, e. g. , 12B William Meade Fletcher ET AL. , Fletcher Cyclopedia of the Law of Private Corporations § 5906. 10 (perm. ed. ,Rev. Vol. 1990)（"回购请求权法律设计的用意在于，保护异议股东免受绝大多数股东变更投资目的的不当影响"。).

〔142〕 See Melvin Aron Eisenberg, *The Modernization of Corporate Law: An Essay for Bill Cary*, 37 U. Miami L. Rev. 187, 194 (1983)（回购请求权通常总是与投票权有关，但也并非总是如此。).

〔143〕 典型的，公司财产上的担保利益也需登记，担保利益属于财产利益具有深远的影响。See, e. g. ,Thomas W. Merrill & Henry E. Smith, *The Property /Contract Interface*, 101Colum. L. Rev. 773, 834 – 35 (2001)（论述担保利益如何兼具财产和合同属性。).

〔144〕 See supra note 125 and accompanying text.

〔145〕 See Henry E. Smith, *The Persistence of System in Property Law*, 163U. Pa. L. Rev. 2055, 2067 – 68 (2015)（公共记录系统是"财产系统中与财产构架最紧密的一方面"且其公开功能具有对物性。).

〔146〕 对物权是连接整个世界的权利，而对人权只能连接特定的个人。See J. E. Penner, the Idea of Property in Law 23, 80 (1997).

执照为准,即便章程的制定时间在执照之后。[147] 这揭示出执照(为了告知第三方主体而公开登记)相较更像合同的章程(无须登记),具有优先性。上述逻辑并非合同法的逻辑,因为在合同法看来,在发生冲突时,后合同(包括修改的原合同)毫无疑问应该优于先合同。

与公开登记相关的另一个要素是,法律排他性地适用于公司"内部事务"。颁发公司执照的各州法律排他性地管辖公司绝大部分内部事务。[148] 在公司契约论视角下,这是一条令人困惑的教义,因为公司契约论拒绝在"股"与其他请求权中划定明确的界限。[149] 对此教义常见的解释是,该规则使公司法律适用避免各州法律不一致乃至互相冲突而带来的混乱。[150] 然而,我们有理由相信,法律适用混乱不是对"内部事务"教义唯一乃至最好的解释。[151] 还有一种解释是,当股东的住所地能影响股东对公司的请求权时,特别在股份具有高度流通性时,股东权利的行使存在投机风险。[152]

如果股东个人身份属性与公司治理牵连,这就会带来上述问题,这些问题进一步印证公司的对物功能。各州法律对公司内部事务的排他性管辖,也属于财产法特征,而非合同法特征。属地冲突法规则管辖大部分财产纠纷,也即财产所在地排他性地管辖财产纠纷。[153] 相较公司经营,作为法律实体的公司本身没有物理性的存在,其设立所在地也即

[147] See Del. Code Ann. tit. 8, § 109(b) (2019)("章程可以包括与法律或设立执照不一致的、有关公司运营、事务处理、公司、股东、董事、高管、员工的权利和权力的条款。").

[148] See Vantage Point Venture Partners 1996 v. Examen, Inc., 871 A. 2d1108, 1115 (Del. 2005).

[149] See Vincent S. J. Buccola, *Opportunism and Internal Affairs*, 93 TuL. L. Rev. 339, 341 (2018).

[150] See, e. g., Edgar v. MITE Corp., 457 U. S. 624, 645 – 46 (1982)(内部事务教义能避免"公司面临冲突请求权"的情况。). Vantage – Point Venture Partners 1996 v. Examen, Inc., 871 A. 2d 1108, 1112 – 13 (Del. 2005)("为了避免公司面对不一致的法律标准",内部事务教义便由此创设。).

[151] See generally Buccola, supra note 149, at 348 – 59(包括法律标准不一在内的解释内部事务教义的一般理由,其说服力或许没有想象中那么强。).

[152] See Id. at 343.

[153] See James Y. Stern, *Property, Exclusivity, and Jurisdiction*, 100 Va. L. Rev. 111, 113 (2014).

公司的“住所位置”。该冲突法规范非常类似于财产法背景下的属地主义原则，在发生“冲突变革”时，该规则仍保有弹性。[154] 这也避免了以下僵化情况——股份或股东每次穿越州境线，公司的法律属性也会随之发生变化。[155]

值得注意的是，内部事务教义与公司特定权利有关，却不与特定群体的当事人有关。股东可以选择州法缔结合同，而非必须受制于公司设立时所在地的州法。即便在合同关系之外，“内部事务”教义也不适用于股东与公司之间发生的所有关系。例如，通常认为，证券法不适用于“内部事务”教义。[156] 因此，不像公司的其他请求权，股权有类财产性法律冲突解决规则，也即州强制性地管制公司“内部”事务的规则。

此外，财产规则而非合同规则规制个人获得公司权利的方式。合同中当事人权利的取得需要对合同条款明示的同意，原合同当事人可将合同权利转让至受让人，但若合同当事人均不更新合同，合同权利转让人仍以合同当事人身份留存在合同关系中。与之相反，一旦股权被转让，那么当事人间便不存有任何合同关系，股权转让人也不再保有任何权利或义务，因为其股权财产已被出售。尽管上述事实看似无关紧要，也从侧面表明股权应被视为财产性利益。

最后，公司有限责任通常被视为类财产权利，此权利可在不依赖合同的情况下对抗世界。有限责任本身便与合同解释格格不入，试想，如果股权仅是针对公司的合同性权利，有限责任又有什么重要的呢？合同当事人通常无须向对方合同当事人担保其破产后的债务，所以有限责任保护对于合同当事人而言又有什么意义？贷款人责任通常受到限制，有限责任不能适用于借贷关系。一般而言，本人对代理人以其名义做出行为负有责任。在契约束的理论框架下，作为代理人的经理仅是“契约束”中的代理人，而非股东的代理人，因此经理与第一人缔结的合同不能约束股东。合同法视角下的有限责任原则都不能解释上述这些问题，这

---

[154] See Id. at 112 – 16.

[155] 内部事务教义的传统解释认为，多法域带来的法律适用混乱；Vincent Buccola 认为，股票可能会投机地流入较为闭塞的法源。See Buccola, supra note 149, at 385. 上述问题都指向公司“物化”的必要性。

[156] See Lipton, supra note 106, at 596 – 98.

表明合同无法准确描摹“股东—公司”之间的关系。

3. 小结

以上论述表明,对于公司理论而言,对公司法律制度的纯粹合同解释是有百害而无一利的。公司契约论不辨明公司内外关系,甚至可以认为这是一种“解释公司无需存在”的理论。[157] 换言之,公司契约论的弱点在于,其无法准确界定公司边界。[158] 该边界问题的解决之道在于,将所有权利益引进合同束之中。

然而,对所有权利益的追寻不等同于对“所有人”的追寻,至少不等于对永久所有权意义上所有权的追寻。股东是公司“所有人”,其排他地享有所有权,其他请求权人则排他地享有合同性权利,此传统观点过分简化了法律关系,现实则更为复杂。大体上,任一股权都不能完全被定义为财产性权利或合同性权利,大部分股权利益都兼具财产性和合同性利益。例如,相较优先股,普通股具有更多的财产属性,但也并非绝对如此。

至此,我们需要建立一个理论框架,辨明公司中哪些请求权属于所有权利益,哪些属于合同性利益。这便是下一章“财产法视角下的公司”理论建构的使命。新理论有助于理解公司的本质以及公司中一系列复杂的合同、财产关系。

三、公司法的财产法理论之建构

上述章节表明,合同法范式无法解释公司法诸多现象,本章从正面论述财产法视角下的公司法理论。第一节提出公司是一种所有权结构。第二节则从财产法理论的“排他权”视角审视公司法,表明公司法与财产法间存在高度相似性。第三节则从无到有地构建财产法视角下的公司法理论,辨明公司法哪部分具有财产性、哪部分具有合同性。财产与合同的界线能展现合同创制法律关系的空间,也能极大整合既有公司法

---

〔157〕 See Eisenberg, supra note 1, at 832. 这一前瞻性的观点在 Gulati 的原创性论文中得到进一步发展。See Gulati et al., supra note 11, at 947.

〔158〕 即便是同情性地对待公司契约论的这些弱点,也往往伴随着温和的反击。See Ulen, supra note 33, at 321.

财产面向的丰富文献。第四节则揭示所有权和信义义务间的理论关系。

(一)公司——一种所有权结构

假如公司不是合同束,那么公司是什么?可以明确的是,有别于法与经济学运动中的“厂商”,公司发挥的是法律独立之重要功用。公司最好应被理解为所有权结构:将一系列混乱的对人请求权转化为有序“打包”的对物请求权,即“股”,让股权摆脱“人”的属性羁绊而得以被分割、转让。股权此特性直接约束转让取得股权的主体,无须受让人明示或默示的合意,这也是法律机制下公司的核心财产性面向。[159]

公司带来的权利性质的剧变不是从“财产”到“合同”的转变,而是从“属人权利”到“对物权利”的转变。股份的对物属性体现在两个方面,一方面,股权继受者取得对界权利(有限责任也是如此),学者之前也已注意到,公司重要财产特征之一便是股份所有权的对物属性。[160]另一方面,较少为人关注的是,股份继受人同时也承继股份所有权的限制因素,就如负担地役权的土地一般。尽管地役权常常被忽视,但它也属于对物关系的一个方面,某种程度上,其本身也属于对物权。[161] 公司股权上述两方面对物属性直接适用于股权继受人,无须借助于对人合同,这使得公众公司的股份得以自由转让。

假如我们检视一下公司构造可能的合同安排,便会发现公司显然属于所有权结构。一人或多人共同所有公司财产,且以团体身份缔结合同,这便是公司构造的合同替代方案。然而,本文表明,公司上许多重要类财产特征不能通过共同所有人之间的合同形成。此种合同替代性安排仅会造成各类财产共有人间财产与非财产关系的混乱。因此,公司发

---

〔159〕 法律实体构造也便于公司持有的、以“权利束”为表现的基础合同性利益转让。这使得原始所有人免于对方当事人的敲诈而方便转让,同时也保护合同对方当事人免于所有权人投机性转让合同(因为必须以“权利束”方式转让)。See Kenneth Ayotte & Henry Hansmann, *Legal Entities as Transferable Bundles of Contracts*, 111 Mich. L. Rev. 715, 717 - 18 (2013). 尽管 Ayotte 和 Hansmann 采取纯粹的“合同束”观点,但仍认识到“将合同权利打包进类财产框架中”的实体独特法律价值。

〔160〕 See Joo, supra note 1, at 810.

〔161〕 Glen O. Robinson, Personal Property Servitudes, 71 U. Chi. L. Rev. 1449, 1467 (2004). (“地役权的财产特性创生拘束当事人对物义务,否则当事人本来就不应与义务创造者发生法律关系。”).

挥这样一种所有权作用——以股权的形式将杂乱无章的权利集合捆绑、打包成简洁、可分割及可转让的所有权单元。在合同性权利转化为财产性权利的过程中,公司赋予对人权对物属性,也促进了资本的形成。[162]

公司可以被视为所有权结构,这种所有权结构是一种不同于财产所有权的形式。这也解释了为何把股东称为公司"所有人"是不妥当的,因为这不符合股东所有公司股权的现实。公司并非归股东所有,它仅是允许股东"去人化"所有经营财产的一种组织工具。试想其他形式的所有权,我们通常不会认为,"所有"永久所有权或者"所有"租用权,我们只会认为,个人以永久所有权或租用权方式持有财产。与之相似,主体以"股"的方式持有经营财产。基于此视角,公司是另外一种形式的所有权——其出于股份所有权广泛持有和便捷转让的目的设计而存在。

公司是一种所有权结构,此观点也同既有财产法理论光谱呼应。上文提及奥诺雷观点通常被用以论证反对公司中存有所有权利益的观点,但其本人也将公司描述为一种形式"分散所有权"。[163] 作为所有权结构的公司植根于财产法理论需要理论供给,下节提供了相应理论。首先,我们需要在财产法框架中建立权利集合,以此奠定公司中所有权利益的基础。其次阐明,财产法基础又取决于普通股股东持有剩余的、非缔约达致的投票权——也即本文所谓的"不能被排除的排他权"。最后则是在公司合同请求权与财产性利益间划清边界。

(二)财产法理论、排他权及公司法

为了证明公司中确存所有权利益,首先需要界定什么构成"财产"。定义财产有多种方式,最流行的或许是上文提及的"权利束"的比喻。[164]

---

〔162〕 此观点也符合 Amnon Lehavi 关于公司是"财产束""财产微观宇宙"的描述,在此描述中,"如此构造的权利和义务具有对物效力。"See Amnon Lehavi, *The Construction of Property*: *Norms*, *Institutions*, Challenges 196 (2013). Lehavi 方法和本文介绍的方法的本质区别是,Lehavi 不同于"排他权"是公司"核心"财产特征的观点,而本文分析大多建立于排他权之上。See Id. at 202. 具言之,Lehavi 主张,排他权"不是商业公司的核心。" Id. 然而,此两种分析在强调公司对物功能方面完全一致。

〔163〕 See Honoré, supra note 69, at 142. ["其次,分散(所有权)通过分割管理与报酬受益、资本处理达成专门化的目的;受益人享有财产的专业管理,同时也负担某些风险。……信托、法人公司均属此类机制。"]

〔164〕 See supra notes 160 - 62 and accompanying text.

然而,晚近的"新本质说"认为,排他权是财产定义的核心,且这是主流学说的观点。[165] 事实上,某杰出评论家曾主张,排他权是财产的本质。[166] 尽管关于"排他权是财产的必要条件"的传统观点仍存批评声音,但批评者大体承认,排他权是财产最重要的特征。[167] 本节将表明,排他权就观察普通股所表征的财产性利益提供了一个绝佳视角。

如其他组织,公司中许多当事人也享有所谓的排他权。董事会享有雇佣、解任经理的排他权,经理享有雇佣、解任雇员的排他权。即便低层级雇员也享有排他权,例如,门卫或者店长享有其权限范围内的排除他人获取公司财产的权利。实际上,这些公司雇员甚至享有阻止股东现身公司场所或使用公司财产的排他性权利。股东个体不直接享有针对他人的排他权,以日常视角视之,股东似乎在公司内不享有排他权,这大概也是股东权未被视为排他权的原因。

然而,股东在公司内确存极为重要的排他权。事实上,股东享有直接或间接通过投票排除他人的权利。股东享有的排他权根本表现为选任或解任董事的权利,董事则在公司内部行使所有的管理权。此权利不仅使股东能排除管理公司的董事,还能使公司管理免受董事会或其他主体的干涉,这也属于一种治理性权利。[168]

不同于公司其他主体享有的排他权,股东的排他权是公司内一种特殊的权利。公司的雇员或者经理能够被更高层级的经理或董事会排除。即便董事也能轻易被股东以投票解任权排除,且此种解任投票无须提前征得任一董事会成员同意。[169] 然而,如果未经股东个人或全体同意,具有投票权的股东便不能被公司排除。在公司中,普通股及附随其上的投

---

[165] See Jonathan Klick & Gideon Parchomovsky, *The Value of the Right to Exclude: An Empirical Assessment*, 165 U. Pa. L. Rev. 917, 920 (2017).

[166] See Thomas W. Merrill, *Property and the Right to Exclude*, 77 Neb. L. Rev. 730, 754 (1998)("财产权意味着不多也不少地排除他人获取宝贵资源"。). Gregory S. Alexander, *The Complex Core of Property*, 94 Cornell L. Rev. 1063, 1070 (2009) ("排他权"不是财产间唯一的界限。).

[167] See Klick & Parchomovsky, supra note 165, at 919 – 20(将"权利束"与财产权联系在一起的 Honoré 也将排他权置于诸权利之首。).

[168] See supra note 134 and accompanying text.

[169] See Del. Code Ann. tit. 8, § 141(k) (2019).

票权不能被消灭,所以股东的投票权也不能被排除。[170] 有投票权的股东持有的是这样一种排他权,也即未达成某种形式的合意,股东的投票权不能被排除,其亦属享有此特性的唯一公司请求权人。因此,股东排他权本身并不具有可排除性。在公司中,这种"不可排除的排他权"是一种独特的权利,且仅为股东所享有。在组织中,"不可排除的排他权"也是财产所有权最为重要的属性。

普通股不能被消灭。如上文所述,公司必须至少保有具有完整投票权的股份。需注意的是,公司必须保有具有完全(或者说剩余)投票权的股份,而非剩余经济利益(尽管《标准商事公司法》要求二者都是必需的[171])。该论点本身尚不足以阐明股东的特殊性,因为一般而言,董事会本身也不能被消灭,除非公司选入封闭公司的法律。股东解任与董事解任最重要的区别在于,股东能在无须董事个人或集体同意的情况下,免除特定董事任职。尽管股东也会遭遇排挤收购,但假如没有绝大多数股东投票或者更广泛的股东同意,股东排挤收购也难实现。

具言之,以投票权为代表的"不可排除的排他权"是公司股份的一大特征,其最有力地印证了所有权利益的存在。但这不意味所有投票权都构成一种强的所有权,例如,优先股股东仅享有针对可能不当影响其利益章程修正提案的表决权。[172] 然而,相较其他合同当事人,这仅属一种否决权。此权利不允许权利所有人选任或解任董事,[173] 因而不能被视为所有权,也不包含排他的剩余控制权。

诚然,股东个人有时会被迫转让自己的股份,例如,在挤压式并购的情况下,少数股东被迫套现出局。[174] 然而,有三点理由说明这不构成排他权被排除的情况。首先,在未征得多数股东同意的情况下,股东不能

---

〔170〕 公司可以创设无投票权的普通股,但必须有一类别的股份具有完全投票权。See supra notes 123 – 24 and accompanying text. 下文第五章第四节也将讨论无投票权股的问题。

〔171〕 See Model Bus. Corp. Act § § 6.01(b), 6.03(c) (Am. Bar Ass'n 2016).

〔172〕 See, e.g., Del. Code Ann. tit. 8, § 242(b)(2) (2019).

〔173〕 一个更为贴切的例子或许是,规定公司在未能偿付分红或利息的特定情况下,股东甚至债权人能够投票选任董事。

〔174〕 See Zohar Goshen & Assaf Hamdani, *Corporate Control and Idiosyncratic Vision*, 125 Yale L. J. 560, 611 (2016).

被迫放弃其股权。[175] 在以简易并购为代表的未经过投票程序股东被排挤的情况下,股东仍享有以评估方式受偿其股份价值的权利。[176] 与之相反,无须董事个人或集体同意且无须补偿的情况下,董事便能被任意解任。[177] 其次,仅凭当事人被迫出售财产尚不能否定财产权的定性,试想,共有财产共有人也可能被迫出售权利份额,但这并不能使权利属性变为可以排除的排他权。最后,财产理论不保护股东,仅保护表征所有权利益的股份。[178] 股东可能被迫出售股权,但股权本身必须始终保持在外发行的状态。在针对公司的各类请求权中,上述特征是独一无二的。

因此,投票权利益是确定公司中存在财产权利的一类重要指标。最直观的思想实验莫过于假想隔离公司中独特所有权利益产生的后果,公司因此成为"无主之公司"——没有所有权人的非营利性公司。[179] 杰出企业所有权理论家汉斯曼(Henry Hansmann)在检视正式控制权的功用后,在其经典论述中检讨鲜有股东控制的公众公司,[180] 并将此类公司命名为"投资人所有"的企业。[181] 汉斯曼追问道,假如我们抛弃股东的正式投票权且以假想低效的控制权取而代之,那么将会带来什么变化?[182] 结论让人震惊,尽管这种实体可能参与商业活动,但本质上属于非营利性组织——尽管股东也是受益人。[183] 此类公司没有所有权人。

---

[175] See Id. at 612 – 13.

[176] See George S. Geis, *An Appraisal Puzzle*, 105 Nw. U. L. Rev. 1635,1641 – 42, 1648 (2011).

[177] See Del. Code Ann. tit. 8, § 141(k) (2019).

[178] 这是一个容易被忽视但意义重大的论点。假如财产权保护的是股东个人的利益,那么董事会便有义务遵循绝大多数股东的意愿,即便此种意愿会损害少数股东的利益。然而事实并非如此,因为董事的信义义务也适用于少数股东。

[179] See Henry Hansmann, The ownership of Enterprise 7 (1996)(非营利型公司是"没有所有权人"的公司。).

[180] See Id. at 1 – 3.

[181] Id.

[182] Id. at 61.

[183] Id.(移除投票权的结果"或是形式上非营利型的公司"。)没有投票权的商业公司便是非营利型公司,这种观点看起来不符逻辑,汉斯曼教授也曾指出,非营利性不禁止赚取利润。Id. at 228. 然而,"非营利型公司的核心特征在于,它禁止将赚取的利润分配给掌握公司控制权的人。" Id. 在此语境下,投票权意味着"控制权"。

因此,就所有权而言,正式的投票控制权是所有权必需因素,经济剩余权并非是此类要素之一。

有人可能会质疑,投票权如何成为所有权存在与否的一种表征,又如何解释非营利性公司属于无主所有的公司,毕竟非营利性公司也有当事人行使投票权。汉斯曼虽未直接解决此问题,但他提出解题的关键在于,非营利性公司的投票权不能被转让。[184] 转让投票权的权利是一种经济剩余权利。股权通常被认为是投票权叠加可转让权,其本质上属于可转让的投票权。该特性使得股权与董事会的权利相区别,董事会可以任命其团队中的新成员甚至是暂时的接任者,却无法转让此种任命权。股东可以转让此类权利,但公司也因此不存在同时具有或部分具有剩余经济权的投票权。

本节试图纠正财产法与公司法之间的理论错位,揭示公司法的财产面向。公司法学界常讨论公司是什么,却很少考虑财产是什么。公司契约论过度占领公司法学界的地盘,此现象或可归因于财产理论严肃讨论的匮乏。本节试图运用财产理论辨析公司中存在的财产性利益。本文认为,排他权是财产的最强表征方式,尽管也有论者不支持"排他权理论",但至少承认某些公司或商事组织中也构成财产的一种形式——"共管财产"。[185] 事实上,"共管财产"被视为属于多所有权人的财产,[186] 这同公司是一种所有权结构的主张也不谋而合。

(三)财产与合同之间的界限:在公司法上重现

上文揭示了公司法确存财产性权利,但未描绘相较合同性权利,财产性权利的宽度与深度。宽度解决的是权利边界问题,即哪些权利是财

---

[184] See Usha Rodrigues, *Entity and Identity*, 60 Emory L. J. 1257, 1267 – 68 (2011)(非营利型公司的参与人不能转让自己的利益,因此也不存在营利型公司的"公司控制权市场"。).

[185] See Alexander, supra note 79, at 1856 – 57. 尚不清楚,为何亚历山大仅提及封闭公司,而未提及公众公司。

[186] See Id. at 1856. 亚历山大主张,与梅里尔(Merrill)和史密斯(Smith)相联"排他性理论"忽视财产中的利益相关人,他称其为"共管财产"。See Id. at 1854 – 55. 本文使用排他权概念划分公司中财产的边界,"共管财产"的概念似乎与其相矛盾。然而,与本文有关的是,史密斯回应,所谓"共管财产"类似于梅里尔和史密斯提出的"实体财产"(entity property),包括公司。See Smith, supra note 145, at 2073 – 74 n. 71. 因此,我们可以认为,排他权进路分析并未完全排除"共管财产"原则的考量。

产性权利，哪些权利是合同性权利？如上所述，股东通常同时享有财产请求权和合同请求权，只有准确定性请求权，才能明确相应的法律后果。深度解决的是股东享有何种所有权利益？哪些所有权利益是合法的？正当的？抑或是合法且正当的？这些所有权利益是否附着于公司本身或其财产之上？

1. 财产权的广度

我们从科斯"厂商理论"法律翻新再版出发，构建财产理论。科斯质问道，以经济为目的的交易为什么以厂商形式而非市场形式展开？[187]科斯理论解决的是为何以厂商形式组织经济活动的问题，而非为何以公司形式(或其他法律实体形式)组织经济活动的问题。尽管科斯也提及法律意义上的雇员和独立承包商是厂商的基础，但其未追问的是，厂商缘何作为一种法律实体而存在。事实上，科斯厂商概念也涵盖有雇员的独资企业，因为科斯观念中厂商的核心特质是科层关系，而非组织化的构架。[188]

本节追问科斯没有追问的问题，即缘何公司作为法律上一种制度而存在？本节想表明，合同构架不能模拟公司法上诸多特征，个中原因可归结为两对张力。其一，合同构造无法提供必要的制度细节，例如信义义务关系；其二，正如公司对物性特征揭示的那样，在公司众多潜在请求权人或股权受让人之间缔结合同面临着现实困难。公司核心对物性特征面临着上述两类阻碍，因此对物性特征无法通过合同实现，只能通过财产利益等其他途径表达。

需要注意的是，实践中成规模的商业通常是以实体的方式组织的，这是我们的分析起点。当事人为何不直接所有经营财产且运用详尽的合同手段规制共有及共管关系呢？欲回答此问题，必先从法律层面回答科斯的基础性追问——为何商业经营是以公司(或其他实体形式)展开，是否存在其他替代方案？对此问题通常有两种回答。其中一种回答是，有限责任等法律人格的特点能带来相当便利，但这引发后续问题，为何合同法不能直接在其范畴内复制这些公司法普通特征呢？

---

〔187〕 See Coase, supra note 19, at 390.

〔188〕 See supra notes 25 - 29 and accompanying text.

晚近许多文献已注意到,公司法及其他组织法的许多方面不能被合同法模仿,因此,商业制度发源于其他部门法,例如财产法。我们称此进路为“可复制性进路”,最典型的体现莫过于汉斯曼和克拉克曼经典之作《组织法的本质》。[189] 在这部作品中,汉斯曼和克拉克曼分析不能被合同复制的公司法特征后,发现组织法的独特性。[190] 两位作者认为,合同法不能复制的组织法特性大部来源财产法。[191]

在公司法众多特性中,两位作者明确公司财产免受公司股东的债权人主张的“积极财产分割”的功能,这也是组织法上重要且独特的特征。[192] “积极财产分割”功能要求股东债权人的受偿顺序居于公司等实体的债权人之后,这使得向企业放贷的债权人无须担忧企业所有权人本身的对人合同关系。[193]

“积极财产分割”功能便是本文一般意义上提及的公司“对物”功能。“积极财产分割”把公司当作从经营财产上剥离对人属性的一种工具,并使该对人属性转变为对物财产请求权。更重要的是,汉斯曼和克拉克曼之所以把“积极财产分割”功能视为组织法的“本质”属性,很大程度上是因为合同法不能复制类似的法律效果。[194] 汉斯曼和克拉克曼的理论贡献在于,其不仅阐明了财产是公司中的必要板块,也提供了一种界分合同与财产的分析工具。[195]

汉斯曼和克拉克曼的研究表明,“积极财产分割”功能是公司法的重要属性,并以此推进组织法的理论认识。遗憾的是,两位学者未推演其逻辑,因为财产分割不是公司法唯一组织特性或者说财产特性。组织

---

〔189〕 See Henry Hansmann & Reinier Kraakman, *The Essential Role of Organizational Law*, 110 Yale L. J. 387 (2000).

〔190〕 See Id. at 390.

〔191〕 See Id.

〔192〕 See Id.

〔193〕 See Id.

〔194〕 See Id.

〔195〕 需要注意的是,财产法呈现此种状态并非必然的,公司法也有其他表达方式。这是汉斯曼和克拉克曼提出的观点,于此也适用。See Paul G. Mahoney, *Contract or Concession? An Essay on the History of Corporate Law*, 34 Ga. L. Rev. 873, 878 (2000)(假如历史潮流不抵制演化的话,财产法和合同法本应发展出组织法的财产分割类型。).

法上其他特征也不能被合同法复制。事实上,汉斯曼和克拉克曼提供的进路能够"照亮"公司法中更广的财产法特性、更五彩斑斓的组织法面向,而非仅限于其文章所述一隅。

合同法不能复制的公司法最重要特征或许是公司契约论主要解释目标——信义义务。公司契约论认为,信义义务的产生是因为高昂的交易成本阻止当事人订立足以应对所有突发情况的管理合同。[196] 然而,仅从可复制性角度而言,合同构造无法实现公司法目的本身恰恰证明合同复制方式的无能为力。

值得注意的是,当事人可以明确约定达成关于信义义务的合同,尽管法院可能认为该合同条款内容不够明晰。即便在信义义务已经存在的公司法背景下,合同是否还能创设新的信义义务仍不明晰。[197] 即使回答是肯定的,约定达成一个关于信义义务的合同并不会使得信义义务的定性转变为合同。此外,公司执照条款也不会就信义义务作出明确的规定,某种程度上,它是以负面清单的方式解决此问题的。[198]

当然,理论上当事人可以通过书面合同约束经理应对突发状况,以此替代信义义务。当事人也可以通过合同形式复制"积极财产分割"功

---

[196] See supra Section II. B.

[197] See, e. g., Jesse M. Fried & Mira Ganor, *Agency Costs of Venture Capitalist Control in Startups*, 81 N. Y. U. L. Rev. 967, 1014 (2006)(因为信义义务属性的强制性,所以扩张公司中的信义义务仍被视为困难重重。).

[198] See, e. g., Del. Code Ann. tit. 8, § 102(b)(7) (2019). 上述条文如下:"(7) A provision eliminating or limiting the personal liability of a director to the corporation or its stockholders for monetary damages for breach of fiduciary duty as a director, provided that such provision shall not eliminate or limit the liability of a director: (i) For any breach of the director's duty of loyalty to the corporation or its stockholders; (ii) for acts or omissions not in good faith or which involve intentional misconduct or a knowing violation of law; (iii) under § 174 of this title; or (iv) for any transaction from which the director derived an improper personal benefit. No such provision shall eliminate or limit the liability of a director for any act or omission occurring prior to the date when such provision becomes effective. All references in this paragraph to a director shall also be deemed to refer to such other person or persons, if any, who, pursuant to a provision of the certificate of incorporation in accordance with § 141(a) of this title, exercise or perform any of the powers or duties otherwise conferred or imposed upon the board of directors by this title."——译者注

能甚至是有限责任,但这对于侵权债权人而言仍存困难。[199] 欲达此目的,当事人必须同每位股东的潜在债权人缔结关于“积极财产分割”功能的合同,且必须同每位公司侵权的潜在受害人缔结关于有限责任甚至侵权法本身的合同。

即便信义义务、有限责任、侵权法甚至财产法本身都可以假想通过与世界上每一个人缔约的方式发挥替代功能,也不意味着上述法律领域都属于合同。某事项是否能够被合同复制,其实取决于其间涉及的交易成本。在上述侵权、财产、“积极财产分割”、信义义务等场景下,交易成本禁止合同复制。

汉斯曼和克拉克曼创设的“可复制性”进路最终摧毁了解释普通股权利的公司契约论。仅需简要地分析便能发现合同束理论与“可复制性”进路的矛盾之处。根据公司契约论,如果经营财产的共有人得以通过合同复制公司所有的特征,那么他们仅存合同性请求权。这对他们在经营财产上的财产利益又将意味着什么?一方面,现实中不存在把这些财产性权利转变为合同性权利的合同;另一方面,假如没有公司,最终结果是财产也就没有所有人,悖论由此而生。公司契约论要求公司是合同束,但同时公司又不能被合同束完全复制,该理论无法自圆其说。

交易成本阻碍针对股权的合同解释,财产法却能解决此问题。财产法创设约束未知(甚至不具有可知性)对方当事人协议中的对物义务,一并解决交易成本的问题。[200] 不同于合同法中的对人性侧面,私法中的对物性侧面是典型的财产法机制。下文简要展示公司法中的财产法机制如何赋予公众公司必要的对物特性。

公司治理不能简单通过合同复制或适用普通财产法而实现其治理目标。商事所有人可通过共同租赁的形式持有经营财产,但共租人所有的权利(使用且占有全部财产、转让利息、强力分割)会使商事所有人持有经营财产的行为困难重重。[201] 当事人尝试就此缔约,但该合同似乎

---

〔199〕 See Velasco, supra note 8, at 920 – 21.

〔200〕 See supra Section II. C. 2.

〔201〕 See Morgan Ricks, *Organizational Law as Commitment Device*, 70 Vand. L. Rev. 1303, 1321 (2017).

就权利转让约定不具有约束力,且既有的合同救济也是不充分的。[202] 为了使公司成为一个财产购买者,当事人还必须约定不得行使一般意义上的财产权。此外,该合同很有可能还会被认定为违反永久存续原则或者构成不被允许的权利分割。[203] 公司的财产法特性却能提供相应解决之道。

股权可自由转让是公司的核心特性,这需要财产的对物特征。这是因为上述特殊限制需要对受让方产生强制拘束力。于此方面,在公众公司中,所有人都能购买股权,因而存在合同不能复制的必要对物性。股份所有权向无数的、分散的当事人群体开放,所有潜在的买家不可能都就此缔约。财产法有办法解决此问题,解决之道类似于"跟随土地"的地役权的设置。公司股份的受让方受制于种种限制,却无须缔结合同,这便类似于地役权。[204] 股权适用于那些没有法律关系的权利持有人,属于对物权利。[205] 某种程度上,"可转让性"这一特性是汉斯曼和克拉克曼"积极财产分割"理论中的应有之义。[206] 这是公司法不能被合同法复制的对物性两个方面,也是公司法的强制性特征。

股份可转让性与类财产规则间的关联可以通过非法人组织与公司的对比揭示出来。例如,相较于公司,非法人组织拥有更广阔且灵活的合同约定空间,[207] 特别表现为其在某些法域下可以限制或消灭信义义务。[208] 此外,有限责任公司(LLC)"主要是合同的产物",这在特拉华州

---

[202] Id.

[203] See, e. g. , Roberts v. Jones, 30 N. E. 2d 392, 394 (Mass. 1940)(对分割和转让的永久禁止是违反公共政策的。).

[204] See Robinson, supra note 161, at 1467("地役权的本质是,其为当事人创设一项对物义务,且当事人无须与义务的创设人产生关系。").

[205] See Henry Hansmann & Reinier Kraakman, *Property, Contract, and Verification: The Numerus Clausus Problem and the Divisibility of Rights*, 31 J. Legal Stud. S. 373, 374 (2002)(财产最重要的一个因素是,财产权的强制执行可以对抗财产的受让人。).

[206] 积极财产分割模式使财产免收所有人的债权人的受偿。See Hansmann & Kraakman, supra note 189, at 390. 但此模式同样重要的一个方面或是,其使财产免收财产受让人的受偿。事实上,所有权人的债权人本质上也属于财产特殊的受让人。

[207] See, e. g. , Anglo Am. Sec. Fund, L. P. v. S. R. Glob. Int'l Fund, L. P. ,829 A. 2d 143, 150 – 151 (Del. Ch. 2003).

[208] See Scott Gordon Wheeler, *Comment, LLC Fiduciaries: Where Has All the Good Faith Gone*?, 59 U. Kan. L. Rev. 1063, 1066 – 67 (2011).

表现得尤为明显,[209]也即特拉华州有限责任公司法明确规定"使合同自由原则产生最大的效果",且允许当事人消除所有的信义义务。[210] 然而,即便在最为合同化的组织中也仍存剩余财产利益。换言之,商事组织中存在"财产性"的"光谱",一边是公众公司,另外一边是有限责任或普通合同。[211]

于此"光谱"中,有意思的是,随着股份流动性的增强,信义义务的强制性规则也随之增强。合伙和有限责任公司的权利是最不容易变动的,相应地,其信义义务的强制性规定也最少;[212]封闭公司居中,其信义义务规定较上者更多;[213]公众公司通常有最多的强制性规定,其股权也最容易发生变动。[214] 上述财产"光谱"也支持下述观点:公司的制度设计是为了促进股权流动,而这是合同法难以执行之任务。

然而,即便在特拉华州有限责任公司中,"纯粹契约论"的解释也并非毫无破绽。[215] 关于"合伙人所有合伙或合伙财产"的观点存在不同意见。在《统一合伙法》中,合伙财产正式被合伙人以"联名合伙"(tenancy in partnership)的方式直接持有。[216] 然而,即便在传统的合伙"束"视角看来,合伙人通常也不以联名共有的方式保有权利,其权利受制于衡平所有权。[217] 因此,即便诸如合伙这般高度合同化的组织构架也存在剩

[209] See In re Seneca Invs LLC, 970 A.2d 259, 261 (Del. Ch. 2008).

[210] See Del. Code Ann. tit. 6, § 17 – 1101(b) – (c) (2019).

[211] 合伙及有限责任公司可以被视为处于"光谱"的极端,因为其完全能用合同而非实体的方式展开经营。

[212] See Wheeler, supra note 208, at 1066 – 67, 1069 – 76.

[213] See Shannon Wells Stevenson, *The Venture Capital Solution to the Problem of Close Corporation Shareholder Fiduciary Duties*, 51 Duke L. J. 1139, 1142 – 44 (2001).

[214] See Wheeler, supra note 208, at 1067 – 68. 然而,在公众公司中,某些强制性规范便放松管制。最典型的例子如加州的累计投票制度,封闭公司通常要求累计投票制度,see Cal. Corp. Code § 708 (West 2019),但却允许"上市公司"消除累计投票制度,see Cal. Corp. Code § 301.5 (West 2019)。

[215] See In re Carlisle Etcetera LLC, 114 A.3d 592, 605 – 06 (Del. Ch. 2015)("纯粹契约进路视角忽视有限责任公司独立法律人格、永久存续、成员有限责任等核心特征,而此种特征只有国家能赋予。").

[216] See Unif. P'ship Act § 25 (Unif. Law Comm'n 1914).

[217] See generally Ricks, supra note 201, at 1327 – 42("归入特性""对物特性""权利合并特性"是合伙不能归于联名所有权的普通权能。).

余财产利益，此种剩余财产利益直接同利益的可转移性挂钩。

信义义务、股权免除的属人特性即可自由转让的特性都属于本章所涉及的组织法上的特征，二者存在某些共通之处：其一，假如不付出高昂的交易成本，二者均不能被合同法复制；其二，它们本身属于对物权利，自动附着于股权且跟随股份所有权；其三，无须明示的合同条款，二者属于自动附着普通股利益的公司法强制性规定。上述共同点均属普通股股东的财产面向。

公司的缺省性规范适用于公司剩余投票利益（尤其是普通股），公司财产权的宽度恰与之相同。偏离相应缺省性规范的公司营业执照或章程等定制条款（某种程度上，这种偏离是被允许的）具有合同性权利的特性。财产性缺省性规范的边界变动不居，下文探讨此问题。

2. 财产权的深度

上节对物理论大致划分了公司中哪些利益属于财产性利益，哪些利益属于合同性利益。本节讨论的是财产权的深度问题，也即到底存在何种财产权？如上文所述，股东在公司财产上不享有布莱斯通意义上的类似私人土地永久所有权的财产性利益，[218]甚至也不存在联名所有权中的共享权利。故股东享有的是一种不同的、较传统财产所有权更浅层的财产权。

“公司是所有财产的一种方式”。该观点与“公司而非股东是公司财产的法律所有权人”这一众所周知的法理相违背，[219]甚至股东所有权的支持者也经常区分所有公司和所有公司财产这两个概念。[220] 然而，此争论围绕的是公司财产的法律所有展开，并未提及公司财产上的衡平利益。事实上，股东所有公司财产上的衡平利益，这也是一个世纪以来

---

〔218〕 See Blackstone, supra note 104, at 2.

〔219〕 See, e. g., Purcel v. Wells, 236 F. 2d 469, 472 (10th Cir. 1956) (“公司而非股东是其财产的法律所有权人。”).

〔220〕 See Velasco, supra note 8, at 908.

信义义务之所以存续、“游荡”在特拉华州及其他法院的原因。[221] 公司属股东所有的事实也反映大法官法庭——衡平法院才是名副其实的公司法法院。

公司就其财产享有法律上的所有权，股东不以联名所有的方式就公司财产享有永久所有权。尽管公司所有与联名所有间存共通之处，[222] 公司财产的财产性利益属于衡平利益，而非法律利益。与法律所有权脱钩的衡平所有权是信托关系的回声，有关信义义务的现代法也由此发轫。第三章第四节将就二者关系展开更详尽的讨论。

3. 公司法上的界限问题

正如内部事务原则所描述的那样，假如不存在公司内外边界，公司法就不足以设立。财产理论划分的是财产与合同的边界。对于信奉公司契约论者，该边界仍重要，因为股权虽是合同，但此合同不同彼合同。例如，一般的不完全合同也不像公司合同一般默示规定信义义务。

因此，在公司合同中，法院“不走寻常路”——即便把公司法视为特别合同法，法院仍需了解什么时候他们应该适用特殊规范？哪里应该画出分割线？——这在所有的案件中并非都如此显而易见。但上文描述的合同不能复制的财产规则均可被视为“现成”的公司法缺省性规范。附着于具有剩余控制权的股之上的缺省性规范恰好是公司法与合同法边界所在。因此，股东在公司中可以同时享有合同性权利与财产性权利。

4. 关于公司财产的新研究

以汉斯曼、克拉克曼为先驱的研究者探寻了组织法的财产面向，上文分析正是建立在此类新文献的基础上。尽管公司法的学术文献中充斥着合同束理论，在财产法的学术文献中则存另一种观点，即公司法更

---

[221] See 2 Arthur W. Machen, JR., *A Treatise on the Modern Law of Corporations with Reference to Formation and Operation under General Laws* § 1399 (1908)（“此外，在某些方面，董事同公司以及权利、财产、公司资产的真实所有人——股东间的关系类似于代理人同本人——隐名合伙人之间的关系，也类似于受托人与受益人之间的关系。”）. See also Cahall v. Lofland, 114 A. 224, 232 (Del Ch. 1921)（“关系的根本特征是信托中的忠诚，而董事职位本身并不能带来其他便利。”）.

[222] See Danielle D'Onfro, *Limited Liability Property*, 39 Cardozo L. Rev. 1365, 1380 – 81 (2018)（如何看待股东作为联名所有人也有助于理解股东所有何种权利。）.

多源于财产而非合同。[223] 然而,即便在公司法领域,不断累积的文献确证,合同不能复制公司法的许多面向,这也表明公司法存在剩余财产权。[224] 该研究进路奠定了公司法的"财产基础",也有利于"打造合同性上层建筑"。[225] 由此,公司法研究走在财产法视角研究的大道上,且一路向前。[226]

关于公司新财产文献的开端是汉斯曼、克拉克曼的富有前瞻性的论文。他们的论述启发了其他对明确组织法的其他不能为合同复制特性的论述。例如,阿穆尔和温考普(Armour and Whincop)基于汉斯曼与克拉克曼的研究做出了重要理论贡献。汉斯曼、克拉克曼关注的是公司法中"积极财产分割"的财产法部分,阿穆尔和温考普则描绘了财产法在公司法中发挥的更为广泛的作用。[227] 阿穆尔和温考普在公司法的"财产基础"与"合同性上层建筑"之间划分楚河汉界,后者依据"条款规定是否能通过私人合同复制"予以认定。[228] 虽然阿穆尔和温考普未认识到本文确定的财产法特征,但其分析为新兴的财产法视角提供了重要助力。

与之相类,摩根·瑞克(Morgan Ricks)发掘了组织法"财产让渡"另一重要特性。[229] 该特性补足了汉斯曼和克拉克曼提出的"积极财产分割"理论,处理的是共有人之间的关系。[230] 与财产分割相似,财产让渡无法通过合同约定复制实现。[231] 瑞克教授用"财产转化"解释"财产让

---

[223] See James Y. Stern, *The Essential Structure of Property Law*, 115 Mich. L. Rev. 1167, 1201 –02(汉斯曼和克拉克曼所谓"组织法是财产法,而非合同法"的论断是基于"互相排斥"的财产原则。).

[224] See, e. g. , Hansmann & Kraakman, supra note 189, at 393.

[225] See John Armour & Michael J. Whincop, *The Proprietary Foundations of Corporate Law*, 27 Oxford J. Legal Stud. 429, 449 (2007).

[226] See Lehavi, supra note 162, at 186. ("公司法理论逐渐从以合同法为基础的分析转化为研究财产权在公司中扮演的地位……")

[227] See Armour & Whincop, supra note 225, at 463. ["我们认为,(公司法财产基础)规则的范围明显广于汉斯曼和克拉克曼所提出的'积极财产分割'。"]

[228] Id. at 449 n. 79.

[229] Ricks, supra note 201, at 1306.

[230] Id. at 1351.

[231] Id. at 1309.

渡”,这与本文论证存有不谋而合之处。

埃尔达尔与文斯坦(Eldar and Verstein)的最新研究改进了汉斯曼和克拉克曼的理论框架,在与商事组织比较后,明确了担保利益的特性。[232] 如公司一样,担保利益横跨财产与合同。埃尔达尔与文斯坦两位学者展示了担保利益不能复制的实体特性,[233] 表明商事组织拥有相较于担保利益更丰富的财产属性。

除“积极财产分割”,上述财产法视角下的公司法研究为组织法的特性添加了新元素,这些元素均不能通过合同复制予以实现。某种程度上,上述研究均属本文主论点的具体展开。大而化之的组织法也好,细致入微的公司法也罢,不过是不同资产组合的“物化”手段罢了。有限责任、自由转让、永久存续及董事会管理的特权等公司最为重要的特性都是公司对物财产特性的一部分。

(四)财产与信义义务的关联

本文的分析试图展示公司中存在的财产性利益,划分财产性利益与合同性利益之间的边界。本节表明,这些财产性利益直接或间接与公司董事的信义义务相联系。第四章论述公司剩余利益是财产利益,且迥异于法与经济学所谓“剩余请求权”的分析,而本节内容为第四章奠定基础。因此,贯穿本节及下章的观点是,信义义务的产生不是因为普通股东通常享有剩余经济请求权,而是因为他们通常享有剩余控制权。

如上所述,公司契约论努力解释信义义务,因为此义务并不当然产生于合同中,也不附着于其他当事人的自由裁量权之上。[234] 相较不经常产生信义义务的合同关系,信托和代理关系常产生信义义务,而这两个信义场景与公司法紧密相连。

信义义务理论基础的相关文献涉及多个不同的信义场景,庞杂且颇有争议。[235] 这些文献的共通之处是,对代表他人处分他人之物的行为

---

[232] See Ofer Eldar & Andrew Verstein, *The Enduring Distinction Between Business Entities and Security Interests*, 92 S. Cal. L. Rev. 213, 218 (2019).

[233] Id. at 218, 270.

[234] See supra Section II. C. 2.

[235] 下述是一些有影响力的作品:Tamar Frankel, Fiduciary Law (2011), Paul B. Miller, *Justifying Fiduciary Duties*, 58 Mcgill. J. 969 (2013), and Smith, supra note 10.

都默认存在信义义务。[236] 因此，假如股东享有的利益属上文所述的财产性利益，那么管理公司者也应该具有信义义务。事实上，杰出的信义义务法学者史密斯（Gordon Smith）便曾直截了当地总结，"信义关系中具有的特殊忠实义务是为了保护受益人稀缺资源上的类财产利益"。[237] 尽管绝大多数信义义务学者认为，财产法法理不能就信义义务提供一般的解释，但大多数学者认为，代表他人处分他人之物足以默示地包含信义义务，[238] 这是一种合乎目的的解释。

在公司的语境下，财产与信义义务联系以及信义义务的复杂性稀松平常。将公司比作信托在公司法中亦不鲜见。正如公司法，信托法中也存在下面争议已久的问题——信托的受益人在信托财产上是否享有对物利益，抑或仅仅对受托人享有对人的请求权，敦促其履行受托义务。[239] 信托本身通常被认定为财产上的信义义务，[240] 这也预示着对信托的比喻不能迁移至公司上，毕竟公司被认为是一个纯粹的合同束。无论如何，相较信托的受益人，股东享有更多的所有权权能，[241] 这也说明公司股东的类财产属性至少同信托受益人的类财产属性相同。

另一个信义义务常出现的领域便是代理关系。法与经济学的传统论述通常把董事描述为"代理人"，尽管董事确与代理人存在某些共通

〔236〕 See Smith, supra note 10, at 1403.

〔237〕 D. Gordon Smith, *Firms and Fiduciaries*, *in Contract*, *Status*, *and Fiduciary Law* 293, 294 (Paul B. Miller & Andrew S. Gold eds., 2016).

〔238〕 Smith, supra note 10, at 1403 – 04 ("一直以来，律师认为，代理人代表本人处分财产应受到信义义务的规制"，但财产法不能解释所有的信义义务。).

〔239〕 See, e. g., Helene S. Shapo ET AL., *Bogert's the Law of Trusts Andtrustees*, Westlaw, § 183 (2019).

〔240〕 See Restatement (Third) of Trusts § 2 (AM. LAW. INST. 2003) ("信托……是关于财产的信义关系，生成于创设此种关系的意思表示。此关系要求财产权的持有人负有为一或多人利益服务之义务，且至少有一人不是唯一的受托人。").

〔241〕 Velasco, supra note 8, at 907.

之处,[242]但董事负担的义务在法律上并不等同于代理人所负义务。[243]董事代表董事会履职且股东就公司的财产享有衡平法上的利益,上述事实创设类似(并非完全同一)代理关系中的信义义务。

因此,信托关系、代理关系与公司存在诸多共性。某种程度上,公司董事与董事的关系便同时体现信托关系和代理关系的特征。两类关系至少部分都属于以财产为基础的关系。公司股份的财产方面与信义义务的信赖方面相联,股份的代理方面又与投票权相联,而投票权是"财产—信义义务"连接中的核心部分。

当我们把关注焦点从信义义务理论转移至公司法,便会发现此种联系更为明显,不仅仅体现在对一般财产和信义义务的保护上,也体现在对具体投票权和信义义务的保护上。在特拉华州法律中,投票权被单独特别保护,以使其免受董事会的侵扰。假如董事会意图干涉股东授权,这将触发相较股东其他权利变动的更高层级的审查。[244] 揭露股东投票权与信义义务直接联系的最有力证据莫过于公司法中利益冲突交易中的"涤除"机制。无论是《特拉华州法律》第 144 条[245]还是《标准商事公司法》F 分章,[246]利益冲突交易可以被无利害关系股东的投票权治愈,也只有具有投票权的股东有能力治愈信义义务之违反。[247]

---

[242] See Victor Brudney, *Contract and Fiduciary Duty in Corporate Law*,38 B. C. L. Rev. 595, 611 n. 40 (1997). 第三版《代理法重述》认为,董事不是代理人。See Restatement(Third) of Agency § 1.01 cmt. f(2) (AM. LAw INST. 2006).

[243] See Brudney, supra note 242, at 611. 某种程度上,在忠实的公司契约论模型中,经理确实可能成为股东(或者其他任意合同请求权人)的代理人。原因在于,经理被授权改变公司的法律关系。在公司实体论看来,因为经理改变的是公司的法律关系,而非股东的法律关系,因而经理并非股东的代理人。在公司契约论看来,公司是合同束,所以变更公司法律关系也即变更股东在公司的合同权利。仅凭股东身份,股东与公司或者他人之间不存合同义务,公司契约论于此与事实相悖。因而,明确信义义务中的财产重要性能够补足公司契约论的短板。

[244] See Blasius Indus. , Inc. v. Atlas Corp. , 564 A. 2d 651, 659 (Del. Ch. 1988).

[245] See Del. Code Ann. tit. 8, § 144 (2019).

[246] See Model Bus. Corp. Act § 8.62 (Am. Bar Ass'n 2016).

[247] 《特拉华州普通公司法》《美国标准公司法》明确股东"有权投票"作为"涤除"利益冲突交易瑕疵的相关因素。See tit. 8, § 144(a)(2)("股东随即有权投票"); Model Bus. Corp. Act § 8.63(c)(ii).(涤除交易的"合格股权"属于满足特定无利害关系要求的"有关交易的所有有投票权股权"。)

纠正利益冲突交易的权力仅特别地跟随投票利益，这是因为在双层股权结构甚至无投票权股的情形下，投票利益和经济利益可能分离。[248] 投票利益有能力“涤除”信义义务之违反、审查法院适用公平原则利益冲突之交易，这是所有股东的经济利益（包括无投票权股）也无法实现的。有投票权的股份能单独地“涤除”信义义务之违反，这明显暗示最高级别的信义义务仅从属于有投票权的股份。[249] 第四部分将进一步论述信义义务中财产关系的内涵和有关公司的理论。

四、信义义务的两种解释路径——财产法理论抑或合同剩余请求权

无论对公司契约论还是财产法视角下的公司法而言，普通股的剩余请求权性质都至关重要。然而，在两种不同的进路中，剩余利益的类型也是不同的。公司契约论强调普通股的剩余经济利益，且将其视为信义义务和投票权产生的动力。财产法理论则关注普通股股东享有的、以投票权形式展现的剩余控制权，且将投票（所有权）利益视为信义义务产生的动力。本部分便讨论此两种关于剩余利益的不同解释及其含义。

（一）剩余请求权的修正分析

第三部分检视了公司中财产利益不能通过合同予以替代的部分。本部分则考察该论点的反面，即哪些权利可以通过合同复制替代。普通股通常具有的剩余经济权利无疑属于此类。剩余经济权无须借助“股份”即能以合同方式予以复制，但却产生截然不同的法律后果。同样的经济剩余权却产生不同的法律后果，这表明信义义务及投票权来自剩余控制权而非剩余经济利益。

例如，公司向投资者出售看涨期权，此类投资中不存在投票利益但

---

[248] See infra Section V. C.

[249] 尽管有人可能会质问，无投票权股如何可以投票，《特拉华州普通公司法》第 242 条确实规定此项机制。See tit. 8, §242(b)(2)（关于营业执照的某些修改需要类别股股东的法定投票，即便此种类别的股东不被允许被投票。）.

存在复制普通股的经济利益。[250] 即便期权持有人如同普通股东,几乎在所有的方面都享有剩余请求权,也享有合同性权利,却不享有信义义务带来的利益。[251] 该例子有力驳斥了伊斯特布鲁克和费希尔的观点,表明信义义务并不必然跟随不完全合同与剩余请求权的地位。期权持有人兼具上述要求,信义义务也未附着于期权之上。

上述期权例子暴露出公司契约论的缺陷。实际上,公司契约论在处理信义义务的问题上犯了"颠三倒四"的错误。股东享有公司剩余经济利益,且将剩余经济利益与信义义务结合是有效的,但董事不因此而向股东负有信义义务。管理者之所以就股东负有信义义务,是因为股东就公司的剩余控制权享有财产性利益(以其投票权的形式)。股东之所以享有剩余经济利益,是因为其结合上述二者是有效的。当公司被创设时,那些贡献财产的当事人也放弃其财产的法律权利,同时保有衡平法上的权利。

这并不是说,传统的剩余请求权的分析是错误的,它仅是颠倒了次序。财产所有人选择享有信义权利,也选择保有剩余经济利益,按照法与经济学的说法,将二者结合起来完全是合乎情理的。然而,仅凭借"二者结合是有效率的"解释"信义权利来自于剩余经济利益",缺乏说服力。传统法与经济学认为,股东享有剩余经济利益,且将信义权利赋予剩余经济利益所有人是有效率的,因此股东保有信义权利。相反,财产法视角下的公司法认为,因为股东与公司间存在财产性利益,所以股东才享有信义权利。股东选择保有剩余经济利益,因为这么做是有效率的。

---

[250] 仅在实质区别于真实证券市场的特定情况下存在。See Velasco, supra note 8, at 917. 然而,实践中不常见的事实仅表明这种制度可能的低效,而非表明在理论上看涨期权等同于普通股。See Fischer Black & Myron Scholes, *The Pricing of Options and Corporate Liabilities*, 81 J. Pol. Econ. 637, 649 – 50 (1973)(期权定价理论能够重新定义债权,认为其是公司财产的所有权;同时,当债务清偿后,作为期权的普通股便能取得公司财产的所有权。).

[251] See Feldman v. Cutaia, C. A. No. 1656 – N, 2006 WL 920420, at *6n. 37 (Del. Ch. Apr. 5, 2006). ("特拉华州最高法院坚持认为,董事不对将来股东负有信义义务。")认股权证所有人的权利"完全是合同性"的。Aspen Advisors LLC v. United Artists Theatre Co., 861 A. 2d 1251, 1263 (Del. 2004).

相较既有公司契约论,此种解释公司和信义义务的方式有许多优点。公司契约论的显著缺陷是,股东并非公司唯一的剩余经济请求权人。包括股东在内的其他公司选区均根据公司成败决定自身盈利或损失,且其利益也类似剩余利益。此外,虽然公司契约论假定其他公司选区能仅以合同保障其利益,但鉴于合同的不完全性,其他选区也面临合同难以保障其利益的类似难题。[252] 凸显普通股脆弱性的股东至上主义也忽视其他选区的脆弱性。基于剩余请求权而提出的股东至上主义也忽视公司中存在的其他剩余请求权。

公司契约论者的回应或是,不可否认的是,公司决策的外部当事人不当然包含信义义务。绝大多数学者也不希望董事会在决策时能考虑公司外部因素[253](尽管也存在某些例外[254])。例如,董事会的好决策必然会带给竞争者负外部性,但这种负外部性并不引发董事会的信义义务。外部性存在的事实不表明存在无数的剩余利益所有人。然而,如前所述,公司契约论在此发生"精神分裂",[255] 因为在其模型中,公司无所谓"内部"或"外部"之分,因此也无所谓公司决策的外部性。所有与公司交易的当事人都属合同当事人,而非公司的利益相关人,而该问题财产法理论本就无须顾虑。[256]

即便在认可公司中存在所有权利益论者的内部,"信义义务跟随所有权存在"的观点也并非不存异议。例如,如前所述,汉斯曼明确把所有权与投票权联系在一起。[257] 他认为,剥夺投票权也即剥夺所有权。此

[252] See, e. g. , David K. Millon, *New Directions in Corporate Law Communitarians, Contractarians, and the Crisis in Corporate Law*, 50 Wash. Lee L. Rev. 1373, 1377 – 79 (1993)(公司其他选区也存在无法事无巨细地约定所有事项的问题,此现实粉碎一些不切实际的猜想。).

[253] See, e. g. , Elliott J. Weiss, *Social Regulation of Business Activity: Reforming the Corporate Governance System to Resolve an Institutional Impasse*, 28 Ucla L. Rev. 343, 418 – 19 (1981).

[254] See generally Christopher D. Stone, *Where the Law Ends: The Social Control of Corporate Behavior* (1975).

[255] See supra note 31 and accompanying text.

[256] Velasco 采用另外一种论述外部性的方式。Supra note 8, at 912 – 13 (2010). 因为 Velasco 接受财产法视角下的公司,他的论证并不建立在契约论的基础上。

[257] See supra notes 179 – 183 and accompanying text.

外,汉斯曼教授认为,在全部均为无投票权股份的公司中仍存信义义务,即便此时公司已为“非营利性”。[258] 财产法视角下的公司法将投票权连接财产权,并以财产权为中转连接信义义务,如此避免“投票权—信义义务”间粗暴的错配。

公司契约论存在明显的循环论证,这进一步暴露出以合同束解释普通股的问题。为阐明此种循环论证,我们首先需了解剩余权所有人在企业中不可能仅存合同权利。按照剩余权的定义,其指在满足合同请求权后剩下的权利。赋予普通股股东普通合同意义上的特定经济权利,便会发生逻辑上的矛盾。在一个普通的双边合同中,假如一方当事人带走某些价值,这对另一方当事人也会产生影响。但如果就普通股股东的利润作出某些限制,这些耗散的价值也无处逃逸,因为普通股股东是剩余经济请求权人。与之相类,(按比例地)剥夺普通股股东的合同权同样是不成立的。假设公司取消某些股份,该做法完全不能增加公司全部财富,这有别免除公司某些合同的义务。“羊毛出在羊身上”,剩余请求权人所能就任何具体权利展开洽谈必然是以剩余请求权本身为代价的。当合同义务被满足后,公司中仍保留的缺省性权利束就是剩余请求权。值得注意的是,当公司以特定的方式减轻自身应履行的合同义务,权力便又复归于“剩余的剩余权”,也即剩余请求权人的投票权。换言之,把经济学中厂商理论生搬硬套在作为法律实体的公司上,无疑会产生南橘北枳的后果。

在解决私法中的常见问题——财产规则和责任规则的划分中,这种循环论证再次上演。在法律与经济学的思潮中,一个重要合同法理念便是效率违约。如果把效率违约运用在剩余利益人身上会发生什么?违约将带给剩余利益人利益?事实并非如此,这也部分解释了为何通过财产规则而非责任规则保护公司中普通股东的权利。

某种程度上,相较于剩余经济利益,剩余控制权利益更为优先和基础,因为它是剩余的剩余。某人可以拥有没有剩余经济请求权的组织,

---

〔258〕 See Hansmann, supra note 179, at 61. 汉斯曼认为,在剥夺股东投票权的大型公众公司,“董事也依然负有代表股东管理公司的信义义务,现行的一系列正式或非正式的制裁措施也证明确存此种义务。”Id. 即便“公司形式上是非营利性的”“公司股东是公司的受益人而非所有人”,该论断也是正确的。Id.

诸如许多非营利性组织，但所有的组织都必须所有留存于某处的剩余控制权。于此意义上，剩余控制权——投票权是组织的最小公分母，也是所有权的栖身之所。

至此，我们揭示剩余经济请求权与合同束理论结合后产生的自相矛盾问题。自由漂浮的合同束理论不能以其“纯粹”的理论样态解决问题。传统公司契约论认为，信义义务和投票权都跟随剩余请求权，但在纯粹的合同束理论看来，剩余请求权的定性受到公司缔结合同的影响。事实上，组织必不可少的剩余权利是完全投票权，这是剩余性（residuality）的相关表现形式，也是理解股权财产本质的关键，而非公司财产的经济剩余请求权。

（二）从厂商合同理论到公司契约论

为了解释信义义务，公司契约论依赖某种程度上被简化的合同的不完全性。假如合同是完全的，那么也就没有信义义务存在的必要，因为合同能事无巨细地约定经理应采行为。[259] 关于此点几无争议，问题关键在于，“完全合同不存信义义务”不能推导出“不完全合同一定存在信义义务”的命题。事实上，如前所述，所有合同在某种程度上都是不完全的。此外，非公司语境下的不完全合同通常也不会产生司法上的信义义务。

公司契约论者以剩余经济请求权的概念划分股东与其他合同请求权人，这正是谬误所在。厂商理论不是公司理论，它也从未解决公司法上的边界问题，[260] 相反，它解决的是为什么某些当事人交易时采用合同安排，而另一些当事人并非如此，剩余请求权仅是它解决上述问题的工具。就厂商理论本身而言，其并未供给公司法某些理论关怀。

剩余请求权的分析是如何步步占据公司法学的呢？自尤金·法玛皇皇巨作《代理问题和厂商理论》始，相关研究便发生了重大错误转

[259] See Oliver Hart, *An Economist's View of Fiduciary Duty*, 43 U. Torontol. J. 299, 301 (1993)（“仅在初始合同约定不完全时，信义义务才有存在的价值。”）.

[260] See Lynn Stout, *The Economic Nature of the Corporation*, in 2 *Ox – Ford Handbook of Law and Economics: Private and Commercial Law* 337, 338 (Francesco Parisi ed., 2017).

向。[261] 法玛的研究目的是解释所有权与控制权分离甚至没有一个能管束管理层“所有人”的大型公司缘何是有效率的。他注意到:

> 在“合同束”看来,公司所有权是一个无关紧要的概念。打破“公司归股票所有人所有的”的成见是很重要的,因为这是迈出理解“公司决策并非一定由股票所有人把控”的第一步。[262]

法玛的观察与财产法视角下的公司法不谋而合。在法玛假设的个性化的大公司中缺了什么?投票。法玛式的个性化股东不享有排他权。因此,所有权无关紧要,更准确地说,所有权在法玛的公司中消失了。从法律角度观察,虽然法玛在其文章中交替使用“公司”“厂商”,法玛式的个性化大公司实难与法律上的公司画上等号。

不管怎样,我们不能以字面意思理解合同束进路,认为其排除公司所有的财产关系。合同束本身表明,所有公司关系是合同关系,而非财产关系。例如,公司所有的动产和不动产与公司间是一种什么法律关系呢?我们恐怕很难认为这种关系也属于公司的合同权利。[263] 换言之,公司的财产是在公司“里面”的,公司的权利也不能在法律层面被描述为“合同”权利。

就合同束理论作出的理论贡献而言,本文提出的财产法理论不意在抹杀其贡献,也不欲否定其作为思考公司存在的价值。正如其他理论洞见一般,公司契约论也将理论本身化归为抽象思考,将庞杂繁复的细节合并为单一简单的理论模型。针对公司契约论难以圆满解释的基本法律制度,财产法视角下的公司法则提供了另一个可能的答案。

(三)财产法理论对厂商理论的影响

正如厂商理论不是公司法理论一样,财产法视角下的公司法也非厂

---

[261] See Fama, supra note 40, at 289.

[262] Id. at 290.

[263] 但有研究者走得更远,主张公司并不以永久所有权的方式所有其财产。See Joseph William Singer, *The Reliance Interest in Property*, 40 Stan. L. Rev. 611, 639 – 41 (1988)(所有权和控制权的分离破除“股东所有公司”的看法,公司作为财产“所有人”的观念也非思考公司中权利的有益方法。). 在此论述中,Singer 基于信赖提出一种新的财产权,此权赋予不同的公司利益相关人就公司财产“所有权”。See Id.

商理论,但财产法视角下的公司理论却影响厂商理论。特别地,本文提出的财产法理论与格劳斯曼、哈特及摩尔理论(Grossman, Hart and Moore, 以下简称GHM理论)所涉及的“财产权”研究具有极大的相似性。[264] GHM理论认为,剩余控制权,而非剩余经济利益才是公司中所有权的相关形式。GHM理论构想剩余控制权是一种所有权,且所有权的核心权能在于“排他的能力”。[265] GHM理论对厂商理论影响巨大,财产权因此被视为与合同权同样重要。[266]

尽管GHM理论与本文提出的财产法视角下的公司法有紧密的联系,但其解决的是另一个问题。GHM理论解决的是,在生产活动中,谁应该所有公司财产促进有效投资的问题。本文财产法理论解决另一基本问题,即谁所有财产的问题,此问题也是厂商理论现实意义的试金石。交易成本与交易有关,而当产生交易成本时,缺省性权利分配便至关重要。为了判断交易成本重要与否以及特定情况下存在何种交易成本,我们需要了解权利的缺省分配。财产法理论无疑给我们这样一种权利缺省分配。

财产法理论也揭示作为实体公司的法律功能。其功能之一便是在解决共有及反共有难题时划分财产权利。当公司所有权被分割时,相伴而生的是共有难题,也即每个所有人都有不效率地从公司中攫取好处的动力。这也是公司法缘何不允许股东直接“使用”公司财产的原因。

与此同时,企业财产的共同所有权也带来了反共有难题,也即每位股东都享有否决权,此问题也说明限制财产权对商事组织而言是必要的。[267] 财产法中的解决之道或是允许股东分割权利,但这同样会带来另一个反共有难题:每位共同所有人可以随时将自己那部分财产剥离出合作的企业。单纯依靠合同都不能解决上述这些反共有难题。[268] 事实

---

[264] See Sanford J. Grossman & Oliver D. Hart, *The Costs and Benefits of Ownership: A Theory of Vertical and Lateral Integration*, 94 J. Pol. Econ. 691 (1986); Oliver Hart & John Moore, Property Rights and the Nature of the Firm, 98 J. Pol. Econ. 1119 (1990); Oliver Hart, *Firms, Contracts, and Financial Structure* (1995).

[265] Hart & Moore, supra note 264, at 1121.

[266] See Armour & Whincop, supra note 225, at 462.

[267] See Ricks, supra note 201, at 1342–45.

[268] Id. at 1344.

上,合同法一般不解决共有或者反共有问题,因为在双方合同的范式中,共有问题与之无涉。然而,这些问题是公司法的核心问题,这也是组织法将其交由治理机制而非单方权利解决的原因。[269]

投票权是所有权,此观点还从阿尔钦和德姆塞茨契约论的论述中得到了印证,阿尔钦和德姆塞茨的研究常被视为反所有权研究,这出乎意料。他们将股东视为与债券所有人、优先股股东并列的"投资者",而非"共同所有人"。[270] 事实上,阿尔钦和德姆塞茨都支持"投票权是所有权的一种权能"这一论点。他们注意到:

> 如果我们认为,债券所有人、优先股及可转换优先股股东、普通股股东、期权所有人仅是不同类型的投资人——在风险防范、公司未来收益分配的信心等方面不同的投资人,那么为何股东应被视为是一种与其他金融投资人不同的"所有人"呢?[271]

上述文段表明,把剩余经济利益与投票权结合在一起是没有必要的,无投票权股东"仅是缺乏所有权内涵的投资者"。[272] 即使阿尔钦和德姆塞茨默认投票权是所有权的试金石,也没有必要把经济剩余权与控制剩余权联系起来。

除了上述理论的错配,合同束理论不能解释公司法上诸多重要特征,也未能指引案件的裁判。大约二十年前,艾森伯格(Melvin Eisenberg)即指出,合同束理论不能从字面上解释为公司仅是合同法律条款的集合:

> 此理论不能也不表示其字面含义。就生活语言而言,"合同"意味着"协议",就法律语言而言,"合同"意味着有法律执行力的承诺。然而,显而易见的是,所谓合同束理论不代表公

[269] Id. at 1345.

[270] See Alchian & Demsetz, supra note 31, at 789 n. 14.

[271] Id.

[272] See Id.

司要么是“协议束”,要么是“有法律执行力的承诺束”。[273]

艾森伯格认为,“公司是‘互惠安排束’(a nexus of reciprocal arrangements)”。[274] 他注意到,仅是因为经济学家创造了“合同”一词,“合同”才广泛使用。在经济学家看来,“合同”用以区别科斯提出的许可和权威,是“市场”的同义替换。[275] 合同与财产间的混乱界限在法玛的论著中也可见到,法玛表示,自己不在法律层面区分合同和财产,“(合同束)理论强调组织中合同带来的权利重要性,本研究则是在突显‘财产权’情况下展开。”[276] 于此,法玛将合同权利等同于财产权利,且不在二者间做出明确划分。

协调本文提出的财产法理论与合同束理论也并非不可能。一种可能是,合同束理论仅描述公司法突出的能动功能,与其有限的强制性特征区分。这是“主动”“私法脉络”镜像中的公司,通常区别于强调强制性规则、规章、政府监管的公法视角。[277] 因此,合同束理论最好被理解为将公司法置于私法传统而非公法传统中的一种理论。[278]

另一种协调的可能是,认为合同束理论采用科斯关于资本提供者的论证方法。我们不追问生产要素的交换为何在公司内而非公司外、市场上进行,我们追问的是,为何公司资本需要采“把资本提供者留置于公司内(股东)”而非“资本市场单一借贷”的形式?假设与剩余所有人签订合同伴有高昂的交易成本,那么通过引进股东此资本提供者便能回避磋商过程,这恰恰证明股东与公司之间是非合同性的关系。

我们不能完全归咎于厂商理论的公司法迁移运用。虽然经济学上的厂商理论正朝着 GHM 理论方向发展,但是公司契约论仍占据公司法学界的半壁江山。[279] 某种程度上,将 GHM 理论模型融入公司法理论,

---

[273] Eisenberg, supra note 1, at 822 (emphasis in original).

[274] See Id.

[275] See Id. at 822 - 23.

[276] Fama, supra note 40, at 289.

[277] See, e. g., Marc T. Moore, *Corporate Governance in the Shadow of the State* 1 - 6 (2013).

[278] See Greenfield, supra note 72, 29 - 33.

[279] See Armour & Whincop, supra note 225, at 462.

这是本文及新财产法视角下的公司法承担的使命。同时,这仅是万里长征的第一步。

五、公司法的财产法理论内涵

合同束理论模型未实质解决公司法上诸多问题。事实上,许多争议仅停留在讨论"此问题为何值得争论"的层面。[280] 对此有以下诸多回答。首先,如上所述,合同束理论没有过多的理论意涵,很大程度上仅是对现状的重述而已。[281] 其次,如果财产与合同间不存边界,那么就"公司法为何以及如何区分普通合同法"的问题,合同束理论未作出过多贡献。[282] 最后,在诸多为公司股东所有权辩护的理由中,最重要的理由或是"股东至上主义",[283] 然而反对者表示,所有权并非解释股东至上主义理念认真的理由。[284]

此外,公司契约论恰恰在其欲大显身手之处而马失前蹄,即在解释公司合同请求权的一员的信义义务方面显得不尽如人意。公司契约论就此作出诸多努力,因为公司大部分的诸如雇员、债权人等合同请求权人是受到特别合同法分支的管制。以合同不完全解释信义义务的理论是薄弱的,因为正如上文所述,在其他非公司法的语境中,合同的不完全性未因此引发信义义务。[285]

财产法理论的引介让我们明晰各类公司的请求权、讨论有益于公司法进步的理论内涵。财产法视角也解释了我们观察到的许多法律形式、

---

[280] 例如,艾森伯格反对合同束的文章在提出"把事情做好"与"想清楚"的观点时,比较引用"何者是重要的"? See Eisenberg, supra note 1, at 836.

[281] See supra notes 1 – 17 and accompanying text.

[282] See supra notes 46 – 65 and accompanying text.

[283] See Velasco, supra note 8, at 939 – 40(股东所有权之所以是重要的,是因为相较合同,财产权为股东权利提供更强的基础,也暗含"股东至上主义"及董事对股东负责的意味。).

[284] See Greenfield, supra note 72, at 47("没有公司法名家用财产权作为论证股东至上地位的论据。").

[285] See supra notes 118 – 21 and accompanying text.

明定了许多让人疑惑不解的法律规则。财产法理论正当性均围绕一个棘手问题——剩余请求权的正当性而展开。本部分将简述财产法视角下公司法的某些理论内涵。

(一)营业执照中的合同性权利

特拉华州法院通常把公司执照或章程视为公司与其股东之间[286]或者仅是股东之间的“合同”。[287] 在需要解释的语境下,公司执照及章程的合同特性便显得尤为突出,特拉华州法院可以运用合同法解释原则解释这些文件。[288] 因为公司执照和章程是规定股东身份权利之处,表面而言,公司股东权利似乎也仅是合同请求权。

一个经常被忽视的事实是,公司营业执照条款中通常不规定普通股的重要权利。普通股的权利常是由相关公司法标准地、现成地予以规定。[289] 无论是信义义务还是投票范围均由公司法及相应判例法规定,而非公司营业执照条款规定。[290] 以下事实可以印证上述观点:与公司法中的剩余权利不同,所有将公司营业执照条款解释为合同的案例均与优先股条款相关,优先股是一种特别权利。[291] 公司营业执照条款规定的特殊权利也不是构成所有权利益的普通剩余权利。

---

[286] See, e. g. , Boilermakers Local 154 Ret. Fund v. Chevron Corp. , 73A. 3d 934, 955 (Del. Ch. 2013). (“在世代相传的一系列判决中,我们最高法院已清楚表明,章程是在特拉华州公司与其股东之间的有约束力的合同。”)

[287] See, e. g. , Centaur Partners, IV v. Nat’l Intergroup, Inc. , 582 A. 2d923, 928 (Del. 1990). (“公司营业执照和章程是公司股东之间的合同,合同解释的一般原则也可以适用于其上。”)尽管在诸如著名的 Trs. of Dartmouth Coll. v. Woodward, 17 U. S. (4 Wheat.) 518 (1819)等案件中也能发现把公司执照解释为合同的做法,但在近数十年里,泛合同化的解释明显增多。最近特拉华州最高法院基于章程的合同属性确定由董事会发起的单方章程修改是有效的,这使公司合同束理论达到应用的高峰。在 ATP Tour, Inc. v. Deutscher Tennis Bund 一案中,法院分析到,“因为公司章程是‘公司股东间的合同’”,所以董事会能接纳费用转移条款。See 91 A. 3d 554, 558 (Del. 2014) [quoting Airgas, Inc. v. Air Prods. Chems. , Inc. , 8 A. 3d 1182, 1188 (Del. 2010)].

[288] See ATP Tour, Inc. , 91 A. 3d at 558.

[289] See Easterbrook & Fischel, supra note 2, at 34(把公司法,包括投票权和信义义务在内形容为“一系列现成的条款”。).

[290] See Id.

[291] See, e. g. , Boilermakers Local 154 Ret. Fund v. Chevron Corp. , 73A. 3d 934, 955 (Del. Ch. 2013).

何时条款是合同性的，何时条款又属于信义义务？特拉华州法院不规范的解释让人疑惑不解，这迫使法院阐明合同法教义如何解释公司法基本原则。例如，在最近的 Sciabacucchi v. Salzberg 一案中，特拉华州衡平法院这样论述道：

> 公司执照不同于普通私人合同。于后者中，当事人在权利能力的范围内分配、分担自身的权利义务。当公司营业执照被特拉华州州务卿接受后，创制"公司主体"（这是一个法律上独立的实体）的主权行为也因此生效……如此，特拉华州便能运用公司法厘定州规定的财产权边界。[292]

在摘录中，法院从公司契约论开始论证，最终却以营业执照条款中的"财产权"缓和论调。特拉华州最高法院改判此案，"一以贯之"地区分公司"内""外"的路径，而非双轨制。[293] 相较合同束理论，财产法视角下的公司法更容易纳入既有"一以贯之"的论证路径。

持公司契约论的理论家一直在努力解释，为什么所有公司事实上都接受"现成的"公司法缺省性规定。如果公司法确是合同性的，那为什么公司法基本上不存在"另行约定"的规定？正如克劳斯纳（Michael Klausner）指出的，"公司法合同不存在丰富的多样性——要么通过营业执照条款要么通过公司注册选择相应的公司法。存在的多样性不是合同性质的，存在的合同则不存在多样性。"[294] 公司的"合同"（营业执照）大多包含很少的约定条款且极其依赖于州法律。[295] 换言之，除了例外情况，"缺省性规则被统一适用"。[296] 此外，即便统一适用缺省规则能够

---

[292] Sciabacucchi v. Salzberg, C. A. No. 2017 - 0931 - JTL, 2018 WL 6719718, at * 2 (Del. Ch. Dec. 19, 2018), Rev'd, C. A. No. 2017 - 0931, 2020 WL1280785 (Del. Mar. 18, 2020).

[293] See Salzberg v. Sciabacucchi, C. A. No. 2017 - 0931, 2020 WL 1280785, at * 18 (Del. Mar. 18, 2020).

[294] Michael Klausner, *The Contractarian Theory of Corporate Law: A Generation Later*, 31 J. Corp. L. 779, 784 (2006).

[295] Id. at 786.

[296] Id. at 790.

带来效率,商事主体也能轻易地为自己创设标准,为何他们却选择依赖没有比较优势的州政府所供给履行的规则?[297] 对公司法缺省性规则的依赖让公司契约论者抓耳挠腮、百思不得其解。[298]

就此依赖现象,财产法视角下的公司法提供了一种新的解释。这种解释不拘泥于传统的过高交易费用及最近流行的有趣网格化效应。[299] 如上所述,公司法的缺省性规范划定了股东在公司中财产权的边界。一旦偏离这些缺省性条款且创设有别于公司法规定的权利,商业实践者便可察觉其中风险——权利可能从原先以为的财产性权利转化为合同性权利,而此权利可能失去信义义务的保护。因为信义义务的保护,公司股权是(或被认为是)相较于没有保护的权利更有价值的权利,公司法规定的缺省性财产权也一般得以保留。此外,某种程度上,因为公司法的演进,缺省性规则也非一成不变的"现成"标准合同。这种特征也更接近于财产而非合同。股东不存在明确的合同条款,该事实则指向下述更易于被人接受的论断:股东享有完全财产权但同时也负担标准合同法规定的限制,财产权也好,合同法限制也罢,均是由州制定的。

(二)优先股、认股权证及可转化证券权利人的信义义务

当涉及优先股、认股权证及可转化证券时,以公司契约论解释信义义务便不那么令人满意。如第四部分所述,公司契约论对剩余经济请求权的解释要么延展不足、要么过于概括。在复杂的资本结构中,上述问题显得尤为突出。如上所述,从经济学角度出发,公司各类请求权均存剩余请求权的特征,特别是认股权证和可转化证券(无论是债券还是优先股)。[300] 在复杂的资本结构中,这使合同束理论的适用举步维艰。

---

[297] See Armour & Whincop, supra note 225, at 430 - 31.

[298] 克劳斯纳(Klausner)认为,网格化效应或许是原因之一。See Michael Klausner, *Fact and Fiction in Corporate Law and Governance*, 65 Stan. L. Rev. 1325, 1329 - 30 (2013). 条款的价值随着使用它的人数的增加而增加。然而,该现象无法解释的事实是,相较于其他合同领域,当事人在公司领域更依赖缺省性规范。这便是公司法独特之处,它使精明的当事人不太可能偏离缺省性规范。汉斯曼提出的另外一种理由是,对缺省性规范的依赖使得合同更为灵活。此外,鉴于风云变幻的外部环境,将定期修改公司"交易"规则的责任赋予给州,也不失为明智之举。See Henry Hansmann, *Corporation and Contract*, 8 Am. L. & Econ. Rev. 1, 2 (2006).

[299] See Klausner, supra note 294, at 1329 - 30.

[300] See supra Section I. A.

相较剩余请求权的分析,此领域内的法律规则显得更为简单。董事会不仅对普通股股东负有信义义务,而且在有限程度内,董事会也对优先股股东负有信义义务。[301] 然而,董事会不对认股权证或可转化权证持有者负有信义义务。[302] 这类证券持有人可以通过合同保护他们自己的利益,且他们也通常是这么做的。[303] 此类证券在公司中确存剩余利益,且依相关条款也实质存在与普通股相同的剩余经济利益,但仍不享信义义务带来的权利。因此,既存的法律规则是与含糊不清的剩余经济分析相违背的。

因为财产法理论运用的空白,对优先股的理论解释产生了大量法律问题,而纯粹合同束理论更使理解本就矛盾冲突的忠实义务阻碍重重。优先股指涉的不是固定的"事物",其属性多变,投资人与公司的磋商谈判决定其法律特性。优先股的法律属性横跨合同法与公司法,某种程度上其属于"从各类别中的特定分配的产物"。[304] 就是否应采信义义务保护此类股份受让人,优先股的保护方式也因相关条款约定的差异而变化。[305]

以公司契约论视之,适用优先股的法律规则表面明晰,实则混乱不堪。作为"股"的优先股确应被赋予信义义务内涵,但特拉华州法院表示,董事会对优先股股东的信义义务的范围应仅限于优先股的利益恰好与普通股之利益重合之处。[306] 一旦逾界抵达优先股"特殊权利"的范围

---

[301] See, e. g. , In re Trados Inc. S'holder Litig. , 73 A. 3d 17, 39 – 40 (Del. Ch. 2013). ("优先股股东仅在其不援用特殊合同权利及与普通股共享同等权利的时候,方才被负有信义义务。")

[302] See Aspen Advisors LLC v. United Artists Theatre Co. , 861 A. 2d1251, 1263 (Del. 2004). ("认股权证的可转换特性"以及可转换股不能"负有股东的地位"。)

[303] See Alexander J. Triantis & George G. Triantis, *Conversion Rights and the Design of Financial Contracts*, 72 Wash. U. L. Q. 1231, 1252 – 53(1994).

[304] See William W. Bratton & Michael L. Wachter, *A Theory of Preferred Stock*, 161 U. PA. L. Rev. 1815, 1820 (2013). ("优先股坐落于两大私法范式——公司法和合同法的断层处。")

[305] 另有论者认为,信义义务保护不能适用于类似精明的优先股股东此类风险投资人身上。See, e. g. ,Charles R. Korsmo, *Venture Capital and Preferred Stock*, 78 Brook. L. Rev. 1163, 1166 – 67 (2013). ("优先股的风险投资人从来就不应该被信义义务保护,他们应该依靠其签署合同的保护。")

[306] See, e. g. , In re Trados Inc. ,73 A. 3d at 39 – 40.

中,董事会一般仅对普通股利益负有义务。[307] 这种立场带来下述困惑,董事会是否对优先股股东负有超过普通股股东的信义义务,此外,在二者利益分歧之处,这两类股份是否应被赋予同等的信义义务内涵?

相较于合同束理论,财产法理论就优先股、可转换证券、认股权证等投资工具中可能存在忠实义务的冲突提供了新解决方案。合同束理论认为,信义义务附着于剩余经济请求权,而首要法律原则又指明,信义义务不附着于认股权证或可转化证券,这使人疑窦丛生。财产法视角下的公司法认为,信义义务不必然跟随剩余经济利益,从而解决上述矛盾冲突。董事会的重要义务是服务股东剩余投票利益(此种利益至少涵括于一类普通股中,也可能涵括于其他种类的优先股中)。优先股股东的信义权利是赋予其起诉侵害普通股利益的诉讼资格,但作为合同性权利的优先股特性不受到信义义务的保护。

以上分析使得下述观点更为清晰:我们应该界分的不是董事对普通股股东还是优先股股东的义务,而是董事会针对财产性利益的义务与合同性利益的义务。尽管普通股的缺省性权利是财产性权利,但其也具有合同性权利特性;尽管优先股的特殊权利属于合同性权利,但其也具有财产性权利特性。因此,董事会的信义义务不根据剩余经济利益或某种标识而附着于特定股份的所有人,而是附着于公司中的财产性利益。

在特拉华州最近发生的备受关注的案件中,财产法理论有助于解释优先股中的尖锐矛盾。例如,在 Orban v. Field 一案中,衡平法院负在优先股股东信义权利中梳理合同性权利的义务。[308] 在该案中,法院明确提出"或然控制权标准"(control - contingent approach),即依据何类股份的股东控制董事会决定的各类股份包含的信义义务内容。[309] 此标准表

---

[307] See Equity - Linked Inv'rs, L. P. v. Adams, 705 A. 2d 1040, 1042 (Del. Ch. 1997). ("一般而言,当为优先股股东创设的特别权利、选择权等利益与普通股股东的利益发生冲突时,董事会的义务为优先考虑普通股股东的利益,这也是董事会行使自由裁量权的结果。")

[308] See Orban v. Field, C. A. No. 12820, 1997 WL 153831, at ∗8 (Del. Ch. Apr. 1, 1997).

[309] See In re Trados Inc., 73 A. 3d at 42 n. 16 [citing Jesse M. Fried Mira Ganor, *Agency Costs of Venture Capitalist Control in Startups*, 81N. Y. U. L. Rev. 967, 1021 (2006)].

明,当普通股股东控制董事会,董事会对普通股股东负有相较于优先股股东更优的信义义务。[310] 然而,当优先股股东主导董事会时,董事会则对优先股股东负有更优的信义义务,至少在优先股股东的主导行为整体有益于公司最佳利益的范围内负有更优的信义义务。[311] 在 Trados 一案中,特拉华州衡平法院疏离了"或然控制权标准"这一裁判思路。[312]

通过"或然控制权标准"一般都会得到正确结果,但该标准找错了原因,财产法理论能揭示背后的原因。当优先股股东控制公司投票利益,尤其是控制公司绝大多数投票利益时,对服务投票利益的董事会通常产生优先服务优先股股东的法律后果。当优先股代表公司少数投票利益时,对服务投票利益的董事会通常产生优先服务普通股股东的法律后果。由此,财产法理论快刀斩乱麻般地解决此疑难问题,也无须类似"或然控制权标准"的子规则解决此类纠纷。

财产法理论还能解释优先股清算优先权为何不应受到信义义务特别保护。如下文所述,优先股股东的清算优先权在很多方面类似于破产情况下的普通债权人的清算优先权。[313] 当公司的价值低于优先股清算优先的价值时,优先股事实上也成为公司的剩余请求权。然而,特拉华州法院未循此路径分析优先股股东的信义权利内涵,取而代之其采取的是"合同/非合同"的二分法进路。[314] 特拉华州法院的裁判思路进一步印证,事实上剩余请求权的解释路径在法律上是走不通的。

(三)双层股权结构及其他非典型资本结构

上述讨论自然引出如何对待双层股权结构的话题。近数十年,以双层股权结构为代表的差异投票权为公司法带来了诸多难题。随着近期全球某些大型科技公司正采取此种资本结构,相关争议越发尖锐。在双层股权结构下,控制权显然不具有竞争性,[315] 甚至在某些情形下,公司

---

[310] See Fried & Ganor, supra note 197, at 1021.

[311] See Id. at 999 – 1000.

[312] See In re Trados Inc., 73 A. 3d at 42 n. 16. 特拉华州法院副大法官 Laster 代表法庭发言表示,"或然控制权标准不符合我理解的信义义务应发挥的作用。" See Id.

[313] See infra Section V. B.

[314] See, e. g., In re Trados Inc., 73 A. 3d at 39 – 40.

[315] See Goshen & Hamdani, supra note 174, at 590(脸书、谷歌等其他公司创设的双层股权结构有效地剥夺公众有价值的控制权。).

仅公开发行无投票权股份。[316]

对于双层股权结构等非典型资本结构的存在是否合理即存在争议。例如,有些学者便主张,双层股权结构甚至是无投票权股份能提高效率。[317] 在很多情况下,对控制权人的激励与控制权带来的私人收益紧密相关,即控制权人意图获取公司价值中的非等比股权收益。[318] 然而,兴一利必有一害,对公司控制权人的激励也增加了公众股东的代理成本。[319]

财产法理论已解决信义义务在矛盾场景(很多情形下并没有实质发生冲突)中的冲突。首先,公司中财产性利益跟随公司中有投票权的股份。本文分析表明,投票利益人是信义义务的主要受益人,某种程度上,这与无投票权利益相悖。特拉华州法院认为,当某类无投票权股具有与普通股同一的经济权时,一般而言,此类无投票权股也被赋予信义权利。[320] 然而,特拉华州不把这类无投票权股股东视为最重要的信义权利人,仅赋予其就损害公司整体利益起诉的诉讼资格,这种待遇与优先股股东所享待遇如出一辙。

此种股与非股(仅赋予起诉资格的股)的界分也在优先股、无投票权股与认股权证等合同间划分界线。正如上文阐明之原因,忠实义务仅特别地附着于有投票权的股份。某种程度上,有投票权股的权利与无投票权股的权利是矛盾的。特殊合同权利人本身将不会享有信义义务带

---

[316] See Dorothy S. Lund, *Nonvoting Shares and Efficient Corporate Governance*, 71 STAN. L. Rev. 687, 690 (2019)["快照"(Snap)是首个仅向公众公开募集无投票权股的公司。].

[317] See, e. g., Goshen & Hamdani, supra note 174, at 576 - 93[双层股权结构有助于企业家保有"个人魅力"(idiosyncratic vision),从而使企业达到高于市场的回报。]. Lund, supra note 316, at 693 n. 26(通过把投票权分配给那些最重视其价值者,无投票权股会使公司治理更加有效率。).

[318] See Goshen & Hamdani, supra note 174, at 565. 关于控制权理论个人收益的一个似是而非的观点是,个人收益是控制股东履行监督义务的一种补偿,因而这不必然是弊端。See Id. Goshen 和 Hamdani 假设公司控制不依赖私人控制的另一个理由是,公司控制使企业家可以展现其个人魅力,这使得回报高于市场平均水平。See Id. at 577 - 78.

[319] See Id. at 590 - 91.

[320] See In re FLS Holdings, Inc. S'holders Litig., C. A. No. 12623, 1993WL 104562, at *4 (Del. Ch. Apr. 2, 1993).

来的利益。

本文中心论点之一是，所有权利益不必然在某类股份中特殊备至，也非概括公司中所有请求权最佳的方式。普通股股东、优先股股东及无投票权股持有人均享有某类合同请求权、某类财产请求权，财产请求权被赋予信义义务的保护。无投票权股本质上属于合同权利，仅是因为其“股”的地位，而增加一项信义义务违反的诉权而已。

上述论断似存自相矛盾之处，却与现行公司结构严丝合缝。首先，无投票权在经济上等同于认股权证，因为后者也无投票权和信义义务的保护；其次，有投票权股与无投票权股都有相同的经济权利，保护前者也是在保护后者；再次，在各类不同投票权股的情况下，“无投票权股”或“少投票权的普通股”通常受到明示合同条款的保护，而此类保护是普通股股东不享有的。事实上，此类投票权股模仿的是具有普通股经济分配的优先股。正如创设为了模仿普通股条款的“幽灵股”一般，[321]无投票权股的权利是合同性的。最后，即便无投票权股不享有与有投票权普通股同一的信义义务保护，这也不意味着无投票权股的特殊权利无法对抗董事的裁量权。合同权利的持有人能受合同默示善意原则以及公平交易原则保护，即便不享有普通股股东的信义义务保护又有何妨？[322]

此外，信义义务主要保护有投票权股东，这也符合现行公司法。自我交易通常需要接受完全公平原则的审查，[323]然而，有投票权股东可以通过绝大多数股东投票矫正或“涤清”此类交易。无论是《特拉华州法

〔321〕 See generally D. Kyle Sampson, *Comment*, *The Fiduciary Duties of Corporate Directors to "Phantom" Stockholders*, 62 U. Chi. L. Rev. 1275(1995).

〔322〕 此情形并不鲜见。特拉华州法院规定，与特拉华州有限责任公司紧密联系的、被动的投资人间的信义义务可以通过合同予以免除。See 6 Del. Code Ann. § 18 – 1101 (b) (2019); R & R Capital, LLC v. Buck & Doe Run Valley Farms, LLC, C. A. No. 3803 – CC, 2008 WL 3846318, at ＊4 (Del. Ch. Aug. 19, 2008); Myron T. Steele, *Judicial Scrutiny of Fiduciary Duties in Delaware Limited Partnerships and Limited Liability Companies*, 32 Del. J. Corp. L. 1, 9 (2007).（“如无相反证据，消极投资人在非法人商事企业中的授权文件中表示，允许消灭或限制一种或多种信义义务，应被视为已完全知悉其中的风险和收益。”）

〔323〕 See, e. g. , In re Trados Inc. S'holder Litig. , 73 A. 3d 17, 56 (Del. Ch. 2013)（“审判法院适用完全公平原则判定，冲突董事会中的成员是否遵循其信义义务。”）.

典》第144条[324]还是《标准商事公司法》第F分篇[325]均规定，无利害关系股东的绝大多数投票能"涤清"利益冲突的交易。只有"有权投票"的股东可以"涤除"信义的违反，而非其他股东。[326] 财产法理论可以解释这种现象，因为信义义务的违反仅局限在有投票权股东的范围内，所以自然仅是有投票权股东可以"涤除"自我交易。

（四）资不抵债公司中的信义义务

公司法中最难解决的问题之一是，当公司濒临破产时，其信义义务是否以及何时发生转移？[327]当公司资产净值下降、股东股本偿付的前景越来越渺茫时，原本应向股东负有的信义义务是否应转移至债权人？公司法领域的实务人士一直在思考，处在资不抵债状态的公司董事是否应该向公司债权人负有信义义务，这也影响了特拉华州法院的观点，后者似乎给出了肯定的答案。[328] 在公司资不抵债、濒临破产的时候，信义义务是否转移的问题已经解决。[329] 问题在于，公司确实破产的情况下，信义义务是否转移？

问题棘手之处在于，濒临破产的公司或已然破产的公司与正常运营的公司不存"质"的差别，差别仅是"量"上的。在健康公司中，普通股股东享有等同于期权的权利，非健康公司亦然如此。二者差异仅在于，前者享有的是"看涨期权"，后者享有的是"看跌期权"。

---

[324] See Del. Code Ann. tit. 8, § 144 (2019).

[325] See Model Bus. Corp. Act § 8.62 (AM. BAR Ass'N 2016).

[326] 《特拉华州普通公司法》《美国标准公司法》均特别规定，"有权投票"的股东是"涤清"利益冲突交易的因素。See supra note 195 and accompanying text.

[327] See N. Am. Catholic Educ. Programming Found., Inc. v. Gheewalla, 930 A. 2d 92, 99 - 101 (Del. 2007).（许多司法观点和理论文章都在着手解决此类问题，"董事需要一个明确的指引。因为指引的缺失，这迫使法院认为，公司经营良好发展的债权人哪怕在公司处于资不抵债境地之下，也不能直接请求信义义务之违反。"）

[328] See Credit Lyonnais Bank Nederland, N. V. v. Pathe Commc'ns Corp., C. A. No. 12150, 1991 WL 277613, at *34 (Del. Ch. Dec. 30, 1991).（"当公司处于资不抵债的边缘时，董事会便不仅仅是剩余风险承担人的代理人，其需要对整个公司负有义务。"）

[329] See Gheewalla, 930 A. 2d at 101.（"当正常经营的公司正滑入资不抵债的境地时，特拉华州董事的工作重心仍没有改变：董事必须继续坚持向公司及股东履行信义义务，且基于公司最佳利益及股东利益行使其商业判断权。"）此外，"所有人"的指代尽管不准确，但也表明在此语境下，财产与信义义务之间的联系。

当公司决策负外部性地影响公司利害关系人时,这对破产公司或濒临破产的公司似乎并没有什么不同。对于有偿付能力的公司,董事会如果未考虑除股东之外其他公司选区的利益不违背其信义义务。基于此,即便关闭工厂的经济损失远超公司、股东的受益,董事会也有权关闭工厂。[330] 换言之,董事会不被要求从社会角度出发内化其决策的所有成本,最终使其决策更有效。当利害关系人属于债权人等经济上请求人,且其同时享有诸如雇员等其他利益时,上述主张也成立。

在资不抵债的背景下,义务转移背后的经济逻辑是清晰的。一直以来,大众普遍忧虑董事独效忠于股东(在资不抵债的情况下,持有看跌期权)将会激励负值期待博弈,因为股东未内化债权人的风险。[331] 然而,此问题与公司实体本身是没有关系的,因为这属于债权的特性,即便对于个人债权亦是如此。这也是破产法和欺诈转让法存在的原因。当某自然人已处于资不抵债的状态,公司法不保护债权人,同理,当公司处于资不抵债的状态,公司法也不能为债权人提供主要保护。

资不抵债状态下董事义务转移为何会引发讨论,其主要原因是对剩余请求权的分析,这恰恰是财产法理论未加考虑的。如果因为股东是剩余请求权人,因而应该向其负有信义义务,那么在股东不再是剩余请求权人时,那些信义义务自然应该转移。当公司处于"水面以下"资不抵债的状态时,公司中投票权应该跟随剩余权利,从股东转移至债权人。[332] 在固定的请求权偿付后,股东有获得公司剩余财产的权利,这正是股东特殊之处。[333] 循此意义,股东剩余请求权人本质上区别于其他请求权人。当公司资不抵债时,上述逻辑也适用于债权请求权人,这或是区别对待债权外部性与其他请求权外部性的一个原因——债权人可

---

[330] 法律早就颇为合理地规定,董事不能被要求将公司其他选区的利益与股东利益抵消。事实上,关于董事是否能抵消诸多利益是存在争议的。正是这种担忧推动各州"公司选区"法的制定。See Comm. on Corp. Laws, *Other Constituencies Statutes: Potential for Confusion*, 45 Bus. Law. 2253, 2254 - 61 (1990).

[331] See, e. g., Frederick Tung, *The New Death of Contract: Creeping Corporate Fiduciary Duties for Creditors*, 57 Emory L. J. 809, 821 (2008)(阐明因为股东的有限责任,股东是如何偏好负值期待博弈的。).

[332] See Easterbrook & Fischel, supra note 48, at 404.

[333] See Velasco, supra note 8, at 912 - 13.

能成为“剩余请求权人”,有权以剩余的财产偿付债权。

如若信义义务是基于投票权决定的所有权而产生的,事情会更简单。在此情况下,董事会将对股东利益负有忠诚义务直到破产申请的提起。为何如此?因为有其他法律保护债权人,却没有法律保护股东。

特拉华州最近的判决拒绝了当公司处于“濒临破产”状态时,信义义务便会转移至债权人这一做法。[334] 上述规则与此判决立场是保持一致的。此外,这还有助于解释公司在资不抵债状态下的其他复杂问题。让我们回忆特拉华州衡平法院在最近此类案件中的分析:

> 如果资不抵债状态下公司的董事做出增长或减少公司整体利益的决定,且仅因为资本供给者在资本结构中的重要相对性而差异化地影响资本供给者,那么董事不面临利益冲突的难题,这是因为股东所有普通股而董事向普通股股东负有义务。如正常运营的公司,单独的普通股所有权不会带来利益冲突。商业判断规则根据资本结构中参与者的重要性而保护董事决策。[335]

如果公司法要求,即便公司在破产的边缘,信义义务也应该跟随投票利益,那么在破产状态下,信义义务的转移又是如何发生的呢?联邦破产法向债权人授予投票权,取代和超越了公司法中规定的投票规则。[336] 具言之,“在第十一章请求提起后,联邦破产系统将规制公司的投票权,每一位请求权和利益的持有人均对重整计划享有投票权,但存在些许例外。”[337] 联邦破产法扩大了公司中债权人所有权利益。

公司资不抵债的例子说明,剩余经济请求权的分析对于解释此场合中的信义义务是不足的,此外,基于变动不居的公司财务报表判断谁是公司的剩余请求权人也是不切实际的。此标准也会使信义义务的权利主体朝三暮四。财产法视角下的公司法对此则作出了一个更为稳定的

---

[334] See Gheewalla, 930 A. 2d. at 103.

[335] Quadrant Structured Prods. Co. v. Vertin, 115 A. 3d 535, 547 - 48(Del. Ch. 2015).

[336] See David Arthur Skeel, Jr., *The Nature and Effect of Corporate Voting in Chapter 11 Reorganization Cases*, 78 Va. L. Rev. 461, 462 - 63(1992).

[337] Id.

指引:信义义务始终跟随公司投票利益直至投票权人的身份移转。

事实上,即便股东所有权强力支持者也表明,在公司资不抵债时,董事对公司债权人负有信义义务,这与股东所有权并不违背。[338] 然而,上述论调必然是基于剩余经济请求权的分析,此分析会造成不必要的麻烦。财产法理论在此更进一步——认为投票权,而非经济权利才是判断信义义务是否转移的因素,该思路也更好地解释了既有的判例法。

(五)公司的社会目的

假如未曾讨论"股东—利益相关人"中心主义间的争议及公司的社会责任,那么本文描述的公司法财产理论尚不能自洽。董事决策时应该考虑公司哪个选区最大化的利益,这是一个老生常谈却又常谈常新的话题。[339]

公司目的与公司契约论的争论以一种复杂且微妙的方式联系在一起。当牵涉股东至上主义时,公司契约论的争议变得更加复杂,因为许多理论家(通常默示地)将公司财产利益与股东利益最大化的单一指令联系在一起。[340] 事实上,"财产法进路象征着纯粹以股东为基础的理论模型",这是"股东—利益相关人"中心主义争论中正反两派达成的少见共识。[341] 然而,此判断却过于粗糙,正如历史上公司契约论被用来论证股东至上主义的事实一般。[342]

"股东所有权隐含股东利益至上"的观点来自对公司所有权的传统思考。一般而言,股东所有权模式被视为传统模式,而利害相关人理论支持者则认为,股东不"所有"公司,因而传统的所有权理论是错误

---

[338] See, e. g. , Velasco, supra note 8, at 932 - 33.

[339] 其中最典型的争论莫过于伯尔与多德(Berle - Dodd)之间的论战。See A. A. Berle, Jr. , *Corporate Powers as Powers in Trust*, 44 Harv. L. Rev. 1049, 1049 (1931).(公司权利"在一切时候都应该为全体股东可估值的利益而行使。")E. Merrick Dodd, Jr. , *For Whom Are Corporate Managers Trustees*?, 45 Harv. L. Rev. 1145, 1148 (1932).(公司应该为多种公司选区而行使其权利,因为公司"除了发挥盈利的功能外,还需要提供社会服务"。)

[340] See supra notes 57 - 65 and accompanying text.

[341] See Velasco, supra note 8, at 940 - 52.

[342] See, e. g. , Millon, supra note 252, at 1377 - 78(合同束理论主张,州法供给"合同"条款,强制规定董事向股东最大化利益负有忠实义务。).

的。[343] 所以,主张利益相关人论的理论家认为,从诸如“股东至上主义”等传统模型中推导出的命题缺少正当性。[344]

事实上,合同束的理论可被论证为利益相关人理论或公司共有理论。[345] 持利益相关人论的理论家对待合同束理论的态度是不温不火地接受,因为他们知道,在公司契约论看来,董事应该一视同仁地对待所有合同请求权人。[346] 改良的/共有的公司理论则常常拥戴公司是“合同束”“合同网”的说法,[347] 这些支持者看重的是公司契约论强调公司治理是“私”而非“公”的属性。[348]

当财产与合同划分的界限牵涉公司社会目的时,有两个独立且交叉的问题在诸多方面混淆讨论:其一,公司的受信人应向谁效忠?公司共有理论往往主张“多信义义务委托人模型”,也即董事向多群体负有信义义务。[349] 财产法理论与之泾渭分明,因为财产法理论认为,信义义务只跟随公司剩余投票利益。[350]

其二,公司属性是偏“公”还是偏“私”?就此问题,财产法理论与其他理论的差异或许没有那么大。相较财产法视角下的公司法,公司契约论或许是反直觉地假设公司更偏向于“私”。[351] 合同束理论被默示地甚至明示地用以论证此观点。[352] 在财产法视角下,公司是州而非合同束创制的财产,这使公司的属性易于接受“社会”理论。把公司法视为财产的

---

〔343〕 See Stout, supra note 89, at 1190 – 92.

〔344〕 See, e. g., James E. Post ET AL., *Redefining the Corporation: Stakeholder Management and Organizational Wealth*, 12 – 16 (2002).

〔345〕 See, e. g., Millon, supra note 252, at 1380 – 81.

〔346〕 See, e. g., Marleen A. O'Connor, *Restructuring the Corporation's Nexus of Contracts: Recognizing a Fiduciary Duty to Protect Displaced Workers*, 69 N. C. L. Rev. 1189, 1235 – 46 (1991)(阐明合同束理论是如何用来保护公司职工的默示关系合同的。).

〔347〕 See Blair & Stout, supra note 1, at 253 – 54; Greenfield, supra note72, at 47.

〔348〕 See Greenfield, supra note 72, at 29 – 33.

〔349〕 See Millon, supra note 252, at 1388.

〔350〕 See supra Section III. B.

〔351〕 See Choi & Min, supra note 108, at 11 – 12(合同束理论使学者接受更少的强制性规范,且重视公司法中的私立秩序。).

〔352〕 See Stephen M. Bainbridge, *Community and Statism: A Conservative Contractarian Critique of Progressive Corporate Law Scholarship*, 82 Cornell L. Rev. 856, 903 (1997).

新兴文献已注意到,相较于合同法,财产法具有更大的理论塑造空间。[353]

财产法视角使社会视角下的公司成为可能,该论断似乎是反直觉的,但颇具说服力。此论点未被认真论证,其论证过程通常如下:首先,众所周知的是,财产使用的方式通常会受到一定限制;其次,规制财产的使用为公司治理的干预提供理由,也即"调整公司治理正是对商业的监管",[354]这通常也是上一命题的言下之意。在此意义上,这种论证思路无非不谋而合地回应公司的发端历史——公司一般仅允许开展与公众目的有关的生意。[355]

财产法理论何以比合同束理论更容易接纳公司的社会目的?合同理论联系社会目的不太容易,法院仅扮演解释合同及缔约当事人真意的角色,诸如社区等公司选区均不能粗略视为合同当事人,这些主体自然在合同解释中无一席之地。

作为州赋权力的财产权则能实现此目的。对所有人财产使用目的的限制并不鲜见,政府也能就积极使用财产课加义务。[356] 相较而言,法院在私人合同中发挥的作用更为有限——尽管法院可以拒绝强制执行违背公共政策的合同,但法院通常很少为了推进某公共政策而修改合同。于此意义,财产法为介入公司事务提供了现成的说法,这正是合同束理论所匮乏的。

另一体现财产法理论延展性的例子是,改良公司法学家极力主张,公司法应该保护"信赖"利益。[357] 在合同法上,承诺可以因为信赖而具有强制执行力,这似乎说明,相较财产法,改良公司法与合同束理论更具亲缘关系。然而,需要注意的是,财产利益同样可以因为信赖而创设,就如时效占有(adverse possession)一般。[358] 因此,财产法理论不必然与以

---

[353] See Michael J. Whincop, *Painting the Corporate Cathedral: The Protection of Entitlements in Corporate Law*, 19 Oxford J. Legal Stud. 19, 33 - 35 (1999).

[354] See Greenfield, supra note 72, at 45.

[355] See, e. g., David K. Millon, *Theories of the Corporation*, 1990 Dukel. J. 201, 207 (1990)(早期,通常是因为公司得以发挥公众职能才得以特许公司成立。).

[356] An example is the law of nuisance. See Joseph A. Joyce & Howardc. Joyce, Treatise on the Law Governing Nuisances 6 - 9 (1906).

[357] See, e. g., Greenfield, supra note 72, at 51 - 53.

[358] See Id. at 46.

信赖为基础的利益相关人理论违背，二者关系值得进一步研究。

当争议焦点从合同束理论转移至“股东/利益相关人中心”时，同时也遮蔽了财产法视角下公司法理论原本具有的丰沛理论意蕴。股东是不是公司“所有人”的提问过于简单粗暴，也加深了辩题正反双方的误解。我们真正应该追问的是，公司中是否存在“所有权利益”。

财产法视角下的公司法不指明利益相关人的权利在哪里终结，相反，它指明其权利从哪里开始。财产所有人可以将其合同权利打包分配至其财产，由此延展出团队生产理论、利益相关人理论或股东利益至上理论。

六、结论

把一系列单独的、写实的论断串在一起，最终革新公司法理论基础，这是本文的目的。本文论断如下：论断一，公司中存在一些所有权利益——公司不完全是合同性的，而是合同与财产的混杂体。[359] 论断二，这些所有权利益很大可能属于公司的剩余控制权人，也即投票权的所有人，不必然属于公司剩余经济权利的所有人。论断三，信义义务主要跟随所有权利益，而非合同性质的剩余经济利益。总之，上述论断揭示了合同与财产之间的边界。此边界为财产法基础理论明定，也描摹公司法独立之范畴。

纯粹合同束理论不能或很难解释诸多有关公司法特性的问题，而这些问题均在财产法理论中迎刃而解，这些问题包括公司法为何单独规定股东、公司法为何有如此多的对物特征、为何有一部单独的法律处理公司内部事务以及如何界定、分辨哪些属于公司“内部”事务是有意义的……从实务角度而言，财产法视角下的公司法有助于解决日益复杂的公司资本结构中的忠实义务归属问题，这也能为实现公司社会目的提供有益指引。

（编辑：宋　澜）

---

[359] George Mocsary 在最近的一篇论文中已绝佳阐述此观点。他形容公司是财产、合同以及组织性权利的“三重”集合。See George A. Mocsary, *Freedom of Corporate Purpose*, 2016 Byu L. Rev. 1319, 1328 – 42 (2016).

《证券法苑》(2022)
第三十六卷,第252～319页

重新审视自我交易:在禁止利益冲突与公平之间*

[美]安德鲁·图赫** 著
林少伟 洪喜琪 译

摘要:关于受信人自我交易的两类规则何者效率更高的问题,长期以来,学者们一直争论不休。部分学者拥护"严格"的禁止利益冲突规则,即应

---

* 本文的中文翻译及出版已得到版权方授权。

** 美国圣路易斯华盛顿大学法学院教授。谨此感谢以下人员提供的宝贵意见,包括阿弗拉·阿夫沙里普尔、里克·亚历山大、丹尼尔·德翁弗罗、保罗·埃德尔曼、丹·埃普斯、杰西·弗里德、斯塔夫罗斯·加迪尼斯、马丁·盖尔特、苏伦·戈姆齐安、詹妮弗·希尔、豪威尔·杰克逊、大卫·克肖、金胜辉、雷尼耶·克拉克曼、蒂洛·孔茨、亚瑟·拉比、詹姆斯·特拉维斯·拉斯特、大卫·劳、阿米尔·利希特、伊尔·莱斯托金、威廉·马格努森、吉扬·米恩、约翰·莫利、特迪·拉维、阿曼达·罗丝、希拉里·塞尔、罗伊·沙皮拉、史蒂文·萨维尔、霍尔格·斯帕曼、兰达尔·托马斯、琳达·塔奇、朱利安·韦拉斯科、彼得·维登贝克,以及下述会议的出席人员,包括2017年伯克利比较公司治理会议、2017年加州大学洛杉矶分校公司和证券诉讼研讨会、2018年华盛顿大学信义法研讨会、2019年哈佛/斯坦福/耶鲁大学青年教师论坛、2019年伯克利全国商业法学者会议、范德堡法律与商业研讨会、赫兹利亚跨学科研究中心与华盛顿大学举办的青年教师论坛。此外,十分感谢凯利·金、尼古拉斯·兰帕斯基、利扎韦塔·米亚茨韦德斯科娅以及泰勒·努尔迈耶提供的研究协助。

明确禁止自我交易。部分学者则更青睐兼具“灵活性”与“务实性”的公平规则，即应允许对受益人公平的自我交易。这场辩论围绕的核心始终是：公司法作为法律领域之一，其从根本上均与受信人的自我交易相关。然而，由于缺乏可靠数据，这一争论拉锯了数十年却仍未有定论。

本文对此提出一个简单而有力的观点：目前学界争议的方向在某种程度上是被误导的，因为这两种机制在实际适用中的区别并没有学者们想象的那么重要。此处通过比较英美两国采用的差异规则可见一斑——英国沿用传统的禁止利益冲突规则，而美国则适用公平规则。禁止利益冲突规则和公平规则有一个共同结构：要求严格的忠诚，但同时提供例外情形或免责机制，以豁免受信人的责任。但是，仅有禁止利益冲突规则允许公司规定自身的例外情形。据此，这两种机制自身均未相较另一方更加严格或者务实。事实上，对信义规则（包括公司实际适用和董事实际采用的例外规则）具体应用的研究表明它们在适用上具有相似性——两种机制均要求中立董事负责监督董事自我交易行为。

该发现强调学者和政策制定者应聚焦于研究例外情形或免责机制，而非纠结于禁止利益冲突规则与公平规则之间的选择适用上。在美国，公平性证明虽是一种较为重要的免责机制，但远未及学者所述的那般。该规则在实践中的特征是严格性而不是宽容性。除了公平性证明之外，进行自我交易的董事还可获得其他更具有利己性的例外情形。也对美国相关法律的严格性在由禁止利益冲突规则到公平规则的演变进程中受到显著削弱这一主流观点产生冲击。实际上，美国法非但没有否定更为严格的英国规则，反而在规则的实际适用中更趋同于英国规则。

引　言

公司法本质上与自我交易行为息息相关——受信人对公司财富的

侵占。[1] 自我交易可能涉及以较低价格进行贷款或交换财产、支付过高的补偿金或公然窃取公司资产的行为。[2] 事实上,董事或高管与公司之间的任何交易均构成自我交易,因为它会导致受信人与其存在服务义务的公司之间产生利益冲突。[3]

长期以来,学者们就两类解决自我交易问题的信义义务规则何者效率更高的问题而争辩不休。部分学者拥护"严格"的禁止利益冲突规则(no - conflict rule),即明确禁止董事进行自我交易。[4] 部分学者则更青睐兼具"灵活性"与"务实性"的公平规则(fairness rule),即允许对公司及其股东公平的自我交易。[5] 公平规则的支持者声称:实用的公平

---

〔1〕 See Simeon Djankov et al. , *The Law and Economics of Self - Dealing*, 88 J. Fin. Econ. 430, 430 (2008) ("控制一家公司的人,无论他们是经理、控股股东,还是两者兼而有之,都可以利用自己的权力将公司财富转移到他们自己身上,而不是与其他投资者分享"。); Simon Johnson et al. , *Tunneling*, 90 Am. Econ. Rev. 22, 22 (2000).

〔2〕 See Luca Enriques et al. , *Related - Party Transactions*, *in* The Anatomy of Corporate Law: a Comparative and Functional Approach 145, 145 (ReinierKraakman et al. eds. , 3d ed. 2017) ("自我交易通常是指关联方购买或出售资产、商品或服务……"); Andrei Shleifer & Robert Vishny, *A Survey of Corporate Governance*, 72 J. FIN. 737, 752 (1997) (该文提及"管理型自我交易,例如从公司直接窃取、过度补偿或发行额外证券……给管理层及其亲属"); see also Djankov, supra note 1, at 430 - 31(自我交易形式的列举). 本文侧重于董事的自我交易,包括那些拥有重要投票权的董事,但不包括非董事控股股东。

〔3〕 信义原则侧重于规范公司与其董事之间的直接交易,以及董事"以任何有利害关系的方式与公司进行的交易,无论是因为他们获得的是个人间接利益,还是因为他们是受到相互冲突责任的约束"。L. C. B. Gower, The Principles of Modern Company Law 479 (2d ed. 1957).

〔4〕 See, e. g. , Victor Brudney, *Corporate Governance*, *Agency Costs*, *and the Rhetoric of Contract*, 85 Colum. L. Rev. 1403, 1410 (1985); Evan Criddle, *Liberty in Loyalty: A Republican Theory of Fiduciary Law*, 95 Tex. L. Rev. 993, 999 (2017); Harold Marsh, Jr. , *Are Directors Trustees?: Conflict of Interest and Corporate Morality*, 22 Bus. Law. 35, 35 - 48 (1966). 有关文献更为详细的探讨,see *infra* Part I. B. ,有关禁止利益冲突规则的严谨性和严格性之论述,see Andrew Stafford & Stuart Ritchie, *Fiduciary Duties: Directors and Employees* 45 - 51 (2d ed. 2015)。

〔5〕 See infra Part I. A.

规则能更好地区分有益和有害的自我交易。[6] 这场辩论已拉锯数十年,既超出了公司法的范畴,也横跨了整个普通法世界。[7]

本文挑战了前述争辩隐含的一个核心假设,即这两类规则的具体运作方式不同。然而,这两类规则在实践中的适用差异并未如学者所设想的那么重要。该观点在将英、美两国的法律规则进行对比时可见一斑,前者沿用了传统的禁止利益冲突规则,后者则采用了公平规则。

厘清这些规则的结构及其一般适用是问题研究的关键。首先,这些规则具有非常相似的结构:均要求严格的忠诚,但可以通过设置例外情形(exceptions)或免责机制(cleansing devices)以保护交易或使受信人免于承担责任。[8] 每个规则都有诸多免责事由。根据英国的禁止利益冲

〔6〕 See, e. g., Frank H. Easterbrook & Daniel R. Fischel, The Economic Structure of Corporate Law 15 (1991); Daniel Fischel & John H. Langbein, *ERISA's Fundamental Contradiction: The Exclusive Benefit Rule*, 55 U. Chi. L. Rev. 1105, 1114 - 16 (1988); John H. Langbein, *Questioning the Trust - Law Duty of Loyalty: Sole Interest or Best Interest?*, 114 Yale L. J. 929, 958 - 60 (2005). 有关文献更详细的讨论, see infra Part I. B。

〔7〕 See, e. g., John H. Farrar & Susan Watson, *Self - Dealing, Fair Dealing and Related Party Transactions—History, Policy and Reform*, 11 J. Corp. L. Stud. 495, 495 (2011) (比较几个普通法司法管辖区下的自我交易法); Fischel & Langbein, *supra* note 6 (研究信义法和公司法); Zohar Goshen, *The Efficiency of Controlling Corporate Self - Dealing: Theory Meets Reality*, 91 Calif. L. Rev. 393, 429 - 38 (2003) (比较多个司法管辖区下规范控股股东的自我交易法); Melanie B. Leslie, *In Defense of the No Further Inquiry Rule: A Response to Professor John Langbein*, 47 Wm. & Mary L. Rev. 541, 555 - 62 (2005) (研究信义法和公司法)。

〔8〕 在自我交易的背景下,例外情形是通过保护受信人或交易免于承担根据忠诚规则产生的补救后果,以此排除特定忠诚规则适用的规则或标准。See *infra* Part Ⅲ. A. 例外情形规定必须采取哪些措施以保护利害关系受信人或交易免受忠诚规则的影响。例外情形类似于改变规则,后者指"告知私主体围绕违约签订合同的必要和充分条件"。See Ian Ayres, *Menus Matter*, 73 U. Chi. L. Rev. 3, 6 (2006); see *also* Ian Ayres & Robert Gertner, *Filling Gaps in Incomplete Contracts: An Economic Theory of Default Rules*, 99 YALE L. J. 87, 122 - 23 (1989) (认为改变规则是围绕着违约签订合同); Brett H. McDonnell, *Sticky Defaults and Altering Rules in Corporate Law*, 60 Smu L. Rev. 383, 383 (2007) (将改变规则定义为"规定公司必须做什么才能合法地选择退出给定的默认规则"). 此文广泛地设想了诸多例外情形。包括非合同规则,例如保护交易或受信人在获得受益人对交易的知情同意或证明交易的公平性时免于承担责任的规则。See infra Part Ⅲ. 例外情形还包括各方自行制定的具有排除忠诚规则适用效果的规则。关于例外情形的进一步讨论, see infra Part Ⅱ. A。

突规则,公司甚至可以设置自身的例外情形,而这是美国公平规则所否定的宽容做法。[9] 但是,通过比较每个规则的实质性内容(包括它们的全部例外情形),可以发现这两种规则并非是合乎逻辑地或必然地更严格,更灵活,也难以辨明何者更能精准地阻止有害的自我交易。[10]

毫无疑问,法院对这些规则的阐释是截然不同的。禁止利益冲突规则中,自我交易不论是否公平均予以禁止,而公平规则下公平的自我交易行为是可豁免的。禁止利益冲突规则通常被表述为忠诚规则,而公平规则通常是由一系列典型的免责事由(公平性证明)所构成的。[11] 如此看来,似乎前一规则较为严格,而后一规则更为灵活。

然而,这是一个苹果与橘子的比较(apples - to - oranges comparison)。[12] 这两类受信规则都要求严格的忠诚,对自我交易都要承担责任,但提供了多种例外情形。因此,评估每类规则都需要比较其包含的所有例外情形,包括在禁止利益冲突规则下公司为自己制定的例外情形。通过这种比较方式,可以发现这两种规则无论是在严格性、实用性方面还是在区别有害及无害冲突的能力方面均未能达到相较对方处于明显优势的地位。[13]

此外,还应审视这些信义规则的具体适用,包括公司实际采用和董事实际使用的例外情形。两类规则在具体适用中具有相似性。在禁止利益冲突规则下,公司通常会设置例外情形,即要求董事进行自我交易时需征得其他董事在某些形式上的同意(approval)。[14] 公平规则下也存在类似的例外情形。在这两种规则下,我们预计理性的受信人在面临严格的忠诚规则和诸多例外情形时,都会选择最具吸引力的例外情形,考量例外情形产生的任何谈判盈余份额以及使用该例外情形的成

---

〔9〕 See infra Part Ⅱ. C.

〔10〕 See infra Part Ⅱ.

〔11〕 See infra Parts Ⅰ. A and I. B for doctrinal formulations of the rules.

〔12〕 作为此类比较的一个例子,参见 Fischel & Langbein, supra note 6, at 1115 - 16。“与禁止利益冲突规则相反,公平规则未禁止自我交易。相反,自我交易是被允许的,但其会受到更为严格的司法审查。”Id.

〔13〕 See infra Part Ⅱ.

〔14〕 See infra Part Ⅱ. C.

本。[15] 事实上,在这两种机制下,利害关系董事均遵循了前述规律,通常会使用非常相似的例外情形:获得中立或无利害关系董事的同意。[16] 在美国,证券法也强烈鼓励受信人使用这一例外情形。[17] 在具体适用中,这两种规则都要求中立董事负责监督自我交易,能够细致入微地依靠商业敏感度对自我交易作出回应。

当然,美国法律确实提供了英国法律所没有的例外情形(公平性证明)。但此类免责机制的存在不太可能会影响董事的行为,甚至是机会主义董事的行为,因为它的要求较为严格。这两类规则其他学理上的差异甚至表明,公平规则比禁止利益冲突规则运作得更为严格。[18]

本文的分析对学术研究和监管政策均意义非凡。第一,它切换了学说研讨的视角,认为关于禁止利益冲突规则和公平规则二选一的争辩是错误的研究方向,政策制定者及学者们都应该关注的是例外情形或免责机制,并研究它们的实质性内容和实践应用。第二,在公司比较法研究中,解释忠诚规则和例外情形的不同功能和运作方式,揭露出任何主张某一规则在某方面具有优势的观点都是片面的、不完整的。在公司法中,英国的禁止利益冲突规则通常执行得并不严格,美国的公平规则在区分有益和有害受益人的自我交易方面也通常未体现出更好的效用。这两类信义规则均未显现出较另一方更有利于管理,或更好地满足商业需求的特点。在具体适用中,两类规则仿若镜像,二者彼此密切相关:他们授权中立的董事监督自我交易,以作出商业性灵敏反应。如果要说二者之间有什么区别的话,那就是美国的规则更加严格。

其次,本文对美国公司法的历史源流进行了阐述。根据一种被广泛接受的说法,直至 19 世纪晚期,公司受信人都受制于禁止利益冲突规

[15] See infra notes 192 – 229 and accompanying text.

[16] See infra Parts Ⅲ. A – B.

[17] See infra notes 221 – 31 and accompanying text.

[18] See infra Part Ⅲ. D.

则,[19]该规则被认为源于英国。[20] 然而,严格的禁止利益冲突规则发生了“从谴责到宽容,再到鼓励利益冲突”的演变。[21] 目前而言,禁止利益冲突规则已演进为公平规则。传统学派认为是公平规则削弱了信义法;并哀叹其明显的衰弱现象。[22] 先进学派则认可这一变化,并将这一发展视为信义法其他领域的典范。[23] 但是,如果禁止利益冲突规则和公平规则的具体适用确实具有相似性,则前述普遍观点即使是正确的,也具有片面性,要么是美国早期的禁止利益冲突规则在演变为公平规则时没有如所宣称的那般被显著减弱,要么是其并没有趋同于英国规则,或者两者兼而有之。虽然这里的分析并没有解决历史争论,但基于该分析,我们应该考虑两类规则的全部例外情形及实践应用。一项初步研究表明,美国早期的禁止利益冲突规则绝非像人们通常声称的那样严格;它包括许多例外情形,这一“弱点”至始存在。后来,美国法律发生了重大变化,即法院开始明确承认无利害关系董事可以同意自我交易。[24] 在采用这一例外情形时,美国法律更接近于英国正在实施的法律,后者即通过授权中立董事监督自我交易以实现同样的灵活性。是故,美国法律远非众人认为的那样排斥更严格的英国法律,而是遵循了英国的脚步。

最后,文章进一步启迪我们应在其他领域重新比较公司法的公平规则与禁止利益冲突规则。例如,在信托法中,当事人可以授权或同意冲突交易,以排除忠诚义务的严格要求。[25] 对这些规则的相对严格分析

---

〔19〕 See generally Marsh, *supra* note 4(研究美国自我交易法的演变)。马什的观点得到了广泛的支持;关于对其观点支持的讨论(以及对马什观点的批评), see David Kershaw, *The Path of Corporate Fiduciary Law*, 8 N. Y. U. J. L. & BUS. 395, 439 - 40 (2012)。See also infra Part I. B(调查接受此种说法的文献).

〔20〕 关于该法律的英国起源,see infra note 53 and accompanying text。

〔21〕 Marsh, *supra* note 4, at 57.

〔22〕 See infra notes 58 - 62 and accompanying text.

〔23〕 例如,约翰·兰拜因认为美国公司法中公平规则的成功“对信托法具有高度的指导意义”。Langbein, *supra* note 6, at 962.

〔24〕 See infra Part Ⅳ. C.

〔25〕 See Restatement (Second) of Trusts § 170(1) cmt. t (Am. Law Inst. 1959)(信托条款可能允许受托人进行某些自我交易); Id. § 216(1)(受益人的知情同意可以保护受托人免于承担违反信托义务的责任).

还要求我们探究受信人在多大程度上利用了这些例外情形。

本文第一部分主要研究两类信义规则,并比较学理观点。为更好地理解公平规则的效用,本文主要关注美国最常见的公司注册地——特拉华州法律。[26] 为了评估英国的禁止利益冲突规则,文章主要关注了通常被用于进行国际比较的英格兰法律。[27] 文章第二部分分析了两类信义规则的构造,区分了其内含的忠诚规则和例外情形。第三部分探究规则的实践应用,重点关注公司制定和受信人援引的例外情形。第四部分探讨前述分析的启迪以及在其他领域的普遍性、可应用性。

一、司法观点及学术争议

本部分探究法院如何释明禁止利益冲突规则和公平规则,以及比较研究这两类规则的学术文献。

(一)禁止利益冲突规则与公平规则

禁止利益冲突规则禁止受信人担任与公司相"冲突"的职位。[28] 在公司法中,克兰沃斯(Cranworth)法官在 Aberdeen Railway Co. v. Blaikie Bros.[29] 案中作出了经典论述:"任何需履行信义义务的人,均不允许

---

〔26〕 See, e. g., Stephen M. Bainbridge, Corporate Law 10 (3d ed. 2015).

〔27〕 See, e. g., Paul L. Davies, *Related Party Transactions*: *U. K. Model* (European Corp. Gov. Inst., Working Paper No. 387/2018, 2018), https://papers. ssrn. com/sol3/ papers. cfm? abstract_id = 3126996 [https://perma. cc/Q4V7 - BRQU]. 在这项比较研究中,戴维斯认为英格兰和威尔士的法律是英国法律的代表。Id.

〔28〕 在1844年之前,禁止利益冲突规则适用于英格兰,当时公司以非法人股份公司的形式运营,董事是受信人,拥有公司的财产所有权。Gower, *supra* note 3, at 471. 1844年,根据《股份公司法》,允许公司可以通过注册成立。See Joint Stock Companies Act 1844, 7 &8 Vict. c. 110 (Eng.). 由于董事后来成为受信人的一个特殊类别,禁止利益冲突规则继续对他们适用。法院对其类比受信人的职责。See, e. g., Re Forest of Dean Coal Mining Co. [1878] 10 Ch D 450 (Eng.). 一些法院还通过类比代理人的职责来发展禁止利益冲突规则。See, e. g., Aberdeen Ry. Co. v. Blaikie Bros. (1854) 1 Macq. 461 (来自苏格兰的上诉案); see *also* Ferguson v. Wilson [1866] 2 Ch App. 77 (Eng.).

〔29〕 (1854) 1 Macq. 461 (来自苏格兰的上诉案).

从事与其保护对象的利益有或者可能有个人利益冲突的交易。”[30]作为一项衡平规则，该规则是概括性规定，其具体构成有各种不同的解释。[31]

禁止利益冲突规则在具体适用中允许不对自我交易的利处进行调查。[32] 董事无法通过证明交易对公司公平而使交易幸存。根据克兰沃斯法官在 *Aberdeen* 案所述，“这一原则被严格遵循，因此，不允许对这样签订的合同的公平性或不公平性提出任何疑问”。[33] 即使一项交易与公司其他交易“一样好”或者比其“更好”，在该规则之下也是可撤销的。[34] 禁止利益冲突规则禁止对董事有益的交易，而无论该交易是否也对公司有利，因此，该规则可有效地要求董事以委托人的唯一利益行事，故也被称为唯一利益规则（the sole - interest rule）。[35]

2006 年，英国议会将公司信义义务纳入立法，从立法上明确了董事义务的来源。[36] 该规定并没有实质上改变与自我交易相关的董事信义义务，而是复制了普通法禁止利益冲突规则的实际效用。[37] 事实上，该法定职责是以普通法下的规则和原则为“基础”的。[38] 本文重点介绍普通法在法典编纂之前的立场，因为其在相关学术争论中占有重要地位，但同时也简要地研究了相关（大致相同的）法定要求。[39]

公平规则适用于美国公司法。据悉，美国公司法最初采取的是英国

---

〔30〕 Id. at 471.

〔31〕 P. D. 芬恩（P. D. Finn）指出，该规则“只能以广泛和概括的方式提出”，而且“没有普遍接受的表述”。P. D. Finn, Fiduciary Obligations 199 (1977).

〔32〕 Aberdeen, 1 Macq. at 472（“不允许就冲突交易的价值进行调查”）.

〔33〕 Id. at 471; see also Bray v. Ford [1896] AC 44 (HL) at 51 - 52（将该义务描述为“衡平法院的一项僵化规则”）.

〔34〕 Aberdeen, 1 Macq. at 472.

〔35〕 See Langbein, supra note 6, at 931. 该规则也经常被称为“无进一步调查规则”。Id.

〔36〕 See generally Companies Act 2006, c. 46 (Eng.).

〔37〕 See Palmer's Company Law ¶ 8.3104 (Geoffrey Morse ed., 2017); see also infra notes 269 - 79 and accompanying text. 禁止利益冲突规则不仅适用于自我交易，而且也适用于篡夺公司机会和使用公司财产。See *infra* notes 329 - 30 and accompanying text.

〔38〕 See Companies Act 2006, c. 46, § 170(3) (Eng.).

〔39〕 编纂法典前的普通法立场在第一、二部分和第三（一）至（四）部分进行了论述。第三（四）部分介绍董事职责主要规定的现代法立场。

普通法下禁止利益冲突规则，而后“迅速背离”这一路径。[40] 截至20世纪中叶，美国公司法已经演变成公平规则，即如果自我交易对公司而言是公平的，则可予以保护。[41] 根据某一司法判例，“当……公司某一董事同时代表交易双方当事人时，他们必须表现出最大的善意和交易中最严格的内在公平性。”[42] 在另一判例中则解释为，“同时代表交易双方的董事……有责任建立完全的公平”。[43] 梅尔文·艾森伯格（Melvin Eisenberg）解释说，董事“必须公平地行事或交易”。[44] 履行这一职责的董事免于承担违反信义义务的责任。

法院和学者们均致力于研究公平的内涵。这是一个范畴，而不是某一点。[45] 其大致等同于当事方在公平交易中谈判的内容。[46] 由于要求“完全公平”，当下法院不仅需要关注价格的公平（对商定的价格条款进行调查），而且还要关注交易的公平。在交易的公平性审查方面，法院会围绕着“交易时间，交易是如何发起、确立、谈判和向其他董事披露的，以及如何获得董事和股东的同意”等方面进行审查。[47] 问题是，这一审

---

〔40〕 See Kershaw, supra note 19, at 400（“英国和美国的法律迅速分歧，为董事提供了截然不同的信义标准”）.

〔41〕 根据美国法律，分析的起点通常是商业判断规则，“这是一种假设，即公司董事在做出商业决策时，是在知情的基础上，真诚地行事，并善意地相信所采取的行动符合公司的最佳利益”。Aronson v. Lewis, 473 A. 2d 805, 812 (Del. 1984). 原告可以通过声称存在自我交易来反驳这一推定，然后根据公平规则对被诉交易进行审查。See generally Id. 有关商业判断规则以及股东如何反驳的更详细阐释，see *infra* notes 121 – 23 and accompanying text。

〔42〕 See Weinberger v. Uop, Inc., 457 A. 2d 701, 710 (Del. 1983). 公平规则也适用于公司高管。本文的分析仅限于董事，以确保与英国法律具有一致性，根据英国法律，禁止利益冲突规则不适用于高管。

〔43〕 Valeant Pharm. Int'l v. Jerney, 921 A. 2d 732, 732 (Del. Ch. 2007) (quoting *Weinberger*, 457 A. 2d at 710).

〔44〕 Melvin Aron Eisenberg, *The Divergence of Standards of Conduct and Standards of Review in Corporate Law*, 62 Fordhaw L. Rev. 437, 450 (1993).

〔45〕 Id.

〔46〕 Gottlieb v. Heyden Chem. Corp., 90 A. 2d 660, 663 (Del. Ch. 1952)（该案指明，公平要求“如果交易是与陌生人达成的，那么交易实际上对公司的有利程度至少与董事要求的有利程度相同”。）.

〔47〕 Weinberger, 457 A. 2d at 711.

查过程能否代表公平的交易(arm's - length bargaining)。[48] 尽管法院从公平的两个维度(价格和交易)上对交易进行评估,但他们仍认为该测试只是对完全公平的单一性评估。[49]

(二)学术分歧

诸多文献研究了禁止利益冲突规则和公平规则的相对优点。学者们研究公平规则是当代美国公司法(通常是特拉华州法律)中加诸于董事的规则。他们不仅将公平规则与英国公司法中的禁止利益冲突规则进行比较,[50]还将公平规则与它的直接前身——早期的美国禁止利益冲突规则进行比较。[51] 对于一些学者来说,比较的基础是信托法中的禁止利益冲突规则。[52] 学者们普遍认为,这些涉及不同领域的禁止利益冲突规则具有等价性,即早期美国公司法中的禁止利益冲突规则与英国法[53]关于自我交易的法律主张是相同的,均是对信托法中禁止利益

---

[48] See Valeant, 921 A. 2d at 736 ("董事们追求交易的过程存在严重的私利缺陷,其无法代表公平交易").

[49] Weinberger, 457 A. 2d at 711 ("公平测试并不是对公平交易和公平价格的分别考量。公平的所有方面都必须作为一个整体来审查,因为其关涉的是一个完全公平的问题").

[50] See, e. g., Deborah A. DeMott, *The Figure in the Landscape: A Comparative Sketch of Directors' Self - Interested Transactions*, 62 Law & Contemp. Probs. 243, 244 (1999); Farrar & Watson, supra note 7, at 520 - 21; David W. Giattino, *Curbing Rent - Seeking by Activist Shareholders: The British Approach*, 25 Temp. Int'l & Comp. L. J. 103, 130 - 31 (2011); Kershaw, supra note 19, at 400.

[51] See, e. g., Marsh, supra note 4, at 40 - 41; see also Norwood P. Beveridge, Jr., *The Corporate Director's Fiduciary Duty of Loyalty: Understanding the Self - Interested Director Transaction*, 41 Depaul L. Rev. 655, 659 (1992); Julian Velasco, *The Diminishing Duty of Loyalty*, 75 Wash. & Lee L. Rev. 1035, 1041 - 42 (2018).

[52] See, e. g., Langbein, supra note 6, at 958 - 61; Edward B. Rock & Michael L. Wachter, *Dangerous Liaisons: Corporate Law, Trust Law, and Interdoctrinal Legal Transplants*, 96 Nw. U. L. Rev. 651, 651 (2002).

[53] Kershaw, supra note 19, at 395; see also Ahmed Bulbulia & Arthur R. Pinto, *Statutory Responses to Interested Directors' Transactions: A Watering Down of Fiduciary Standards*, 53 Notre Dame L. Rev. 201, 202 (1977) ("早期的美国法院遵循传统的英国规则,并认为这种自我交易合同或交易可基于公司的选择而被撤销。"); Kershaw, supra note 19, at 400 ("英国和美国的自我交易法都是以采用英国信托法的信义原则为起点的……在短暂的一段时间里,他们都以同一个英国案例作为经典案例予以研究").

冲突规则的"直接借用"。[54]

该学术研究的基本假设是,禁止利益冲突规则和公平规则的适用方式不同,效果也有所区别。例如,小哈罗德·马什(Harold Marsh, Jr.)为禁止利益冲突规则申辩,将其向公平规则的演变视为"可悲的失败"。[55]马什断言,公平规则"几乎没有或根本没有抑制利益冲突"。[56] 维克多·布鲁德尼(Victor Brudney)则将这一演变描述为对信义法的不利削弱。[57] 其认为,法院在20世纪"严重侵蚀"了信义法,允许公司管理层行使"相当大的自由裁量权……以牺牲投资者利益为代价,转移公司资产为自己谋取利益"[58]。劳伦斯·坎宁安(Lawrence Cunningham)还引用了马什的话,认为:"信义法的传统力量在20世纪已经衰减。"[59] 埃文·克里德尔(Evan Criddle)认为,特拉华州法律向公平规则发展是法院"废除传统的信义规则和救济措施"的典例。[60] 阿米尔·利希特(Amir Licht)则认为,公平规则产生了"有害"效应,"必然会因由制度设

〔54〕 Robert C. Clark, Corporate Law 164 (1986)(将早期的美国公司禁止利益冲突规则称为"法院直接借用信托法中现有规则的结果"); see also Rock & Wachter, supra note 52, at 668(将早期的美国公司禁止利益冲突规则描述为"纯粹的信托法忠诚义务").

〔55〕 Marsh, supra note 4, at 54.

〔56〕 Id. at 73(谈及当时规范自我交易的规则).

〔57〕 Brudney, supra note 4, at 1434.

〔58〕 Id. at 1410.

〔59〕 Lawrence A. Cunningham, *Choosing Gatekeepers: The Financial Statement Insurance Alternative to Auditor Liability*, 52 Ucla L. Rev. 413, 414 n. 1 (2004); see also Bulbulia & Pinto, supra note 53, at 203(将法律的变动视为"早期僵化规则的削弱"); Julian Velasco, *A Defense of the Corporate Law Duty of Care*, 40 J. Corp. L. 647, 688 (2015)("忠诚义务的严格性在持续削弱,以至于现行忠诚义务的执行力很弱").

〔60〕 SeeCriddle, supra note 4, at 999, 1019.

计而引致低于标准的遵守"[61]。

根据这一传统观点,禁止利益冲突规则在规制自我交易方面比公平规则更严格,因为前者禁止后者所允许的交易。[62] 它完全禁止自我交易的方法也节省了公平规则下为解决复杂的公平性问题而产生的司法成本。[63] 这为禁止利益冲突规则提供一个正当性基础,即这些节省的成本远远抵消了该规则广泛禁止造成的损失。[64] 该规则还有一个道德基准:禁止利益冲突规则的一般规定隐含了对不忠行为的"无情"规制,这与强调信义责任的特殊性及其以高标准要求董事行为的司法逻辑是一致的。[65]

也有部分学者拥护公平规则。[66] 他们赞同马什关于"严格"的禁止利益冲突规则屈服于"更灵活"的公平规则之主张,[67] 认为相比于禁止

---

[61] Amir N. Licht, *Farewell to Fairness: Towards Retiring Delaware's Entire Fairness Review* 14 (European Corp. Governance Inst., Working Paper No. 439/2019, 2019), https://ssrn.com/abstract = 3331097 [https://perma.cc/5ESE - NHHD]; see also Id. at 57 ["特拉华州完全公平原则的实质性公平审查可能是特拉华州公司法和英国信义法(包括公司法)存在分歧的最突出例子。虽然单独审查时似乎是明智的,但实质性的公平审查与信义法的基本原则并不一致……(哈罗德)马什已经指出了这一矛盾及其对公司和股东的可悲后果。"].

[62] See Giattino, supra note 50, at 130 - 31 ("特拉华州依靠公平规则来审查利益冲突和忠诚……这种做法比英国的做法更宽容,英国的做法是避免利益冲突的积极义务"); Leslie, supra note 7, at 565 (声称公平规则"将允许大量自我交易在不被发现的情况下存在",并且采用公平规则将"消除受信人确实面临的少数自我交易障碍"); see also Farrar & Watson, supra note 7, at 520 - 21 (公平交易可能无法达到最佳交易); Leslie, supra note 7, at 565 - 66 (将公平规则下的信义责任风险视为"遥远的").

[63] See *generally* Robert H. Sitkoff, *Fiduciary Principles in Trust Law*, *in* The Oxford Handbook of Fiduciary Law 41 (Evan J. Criddle et al. eds., 2019).

[64] See Robert H. Sitkoff, *Trust Law, Corporate Law, and Capital Market Efficiency*, 28 J. Corp. L. 565, 573 - 74 (2003) ["这些交易通常是不可取的,以至于消除整个交易类别的成本(某一规则)低于逐案裁决的成本(公平标准)。"].

[65] 有关美国法院这此类言论的精髓, see Meinhard v. Salmon, 164 N. E. 545 (N. Y. 1928)。

[66] 学者们经常将公平规则称为最佳利益规则,以反对禁止利益冲突规则,他们认为后者是唯一利益规则。See generally Langbein, supra note 6.

[67] See, e. g., Rock & Wachter, supra note 52, at 670 (认为基于信托法最初的禁止利益冲突规则是"严格的、不妥协的",而公平规则是"更灵活的").

利益冲突规则，公平规则可以更好地区分有害的和有利的（或公平的）利益冲突行为。[68] 正如约翰·兰拜因（John Langbein）所解释的那样，禁止利益冲突规则错误地认为所有的冲突行为都是有害的，而未考虑到自我交易有时也可能符合受益人的最佳利益。[69] 该规则在没有进一步调查的情况下禁止一切利益冲突的做法，是为了“找出一些可以想象但未经证实的恶行，然后拒绝假定的作恶者证明没有发生过这样的事情，最终推定这个牵强附会的阴谋确实发生了”[70]。因此，禁止利益冲突规则可能会阻止未来受信人采取与受益人相关的行为——这是对利益冲突行为的过度威慑。[71]

从这些改进派学者（progressive scholars）的角度来看，更好的规则应是允许受信人证明自我交易有利于受益人。而他们认为公平规则就是这样的规则。[72] 根据兰拜因的说法，公平规则“承认某些冲突行为有利于公司”[73]。从禁止利益冲突规则到公平规则的演变是“一次成功的经验”并“对信托法（仍然适用禁止利益冲突规则）具有高度的指导作用”。[74] 同样，弗兰克·伊斯特布鲁克（Frank Easterbrook）和丹尼尔·费舍尔（Daniel Fischel）认为公平规则是一种最佳的治理结构，反映了竞争性商业实践，并使企业能最大限度地提高股东福祉。[75] 这些改进派

---

〔68〕 兰拜因很好地论证了这个观点，supra note 6。

〔69〕 Id. at 951 - 52.

〔70〕 Id. at 953（主张这一点是因为自我交易产生于拍卖）.

〔71〕 Id.（“就当前目的而言，更重要的是，禁止利益冲突规则也产生了过度威慑的后果。在信托受益人的利益未受损害或提高的情况下，该规则通过惩罚受托人阻止了未来受信人采取类似的、与受益人有关的行为”）. 兰拜因同样承认，如果没有发现所有不法行为，禁止利益冲突规则的威慑力可能会削弱。Id. at 951.

〔72〕 Easterbrook & Fischel, supra note 6, at 15（将董事的受信责任视为符合风险投资人本来会谈判的条款，如果谈判成本“足够低”）; Id. at 92（与禁止利益冲突规则相比，公平规则更受青睐，因为后者区分“损害投资者利益的管理行为和同时使管理者和投资者受益的行为”）; Fischel & Langbein, supra note 6, at 1114 - 16; Langbein, supra note 6, at 954.

〔73〕 Langbein, supra note 6, at 962（“公司法意识到一些冲突行为对公司是有利的，因此以监管取代了禁止”）.

〔74〕 Id.

〔75〕 See Easterbrook & Fischel, supra note 6, at 4 - 15（研究信义规则）; Id. at 103 - 05（研究公平规则）.

学者也同意传统派学者(traditionalists)的下述观点:这两类规则的具体适用不同,效果也有所区别。

二、实质性内容:忠诚规则与例外情形

本部分表明,两类规则的实质性要求中存在相同的规范结构。它们要求严格的忠诚,但会设置例外情形或免责机制。这两种规则并非是符合逻辑的或必然一方是更严格、更灵活的,也难以辨明何者更能精准地阻止有害的自我交易。

(一)定义性术语

在自我交易的背景下,例外情形的适用需参照忠诚规则的要求,后者要求受信人对受益人或委托人忠诚行事。例外情形通过保护受信人或交易免于承担忠诚规则可能产生的补救后果,进而排除此类忠诚规则的适用。[76] 例外情形可以被认为是免责机制或放弃适用忠诚规则。它们详细规定为保护董事或交易免于承担责任必须采取哪些措施。例如,如果受信人就某些不忠行为获得了委托人的知情同意,则其将避免承担因不忠而可能面临的责任。[77]

不同情境下的例外情形不同。它们可能是法官造法、法规或私人秩序的产物。[78] 有些例外情形仅能在股东同意下实施;有些例外情形(公平性证明)则需要司法裁决。

区分忠诚规则和例外情形对于比较禁止利益冲突规则和公平规则至关重要,因为这些规则的表述往往阻碍比较。法院和学者已根据经典的例外情形或免责机制制定公平规则,作为一种要求公平的制度。[79]

---

〔76〕 See supra note 8 and accompanying text.

〔77〕 See Restatement (Third) of Agency § 8.06(1) (Am. Law Inst. 2006) ("代理人的行为本来会构成违反义务的行为……如果委托人同意该行为,则不构成违反义务的行为……").

〔78〕 至于私人秩序,英国公司经常在其章程中规定例外情形。See infra Part Ⅲ. A. 允许公司成员在公司章程中规定例外情形的法律原则可被视为规范例外情形而创设的元规则,或背景规则,而不是例外情形本身。

〔79〕 See supra notes 42 – 44 and accompanying text.

这可能会掩盖其隐含的忠诚规则。与此同时,法院和学者经常以严格禁止自我交易的忠诚规则来表达禁止利益冲突规则。[80] 这也可能掩盖其存在的例外情形。

(二)公平规则:寻找忠诚

当然,法院在阐释公平规则时并未提及忠诚规则或其例外情形。相反,他们经常根据标志性的(signature)例外情形或免责机制来释明公平规则,并声称该规则要求董事公平。[81] 但是,法院有时也会在解释公平规则时揭示其潜在的忠诚要求。例如,在 In re Cox Communications, Inc. Shareholders Litigation 案中,[82] 当时的里奥·斯特林(Leo. E. Strine, Jr.)副法官是这样表述公平规则的:自我交易行为"在没有利益相关方证明该交易是公平的情况下,应推定为可撤销"[83]。此表述可以分解为若干功能性组成部分,以揭示其忠诚规则和例外情形。[84] 忠诚规则使自我交易行为无效,使其可撤销,或要求其承担责任。例外情形则要求证明公平性。

这充分说明了公平规则实际上提供了诸多例外情形。首先应根据《特拉华州普通公司法》第 144(a)条的审查规定,对此些例外情形与忠诚规则予以识别,[85] 该条明确了三种情形。根据第 144(a)条,如果满足其中任一条件,则任何自我交易不得仅因是自我交易而"无效或可撤

[80] See supra note 30 and accompanying text.

[81] See, e. g., supra notes 41 – 42 and accompanying text.

[82] 879 A. 2d 604 (Del. Ch. 2005).

[83] Id. at 614.

[84] 根据美国法律,布雷特·麦克唐纳(Brett McDonnell)支持这一观点。在自我交易法中,他将"禁止冲突交易"视为默认立场,并将第 144(a)条中的条件视为"改变"该立场的规则。See McDonnell, supra note 8, at 414 – 16.

[85] Del. Code Ann. tit. 8, § 144(a)(1) (2019).

销”。[86] 司法界和学术界对满足条件的影响存在不同看法,[87]下文将对这些争议观点予以阐析。[88] 然而,最常见的观点是将这三种情形视为替代性例外情形。[89] 学者以及法院也将它们称为“安全港”(safe harbors)。[90]

我们有必要思考,在不满足上述任一条件时进行自我交易的后果是什么,以了解为什么第144(a)条中的这些条件是例外情形,并明确忠诚规则的内涵。毋庸置疑,第144(a)条并没有明确法律后果,它既没有要求忠诚,也没有强加责任。相反,普通法通过强制实施忠诚规则(法定条件发挥作用的背景)作为未满足任何条件的行为后果。法院偶尔也会提到忠诚规则——如Cox Communications案。[91] 然而,更常见的情形是,法院在解释第144(a)条提供的保护时(当满足任一条件时)会提及忠诚规则。例如,在Benihana of Tokyo, Inc. v. Benihana, Inc.案中,[92]唐纳德·帕森斯(Donald F. Parsons)副法官解释说:“满足第144条的要求仅意味着被诉交易行为不能仅仅因为利益冲突而无效或被撤销。”[93]

---

[86] 第144条适用于特定的自我交易,包括公司与其一名或多名董事之间的交易,以及公司与董事拥有经济利益的公司之间的交易。Id. 然而,超出第144条范围的自我交易可能会受益于普通法规定的例外情形或安全港。这项规定也适用于高管。本文仅研究董事的责任只是为了便于与英国法律进行比较,英国法律对董事的监管不同于对高管的监管。

[87] See, e. g. , Cumming v. Edens, No. 13007 - VCS, 2018 Del. Ch. Lexis 54, at * 46 (Del. Ch. Nov. 21, 2017) [“我们判例法对第144(a)(1)条的解释只能说是模糊的。”].

[88] See infra notes 263 - 67 and accompanying text.

[89] See infra Table 1.

[90] See, e. g, infra note 95 and accompanying text.

[91] In re Cox Commc'ns, Inc. S'holdersLitig. , 879 A. 2d 604, 614 (Del. Ch. 2005); see supra note 82 and accompanying text.

[92] 891 A. 2d 150 (Del. Ch. 2005), aff'd, 906 A. 2d 114 (Del. 2006).

[93] Id. at 185. 法院使用“完全”一词表明,该法规仅为自我交易的无效性提供庇护,而不适用于其他事由,如非法性。See Id. at 177 (“由于大多数无利害关系的独立董事批准了BFC交易,因此不会仅仅因为该交易的利害关系性质而使其无效或撤销,前提是有关Abdo和任何其他董事或高管利益的重要事实已向Benihana董事会披露或使其知情”); see also Fliegler v. Lawrence, 361 A. 2d 218, 222 (Del. 1976) (第144条“规定不得‘仅’因涉及此类董事或高管而使协议无效”).

在 Cede & Co. v. Technicolor, Inc. 案中，[94]特拉华州最高法院将第 144 条描述为“为公司董事会提供了一个安全港，以防止董事的利益冲突使公司行为无效”。[95] 在 Cox Communications 案中，斯确因（Strine）副法官将第 144 条描述为“仅解决普通法原则下冲突交易完全无效的问题，并为交易规划者提供避免这种命运的路线图”[96]。这些观点表明，一项严格的普通法忠诚规则会使自我交易无效，相当于要求董事要么避免此类交易要么对公司保持绝对的忠诚。[97] 第 144（a）条规定的条件系例外情形，因为它们保护自我交易免受忠诚规则的影响，排除了忠诚规则的适用。

普通法有时被认为使自我交易行为自动可撤销。[98] 然而，至少在 1967 年第 144 条通过时，特拉华州法院在适用普通法宣布自我交易无效

---

〔94〕 634 A. 2d 345 (Del. 1993).

〔95〕 Id. at 365.

〔96〕 Cox Commc'ns, 879 A. 2d at 614 – 15; see *also In re* Walt Disney Co. Derivative Litig., 907 A. 2d 693, 756 n. 464 (Del. Ch. 2005)（“有证据表明，大多数独立董事都知道冲突行为和所有重要事实的存在……但采取行动是为了同事的利益而不是为了股东的利益，法院将认定董事未能善意行事，因此，交易是无效的”）; Nebenzahl v. Miller, C. A. No. 13206, 1996 Del. Ch. Lexis 113, at ∗11 (Del. Ch. Aug. 26, 1996)（“原告声称并最终证明交易不公平，可能会剥夺被告董事第 144 条法定安全港的保护，并使董事行为无效……”）.

〔97〕 案件当局并未始终如一地制定美国的忠诚规则，使自我交易的确切轮廓一直模糊不清。一些权威机构建议，当利害关系董事投票授权公司进行自我交易时，就会发生决议无效情形。See Edward P. Welch Et Al., Folk on The Delaware General Corporation Law 296 (2011 ed.)（“然而，特拉华州最高法院强调，它夸大了普通法规则，并进一步得出结论，在此类利害关系交易中，关系本身就是控制因素”）; S. Samuel Arsht & Walter K. Stapleton, *Delaware's New General Corporation Law: Substantive Changes*, 23 Bus. Law. 75, 81 (1967)（第 144 条“规定了三种情况，其中有利害关系的高管或董事参与授权交易的事实不会影响交易的有效性”）; see also Blake Rohrbacher et al., *Finding Safe Harbor: Clarifying the Limited Application of Section* 144, 33 Del. J. Corp. L. 719, 722 – 24 (2008) (collecting sources); Julian Velasco, *How Many Fiduciary Duties Are There in Corporate Law?*, 83 S. Cal. L. Rev. 1231, 1242 – 43 (2010)（考察什么构成公平规则下的自我交易）.

〔98〕 See infra note 301 and accompanying text; see also Clark, supra note 54, at 169（提及“第 144 条是保护自我交易免受自动无效的规制”）.

之前考虑了包括公平在内的多种因素,[99]因此该规则不会使自我交易自动失效。前述因素被认为是第144(a)条[100]的条件或例外情形,保护自我交易避免因忠诚规则而无效。

狭义观点认为,该条款保护自我交易免于无效,但不能保护其免受"完全公平"的审查。[101] 根据这一观点,即使第144(a)条保护了自我交易,该交易也可能因违反信义义务而招致责任。广义观点认为,第144(a)条不仅保护了自我交易免于无效,而且保护其免受独特的、额外的公平性审查。[102] 在后者观点中,满足第144条被认为可以对自我交易施加双重保护,包括保护其免于无效和免受进一步的公平性审查。然而就效果而言,第144(a)条在保护自我交易免于无效方面作用有限,其本身并不使自我交易有效。[103]

通过适用忠诚规则,法院确实裁定未能获得第144(a)条保护的自我交易无效。例如,在Valeant Pharmaceuticals International v. Jerney案中,[104]董事通过奖励自己巨额现金红利进行自我交易。由于不符合例外情形,该交易"在交易各方之间是无效的"。[105] 近期,在Reddy v.

---

[99] See, e.g., Marciano v. Nakash, 535 A.2d 400, 404 (Del. 1987)(指普通法下阻止交易无效或可撤销的因素); see also Beard v. Elster, 160 A.2d 731, 737 (Del. 1960)(除非董事"证明该交易实际上对公司有利,且至少与董事和陌生人交易时所要求的一样",否则自我交易将视为无效); Gottlieb v. Heyden Chem. Corp., 91 A.2d 57, 58 (Del. 1952).

[100] See Cede & Co. v. Technicolor, Inc., 634 A.2d 345, 365 (Del. 1993)["第144(a)条于1967年颁布,规定了司法认可的公司治理原则,为公司董事会提供了有限的安全港,以防止董事利益冲突使公司行为无效。"]; *Marciano*, 535 A.2d at 404 [将保护自我交易免于无效的普通法因素描述为"现行第144(a)条的细分标准"]. 然而,一些法院认为第144条已经改善普通法中一种"本身"无效的规则。

[101] Clark, supra note 54, at 169(根据特拉华州法律驳回了以下主张,即第144条同意的交易"完全不受股东攻击,并且法规禁止法院审查交易的公平性并可能使其无效"); Rohrbacher et al., supra note 97, at 719-22; see also Cox Commc'ns, 879 A.2d at 615("仅仅遵守第144条并不一定足以回答"这一有点不同的问题,即一项利益交易何时可能引起违反信义义务的索赔).

[102] See Rohrbacher et al., supra note 97, at 720.

[103] For further discussion, see infra notes 263-67 and accompanying text.

[104] 921 A.2d 732 (Del. Ch. 2007).

[105] Id. at 752.

MBKS Co. 案中，[106] 特拉华州最高法院宣布公司之间的交易无效，因为一名董事“同时代表了双方公司”。[107]

法院在裁定自我交易的补救措施时享有广泛的自由裁量权。[108] 他们可以裁定损害赔偿(damages)。[109] 如公司已确认自我交易合同，或者交易双方无法恢复到原来的状态，[110] 此时解除合同不切实际，则法院会裁定损害赔偿。斯确因副法官将自我交易的补救措施描述为利润归入或“使公司完整所必需的任何损害赔偿”的支付。[111] 最近，法院和学者们声称，在自我交易发生时，解除合同和裁定损害赔偿有不同的法律依据。[112] 虽然这种补救方法使评估美国忠诚规则适用的严格性变得复杂，但分析表明，该规则在严格程度上与英国法中的忠诚规则相似，下文将对此展开说明。出于比较法研究的目的，我们应当将关注的焦点转移到每个法域的例外情形上。

正如表 1 所示，第 144(a)条规定了三种例外情形，只要满足其中之

[106] 945 A. 2d 1080 (Del. 2008).

[107] Id. at 1087 n. 15. 法院还认为，该董事未能履行其证明交易公平性的责任。Id. 法院给出了其他足以使交易无效的理由。Id.

[108] See Cede & Co. v. Technicolor, Inc., 542 A. 2d 1182, 1187 (Del. 1988) (“为主张公平交易和公平价格索赔的欺诈行为提供了广泛的补救措施，并对被指控的违法者提供一个特定案件事实可能需要的任何救济”); see also Int’l Telecharge, Inc., v. Bomarko, Inc., 766 A. 2d 437, 440 (Del. 2000) (“在确定损害赔偿时，衡平法院的权力非常广泛，可以酌情根据整个公平标准制定衡平法和金钱救济，包括可撤销的损害赔偿”).

[109] Oberly v. Kirby, 592 A. 2d 445, 466 (Del. 1991) (“如果发现交易对公司不公平，股东可以要求撤销交易，或者，如果撤销是不切实际的，可以要求支付可撤销的损害赔偿金。但是，如果董事履行了证明完全公平的责任，则该交易将免受股东质疑”); Weinberger v. Uop, Inc., 457 A. 2d 701, 714 (Del. 1983) [“在这种情况下，大法官有权制定任何形式的衡平法和金钱救济，包括解除合同损害赔偿金。由于这项长期完成的交易涉及太多因素以致无法解除，鉴于大法官的自由裁量权，裁决(如果有的话)应是基于整个公平标准(公平交易和公平价格)的金钱赔偿。”].

[110] See, e. g., *Kirby*, 592 A. 2d at 466.

[111] Leo E. Strine, Jr., *The Delaware Way: How We Do Corporate Law and Some of the New Challenges We (and Europe) Face*, 30 Del. J. Corp. L. 673, 677 (2005).

[112] See In re Cox Commc’ns, Inc. S’holdersLitig., 879 A. 2d 604, 614 - 15 (Del. Ch. 2005); Rohrbacher, *supra* note 97, at 719 - 22; see also infra notes 263 - 68 and accompanying text.

一即可。[113] 其中最值得注意的是公平性证明。[114] 在第144(a)(3)条中,公平性证明成为美国信义制度的代名词,通常掩盖了相关的忠诚规则要求。然而,公平性证明规则并未要求受信人证明被诉交易的公平性,或援引任何其他例外情形。证明公平的责任落在了利害关系董事身上:如果他们未能举证以承担其责任,法院也没有资格代替他们主动审查交易的公平性以避免忠诚规则的补救后果。[115] 正如法院所强调的那样,信义规则并不会使不公平的自我交易无效;相反,除非利害关系董事证明自我交易是公平的,否则信义规则下交易就是无效的。[116]

表1 美国公平规则的结构

忠诚规则	要求绝对的忠诚
例外情形	1. 向董事会/董事委员会披露自我交易情况,并获得无利害关系董事的同意[第144(a)(1)条] 2. 向股东披露自我交易,并获得股东同意[第144(a)(2)条] 3. 证明完全的公平[第144(a)(3)条或者普通法的规定]

第144(a)(1)(2)条中还规定了另外两种例外情形。根据该两款规定,如果自我交易分别获得无利害关系董事或有权就该事项投票的股东

[113] See infra Table 1.

[114] 作为例外情形的公平性证明也以普通法为基础。See Bainbridge, supra note 26, at 166 ("根据特拉华州法律,第144条并不是使利益冲突交易有效的唯一手段。如果董事证明交易对公司是公平的,则不会产生任何责任"). 根据第144(a)(3)条规定,公平性证明的运作可能比普通法更为受限,因为该条款要求交易必须"被授权或被同意或被批准"。Del. Code Ann. tit. 8, § 144(a)(3) (2019).

[115] See Velasco, supra note 97, at 1243 ("根据公平规则,股东不必证明任何实际的不当行为,而只需证明存在可识别的利益冲突,然后董事必须证明他们没有做错任何事"). 在驳回诉请阶段,股东"必须指控一些倾向于表明交易不公平的事实",但他们的诉讼负担较低,满足"某些事实"即可证明缺乏完全的公平。Stein v. Blankfein, C. A. No. 2017 - 0354 - SG, 2019 Del. Ch. Lexis 199, at *19 (Del. Ch. May 31, 2019) [quoting Solomon v. Pathe Commc'ns Corp., C. A. No. 12563, 1995 Del. Ch. Lexis 46, at *5 (Del. Ch. Apr. 21, 1995)]. 适用完全公平标准的裁决"通常将排除对第12(b)(6)条驳回诉讼规则的投诉"。Orman v. Cullman, 794 A. 2d 5, 20 n. 36 (Del. Ch. 2002).

[116] Nixon v. Blackwell, 626 A. 2d 1366, 1376 (Del. 1993); see also Strine, *supra* note 111, at 677 ("在缺乏公平性证明的情况下,与交易有利害关系的受信人……必须放弃任何利润或支付任何必要的损害赔偿,以使公司完整").

之多数同意，则任何自我交易行为不仅仅因其为自我交易而无效。[117] 此些例外情形要求各“选民”(constituencies)的善意和知情的决定。

第144(a)(1)(2)条规定的例外情形与公平性证明在具体适用中有所不同，这说明了美国公平规则的复杂性。首先，他们分别要求获得董事或股东的同意。其次，至少从概念上讲，它们提供的保护比公平性证明要弱一些。[118] 尽管对这些条款的普遍释义认为，每个条款都为董事的自我交易提供了商业判断保护，[119] 但该问题仍存在某些争议。[120] 作为商业判断规则(business judgment rule，BJR)的产物，商业判断保护为抵御忠诚规则提供了强大的盾牌。它要求法院假定，“董事在作出商业决定时，公司董事是在知情的基础上，善意并诚实地相信所采取的行动

---

[117] Del. Code Ann. tit. 8, § 144(a)(1) - (2) (2019). 法院已经理解第144(a)(2)条要求无利害关系股东的同意。See Fliegler v. Lawrence, 361 A. 2d 218, 221 - 22 (Del. 1976).

[118] 有关这些例外情形提供的保护之其他释义，see infra notes 263 - 67 and accompanying text。

[119] See infra notes 263 - 67 and accompanying text.

[120] Cede & Co. v. Technicolor, Inc., 634 A. 2d 345, 366 n. 34 (Del. 1993)[“完全知情的无利害关系董事会同意冲突交易，8 Del. C. § 144(a)(1)，或获得无利害关系股东的同意，8 Del. C. § 144(a)(2)，均提供了商业判断保护”]; Oberly v. Kirby, 592 A. 2d 445, 467 (Del. 1991) (“在8 Del. C. § 144规定下，如果交易获得独立董事委员会、股东或法院的同意，则交易将免受原告股东的质疑”); Marciano v. Nakash, 535 A. 2d 400, 405 n. 3 (Del. 1987) [“分别根据第144(a)(1)条及第144(a)(2)条，获得完全知情的无利害关系董事或无利害关系股东的同意时，当事人可以援引商业判断规则，并将司法审查限制在赠与或浪费问题上，并由质疑交易的一方承担举证责任”]; Toedtman v. Turnpoint Med. Devices, Inc., No. N17C - 08 - 210 - RRC, 2019 Del. Super. Lexis 46, at ∗24 (Del. Super. Ct. Jan. 23, 2019) [“根据第144(a)(1)条，获得无利害关系董事的同意，或根据第144(a)(2)条获得无利害关系股东的同意后，法院将根据商业判决规则审查所涉冲突交易”]; see also Bainbridge, supra note 26, at 162 - 65 [得出结论，即第144(a)(1)或(2)条下的同意提供了商业判断保护]; Strine, supra note 111, at 678 (“特拉华州试图尊重无利害关系董事和股东的商业判断。这如何体现？在相关交易完全披露后，如果其得到了大多数独立董事或大多数无利害关系股东的同意，则可援引商业判断规则加以保护”). 重要的是，对第144(a)(1)条的另一种解释使其规制效果更加有限。至于这种解释，see infra notes 263 - 67 and accompanying text。该分析是在扩大解释第144(a)(1)条规定下进行的，因为这可能是普遍的看法，并且更有可能支持将禁止利益冲突规则视为更严格制度的一般主张。根据对公平规制例外情形的狭义解释，实际情况可能是相反的。

是符合公司最佳利益的。"[121] 如果原告声称有充分的特别事实证明,或者另有记录证明董事的决策不是根据商业判断规则的推定作出的,则原告可以推翻商业判断规则。[122] 虽然证明存在自我交易通常可以反驳商业判断规则,[123] 但是第144(a)条通过净化自我交易,使其免受忠诚规则的影响,进而杜绝了这种可能性。尽管如此,从理论上讲,除了自我交易之外,原告股东仍然可以反驳商业判断规则,但无法想象这种情况出现的合理情景。权力机关表明,商业判断规则不会保护一笔相当于"浪费"(waste)的交易,而浪费的情形却很少出现。[124] 因此,对该法规的普遍看法是,根据第144(a)(1)或(2)条获得无利害关系的董事或股东的同意可分别获得商业判断保护,这是原告难以克服的强大屏障。[125]

最后,如果利害关系董事在法律上或事实上拥有投票控制权,法院

---

[121] Aronson v. Lewis, 473 A. 2d 805, 812 (Del. 1984).

[122] Mills Acquisition Co. v. Macmillan, Inc., 559 A. 2d 1261, 1279 (Del. 1988) ("当法院审查董事会被质疑违反职责的行动时,应当避免评估商业决策的明智性和正确性,除非其有特别充分的事实证据,或者有其他证据表明,该决定并非由知情、无利害关系和独立的董事会作出的。").

[123] See Cinerama, Inc. v. Technicolor, Inc., 663 A. 2d 1156 (Del. 1995); Hmg/Courtland Props., Inc. v. Gray, 749 A. 2d 94, 114 (Del. Ch. 1999) ["这种未披露自我交易的证明(涉及交易中未公开的买方权益)本身足以反驳商业判断规则的推定适用,并可进行完全公平审查"]; see also Welch Et Al., *supra* note 97, at 297 (学者声称,"除其他事项外,可以通过证明大多数董事'是有利害关系的'来反驳该推定").

[124] Brehm v. Eisner, 746 A. 2d 244, 263 n. 63 (Del. 2000) (将"浪费"解释为"在进行公司资产交换时,交易对价小得不成比例,以致超出任何合理的人可能愿意进行交易的范围"). 浪费被视为"一种极端的考验,原告股东一般难以容忍"。Zupnick v. Goizueta, 698 A. 2d 384, 387 (Del. Ch. 1997).

[125] See Unitrin, Inc. v. Am. Gen. Corp. (In re Unitrin, Inc. S'holdersLitig.), 651 A. 2d 1361, 1371 n. 7 (Del. 1995) ("由于正确援引商业判断规则的效果如此强大,而完全公平标准如此严格,因此确定适当的司法审查标准往往决定诉讼的结果。"); see also Stephen M. Bainbridge et al., *The Convergence of Good Faith and Oversight*, 55 Ucla L. Rev. 559, 602 (2008) ["根据《特拉华州普通公司法》第144(a)条,大多数无利害关系董事的知情同意有效地使关联方交易免受实质意义上的司法审查。"]; Claire Hill & Brett McDonnell, *Sanitizing Interested Transactions*, 36 Del. J. Corp. L. 903, 913 (2011) ("原告难以克服商业判断规则下的举证负担;故在根据商业判断规则裁决的案件中,他们很少胜诉").

对例外情形的解释亦会有所不同。[126] 第144(a)(1)或(2)条下的例外情形在此类情况下效力有限,要保护董事和交易免受责任,除非原告股东证明自我交易是不公平的。[127] 换言之,在利害关系董事拥有较高投票权的情况下,他们仅有部分或有限的例外情形。

总而言之,公平规则要求公司董事绝对的忠诚,但也规定了例外情形。公平性证明可以保护利害关系董事和自我交易免于承担责任。在普遍解释下,其他两种例外情形——获得多数无利害关系董事或者股东的同意或为自我交易提供了商业判断保护对拥有投票控制权的董事作用不大。

(三)禁止利益冲突规则:寻找例外情形

英国法院将禁止利益冲突规则认定为一项严格的忠诚规则,在该规则下自我交易行为无效。[128] 在 Aberdeen Railway Co. v. Blaikie Bros.[129] 案中,法院认为禁止利益冲突规则"需要严格地遵守,不允许对这样订立的合同之公平与否提出任何疑问"[130]。

然而,这种忠诚规则也有例外情形,如表2所示。[131] 其一,自我交

---

〔126〕 See, e.g., Cooke v. Oolie, No. Civ. A. 11134, 2000 WL 710199, at *13 n.41 (Del. Ch. May 24, 2000).

〔127〕 Id. William B. Chandler Ⅲ 副议长对根据第144(a)条规定予以同意的交易给予商业判断保护。在第144条下,由于利害关系董事"既没有对公司持有投票控制权……亦未支配或控制无利害关系董事,商业判断规则成为自我交易的适当审查标准"。Id.

〔128〕 法院认可该规则使自我交易无效,因此将该规则描述为是董事"无能力"的体现,而不是有"义务"避免某些行为。See Movitex Ltd. v. Bulfield [1988] BCLC 104 (Ch. D.) (Eng.). 这里的分析侧重于普通法中的禁止利益冲突规则;它审查了第三部分(五)中近期通过的(和等效的)法定制度。

〔129〕 Aberdeen Ry. Co. v. Blaikie Bros. (1854) 1 Macq. 461 (来自苏格兰的上诉案).

〔130〕 Id. at 471.

〔131〕 在英国,法院和学者通常都不使用"例外情形"、"免责机制"或"安全港"等术语来描述禁止利益冲突规则。但是,他们清楚地认识到存在排除忠诚规则适用的规则,即作为例外情形适用的规则。关于不使用例外情形这一术语的探讨,see Joshua Getzler, *Ascribing and Limiting Fiduciary Obligations: Understanding the Operation of Consent*, *in* philosophical Foundations of Fiduciary Law 39, 52 - 62 (Andrew S. Gold & Paul B. Miller eds., 2014)。

易受到多数股东同意的保护。[132] 其二,此类交易可受到公司章程规定的保护。[133]

表2 英国禁止利益冲突规则的结构

忠诚规则	要求绝对的忠诚
例外情形	1. 向股东披露自我交易,并获得股东同意 2. 满足公司章程中规定的条件(如果有的话)

注:表2反映了普通法在编纂法典之前的自我交易制度,以及《2006年公司法》下的现行自我交易制度。关于《2006年公司法》,see infra Part Ⅲ. E。

在前一种例外情形下,如果股东在自我交易发生前或发生后同意该交易的,则排除忠诚规则的适用。这种同意要求董事向股东充分披露其利益冲突情形,并面临股东回应的不确定性。在适用这一例外情形时,法院需要区分董事是以董事身份行为还是以股东身份行为进行的。董事的信义责任仅因其前者身份产生,这使他们可以根据自身利益需求在股东大会上投票。普通法规则下的显著结果是,董事可以同意自己的自我交易,即作为股东进行投票,进而免除自己作为董事的自我交易责任。[134] 如果董事的行为相当于挪用公司财产或不诚实行为,那么他们此类自由将受到限制,但这一保护原则通常无法阻止在法律上或事实上有控制权的董事投票同意自己的自我交易。[135]

---

〔132〕 严格来说,这种同意可以防止违反这一规则,从而减轻董事可能产生的后果。See Movitex Ltd. v. Bulfield [1988] Bclc 104 (Ch. D.) 118 (Eng.) (认为股东的知情同意可以"保护董事,并不是因为该例外情形以释放或免除董事违反自我交易规则的后果为目的,而是因为一定程度上,公司在股东大会上对交易作出知情同意,即表明交易并未违反规则,避免义务和利益冲突").

〔133〕 元规则或背景规则允许创建这些例外情形。See supra note 78 and accompanying text.

〔134〕 See, e. g., North - West Transp. Co. v. Beatty (1887) 12 App. Cas. 589 (PC) (appeal taken from Can.); Baird v. J. Baird & Co. (Falkirk) Ltd. (1949) SLT 368 (Scot.).

〔135〕 Paul L. Davies, Gower's Principles of Modern Company Law 656 - 57 (6th ed. 1997). 根据现行法规定,利害关系董事可以通过投票决定予以追溯性同意(或追认),但不能提前性同意(或授权),这样他们自身的行为就被忽视,这是普通法制定以来的一大改变。See infra Part Ⅲ. E.

第二类例外情形十分关键。它体现禁止利益冲突规则下公司章程改变信义义务的能力。[136] 英国公司可以在其公司章程中规定应当采取哪些措施以保护有利害关系的受信人或交易免担责任。因此,章程条款可能会有条件地排除忠诚规则的适用,创造当事人无法以其他方式获得的例外情形。允许当事方制定他们自己的例外情形的影响是,例外情形的范围可能比法官造法或成文法下所提供的范围更为广泛。英国法与特拉华州法律在这一方面有所不同。特拉华州法律允许公司采用特许条款来消除或限制董事违反受信义务的责任,前提是章程条款规定不是消除或限制违反忠诚义务的责任。[137] 根据特拉华州法律,忠诚义务是

---

〔136〕 公司可以通过其章程条款围绕忠诚义务缔结合同的能力已经在 Liquidators of the Imperial Mercantile Credit Ass'n v. Coleman 案件中被认可[1873] 6 LRE & I App. 189 (HL) (Eng.)。根据普通法,公司章程不能排除欺诈性信托的违约责任。See In re City Equitable Fire Ins. Co. [1925] Ch 407 (Eng.). 否则,权力就很广泛了:章程条款"如果措辞足够宽泛,可以免除董事 的任何义务,即不将自己置于个人利益可能与其职责相冲突的义务"。L. C. B. Gower Et Al., The Principles of Modern Company Law 601 (4th ed. 1979). 并非所有人都认同信义义务应通过合同予以排除。See, e. g., Amir N. Licht, *Motivation, Information, Negotiation: Why Fiduciary Accountability Cannot Be Negotiable*, *in* Researchhandbook on Fiduciary Law 159, 173 – 79 (D. Gordon Smith & Andrew S. Gold eds., 2018). 尽管《公司法》中有一项条款旨在防止章程某些条款放弃忠诚规则,但仍存在这种围绕信义义务签订合同的可能。法院在认定排除忠诚规则适用的章程条款有效时,会淡化该条款或忽略其存在。例如,1985 年《公司法》第 310 条规定,任何免除或排除高管因"任何疏忽、违约、违反义务或违反信任"而产生的"责任"的特许条款均无效。Companies Act 1985, c. 6, § 310 (Eng.). 法院给予了章程中规定的例外情形广泛的效力,通常不审查这一规定。一家法院解决了第 310 条存在的不确定性,将禁止利益冲突规则解释为"压倒一切的原则"或董事们所运作的"无能力原则",而不是第 310 条下的禁止"义务"。See Movitex Ltd. v. Bulfield [1988] Bclc 104 (Ch. D.) 120 (Eng.). In Gwembe Valley Development Co. v. Koshy [2003] EWCA (Civ) 1048 [108] (Eng.), 上诉法院拒绝将 Movistex 案中无能和义务之间的区别视为"不必要的复杂化",但没有对第 310 条的局限效果提供其他解释。关于第 310 条和早期公司立法中的同等规定,如何与允许章程条款有条件地排除忠诚规则的司法实践相协调,仍存在不确定性。关于《2006 年公司法》的立场, see infra note 275。

〔137〕 Del. Code Ann. tit. 8, § 102(b)(7) (2017).

强制性的,[138] 即该规则旨在防止当事方制定他们自己的例外情形以限制违反忠诚义务的责任。[139]

(四)初始比较

禁止利益冲突规则和公平规则的结构是相似的。这两项规则都规定了自我交易责任,实际上要求董事负有绝对的忠诚。禁止利益冲突规则似乎强加了这样的忠诚要求,因为法院就是这样认定的。[140] 但公平规则其实也强加了大致相同的基本要求。虽然它经常通过例外情形来表述,但它也禁止自我交易,除非存在有效的例外情形——此类禁止与禁止利益冲突规则下的禁止一样"绝对"。[141]

有学者可能通过救济差异来表明这两种制度的责任规则实际上是不同的。关注这些忠诚规则的救济后果出乎意料地使问题复杂化。在禁止利益冲突规则下,自我交易是可撤销的,虽然经常有人建议受信人也必须返还不当得利,但主流观点指出,合同解除(rescission)是唯一的

[138] See, e. g., Lucian AryeBebchuk & Assaf Hamdani, *Optimal Defaults for Corporate Law Evolution*, 96 Nw. U. L. Rev. 489, 496 n. 16 (2002) (忠诚义务是"以强制性方式规定的"。); McDonnell, *supra* note 8, at 414 ("公司不得事先选择退出适用于任何和所有禁止冲突的规定,这就是忠诚义务是强制性规则的意义"); see also Jens C. Dammann, *Indeterminacy in Corporate Law: A Theoretical and Comparative Analysis*, 49 STAN. J. Int'l L. 54, 64 (2013) ("人们普遍认为,当事方不能免除公司的忠诚义务。").

[139] 有趣的是,学者们认为,章程条款可能会为自我交易增加额外的安全港。换言之,它们可能要求受信人做比第 144 条例外情形所规定的更多的事情。See, e. g., Dammann, *supra* note 139, at 64. 根据最近通过的立法改革方案,公司可以选择退出公司机会规则。See Del. Code Ann. tit. 8, § 122(7) (2017) (但这种自由并不延伸到自我交易中。).

[140] See supra note 80 and accompanying text.

[141] See supra Part Ⅱ. A.

补救措施,“如果合同不可能解除……则法院将不会介入”[142]。禁止利益冲突规则的该点特征并非不容置疑,但亦突破了“相较于公平规则,禁止利益冲突规则下的补救措施更严格”的说法。

在公平规则下,法院也会打击自我交易行为。例如,在 Valeant Pharmaceuticals International v. Jerney 案中,特拉华州衡平法院(the Delaware Court of Chancery)撤销了自我交易,因为存在利害关系的董事未能证明交易的公平性或存在其他例外情形。[143] 故而董事“无权保留”他在交易中获得的价值,并“被要求将全部金额归入公司”。[144]

当合同无法解除时,美国法律规定了其他救济路径。在 Oberly v. Kirby 案中,[145] 特拉华州最高法院认为,股东“可能会……要求解除”自我交易合同,“如果该救济措施不切实际,则可以要求支付解除合同损害赔偿金”。[146] 权力当局强调法院在给予金钱救济方面(包括解除合同的损害赔偿)享有自由裁量权,即使在合同不可能解除的情形下亦是如此,例如当事方无法恢复到原来地位时。[147]

毫无疑问,美国法院允许对自我交易进行基于公平的损害赔偿,这

[142] Palmer's Company Law, supra note 37, ¶ 8.3114 [“根据传统原则,解除合同是唯一的补救措施(除非董事还违反了其他规则,因为这些规则将提供其他救济方案)”]; Id. ¶ 8.3319 (“传统规则表明,如果被诉交易是与公司进行的,则无法获得一定利润;那么补救措施公司就只能选择解除合同”); Id. ¶ 8.3320 (“如果公司是董事违反信义义务交易当中的一方,那么该交易在公司缔约时是初始无效的……公司通常不能既确认合同,又对董事违反其信义义务所获得的利润提起诉讼”); Len Sealy, *The Statutory Statement of Directors' Duties: The Devil Is in the Detail*, Co. L. Newsl. (Sweet & Maxwell, London), 2008, at 1, 3 [指出自我交易的唯一补救措施是“合同无效(如果该权利已经丧失……则没有其他办法)”]; see also Paul L. Davies & Sarah Worthington, Gower: Principles of Modern Company Law 522 (10th ed. 2016) [“根据传统原则,无效(如解除合同)是唯一的补救办法……并且,如果由于某些原因不可能解除,那么法院将拒绝干预”](引用省略).

[143] See generally 921 A. 2d 732 (Del. Ch. 2007).

[144] Id. at 752; see also supra note 111 and accompanying text.

[145] 592 A. 2d 445 (Del. 1991).

[146] Id. at 466; see supra note 107 and accompanying text.

[147] Weinberger v. Uop, Inc., 457 A. 2d 701, 714 (Del. 1983) [在这种情况下,大法官完全有权制定任何形式的衡平法和金钱救济措施,包括损害赔偿金。由于这项长期完成的交易涉及太多因素以致无法解除,鉴于大法官的自由裁量权,应基于完全公平标准(公平交易和公平价格)裁决(如果有的话)进行金钱赔偿].

恰好增加了美国忠诚规则没有被恰当地描述为严格的可能性。然而,主张公平性损害赔偿裁决的学者倾向于援引有关合并交易的案例,此类自我交易更多涉及的是控股股东而不是董事。[148] 这些交易无法解除,进而证成了对不同自我交易应区别对待,因为法院"长期以来一直担心,如果外部董事不支持公司控制人选择的交易,则控制人可能会对外部董事采取报复行动"[149]。然而,即使在控股股东合并交易中,适用公平规则的法院仍然在选择救济措施方面享有广泛的自由裁量权,包括裁定解除合同的损害赔偿。[150]

美国和英国的信义制度都实行类似的忠诚规则。这些规则要求绝对的忠诚,进而施以类似的补救结果。[151] 在这两种制度下,自我交易都可能是可撤销的。[152] 公平规则允许返还不当得利,禁止利益冲突规则亦是如此。美国法律下可能允许采取更广泛的救济措施。尽管如此,每个制度都为例外情形的适用提供了大致相同的背景。

通过认可两种制度内含相似的忠诚规则,我们可以看出英、美法律制度的差异(至少在规范表述上)主要体现在例外情形的设定上。在这两种制度下,股东同意都是保护自我交易的例外情形;美国还规定了基于公平性证明和无利害关系董事的同意这两种例外情形,而英国则允许公司在其公司章程中制定例外情形。[153] 如果不分析英国公司如何利用其制定例外情形的能力,也不研究各个制度下利害关系董事是如何使用

[148] See, e. g. , Criddle, supra note 4, at 1020 n. 137 (引用了两起涉及控股股东合并交易的案例,以支持法院对违反公平规则的行为判决基于公平性损害赔偿的主张).

[149] In re Ezcorp Inc. Consulting Agreement Derivative Litig. , No. 9962, 2016 WL 301245, at ∗86 (Del. Ch. Jan. 25, 2016). 鉴于这些担忧,法院对整顿自我交易提出了更高的要求。See, e. g. , Kahn v. M & F Worldwide Corp. , 88 A. 3d 635 (Del. 2014) (研究某些程序性保障措施在控制股东交易中的实施效果).

[150] See, e. g. , *In re* Dole Food Co. Stockholder Litig. , Consolidated C. A. No. 8703 - Vcl, 2015 WL 5052214, at ∗56 (Del. Ch. Aug. 27, 2015) [citing Bomarko, Inc. v. Int'l Telecharge, Inc. , 794 A. 2d 1161, 1177 (Del. Ch. 1999), aff'd, 766 A. 2d 437, 440 (Del. 2000)].

[151] See supra Tables 1 - 2.

[152] *Compare* Aberdeen Ry. Co. v. Blaikie Bros. (1854) 1 Macq. 461 (来自苏格兰的上诉案), with In re Cox Commc'ns, Inc. S'holdersLitig. , 879 A. 2d 604, 614 (Del. Ch. 2005).

[153] See supra note 137 and accompanying text.

或援引例外情形的，就无法辨别哪一制度更具优势或是否这两种制度在严格性、务实性方面都不具有优势，或者在精准识别并阻止自我交易方面更为有效。因此，现阶段，如果不研究制度的具体适用情形，则只能得出与传统看法相反的观点，即无法断言这两种制度何者在某一重要方面更具优势。

三、规则的适用

这两种规则都是如何适用的？本部分首先研究了英国公司采用的章程条款，以厘清利害关系董事可以使用的全部例外情形；其次，进一步研究这些例外情形是否在两种规则下都对利害关系董事产生了激励，如果有的话，他们倾向于援引哪种例外情形。

（一）例外情形的范围

正如前文所述，英国普通法允许公司制定自己的例外情形。[154] 早在 1873 年，就曾有公司在其章程中设置了例外情形，以保护利害关系董事和交易在相关条款规定的情形下免于承担忠诚规则下的责任。[155] 根据这些条款的规定，利害关系董事只需向无利害关系董事披露自我交易的情况。在 Liquidators of the Imperial Mercantile Credit Ass'nv. Coleman 案中，[156] 上议院（the House of Lords）审查了此类条款的有效性。一名董事与公司达成了一笔金融交易，根据该交易，此公司将“配售”（place）另一个公司的证券；公司因此获得了 1.5% 的佣金，而董事通过这一股票经纪合作伙伴关系（stockbroking partnership），在交易中获得了 3.5% 的佣金。[157] 法院认为，如果章程条款中的条件得到满足，则章程条款可以保护利害关系董事免于承担自我交易责任，[158] 是故，法院侧重于考究

[154] See supra Part Ⅱ.

[155] See supra note 137 and accompanying text.

[156] [1873] 6 Lre & I App. 189 (HL) (Eng.).

[157] Id. at 200.

[158] 凯恩斯法官（Lord Cairns）虽未裁决但作出了以下假设，即章程条款“暗示董事同意保留其利益，如果他进行披露的话”。Id. at 205.

董事是否按照章程条款的要求,向其他董事披露自我交易中的利益性质,而不仅仅是披露交易的存在。在前述案件中,虽然裁判理由阐释得很清楚,只要董事满足了前述章程条款的要件就可以免责,但由于该董事没有进行这样的披露,故该项章程条款未能使其免于承担禁止利益冲突规则下的责任。[159]

公司似乎普遍采用了这种形式的例外情形。在 1877 年的一本关于公司法形式和判例的书中,弗朗西斯·帕尔默(Francis Palmer)爵士列举了这样一个章程条款,并指出该条款的采用在“现在已经变得非常普遍”。[160] 蒂莫西·吉纳内(Timothy Guinnane)和他的合著者随机抽取了 1892 年成立的公司样本,并发现其中超过 90% 的公司通过设置章程条款有条件地排除了忠诚规则的适用。[161] 他们调查了 1912 年和 1927 年成立的公司并发现相似的比例。[162] 他们指出,“在大多数(尽管不是全部)案件中,章程明确规定,董事必须向董事会披露任何利益冲突,并不

---

〔159〕 关于另一个早期案例,see Transvaal Lands Co. v. New Belg. (Transvaal) Land & Dev. Co. [1914] 2 Ch 488 (Eng.)。

〔160〕 Francis Beaufort Palmer, Conveyancing and Other Forms and Precedents Relationg to Companies Incorporated Under the Companies Act 1862 and 1867, at 271 (London, Stevens & Sons 1877) (“但毫无疑问,公司可能会放弃禁止利益冲突规则的好处……这样做的公司已较为普遍,它们会在章程中设置达到上述效果的条款”). 帕尔默(Palmer)给出了以下先例:“公司可以按照董事认为合适的条款与任何董事签订合同;董事无须……对其因任何此类合同而获得的任何利润负责……前提是他对存在利害关系的事实以及他的利益性质已进行充分和公平的披露……”Id. at 270 - 71. 非常感谢保罗·戴维斯(Paul Davies)提请我注意这一点。See Davies, *supra* note 27, at n. 24.

〔161〕 See Timothy W. Guinnane et al., *Contractual Freedom and Corporate Governance in Britain in the Late Nineteenth and Early Twentieth Centuries*, 91 Bus. Hist. Rev. 227, 269 (2017). 作者随机抽取了两个样本,其中 90.5% 和 95.9% 的公司成立于 1892 年(或之前不久)并且公司“允许董事与其签订合同”。Id. at 246. 该研究考察了公司是否采纳英国示范公司章程中表达忠诚规则的条款,或者制定自己的条款,以有效地拒绝适用该示范条款。See generally Id. 这些百分比显示那些制定自己条款以改变忠诚规则的公司。

〔162〕 Id. at 268 tbl. 9 (显示在 1912 年和 1927 年成立的样本公司中,分别有 96% 和 90% 的公司改变忠诚规则。).

得就其有利害关系的事项进行投票"[163]。似乎绝大多数公司在成立之时均会设置此类例外情形。[164] 对于大公司、小公司、公众公司和私人公司而言均是如此，无论他们面临什么样的自我交易风险。[165]

到1928年，此种章程类例外情形的适用十分频繁以至于议会开始出台法令加以干预。法令要求董事向其他董事披露其在任何自我交易中的利害关系，未披露信息的董事将被处以罚款。[166] 该法令并未限制公司在章程中规定例外情形的能力，而是对相关利害关系董事施加了强制性披露义务。[167] 因此，该法令单独地规定了章程类例外情形作为豁免忠诚规则的条件，并明确了利害关系董事的最低行为标准。[168] 重要的是，该法定义务并未影响禁止利益冲突规则的适用[169]，它与禁止利益冲突规则共存。1929年的《公司法》及该法后续系列修订中都以基本相同的形式对这一法定义务予以重新规定。[170] 随着强制性披露自我交易规定的实施，公司围绕着这一要求制定了他们的章程类例外情形。进而，如果董事们遵守法定义务，则章程可提供保护，这与议会干预前的要求相同。[171]

在20世纪中后期，公司继续广泛采用这种有条件地排除忠诚规则适用的章程条款。在20世纪50年代，著名学者高尔(L. C. B. Gower)

---

[163] Id. at 246. 对投票的提及含糊不清，但似乎适用于董事以董事身份而不是以股东身份进行投票的情形。

[164] Id. at 229（报告"公司设立人"采用特定章程条款的决定）.

[165] Id. at 239－40, 246－57. 与私人公司相比，上市公司采用章程条款来规避忠诚规则适用的可能性要小得多，但仍有大约86%的上市公司这样做。Id. at 254.

[166] See Companies Act 1928, 18 &19 Geo. 5 c. 45, § 81 (Eng.). 它最初适用于自我交易的"合同"，后来又适用于自我交易的"交易和安排"。See Companies Act 1980, c. 22, § 60 (Eng.).

[167] Companies Act 1928, 18 &19 Geo. 5 c. 45, § 88 (Eng.).

[168] Id.

[169] 该法规规定，"本条中的任何内容均不应被视为妨碍下述规则之运作，即任何限制公司董事从与公司签订的合同中获得利益的规则"。See Companies Act 1948, 11 &12 Geo. 6, c. 38, § 199(5) (Eng.); see also Companies Act 1985, c. 6, § 317(9) (Eng.).

[170] 该条款实质上被重新修订为1929年《公司法》第149条、1948年《公司法》第199条和1985年《公司法》第317条。至于《2006年公司法》，see infra Part Ⅲ. E.

[171] See, e. g., Hely－Hutchinson v. Brayhead Ltd. [1968] 1 QB 549 (Eng.).

指出,这些章程类例外情形是"注册公司章程中的常见形式"。[172] 通过此些例外情形,"只要董事们均善意行事,并遵守披露个人利益的要求,就不会因此承担自我交易责任",高尔断言,"当前,对董事与公司签订合同的权力几乎没有什么有效的限制"[173]。20 年后,高尔在其文章中进一步指出,禁止利益冲突规则"不应该对董事施加太大压力,尤其是在涉及董事与公司的交易时,禁止利益冲突规则很可能在公司章程中被放弃"。[174] 至 1985 年,《公司法》的表 A 中包含了一个类似的章程条款——如果利害关系董事向其他董事披露了他们在自我交易中的利益,则可免除忠诚规则的适用。[175] 表 A 罗列了标准公司章程(model articles of association),默认适用于没有注册公司章程的公司以及章程中没有规定此类事项的公司。[176] 英格兰和苏格兰法律委员会在 1999 年的报告中指出,公司章程中"经常"包含此类章程条款。[177] 法律委员会引用了一个"普遍"采用的章程条款——类似于表 A 中规定的条款——在该条款下,只要向无利害关系董事披露其自我交易情况,"董事就可以与本公司签订任何合同或协议并参与其利润分配"。[178] 2006 年,议会对《公司法》进行修订时考虑到这些章程条款的广泛使用,因而作出了被

〔172〕 Gower, supra note 3, at 481.

〔173〕 Id. at 484 - 85.

〔174〕 Gower Et Al., supra note 137, at 613.

〔175〕 See The Companies (Tables A to F) Regulations 1985, SI 1985/805, art. 85 ["根据该法规定,如果董事已向董事会披露其任何重大利益的性质和范围,则董事不论其职务如何——(a)可能是与公司或公司关联方之间的任何交易或协议的一方当事人或存在利益相关性的人;(b)可以是公司经营的任何法人团体或者与公司存有利害关系的关联方之董事或高级管理人员,或受雇于该公司的人,或是与该公司之间的任何交易或协议或存有利害关系的一方当事人;(c)不得从该职务或受雇中获利,任何此类交易或协议都不应无效……"].

〔176〕 Id.

〔177〕 Law Comm'n & Scottish Law Comm'n, Company Directors: Regulating Conflicts of Interests and Formulating a Statement of Duties 77 (1998), https://www.scotlawcom.gov.uk/files/1112/7892/5856/dp105_reg_conflicts.pdf [https://perma.cc/TJN8-K7H2] ("根据一般法的规定,董事不能……未经股东的知情同意而获得任何利益。这种知情同意经常在公司章程中予以规定,但主要取决于董事向其他董事披露其利益情形").

〔178〕 Id.

认为仿造普通法实际效果的修改。[179]

总而言之，至少从19世纪后期开始，英国公司就采用了章程类例外情形，即如果利害关系董事向其他董事披露他们自我交易的性质，则可排除忠诚规则的适用。具言之，如果利害关系董事提供了必要的披露，则例外情形可排除忠诚规则的适用，以防止交易在忠诚规则下失效。如果利害关系董事没有进行披露，则该公司可以根据忠诚规则使交易无效。另外，如表2所示，利害关系董事可以通过临时获得股东的知情同意来保护交易免于无效。

表3反映了这些市场实践，显示了在公平规则和禁止利益冲突规则下，利害关系董事通常可以获得的全部例外情形。[180] 当然，只有公平规则才提供了基于公平性证明的例外情形。否则，这些信义制度都是大致相似的，但也有一些值得注意的差异。这两种制度都提供了基于股东知情同意的例外情形，尽管英国的例外情形更为宽松。具言之，英国法律这一例外情形被解释为，允许利害关系董事以其作为股东的身份参与投票来同意其自我交易，即使他们的投票具有决定性；[181] 相反地，美国法律则要求获得无利害关系股东的同意。[182] 此外，美国法律对拥有重大投票权的（一般为控股股东）利害关系董事提出了更高的要求，[183] 而英国法律并未将控股股东视为受信人，并未禁止控股股东投票同意其自我交易，而是依靠法定条款来规范控股股东交易——但这些规定“无法……有效地处理与控股股东之间的自我交易”[184]。

---

[179] 该法规包括一项明确的例外情形，其表述通常与公司章程中普遍采用的例外情形相类似。See infra Part Ⅲ. C.

[180] See infra Table 3.

[181] 无论利害关系董事是寻求股东的事前同意还是事后同意，都是普通法所采取的立场。现行法律制度禁止董事投票以同意交易（但未禁止投票以对交易进行追认），这在一定程度上收紧了普通法的规定。See supra notes 135 – 36 and accompanying text.

[182] See supra note 117.

[183] See supra notes 126 – 27 and accompanying text.

[184] See Davies, supra note 27, at n. 64.

表3　禁止利益冲突规则和公平规则的适用结构

规则及例外	美国公平规则	英国禁止利益冲突规则
忠诚规则	要求绝对的忠诚	要求绝对的忠诚
例外情形	1. 向董事会/董事委员会披露自我交易情况,并获得无利害关系董事的同意 2. 向股东披露自我交易情况,并获得股东的同意 3. 证明完全的公平性	1. 向其他董事披露自我交易情况 2. 向股东披露自我交易,并获得股东同意

在这两种信义制度下,中立董事的同意可以保护自我交易免受忠诚规则的影响。根据公平规则,这一例外情形需要得到无利害关系董事的知情同意。[185] 根据禁止利益冲突规则,这一例外情形作为公司章程的产物,也要求利害关系董事(向其他董事)披露他们在交易中的利益。[186] 在获知同事的利益冲突情形并认识到自己的信义责任后,禁止利益冲突规则下的其他董事实际上均会给与自我交易微弱形式的同意。[187] 因此,这两种制度保护类似条件下的自我交易:公平规则下的条件是获得其他董事对交易的同意;禁止利益冲突规则下的条件是利害关系董事向无利害关系董事进行披露。在存在差异的情况下,禁止利益冲突规则可能更加宽松,因为它所涉及的中立董事同意的形式较容易获得。

值得思考的是,在禁止利益冲突规则下,股东同意这些章程类例外情形是否意味着这些例外情形有助于实现股东价值最大化。股东要么是在认购具有此类章程条款的公司股份时默示同意这些例外情形,要么是在没有该条款的情况下持有公司股份,而事后该公司明确采用这些例

〔185〕 See supra Table 3.

〔186〕 Id.

〔187〕 Enriques et al. ,supra note 2, at 153(要求或鼓励董事会同意自我交易的规则比要求董事会被告知自我交易情形的规则具有更强的“预防潜力”,后者“相当于含蓄地使他们受到董事会授权或批准的弱形式约束”).

外情形。[188] 在股东同意的例外情形中,有人可能会争辩说,这些条款是以股东价值最大化为目的的,否则股东不会同意。但这种观点是有争议的,[189] 因为我们无法确定股东们是否只同意了价值最大化的章程条款。但无论如何,本文的研究都是比较性的。这里关键的是,在两个信义制度下均存在基于中立董事同意的大致相似的例外情形。需要股东同意的实践只是重申了以下观点:对规则的实质性内容进行比较表明,这两个规则并未在任何方面较另一方更具有不言自明的优势(考虑到不可能知道股东会同意什么规则,以及他们将如何有力地审查这些条款)。这里的研究考虑了他们在发生自我交易时的实际操作。

概言之,禁止利益冲突制度长期以来一直提供了双重例外情形——获得股东的临时同意及向其他董事披露利益情形。尽管普通法允许公司在其章程中采用其他可能更为宽松的例外情形,[190] 但并无证据表明公司会普遍采取章程类例外情形。公平规则提供了大致类似的例外情形,并增加了公平性证明。

(二)例外情形的适用

研究利害关系董事如何使用这些例外情形,换言之,(如果有的话)

---

[188] 公司设立后章程修正案需要75%的有表决权的股东同意。Companies Act 2006, c. 46, § § 21, 283 (Eng.); Companies Act 1985, c. 6, § § 9, 378 (Eng.). 每当股东同意时,股东都是在任何自我交易行为之前同意的,并且没有关于任何特定自我交易情形的信息;他们给予了普遍的预先同意。

[189] 章程条款的效率问题引起激烈的争论。*Compare* Lucian A. Bebchuk, *Foreword: The Debate on Contractual Freedom in Corporate Law*, 89 Colum. L. Rev. 1395 (1989), with Frank H. Easterbrook & Daniel R. Fischel, *The Corporate Contract*, 89 Colum. L. Rev. 1416 (1989). 这场争论主要集中在公司通过章程条款的程序上,无论他们是在公司设立时的初始章程中得以确立,还是在公司设立后的"嗣后"章程修正案中加以修改。See Bebchuk, supra, at 1399 - 1408 (说明确定采用章程条款的阶段具有必要性). 在初始的章程阶段,当英国公司似乎已经采用相关条款(有条件地排除忠诚规则),问题就转向为公司的股价是否反映或包含这些章程条款的内容,从而确保这些条款的效用;这个问题反过来关涉外部性问题、信息不对称和认知偏差问题,以及承销商等行为者在证券定价中的作用。See Id. at 1405 - 08; Brudney, supra note 4, at 1418 n. 35; John C. Coffee, Jr., *The Mandatory/Enabling Balance in Corporate Law: An Essay on the Judicial Role*, 89 Colum. L. Rev. 1618, 1677 (1989); Melvin A. Eisenberg, *The Structure of Corporation Law*, 89 Colum. L. Rev. 1461, 1516 - 17 (1989).

[190] See supra note 137 and accompanying text.

他们会援引哪些例外情形,这需要系统的实证数据。研究有关自我交易的诉讼案件会有一定的帮助,然而,人们无从获知诉讼所揭示的交易实践在多大程度上代表了生活中更广泛的交易实践。[191] 因此,为了检验信义制度是如何实际运作的,本文研究了这些制度所创造的激励机制以及人们所期望的董事行为。然后,还考察了相关董事如何回应的其他数据来源。

我们预测自我交易的受信人会倾向于采取那些对他们最有利的例外情形。展言之,受信人选择的例外情形是其能从自我交易产生的任何议价盈余中获得最大份额的,同时考量适用该例外情形的预期成本。[192] 议价盈余代表了股东和利害关系董事之间对自我交易的估值差额。例如,假设有两位董事提议从公司购买一笔资产,董事对该资产的估值比股东对该资产的估值要高。比如,董事们估值为 10 美元,而股东估值为 6 美元,则盈余为 4 美元。[193] 利害关系董事将使用例外情形,使他们能够获得最大份额的盈余,同时也要考虑到援引该例外情形的成本。

首先研究美国的公平制度。在股东同意和公平性证明的双向比较中,利害关系董事更偏爱援引哪种例外情形呢? 佐哈尔·戈申(Zohar Goshen)在控股股东语境下提出了这一问题,并认为公平性证明将使利害关系董事获得比股东同意情形下更大的盈余份额。[194] 在后一规则下,股东可能会拒绝同意自我交易,除非他们获得大部分股份盈余份额。[195] 意识到这一点,利害关系董事们更愿意通过提供一个足以承担其举证责任的公平价格来证明交易的公平性,以保护其交易免受忠诚规

---

[191] See Geeyoung Min, *The SEC and the Courts' Cooperative Policing of Related Party Transactions*, 3 Colum. Bus. L. Rev. 663, 697 (2014) (此文解释为什么违反忠诚义务的案件不太可能提供有关自我交易的可靠数据).

[192] 该观点的另一种理解是[用布雷特·麦克唐纳(Brett McDonnell)的话来说],利害关系董事将选择一种例外情形,在该例外情形下,默示的忠诚规则最不具有"黏性"。See *generally* McDonnell, supra note 8. 基本规则越难改变,它就越具有黏性。

[193] See Goshen, supra note 7, at 411 – 12 (举一个类似的例子).

[194] Id. 高恩(Goshen)在控股股东情形中研究了此些规则。尽管他没有将这些规则称为例外情形,但他研究了哪条规则会让控股股东在盈余中获得更大的份额。该分析假设,除非交易使公司受益,否则任何例外情形(股东同意或公平性证明)都不会满足。

[195] Id. at 412 ("责任规则路径给大多数人带来利处,而财产规则路径则赋予少数人更多议价的权力").

则的约束。

董事自我交易情形并没有前述简化分析所示的那样简单。由于他们有无利害关系董事同意这一额外选择，因此，利害关系董事可以在更多的例外情形中进行选择。此外，至少在理论上，选择一个例外情形并不一定意味着排除使用另一个例外情形的可能；利害关系董事可能会依次适用这些例外情形，首先尝试让股东同意，若未成功，则依靠公平性证明。[196] 同时，当股东被请求同意自我交易时，股东的组成背景引致难以预测股东将如何回应。一方面，机构投资者持有的上市公司股份比例不断增加，[197] 不断提高他们积极代表投资人利益的能力。另一方面，指数基金等被动的机构投资者存在监管不足、顺从公司管理者的问题，这使人们怀疑他们代表受益人利益的积极性。[198] 当然，代理顾问机制和其他机制有助于协调机构投资者的活动，但对于股东能够严格监督董事自我交易仍存在相当大的质疑。

在更现实的三种例外情形对比下，对利害关系董事而言，获得股东同意往往比证明公平性更具吸引力。同时，与获得数量较少的大股东同意相比，利害关系董事更愿意寻求广泛分散且数量较多的股东之同意，

---

〔196〕 虽然这是事实，但特拉华州法院表示不愿意对中立决策机构的决定进行二次猜测，这意味着如果无利害关系董事或股东不赞成交易，法院可能会拒绝将自我交易视为完全公平。See infra note 253 and accompanying text.

〔197〕 关于机构投资者持股的增加，see Lucian Bebchuk & Scott Hirst, *The Specter of the Giant Three*, 99 B. U. L. Rev. 721, 725 – 30 (2019) and Andrew F. Tuch, *Proxy Advisor Influence in a Comparative Light*, 99 B. U. L. Rev. 1459, 1508 – 09 (2019)。

〔198〕 See Lucian A. Bebchuk & Scott Hirst, *Index Funds and the Future of Corporate Governance: Theory, Evidence, and Policy* (European Corp. Governance Inst., Working Paper No. 433/2018, 2018), https://ssrn.com/abstract=3282794 [https://perma.cc/R5BLFXR6]. 关于研究指数基金兴起影响的其他文献，see Dorothy S. Lund, *The Case Against Passive Shareholder Voting*, 43 J. Corp. L. 493 (2018) and Edward Rock & Marcel Kahan, *Index Funds and Corporate Governance: Let Shareholders Be Shareholders* (NYU Law & Econ. Research Paper Series, Working Paper No. 18 – 39, 2019), https://ssrn.com/abstract=3295098 [https://perma.cc/F6GU-LQED]。

因为前者往往能更好地被组织与参与。[199] 但是,即使是大型机构投资者也面临集体行动问题,他们可能缺乏与利害关系董事进行积极谈判的动力和能力,进而可能会接受相关条款,但并非因为这是他们所能获得的最佳结果,而是因为该选择比现有的任何替代方案都要好。[200] 兰德尔·托马斯(Randall Thomas)和他的合著者提供的数据表明,在公司合并交易中,股东很少投票反对自我交易,这一发现的解释是,股东要么盲目地支持交易,要么只是相比于没有交易而更倾向于所提议的交易。[201] 托马斯和他的合著者还证明,合并套利者(merger arbitrageurs)的角色——在宣布合并后具有短期投资期限的投资者成为了股东,加剧了人们对股东审查合并交易的严格性之担忧,凸显了人们对机构投资者代理成本的担忧。[202] 一个主要问题是,公司将合并交易的同意与这些交易中潜在的董事不当行为之同意捆绑起来的做法,可能会扭曲股东的决定。[203] 虽然这些问题对于合并交易很重要,但对于常规的自我交易(上述理论分析所适用的交易)而言并非如此。[204] 此类交易通常发生在合并交易之外,它们涉及公司与董事个人或与董事个人相关的实体之间的交易,而不是与整个董事会的交易。[205] 尽管如此,这些担忧还是说明了机构投资者在投票时的激励不足问题,这让我们有理由质疑他们在同意董事自我交易时是否足够严格。

与这些考量因素相权衡的是,完全的公平性很难建立。如下所述,

---

[199] See Deborah A. DeMott, *The Figure in the Landscape: A Comparative Sketch of Directors' Self-Interested Transactions*, 62 Law & Contemp. PROBS. 243, 255 (1999)(讨论持股模式如何影响自我交易).

[200] 股东在并购中的行为具有指示意义。See *In re* El Paso Corp. S'holderLitig., 41 A.3d 432, 450-51 (Del. Ch. 2012)(该文提到,股东在合并的情形下所接受的"'良好'的交易……可能存在不如原本可得的那么'好'之风险"); Id. at 450(表明股东"不愿意拒绝溢价产生的交易").

[201] Randall S. Thomas et al., *Understanding the (Ir) Relevance of Shareholder Votes on M&A Deals* 8-9 (Vanderbilt Law Research Paper Series, No. 19-06, 2019), https://ssrn.com/abstract=3333241 [https://perma.cc/9BCU-6BCL].

[202] Id. at 46-65.

[203] Id.

[204] See supra Part Ⅲ. B.

[205] Bainbridge, supra note 26, at 157("自我交易很少涉及整个董事会。相反,它们往往涉及单个董事的不当行为。").

该原则强烈反对理性和机会主义董事进行自我交易。[206] 依赖公平性证明会使利害关系董事陷入错误风险,包括利害关系董事错误地提供超过公平价值的风险,或者法官错误地认为董事所提供的价值不公平。[207] 证明公平性可能是昂贵的:如果利害关系董事失败了,他们"最终可能会自掏腰包支付诉讼费用"。[208] 基于此些考虑,兰拜因(Langbein)断言,利害关系董事会寻求股东同意,而不是试图证明交易的公平,因为"股东同意相比于事后裁定(retrospective determination)来说通常更具有吸引力,后一情形下如果法院不同意受信人的观点,则其需承担责任"。[209]

戈申(Goshen)和兰拜因(Langbein)都提出了很好的观点。他们的不同立场表明,难以抽象地确定利害关系董事更可能采用公平性证明还是股东同意的例外情形。在股权高度分散化的公司中,股东同意似乎更具吸引力,尤其是考虑到法院在公平性审查上的强硬立场。然而,实际上这两种例外情形对利害关系董事都没有特别的吸引力。

然而,在公平制度下,利害关系董事发现最具吸引力的例外情形是很明确的,即获得无利害关系董事的同意。毫无疑问,无利害关系董事可能比股东更有能力在股东大会上讨价还价,因为他们面临的集体行动问题更小。[210] 与依赖经理获取信息的股东相比,无利害关系董事也可能更容易获得与拟议自我交易相关的信息。[211] 然而,学者长期以来一直对董事监督和惩戒其他董事的自我交易或其他不当行为的能力和意

[206] See infra Parts Ⅲ. C – D; see also Thomas et al., supra note 202, at 66 ("当公平性调查与冲突方承担举证责任相结合时,其难度令人生畏,如果还担心这种调查可能会受到事后偏见的困扰,则更是如此。").

[207] 另一个复杂的因素是第三种例外情形的存在——无利害关系董事的审查。认可利害关系董事可能会寻求援引此规则,则可能会降低股东坚持从利害关系董事处获得更好交易的积极性。与唯一的可选择例外情形是公平性证明相比,股东此时不太可能与利害关系董事进行艰难的讨价还价。

[208] 这是因为"违反忠诚规则的行为通常被排除在董事赔偿之外"。Min, supra note 192, at 696.

[209] Langbein, supra note 6, at 985.

[210] See Thomas et al., supra note 202, at 65 – 69.

[211] Id.

愿表示担忧。[212] 特拉华州最高法院质疑,对董事独立性的要求是否“足以防止滥用(可能是潜意识的滥用)”。[213] 在决定是否同意自我交易时,无利害关系董事可能会受到微妙关系的影响,包括同事之谊,或期望此些利害关系董事在无利害关系董事未来寻求自我交易机会时给与回报。[214] 实际上,“许多法院和学者提出,董事会成员在被要求对涉及同行的自我交易作出判断时,是否具有完全客观的能力是值得质疑的”[215]。正如保罗·戴维斯(Paul Davies)和莎拉·沃辛顿(Sarah Worthingto)阐述的那样:不难想象,在这样一种董事会文化中,针对董事自我交易的消息所采取的步骤微乎其微,特别是如果所有董事都不时进行此类披露,那他们就会相信如果自己愿意接受他人的披露,自己的披露也将很容易被接受。[216]

与股东同意和公平性证明这两种替代方案相比,无利害关系董事的同意对利害关系董事来说兼具及时性和经济性,他们无须等待股东大会

---

[212] See, e. g. , Clark, supra note 54, at 183[根据传统(尽管可能会改变)规定,“董事同意自我交易失败是因为独立董事可能并不真正独立,或者可能没有足够的资源和动力来做好审查工作”]; Id. at 184 (“董事同意基本自我交易的程序会受到时间、信息以及对董事的预算限制等因素的影响;并且存在以下困扰,即让他们真正有能力凭借商业智慧对内部人提出的自我交易做出判断的成本是相当大的,但对公司来说这往往是无益的。”); J. Robert Brown, Jr. , *Disloyalty Without Limits*: “*Independent*” *Directors and the Elimination of the Duty of Loyalty*, 95 Ky. L. J. 53, 101, 105 (2006) (认为董事会对自我交易的控制较弱).

[213] Zapata Corp. v. Maldonado, 430 A. 2d 779, 787 (Del. 1981); see also Id. (当董事们对其同事“做出判断”时,“自然而然会产生一个问题,即‘除了上帝的恩典,我’的同理心可能不会发挥作用。”).

[214] John Armour & Jeffrey N. Gordon, *Systemic Harms and Shareholder Value*, 6 J. LEGAL ANALYSIS 35, 66 (2014) (“董事在他们自己和成员之间面临更温和的友情和熟人压力,这可能会对他们监测和监督的能力产生微妙的腐蚀作用。”); see also Lucian Bebchuk & Jesse Fried, Pay Without Performance: the Unfulfilled Promise of Executive Compensation 31 – 34 (2004) (讨论导致董事偏袒高级管理人员的社会和心理因素); James D. Cox & Harry L. Munsinger, *Bias in the Boardroom*: *Psychological Foundations and Legal Implications of Corporate Cohesion*, 48 Law & contemp. Probs. 83, 85 – 108 (1985) (认为心理机制会使独立董事产生强烈的偏见,损害了他们在审查股东诉讼时“感知和代表公司利益”的能力).

[215] Kenneth B. Davis, Jr. , *Approval by Disinterested Directors*, 20 J. Corp. L. 215, 216 (1995).

[216] Davies & Worthington, supra note 143, at 519.

来获得股东的同意，或者在此类会议或法庭上公开他们的交易情况。股东和法院作出的支持或反对利害关系董事的决定具有公开性，会使利害关系董事面临公众监督和可能的尴尬，而除非发生自我交易，否则无利害关系董事的反对意见很少会对外披露。[217] 无利害关系董事可以与其他董事讨价还价直至获得同意，而股东根据所获信息作出的决定却没有相同的谈判空间，故利害关系董事更多的是寻求其他董事的同意而不是股东的同意。这些不同的考量因素表明，无利害关系董事的同意将使利害关系董事获得比其他例外情形下更多的盈余份额，[218] 因此利害关系董事更愿意援引该例外情形，而不是寻求股东同意或进行公平性证明。[219]

美国联邦证券法的规定强化了自我交易董事向无利害关系董事寻求免责而不是使用其他例外情形的动机。根据 S－K 条例第 404 条(a)款规定，证券交易委员会（United States Securities and Exchange Commision，SEC）要求公司对价值超过 12 万美元的交易进行披露，其中董事或高级管理人员在这些交易中“曾经或将拥有直接或间接的重大利益”。[220] 虽然公司在决定董事或高级管理人员的利益是否属于“重大利

---

[217] See infra notes 221 －23 and accompanying text.

[218] 无利害关系董事还有其他激励措施。本文认为，他们受到不同力量的影响，这些力量使他们比无利害关系的股东或法院更有可能同意某个特定的自我交易。

[219] Enriques et al.，supra note 2，at 154［“尽管美国各司法管辖区没有强制要求董事会同意管理型自我交易，但他们强烈鼓励这样做。州法律为利害关系经理人创造激励机制，即鼓励其通过董事会商业判断规则保护经授权（或批准）的交易，从而寻求董事会的同意”］。在公司受信人背景下，阿米尔·利希特（Amir Licht）认为，Kahn v. M & F Worldwide Corp. 88 A. 3d 635（Del. 2014）案提出的商业判断审查选项显示，交易计划者更愿意同时使用独立董事同意和小股东多数同意来获得保护，而不是面对完全公平审查。See Licht，supra note 61，at 44 －45. 这一观点与上述分析一致，表明交易计划者更喜欢程序型例外情形或免责机制，而不是证明公平性。利希特教授将双重程序保护解释为“严格、新颖但经典的完全知情同意机制”。Id. at 44. 然而，利希特认为公平性审查是“有害的”。Id. at 14. 作为“一种有效地使公司内部人受益的原则”，Id. at 23，这种解释与交易计划者倾向于使用双重程序保护而不是公平性证明的做法相冲突。

[220] 17 C. F. R. § 229. 404（a）（2019）. 该披露要求对象从董事和高级管理人员扩展到“相关人员”。本文仅关注董事。

益”并要求进行披露拥有自由裁量权,[221]但该规定广泛地涵盖了自我交易,且会受到某些最低限度的例外情形(de minimis exceptions)的影响。[222] 重要的是,S-K 条例第 404 条(b)款要求公司描述其审查、采用或批准根据第 404 条(a)款所披露的任何交易的政策。

绝大多数在特拉华州成立的上市公司采取了此项政策,要求利害关系董事向公司董事会或董事委员会披露自我交易情况,并授权董事会或委员会负责决定是否同意这些交易。这一点是通过随机选择调查的 100 家在特拉华州注册成立的上市公司根据第 404 条要求作出的披露进行审查加以证实的。[223] 在这些公司中,有 93 家公司要求董事会或委员会,尤其是审计委员会,审查所有超过一定美元门槛(通常是 12 万美元)的自我交易,并考量是否同意这些交易。[224] 虽然第 144 条(a)(1)款并未禁止利害关系董事参加、参与以同意自我交易为内容的会议或者在会议上投票,以免除相关责任(相反,它需要得到大多数无利害关系董事的同意),而样本中有 48 家公司确实对利害关系董事施加了前述限制,这确实保证了任何董事会或委员会的同意都将由无利害关系董事作出。[225] 样本中的其他公司可能也施加了类似的限制,但无法得到验证,因为许多此类公司只是根据 S-K 条例的规定描述了其关联方政策,而没有披露政策本身。无论如何,如果这些交易确实涉及某一利害关系董事,即使没有这样的限制以确保任何董事会或委员会的同意将由无利害

---

〔221〕 See Min, supra note 192, at 717 [将第 404(a)条中的重要性标准确定为存在“定义不确定性”和“可能滥用自由裁量权”的领域].

〔222〕 某些交易被视为不会产生重大的间接利益,包括涉及交易对手(和相关上市公司)的交易,其中关联方在交易对手方中拥有有限的经济利益,或者关联方在交易对手中拥有的唯一利益是作为董事。17 C. F. R. § 229.404(a) (2019) [Instruction 6 to Item 404(a)].

〔223〕 2018 年 7 月,通过 S&P Capital IQ 数据库以下述筛选标准对公司予以识别:(1)公司市值;(2)交易所(所有上市公司);(3)公司注册地:特拉华州。数据筛选结果中,排除在 NYSE Arca 和 Pink Sheet LLC 上市的公司(通常是信托公司)。其余实体机构在纽约证券交易所或纳斯达克全球资本市场上市。此研究确定 2623 个公司实体。随机选择一百家公司样本,并审查他们提交给美国证券交易委员的大多数文件,通常是他们的 14A 表格委托书。在可能的情况下,还审查了其潜在关联方和相关政策(通常在公司网站上可以获得)。See infra Appendix A.

〔224〕 这些政策往往不包括某些“预先同意”的交易,这些交易不被认为会产生重大冲突。

〔225〕 关于进一步的调查结果,参见附录。

关系董事作出,但对利害关系董事寻求董事会或委员会同意其自我交易的普遍要求,通常也可以确保无利害关系董事会考虑是否同意这些交易。[226] 这些结果与其他实证数据相一致。[227]

例如,美国银行公司的关联方政策包括第404条所定义的自我交易。它规定,"我们的公司治理委员会应当同意或批准任何关联方交易",且此间需要考虑各种因素,包括利害关系董事的利益以及可获得的公平(arm's length)报价或市场条款。[228] 该公司的公司治理指南禁止与所审议的交易有利害关系的委员会成员参与审议或投票。[229]

第404条下的关联方政策一般要求利害关系董事就其重大自我交易事先征得其他董事的同意。因为审查过程不透明,我们无从得知获得的同意是否满足第144(a)(1)条的规定或能确保交易获得商业判断保护,进而留下了悬而未决的问题,即同意是否如特拉华州法令要求的那样是善意且完全知情的。然而,有证据表明,相当大比例的公司会保证任何同意都是由无利害关系董事作出的,但前提是遵守他们的关联方政策。考虑到这些政策的要求和现有的同意基础,董事在寻求自我交易机会时可能有强烈的动机来援引"获取无利害关系董事同意"的例外情形。

在英国的禁止利益冲突制度下,利害关系董事可以考虑选择如下两

---

[226] See, e.g., Bainbridge, supra note 26, at 157("自我交易很少会涉及整个董事会。相反,它们往往涉及董事个人的不当行为").这一说法与样本公司披露的对关联方交易的一般审查是一致的。

[227] 吉英·敏(Geeyoung Min)研究了2012年财富500强公司的数据,发现"大多数自我交易都得到了由'无利害关系'董事组成的委员会同意,从而满足DGCL第144条三个条件中的第一个条件"。Min, supra note 192, at 731. 换言之,在所有自我交易中,敏发现大多数交易都获得了无利害关系董事的同意。除非无利害关系董事同意被要求审查的每笔交易,否则此类寻求无利害关系董事同意的交易比例一定更高。敏对此比例未予置评。

[228] Bank of Am. Corp., Definitive Proxy Statement (Schedule 14A) 31 (Mar. 12, 2018), https://www.sec.gov/Archives/edgar/data/70858/000119312518078695/d501004ddef14a.htm [https://perma.cc/2ANS-NBZJ]. 该政策规定,某些交易如果不被视为产生或涉及重大利益冲突的,可预先同意。Id.

[229] See *Corporate Governance Guidelines*, Bank Am. Corp. (Oct. 25, 2017), http://investor.bankofamerica.com/static-files/652e9258-edfd-45b4-ae45-62fc54e4d2fc [https://perma.cc/LS7T-7EBL].

种例外情形之一:临时(ad hoc)股东同意或者向其他董事披露利益情形。根据对公平规则的前述分析,前一例外情形似乎较难满足,因为此时利害关系董事获得的交易所产生的盈余较少。股东可能没有其他董事那么宽容,因为他们会根据所获信息在公众监督下做出决定,几乎不存在讨价还价的空间,同时,反对票还会损害利害关系董事的声誉,使其感到难堪。在英国,则机构投资者对因被视为行使监督不力而产生的声誉损害风险很敏感,因此股东同意这种例外情形对董事而言并不具有吸引力。[230]

在英国,由于公众公司披露的信息更为有限,故很难了解董事的实际操作。尽管如此,董事在管理层收购(management buyouts,MBOs)中的行为反映了一些实证特征,即董事行为符合这些例外情形产生的激励机制。[231] 管理层收购是典型的自我交易,因为管理公司的受信人以某种方式参与了收购公司的财团。此类交易在英国和美国经常发生,[232] 许多大型金融公司的存在正是为了进行这些交易,其经营的前提是:这些自我交易不会面临重大的法律障碍,其能够而且将顺利进行。[233] 在英国和美国,由无利害关系董事组成的委员会都扮演着重要角色。事实上,在这些交易中,MBO 收购流程将由一个公正或独立董事组成的委员

---

[230] 感谢大卫·克肖(David Kershaw)建议笔者在英国背景下提出这一推定。

[231] 虽然特拉华州法院没有明确将 MBO 定性为自我交易,但学者们倾向于将其视为自我交易。See Guhan Subramaniam, *Deal Process Design in Management Buyouts*, 130 Harv. L. Rev. 590, 650 – 53 (2016) (讨论有关学术观点,即根据第 144 条裁决的案件为 MBO 提供了框架).

[232] See, e. g., *Getting a Take Private off the Ground in the UK*, Gibson Dunn (Dec. 18, 2018), https://www.gibsondunn.com/getting – a – take – private – off – the – ground – in – the – uk/ [https://perma.cc/FK9V – W3A3] (该文提及了英国私有化的"聚集速度").

[233] 私募股权公司经常通过接触现任管理层来煽动管理层收购(MBO),试图让他们参与收购公司的交易。主要律师事务所的业务领域致力于为参与这些交易的经理人、公司和私募股权公司提供咨询建议。

会管理几乎被认为是理所当然的。[234] 虽然根据其他规则可能会要求获得股东的同意，但自我交易计划严重依赖“获得无利害关系董事同意”以解决对董事自我交易的担忧。[235]

鉴于这些因素，后一例外情形——向其他董事进行披露，将比其他例外情形更具有吸引力。它将为利害关系董事提供更多自我交易产生的盈余，因此我们预估利害关系董事会更青睐于使用这一例外情形。

表4按对利害关系董事的吸引力递减的顺序进行相关例外情形的排名，显示每个规范领域下无利害关系董事或其他董事同意的吸引力。

表4　按对受信人的吸引力递减的顺序排列例外情形

美国公平规则	英国禁止利益冲突规则
1. 向董事会/董事委员会披露自我交易情况，并获得无利害关系董事的同意 2. 向股东披露自我交易情况，并获得股东的同意 3. 证明完全的公平性	1. 向其他董事披露自我交易的情况 2. 向股东披露自我交易的情况，并获得股东同意

注：1. 在普通法制度下，这种例外情形经常出现在公司章程中。See supra notes 157 – 80 and accompanying text（描述了这些例外情形的广泛使用）. 根据现行法，这一例外情形规定在 DGCL 第177条中。See infra Part Ⅲ. E.

2. 根据禁止利益冲突规则，公司有广泛的自由在其公司章程中设置例外情形（除本表所示的例外情形外），尽管似乎没有普遍的实践表明他们正这样做或已经这样做过。

概言之，在美国，利害关系董事会倾向于寻求无利害关系董事的同意以避免忠诚规则的适用，而在英国，他们则倾向于向其他董事披露其

---

[234] 关于美国的情况，see generally Matthew D. Cain & Steven M. Davidoff, *Form over Substance: The Value of Corporate Process and Management Buy – Outs*, 36 Del. J. Corp. L. 849 (2011) and Lawrence Lederman & Barry A. Bryer, *Representing a Public Company in a Leveraged Buyout Transaction*, *in* Leveraged Management Buyouts: Causes and Consequences 111 (YakovAmihud ed., 1989)。See also Subramaniam, supra note 232, at 650 – 53 (2016). 有关英国的情况，see Graham Gibb & Charles Martin, *Public – to – Privates*, *in* Private Equity: a Transactional Analysis 221, 232 (Chris Hale ed., 3d ed. 2015)（“任何管理层收购的第一步都是让目标董事会组成一个独立的董事委员会”）。

[235] 其他规则、普通法、成文法和监管规范，将适用于 MBO，这些规则对交易流程设计的影响很难区分。例如，董事还可能承担信义义务，即要求他们根据美国所谓的 *Revlon* 义务和英国的同等义务，最大限度地提高其销售价格。

利益情形。如果利害关系董事根据这些激励机制采取行动,英国和美国的信义制度将以类似的方式运作,尽管它们的实质表述存在差异。这些制度激励利害关系董事适用例外情形,并让无冲突或者中立的董事处于监管自我交易的位置。

(三)公平的关联性

鉴于这些激励机制的存在,公平性证明于利害关系董事而言有什么现实关联性?这种例外情形可能确实很重要,但远低于学者们普遍认为的那样,因为利害关系董事使用它的动机较弱,而且它的存在不太可能影响包括利害关系董事在内的各类参与者的行为。

在公平制度下,董事通常可以通过证明自我交易的公平性来保护自我交易。可问题是,禁止利益冲突规则不包括此类例外情形,那么这一独特的例外情形是如何影响制度比较的。

首先,有人可能会认为,只有美国法律体制提供了事后的法律赦免机制,即在自我交易发生后存在公平性审查机制作为例外情形加以适用。但在英国(就像在美国一样),股东可以在事后同意自我交易。概言之,哪一种例外情形(公平性证明或股东同意)会对利害关系董事构成更大的适用障碍尚不清楚。这两种例外情形对董事均不具有特别的吸引力。在英国,董事会可能会拒绝将此事提交给股东;股东大会的召开往往成本高昂,尤其是对大型上市公司而言[236],同时,甚至仅是提出决议也可能会使董事处于负面影响之中。即使股东的确有机会就此问题进行投票,结果也是不确定的。在美国,对利害关系董事而言,公平性证明同样是昂贵的,且结果也是不确定的。在这两种制度下,公司的交易越好,利害关系董事的前景就越好。但是,利害关系董事仍然有强烈的动机在自我交易发生前,通过向无利害关系董事披露相关信息(在美国则是积极寻求他们的同意)来援引例外情形。

这并不意味着这些制度将始终以相同的方式运作。[237] 在某些情况下,美国唯一可用的免责机制可能是公平性证明。例如,在一家由家族

[236] See Law Comm'n & Scottish Law Comm'n, supra note 178, at 44 ("同意和批准自我交易需要耗费大量成本,尤其是在大型上市公司中。").

[237] Cf. Brown, supra note 213, at 54 (认为让董事同意自我交易发生效力会"使公平变得无关紧要").

拥有和管理的公司与任职董事相同的关联家族企业进行交易的情况下，则可能需要适用公平性证明；因为不可能存在无利害关系董事或股东来豁免此自我交易。[238] 在英国普通法下，前述自我交易可以获得股东同意，因为它没有要求交易必须由无利害关系的股东同意，但在美国这一要求则相反。[239]

此外，机会主义董事在进行自我交易前未能获得董事或股东同意的情形亦有待讨论。在英国，董事们不太可能将交易提交给股东进行投票，在任何情形下，获得知情股东的同意似乎都是遥不可及的。在美国，公平性证明能否保护董事及自我交易？实际正是在公平性证明情形下，这两种制度在运作上可能有所差异。董事不得不依赖于满足公平测试的价格证明，使法院在董事存在机会主义行为的情形下仍能审查通过该笔交易。[240] 董事可能会被证明是正确的；在某些情况下，公平性证明会以下述方式被适用，即受到不公平交易玷污的交易仍可能是完全公平的。[241] 但这种情形只是特殊例外。只有在极少数情况下，尽管利害关系董事进行了不公平的交易，仍能基于价格机制使交易完全公平。[242]

概言之，尽管没有直接证据，但下述情形令人怀疑，即有公平性证明的例外情形下董事更有可能进行自我交易或采取更激进的自我交易形式。美国法院的判决几乎没有给投机取巧或规避规则的董事提供任何

---

〔238〕 对于类似的事实模式，参见，Lewis v. S. L. & E., Inc., 629 F. 2d 764 (2d Cir. 1980)。感谢兰德尔·托马斯(Randall Thomas)的这一洞见。

〔239〕 关于英国普通法，see supra notes 135 – 36 and accompanying text；关于现行法规定，see infra note 277 and accompanying text。关于美国法，see supra note 117。

〔240〕 即使使用了不公平的程序，“定价条款也可能如此公平，并进而使交易达到完全公平”。Valeant Pharm. Int'l v. Jerney, 921 A. 2d 732, 748 (Del. Ch. 2007).

〔241〕 禁止利益冲突规则和公平规则运作方式不同的一种情况是，“所有董事都与交易存在利害关系（因此无法获得无利害关系董事的同意），但寻求股东同意会很麻烦、很昂贵，而且几乎没有意义”。See Clark, supra note 54, at 169.

〔242〕 See *generally* Marciano v. Nakash, 535 A. 2d 400 (Del. 1987); ACP Master, Ltd. v. Sprint Corp., C. A. No. 8508 – VCL, 2017 WL 3421142 (Del. Ch. July 21, 2017); In re Trados Inc. S' holderLitig., 73 A. 3d 17 (Del. Ch. 2013); Kahn v. Lynch Commc'n Sys., Inc., Civ. A. No. 8748, 1995 WL 301403 (Del. Ch. Apr. 17, 1995), aff'd, 669 A. 2d 79 (Del. 1995).

希望,这些董事后来通过诉诸公平以寻求救济自我交易。[243] 鉴于法院在指控违反信义义务的诉讼中行使衡平法管辖权,故司法部门不愿为这些董事提供救济是可以理解的。衡平法院(如特拉华州衡平法院)最初就是"良心法院"(courts of conscience),高度重视行为的正当性。[244] 事实上,如果自我交易是不公平交易的产物,法院就不愿意提供救济。[245] 已有法院裁定,不公平交易可以"影响"一笔交易的价格,损害其公平性。[246] 不公平交易会使"说服法院相信条款具有公平性的负担变得……异常困难"[247]。此外,"仅仅表明……价格在公平范围内的……并不能满足完全公平的证明,尤其是当受信人作为交易双方的当事人并操纵交易时"[248]。法院还将公平性调查视为高度背景调查,这意味着任何可能的自我交易主体都无法确定自己胜诉的机会。特别是,法官没有明确他们认为完全公平的单一事实模式或可定义情形,这些情形下,交易是通过不公平交易活动达成的,进而董事们也不确定他们的交易是否

[243] 在基于可用的公平性证明而寻求无利害关系董事或股东同意时,利害关系董事不太可能会以明显不同的方式讨价还价。这是因为法院不太可能干扰中立决策机构的善意决定。See infra note 253 and accompanying text.

[244] 衡平法院对正当性的尊重体现在,坚持"寻求公平的人必须做到公平"和"获得公平的人必须做到清白"的格言中。See J. D. Heydon Et Al., Meagher, Gummow & Lehane's Equity Doctrines and Remedies 74 – 84 (5th ed. 2015).

[245] See, e. g., *In re* Nine Sys. Corp. S'holdersLitig., Consol. C. A. No. 3940 – VCN, 2014 WL 4383127, at *47 (Del. Ch. Sept. 4, 2014) [约翰·W. 诺布尔(John W. Noble)副议长"认为,以公平价格进行的冲突交易并不完全公平,原因在于被告程序履行存在严重瑕疵。"].

[246] Bomarko, Inc. v. Int'l Telecharge, Inc., 794 A. 2d 1161, 1183 (Del. Ch. 1999) ("过程的不公平也影响价格的公平").

[247] Valeant Pharm. Int'l v. Jerney, 921 A. 2d 732, 748 (Del. Ch. 2007) ("如果不能通过参考可靠的市场或与实质性和可靠性的先例交易进行比较,来证明不公平程序产生的交易定价条款是合理的,那么说服法院相信条款的公平性责任将非常困难。").

[248] William Penn P'ship v. Saliba, 13 A. 3d 749, 758 (Del. 2011); see also Kahn v. Tremont Corp., 694 A. 2d 422, 432 (Del. 1997) ("此处,交易过程与交易价格交织在一起,以至于在温伯格的统一标准下,说明特别委员会谈判的价格可能是公平的并不能挽救交易结果"); HMG/Courtland Props., Inc. v. Gray, 749 A. 2d 94, 116 (Del. Ch. 1999) (指出价格"在谈判达成的公平交易中属于可能支付价格的低端范围",这在"狭义上"是"公平的",但在"过程……不公平"时,该交易就并不完全公平).

可以证明公平。[249] 简言之,公平性证明的例外情形并不会对利害关系董事的机会主义行为创造强有力的激励。它不会导致公平制度与禁止利益冲突制度运作的显著不同。

部分人可能会认为,公平性例外情形会通过影响无利害关系董事的行为来影响制度的比较。基于司法对公平性进行二次判断存在风险,争论可能会继续,即被要求同意交易的无利害关系董事可能更愿意同意交易并给与利害关系董事更多交易产生的盈余,以避免遭遇前述司法风险。反之,与没有公平性例外情形的制度相比,此时利害关系董事可以进行更多或更积极的自我交易。因为他们是在公平性审查之下做出决定,无利害关系董事可能会比在其他情形下更为宽容。

人们会质疑,被请求同意自我交易的无利害关系董事会基于其他董事的利益而采取宽容处理。虽然该观点难以得到直接证明,但公平性审查是否会显著影响无利害关系董事的行为仍值得怀疑。总体而言,对于利害关系董事来说,公平性证明一般是保护交易的一种不太具有吸引力的手段;它关涉大量的费用、不确定性的结果和向公众曝光的风险,而且,法院通常尊重中立公司决策者的决定,不会对拒绝同意自我交易的无利害关系董事之知情、善意判断进行二次判断。[250] 无利害关系董事几乎没有理由担心法院会在他们已经拒绝同意交易的情形下,通过认定交易公平来保护自我交易(股东决定是否同意交易的情形亦如是,因为法院会尊重中立机构的决定)。因此,公平性审查是否会使无利害关系董事比在没有公平性例外的情况下更为宽容,从而影响他们的行为,该观点似乎值得怀疑。

在特殊情况下,这两种制度的适用方式可能有所不同。尽管如此,即使公平性例外的适用影响了董事的行为,也必须考虑到基于制度之间

[249] 对于一个假设的事实模式,裁判附言中提及,"可以想象"是完全公平的,尽管实际上交易是不公平的,see In re Dole Food Co. Stockholder Litigation, Consolidated C. A. No. 8703 - VCL, 2015 WL 5052214, at *34 n. 26 (Del. Ch. Aug. 27, 2015)。事实模式涉及"一个利他主义的控制者",其基于某些特殊原因希望消除小股东。Id.

[250] See, e. g. , J. Travis Laster, *The Effect of Stockholder Approval on Enhanced Scrutiny*, 40 Wm. Mitchell L. Rev. 1443, 1448 (2014)(该文提及"自然不愿意用司法判决代替商人的决策"); see *also* Bainbridge et al. , supra note 125, at 602("即使在涉及忠诚索赔的案件中,特拉华州公司法亦非常强调对董事决策的尊重。").

其他差异的抵消作用,以厘清制度运行的差异。如下所述,在公平制度下,寻求中立董事的同意可能比在禁止利益冲突制度下成本更高,实际效用也更有限。[251]

最后,没有理由认为美国利害关系董事不会面临挑战,或者他们的自我交易不太可能会被发现——至少没有基于信义规则本身而被发现。考虑到美国的好诉(litigiousness)和原告律师的激励,[252]情况更有可能是相反的,尽管这些考虑因素不在本文的重点考察范围之内。职是之故,美国和英国的例外情形为理性和机会主义的利害关系董事们创造了类似的激励机制。

(四)公平性审查中的严格性

公平制度的某些特征表明,它可能比禁止利益冲突规则的适用更为严格,且更能有效地阻止自我交易。首先,美国法院会仔细审查同意交易的董事之公正性,引致学者们认为这一要求是独立性的体现之一。[253]相比之下,英国的相应规定要求利害关系董事向"其他董事"披露其利益情形,[254]没有非利害关系性条件或同意的要求。由于"其他董事"本身也负有信义责任,他们必须决定如何回应披露,如果他们不反对,就相当于某种形式上的同意,且相对于公平制度而言,英国法对其他董事和利害关系董事的要求可能更少。其次,公平规则既要求股东同意须由无利害关系股东作出,且比其他例外情形更严格地对待拥有投票控制权的董事,而普通法中禁止利益冲突规则既没有阻止利害关系董事投票,也

[251] See infra Part Ⅲ. D.

[252] See, e. g., Martin Gelter& Geneviève Helleringer, *Corporate Opportunities in the U. S. and in the U. K.: How Differences in Enforcement Explain Differences in Substantive Fiduciary Duties*, *in* Research Handbook on Fiduciary Law, supra note 137, at 331.

[253] See Melvin Aron Eisenberg & James D. Cox, Corporations and Other Business Organizations: Cases and Materials 523 (10th ed. 2011) ("即使在特拉华州,也可能有必要证明同意交易的董事不仅是无利害关系的,而且是独立的……").

[254] Companies Act 2006, c. 46, § 177(1) (Eng.).

没有对具有重大投票权的董事施以更高的要求。[255] 最后，公平制度的适用可能比前文所述更为严格，因为其例外情形可能比禁止利益冲突规则下的例外情形更加有限。某段时期内，法院认为第144(a)(1)条和第144(a)(2)条下的例外情形并没有前述的那么宽松。[256] 这些例外情形不但没有给与商业判断规则(British Journal of Radiology, BJR)保护，反而容易使自我交易因不公平性而失效。[257] 这种在特拉华州以外盛行的观点表明，[258] 即使自我交易已经得到了无利害关系董事或股东的同意，公平制度也只允许对公司公平的交易。然而，在特拉华州，这种对第144(a)(1)条和第144(a)(2)条效力的狭隘看法，似乎仅限于涉及法律上或事实上拥有投票控制权的利害关系董事相关的自我交易。[259]

即使第144(a)(1)条或第144(a)(2)条的例外情形为交易提供了商业判断保护，但最近的案例表明，由无利害关系董事同意的交易可能满足第144(a)条规定，但仍需通过审查以回答"利害关系交易何时可能

[255] See supra notes 182 – 85 and accompanying text. 在现行法规定下，利害关系董事为追溯性地同意(或追认)自己行为而进行的投票会被忽略，这不同于普通法的规定。See infra Part Ⅲ. E. 在普通法下，两种制度之间的此种区别被消减了，因为英国公司通过采用章程条款的方式来限制董事以股东身份投票同意自己的自我交易。据悉，目前公司并没有广泛采用这方面规定。

[256] See supra Part Ⅱ. B.

[257] 根据这种观点，例外情形使利害关系董事不必证明交易的公平性以规避忠诚规则的适用。See Cinerama, Inc. v. Technicolor, Inc., 663 A. 2d 1134, 1154 (Del. Ch. 1994) ("遵守第144条的规定不会恢复董事会对商业判断规则的推定适用；它只是将证明不公平的责任转移给了原告"). 奇怪的是，作为权威机构，法院引用了Kahn v. Lynch Communication Systems案件, Inc., 638 A. 2d 1110, 1154 (Del. 1994)，该案例涉及与控股股东有利害关系的合并交易，而非传统的第144条不直接适用的自我交易(判决中并未引用)。See also Clark, supra note 54, at 169 (根据特拉华州法律，以下主张将予以驳回，即第144条同意的交易"完全不受股东质疑，并且法规禁止法院审查交易的公平性并使其无效"); Davies, supra note 27, at n. 48 ("特拉华州有一个一般审查机制，即即使交易已经获得了董事会的同意，法院仍要对交易的实质性公平进行审查。").

[258] Eisenberg & Cox, supra note 256, at 523 ("人们普遍认为……至少在特拉华州之外，无利害关系董事的同意不会阻止法院审查冲突交易是否存在明显的不公平").

[259] See supra note 127 and accompanying text.

引起违反信义责任的索赔这一问题,如衡平法诉讼"[260]。回答这一问题需要诉诸于"普通公司法"。[261] 该法律"看起来很像第144条的规定"[262],但并不完全如此,一笔交易可能会获得第144条的保护,但也可能会产生信义责任。在这种方法下,法院会分别审查交易无效和信义违约的问题;对于每个问题,会适用不同的(虽然相似)例外情形。基于这一推定,相比于英国规则,无利害关系董事同意的适用会更加严格,因为"遵守第144(a)(1)条的规定并不一定会引发对相关交易的商业判断审查"[263]。因此,在某些情况下,公平制度的运作可能比禁止利益冲突制度更加严格。[264]

(五)英国成文法规定

《2006年公司法》在很大程度上将董事信义责任的实质性内容成文化,即"基于"普通法下的规则和原则,对董事施加了一般义务。[265] 就自我交易而言,法令第177条要求利害关系董事向其他董事会成员披露其

---

[260] In re Cox Commc'ns, Inc. S'holdersLitig., 879 A.2d 604, 615 (Del. Ch. 2005); see also Cumming v. Edens, C.A. No. 13007 - VCS, 2018 Del. Ch. Lexis 54, at *46 (Del. Ch. Feb. 20, 2018) ["令我感到满意的是,遵守第144(a)(1)条并不一定需要对利害关系交易实施商业判断审查"]. 有关该观点的更详细解释,see Rohrbacher et al., supra note 97, at 719 - 22 (认为根据第144条进行的分析不同于确定信义违约的分析).

[261] Cox Commc'ns, 879 A.2d at 615.

[262] Id.

[263] Cumming, 2018 Del. Ch. Lexis 54, at *49.

[264] 另一个潜在差异是信义制度适用的交易范围。有资料来源表明,美国公平制度的适用范围较狭窄,仅适用于利害关系董事投票的自我交易。See supra note 97. 英国的忠诚规则也施加了限制:它适用于"真正的和合理的冲突可能",这一要求可能会最大限度地减少这些制度所适用的自我交易范围的差异性。See Hosp Prods Ltd. v. US Surgical Corp. (1984) 156 CLR 41, 103 (Austl.) (要求"冲突的真实性或实质可能性"); Boardman v. Phipps [1967] 2 AC 46 (HL) 124 (Lord Upjohn 不赞同这一观点) (Eng.) (要求"真正合理的冲突可能性"). 此限定条件限缩了禁止利益冲突规则的适用范围。它甚至为英国忠诚规则增加了灵活性。David Kershaw, *Lost in Translation: Corporate Opportunities in Comparative Perspective*, 25 Oxford J. Legal Stud. 603, 623 - 24 (2005).

[265] Companies Act 2006, c. 46, § 170(3) (Eng.).

在与公司拟议交易或协议中的利益性质和程度。[266] 违反第 177 条的后果“与违反相应的普通法规则或衡平原则的后果相同”[267]——这显然是指违反普通法中禁止利益冲突规则的后果，而不是指违反前述法定披露义务（最初于 1928 年引入）。[268] 相应地，遵守第 177 条的规定可以使自我交易免于承担违反禁止利益冲突规则的补救后果，最明显的是解除合同责任。[269] 可以肯定的是，该法规要求利害关系董事披露其自我交易的利益性质和程度[270]，同时没有明确禁止自我交易。然而，在功能上，披露义务同时包括一个忠诚规则和一个例外情形：它使自我交易无效（施加与普通法规定“相同”的后果），除非利害关系董事向其他董事披露他们的利益情况。[271]

该法令还规定了其他例外情形。首先，公司可通过其章程改变第 177 条的适用。根据第 180(4)(b)条的规定，如果“公司章程包含处理利益冲突的条款，董事或董事会任一董事按照本规定所做（或遗漏）的

---

[266] Id. § 177(1); see Palmer's Company Law, supra note 37, ¶ 8.3104（声称《2006 年公司法》第 177 条“废除了公平的禁止利益冲突规则和无利润规则的适用”）. 虽然禁止利益冲突规则不规制自我交易，但根据第 175 条，它在其他情形中仍然适用，“特别是”那些涉及利用公司财产、信息和机会的行为。See Companies Act 2006, c. 46, § 175(2). 现行禁止利益冲突规则被表述为不适用于自我交易。Id. § 175(3).

[267] Companies Act 2006, c. 46, § 178(1) (Eng.).

[268] Id. 关于法定义务, see supra notes 167 – 71 and accompanying text。但是，这种关于什么是“相应的”规则或原则的释义还存在争议。See Stafford & Ritchie, supra note 4, at 43 – 44.

[269] 该法规规定，如果遵守第 177 条的规定，该交易或协议“不得根据任何普通法或需要股东同意或批准的公平原则而被撤销”。Companies Act 2006, c. 46, § 180(1) (Eng.).

[270] See supra note 269 and accompanying text.

[271] 另一项规定要求董事披露其与公司现有交易中存在的利益情形，除非他们已经按照第 177 条的要求进行了披露。Companies Act 2006, c. 46, § 182 (Eng.). 与第 177 条的规定相反，违反第 182 条会受到罚款，但不会因违反禁止利益冲突规则而产生普通法或衡平法下的补救责任。See Id. § 183(1).

任何事情均不违反其一般职责”。[272] 其次,股东可以在交易之前或之后同意本来构成违反信义义务的交易。[273] 在事后同意(批准)而不是事前同意(授权)的情况下,该法令会无视利害关系董事为同意其自己行为而进行的投票,这是普通法中一个显著的变化。[274]

实际上,该制度在很大程度上与普通法制度相似。它强加了一个严格的忠诚规则,并创造了例外情形。该制度使自我交易无效,同时要求董事绝对的忠诚,但如果利害关系董事向其他董事披露其利益情形(按照法定义务的要求)或者获得该交易的股东的临时同意,或者满足公司章程中规定的例外情形之一,则可以免除相关董事的责任。[275] 最基本的区别在于,虽然普通法允许利害关系董事通过向无利害关系董事披露利害关系情形来规避忠诚规则,而公司章程也规定了具有相似的效果的例外情形,但是即使公司章程未予规定,新制度也明确规定了这种例外情形。

如今,法令所规定的例外情形,通常是交易当事方以前为自己制定例外情形,且他们经常这么做。[276] 当然也没有理由认为法定制度的具体适用与前述的普通法有显著的不同。

---

[272] Id. § 180(4)(b). 与普通法制度一样,如何协调章程例外规定与法律规定仍存在不确定性,后者会使免除董事违反义务或违反信托责任的条款无效。有关普通法的规定,see supra note 137。根据《2006 年公司法》,第 232 条包括与先前立法类似的无效条款,但确保在普通法允许的范围内可以采用章程例外情形。它规定,“本条规定并不妨碍公司章程作出与以往在处理利益冲突方面类似的合法规定”。Companies Act 2006, c. 46, § 232(1), (4) (Eng.).

[273] Companies Act 2006, c. 46, § 180(4)(a) (Eng.).

[274] See Id. § 239(4). 这种对股东事前或事后同意予以差别对待的原因目前尚不清楚。它们源于第 239 条中使用了“追认”一词,而不是“授权”一词。

[275] 根据《2006 年公司法》第 180(5)条,“除非法律另有规定或实践中另有要求”,否则应适用第 177 条的规定。Id. § 180(5).

[276] 但当事方仍然可以私下在其章程中制定例外情形,就像在普通法制度下一样(但似乎很少这样做)。

四、启示

（一）公司法学术观点争鸣

上述结论突破了人们有关禁止利益冲突规则和公平规则的普遍看法。[277] 关于无冲突规则严格性的主张忽略了例外情形的可用性和广泛使用性（这些例外情形免除了利害关系董事忠诚规则的补救后果），以及利益相关董事投票批准其自我交易的权力。这并不是说英国制度实际上很宽容。而是它有效地让中立董事监督自我交易，在这种机制下，信义规则可以更巧妙地区分有益和有害的交易，而这远远超出了禁止利益冲突规则批判者的认知。[278] 在该制度的具体适用中，其已被证明是细致入微的、对管理层友好的，并适应了自我交易的必然性。

同样，虽然学者们一贯认为，公平性证明是区分英国和美国信义法的主要特征，[279] 但该例外情形难以实质性地改变董事的动机。在美国，董事有强烈的动机（他们据此行事）去获得无利害关系董事对自我交易的同意。公平规则与禁止利益冲突规则的具体适用具有相似性，即利害关系董事通常都会寻求其他无利害关系董事同意自我交易。因此，传统观点认为公平规则更具有务实性，更能精确地识别并阻止自我交易，更适应商业的需求，或认为禁止利益冲突规则更严格，这些看法都是片面的且一般是错误的。无独有偶，那些声称公平性例外情形削弱了信义法的效力或产生了有害影响的观点[280]，其实都忽略了其他例外情形的可用性，无视该制度的一般适用，进而将禁止利益冲突规则的理想化版本作为制度比较的基础。

为什么这场旷日持久的学术争论没有考虑到禁止利益冲突规则和公平规则的实际运用情形？人们必须通过研究这些制度的实际运用情

---

[277] See supra Part Ⅱ. D（研究学术观点）.

[278] See supra note 68 and accompanying text.

[279] See Davies, supra note 27, at nn. 30 – 31（将“美国实质性公平审查的发展及其在英国的缺失”称为“美国法律和英国法律之间的关键分歧”）.

[280] See supra notes 60 – 61and accompanying text.

形以挖掘其共通的忠诚规则和全部例外情形,以及与例外情形相关的类似激励机制。尤其是英国普通法要求必须审查公司是否采用章程条款来规避忠诚规则的适用,如果是,采用的是什么条款。对此有几种显而易见的解释。

其一,案例研究的是某一特定公司的治理实践,而不是整个市场范围的公司实践,前者通常是学者关注的主题,但整个市场的实践数据对进行比较法研究而言具有重要性。其二,在广泛使用章程型例外情形之前,自我交易裁决对禁止利益冲突规则的阐释侧重于严格的忠诚规则,并在适用中予以强调。例如,法院和学者们都倾向于引用 Aberdeen Railway Co. v. Blaikie Bros. 案,这是19世纪中期的一则案例,涉及一家没有变更忠诚规则适用的章程条款的公司。如果学者们引用该案例并依赖其原则陈述,则显然他们未意识到公司实践已经发生了如此大的变化,即公司会经常规避忠诚规则的适用,这种市场转变显著削弱了忠诚规则对例外情形的影响。

类似的偏见可能会影响学术界对美国法院裁判的关注。正如忠诚规则并不完全代表禁止利益冲突制度的适用,公平性证明也不能完全代表美国制度的适用。事实上,为了遵守证券法,上市公司通常会要求利害关系董事向无利害关系董事委员会披露其自我交易情况。然而,学术上对美国判例法的关注可能会掩盖这一结论。经典案件在进行公平性审查时,侧重于对公正性的要求和法院审查的严谨性。

(二)关于禁止利益冲突规则与公平规则之错误选择

概言之,对公司法中禁止利益冲突规则与公平规则的研究应该引导我们拒绝在禁止利益冲突规则与公平规则之间作出错误的选择,而是应该转向关注规则的结构和适用问题,因此,在许多信义规则下,应侧重研究例外情形的可用性及其使用情况。[281] 例如,在比较信托法的禁止利益冲突规则与公司法的公平规则之过程中,这种分析路径要求我们研究这两种规则下的全部例外情形。在信托法中,这些例外情形包括委托人和受益人可以授权或同意利益冲突交易,从而排除忠诚规则的严格要求。[282] 尽管许多人认为信托法对自我交易的规制比公司法下的规制更为严格,但是,在人们作出某一规则在严格性、实用性或在区分有益和有害冲突的能力方面优于另一规则的结论之前,他们必须对例外情形的具体适用予以检视。事实上,当事人确实在信托法中援引了这些例外情形,进而排除了信义忠诚制度的严格适用,在公司法下亦然。[283]

关注例外情形的可用性及适用状况,可能会导致我们质疑信托学者对忠诚规则的观点。在信义法学说中,忠诚是"显著义务"(distinguishing

---

〔281〕 当然,以下结论并非绝对性的,即禁止利益冲突规则和公平规则的适用方式与美国和英国公司法下的适用相似,或者两种制度可用的免责机制存在某些差异。感谢霍尔格·斯帕曼(Holger Spamann)提供的这一见解。英国公司可能在其公司章程中采用了完全不同的免责机制,或者根本没有设置免责机制。同样,以下结论也不是绝对性的,即特拉华州将自我交易的忠诚义务作为强制性义务,从而防止各方采用比现有机制更宽松的免责机制。事实上,设立有限责任公司的各方有很强的能力来设置自身的免责机制,甚至可以改变忠诚规则本身——这是他们经常使用的灵活性制度。See *generally* Suren Gomstian, *Contractual Mechanisms of Investor Protection in Non-listed Limited Liability Companies*, 60 Vill. L. Rev. 955 (2016); Mohsen Manesh, *Contractual Freedom Under Delaware Alternative Entity Law: Evidence from Publicly Traded LPs and LLCs*, 37 J. Corp. L. 555 (2012); Peter Molk, *How Do LLC Owners Contract Around Default Statutory Protections?*, 42 J. CORP. L. 503 (2017).

〔282〕 See Restatement (Second) of Trusts § 170(1) cmt. t (Am. Law Inst. 1959); Id. § 216(1).

〔283〕 在争论禁止利益冲突(或唯一利益)规则和公平(或最佳利益)规则的优点时,朗贝因(Langbein)和莱斯利(Leslie)承认,委托人和受益人有时确实会同意冲突交易。Langbein, supra note 6, at 963-65; Leslie, supra note 7, at 565. 然而,他们得出了不同的结论。对朗贝因来说,这样的同意表明有些冲突不会造成伤害,Langbein, supra note 6, at 938-39, 963-65; 对莱斯利来说,这样的同意证明了禁止利益冲突规则更"有效率"。Leslie, supra note 7, at 565. 然而,两者都没有声称,委托人和受益人实际上同意冲突交易的程度,从而免除潜在忠诚规则的适用,以决定两个规则在实践适用中的相似与不同之处。此外,朗贝因认为,对唯一利益规则的豁免导致该规则的运作类似于最佳利益规则,Langbein, supra note 6, at 963-68, 但朗贝因仍然认为前一规则相对于后一规则存在威慑过度的问题。Langbein, supra note 6, at 951-52, 958-62.

obligation)、"限定概念"(defining concept)和"压倒一切的义务"(overriding duty)。[284] 对忠诚的教义要求反映了受信人更关心个人利益而不是受益人利益,这种担忧"延续了几个世纪"[285],并且在禁止利益冲突规则中发现其最初表述。学理研究围绕着履行忠诚义务的功能[286]和内容[287],以及这些义务将如何在新环境下适用等进行争论。[288]

然而,如果受信人经常使用例外情形,他们就会规避忠诚规则的适用。即使他们仍然是受信人,但是他们可以自由地进行类似于违反信义义务的行为。尽管背后的原因不同,但是这种描述似乎体现了英国和美国企业实践的特征。英国公司信义法可以被公司章程修改,而特拉华州信义法则演化为允许诸多宽容的例外情形存在,后来达成为文化。尽管英国著名的案例表明禁止利益冲突规则具有显著的严格性和僵硬性,但这可能是由于相关公司未能在公司章程中创设例外情形。概言之,几乎没有任何理由认为自我交易实际上被禁止,甚至根据信义法规定,自我交易需经股东同意;英国蓬勃发展的 MBO 市场就说明了这一点。禁止利益冲突规则难以成为阻碍自我交易的重大壁垒,因为受信人通常会援

[284] Mothew v. Bristol & W. Bldg. Soc'y [1996] 75 P & CR 241 at 254 (Eng.) ("受信人的显著义务是忠诚义务"); Australian Sec & Invs Comm'n v. Citigroup Glob Mkts Austl Pty Ltd. [No. 4] (2007) 160 FCR 35, 78 (Austl.) ("受信人的显著或压倒一切的义务是绝对的忠诚义务……"); Matthew Conaglen, Fiduciary Loyalty: Protecting the Due Performance of Nonfiduciary Duties 1 (2010) ("忠诚的概念现在已经确立为信义原则的核心概念,尤其是其定义").

[285] Finn, supra note 31, at 200.

[286] 例如,马修·科纳格伦(Matthew Conaglen)将信义责任视为履行特定的预防性作用,以确保非信义责任更有可能被履行。Conaglen, supra note 287, at 61.

[287] See, e. g., Easterbrook & Fischel, supra note 6, at 103 - 05; Andrew S. Gold, *The Loyalties of Fiduciary Law*, *in* Philosophical Foundations of Fiduciary Law, supra note 131, at 176, 178 - 88.

[288] See, e. g., Christine Sgarlata Chung, *Municipal Securities: The Crisis of State and Local Government Indebtedness, Systemic Costs of Low Default Rates, and Opportunities for Reform*, 34 Cardozo L. Rev. 1455, 1519 - 36 (2013) (研究顾问是否对发行证券的当局负有信义义务); Angela C. Walch, *Call Blockchain Developers What They Are: Fiduciaries*, AM. Banker (Aug. 9, 2016), https://www.americanbanker.com/opinion/call - blockchain - developers - what - they - arefiduciaries [https://perma.cc/YLB5 - DJSA] (认为公共区块链的开发人员负有信义责任).

引相关例外情形。美国的公平规则也以类似的方式运作,不是因为利害关系董事证明了自我交易的公平性,而是因为他们寻求无利害关系董事的同意,这一例外情形与英国广泛适用的例外情形大致相同。

若当事人经常援引例外情形,我们会期望通过这些例外规则来规范受信人的行为,而不是通过隐含的忠诚规则。[289] 公司法和信托法并不是发生这种情况的唯一领域。大型金融集团通常依靠例外情形来开展业务;考虑到他们在各种业务活动中均负有信义义务,他们可能无法以其他方式开展他们所从事的各种业务。[290] 但是,在允许自我交易之前,例外情形要求受信人采取什么行为呢? 例如,在给予知情同意之前,要求无利害关系董事或股东做什么? 为了了解信义法的实际效用,学者们最好更多地关注例外情形以及相比于默认的忠诚规则要求,他们是如何规范受信人行为的。

这并不意味着信义原则的适用不理想。自我交易可能对公司有利或有害。很少有学者会明确禁止自我交易(不允许有任何例外),考虑到自我交易是广泛存在的,故这是有充分理由的。[291] 因此,问题的关键不在于我们是否应该允许例外情形,而在于我们应该如何制定例外情形以保护和促进受益人的利益。英国实践的一个有趣特征是,根据普通法,尽管存在相关风险,股东还是同意了赋予中立董事监督自我交易权力的例外情形。尽管效率问题取决于各种市场机制的完整性,但股东的同意可能反映了他们对此类规则的偏好,并证明了该例外规则的有效性。[292] 美国法院在采用类似的例外情形时,可能采用了一个实现价值最大化的例外规则。而且,在更微观的分析层面上,在确定何种制度最优时需要考虑不同制度之间的某些差异因素。这些因素包括原告质疑自我交易的可能性、机构投资者的监督水平,以及声誉和市场对公司控

---

[289] See Getzler, supra note 131, at 61 - 62.

[290] See generally Andrew F. Tuch, *The Weakening of Fiduciary Law*, Research Handbook on Fiduciary Law, supra note 137, at 354 (研究大型金融集团所负有的相互冲突的责任和错综复杂的利益关系,以及他们为防止违反信义义务而采取的措施,包括适用例外情形).

[291] See supra note 86 and accompanying text.

[292] 有关这些考虑因素的探讨,参见 supra note 190 and accompanying text。

制权所施加的限制——所有这些问题均超出了本文分析的范畴。

(三)信义法的演变

这些观点使公司法的相关学术研究越发复杂。学者们声称,美国早期的禁止利益冲突规则彰显了英国的禁止利益冲突规则[293],而且随着美国规则向公平规则发展,其变得不那么严格了,即允许以前禁止的自我交易。[294] 但本文得出的结论是美国的公平规则和英国的禁止利益冲突规则基本运作方式相似,故部分或所有的传统观点均是值得质疑的。美国法律怎么能够既引入英国的禁止利益冲突规则,又在向公平规则发展的过程中显著削弱其严格性呢?

区分忠诚规则和例外情形有助于阐明这些观点的不足,并指导未来的研究。首先,美国早期的禁止利益冲突规则可能没有人们认为的那么严格。学者们经常引用小哈罗德·马什(Harold Marsh, Jr.)的话,称该规则是对利益冲突的全面限制,[295] 而马什认为,这一规则"绝对禁止公司与其董事缔结合同"[296]。但他同时也认可,美国早期的禁止利益冲突规则也会受到例外情形或免责机制的约束。[297] 后来,在一篇有影响力的论文中,他提到了19世纪的适用美国早期禁止利益冲突规则的相关案例,并认为:我们尚未提及的一个因素是,上述任意规则下股东追认交易的效力问题,在充分披露之后,交易仍然可能会自动无效,因为它不符

[293] See supra note 53 and accompanying text.

[294] See supra notes 58 – 60 and accompanying text. 大卫·克肖(David Kershaw)提到"自引入一般公司以来,善意作为[美国]的信义标准,要求在逐步降低"。Kershaw, supra note 19, at 440.

[295] See, e. g., Hill & McDonnell, supra note 125, at 909 ("根据传统普通法,利害关系交易是无效的,且无法补救"); Celia R. Taylor, *The Inadequacy of Fiduciary Duty Doctrine: Why Corporate Managers Have Little to Fear and What Might Be Done About It*, 85 Or. L. Rev. 993, 1009 (2017) ("为了鼓励适当的信义行为,忠诚义务最初全面禁止自利交易……无利害关系董事或股东是否同意该交易,以及董事或高级职员能否证明该交易是公平的,在规制方面都没有区别。法律在适用上是不灵活的……"); Julian Velasco, *A Defense of the Corporate Law Duty of Care*, 40 J. Corp. L. 647, 687 (2015) ("很久以前,忠诚义务要强大得多:冲突交易基本上是被禁止的"); Velasco, supra note 97, at 1240 ("根据其逻辑结论,忠诚义务可能要求董事永远不要有任何利益冲突。从本质上讲,这曾经是法律的状态。").

[296] Marsh, supra note 4, at 39.

[297] Id. at 48.

合对董事行为所施加的要求标准。所有案例似乎都认为,至少在不存在欺诈或不公平的情况下,这种追认足以使利害关系董事相关的交易有效化。[298] 换言之,马什意识到,他所认为的绝对的禁止利益冲突规则实际上是有例外情形的。

其次,马什指出了美国早期禁止利益冲突规则例外情形的另一个重要特征。在描述股东同意这一例外情形的可用性时,他声称美国法律允许利害关系董事以其股东身份所持有的股份进行投票,以同意其自我交易:"利害关系董事或董事们可以就追认问题进行投票,且作为股东他们可以投决定票。"[299] 通过援引英国当局的这一美国法立场,他认为早期的美国法律在该重要方面彰显了英国法律,但他的法律分析未能解释这一主张。因此,他并不认为(正如他所阐释的那样),美国早期的禁止利益冲突规则对拥有重大投票权的利害关系董事的自我交易仅施加了微弱的限制,这相比现代公平规则的约束要弱得多。[300]

最后,马什未能考虑到早期的美国法律是否也像英国法律那样允许通过章程条款来规避忠诚规则,如果允许,是否使用了这些条款。换言之,美国法律是如何体现相应的英国规则的?吊诡的是,马什只考虑了20世纪中期的法律立场,并提出:美国禁止利益冲突规则存在的依据是,特定公司可能在其公司章程或规章(by - laws)中规定允许此类自我交易。众所周知,这是所有公司型律师事务所在公司章程中植入的标准条款。法院认为,这些条款至少能有效地否定所涵盖交易的自动无效性。[301]

肯尼斯·戴维斯(Kenneth Davis)甚至比马什更早考虑到美国法律的立场。他指出,至1930年,美国公司章程和内部规章"通常包括"允许董事自我交易的条款,而且"这些条款经常获得法院的支持"。[302] 大

---

[298] Id. (emphasis added).

[299] Id. at 48 - 49 [除其他权威机构外,还引用了主要英国权威机构的案例, North - West Transportation Co. v. Beatty (1887) 12 App. Cas. 589 (PC) (来自 Can 的上诉案)].

[300] 至于是哪个案例,一般参见马什的相关文献,supra note 4。

[301] Id. at 45.

[302] Davis, supra note 216, at 222 (引用案例). 戴维斯指出,这些公司章程和规章条款"授权与董事签订合同"。Id.

卫·克肖(David Kershaw)早些时候就提出了这一观点,并研究了这些(他称之为)"选择退出"的章程条款是否属于美国禁止利益冲突规则的一部分。他关注到新泽西州法律,当时是最重要的公司法司法管辖区,并指出,"似乎新泽西州的公司和股东已经在其章程中采取了合同式选择退出严格规则(contractual opt - outs),但目前尚不清楚这种做法是从什么时候开始的"[303]。如果存在这样的合同条款,"早期的案例似乎不太可能接受放弃可撤销性原则"[304]。他的这一观点是基于美国法院对公司"作为立法活动的产物"的"理解",这表明各方改变公司规则的能力受到限制。[305]

这里仍遗留了一个问题,即这些公司章程中是否确实存在此类条款,如果存在,董事和股东是否确实有加以适用——这些问题无法通过参考司法裁判意见来解决。此类条款是否排除忠诚规则的适用,还是像更有针对性的英国方法那样,有条件地排除忠诚规则的适用,即如果利害关系董事向其他董事披露其自我交易情形,则使用例外情形来阻碍忠诚规则的适用?即使法院否认排除忠诚规则适用的章程条款,他们是否会允许更有针对性的条款呢?这些问题对于我们如何看待美国禁止利益冲突规则,以及我们如何描述美国信义法的演变均至关重要,值得进一步研究。相反,大部分学术研究都集中在早期的美国法律是否承认公平性审查上,[306]但理解信义法演变的真正问题是,早期的美国法律是否确实映射了英国法律的立场,包括所有例外情形——除了认可股东同意的作用外,马什似乎没有考虑过这个问题。至少,根据马什提供的分析,他对19世纪末以来的美国自我交易法的描述(从谴责到宽容再到鼓励利益冲突[307])似乎被显著夸大。

一个相关的问题是,美国法院何时以及为何开始禁止公司在其章程

[303] See Kershaw, supra note 19, at 457.

[304] Id. at 458; see also Id. at 457 ("区分[条款的]适用性与有效性也很重要。").

[305] See Id. at 404 – 05. Kershaw 认为忠诚规则的非契约性是一项"既定的法律原则",但同时承认早期案件中,忠诚规则仅在"有限"方面可以以合同方式被改变。See Id. at 458 n. 206.

[306] See, e. g., Beveridge, supra note 51.

[307] Marsh, supra note 4, at 57.

中排除忠诚规则的适用。这可追溯至马什和戴维斯描述的早期法律变化,[308] 即现代特拉华州法律将公平规则及其忠诚规则视为强制性规则[309]。学者们认为,信义法在马什所描述的阶段已经被削弱,但他们还是必须与特拉华州自我交易的忠诚规则之强制性质作斗争。

然而,很明显(从根本上说)美国信义法已经朝着趋同于英国信义法的方向演化,而不是渐行渐远。当法院明确承认无利害关系董事可以同意自我交易时,美国法律发生了重大变化。根据马什的说法,至1910年,如果自我交易被多数无利害关系的董事同意,且不存在不公平或欺诈的情形,则“一般规则”会保护其免于无效。[310] 后来,包括特拉华州(第144条)在内的一些州通过了保护自我交易的法规,如果此类交易获得了无利害关系董事的同意,则可使交易免于无效。[311] 在采用这一例外情形时,美国法律更接近于英国法律的适用方式,后者通过让中立的董事负责监管自我交易,使规则取得极大的灵活性。美国法律非但没有拒绝更严格的英国法律,反而遵循其脚步。

大卫·克肖(David Kershaw)近期反驳了马什的分析,并对美国自我交易法的发展作出与之前相反的解释。[312] 英国和美国的起源点相同——他们都遵从一条严格规则,即禁止董事在未经股东知情同意的情况下进行自我交易。然而,两国法律“迅速发生了分歧”。[313] 在严格的禁止利益冲突规则下自我交易将被一律禁止,面对商业压力,英国法院认可了允许自我交易的公司章程条款;此类规定变得司空见惯,削弱了

---

[308] See supra notes 304 – 05 and accompanying text.

[309] 根据特拉华州法律,公司可以改变禁止董事篡夺公司机会的原则。See Del. Code Ann. tit. 8, § 122(17) (2019). 有关公司适用该规则的程度的实证研究,see Gabriel Rauterberg& Eric Talley, *Contracting Out of the Fiduciary Duty of Loyalty: An Empirical Analysis of Corporate Opportunity Waivers*, 117 Colum. L. Rev. 1075 (2017)。

[310] Marsh, supra note 4, at 40.

[311] Id. at 48. 马什并未注明这些法规的日期。作为参考,特拉华州[第144(a)条]于1967年通过。尽管马什引用了允许获得无利害关系董事同意的自我交易法规,但马什仍将该法律总结为允许自我交易“仅可能因不公平而无效”。Id.

[312] David Kershaw, The Foundations of Anclo – American Corporate Fiduciary Law 285 – 368 (2018).

[313] Id. at 285.

严格规则的严肃性。尽管美国法院也面临类似的压力,但它们的反应不同,最初是在新泽西州和纽约州,后来在特拉华州,均采用了公平原则。克肖的分析很有见地,反映美国信义法如何对商业压力作出不同的回应,并将这种回应定位在公平原则中。但是,本文的分析表明,公平性证明并未显现出类似于英国所采规则的灵活性;无利害关系董事同意的发展和公平性审查的相对严格性使美国与英国趋同。

(四)区别与相似性之诠释

接受马什对信义法演变的描述后,学者们经常疑惑为何法律会如此改变。罗伯特·克拉克(Robert C. Clark)认为,美国信义法的演变可能是由于“司法启蒙”或法律学习:在法院发现“更大数量及更多种类的自我交易”之后,他们意识到“某些自我交易可能不仅是正常的,且实际上是不可预防的,甚至比类似的其他交易或市场交易更优”[314]。根据这一观点,法院“采用了更具选择性的规则,以允许非滥用性自我交易的发生”[315]。然而,法律学习可能是通过另一种机制进行的。美国法官可能已经意识到英国对自我交易的商业友好态度,并因此更愿意允许自我交易(如果他们这样做的话)。至关重要的是,这种学习可能会让美国法官更愿意让无利害关系董事在监督自我交易中发挥核心作用(他们确实这样做了)。在调整法律以赋予无利害关系董事在限制自我交易方面发挥重要治理作用时,美国法官可能只是效仿了英国信义法的做法。事实上,无论美国法官是否有意识到,他们也正是这么做的。

如此,自我交易法在这两个法域的运作方式相似不足为奇,法院需要重大的机构和市场力量来做出商业上可行的决策。这两个法域都是重要经济活动的中心,可能会影响法院制定实用法律规则的意愿并受其影响。这两个法域属于同一法律体系,与大陆法系法域不同,这表明它

[314] CLARK, supra note 54, at 164.

[315] Id. 克拉克(Clark)对美国自我交易法规制的减弱提出了两种替代性解释。这些理论假设经理人和律师分别说服法院重塑自我交易规则,以允许更大程度的自我交易(有利于经理人)并采用成本更高的法律规则(使律师受益)。Id. at 162 – 63. 克拉克最相信司法启蒙理论。

们可以通过相似方式解决共同的问题。[316]

当然，这两个法域也不是完全趋同的。与美国法律相比，英国法律允许对信义义务进行更大程度的私人改变，这一主题在其他信义法领域再次出现。[317] 通过阻止私人命令，美国法院在制定董事行为标准方面发挥了比英国法院更积极的作用，后者倾向于将标准制定权留给其他参与者。根据普通法，英国法院尊重公司的决定，即在章程中对绝对忠诚的信义要求设置例外情形。而根据现代法律，它们适用成文法中规定的类似例外情形。法官在阐释规则意愿上的差异时可能反映法官对其角色的不同看法，特拉华州的法官接受过法律现实主义传统的训练，更愿意承担明确的立法角色。[318] 这种差异也可能反映特拉华州的法官对"示范"或"最佳"商业实践更加熟悉，或者对自己识别这些实践的能力更有自信。除此之外，这种差异也可能反映美国法官担忧股东被要求在章程中设置例外情形时能否保护自己的利益，考虑到机构投资者对公司经理人的影响力更大，这些担忧在英国至少不那么突出。[319]

（五）与法规的相互作用

本文的分析说明了法规和其他条例对规范自我交易的重要性。在20世纪20年代，英国对禁止利益冲突规则的要求十分低，以至于议会对利害关系董事实施了强制性披露规则。[320] 到20世纪80年代，英国议会通过了临时立法改革方案，填补了禁止利益冲突规则留存的一些空白。这些规则没有对董事强加义务。对于特定类型的自我交易，包括支

[316] See Konrad Zweigert & Hein Kotz, Introduction to Comparative Law 63 – 73 (Tony Weir trans., 3d ed. 1998); Gerrit De Geest, *Understanding French, German and Civil Law More Generally*, Liber Amicorum Boudewijn Bouckaert: Vrank En Vrij 3, 4 – 12 (J. De Mot ed., 2012).

[317] See Tuch, supra note 293, at 354（认为英国法院在一系列领域比美国法院更倾向于允许金融机构以合同方式改变或否认其信义义务）.

[318] 有关美国法律现实主义如何影响公司法司法意见的撰写和决策的，See Edward B. Rock, *Corporate Law Doctrine and the Legacy of American Legal Realism*, 163 U. Pa. L. Rev. 2019, 2029 – 52 (2015)。

[319] See John Armour et al., *The Evolution of Hostile Takeover Regimes in Developed and Emerging Markets: An Analytical Framework*, 52 Harv. Int'l L. J. 219, 265 – 66 (2011); Tuch, *supra* note 198, at 1489 – 96.

[320] See supra notes 167 – 71 and accompanying text.

付赔偿金、贷款和一些“重大的”财产交易,它们通常需要进行披露并征得股东的同意。[321] 议会还赋予了法院广泛的自由裁量权,以裁决补救措施,保护小股东免受控股股东“不公平偏见”行为的侵害。[322] 在2006年的改革中,《公司法》延续了这些法定条款。[323] 英国证券交易所的上市规则也施加了相应限制,要求上市公司的“关联方”交易需获得无利害关系股东的同意,但处于正常经营过程中或者低于特定规模门槛的交易除外。[324] 这些规则对许多自我交易实施严格的监管,但它们并没有改变对前述信义法的分析。[325]

在英国,禁止利益冲突规则也规范除自我交易之外的其他利益冲突。尤其是,它适用于对公司财产、信息和机会的篡夺。[326] 虽然禁止利益冲突规则继续规范着这些类型的冲突,但在2006年,议会增加了一种新的例外情形,即允许董事事先同意冲突交易。[327] 正如在考虑自我交易时所做的那样,法律转向由中立董事来监督利益冲突,从而创造了一个可能被广泛使用的例外情形。

---

[321] See Companies Act 1985, c. 6, § § 320 – 322 (Eng.).

[322] Companies Act 1980, c. 22, § 75 (Eng.).

[323] See Companies Act 2006, c. 46, § § 188 – 225 (Eng.) (涉及董事的交易); Id. § § 994 – 996 (不公平的偏见行为).

[324] See Fin. Conduct Auth., Listing Rules, at LR 11, https://www.handbook.fca.org.uk/handbook/LR.pdf [https://perma.cc/2Q67 – RMG6]. 关于“关联方”的定义, see Id. at Lr 11.1.4 – 11.1.5。

[325] 为了对适用于自我交易的非信义规则进行更全面的比较分析,参见Luca Enriques, *The Law of Company Directors' Self – Dealing: A Comparative Analysis*, 2 Int'l & Comp. Corp. L. J. 297 (2000)。

[326] Companies Act 2006, c. 46, § 175(1) – (2) (Eng.). 此规则不适用于自我交易。Id. § 175(3).

[327] 如果此事已获得董事的授权,则禁止利益冲突规则就“未被侵犯”。Id. § 175(4)(b), (5). 一般来说,此例外情形适用于私人公司(除非他们选择不予适用),也适用于上市公司(他们可以选择适用)。See Id. § 175(5). 这一例外情形不包括追认,因为在英国,追认发生在自我交易之后,而非之前。

结　论

长期以来，学者们一直对禁止利益冲突规则或公平规则是否能更有效地规制自我交易存在分歧。他们达成的共识是，这两种规则的运作方式不同，产生的效果也不同。然而，在公司法中，这些信义规则在操作适用上非常相似，任何一者都没有明显地更严格、更务实或更好地精准区分有益和有害的自我交易。两者都要求严格的忠诚，而且都有例外情形，允许公司受信人选择退出忠诚规则的要求。这两种制度下的董事都可以援引类似的例外情形，并且他们经常这样做。通过让中立董事负责监督自我交易，这两种制度都能对自我交易做出微妙的、商业性敏感的反应。这一发现揭示对美国公司法的历史性见解，使"公平作为一种可用的免责手段侵蚀了公司信义法的严谨性，或削弱了其威慑力"之观点变得复杂。它表明，公平性证明远没有学者们通常认为的那么重要，正是因为它的严谨性，使它对利害关系董事的吸引力低于其他免责机制。学者和政策制定者都不应该专注于在禁止利益冲突规则和公平规则之间进行错误选择，而应该关注对例外情形的最佳利用，关注它们要求什么，以及受信人如何使用它们。

附表　关联方交易的同意

批准主体要求	数量/家
仅限董事会	4
仅限审计委员会	60
仅限审计委员会或董事会中大多数独立和无利害关系的成员	13
仅限提名委员会、公司治理委员会和审计委员会	1
仅限独立委员会	1
仅限公司治理委员会	5
仅限公司治理委员会和提名委员会	7
仅限公司治理委员会和公共政策委员会	1
仅限冲突委员会	1
总计	93

（编辑：张越）

《证券法苑》(2022)
第三十六卷,第320~366页

指数基金和公司治理:让股东成为股东*

[美]马塞尔·卡汉　爱德华·B.罗克** 著
梁　爽　陈翔宇　何　演 译***

摘要: 由贝莱德(BlackRock)、先锋领航(Vanguard)以及道富(State Stree)"三巨头"管理的指数共同基金和交易所交易基金(Exchange Traded Fund,ETF)已成为上市公司的最大投资者,时常在公司选举事务中投下决定性的一票,这一情况引来

---

* Marcel Kahan & Edward B. Rock, *Index Funds and Corporate Governance: Let Shareholders be Shareholders*, Boston University Law Review, Vol. 100, 2020, p. 1753. 本文系国家社科基金青年项目"合规机制的公司法普适性规则研究"(项目编号:17CFX071)的阶段性成果。本文的中文翻译及出版已得到版权方授权。

** 纽约大学法学院教授。
我们感谢格伦·布拉姆、瑞恩·布布、埃米利亚诺·卡坦、拉里·坎宁安、杰夫·戈登、肖恩·格里菲斯、马特·马洛、伯纳德·沙夫曼、霍尔格·斯帕曼以及美国法律和经济协会研讨会、会议的参加者以及以色列法律和经济协会、杜兰公司和证券法圆桌会议、纽约大学公司治理和金融研究所圆桌会议、斯坦福大学法学院所给予的有帮助意义的评论。

*** 梁爽,华东政法大学国际金融法律学院教授;陈翔宇,华东政法大学国际金融法律学院硕士研究生;何演,华东政法大学国际金融法律学院硕士研究生。

了争议。有评论人士称，指数基金缺乏确保其投资组合中的公司运营良好的财务激励，因此不应允许指数基金在公司选举事务中投票，同时他们提议对指数基金实施特别规定。

本文中，我们对指数基金运营的激励措施与信息结构作了系统的分析。我们得出的结论是：总体而言，“三巨头”拥有最强的直接财务激励去获取信息。这些激励来自他们大规模持有某一特定公司的股份比例以及他们广泛持有不同公司的股份。投资规模提高了投资顾问投票决定的重要性以及投票结果提升公司价值时顾问获取额外费用的数量。“三巨头”广泛的持股又反过来使他们能把在一家公司获取的相关知识应用到他们在其他公司的投票中。然而，与主动型基金的顾问不同，指数基金的顾问缺乏获取信息的间接的、基于资金流的激励，而且他们从分析师为投资决策而收集的溢出知识（spillover knowledge）中获益也较少。

指数基金顾问与主动型基金顾问之间的收益率差异，影响了他们在股东参与的三个核心方式——激烈的代理权争夺（high profile proxy contests）、全市场治理标准（market - wide governance standards）以及对公司治理和业绩监督（company - specific governance and performance monitoring）——中的角色。由于积极股东和董事会之间激烈的竞争往往对公司价值有重大影响，“三巨头”有强烈而直接的激励去获取信息并明智地进行投票。在全市场治理方面，相较于其他投资者，“三巨头”因其范围经济，在标准制定方面更有优势，而分析师获取的溢出知识通常并不重要。虽然“三巨头”在监督公司治理方面占据相当有利的地位，但业务模式依赖于选股的对冲基金和主动型基金的顾问将有更大的激励和更具针对性的专业知识来监督、解决特定公司的业绩问题。总体而言，我们的分析表明，不同类型的投资者发挥着重要的、往往是互补的作用，如果指数基金被剥夺了投票权或受到特殊规定的限制，公司治理体系将会更加糟糕。

由贝莱德、先锋领航以及道富（“三巨头”）管理的指数共同基金和 ETFs 已成为上市公司的最大投资者，并受到过多的关注。他们做得太少了吗？太多了吗？或者是适当吗？他们的激励是否与他们对其负有信义义务的投资者的利益充分一致? 指数基金是否应该受限于更积极、更单一化股东的利益,例如激进的对冲基金或主动管理的共同基金? 这些问题是当前公司治理辩论的核心。

长期以来,指数基金一直是金融学者的宠儿,[1]它为投资者提供了以低成本实现多元化投资组合的好处。指数基金通常比主动型基金有更高的收益,这是因为他们不需要聘请分析师,因此较主动管理型基金而言收取更低的费用。[2] 而且事实证明,投资者往往很难跑赢大盘。[3] 支持指数投资的学术研究表明,先锋领航构建起提供低成本指数基金的庞大业务,[4]随着当下众多基金家族推出指数基金或ETF,这类工具在投资公司的份额越来越大,[5]并开始在市场流行起来。截至2020年10月,"三巨头"管理的大部分股票都在指数基金和其他使用指数策略的资产池中。[6]

---

[1] See generally Burton G. Malkiel, *A Random Walk Down Wall Street: the Best Investment Advice for the New Century* 373 - 86 (rev. ed. 1999)(提倡以指数作为投资策略).

[2] See Inv. Co. Inst., 2018 Investment Company Fact Book 126 (58th ed. 2018)(表明指数基金与主动型股票基金的平均费用比率分别为9个和78个基点).

[3] See John C. Bogle, THE Little Book of Common Sense Investing 115 - 16 (10th anniversary ed. 2017).

[4] See Leslie P. Norton, Jack Bogle, *Vanguard Founder and Legendary Index Fund Inventor*, Dies at 89, Barron's (Jan. 17, 2019, 10:37 AM), https://www.barrons.com/articles/jack - bogle - legendary - index - fund - inventor - dies - at - 89 - 51547679373 [https://perma.cc/4UTG - 7BHV].

[5] Id.(指数基金占股票基金资产的比例从20世纪90年代的4%上升到2018年的27%).

[6] See Jan Fichtner, Eelke M. Heemskerk & Javier Garcia - Bernardo, *Hidden Power of the Big Three? Passive Index Funds, Re - Concentration of Corporate Ownership, and New Financial Risk*, 19 Bus. & Pol. 298, 304 (2017). 正如John Bogle指出,尽管相对权重有很大的不同,基本所有的公司都同时管理共同基金和养老基金,管理养老基金的公司实际上已经与管理共同基金的公司合并。John C. Bogle, Reflections on *Toward Common Sense and Common Ground?*, 33 J. Corp. L. 31, 32 (2007). 根据Bogle的说法,截至2007年左右,"道富监督的美国股票中只有4%由共同基金持有,相比之下,先锋领航的比例高达97%"。Id.

但是,指数基金突出的地位也带来了争议。[7] 根据一些评论人士的说法,指数基金是被动的无所作为和一无所知的“吃白食的人”,[8] 缺乏确保其投资组合中的公司运营良好的财务激励,[9] 是管理层的盲目支持者。[10] 在他们看来,指数基金实力的增强对公司治理有着“不祥”的影响。[11] 据此推理,Dorothy Lund, Todd Henderson 以及 Dick Weil 等评论人士建议,不应允许指数基金对其投资组合中的公司事务进行投票。[12] Lucian Bebchuk 和 Scott Hirst 随之指出,相较于持有同样股份的

---

〔7〕 尽管一直有批评人士认为指数基金是资本主义的终结,但最近这种批评变得更加尖锐。See, e. g., Luke Kawa, *Bernstein: Passive Investing Is Worse for Society Than Marxism*, Bloomberg (Aug. 23, 2016, 2:23 PM), https://www. bloomberg. com/news/articles/2016 - 08 - 23/bernstein - passive - investing - isworse - for - society - than - marxism.

〔8〕 Dick Weil, *Opinion*, *Passive Investors*, *Don't Vote*, Wall Street J., Mar. 9, 2018, at A15.

〔9〕 Dorothy S. Lund, *The Case Against Passive Shareholder Voting*, 43 J. Corp. L. 493, 500 (2018) (“共同基金的行业结构产生了新的集体行动问题:投资治理的基金将承担成本,但将与有竞争关系的基金一同分享收益”).

〔10〕 Lucian Bebchuk & Scott Hirst, *Index Funds and the Future of Corporate Governance: Theory*, *Evidence*, *and Policy*, 119 Colum. L. Rev. 2029, 2037 (2019) [hereinafter Bebchuk & Hirst, Index Funds]; M. Todd Henderson & Dorothy Shapiro Lund, *Opinion*, *Index Funds Are Great for Investors*, *Risky for Corporate Governance*, Wall Street J., June 23, 2017, at A15 (讨论基金对管理层投反对票的潜在利益冲突); Jordan Wathen, *A Billionaire's Warning on Index Funds*, Cnn Business (Mar. 31, 2015, 1:18 PM), http://money. cnn. com/2015/03/3 1/investing/investing - index - funds - warning/index. html [https://perma. cc/4KL8 - HA5C] [“看先锋领航的投票,你会发现其很少对管理层投出反对票”(citation omitted)].

〔11〕 Dorothy Shapiro Lund, *The Case Against Passive Shareholder Voting*, Cls Blue Sky Blog (Aug. 2, 2017), http://clsbluesky. law. columbia. edu/2017/08/02/the - case - againstpassive - shareholder - voting/ [https://perma. cc/MBM8 - DFKX]. 同样, see Lucian Bebchuk & Scott Hirst, *The Specter of the Giant Three*, 99 B. U. L. Rev. 721, 741 (2019) [hereinafter Bebchuk & Hirst, The Specter of the Giant Three] (得出“三巨头”可能会变成“三猛兽”而对管理层更为顺从的结论)以及 John C. Coates, *The Future of Corporate Governance Part I: The Problem of Twelve 17* (Harv. John M. Olin Discussion Paper Series, Discussion Paper No. 1001) (对“三巨头”的统治地位将导致“未来 10 年到 20 年里,美国 1000 家最大型公司中的大多数被十几个或更少的人控制”表示忧虑)。

〔12〕 See, e. g., Henderson & Lund, supra note 10; Lund, supra note 9, at 497; Weil, supra note 8.

个人股东而言,指数基金的激励要低得多,他们提出了一系列改革政策以弥补这一缺陷。[13]

在本文中,我们认为这些批评是对当前公司治理格局和机构投资性质的错误理解。恰当而言,指数基金——尤其是"三巨头"——是有价值的企业"公民",为其投资组合中的公司治理作出了实质性的积极贡献。

诚然,运营指数基金、负责投票和其他治理决策的投资顾问公司的激励与普通股东不同。[14] 原因很简单:他们并非共同基金投资组合中所持有股票的所有者。[15] 将投资顾问与持有相同股份的普通股东进行比较,顾问必然表现不佳,但这是一个范畴谬误,因为这并未考虑上市公司基本经济所有权结构与资本市场结构。

本文首次对运营指数基金的顾问的激励因素和信息结构作了全面的分析。分析结果表明,在所有上市公司的现有股东中,作为在指数基金中持有大部分资产的顾问的"三巨头"实际上拥有获取信息的最佳激励。[16] 他们的激励比作为指数基金中股票经济所有者的共同基金投资者高出好几个数量级,而且几乎比所有散户和其他大多数机构投资者都要高。

我们从股东参与的三个核心方式——激烈的代理权争夺、全市场治理标准和特定公司参与——考察"三巨头"的激励因素。我们认为,"三巨头"有充足的激励投入大量资源,在数量有限但对股价有重要影响的代理权争夺中作出决定。在制定全市场治理标准的激励方面,在涉及交错董事会和董事会多元化等问题上,"三巨头"受益于大规模的持股数

---

〔13〕 See Bebchuk & Hirst, *The Specter of the Giant Three*, supra note 11, at 741.

〔14〕 See Marcel Kahan & Edward B. Rock, *Hedge Funds in Corporate Governance and Corporate Control*, 155 U. Pa. L. Rev. 1021, 1050 – 51 (2007) [hereinafter Kahan & Rock, Hedge Funds in Corporate Governance]; Edward B. Rock, *The Logic and (Uncertain) Significance of Institutional Shareholder Activism*, 79 Geo. L. J. 445, 453 – 54 (1991).

〔15〕 See John Morley, *The Separation of Funds and Managers: A Theory of Investment Fund Structure and Regulation*, 123 Yale L. J. 1228, 1238 – 40 (2014).

〔16〕 See Fichtner, Heemskerk & Garcia – Bernardo, supra note 6, at 304(表明指数基金的绝大多数资产由"三巨头"持有).

量与持股范围。最后，在特定公司的参与上，他们的激励因素是复杂的。公司治理作为“三巨头”进行投资组合公司参与的关注重点，“三巨头”利用作为大股东的影响力和全市场专业能力发挥作用。但在特定公司的业绩问题中，由于缺乏特定公司信息，“三巨头”只能发挥最小作用。一些主动管理型共同基金和激进的对冲基金拥有强大的、有针对性的激励因素，能在业绩问题上发挥带头作用，并且在业绩问题没有得到解决的情况下，有发起“三巨头”重点关注的代理权争夺的基本能力。总体而言，我们得出的结论是：不同类型的投资者发挥着重要的、往往互补的作用，如果指数基金被剥夺投票权或受到特殊规定的限制，公司治理将会更糟。

在后文中，我们将继续对上述问题展开分析。第一部分，我们回顾了当前的公司治理格局、投资顾问的结构以及由此产生的投资顾问治理激励问题。在第二部分中，我们探讨了投资顾问从范围经济、溢出知识以及短期投资视野畸形中所获得的优势。在第三部分，我们研究了与投资顾问相关的冲突，包括由资产管理者争夺公司业务而引起的长期公认的冲突，以及同一顾问管理的主动型基金和指数基金之间的相对不受重视的冲突。最后，我们将对本文作出简要总结。

一、厘清投资顾问的结构及激励因素

几十年来机构投资者的崛起与近期激进对冲基金的出现已经改变了公司治理。大多数上市公司由大量分散的小股东拥有的日子已一去不复返。如今，机构投资者在大多数公司持有大量但并非控制性的股份。[17]

因而，当今公司治理格局更为复杂。在具体分析前，值得一提的是，最大的机构投资者持有大量公司的股份，每年投票的数量也非常多。例如，2019 年，贝莱德在世界范围内的 16，124 场决议中投出 155，131 票，

---

〔17〕 Id. at 301－02.

其中在美国的3896场决议中投出31,570票。[18] 尽管多数的投票对于公司价值而言没有显著影响,但仍有一小部分能影响公司价值,此外,个别非实质性投票的集体影响可能是实质性的。

在持股和投票的联系中,机构投资者参与公司治理的方式可分为三类。第一类是数量稀少但可能影响公司价值、引起公众注意的激烈的代理权争夺,如特里安(Trian)努力让纳尔逊·佩尔茨(Nelson Peltz)进入宝洁公司董事会等。[19] 这些代理权争夺说明了激进对冲基金发现问题公司并提出解决方案的动态演变,当主动型基金和管理层无法解决问题时,由传统机构投资者有效地决定结果。[20] 具有潜在重大影响的争夺事件数量是难以确定的,因为许多代理权争夺在投票前就已结束,其中有一些甚至在最终尘埃落定前是需要机构投资者关注的。例如,在2018年针对罗素3000指数公司发起的34起代理权争夺中,有24起在进入股东会前就已被解决或被撤回。[21] 然而,即使包括所有已被解决的争夺事件,第一类股东参与的数量仍是有限的。

---

〔18〕 Blackrock, 2019 Investment Stewardship Annual Report 24 (2019), https://www.blackrock.com/corporate/literature/publication/blk - annual - stewardship - report - 2019.pdf [https://perma.cc/F7N6 - CDKJ].

〔19〕 See Thomas Heath, *P&G Announces It Narrowly Wins Proxy Fight Against Activist Peltz*, Wash. Post (Oct. 10, 2017, 3:55 PM), https://www.washingtonpost.com/business /capitalbusiness/pandg - announces - it - narrowly - wins - proxy - fight - against - activistpeltz/2017/10/10/0ee01 bbO - addl - 11e7 - a908 - a3470754bbb9_story.html.

〔20〕 Ronald J. Gilson & Jeffrey N. Gordon, *The Agency Costs of Agency Capitalism: Activist Investors and the Revaluation of Governance Rights*, 113 Colum. L. Rev. 863, 896 (2013).

〔21〕 Matteo Tonello, *Shareholder Voting in the United States: Trends and Statistics on the* 2015 - 2018 *Proxy Season*, Harv. L. Sch. F. On Corp. Governance (Nov. 26, 2018), https://corpgov.law.harvard.edu/2018/11/26/shareholder - voting - in - the - united - states - trendsand statistics - on - the - 2015 - 2018 - proxy - season/ [https://perma.cc/PW3W - DQVK]; see also Sullivan & Cromwell Llp, Review and Analysis of 2018 U.S. Shareholder Activism 32 (2019), https://www.sullcrom.com/files/upload/SC - Publication - SandC - MnA - 2018 - USShareholder - Activism Analysis.pdf [https://perma.cc/3W5W - MEKY] (表明不局限于罗素3000指数的公司,发生代理权争夺的公司在2018年有17家,2017年有17家,2016年有15家,2015年有26家,2014年有14家).

第二类参与方式涉及全市场的治理标准，例如交错董事会、"毒丸"、多数投票和董事会多元化。更改特定公司治理规定的提案通常由个人股东根据 SEC 规则第 14a－8 条提出，[22]但是，决议是否通过的决定性因素在于大型机构投资者的代理投票准则以及两家重要代理顾问机构——Institutional Shareholder Services（ISS）和 Glass Lewis——的投票建议。

第三类参与方式涉及特定公司的治理和业绩监督。这种参与方式包括参加投资顾问代表时常与投资组合公司的管理层讨论特定公司治理问题的会议、解决特定公司业绩问题的会议以及在根本问题没有得到充分解决时进行投票。众所周知，如果对冲基金或主动管理的共同基金参与公司业绩问题，但对公司的回应不满意，则此类参与方式将升级为第一类大型投资顾问最终投出决定性一票的代理权争夺。

在理解大型指数基金在公司治理中的激励因素时，有必要探讨这些激励多大程度上使指数基金适合参与公司治理。在本文第一部分的余下内容为此分析提供背景介绍后，我们将在第二部分进行更为详细的探讨。第一部分的 A 部分将探讨指数基金和投资顾问之间的关系，并对合适的对象——指数基金的投资顾问而非基金本身——进行分析，而 B 部分将分析指数基金顾问以投票和其他参与方式提高公司价值的激励因素。

在后文的讨论中，我们同意指数基金批评者关于指数基金顾问未能很好地识别特定公司的业绩问题的意见，我们与这些批评人士的核心争议，与指数基金顾问的动机有关。他们希望每年在少数可能产生重大影响的投票中明智地投票，制定针对整个市场治理标准进行投票的指导方针，并针对具体公司的治理缺陷进行投票。针对上述问题，我们认为指数基金顾问的激励优于其他大多数机构投资者。

（一）基金和顾问之间的关系

当前，人们将指数基金和主动管理型基金放在一起进行讨论，[23]从根本上具有误导性。在公司治理中，基金并非主要参与者。因此，与其

---

〔22〕 See 17 C. F. R. § 240. 14a－8（2020）（对决议作出规制）.

〔23〕 See，e. g.，sources cited supra notes 10－11.

区分基金类型,倒不如对投资顾问进行区分。由于投资顾问通常同时管理主动型基金和指数基金,许多顾问处于主动型基金和指数基金的区间之中,而不是区间的端点。

基金是有董事会的独立法律实体。[24] 然而,董事会的作用是维持和监督基金的“管理”,而不是管理基金,后者是由外部投资顾问进行的。[25] 投资顾问和投资顾问雇佣的投资组合经理代表基金做出投资决定,无论这种决定是主动抑或参照指数做出。[26] 一个投资顾问通常管理多个采用不同的策略、拥有不同投资者群体的基金。此外,一些顾问还为养老基金、保险公司、捐赠基金和高净值人士等其他客户管理资产。[27]

投资顾问时常与基金家族相关。[28] 因此,富达集团(FMR)是大多数富达基金的投资顾问,而先锋领航集团(VGI)是大多数先锋基金的投资顾问,而富达反向基金、先锋大市值基金和先锋 500 指数基金则是共

[24] Morley, supra note 15, at 1232.

[25] Id. at 1252.

[26] See generally *Frequently Asked Questions About Mutual Fund Directors*, Inv. Company Inst., https://www.ici.org/pubs/faqs/ci.faq-ftnd-gov-idc.idc [https://perma.cc/Y9EW-YU5P] (2020 年 9 月 23 日访问).

[27] See John D. Morley, *Too Big To Be Activist*, 92 S. Cal. L. Rev. 1407, 1439-40, 1449-51 (2019).

[28] Funds in the same fund family generally have identical board members. See, e.g., *Our Leaders*, *Vanguard*, https://about.vanguard.com/who-we-are/our-leaders/ [https://perma.cc/3Q48-R5DG] (2020 年 9 月 23 日访问)(指出先锋大市值基金与先锋 500 指数基金的董事会构成相同).

同基金的范例。[29]

在主动管理型基金中，由投资顾问指派的个别投资组合经理通常对基金投资决策有很大的自由裁量权。但即使是主动型基金，大多数投票

---

〔29〕 投资顾问必须定期在持仓报告中披露他们投资的美国股票证券并表明是否拥有这些证券的投票权。17 C. F. R. § § 240. 13a - 1, 13f - 1 (2020). 但是，与单一基金不同，投资顾问并不披露他们如何对自己拥有投票权的股票进行投票。See *Disclosure of Proxy Voting Policies and Proxy Voting Records by Registered Management Investment Companies*, Securities Act Release No. 8188, 68 Fed. Reg. 6564, 6565 (proposed Feb. 7, 2003) (codified at 17 C. F. R. pts. 239, 249, 270, 274). Fmr 与 Vgi 提交的持仓报告将汇总这些公司提供顾问服务的所有基金的持股以及其他持股。See, e. g. , Fmr Llc, Form 13F Information Table (Form 13F) (May 14, 2020) ; Vanguard Grp. Inc. , Form 13F Information Table (Form 13F) (May 15, 2020). 有时候，投资公司会发起由不同顾问提供服务的基金，如先锋大市值基金的顾问是 Primecap Management Co. ，富达指数基金的顾问是 Geode 资本管理。See Jackie Cook & Tom Lauricella, *Proxy Voting Adds Some Spice to PlainVanilla Index Investing*, Morningstar (Dec. 3, 2019), https://www. momingstar. com/articles/957393/proxy - voting - adds - some - spice - to - plain - vanilla - index - investing; *Vanguard Primecap Fund Investor Shares* (VPMCX), Vanguard, https://investor. vanguard. com/mutual - funds/profile/VPMCX [https://perma. cc/RAB3 - C4VH?type = image] (2020 年 9 月 23 日访问). 在这种情况下，基金的持股可能包括在发起人(如先锋大市值基金)或基金顾问的(如富达指数基金)中的持仓报告中。See C. Scott Hemphill & Marcel Kahan, *The Strategies of Anticompetitive Common Ownership*, 129 Yale L. J. 1392, 1452 n. 167 (2020). 同样，投票的初始责任有时由发起人承担，有时则由基金顾问承担。这种信息并不总是被直接披露，但往往可以从被披露的投资组合持股与投票中推断出来。因此，尽管先锋大市值基金的持股并未包括在先锋领航的持股报告中，但最近它如先锋领航的其他基金而非 Primecap 的其他基金一般进行投票。See Thomas Franck, *Vanguard to Surrender Some of Its Corporate Voting Power to External Fund Managers*, Cnbc (Apr. 25, 2019, 2:26 PM), https://www. cnbc. com/2019/04/25/vanguard - to - give - upsome - of - its - voting - power - to - external - fund - managers. html [https://perma. cc/6UMMHKK7]. 相比之下，由 Geode 提供顾问服务的富达指数基金的投票方式往往与其他富达基金不同，这表明富达的代理组并未在法律上或事实上为这些基金做出投票决定。See Roben Farzad, *Fidelity's Divided Loyalties*, Bloomberg Businesseeek (Oct. 16, 2006, 12:00 AM), http://www. businessweek. com/stories/2006 - 10 - 15/fidelitys - divided - loyalties; *Proxy Voting*, Fidelity, https://www. fidelity. com/aboutfidelity/proxy - voting - overview [https://perma. cc/C373 - C246] (2020 年 9 月 23 日访问).

决定也是在投资顾问层面做出的。[30] 对于小型顾问而言,投票决定可能由决定投资策略的投资组合经理做出;许多更小规模的顾问有遵循代理顾问的投票建议或要求代理顾问根据投资顾问提供的指导提出投票建议的原则。[31] 相反,大型投资顾问通常将投票权集中在内部管理或代理投票小组。[32] 虽然代理投票小组做了大多数投票决定,但他们有时会从投资组合经理或股票分析师(与代理投票小组的成员一样,也是投资顾问的雇员)处获得建议。[33] 此外,投资组合经理基于他们管理的基金所持有股份进行投票的方式有时可以与代理投票小组基于同一家族其他基金所持有股份进行的投票方式不同。[34]

总而言之,投资顾问在投票中起着核心作用。在指数基金所持股份的投票方面,由于指数基金的投资组合经理通常对如何投票没有强烈的看法,投资顾问这一角色尤为突出。因此,投票决定将由顾问的代理投票小组做出,但偶尔获取该顾问管理的主动型基金分析师或投资组合经理的建议。

(二)激励因素

理解激励因素对于投资顾问的影响,则需要了解其所管理的基金的总体策略。主动型基金是试图挑选能为基金持有人带来高于平均收益

---

〔30〕 See Stephen Choi, Jill Fisch & Marcel Kahan, *Who Calls the Shots? How Mutual Funds Vote on Director Elections*, 3 Harv. Bus. L. Rev 35, 61 - 62 (2013) (发现同一基金家族的基金通常以相同的方式进行投票).

〔31〕 See Id. at 52 - 53.

〔32〕 See, e. g. , *Glenn Booraem*, *Vanguard*, *What We Do. How We Do It. Why It Matters.* 2 - 3 (2019), https://about. vanguard. com/investment - stewardship/perspectives - andcommentary/what_howwhy. pdf [https://perma. cc/2NDK - VKV7].

〔33〕 See Id. at 11 ("在对投票进行评估时,投资管理团队可能会考虑许多利益相关者的信息,其中包括公司管理层和董事会、股东团体以及各种研究与数据资源").

〔34〕 从基金披露的投票信息中可以看到,在不同基金家族及不同的项目中他们这么做的程度有所差异。See Choi, Fisch & Kahan, supra note 30, at 48; Ryan Bubb & Emiliano Catan, *The Party Structure of Mutual Funds* 6 - 7 (Mar. 8, 2019) (unpublished manuscript), https://ssrn. com/abstract - 3124039 [https: perma. cc/3J6C - 697E] ("基金投票通常委托给投资顾问而非基金家族,这二者通常是不同的").

的股票的基金。[35] 相比之下，指数基金的资产是根据预先确定的标准，如追踪标准普尔500指数等指数业绩的市场价值加权投资组合进行投资的。[36] 指数基金以费用、误差跟踪及客户服务而非选股技巧作为竞争手段，不选择个股的指数基金不需要聘请分析师，因此费用相对于主动型基金而言要低得多。[37]

投资顾问提供服务的费用由基金支付，这笔费用通常是基金管理资产额（AUM）的一定比例。如果基金的AUM数量增加，则顾问可以从两方面受益：一方面，投资顾问按比例获取的费用因投资组合价值的提高而增加；另一方面，如果基金因卓越的业绩吸引了更多投资，费用也可能因此增加。

由于指数基金的运营费用较主动型基金要低，因此，指数基金的费用也相对较低。先锋领航所管理的一只标准普尔500指数基金每年只向个人投资者收取4个基点的费用，[38] 相比之下，富达旗下的反向基金，一只有1220亿美元AUM的主动型共同基金收取的费用为85个基点。[39]

更高的费用和因主动型基金而流入的潜在额外收益的收入结构为管理主动型基金和指数基金的投资顾问创造了复杂的激励因素。假设一位顾问管理着一只收费85个基点的主动型基金和一只每年收费4个基点的指数基金，则顾问每年所获费用如下：

$$费用 = 0.0085 \times AUM(主动型) + 0.0004 \times AUM(指数型)$$

---

[35] See Index Funds vs. Actively Managed Funds, Vanguard, https://investor.vanguard.com/index funds/index - vs - active [https://perma.cc/7E5D - YWVF] (2020年9月23日访问)(描述指数基金和主动型基金的差异).

[36] Id.

[37] See Alicia Adamczyk, *Index Funds Are More Popular Than Ever - Here's Why They're a Smart Investment*, CNBC: Make It (Sep. 19, 2019, 11:43 AM), https://www.cnbc.com/2019/09/19/why - index - funds - are - a - smart - investment.html [https://perma.cc/SNB4 - WWNX].

[38] Press Release, *Vanguard*, *World's Largest Stock and Bond Funds Lower Expense Ratios* (Apr. 28, 2017), https://pressroom.vimguard.com/news/Press - Release - Vanguard Expcnse - Ratio - April - 2017.html [https://perma.cc/2QPL - RSU4].

[39] Fidelity Inv., Fidelity Contrafund (FCNTX) 1 (2020), https://fundresearch.fidelity.com/mutual - funds/fundfactsheet/316071109 [https://perma.cc/Q8FP - 5HST].

这个简单的例子表明,主动型基金的 AUM 比指数基金给顾问带来的收入更高。当然,运营主动型基金也需要更高的成本。但鉴于许多成本是固定的,主动型基金每一美元投资的边际利润很可能也比指数基金要高得多。

此外,指数基金本质上是商品,标准普尔 500 指数基金与另一只指数基金之间仅有费用之差,〔40〕而指数基金之间的竞争也压低了管理指数基金的费用和利润。那么,投资顾问为何要运行指数基金呢? 有以下几个原因:首先,顾问可能仍会从运行指数基金中获取微薄的利润。其次,将指数基金作为基金产品平台的一部分或许会因顾问管理的主动型基金而增加利润。以最近推出零费用指数基金的富达为例,〔41〕虽然该基金可能会从证券借贷中获得收益,但我们猜测单独运营该基金将无利可图。〔42〕 但是,由于投资者在共同基金家族内的基金之间转移投资相较于在不同家族的基金之间转移投资要更为容易,因此富达可能会通过将寻找指数基金的投资者留于内部或吸引新投资者投资指数基金而受益,而这些投资者也期望在将来投资于富达其他收费较高的主动型基金或从富达处购买其他的服务。〔43〕

---

〔40〕 然而,一些指数基金可以收取更高的费用,因为他们提供对机构投资者而言十分重要的更大的流动性。例如,由于提供了更大的流动性,贝莱德的机构指数基金历来收取约 35 个基点的费用。See Blackrock, Summary Prospectus 2 (2020), https://www. blackrock. com/us/individual/literature/summary prospectus/sumpro - brindexfunds - intnatlindexfund - inv - us. pdf [https://perma. cc/7X4Q - VHJU].

〔41〕 Ryan Vlastelica, *Fidelity Announces Zero - Fee Funds, in a Big Milestone for the Industry*, Marketwatch (Aug. 1, 2018, 5:23 PM), https://www. marketwatch. com/story/fund - fees - hit - milestone - as - fidelity - announces - products - charging - 0 - 2018 - 08 - 01 [https://perma. cc/GE53 - 3EJM] (这些零费用基金被视为"本质上免费持有").

〔42〕 处于零利润边缘而经济规模庞大的先锋领航,其标准普尔 500 指数基金的收费低至 4 个基点。Press Release, supra note 38. 然而,先锋领航证券借贷的净收入都为了股东利益流至该基金而非保留在 VGI。Andrew S. Clarke, *Vanguard*, *Securities Lending*: *Key Considerations* 6 (2016), https://personal. vanguard. com/pdf/ISGSL. pdf [https://perma. cc/6K4X - 4G6F]. 我们没有足够的信息确定富达所保存的证券贷款净收入与先锋领航对其指数基金收取的费用相比如何。

〔43〕 同样,投资者的偏好和留住投资者的愿望或许可以解释为什么作为指数投资先驱的先锋领航会发起一些主动型基金。

最后，主动型投资组合经理会因为同一家族中的大型指数基金，获得与投资组合公司互动的更高权力。例如，贝莱德所拥有的3.9万亿美元的指数资产，可能为服务其1.6万亿美元的主动管理型投资组合的投资组合经理打开大门。[44] 当这些投资组合经理提出问题、提出建议、表达观点、反对公司行动或请求与管理层进行一对一会谈时，这些额外获得的权力将十分重要。

投资顾问在基金整体策略配置上存在的显著差异也很重要。除“三巨头”外，大多数顾问的AUM在指数基金中所占比例相对较小，而这些资产在顾问总费用收入中所占比例甚至更小。例如，在主要为主动型基金提供顾问服务的普信集团公司所管理的5640亿美元的资产中，仅有约310亿美元投资于指数基金。[45]

相比之下，“三巨头”却通过指数基金管理大量资产。道富几乎所有的股票资产以及先锋领航和贝莱德80%的股票资产都是指数基金。[46] 然而，先锋领航和贝莱德在一些重要方面也存在差异。首先，先锋领航旗下的主动型基金所收取的管理费用相对较低。[47] 其次，如Primecap管理公司为先锋大市值基金提供顾问服务并收取部分基金运营费用，先锋领航旗下基金家族的大多数主动型股票基金都由外部顾问管理或与外部顾问共同管理。[48] 因此，先锋领航的大部分费用收入很可能来自指数基金。最后，先锋领航集团作为收取管理费用的法律实体由先锋领航旗下各共同基金的股东所有，本身并不意味着盈利。[49] 相比之下，贝莱德的主动型基金在费用、管理结构和风格方面与其他主动型

---

〔44〕 Blackrock, Inc., *Annual Report* (*Form 10 - K*) 4 (Feb. 28, 2019).

〔45〕 T. Rowe Price Grp. Inc., *Annual Report* (*Form 10 - K*) 25 (Feb. 16, 2018); T. Rowe Price Equity Index 500 Fund, T. Rowe Price, https://www.troweprice.com/personal - investing /tools/fundresearch/PREIX#content - portfolio [https://perma.cc/M894 - TPEW] (2020年9月23日访问).

〔46〕 Fichtner, Heemskerk & Garcia - Bernardo, supra note 6, at 304.

〔47〕 例如，先锋领航的大市值基金费用率仅为0.38%。Vanguard Primecap Fund Investor Shares (VPMCX), Vanguard, https://investor.vanguard.com /mutual - funds/profile/VPMCX [https://perma.cc/DQ3Z - 3GPF? type = image] (2020年1月31日访问).

〔48〕 Id.

〔49〕 See Clarke, supra note 42, at 6.

基金相似,其本身便是一家期望从投资顾问业务中盈利的独立所有的上市公司。[50]

在分析整体状况后,我们将更为详细地研究基金管理费用如何为投资顾问的知情投票提供财务激励。我们首先分析了绝对回报的激励因素("直接激励"),即 AUM 价值提高直接使顾问费用增加。其次,我们研究了基金净流量资金回报的影响("间接"或"基于资金流的激励")。最后,我们对声誉激励进行分析。

1. 直接激励

与其他共同基金的顾问相似,指数基金的顾问直接受益于基金所投资的投资组合公司。顾问费用取决于基金资产的价值,[51]伴随基金资产的增加,顾问费用也相应增加。

诚然,以百分比计算,指数基金的顾问管理费用很低,通常远低于主动型管理基金。根据美国投资公司协会的数据,2017 年股票指数基金的平均资产加权费用为 9 个基点(基金资产的 0.09%),[52]而主动型基金对应的平均费用是 78 个基点。[53]

然而,因股票指数基金主要顾问管理的资产规模非常庞大,低廉的费用也能因投票产生比其他大多数股东更大的激励。以先锋领航为例,虽然其旗下五大基金的年度平均费用比例仅为 0.064%,[54]但截至 2019 年第一季度末,其管理的投资组合的股票总价值高达 2.5 万亿美元。[55]

在参与公司投票与管理的背景下,投资组合规模之所以重要,有以下两个原因:首先,顾问在某家公司的投资金额,决定了投资组合公司股价上涨所带来的收入增加的基数。因此,可以从特里安在 2017 年发起

---

[50] See History, Blackrock, https://www.blackrock.com/corporate/about-us/blackrockhistory [https://perma.cc/7529-3NME](2020 年 9 月 23 日访问).

[51] See Inv. Co. Inst., supra note 2, at 118.

[52] Id. at 126.

[53] Id.

[54] 基金费用的数据由 Ryan Bubb 和 Emiliano Catan 提供,如有需要,可以提供。

[55] Vanguard Grp. Inc., Form 13F Summary Page (Form 13F) (May 15, 2019).

的宝洁公司代理权争夺战中看先锋领航的激励。[56] 先锋领航持有价值约170亿美元的约1.85亿股宝洁公司的股票。[57] 倘若投票结果导致宝洁公司的股价上涨1%，那么先锋领航在宝洁公司的持仓价值将增加1.7亿美元，按0.064%的费率计算，先锋领航的年度费用也将随之增加约108,800美元。[58] 假如先锋领航在投资者撤资以前还能再获得10年费用，那么其所获得的额外费用将达到约110万美元，相当于持有1.1亿美元宝洁公司股份的个人股东所获得的收益。

但是，由于先锋领航所管理的股票数量约为持有1.1亿美元宝洁公司股份的个人股东的150倍，其投票也更有可能决定最终的结果，因此先锋领航有着比个人股东投出使公司增值的一票更大的金钱激励。简单而言，假设投票决定最终结果的可能性与投出的票数成正比（这个假设可能大大低估了大型基金投票决定结果的相对可能性），先锋领航将获得相当于持股数量为先锋领航约1/12股份的个人股东的直接财务激励，[59] 意味着先锋领航有相当于向宝洁公司投资13亿美元的个人股东进行知情投票的财务激励。[60]

---

〔56〕 See David Benoit, *Peltz Seeks P&G Board Seat – Consumer – Products Titan Would Be Largest Company Ever To Face a Proxy Fight*, Wall Street J., July 17, 2017, at A15.

〔57〕 Vanguard Grp. Inc., Form 13F Information Table (Form 13F) (Feb. 14, 2018)（披露2017年年末持有185,434,627股宝洁公司股票）; *The Procter & Gamble Company (PG)*, *YAHOO*! FIN., https://fmance. yahoo. com/quote/PG/history? periodl = 1512086400&period2 = 1 517356800&interval = 1 d&filter = history&frequency = 1d [https://perma. cc/Q8SU – SLT3]（2020年9月23日访问）.

〔58〕 事实上，自Peltz于2018年3月1日加入董事会始至2019年6月19日，宝洁公司的股价从78.70美元上涨到110.42美元，增幅超过40%。See *The Procter Gamble Company* (PG), supra note 57.

〔59〕 以PV作为先锋领航投票决定结果的可能性并将先锋领航的标准立场视为1。因此，先锋领航从信息获取中取得的收益是PV×0.64%×PV×B，其中B是假设先锋领航在10年内获得0.064%的额外费用及贴现率视为0%时投票结果对公司价值的百分比效益。相对于先锋领航而言持股比例为1/SI的个人投资者，其收益为PV/SI×1×PV/SI×B。当0.64% = 1/SI2时，个人投资者将获得与先锋领航等值的收益，即近似结果为SI = 12。

〔60〕 相比之下，当Trian在发起宝洁公司的代理权争夺战时，其拥有35亿美元的股份。Michael Flaherty, *Trian Takes $3.5 Billion Stake in Procter & Gamble*, Reuters (Feb. 14, 2017, 4:51 PM), https://www. reuters. com/article/us – procter – gamble – stake – trian – fundidUSKBN15T2WR [https://perma. cc/673B – RH2U].

值得注意的是,宝洁是美国最大的公司之一[61]的这一事实仅影响先锋领航的激励金额,而不会影响到先锋领航与其他股东之间的相对激励。如果先锋领航希望在未来10年内从股价上涨中赚取0.064%的费用且如果投票决定最终结果的可能性与票数成比例,无论公司的规模及所持股份的美元价值如何,它的财务激励将相当于拥有1/12股权的个人股东。[62] 由于先锋领航持有大量的投资组合,其激励也大于几乎所有的个人股东。

大部分股票指数基金的资产由“三巨头”提供咨询服务的基金所持有。[63] 但是,上述同样的逻辑也适用于主要管理指数基金但规模小于“三巨头”的投资顾问公司。以专注于指数基金的小型投资顾问公司嘉信理财为例,截至2017年12月31日,嘉信理财持有价值约12亿美元的宝洁公司股票,并收取约0.04%的管理费用。[64] 与先前假设相同,嘉信理财的财务激励将相当于持有嘉信理财1/16股份数量或持有价值约7400万美元宝洁公司股份的个人投资者。即使是规模较小的指数基金的投资顾问,获得的财务激励也远远大于大多数个人股东,我们由此强

---

〔61〕 宝洁公司在2019年《财富》500强中排名第45位。*Fortune* 500, Fortune, https://fortune.com/fortune500/2019/search/ (2020年9月23日访问).

〔62〕 即使先锋领航只希望在两年时间内从增加的股票价值中赚取0.064%的费用,其财务激励也相当于持有其1/28股份的个人股东。

〔63〕 Fichtner, Heemskerk & Garcia – Bernardo, supra note 6, at 304 (“令人震惊的是,这三家公司合计占ETF市场71%的份额,而其他ETF提供者的市场份额都低于3.3%。虽然有关指数共同基金市场份额的数据尚未公开,但显而易见先锋领航可能至少占据75%的市场份额,在这一领域占据着主导地位”).

〔64〕 See Index Funds and ETFs, Charles Schwab, https://www.schwab.com/schwabindex – funds – etfs [https://perma.cc/ZKQ3 – SVUQ] (2020年9月23日访问)(上市的指数基金费用从0.02%到0.06%不等);如表2(显示持有12,850,000股的股份)。所有权数量是按年底每股91.88美元的市价换算的。See *The Proctor and Gamble Company* (*PG*), supra note 57.

烈反对以下观点:指数基金的财务激励微不足道,因而应当失去投票权。[65]

当然,与持有同等数量的宝洁公司股份的个人股东相比,先锋领航获得的财务激励要低得多。[66]贝布楚克(Bebchuk)和赫斯特(Hirst)将这种差异归因于他们所称的"指数基金管理的代理成本理论"[67]并提倡一系列改革政策。[68]

我们认为,Bebchuk 和 Hirst 的分析并未抓住问题的重点。指数基金(或其他类型共同基金)的顾问的激励之所以不同于真正的所有者,是因为他们并非他们所提供顾问服务的投资组合中的股票的所有者。[69]从经济角度而言,所有者是共同基金的投资者。

因此,先锋领航的财务激励应当与先锋领航所管理的股票的实际经济所有者(先锋领航共同基金的真实投资者)而非持有相同数量股份的个人股东相比较。换句话说,考虑到潜在的经济所有权结构,实际的经济所有者(先锋基金的投资者)通过先锋领航持有而不是直接持有股份是否会增加与上市公司相关的代理成本、集体行动成本和"搭便车"成本? 鉴于先锋领航与其他指数基金的顾问的激励要比其投资者高出几

---

〔65〕 See, e.g., Lund, supra note 9, at 511("由于被动型基金仅追求业绩与市场指数相当而非超越,基金缺乏确保其投资组合中的公司运行良好的财务激励……对公司治理作出投入的被动型基金也将同等程度地提升对所有竞争对手的业绩。此外,在治理上花费精力也会使主动型基金受益。事实上,由于可以在了解到相关干预后增持目标公司股份,主动型基金能够从被动型基金的治理投入中获得更大收益。换言之,任何对公司治理的投资都在提高被动型基金成本的同时使作为竞争对手的基金受益。因此,除非没有成本,否则定会损害被动型基金的相对业绩。").

〔66〕 See Kahan & Rock, *Hedge Funds in Corporate Governance*, supra note 14, at 1050 - 54(检验共同基金的激励因素).

〔67〕 Bebchuk & Hirst, *Index Funds*, supra note 10, at 2043 - 75.

〔68〕 See Id. at 2116 - 40. 或许具有讽刺意味的是,先锋领航激励不高的一个原因在于费用的低廉。倘若先锋领航收取与主动型基金相同的费用,如果持有 10 年,其动力将仅为与之持有同等股份的个人投资者的 1/12。先锋领航收取较低费用有利于其投资者,而并非反映代理成本。

〔69〕 See Rock, supra note 14, at 469("机构投资者是中介机构:投资和投票决定由受益人以外的其他人做出").

个数量级,答案显然是否定的。[70]

以指数基金顾问的激励因素为视角,像先锋领航一般的指数基金降低了因所有权分散而引起的代理总成本,而非增加这些成本。这些成本的进一步降低并非易事。[71]

个人股东或许并非适当的比较群体。众所周知,个人股东的激励很少。[72] 因此,比较先锋领航与主动管理型基金顾问的财务激励或许更为恰当。

在直接激励方面,指数基金与主动管理型基金有三处区别。首先,主动型基金一般收取较高的年费。如前文所述,2017 年主动型基金的平均费用为 78 个基点,而指数基金的费用为 9 个基点。[73] 更高的费用会相应产生更强的激励,促使顾问进行知情投票。

其次,主动型基金的投资组合往往更为集中。与投资范围广泛的指数基金相比,主动型基金投资的公司更少,但后者最大的投资在净资产中所占的比例往往高于指数基金相应的投资。例如,截至 2017 年 12 月 31 日,最大的主动型基金,富达反向基金的前十大持股占其总资产的

---

〔70〕 在一篇有趣的文章中,肖恩·格里菲斯(Sean Griffith)认为共同基金不应该在如公司治理等投资者缺乏共同利益或足够信息的问题上行使投票权。See Sean J. Griffith, *Opt-In Stewardship: Toward an Optimal Delegation of Mutual Fund Voting Authority*, 98 Texas L. Rev. 983, 990 (2020). 我们认可格里菲斯认为投资者在缺乏收益最大化的共同目标问题进行投票与其他投票有概念性差异的观点。然而,如后文讨论的原因,我们不赞同他所阐述的投资顾问相对于其他股东而言在治理问题上缺乏信息的观点。

〔71〕 因此,我们认为,贝布楚克和赫斯特所提出的多个降低指数基金管理代理成本的建议不太可能奏效。See Bebchuk & Hirst, *Index Funds*, supra note 10, at 2119-27. 尤其是使私人参与透明化将提高参与的成本并可能降低参与的效用。See Id. at 2123-27. 为基金收取管理费用提供便利是不需要的,因为基金实际上可以为了提供管理服务与顾问签订合同。See Id. at 2120. 由于外部组织的激励比当前顾问的激励更少(无论如何,尤其是 ISS 和格拉斯·刘易斯,这样做的外部机构已经存在),让外部机构代表顾问调查将使激励问题恶化。See Id. at 2120-21. 即使并非基金投资者所愿,强制性管理费用似乎也不是解决基金投资者和顾问之间产生的代理成本的有效方法。See Id. at 2121.

〔72〕 See Matt Egan, *Just 27% of Investors Bother to Vote*, CNN Money: The Buzz (June 12, 2014, 8:30 AM), https://buzz.money.cnn.com/2014/06/12/shareholders-dont-vote/ [https://perma.cc/6F97-NTT6].

〔73〕 See supra note 53 及相关内容。

38.1%，[74]而先锋标准普尔500指数基金的前十大持股仅占20.9%。[75]

然而，从单一基金投资组合中的股票集中度来看，投资顾问的集中度是被夸大的。表1展示了富达反向基金投资最多的6家公司中反向基金、先锋标准普尔500指数基金以及FMR（富达非指数基金的顾问）的投资占各自实体国内股票持有总量的百分比。虽然反向基金在六家公司的持股比例远远大于先锋标准普尔500指数基金，但后者却与FMR的持股比例相近。[76] 因此，像富达一样，管理多个采用不同策略的主动型基金的大型顾问所管理的主动型基金的持股集中度或许远不如单一主动型基金。

表1　富达反向基金—最大控股（截至2017年12月31日）

单位：%

公司	反向基金	先锋标准普尔500指数基金	FMR
字母表	6.7	2.7	3.7
亚马逊	5.1	2.0	2.4
苹果	3.2	3.8	2.4
伯克希尔·哈撒韦	5.2	1.7	1.4
脸书	7.2	1.8	2.5
微软	3.1	2.9	1.9
总计	30.5	14.9	14.3

最后，如果投资组合中股票价值增加，主动型基金的顾问和指数基金的顾问赚取较高费用的年份可能有所差异，这取决于投资者持有基金的时间。例如，如果所有的基金投资者在一年后都撤资，那么基金只在一年内获得较高的费用；如果他们在十年后撤资，他们将在十年内获得更高费用。

---

〔74〕 See *Fidelity Contrafund*, Annual Report (Form N－CSR) (Feb.26, 2018).

〔75〕 See *Vanguard Index Funds*, Annual Report (Form N－CSR) (Feb.28, 2018).

〔76〕 See *Fidelity Contrafund*, supra note 74; Fmr Llc, Form 13F Information Table (Form 13F) (Feb.12, 2018); *Vanguard Index Funds*, supra note 75.

基金投资者的投资期限取决于投资者的流动性需求以及他们在投资工具之间转移资产的喜好。我们无法辨别指数基金投资者与主动型基金投资者的流动性需求存在系统性差异的特殊原因，但我们有理由相信，前者转移投资的倾向更低。具体而言，由于指数基金不会试图识别可能更优的股票，指数基金的投资者自身可能也不太愿意找出胜于其他基金的基金，基于此，指数基金顾问比主动型基金顾问获得年费的预期时间要长。

为估算出不同投资顾问的直接激励，我们研究了在宝洁公司中管理股份最多的投资顾问。对于每一位顾问，我们将其所持股票的美元价值乘以该顾问旗下5家最大基金的平均费用从而计算出费用。同时，我们保守地预计，指数基金和主动型基金在赚取佣金的年数上并无差别，且投票决定最终结果的可能性与顾问的持股比例成正比。

表2呈现了相对于先锋领航而言，每位顾问知情投票的直接激励。[77] 如表2所示，“三巨头”的相对激励在行业中遥遥领先。

此外，“三巨头”的激励也优于公共养老基金。我们高度保守地假设指数基金预期获得管理费用的期限是10年，公共养老基金与持有相同股份数量的个人所有者的激励相当，那么最大的公共养老基金的激励远远低于贝莱德、先锋领航或道富，而其他大多数公共养老基金的激励要低得多。

表2　2017年宝洁公司最大股东

股东		股份/千股	相对激励
顾问	先锋领航集团	185,434	1.000
	贝莱德	164,446	1.970
	道富	114,721	0.850
	资本世界投资公司	35,132	0.350
	北方信托	34,388	0.250
	梅隆银行	28,288	0.300
	晶洞	27,189	0.014

〔77〕 表2基于2017年12月31日提交给SEC的持仓报告制作。

续表

股东		股份/千股	相对激励
顾问	富达	22,463	0.100
	州立农场	20,546	0.080
	高盛集团	16,001	0.090
	雅克曼	15,163	0.100
	嘉信理财	12,850	0.003
	威灵顿	8212	0.009
	普信集团公司	7067	0.015
	富兰克林资源	6110	0.013
	瑞士信贷	4984	0.017
公共养老基金	纽约州共同退休基金	7233	0.240
	加利福尼亚州养老金协会	6652	0.200
	加利福尼亚州教师退休基金	4798	0.100
	纽约州教师互助协会	4260	0.080
	新泽西州共同养老基金	2189	0.020

当然,宝洁仅是其中一家公司,但宝洁公司的股权结构具有一定的代表性。由于"三巨头"和富达是迄今为止最大的机构投资顾问,[78]他们也同样是大多数公司的最大股东。[79]

正如前述分析,在共同基金顾问中,影响顾问直接激励的最重要因素是持股规模,而先锋领航、道富及贝莱德作为指数基金最著名、最大型的顾问,他们从知情投票中获益也最多。就他们提供的主动管理而言,他们所获得的本已经相当可观的财务激励甚至更高。因此,由于贝莱德是在先锋领航、道富及贝莱德之间收费相对较高的主动型基金顾问,其

〔78〕 See Fichtner, Heemskerk & Garcia - Bernardo, supra note 6, at 304.

〔79〕 See Miguel Ant6n, Florian Ederer, Mireia Gin6 & Martin C. Schmalz, *Common Ownership, Competition, and Top Management Incentives* 41 (European Corp. Governance Inst., Fin. Working Paper No. 511, 2018), http://papers.ssrn.com/abstract - 2802332 [https://perma.cc/26YF - 55N6].

相对的激励也更高。

除“三巨头”以外的指数基金顾问,如管理富达指数基金的晶洞(Geode)[80]或嘉信理财,他们的激励显然比“三巨头”要低。尽管如此,他们的激励仍大于许多规模较小的主动型基金顾问、多数公共养老基金以及几乎所有的个人投资者。

指数基金的批评者进而提出了为何指数基金的激励较低的论点。该观点认为,由于匹配指数并提供股东服务的不同指数基金所提供的产品几乎相同,基金将通过低廉的费用吸引投资者。然而,指数基金并不会因为知情投票而获得更大的竞争优势,因为即使投票增加了投资组合价值,其他与之竞争的指数基金的投资组合价值也相应增加。对知情投票进行投入的指数基金将承担成本,而其他的指数基金却可以“搭便车”。[81] 因此,指数基金不愿为了获取信息投入成本,因为他们并不会因为知情投票而获得竞争优势,反而会因对信息投入不得不收取更高费用而处于竞争劣势地位。[82]

上述观点的前提是正确的,但并未得出正确的结论。指数基金顾问之所以有激励进行知情投票,是因为投票可能会提高他们从 AUM 中获取的费用,而并非因为他们的行为会获得竞争优势。依据我们的分析,顾问并不需要因知情投票投入而提高费率,因为他们的收益源于知情投票给投资组合带来更高价值时产生的额外费用。

具体来说,在 Trian 掀起的宝洁公司代理权争夺战中,公司股价已从纳尔逊·佩尔茨于 2018 年 3 月 1 日加入宝洁董事会以来的每股 78.70 美元上涨至 2019 年 6 月 19 日的 110.42 美元,涨幅达到 40%。[83] 先锋领航的持仓价值也由此增加了 59 亿美元,每年约为先锋领航贡献了 377

---

[80] See supra note 29.

[81] See Bebchuk & Hirst, *Index Funds*, supra note 10, at 2055 - 57, 2118; Lund, supra note 9, at 513 - 14.

[82] See Bebchuk & Hirst, *Index Funds*, supra note 10, at 2057 (“与参照同一指数的其他指数基金进行的竞争使得指数基金经理完全没有额外的激励在其投资组合中任何一家公司的治理上花费精力”); Lund, supra note 9, at 500 (“由于共同基金之间相互竞争的基础是相对业绩,即基金相对于同行而言的业绩,那些花费精力在公司治理和管理的基金将发现自己不如竞争对手一般受欢迎”).

[83] See supra note 58.

万美元(计算率为0.064%)。[84] 获得这种收益的可能性为顾问投入必要的资源以在 Trian 和宝洁董事会的相反论点之间做出明智的决定提供了重要的经济激励。

此为曼瑟·奥尔森所说的"小人物'剥削'大人物"的一个例子。[85] 大型指数基金顾问凭借其庞大的规模,有进行知情投票的独立激励,因而也减少了其他股东受益而不承担任何成本这一理性冷漠和"搭便车"的经典问题的影响,大型顾问与股东利益大体一致的事实也使他们非常适合在公司治理纠纷中扮演决策者的角色。

2. 间接激励:对资金流的影响

(1)主动管理型基金

基金业绩可能影响基金的净流量,因此对主动型基金的顾问来说也很重要。净流量在增加 AUM 时,也相应地增加了管理费用。主动型基金做出知情投票的间接激励,或者说基于资金流的激励,时常被视为主动型基金与指数基金之间的巨大区别。[86]

在基于资金流的激励的问题上,区分投资顾问的整体激励(有时通过集中的代理投票小组实施)和负责管理特定基金的个别投资组合经理的激励十分重要。如上所述,代理投票小组和投资组合经理都可以对投票进行投入,而投入的程度因顾问、基金及问题而异。[87]

---

〔84〕 Vanguard Grp. Inc., *Form 13F Information Table* (*Form 13F*) (May 15, 2018).

〔85〕 Mancur Olson, The Logic of Collective Action: Public Goods and the Theory of Groups 29 (2d ed. 1971) (emphasis omitted) (footnote omitted). For further discussion, see Rock, supra note 14, at 461 – 62.

〔86〕 See, e.g., Lund, supra note 9, at 497.

〔87〕 See supra Section I. A.

实证表明,基金的资金流受相对业绩而非绝对业绩影响,[88]这意味着,投资组合经理并不会为了吸引未来的资金流,而提升某只相对于有竞争关系的基金持股数量较低的上市公司的股票价值。例如,如果一只股票的基准权重是0.21%,而基金在投资组合中的权重是0.23%,仅有0.02%的超额权重会对该基金的相对业绩有所贡献。因此,即使基金增持,也只会给提高基金相对业绩带来微弱的激励。此外,因为任何单一基金持有的投资组合公司的股份通常比投资顾问少得多,即使基金公司偏重某只股票,投资组合经理也不太可能出于投票目的对信息获取进行投入。

投资顾问在投资组合公司中持有的股份比单一基金要多。但是,正如我们所看到的,顾问的投资组合比单一基金的投资组合更接近于市场,因此降低了基于资金流激励的相对重要性。[89] 为了解顾问投资组合与市场投资组合的激励程度,我们从主动型基金的最大顾问之一,普信集团公司所提交的持仓报告中,随机选择了20只国内股票,将其在普信集团公司投资组合中的权重与先锋领航提交的持仓报告中的权重进行比较。[90] 这20只股票中,普信集团公司在15只股票中的权重低于先锋领航,而在其他5只股票中,普信集团公司相对于先锋领航的权重分别为11%、31%、88%、201%和413%。

---

〔88〕 这篇具有开创性意义的文章是 Richard A. Ippolito, *Consumer Reaction to Measures of Poor Quality: Evidence from the Mutual Fund Industry*, 35 J. L. & Econ. 45 (1992)。其他具有重要贡献的文章包括 Brad M. Barber, Xing Huang & Terrance Odean, *Which Factors Matter to Investors? Evidence from Mutual Fund Flows*, 29 Rev. Fin. Stud. 2600, 2620 (2016)(估算每1%的 Alpha 投资收益将增加0.474%净流量);Jonathan B. Berk & Richard C. Green, *Mutual Fund Flows and Performance in Rational Markets*, 112 J. Pol. Econ. 1269, 1274 – 80 (2004); Judith Chevalier & Glenn Ellison, *Risk Taking by Mutual Funds as a Response to Incentives*, 105 J. Pol. Econ. 1167, 1173 –82 (1997); Andrea Frazzini & Owen A. Lamont, *Dumb Money: Mutual Fund Flows and the Cross Section of Stock Returns*, 88 J. Frn. Econ. 299, 304 – 08 (2008); and Berk A. Sensoy, *Performance Evaluation and Self – Designated Benchmark Indexes in the Mutual Fund Industry*, 92 J. Fin. Econ. 25, 33 – 35 (2009)。

〔89〕 See supra Table 1.

〔90〕 T. Rowe Price Assocs. Inc., *Form 13F Information Table* (*Form 13F*) (Feb. 14, 2018); Vanguard Grp. Inc., supra note 57.

Jonathan Lewellen 与 Katharina Lewellen 最近的文章研究了由同一顾问管理的所有基金的业绩对净流量的影响,[91] 该研究预估顾问业绩净流量的敏感性为 1.39%。[92] 也就是说,如果业绩超出基准 1%,基金家族将获得若干年净流入资产的 1.39%。基于此,如果顾问对一只股票的增持幅度小于 256%,则有低于直接激励的积极的基于资金流激励;如果顾问增持比例超过 256%,基于资金流的激励则超过直接激励。[93]

对于持股高度集中的共同基金的顾问而言,基于资金流的激励往往主导着直接激励的发生。这些顾问是存在的,但大多数是小顾问。Jonathan Lewellen 与 Katharina Lewellen 发现,AUM 末端 25% 的机构(不包括"三巨头"和另外两家主要管理指数基金的顾问公司)对某家公司的投资组合中平均价值权重为 4.05%,而基准权重为 0.32%。[94] 这些机构因增持 1166% 而产生基于资金流的激励,比直接激励超出 28%,但由于这些机构的 AUM 规模非常小(平均为 10 亿美元),总体激励仍然非常低。[95]

相比之下,前 1/4 的大型机构(平均 AUM 为 3876 亿美元)对某家公司的投资仅为 0.67%,而基准权重为 0.43%,他们的增持率仅为 56%。[96] 对于这些机构来说,直接激励是基于资金流的激励的两倍之多,他们的整体激励令位于末端 25% 的机构相形见绌。

(2)指数基金

依据传统观点,[97] 我们目前为止的讨论假定指数基金经理没有提

---

[91] Jonathan Lewellen & Katharina Lewellen, *Institutional Investors and Corporate Governance: The Incentives to Be Engaged* 6 – 8 (Mar. 2020) (unpublished manuscript) (on file with the Boston University Law Review).

[92] Id. at 2.

[93] 将一只股票的基金权重视为市场权重的 $x\%$ 并将市场权重标准化为 1。那么,股价每上涨 1%,投资组合价值直接增加 $x\% \times 1\%$;股票价格每上涨 1%,投资组合价值就会通过资金流入增加 $(x\% - 100\%) \times 1.39\%$。当 $x\% = 356\%$ 时投资组合价值的增长是相等的,意味着该基金增持了 256%。

[94] Lewellen & Lewellen, supra note 91, at 16.

[95] Id.

[96] Id.

[97] See supra note 82 and accompanying text.

高相对业绩以获得净流量的激励。然而,在最近的一篇文章中,伊尔·菲施、阿萨夫·哈姆达尼和史蒂文·大卫杜夫·所罗门(FHDS)主张,指数基金有着与主动型基金类似的基于资金流的激励。[98] 正如主动型基金可以通过相对于指数基金而言优异的业绩产生资金流,指数基金也可以。[99] 因此,FHDS 认为,指数基金可以通过改善投资组合公司的治理提高与主动型基金相对的业绩。[100]

然而,对于指数基金而言,基金业绩与资金流动之间的关系非常脆弱。首先,尽管实证表明相对业绩影响基金的资金流,但这并非线性关系。Erik Sirri 和 Peter Tufano 发现,只有前 1/5 的基金的资金流与业绩显著相关;对于末端 1/5 的基金而言,上述的关系并不显著。[101] 由于指数基金相对于上述研究的基准基金而言不太可能成为业绩最好的前 1/5,此研究表明,指数基金的资金流对业绩并不敏感。

其次,如前文所述,只有基金相对于竞争对手而言在市价提高的投资组合公司中是增持的,基金相对业绩才会提升。但相对于主动型基金而言,指数基金"增持"某只股票的程度有内在上限。表面上看,总体上主动型基金可能会比指数基金对某些股份减持 20% 或 33% ,而指数基金比主动型基金增持 25% 或 50% 。但是,正如我们所分析的那样,增持 25% 或 50% 对总体激励并没有太大贡献。此外,指数基金是高度多元化的,基金因为增持某个或少数投资组合中的公司股份而获得优异业绩对基金的相对业绩而言几乎没有贡献。

最后,指数基金增持的程度可能完全不受控制。指数基金增持的公司可能并不会提升价值,而能让指数基金提升价值的公司可能并不会被增持。

---

〔98〕 Jill Fisch, Assaf Hamdani & Steven Davidoff Solomon, *The New Titans of Wall Street: A Theoretical Framework for Passive Investors*, 168 U. Pa. L. Rev. 17, 32 (2019). Bernard Black made a similar point in 1992. Bernard S. Black, *Agents Watching Agents: The Promise of Institutional Investor Voice*, 39 Ucla L. Rev. 811, 879 – 81 (1992)(注意指数基金与主动型基金、非股权投资之间的竞争).

〔99〕 Fisch, Hamdani & Davidoff Solomon, supra note 98, at 32.

〔100〕 Id. at 37.

〔101〕 Erik R. Sirri & Peter Tufano, Costly Search and Mutual Fund Flows, 53 J. Fin. 1589, 1600 – 05, 1618 (1998)(发现资金流的影响仅在业绩排名前 1/5 的基金中).

即使如FHDS所建议那般，指数基金可能会试图提高其相对业绩，[102]但这是复杂的。要确定指数基金是否要相对于主动管理型基金而言对公司增持，顾问必须收集所有此类主动管理型基金对该公司持股的信息，这便需要对每季度发布一次且滞后45天的数据进行汇总。[103]若要使这一方法有效，主动型基金必须在指数基金努力取得成果、公司股价上涨的同时保持减持的状态。

我们怀疑，指数基金顾问的管理团队甚至对相对于主动型基金而言指数基金整体上是增持还是减持并不知情。我们并未有任何证据表明指数基金的顾问会根据持股情况来安排投票或参与公司治理。然而却有证据可以表明，他们的投票时常受到公开发布的、对无论是增持还是减持的所有公司来说都适用的政策的制约。[104] 因此，在指数基金基于资金流的激励问题上，我们认可这种激励是无关紧要的传统观点。

3. 声誉激励

贝莱德、先锋领航与道富这些最大的指数基金发起人同时也是美国最大的资产管理公司。[105] 2016年，他们的AUM总额超过了10万亿美元。[106] 作为受监管的规模巨大的金融机构，他们备受关注，也有着被投资者、监管者和政客视为负责任的行动者和正义力量的强烈的声誉利益。

贝莱德的首席执行官拉里·芬克每年写给投资组合公司首席执行官的信已然成为了解这家大型投资者想法的窗口。2017年1月的信聚焦于贝莱德对公司的参与：

> 贝莱德以长期股东的身份加入公司。鉴于我们许多客户

---

〔102〕 Fisch, Hamdani & Davidoff Solomon, supra note 98, at 37 – 43.

〔103〕 See 17 C. F. R. § 240. 13f – 1(a) (2020)（要求某些投资经理在每个季度结束后45天内向SEC提交持仓报告）. 虽然持仓报告每季度发布一次，但由于其收集的是与指数基金没有可比策略的基金的持股信息，对此问题的解决可能没有用处。

〔104〕 See, e. g., Vanguard, Proxy Voting Guidelines for U. S. Portfolio Companies (2019) [hereinafter Vanguard, Proxy Voting Guidelines], https://about. vanguard. com / investment – stewardship/portfolio – company – resources/proxyvoting – guidelines. pdf [https://perma. cc/B4LX – C6TL]（未有重要性区分）.

〔105〕 See Fichtner, Heemskerk & Garcia – Bernardo, supra note 6, at 304.

〔106〕 Id. at 305.

持有的股票都与指数挂钩,只要这些证券仍在其中,我们便不能出售,我们的客户将是绝对的长期投资者。作为代表这些客户的受托人,贝莱德特别重视公司治理并通过投票参与其中,我们通过投票参与到可能影响公司长期价值的事务。随着指数投资的持续增长,主动型基金经理对 ETFs 的运用、表达意见和参与公司治理对保护投资者长远利益变得更加重要。

当我们力求通过参与公司治理为客户创造长远价值时,我们的目标不是微观管理公司运营。相反,我们首先会确保董事会肩负起创造长远价值的责任。然而,长远策略不应与无限耐心相混淆。当贝莱德在持续参与公司治理的情况下仍未看到进展,或公司对我们保护客户长远经济利益所作出的努力反馈不足时,我们将毫不犹豫地行使权利,投票反对现任董事或不合理的高管薪酬。[107]

在 2018 年 1 月一封名为"使命感"的信中,Fink 似乎与贝莱德立场一致,呼吁企业对环境、社会和治理问题(ESG)予以更多关注:

作为受托人,贝莱德致力于参与公司治理,以实现可持续、长期增长的客户目标。

……

公司要想长期蓬勃发展,除财务上的业绩体现外,如何为社会作出积极贡献也不可或缺。公司必须让包括股东、员工、客户及其他所有利益相关者受益。

如果没有使命感,无论是公众还是封闭公司都将无法充分发挥潜力。一家没有使命感的公司,将最终会失去关键利益相关者的支持;将屈服于收益分配的短期压力,并在此过程中牺牲为了员工发展、创新和长期利益增长进行必要的资本投入;

[107] Larry Fink, *Larry Fink's* 2017 *Letter to CEOs*, Blackrock (2017), https://www.blackrock.com/corporate/investor-relations/2017-larry-fink-ceo-letter [https://perma.cc/9AE8-3E63].

将持续地参与到那些目标明确但短视而狭隘的激烈的竞争中;最后,这家公司将为依靠收益退休、购房或接受高等教育的投资者提供低于平均水平的回报。[108]

这些信件的受众并不局限于贝莱德投资组合中公司的首席执行官。作为最大的机构投资者,贝莱德面临政治风险。鉴于历史上人们对美国经济权力集中的怀疑,[109]贝莱德的首席执行官肯定对监管的前景感到担忧。因此,避免监管的最佳方式是让相关受众将自己视作负责任的管理者。芬克(Fink)强调创造长远价值进一步推动了这一目标的实现。而他近期强调企业宗旨和企业对社会作出积极贡献从而使所有利益相关者受益也同样可以理解为是对大部分选民感到被忽视的担忧的回应。

此外,芬克的信件或许还具备市场营销功能。在基金参照同一指数而几乎无法辨别的世界中,贝莱德可能会因吸引有意对社会责任进行投资的投资者而获得额外的财富。例如,一个正受到学生激进分子要求进行更具环保意识和可持续发展投资的压力的大学投资委员会可能会被吸引。[110] 将自身打造成具有环保意识的指数基金,或将有助于贝莱德吸引这些委员会进行投资。

从声誉角度来看,这些大型资产管理公司的规模还意味着大幅提高治理能力是合理的。2018年,芬克宣布在接下来的三年里,贝莱德将把原已是业内最大型的投资管理团队的规模扩大一倍。[111] 规模的扩大巩固了贝莱德的管理团队作为行业领导者的地位,这种做法也很容易被证明是为控制政治风险作出努力或进行市场营销。

---

[108] Larry Fink, *Larry Fink's* 2018 *Letter to CEOs*: *A Sense of Purpose*, Blackrock (2018) (citation omitted), https://www.blackrock.com/corporate/investor-relations/2018-larry-finkceo-letter https://perma.cc/5J3R-3GEA].

[109] 关于这是如何影响公司治理的, See Mark J. Roe, Strong Managers, *Weak Owners*: *the Political Roots of American Corporate Finance* 26-49 (1994)。

[110] See, e.g., Kathryn Stamm, *Cornell to Effectively Divest from Fossil Fuels*, *Trustees Vote*, Cornell Daily Sun (May 22, 2020), https://cornellsun.com/2020/05/22/cornell-todivest-from-fossil-fuels-trustees-vote/ [https://perma.cc/P3KQ-JDFE] (讨论康奈尔大学的受托人如何在学生抗议后投票脱离化石燃料投资).

[111] Fink, supra note 108.

贝莱德是"真诚地"努力成为负责任的投资者还是仅仅希望被视为负责任的投资者是无关紧要的。无论是在政治还是市场压力之下,维持或构建起负责任管理的声誉的需求都为其获取信息提供巨大激励,尤其是在激烈的代理权竞争投票中。在贝莱德、先锋领航与道富的支持下,杜邦公司击退了特里安的代理权挑战并导致股价下跌6.8%的情况或许引起了部分质疑。[112] 对于杜邦公司来说,特里安最终实现与陶氏化学公司合并且随后解体公司的目标,而杜邦公司也恢复了股价。[113] 无论"三巨头"的诚意有多大,他们都具有避免因备受瞩目的投票而导致股价在短期和长期内大幅下跌的声誉激励。此外,避免监管审查、产生正面的媒体报道、迎合部分公众投资的意愿并不等同于提高收益。基于此,投资顾问的声誉激励在某种程度上与基金持有人的利益一致,并在某种程度上独立于这种利益。

二、范围经济、溢出知识和短期投资视野

在这一部分中,我们将激励因素置于投资顾问获取信息与参与公司治理的大背景下分析。我们提出三个论点:第一,投资顾问时常在与多个投资组合公司投票相关的信息中享受范围经济。第二,投资顾问或许可以受益于交易目的所获的信息产生的溢出知识,而这些知识对投票目的也有帮助。[114] 第三,投资顾问的投票可能会因短期投资视野而扭曲。

---

〔112〕 Tom Hals, *DuPont Wins Board Proxy Fight Against Activist Investor Peltz*, Reuters (Mar. 13, 2015, 8:57 AM), https://www.reuters.com/article/us-dupont-trian/dupont-winsboard-proxy-fight-against-activist-investor-peltz-idUskbnony1J120150513 [https://perma.cc/N9D3-QRHD]("DuPont 获得了先锋领航集团、道富全球和贝莱德机构信托三大股东的支持……Trian 赢得了大多数非指数机构的支持,如果这三只指数基金中有一只投了不同的票,她就会胜出……").

〔113〕 Michelle Celarier, *Dupont-Dow Merger Pays Offfor Steady Hedgies*, N. Y. Post (Dec. 12, 2015, 1:58 AM), https://nypost.com/2015/12/12/dupont-dow-merger-pays-off-forsteady-hedgies/ [https://perma.cc/NB34-DXWN].

〔114〕 See Lund, supra note 9, at 501(指出主动型基金会形成与公司业绩有关的信息,这是投资的衍生物).

(一)范围经济

投资顾问进行知情投票所需的信息可分为两类:特定公司信息和特定问题信息。特定公司信息与特定公司的投票相关,但与另一家公司的投票无关。相比之下,特定问题信息与多家公司某一问题的投票有关,而与同一公司对另一问题的投票无关。例如,如果 X 被提名进入 A、B、C 三家公司的董事会,与 X 有关的信息是特定问题信息,而与 A 公司董事会有关的信息是特定公司信息。

对于股东投票的大多数事项,特定公司信息和特定问题信息至少有一定联系。然而,这些信息类型的重要程度因事项而异。在某些问题中,如公司合并,特定公司信息可能占主导地位;在其他如取消交错董事会等问题上,特定问题信息则可能更重要。[115]

特定公司信息和特定问题信息的区别与确定投资顾问获取信息的激励程度相关。获取特定公司信息的激励主要源于股东在单个公司的持股,而获取特定问题信息的激励则源于股东在所有必须就该问题进行投票的公司中的持股。[116]

AUM 包括多家公司股票的投资顾问将从与特定问题信息相关的范围经济中获益。这些经济效益或许可以解释为什么一些投资顾问对许多经常出现的问题制定了详细的投票准则。[117] 由于投资顾问时常对这些问题进行投票,他们已经研究了与投票有关的特定问题信息。如果这些特定问题信息足够清晰,那么他们就不会考虑额外的特定公司信息。[118]

投资顾问在多大程度上有获得特定问题信息的激励取决于顾问的投资规模以及主动型与指数型基金的组合。尽管所有的共同基金家族都能从特定问题信息所产生的范围经济中获益,投资组合分布较广的基

---

〔115〕 我们并非说交错董事会对所有公司一定是好的或坏的,只是说它对某些类型的公司可能是好的或坏的,因此,唯一与特定公司信息相关的是公司的类型。

〔116〕 See Jie (Jack) He, Jiekun Huang & Shan Zhao, *Internalizing Governance Externalities: The Role Institutional Cross – Ownership*, 134 J. Fin. Econ. 400, 403 – 16 (2019) (经验证据表明交叉持股激励机构投资者发挥更积极的监督作用).

〔117〕 这些准则远比满足必要的法律义务更为具体。See, e. g. , Rock, supra note 14, at 489 – 90.

〔118〕 See, e. g. , *Vanguard*, *Proxy Voting Guidelines*, supra note 104, at 4, 16(例如,先锋领航将投票反对过分的董事,并支持取消交错式董事会).

金家族也会获益更多。因为专注于指数基金的投资顾问倾向于持有最分散的投资组合,他们往往从范围经济中受益最多。

(二)溢出知识

影响投资顾问获得特定信息的第二个重要因素,是顾问在投资决策过程中获得的信息是否与其投票决定相关并会被纳入决定考虑。当然,管理指数基金不会产生与投票决定相关的重要信息,因为投资是由基金试图匹配的指数机械地决定的。[119] 相比之下,选股者会建议主动型基金对公司进行调查以做出投资决策。[120] 主动型基金顾问的投票小组,或许能够以很少的额外费用获得作为投资活动附带产品的由选股者获悉的信息。[121]

这种来自投资活动的溢出知识可以在投票时协助主动型基金顾问进行投票。[122] 这种溢出知识的重要性取决于投票的特定问题。也许最明显的情况是对拟议的合并事务进行投票,此时选股者可能会对合并公司的基本价值、监管风险或竞争者提供更好的条件的可能性进行评估。相比之下,在其他问题上,选股者获得的特定公司信息可能不那么重要。如对薪酬事务进行投票,可能主要取决于特定问题信息(如提供激励的最佳结构)或未被选股者重点关注的特定公司信息(如薪酬方案的细节)。

来自选股者的溢出信息对许多投票并不重要,这一点也反映在许多主动型基金的顾问遵循 ISS 和 Glass Lewis 等代理顾问的建议的事实上。代理顾问会向其客户提供投票信息和建议。[123] 重要的是,代理顾问不

---

〔119〕 Index Funds, Investor. Gov, https://www. investor. gov/introduction - investing / investing - basics/investment - products/mutual - funds - and - exchange - traded - 4 [https://perma. cc/S49V - BTDL] (2020 年 9 月 23 日访问).

〔120〕 Id.

〔121〕 即使选股者掌握了相关信息,只有将这些信息告知投票决定的负责人,才会影响基金投票。在有单独投票小组的顾问中,这种沟通不会发生在投票对价格没有实质性影响的情况下。

〔122〕 Lund, supra note 9, at 510 - 20 (讨论管理主动型基金与被动型基金的知识要求差异).

〔123〕 Christie Hayne & Marshall Vance, *Proxy Advisers: What Is the Proper Role?*, Fin. Mgmt. (Nov. 19, 2019), https://www. fin - magazine. com/news/2019/nov/role - of - proxy - advisers - 201922438. html [https://perma. cc/ARS7 - EKBS].

雇用选股者,所以他们的建议不包含溢出知识。但是,许多主动型基金的投资顾问很少偏离代理顾问提供的投票建议,[124]这表明溢出知识可能与许多投票无关。[125]

即使在溢出知识很重要的问题上,有几个因素也可以减轻指数基金顾问的运营障碍。首先,指数基金顾问的顾问(advisers to index fund advisers)可以获得一些溢出知识。贝莱德公司作为领先的指数基金顾问,也积极管理着大量的资产。因此,贝莱德能取得其选股者产生的溢出知识。[126] 先锋领航也同样销售大量的主动型基金,然而,先锋领航的基金要么由外部顾问(如 Primecap)专门管理,要么由先锋领航的量化股票小组管理或共同管理。[127] 因此,尽管先锋领航的规模小于贝莱德,但它可以利用其内部量化股票小组或与先锋领航有关联的外部顾问所产生的溢出知识。[128] 另外,即使是没有大量主动型股票基金的顾问也可

---

[124] See Choi, Fisch & Kahan, supra note 30, at 50 – 68.

[125] 值得注意的是,尽管"三巨头"也可能使用代理顾问提供的信息,但它们都没有严格遵循顾问的建议。Id. At 55 – 63. 相反,他们的投票是基于自己的内部分析。See Bubb & Catan, supra note 34, at 3 – 4(讨论"三巨头"偏离代理顾问的建议的倾向). 代理顾问对主动型基金顾问的影响比对"三巨头"的影响更大,这与我们的判断是一致的,即顾问的规模会激励其对如何投票进行独立的评估。See supra Section I. B. 1; see also Choi, Fisch & Kahan, supra note 30, at 61 – 63 ("将大型基金与代理顾问的投票决定进行比较").

[126] 可以肯定的是,贝莱德可能会在其指数化投资组合中持有一些公司的股票,而在其主动管理的投资组合中并没有这些公司的股票。然而,贝莱德主动管理业务的范围非常广泛。此外,作为其投资活动的一部分,选股者不仅获得其持有股票的公司的特定信息,还获得其决定不持有股票的公司的信息。

[127] 总体而言,由该小组管理和联合管理的所有基金的国内股票约占先锋领航国内股票资产的 7%。Charles Boccadoro, *Vanguard's Quantitative Equity Group*, Seeking Alpha (Nov. 2, 2016, 12:37 PM), https://seekingalpha.com/article/4018236 – vanguards – quantitative – equity – group [https://perma.cc/9DL6 – 7YZN] [与负责人约翰·阿美利克斯(John Ameriks)讨论量化股票小组的问题].

[128] 为富达的指数基金提供咨询的 Geode 公司,与一个主动型基金有类似的关系,也有主动管理业务。See *Geode Capital Management*, https://www.geodecapital.com [https://perma.cc/73R9 – YUCS] (2020 年 6 月 30 日访问).

以从报纸文章或行业接触中获得溢出知识。[129]

其次,在有争议的公司合并投票、董事选举等备受瞩目的事务中,大量特定公司信息和分析将在委托书和其他竞选材料中公开披露,这减少了选股者的信息优势。

最后,指数基金顾问或许能够通过不同类型的溢出知识来弥补他们从选股者那里获得的有限的溢出信息。由于指数基金倾向于持有高度多样化的投资组合,指数基金顾问可能在以往投票中获得对当前投票有重要意义的信息。[130] 例如,先锋领航如果已经在此前的选举事务中遇到了积极的挑战者,就可能在当前的事务投票中部分考虑之前的评估,而投资组合比较集中的顾问就不太可能获得这种信息。

(三)短期投资视野带来的投票扭曲

股价是否反映基本价值、是什么原因导致偏差以及发现偏差的难易程度都是重要争议点。[131] 一个著名的评论家赞同有效市场假说,认为股价准确地反映了关于公司基本价值的所有公开信息,并且在没有非公

[129] 事实上,当特定公司信息特别有价值时,主动型基金的顾问有动力通过正式和非正式渠道与指数基金顾问分享他们认为与投票相关的信息。See, e. g., Barry B. Burr, *Pension Funds Divided on Dell Deal*, Pensions & Inv. (July 22, 2013, 1:00 AM), http://www. pionline. com/article/20130722/PRINT/307229983/pension - funds - divided - on - dell - deal("一些机构投资者反对戴尔公司的 LBO 项目"); Alex Sherman, *Dell's VMware Deal May Hinge on How the Companies Split Up Value from Dell's Tracking Stock*, Cnbc (Mar. 23, 2018, 3:47 PM), https://www. cnbc. com/2018/03/23/dell - vmware - deal - may - hinge - on - how - they - split - dells - tracking - stock. html [https://perma. cc/8S2A - 5A6S] ("T. Rowe Price 公开宣布反对戴尔与 VMware 的合并").

[130] 这种溢出知识在概念上与上一节中讨论的范围经济不同。范围经济出现在投资顾问因为知道某些信息与多个投票相关而在获取这些信息方面投入更多的情况下。溢出知识的产生是因为投资顾问(或选股者)碰巧为不同的投票或目的获得了信息,而这些信息现在与当前的投票有关。

[131] See, e. g., Donald C. Langevoort, *Theories, Assumptions, and Securities Regulation: Market Efficiency Revisited*, 140 U. Pa. L. Rev. 851, 851 - 53 (1992); Burton G. Malkiel, *The Efficient Market Hypothesis and Its Critics*, 17 J. Econ. Persp. 59, 59 - 61 (2003) ("讨论股票价格变动的可预测性").

开信息的情况下,公司不可能获得更高估值。[132] 对于这个观点,有人并不同意,甚至还有些人强烈地反对。[133]

可以肯定的是,即使市场不是完全有效的,公司长期价值的变化最终依然会反映在股价或股利上。然而,在低效的市场中,从这种变化中受益可能不是变化发生或宣布时的股东,而是在变化对价值产生明显影响后成为股东的人。因此,股东的交易期限,即股东在出售股票之前预期持有的时间长短很重要。

共同基金在出售公司股票之前持有的时间由3个因素决定:非自愿投资组合变化(公司合并和类似事件)、自愿投资组合变化和共同基金股东的净赎回。这些因素对主动型基金和指数基金的影响不同,虽然这两种基金都受到非自愿投资组合变化和净赎回的影响,但在自愿投资组合变化方面有所区别。指数基金仅在基础指数的构成发生变化时(例如,当公司进入或退出标准普尔500指数时)才会做出准自愿投资组合变化。[134] 相比之下,主动型基金会根据选股者的评估变化自愿改变投资组合。因此,从历史和本质上看,指数基金的投资组合周转率远低于主动型基金。[135] 国内股票型基金的平均周转率(股票买卖中数量的较小者除以股票投资组合平均价值)[136]为63%。[137] 相比之下,先锋500

[132] See, e. g., Eugene F. Fama, *Efficient Capital Markets: A Review of Theory and Empirical Work*, 25 J. Fin. 383, 416 (1970)(“检验有效市场模型的理论和实证文献,并得出该模型有效的结论”).

[133] See, e. g., Donald C. Langevoort, *Taming the Animal Spirits of the Stock Markets: A Behavioral Approach to Securities Regulation*, 97 Nw. U. L. Rev. 135, 140 – 43 (2002)(讨论反对市场效率的证据). See generally JU Stin Fox, *The Myth of the Rational Market* (2009).

[134] See Index Funds, supra note 119.

[135] See Inv. Co. Inst., supra note 2, at 124.

[136] James Chen, *Porfolio Turnover*, Investopedia (Aug. 7, 2019), http://www.investopedia.com/terms/p/porfolioturnover.asp [http://perma.cc/NS35 – HXN5].

[137] Stephan A. Abraham, *Turnover Ratios and Fund Quality*, Investopedia (July 11, 2020), https://www.investopedia.com/articles/mutualfund/09/mutual – fund – turnover – rate.asp [https://perma.cc/9Y4M – C4XL].

指数基金的平均周转率为3.9%。[138] 对于没有净流量的基金而言,这些周转率意味着指数基金的平均持有期为28.5年,主动型基金的平均持有期为2.9年。[139]

因此,从理论上说,指数基金应该期望长期持有投资组合公司的股票。只要指数基金长期持有股票,那么股票市场是否有效对其投票来说就无关紧要。无论市场变化是否立即反映在股价上,指数基金都应该根据对公司基本价值的影响来投票。

主动型基金则不同。主动型基金存在的理由,在于公司基本价值和股价之间的可察觉的偏差。这种偏差常见,且足以保证运作一个需要利用这些偏差的基金。[140] 原则上,偏差可以是由股价未能反映基本价值的某些因素,或者是股价纳入某些与基本价值无关的因素造成的。最好的投资基础是在涉及股票基本价值的一些正向因素没有被纳入或者一些无关因素压低了股价时购买股票,因为错误的定价将很快被纠正,现在购买股票是值得的。[141]

选股者认为一只股票的价值被低估了,而且这种低估将在一定时间范围内得到纠正,这种评估可能正确,也可能不正确。但是,对于实现我们的目的来说,他们是否正确并不重要,重要的是选股者相信什么。因此,选股者在给出他们对投票的看法时,如果他们认为投票对基本价值的影响不会在他们卖出股票时反映在股价中,那么他们就会倾向于不重视投票对不相关因素的影响,反之则相悖。就选股者对投票的影响而

---

[138] Vanguard 500 Index Fund Admiral Shares https://investor. vanguard. com/mutual - funds/profile/portfolio/vfiax [https://perma. cc/6Y22 - UT6Z? type = image](最后更新日期为2020年8月31日).

[139] 持有期限的计算方法是将1除以周转率。

[140] Pam Krueger, Active vs. *Passive Investing: What's the Difference?*, Investopedia(Sept. 5, 2020), https://www. investopedia. com/news/active - vs - passive - investing/ [https://perma. cc/9BQE - M3U8].

[141] 我们认为短期投资视野会导致投票扭曲的观点适用于大多数主动管理型共同基金。相比之下,激进型对冲基金与大多数主动管理型共同基金不同,它们不会试图利用市场的低效率,而是试图通过主动干预来创造价值。换句话说,拒绝有效市场假说并不是激进型对冲基金基因的一部分。虽然激进型对冲基金经理的交易视野有限,而且他们可能不认同有效市场假说,但我们并没有理由假设他们相信基本价值与股价之间的偏离是普遍而显著的,或者他们的投资倾向于利用这些低效率。

言，主动型基金的短期投资期限以及他们利用市场低效率的倾向可能因此导致投票扭曲。特别是旨在利用市场价格短暂低效的主动型基金，因为这些基金可能在作出投票决定和投票结果公开的时间段内就卖出股票，他们只有非常短的交易期限，他们对投票进行投入的激励也就很小。

选股者产生的投票扭曲是其溢出知识的反面。正如选股者从他们的投资活动中获得溢出知识从而在投票提高股价中获益，选股者也可以因他们相信股价不总是完全反映基本价值而进行引起偏离价值最大化的投票。

(四)激励因素和溢出知识如何叠加

对于“三巨头”来说，我们现在考虑的是激励因素、范围经济、溢出知识和投票扭曲是如何叠加在他们参与公司治理的三个类别中的。第一类是投票可能会对特定公司的价值产生重大影响，第二类涉及全市场的治理标准，第三类则涉及特定公司的业绩和治理。

1. 市场投票

在少数备受瞩目的选任或合并事务中，管理层和积极分子会制作详细的报告并亲自与每个大股东会面。由于“三巨头”往往在事务有争议的公司持有大量股份，他们对投票结果拥有实质性利益，并且他们的投票很有可能成为关键，[142] 因此，“三巨头”有获取和分析与特定投票问题相关信息的实质性激励。事实上，如果“三巨头”在所涉投资组合公司中持有的股份比主动型基金的顾问更多，那么他们获取此类信息的激励也更大。[143]

可以肯定的是，主动型基金的顾问往往会从分析师那里获得的溢出知识中受益。[144] 这种溢出知识降低了他们仅为投票目的获取信息的需求。与主动型基金的一些顾问相比，“三巨头”的集中投票小组从分析师那里获得的溢出知识可能更少。[145] 此外，“三巨头”的投票小组可能会从以往涉及相同内容的有争议的投票中获得更多的溢出知识，相比于主动型基金的顾问，他们受到短期投资视野导致的投票扭曲的影响也

〔142〕 See supra Section Ⅰ. B. 1.

〔143〕 See supra Section Ⅰ. B. 1.

〔144〕 See supra Section Ⅱ. B.

〔145〕 See supra note 46 and accompanying text.

更小。

从某种程度上说,指数型基金的顾问和主动型基金的顾问会参考不同的信息,因此他们可能会从不同的角度处理具有市场影响力的投票。如普信集团公司顾问等主动型基金顾问可能更多地依赖于对投资组合公司有深入了解的投资组合经理,因此更关注积极分子介入前的管理层缺点。“三巨头”可能更多地依赖于特定积极分子的先前记录进行投票,并且可能有更长远的视野。

虽然他们最初的看法可能不同,但顾问也可以从某些途径了解另一类顾问的观点。“三巨头”经营自己的业务的同时也与其他主动型基金顾问有联系;财经媒体、代理顾问公司以及投资者本身也对积极分子以往的记录等提供信息和分析;此外,通过个人或机构的连结,一个顾问的投票组至少会在一定程度上了解其他顾问投票小组的看法。

总而言之,没有证据表明仅一类顾问会更系统地做出更好的投票决定。相反,不同顾问最初的不同观点会相互补充,在共同合作之下可能产生更好的投票结果。

2. 全市场治理标准

在制定全市场治理s标准方面,[146]“三巨头”可能拥有优于主动型基金顾问的激励因素和信息。他们在特定公司中持有更多的股份和他们更广泛的范围经济使他们具有先天优势。

相比之下,从选股者那里获得的特定公司的溢出知识对于这些类型的投票来说无关紧要。这并不是因为他们在这些治理问题上的“一刀切”,相反,由于主动型基金顾问在需要投票的公司中持股很少,而且特定问题信息往往会主导特定公司信息,因此主动型基金顾问通常也不会

[146] 一些人将这些问题称为“公司卫生”。See, e. g., Joseph A. Grundfest & Michael Callahan, *Stanford Law's Joe Grundfest and Mike Callahan Correct Common Misconceptions About Corporate Governance in the Venture Capital Arena*, Stan. L. Sch.: Legal Aggregate Bloc (Feb. 13, 2019), https://law.stanford.edu/2019/02/13/stanford-laws-joe-grundfest-and-mike-callahan-correct-common-misconceptions-about-corporate-governance-in-the-venture-capital-arena/ [https://perma.cc/3666-UVCZ].

在决定如何投票时费心整合特定公司信息。[147]

3. 特定公司业绩和治理问题

无论是通过公司参与还是通过投票,主动管理型基金以及激进的对冲基金的顾问在识别和解决特定公司业绩问题方面都可能优于指数基金的顾问。[148] 主动型基金和激进的对冲基金的顾问可以获得选股者出于投资目的进行的业绩不佳原因的评估,尤其是对于顾问增持的业绩不佳的公司,这些顾问和基金可能有足够的激励与公司管理层或外部董事接触以解决业绩问题或通过投票反映对业绩的担忧。

相比之下,虽然指数基金的顾问可以很容易地识别业绩不佳的公司,但由于内部分析师的稀缺,他们很难准确地指出业绩不佳的原因并提出具体的改善建议。因此,在通常情况下,他们不太可能通过公司参与或投票来解决业绩问题。[149]

此处似乎出现了反映不同参与者存在不同激励的分工。特定公司业绩问题首先由具有最佳激励和能力的投资者——主动管理型共同基金和激进的对冲基金提出。如果公司拒绝他们提出的改进建议,在有足够威慑力的情况下,积极分子就可以通过代理权争夺的方式迫使公司解决问题。这样一来,第三类问题就变成了第一类问题,"三巨头"也因此参与进来。

相比之下,特定公司治理问题通常由"三巨头"管理小组在其定期参与的会议上处理。如上所述,"三巨头"可能拥有良好的信息结构和激励,除非治理问题已经开始影响业绩,否则主动管理型共同基金和对冲基金往往不感兴趣。

---

〔147〕 例如,T. Rowe Price 已经制定了以放之四海而皆准的方式解决许多常见治理问题的代理投票准则。T. Rowe PRICE, *Proxy Voting Guidelines* 4 - 5 (2020), https://www.troweprice.com/content/dam/trowecorp/Pdfs/51326 TRP_ProxyVoting GuideENPE_0220_HINC.pdf [https://perma.cc/482U-5DCC].

〔148〕 卖方证券分析师的建议影响二级市场股票定价的同时也提供信息帮助鉴别业绩问题。See Anne Heinrichs, Jihwon Park & Eugene F. Soltes, *Who Consumes Firm Disclosures? Evidence from Earnings Conference Calls*, 94 Acct. Rev. 205, 207 - 17 (2019).

〔149〕 See Bebchuk & Hirst, *The Specter of the Giant Three*, supra note 11, at 731 - 37.

三、冲突

共同基金的投资顾问面临无数的潜在利益冲突。投资顾问和共同基金股东之间、作为公司股东和同一公司的其他股东之间以及由同一顾问管理的基金之间都可能出现冲突。这些冲突大多不是专门针对指数基金顾问的;事实上,有些冲突主要影响主动型基金的顾问。然而,一些冲突可能在“三巨头”中比在小顾问中更普遍。

由于之前的文献已经详细讨论了前两组冲突,我们对这两组冲突仅作简单讨论,[150]论述的重点将放在第三组冲突上。

(一)顾问与投资者之间的冲突

顾问与投资者冲突主要是由投资顾问的其他业务运营产生的。许多共同基金的投资顾问都与投资银行或保险公司等金融机构相关联,[151]其他顾问则管理企业固定收益和固定供款养老金计划。这些顾问或许不愿与潜在的银行客户、保险客户或可能聘请他们管理养老基金的公司对抗。[152]

我们之前讨论的投资顾问的声誉和市场营销利益[153]也可能引起冲突。例如,考虑到如气候变化或可持续发展等 ESG 问题,拉里 · 芬克强调贝莱德对 ESG 问题承诺的著名信函[154]可能反映了他更加关注 ESG 将提升投资组合公司长期价值的真诚信念,但这也可能是贝莱德试图提升公众形象、营销基金或规避监管的反映。如果顾问出于声誉或市场营销原因选择的立场或进行的投票会降低公司价值,他们的利益将与一些基金投资者相冲突。

在这种冲突的情况下,竞争压力和政治因素都限制了顾问追求与投

---

〔150〕 See, e. g. , Rock, supra note 14, at 468 –76(讨论基金管理中可能出现的冲突).

〔151〕 Kahan & Rock, *Hedge Funds in Corporate Governance*, supra note 14, at 1054(“20 个最大的共同基金家族中有 9 个与金融机构相关联”).

〔152〕 Id. at 1055.

〔153〕 See supra Section I. B. 3.

〔154〕 See supra text accompanying note 107.

资者利益相冲突的目标。在竞争前列的道富对拉里·芬克的信做出了回应,强调后者追求的是"价值而不是价值观"(value not values)。[155] 换句话说,道富试图吸引那些不认同芬克的"价值观"或者不愿意牺牲"价值"的投资者。在政治方面,前参议员菲尔·格兰姆指责大型机构投资者利用投资者的钱来追求他们在立法上未能实现的自由主义目标。[156]

(二)股东内部冲突

另一长期公认的冲突来源于选股者希望与其投资组合公司的经理保持友好关系这一事实。[157] 选股者能从这种关系中受益,因为他们的问题能在公共场合得到解答,且他们可以私下获取可能本身没有法律意义但有助于填补他们未知的公司运营的信息。[158] 他们利用这种途径来更好地预测股价走势,从而为基金购买者谋取利益。但是,如果他们通过不对管理层投出能提高公司价值的反对票来维持这种关系,就会牺牲广大股东的利益。与主动型基金的顾问相比,较少依赖选股者的指数基金顾问受此类冲突影响较小。

[155] Cyrus Taraporevala, *Index Funds Must Be Activists to Serve Investors*, Fin. Times, July 25, 2018, at 9("我们创造的是长期价值,而不是强加价值观"). But see Douglas Beal Et Al., Bos. *Consulting Grp.*, *Total Societal Impact: a New Lens for Strategy* 3 - 9, 38 (2017) ("主张将 ESG 问题纳入公司战略").

[156] Phil Gramm & Mike Solon, *Opinion*, *Keep Politics Out of the Boardroom*, Wall Street J., July 19, 2018, at A17("将政治和社会目标强加于公司的论点往往不过是将强迫公司遵守被国会否决的价值观合理化……").

[157] See Jill E. Fisch & Hillary A. *Sale*, *The Securities Analyst as Agent: Rethinking the Regulation of Analysts*, 88 IowaL. Rev. 1035, 1054 - 56 (2003) ("表明证券分析师试图维持其地位或巴结信息来源的冲突").

[158] 有证据表明,公司有时会通过在电话会议上回避分析师的问题来报复分析师。Susan Pulliam, *Analysts to Tell Congress That Skepticism Gets Them Abuse*, Wall Street J., Mar. 19, 2002, at C1.

(三)基金家族的冲突

同一顾问管理的基金之间的冲突构成了第三组冲突。[159] 例如,A公司和B公司之间拟议合并,假设投资顾问认为A对B的报价太低,[160]这就产生了潜在的利益冲突。如果这些基金在A和B中的持有权重相同,那么价格对他们来说无关紧要;如果基金在B中持股权重较高,价格对他们来说是反对合并的理由;如果基金在A中的持股权重较高,价格对他们来说则是支持合并的理由。

第三组冲突产生的更根本的原因在于顾问对主动型基金收取的费用高于指数基金,管理这两种基金的顾问有牺牲指数基金使主动型基金受益的激励。例如,亚马逊最近收购了在线药店丸药包装(PillPack)。[161] 此次收购导致CVS、Walgreens和Rite Aid等制药股的股价暴跌。[162] 假设一个拥有大型指数基金的家族中的一只主动型基金在亚马逊上增持,而在制药股上减持,其投资组合经理会希望顾问以指数基金持有的股份对支持收购PillPack进行投票。对投资组合的经理来

---

〔159〕 See Fisch, Hamdani & Davidoff Solomon, supra note 98, at 33 - 36; Aneel Keswani, Anh Tran & Paolo Volpin, *Institutional Debt Holder Governance* 28 - 29 (European Corp. Governance Inst., Finance Working Paper No. 613/2019, 2020), https://papers. ssrn. com /sol3/papers. cfm? abstract _ id = 3282394 [https://perma. cc/D3XD - RSCQ]. 经验表明,基金家族持有一家公司的债券与该公司的投票表决权更符合债权人利益有关;Ann M. Lipton, *Family Loyalty: Mutual Fund Voting and Fiduciary Obligation*, 19 Transactions 175, 178 - 83 (2017); Morley, supra note 15, at 1261 - 63(讨论由同一顾问管理的基金之间的冲突)。

〔160〕 2002年惠普与康柏的合并便是一例, see Robert F. Bruner & Anna D. Buchanan, *The Merger of Hewlett - Packard and Compaq (A): Strategy and Valuation* 9 - 10 (2004) ("批评人士认为惠普为康柏支付的价格太高,合并将损害股东价值"),以及2007年CVS与Caremark的合并, see Caremark Says Shareholders Approve CVS Merger, N. Y. Times: Dealbook https://dealbook. nytimes. com/2007/03/16/caremark - says - shareholders - approved - cvs - deal/ [https://perma. cc/US3Y - H2KY] ("CVS因提供分析师认为过低的报价而受到抨击")。

〔161〕 See Matt Levine, *Profiting from DisruptionTrades*, Bloomberg (June 29,2018, 11:02 AM), https://www. bloomberg. com/view/articles/2018 - 06 - 29/profiting - from - disruption - trades.

〔162〕 Id. ; see also Sharon Terlep & Laura Stevens, *Amazon Shakes Up PharmacyBusiness—A $1 Billion Deal for Website Pill Pack Poses Direct Threat to the Industry*, Wall Street J. , June 29, 2018, at B1 ("讨论交易的潜在负面影响").

说,收购导致其他股票价格下跌是一个无所谓甚至是使人高兴的问题。当然,指数基金也持有这些公司的股份,而基金的投资者将受到股价下跌的影响。

问题的微妙之处在于:虽然亚马逊收购 PillPack 可能会损害指数基金投资者的利益,但不会影响指数基金相对于其竞争对手的相对业绩,因此不会在指数基金竞争中对资产管理公司造成损害,但这却会提高主动型基金相对于其他主动型基金的相对业绩。从这个角度来看,经营指数基金可以为主动型基金顾问带来"双赢"。这不仅提升了顾问用以增加主动型基金收益和整体费用收入的影响力,而且,即使指数基金的收益减少,指数基金也不会在与其他指数基金的竞争中处于不利地位。[163]

处理这些冲突有两种基本方法:个案处理或整体处理。例如,当发生此类冲突时,将投票决定权委托给个别基金的经理,这就是先锋领航处理其基金之间潜在利益冲突的方式。例如,在 CVS 与 Caremark 的合

〔163〕 那么,为什么一个如富达一般的由积极策略主导的基金家族会将指数基金股票的投票权委托给 Geode 这样的独立公司呢?当投资组合公司董事会考虑富达反向投资组合经理的意见时,富达 500 指数基金这只 1500 亿美元指数基金难道不是有力的支持吗?这段历史很有趣。Geode 最初是富达的一部分,用于试验高风险的计算机交易策略。See John Hechinger, *Fidelity Spins Off Geode Investors – Move Could Allay Concerns About Conflicts of Interest*, Wall Street J., Aug. 5, 2003, at D7(详细介绍了富达对内部投资公司 Geode 的分拆). 这些"试验"引发了人们对富达可能在其基金中做空自己投资者的担忧。Id. 为了缓解这些担忧,Geode 于 2003 年分拆出来。Id. 分拆后,Geode 的首席执行官是富达的资深人士 Jacques Perold,他曾在富达经营 Geode 并负责监督富达 280 亿美元的指数基金。Id. 在被华尔街日报描述为 Geode 首席执行官"政变"的事件中,Geode 带走了指数基金。Id.("倾向于强调选股的富达表示,它不考虑将'核心业务'指数化")。有趣的是,Perold 于 2009 年离开 Geode,重返富达资产管理公司担任总裁。See Erin Kello, *Fido Finally Finds Its Top Asset Management Exec*, The mutu alfundwire. com (May 21, 2009), http://www.mfwire. com/article. asp? storyID = 21616&template = article&bhcp = 1 [https://perma.cc/6DKW – MGNJ].

并中,先锋领航部分投了赞成票,部分则投了反对票。[164] 此外,也可以将指数基金份额的投票权委托给一家独立公司,如富达和晶洞公司。[165] 对于拥有大型指数基金的顾问来说,先锋领航的方法似乎比富达更好。如前文所述,如果顾问进行明智的投票时会获得很大的直接激励,作为一体的股东就会受益。但是,将投票权委托给另一个实体会降低直接激励。相比之下,实质性冲突虽然真实存在但并不经常出现,因此可以进行个案处理。

(四)冲突和投票权

当然,共同基金投资顾问并不是唯一面临潜在冲突的股东。公共养老基金面临的政治限制和利益冲突,包括追求目标而非公司价值增长的团体的压力,也可能会使他们的投票产生偏差。[166] 工会附属养老基金可能会推行劳工议程。[167] 作为股东的公司管理者和其他员工或许会通过投票来维持他们的工作保障和改善他们的雇佣条件。控股股东可以通过投票反对稀释控制权(如增发有表决权的股票)或阻碍其有效行使控制权的措施(如选举独立董事),以维持他们因控制权享有的私利。尽管对冲基金经理有实现基金价值最大化的激励,[168] 但他们或许会采用复杂的投资策略,这可能使得对冲基金与公司其他股东对最佳选择产生分歧。[169]

---

〔164〕 在 CVS - Caremark 一事中,500 指数基金在两家公司中都用全部表决权投票反对 CVS 与 Caremark 的合并,而先锋领航的医疗保健专门基金投了赞成票。Vanguard Index Funds, *Annual Report of Proxy Voting Record* (*Form N - PX*) (Aug. 22, 2007); Vanguard Specialized Funds, *Annual Report of Proxy Voting Record* (*Form NPX*) (Aug. 22, 2007); see also Patrick Dennis, Kristopher Gerardi & Carola Schenone, *Common Ownership Does Not Have Anti - Competitive Effects in the Airline Industry* 21 *n*. 35, (Fed. Reserve Bank of Atlanta Working Paper Series, Working Paper No. 2019 - 15, 2019), https://papers. ssm. com/sol3/papers. cfin? abstract_id = 3423505 [https://perma. cc/TJ8A - 32MN](描述基金家族内部基金投反对票的实例).

〔165〕 See Hechinger, supra note 163.

〔166〕 See Marcel Kahan & Edward Rock, *The Insignificance of Proxy Access*, 97 Va. L. Rev. 1347, 1416 - 18 (2011).

〔167〕 See Kahan & Rock, *Hedge Funds in Corporate Governance*, supra note 14, at 1060 - 62 (讨论通过基金与工会相联系).

〔168〕 Id. at 1066 - 68(分析共同基金和对冲基金之间的冲突差异).

〔169〕 Id. at 1072 - 77(详细说明对冲基金买入与卖出的不同意见).

潜在利益冲突的普遍存在是又一个某些股东不应当因知情投票激励低于其他股东而被剥夺投票权的原因。具有较大激励进行知情投票的股东之间可能存在利益冲突，从而扭曲了他们投票支持使公司价值最大化的结果的激励。例如，指数基金顾问可能无法获得来自选股者的溢出知识，而能够获得此类溢出知识的主动型基金顾问可能会因为希望保持分析师和管理者之间的良好关系而作出不利于公司利益最大化的决策。

总之，获取信息的激励和利益冲突之间的矛盾是程度问题，而且实际上散户投资者作为唯一没有冲突的股东群体也是获取信息总体激励最低的，因此很难通过调整投票制度来达到更好的结果。虽然我们看到了一些如加强对顾问和投资组合公司之间业务关系披露要求等减少利益冲突的适度措施的存在空间，[170] 但我们怀疑，这类内容更宽泛的方案是否有效。[171]

四、结论

随着机构投资者的增长，美国公司的治理权力已经从管理者大幅转移到股东。在对冲基金和管理者之间最瞩目的对抗中，最大的机构投资者往往被视作决定者。在确定治理的最佳做法方面，最大的机构投资者与代理顾问公司一并充当标准制定者的角色。

这种新权力的出现吸引了大量的审查者与“偏执狂”。作为“三巨头”的贝莱德、先锋领航和道富都收到了关于他们应该做什么、不应该做什么、应该如何做以及应该聘用多少人的建议。有些人甚至建议将他们

---

〔170〕 See Bebchuk & Hirst, *The Specter of the Giant Three*, supra note 11, at 737 – 41（提出这样的要求）.

〔171〕 例如，贝布楚克（Bebchuk）和赫斯特（Hirst）还提议禁止投资经理为雇主管理 401（k）计划。Id. at 726. 但是，401（k）计划的资产本质上是投资于共同基金，而投资顾问将因此有兴趣继续吸引 401（k）计划参与者投资。

拆分或迫使他们在放弃商业模式和承诺完全被动治理之间做出选择。[172]

但必须有人来决定关键的公司治理问题。公司投票是非常不完美的;这涉及严重的集体行动问题,低等到中等程度的利益冲突是普遍存在的。大多数上市公司很少存在其股份足以获取信息,但又不会有严重利益冲突的个人股东。

一般来说,投资顾问,尤其是主要管理指数基金的投资顾问,都并非完美的投票者。但在公司投票的语境中,完美并不是现实的目标。相反,问题在于,一些股东是优于还是劣于另一些股东,以及他们的决定能否在一定程度上且完全可靠地根据监管或私人秩序保证有所变化。

我们认为这样的情况并不存在。指数基金顾问,特别是管理大部分指数基金资产的"三巨头",与主动型基金顾问相比有优有劣。最不可能发生利益冲突的小股东是最不愿意获取信息的股东之一。与大型共同基金相比,公共养老基金顾问的激励通常较小,并且有着不同类型的利益冲突。

没有哪一类公司的投票者可以完全依靠知情投票来实现公司价值的最大化,不同的机构有不同的优势,他们之间是互补的;尤其是指数基金的顾问,他们往往持有公司的大量股份,也因此具有相应的直接激励来获取信息,他们从范围经济中受益并有长期交易视野。此外,主动型基金的大型顾问更容易获得溢出知识,而规模较小的投资顾问以及对冲基金也可能具有显著的基于资金流的激励因素。他们都可以在公司治理中发挥宝贵的作用。基于此,我们不是试图通过剥夺一些股东的投票权或对指数基金实施特殊的规则来调整这个复杂的体系,而是倾向于让股东回归股东的角色。

(编辑:宋　澜)

---

[172] Eric A. Posner, Fiona M. Scott Morton & E. Glen Weyl, *A Proposal to Limit the Anticompetitive Power of Institutional Investors*, 81 Antitrust L. J. 669, 708 (2017)(建议将指数基金在寡头垄断行业的持股比例限制在1%以内,或者选择完全被动——不进行任何投票和不参加任何高管会议).

《证券法苑》(2022)
第三十六卷,第 367 ~427 页

公司和证券法对社会责任与企业宗旨的影响*

[美]托马斯·李·哈森** 著
刘 辉*** 周菁菁**** 译

摘要:社会责任在公司治理中的作用一直备受争议。最近的一系列事件使企业社会责任的受关注度一路攀升。本文探讨了法律影响社会责任的双重进路。当前公司社会责任运动的反复对州法中的公司设立以及联邦证券监管都有影响,本文分析了公司章程中规定的宗旨条款帮助解决社会责任和公司使命等问题的几种可能方式。其中包含对共益法人法律制度的简要探讨,以及如何更好地使宗旨条款成为共益法人的代表性制度。本文也追踪了证券法对公司社会责任处理方法的发展,包括建议采用安全港规则,鼓励公司披露与社会责任相关的信息。

* Thomas Lee Hazen, *Corporate and Securities Law Impact on Social Responsibility and Corporate Purpose*, Boston College Law Review, Vol. 62, 2021, p. 851 – 904. 本文的中文翻译及出版已得到版权方授权。

** 北卡罗来纳大学教堂山分校法学 Cary C. Boshamer 杰出教授。

*** 湖南大学法学院副教授,湖南大学金融与法律研究中心研究员。

**** 湖南大学法学院经济法学硕士研究生。

关键词:社会责任　企业宗旨　公司治理　证券监管

一、引言

近九十年来,学者们围绕企业是否以利润最大化为唯一目标争论不休。[1] 在五十年的学术争鸣后,这个论题似乎已经找到一个折中的答案。[2] 可以明确的是,社会责任[3]在企业宗旨中占有一席之地。[4]

---

〔1〕 See, e. g. , Adolf A. Berle, Jr. , *Corporate Powers as Powers in Trust*, 44 Harv. L. Rev. 1049, 1049 (1931) [hereinafter Berle, Corporate Powers] (主张公司管理层应考虑到所有股东的利益); E. Merrick Dodd, Jr. , *For Whom Are Corporate Managers Trustees?*, 45 Harv. L. Rev. 1145, 1148 (1932) ("公众舆论,也就是法律的制定者,已经并正在朝着将商业公司视为一个既具有社会服务功能又具有盈利功能的经济机构的方向迈出实质性的步伐,这种观点已经对法律理论产生了一定的影响,而且在不久的将来可能会对后者产生更大的影响。"); see also Adolf A. Berle, Jr. , For Whom Corporate Managers Are Trustee - s: A Note, 45 Harv. L. Rev. 1365, 1365 - 67 (1932) [hereinafter Berle, Corporate Managers] (回应多德教授).

〔2〕 See, e. g. , C. A. Harwell Wells, *The Cycles of Corporate Social Responsibility: An Historical Retrospective for the Twenty - First Century*, 51 U. Kan. L. Rev. 77, 78 - 82 (2002) (讨论当前企业社会责任辩论的发展); see also, e. g. , Thomas L. Hazen Bren L. Buckley, *Models of Corporate Conduct: From the Government Dominated Corporation to the Corporate Dominated Government*, 58 Neb. L. Rev. 100, 103 - 06 (1978) (same).

〔3〕 不言而喻,在许多情况下,构成对社会负责的行为可能是高度主观的。尽管对于可持续发展目标是一种积极的社会公益可能存在一些共识,但对于其他问题的社会责任并不总是如此。例如,在一个广为人知的案例中,一家公司认为提供包含抗堕胎药物的健康保险是不负责任的。See Burwell v. Hobby Lobby Stores, Inc. , 573 U. S. 682, 701, 703, 711 - 12 (2014).

〔4〕 See, e. g. , Adi Libson, *Taking Shareholders' Social Preferences Seriously: Confronting a New Agency Problem*, 9 U. C. Irvine L. Rev. 699, 707 (2019) (讨论有关经理和股东在社会偏好方面的代理问题).

人们早已认识到,社会责任和营利能力可以作为企业目标并存。[5] 问题转变成:营利能力和社会责任之间的适当平衡是什么? 2019 年[6],一些热点事件将企业责任推至风口浪尖,这为研究法律迄今的回应以及未来的发展提供了机会。多年来,企业责任运动不断发展壮大,[7]社会责任也成为近一个世纪以来学者们密切关注的命题。

企业社会责任(CSR)运动希望公司考虑其经营行为的社会影响,[8]该运动的最新发展涉及公司运营对环境、社会和治理绩效(ESG)的影响。[9] 两个术语之间的主要区别在于:CSR 概括性地描述了公司对这些目标的承诺。相比之下,ESG 则反映了一种通过提供指标来衡量

---

[5] See, e. g. , David S. Ruder, *Public Obligations of Private Corporations*, 114 U. Pa. L. Rev. 209, 229(1965)(“无论是由政府立法、政府压力,还是仅仅由公司对其作为社会单位的长期潜力的开明态度所引起的,为履行公共义务而进行的公司活动都可以与利润最大化目标相一致。与此相反,以公共需要为由证明公共义务的合理性,而不考虑公司的利益,只会进一步减少所有者对公司的影响,并对公众参与公司管理提出更多要求。”); see also, e. g. , Daniel J. Morrissey, *The Riddle of Shareholder Rights and Corporate Social Responsibility*, 80 Brook. L. Rev. 353, 355 – 59 (2015)(鼓励立法机构和公司董事会将企业社会责任作为企业使命的一部分).

[6] See Bus. Roundtable, Statement on the Purpose of a Corporation 1 (2019), https://s3. amazonaws. com/brt. org/BRT – StatementonthePurposeofaCorporationOctober2020. pdf[https://perma. cc/3JZXAFW8]; Larry Fink, A Fundamental Reshaping of Finance, BLACKROCK, https://www. blackrock. com/us/individual/larry – fink – ceo – letter [https://perma. cc/67LC – 2LFY]; see also, e. g. , David A. Katz Laura McIntosh, *Sustainability in the Spotlight*, Harv. L. Sch. F. ON CORP. GOVERNANCE (Jan. 27, 2020), https://corpgov. law. harvard. edu/2020/01/27/sustainability – in – the – spotlight/[https://perma. cc/J5JE – YS93](讨论贝莱德致 CEO 的信). 有关这些发展的讨论,请参见下文注释[30]~[55]和随附文本。

[7] 请参见下文注释[59]~[79]和随附文本。

[8] See, e. g. , Paul Monaghan, *Corporate Social Responsibility: How the Movement Has Evolved Since the 90s*, The Guardian(May11, 2013), https://www. theguardian. com/sustainable – business/csr – retrospective – how – movement – developed – 90s[https://perma. cc/VBU5 – JYWV].

[9] See, e. g. , George Strobel, *Making Sense of ESG: A Primer on Social Corporate Responsibility*, Forbes (Mar. 5, 2020), https://www. forbes. com/sites/forbesfinancecouncil/2020/03/05/making – sense – of – esg – a – primer – on – social – corporate – responsibility/? sh = 54d119fcd471[https://penna. cc/AMW5 – HTM9].

社会影响的方法。随着 ESG 越来越受欢迎,[10] ESG 的支持者正在开发可以衡量 CSR 成就的指标。

一些 ESG 数据提供商向投资者和投资分析师提供 ESG 数据和评分。[11] 例如,截至 2016 年,有一百多家机构提供 ESG 数据。预计 ESG 数据行业将在此基础上进行整合。[12] ESG 数据提供者将为越来越多基于企业社会责任做出投资选择的投资者提供信息。[13] 企业责任倡导者希望并预期随着大数据的发展,标准化将使投资者更容易消化和评估信

〔10〕 See, e. g., Shane Blanton & Anna West, Callan Inst., 2019 ESG Survey 2 (2019), https://www.callan.com/wp-content/uploads/2019/09/2019-ESG-Survey.pdf [https://perma.cc/AHD8-AHAD]; BillyNauman, *ESG Money Market Funds Grow 15% in First Half of 2019*, Fin. Times (July 14, 2019), https://www.ft.com/content/2c7b8438-a5a6-11e9-984c-fac8325aaa04 [https://perma.cc/Q3F2-GUEQ]; Abhishek Vishnoi, *Five Trends MSCI Sees in the Growth in Sustainable Investing*, Bloomber Ggreen (Jan. 15, 2020), https://www.bloomberg.com/news/articles/2020-01-16/here-are-five-trends-msci-sees-leading-growth-in-esg-investing [https://perma.cc/TNJ5-6VVR].

〔11〕 See generally 8 J. ENV'T INVESTING, no. 1, 2017 (评估 ESG 数据).

〔12〕 Sustainable Insight Cap. Mgmt., Sustainable Perspectivefor Themainstream Investor: Who are the ESG Rating Agencies? 2 (2016), https://www.sicm.com/docs/whorates.pdf [https://perma.cc/8RFA-TK7P]. 据估计,6 家最大的 ESG 数据提供商覆盖了两千多家公司。Id.

〔13〕 See, e. g., Environmental, Social, Governance (ESG), KPMG, https://boardleadership.kpmg.us/esg.html [https://perma.cc/QQV2-SP4K] (解释 ESG 与投资者的相关性); *ESG Data*, Bloomberg, https://company.content.cirrus.bloomberg.com/impact/products/esg-data/ [https://perma.cc/AA79-55FH] (声称有 1.8 万名客户使用 Bloomberg 的 ESG 数据); Georg Kell, *The Remarkable Rise of ESG*, Forbes (July 11, 2018), https://www.foibes.com/sites/georgkell/2018/07/11/the-remarkable-rise-of-esg/#748ca06d1695 [https://perma.cc/8T4V-LPB9] (提及在企业运营中越来越多地使用 ESG).

息。[14] 近期ESG指标和披露的流行可能会在未来十年内更加迅猛发展。[15] 这种“新常态”反过来使公司面临更大的压力,从而将ESG信息披露[16]置于联邦证券法的审查之下。

企业责任倡导者的持续增长表明这并非一时的幻想。CSR和ESG的发展已经对全球和世界金融市场产生了影响。[17] 同时,一些国家要求公司注重社会责任。[18] 本文重点介绍美国的CSR和ESG。此外,本文还研究了美国州和联邦法律对于企业社会责任当前及将来的作用。

---

〔14〕 See, e. g. , Rakhi Kumar & Ali Weiner, State St. Glob. Advisors, The Esgdata Chal – Lenge 1, 4 (2019), https://www. ssga. com/investment – topics/environmental – social – governance/2019/03/esg – data – challenge. pdf [https://perma. cc/49J9 – FZUK].

〔15〕 See, e. g. , Rodolfo Araujo & Kosmas Papadopoulos, *Top 10ESG Trends for the New Decade*, JD Supra(Feb. 21, 2020), https://www. jdsupra. com/legalnews/top – 10 – esg – trends – for – the – new – decade – 26581/[https://perma. cc/9M5B – 3X6C] (“我们的新十年预计将广泛采用ESG相关实践成为常态。”). 作为一个积极的发展,可持续发展会计标准委员会和全球报告倡议组织宣布了一项联合倡议,以提高其ESG报告方法的标准化程度。See Michael Cohn, *SASB Teams with GRIon Sustainability Reporting*, Acct. Today (July 13, 2020), https://www. accountingtoday. com/news/sasb – teams – with – gri – on – sustainability – reporting [https://perma. cc/5NLTQV2L] (宣布联合倡议).

〔16〕 See Araujo & Papadopoulos, supra note 15(将ESG披露描述为“新常态”,并提出披露ESG的压力越来越大)。

〔17〕 See, e. g. , John Kong Shan Ho, *Regulating Environmental, Social, and Governance Disclosure by Listed Companies: A Comparison of Major Financial Markets*, 15 J. Compar. L. 133, 138 – 52 (2020) (讨论全球监管机构增加ESG报告的趋势); Gregory Jackson et al. , *Mandatory Non – financial Disclosure and Its Influence on CSR: An International Comparison*,162 J. Bus. Ethics 323, 328 – 29 (2020) (讨论在各个国家强制披露企业社会责任); Francesco Guarascio, *EU Rules on Responsible Investments to Kick In from* 2021: *Document*, Reuters (Nov. 4, 2019), https://www. reuters. com/article/us – eu – regulations – sustainablefinance/eu – rules – on – responsible – investments – to – kick – in – from – 2021 – document – idUSKBN1XE1U3 [https://perma. cc/5B7E – GRVB] (讨论欧盟金融领导人的负责任投资规则计划).

〔18〕 See, e. g. , Stephen Kim Park, *Social Responsibility Regulation and Its Challenges to Corporate Compliance*,14 Brook. J. Corp. Fin. & Com. L. 39,43 (2019) (参考中国和印度的CSR要求); K. R. Pillai, *Corporate Social Responsibility in India: A Journey from Corporate Philanthropy to Government Mandate*, 10 Indian J. Corp. Governance 176, 179 – 81(2017) (讨论印度企业社会责任的演变及其企业社会责任任务).

州公司法和联邦证券法对企业及其行为影响深远，本文探讨了为适应企业社会责任运动的蓬勃发展，美国证券监管[19]和公司法[20]的历史适用与未来发展。

美国各州通过制定针对公司的授权立法以许可公司经营，为美国的公司法提供了基础。[21] 尽管不时有人建议采用联邦特许经营的方式，[22]但以州公司法为基础的许可模式并没有改变。不过，由于联邦证券法中的投资者保护条款的广泛适用，联邦法律已经产生了重大影响。[23] 目前公司责任运动的反复对联邦证券监管和州公司法许可经营的公司都有影响。本文对上述影响进行分析。

本文并不建议公司对社会负责，而是寻求一种方法，使法律更好地适应希望促进 CSR 的观察者和投资者人数不断增长这一现状。就证券法而言，这意味着加强披露，使关心社会责任的投资者能够做出更加明

---

〔19〕 See infra notes 106 – 151 and accompanying text.

〔20〕 See infra notes 181 – 293 and accompanying text.

〔21〕 See, e. g., Richard W. Jennings, *The Role of the States in Corporate Regulation and Investor Protection*, 23 Llaw & Contemp. Probs. 193, 194 – 207 (1958)（研究州政府在公司监管中的作用）; Elvin R. Latty, *Why Are Business Corporation Laws Largely "Enabling"?*, 50 Cornell L. Q. 599, 601 – 02 (1965)（讨论允许企业在"自由合同基础上"运营的公司法理念）; see also, e. g., Thomas L. Hazen, *Corporate Chartering and the Securities Markets: Shareholder Suffrage, Corporate Responsibility and Managerial Accountability*, 1978 Wis. L. Rev. 391, 392 – 96（讨论州公司章程和联邦投资者保护的重叠）.

〔22〕 See, e. g., Harris Berlack, *Federal Incorporation and Securities Regulation*, 49 Harv. L Rev. 396, 396 (1936); Donald E. Schwartz, *A Case for Federal Chartering of Corporations*, 31 Bus. Law. 1125, 1125, 1128 – 30 (1976)（支持联邦公司特许经营权）; Donald E. Schwartz, *Federal Chartering of Corporations: An Introduction*, 61 Geo. L. J. 71, 71 (1972); Note, *Federal Chartering of Corporations: A Proposal*, 61 Geo. L. J. 89, 96 (1972) (same); see also, e. g., William L. Cary, *A Proposed Federal Corporate Minimum Standards Act*, 29 Bus. Law. 1101, 1114 – 16 (1974)（建议联邦法律对上市公司采取最低公司治理要求）; William L. Cary, *Federalism and Corporate Law: Reflections Upon Delaware*, 83 Yale L. J. 663, 670 – 84 (1974)（讨论特拉华州公司法中的建议缺陷）.

〔23〕 See, e. g., Hazen, supra note 21, at 392 – 96（讨论州公司法和联邦证券法的交叉之处）; see also, e. g., Arthur Fleischer, Jr., "*Federal Corporation Law*": *An Assessment*, 78 Harv. L. Rev. 1146, 1179 (1965)（声称联邦公司法自 1933 年以来就已经存在并且已经"明智地发展"）.

智的投资选择。[24] 本文还探讨了企业策划者及其律师如何为希望将企业责任作为一部分使命的企业援引公司法。

本文首先回顾了长期以来关于社会责任在设定企业目标中的作用的争论。[25] 随后分析联邦投资者保护法和州公司法如何适应对 CSR 关注的持续增长：首先讨论与公司宗旨相关的州公司法。[26] 其次，解释了被称为共益法人的混合经营形式，并对共益法人制度是否为希望承担社会责任的公司提供了最佳解决方案提出质疑。[27] 最后，重点介绍联邦证券法如何应对 CSR 运动。[28]

二、营利性、社会责任抑或两者兼顾之争

在过去的一年里，有很多关于企业不再只关注营利性和最大化价值的新闻。[29] 以企业圆桌会议（BRT）声明为例，其重新定义了企业宗旨从而将社会责任包含在内。[30] 作为代表美国企业利益的利益集团，[31] 企业圆桌会议对企业宗旨的重新定义并未得到广泛认同，[32] 但不可否认，这是公司社会责任运动发展过程中的重要一步。企业界的其他观察

---

〔24〕 See infra notes 189 – 199, 246 – 264 and accompanying text.

〔25〕 See infra notes 30 – 101 and accompanying text.

〔26〕 See infra notes 106 – 151 and accompanying text.

〔27〕 See infra notes 152 – 180 and accompanying text.

〔28〕 See infra notes 181 – 293 and accompanying text.

〔29〕 See infra notes 30, 36 – 37 and accompanying text.

〔30〕 Bus. Roundtable, supra note 6, at 1.

〔31〕 企业圆桌会议总结其目的如下：商业领袖认为需要一个组织，让龙头企业的 CEO 能够聚集在一起，研究问题，努力达成共识，制定立场并倡导这些观点。企业圆桌会议的成立有两个主要目标：(1) 使来自不同公司的首席执行官能够共同分析影响经济和商业的具体问题；(2) 向政府和公众提供知识渊博、及时的信息以及切实可行的积极行动建议。History, Bus. Roundtable (Jan. 17, 2011), https://s3.amazonaws.com/brt.org/archive/legacy/uploads/studies – reports/downloads/BRT _ History _ 1172011.pdf [https://perma.cc/PFK9 – KS8Z].

〔32〕 See, e. g., News Analysis: Business Roundtable's "Statement on the Purpose of a Corporation" Raises Eyebrows & Ire, Wall St. Law., Sept. 2019, at 9, 11 – 12 (讨论对企业圆桌会议重述企业宗旨的一些负面反映).

家也意识到,道德实践和可持续发展在确定公司宗旨方面发挥着重要作用。[33] 鉴于企业责任运动的悠久历史及其发展态势,企业圆桌会议对社会责任的强调更有可能预示着一种即将到来的趋势,而非一时的宣言。[34] 例如,截至 2018 年,ESG 驱动的投资规模超过 30 万亿美元,预计 20 年内将增至 50 万亿美元,[35] 最近的一些事态发展突出了对 CSR 的关注。

例如,雪佛龙(Chevron)公司的股东投票赞成一项要求管理层报告

---

〔33〕 See, e. g., Martin Lipton et al., *Wachtell Lipton on the Purpose of the Corporation*, Cls Blue Skyblog (May 27, 2020), https://clsbluesky. law. columbia. edu/2020/05/27/wachtell - lipton - on - the - purpose - of - the - corporation/ [https://perma. cc/WT79 - AKT2] ("公司的目的是开展合法、道德、营利和可持续的业务,以创造长期价值,这需要考虑对其成功至关重要的利益相关者(股东、员工、客户、供应商、债权人和社区),由公司和董事会根据其商业判断确定,并与股东定期接触,股东是支持公司实现这一使命的重要合作伙伴。这种目的概念足够广泛,适用于所有商业实体,但同时为行动和参与提供明确的原则。可持续营利的基本目标承认营利性公司的目的是为投资者创造价值。合法和道德行为的要求确保最低限度企业社会责任标准。更广泛的任务是考虑企业利益相关者包括社区,不仅限于当地社区,还包括社会和经济,指导董事会在这一更广泛的责任范围内行使商业判断。定期股东参与的要求承认了对投资者的责任,但也与股东分担了对负责任的长期企业管理的责任。").

〔34〕 See, e. g., Robert G. Eccles & Svetlana Klimenko, *The Investor Revolution*, Harv. Bus. Rev., May - June 2019, at 106 (提及由于投资者对 ESG 问题的兴趣增加,投资界发生了翻天覆地的变化); Adam Connaker & Saadia Madsbjerg, *The State of Socially Responsible Investing*, Harv. Bus. Rev. (Jan. 17, 2019), https://hbr. org/2019/01/the - state - of - socially - responsible - investing [https://perma. cc/88VJ - 5ZK6] (提及社会责任投资的快速增长); Cydney Posner, *So Long to Shareholder Primacy*, Harv. L. Sch. F. On Corp. Governance (Aug. 22,2019), https://corpgov. law. harvard. edu/2019/08/22/so - long - to - shareholder - primacy/ [https://perma. cc/6F37 - QT2W] (引用 2019 年 3 月的一项民意调查显示,"41% 的财富 500 强 CEO 同意'解决社会问题应该是他们的核心业务战略的一部分'。").

〔35〕 See Pippa Stevens, *Your Complete Guide to Investing with a Conscience, a $30 Trillion Market Just Getting Started*, CNBC, https://www. cnbc. com/2019/12/14/your - complete - guide - to - socially - responsible - investing. html [https://perna. cc/8B8L - 3YBJ] (Dec. 16, 2019).

其就《巴黎气候变化协定》进行的游说工作的股东提案。[36] 紧随其后的是著名投资顾问贝莱德(BlackRock)致公司首席执行官的一封信,信中强调将可持续发展和促进股东有效沟通作为公司目标的重要性。[37] 贝莱德是众多管理机构中的一员,包括先驱性的公共雇员养老基金,如加利福尼亚公共雇员养老金(CAIPERS)[38] 和纽约市职工退休基金(NYCERS),[39] 它们多年前就开始关注公司的社会价值,并将其作为基金投资策略的一部分。[40] 据估计,除了许多以 ESG 为导向的养老金计划外,还有 300 只共同基金和交易所交易基金持续吸引越来越多的投资

---

〔36〕 See David Wethe & Kevin Crowley, Chevron's Investors Defy Board in Demanding Climate Disclosures, Bloomberg Green (May 27, 2020), https://www.bloomberg.com/news/articles/2020-05-27/chevron-investors-back-proposal-for-climate-lobbying-report[https://penna.cc/4PS9-GP4J]. To read the Paris Agreement in its entirety, see Paris Agreement to the United Nations Framework Convention on Climate Change, Dec. 12, 2015, T. I. A. S. No. 16-1004, https://unfccc.int/sites/default/files/englishjparisagreement.pdf[https://perma.cc/UIHS6-5PAY].

〔37〕 Fink, supra note 6; see, e. g., Katz & McIntosh, supra note 6.

〔38〕 CALPERS 是加州公共雇员退休系统的首字母缩写。See CALPERS, www.calpers.ca.gov[https://perma.cc/2XFK-L7PL]; see also, e. g., Douglas M. Branson, *Corporate Governance "Reform" and the New Corporate Social Responsibility*, 62 U. Pitt. L. Rev. 605, 631, 641 (2001) (讨论 CALPERS 作为道德投资基金的先驱角色).

〔39〕 NYCERS 是纽约市雇员退休系统的首字母缩写。See NYCERS, www.nycers.org[https://perma.cc/49HU-LB6B].

〔40〕 See Branson, supra note 38, at 634 ["受 CALPERS 卓越努力的启发,其他非常活跃的基金包括纽约市雇员退休系统(NYCERS)、威斯康星州退休系统、合并的服装和纺织工人(ACTW)养老金计划以及 TIAA-CREF。"]; see also, e. g., David Hess, *Public Pensions and the Promise of Shareholder Activism for the Next Frontier of Corporate Governance: Sustainable Economic Development*, 2 Va. L. & Bus. Rev. 221, 223-25 (2007) (讨论 ESG 对公共养老金计划的重要性); cf. Max M. Schanzenbach & Robert H. Sitkoff, *Reconciling Fiduciary Duty and Social Conscience: The Law and Economics of ESG Investing by a Trustee*, 72 Stan. L. Rev. 381, 399-425 (2020) (证明信托和养老基金的受托人可以根据其受托责任进行 ESG 投资).

者兴趣。[41] 在另一项重大发展中,穆迪投资者服务公司(Moody's Investor Service)预计 ESG 在评估公司信用风险中将变得愈加重要。[42] 也有人不支持关注 ESG。[43] 例如,国家公共政策研究中心(一个保守的研究和交流基金会)向贝莱德的首席执行官发出一封公开信,指出在 COVID - 19 危机期间需要经济复苏,并以此为由强调应关注股东利益和盈利能力而不是非经济因素。[44] 然而,对于公司来说,更好的做法是在不改变对 ESG 承诺的情况下,以与 ESG 兼容的方式制定针对 COVID -

---

〔41〕 See Greg Iacurci, *Money Moving into Environmental Funds Shatters Previous Record*, CNBC (Jan. 14, 2020), https://www. cnbc. com/2020/01/14/esg - funds - see - record - inflows - in - 2019. html [https://perma. cc/7QP9 - 9HK2] (提及在 2019 年,可持续基金吸引了 206 亿美元的新投资); see also, e. g., Edouard Dubois & Ali Saribas, *Making Corporate Purpose Tangible A Survey of Investors*, Harv. L. Sch. F. On Corp. Governance (June 19, 2020), https://corpgov. law. harvard. edu/2020/06/19/making - corporate - purpose - tangible - a - survey - of - investors/ [https://perma. cc/N8T2 - CW7H] (讨论显示投资者对 ESG 和指标感兴趣的调查).

〔42〕 See David Caleb Mutua, *ESG Is Increasingly Important in Credit Ratings, Moody's Says*, Bloomberggreen (Apr. 14, 2020), https://www. bloomberg. com/news/articles/2020 - 04 - 14/esg - is - increasingly - important - in - credit - ratings - moody - s - says [https://penna. cc/GAS2 - FPTM].

〔43〕 See, e. g., HesterM. Peirce, Comm'r, U. S. Sec. & Exch. Comm'n, Scarlet Letters: Remarks Before the American Enterprise Institute (June18, 2019), https://www. sec. gov/news/speech/speech - peirce - 061819 [https://perna. cc/BL8W - 6RXX] (质疑 ESG 的价值).

〔44〕 *Open Letter to BlackRock CEO Larry Fink*, Nat' Lctr. Forpub. Pol' Yrsch. (Apr. 15, 2020), https://nationalcenter. org/ncppr/2020/04/15/open - letter - to - blackrock - ceo - larry - fink/ [https://perma. cc/8DHJ - KAN9] [“这场经济危机使像贝莱德这样的公司专注于帮助我们国家的经济复苏变得比以往任何时候都更加重要。贝莱德和其他公司不得通过支持不必要和有害的环境、社会和治理(ESG)股东提案。”].

19 的应对措施。[45] 一份面向企业高管的调查证实了 COVID－19 将对可持续发展产生影响,但并未否定继续考虑可持续发展的必要性。[46]

劳工部最近通过了[47]一项规则,限制由雇主赞助的退休计划考虑

---

〔45〕 例如,贝莱德回应称,COVID－19 并未否定可持续投资的可取性。See Philipp Hildebrand et al. ,Blackrock, Sustainable Investing: Resili－Ence Amid Uncertainty 2－4 (2020), https://www. blackrock. com/corpomte/literature/investor－education/sustainable－investing－resilience. pdf[https://perma. cc/JY2Y－3UKX]; see also, e. g. , David A. Katz & Laura McIntosh, *Corporate Governance Update: EESG and the COVID－19 Crisis*, Harv. L. Sch. F. On Corp. Governance (May 31, 2020), https://corpgov. law. harvard. edu/2020/05/31/corporate－governance－update－eesg－and－the－covid－19－crisis/[https://perma. cc/HYF9－Y3XA][提及气候变化问题仍然很重要,并且"COVID－19 危机加速了向以利益相关者为导向的治理的新生转变。它提高了公众的期望,即公司将努力与员工、客户进行有意义的接触,投资者、供应链合作伙伴和更广泛的社区"]; Klaus Schwab et al. , World Econ. F. , Stakeholder Principles in the COVID Era 1 (2020), http://www3. weforum. org/docs/WEFStakeholder_Principles_COVID_Era. pdf [https://perma. cc/5GDJ－D9PW](强调承诺可持续发展的重要性,同时关注利益相关者对 COVID－19 的担忧).

〔46〕 See Rusty O'Kelley et al. , *Corporate Governance Challenges in the COVID－19 Crisis: Findings from a Survey of US Public Companies*, Conf. BD. (June 10, 2020), https://conferenceboard. esgauge. org/covid－19/governance[https://perma. cc/JQ4L－QXR5]. 特别是,正如一篇文章所总结的,调查结果表明:30% 的人认为疫情对可持续发展工作产生了负面影响;12% 的人认为这会降低对可持续性的整体重视;10% 的人认为这将增加整体重点;19% 的人认为它将暂停可持续发展的努力;38% 的人预计这些计划的优先事项会发生变化;下一步:"为避免与继续推进其 ESG 议程的机构投资者和其他利益相关者发生冲突,董事会和高级管理层将希望仔细评估大流行对其可持续发展计划的影响,并及时将任何更新传达给他们对利益相关者的可持续发展战略。" Said Matteo Tonello, Managing Director of ESG Research at The Conference Board. The Conference Board, *New Survey Finds Sharp Divide Over Pandemic's Impact on Corporate Sustainability*, CLS Blue Sky Blog (June 10, 2020), https://clsbluesky. law. columbia. edu/2020/06/10/new－survey－finds－sharp－divide－over－pandemics－impact－on－corporate－sustainability/ [https://perma. cc/2YLH－6J73].

〔47〕 Financial Factors in Selecting Plan Investments, 85 Fed. Reg. 72846 (Dep't of Labor Nov. 13, 2020) (tobe codified at 29 C. F. R. pts. 2509, 2550) (adopting release); Financial Factors in Selecting Plan Investments, 85 Fed. Reg. 39, 113, 39, 114－39, 117 (proposed June 30, 2020) (to be codified at 29 C. F. R. pt. 2550) (proposing release).

ESG,该规则受《就业退休收入保障法》(ERISA)[48]的约束,令人不安。新规则限制了ESG制度在投资经理的投资选择中的运用。[49] 作为受托人的投资经理必须"基于适当的投资前景和和计划明确的资金及投资目标,只根据对投资回报和风险有实质性影响的金钱因素来评估投资和投资行动方案。"[50]这代表着那些支持企业应该只关注营利性而不是同时考虑社会责任者的胜利。[51] 该规则还禁止ERISA退休计划将ESG基金列入其基金名单,除非完全根据财务业绩来选择入围基金。[52] 甚

[48] Employee Retirement Income Security Act of 1974, Pub. L. No. 93 – 406, 88 Stat. 829 (codified as amended at scattered sections of 26 U. S. C. and 29 U. S. C. § §1001 – 1461). ERISA监管许多雇主赞助的退休计划。

[49] 选择计划投资的财务因素,85 Fed. Reg. at 39, 113, 39, 117。该建议包括任何在其投资任务中使用"一个或多个以环境、社会和公司治理为导向的评估或判断的计划……或在基金名称中包括这些参数……或在基金名称中包括这些参数"。Id. at 39, 118.

[50] Id. at 39, 127. 新规则比允许基金经理选择ESG投资的"破局者"标准更进一步。See Id. at 39, 114. 根据劳工部之前的方法,只有当计划确定两种投资选择实际上具有相同的经济风险和回报情况时,基金经理才能考虑非金钱因素。See Interpretive Bulletin Relating to the Employee Retirement Income Security Act of 1974, 59 Fed. Reg. 32,606 (June 23, 1994) (to be codified at 29 C. F. R. pt. 2509). 具有讽刺意味的是,就在劳工部最近提出建议的两年前,政府问责办公室(GAO)发布了一份报告,呼吁劳工部反其道而行之,减少养老金计划ESG投资的障碍。See U. S. Gov't Accountability Off., GAO – 18 – 398, Retirement Plan Investing: Clearer Information on Consideration of Environmental, Social, and Governance Factors Would be Helpful 1, 44 (2018), https://www.gao.gov/assets/700/691930.pdf [https://perma.cc/5SKN – 9BD9]; Ted Knutson, *GAO Urges Removal of Roadblocks to ESG Investing in Retirement Plans*, FORBES (May 22, 2018), https://www.forbes.com/sites/tedknutson/2018/05/22/esg – investing – roadblocks – by – retirement – plans – should – be – removed – urges – congressional – report/#4578f8ac517a [https://perma.cc/L3T2 – J9SG].

[51] See infra notes63, 70 – 71and accompanying text.

[52] 此外,新规则规定了更多的记录要求,记录了投资经理的投资理由。选择计划投资的财务因素,85 Fed. Reg. at 39,113, 39, 120。加强记录要求本身可能是将ESG基金纳入退休计划菜单的另一个障碍。

至在新规则出台之前，ERISA 计划在提供 ESG 资金方面一直很缓慢。[53] 随着能够投资 ESG 基金的 ERISA 计划数量减少，ESG 基金的潜在投资者也将面临数量减少的困境。

一位证券交易委员会（SEC）委员建议，ESG 基金应披露更多信息以阐明在做出投资决策时如何评估和权衡 ESG 因素。[54] 贝莱德解释说，其对可持续性的关注是基于最大限度地提高公司长期财务业绩的考虑。[55]

下面的讨论简要地回顾了 CSR 的发展和法律对 CSR 目标的适应情况。文中特别讨论了公司宗旨条款的作用、越权原则、共益法人以及联邦证券法的发展。

关于公司宗旨的争论屡见不鲜。[56] 尽管辩论仍在继续，但在过去

---

〔53〕 劳工部的建议公告指出，大约 19% 的 ERISA 管理的计划提供 ESG 基金。Id. at 39, 121. 因此，新规则并不影响不受 ERISA 监管的共同基金和州级再就业计划。关于 ERISA 计划和 ESG 的更多讨论，See Schanzenbach & Sitkoff, supra note 40, at 403 – 13。

〔54〕 See Elad L. Roisman, Comm'r, U. S. Sec. & Exch. Comm'n, Keynote Speech at the Society for CorporateGovernance National Conference (July 7, 2020), https://www.sec.gov/news/speech/roisman – keynote – society – corporate – governance – national – conference – 2020 [https://perma.cc/5BHQ – 5NZU]（主张原则性的重大性认定优于强制 ESG 披露）.

〔55〕 See Sandra Boss, *Our Approach to Sustainability*, Harv. L. Sch. F. Oncorp. Governance (July 20, 2020), https://corpgov.law.harvard.edu/2020/07/20/our – approach – to – sustainability/#more – 131469 [https://perma.cc/HW4G – M4RR]（"今年 1 月，贝莱德写信给客户，讲述我们如何将可持续发展作为我们投资、管理风险和履行管理责任的核心。这一承诺基于我们坚信气候风险是投资风险以及可持续发展整合的信念。投资组合，尤其是气候综合投资组合，可以产生更好的长期风险调整回报。"）.

〔56〕 See, e. g., Berle, Corporate Powers, supra note 1, at 1049; Dodd, supra note 1, at 1163（"律师们通常假设，经理们必须一心一意地经营机构，为股东谋取利益，这是事实；但这种假设是基于对我们称为商业公司的机构性质的特定看法，而这种概念又是基于对商业作为纯粹私人企业的性质的特定看法。如果我们认识到法律和公众舆论对企业的态度正在发生变化，那么我们就可以适当地修改我们对公司这种商业机构的性质的看法，从而对那些指导其活动的人的行为可能产生适当影响的影响。"）See also, e. g., Berle, *Corporate Managers*, supra note 1, at 1365 – 67（回应 Dodd 教授）.

的九十年里,它已被解构重建。[57] 时光倒流已然太晚,企业社会责任运动多年来不断升级,不可否认,这是美国企业必须面对的问题。[58]

关于公司宗旨的辩论起源于 20 世纪 30 年代梅里克·多德(E. Merrick Dodd)、阿道夫·伯利(Adolf Berle)和加德纳·米恩斯(Gardner Means)教授之间的辩论,内容涉及管理层对公司控制权与股东对公司控制权的比较,以及法律在识别公司利益相关者时是否应该超越股东的范围。[59] 伯利和米恩斯教授因此展开了关于谁是适当的公司利益相关者的辩论。多年来,论题扩展到股东以外的公司利益相关者[60]的重要性等问题上,并呼吁在分析美国公司的成功时更多地使用经济学理论。

> 批评现代企业的文献在一个重要方面存在严重不足:它几乎完全没有解决任何经济体系的核心问题——稀缺商品、服务和资本的生产和分配。各个学派都只做了二者之一:要么脱离实际地看待公司,仅关注其内部关系;要么只把公司视为一个社会机构,忽视了使公司具有独特的机构外观的经济力量。

---

〔57〕 See, e. g., Libson, supra note 4, at700 - 03.

〔58〕 See, e. g., Wan Saiful Wan - Jan, *Defining Corporate Social Responsibility*, 6 J. PUB. AFFS. 176, 181 (2006)("关于企业社会责任的争论已经转变为不再关注是否要承担社会责任以及什么是企业社会责任,但正如史密斯解释的那样,它现在集中在如何承担社会责任上。")(citation omitted) [citing N. Craig Smith, *Corporate Social Responsibility: Not Whether, but How?*, 45 CAL. MGMT. REV. 52, 55 (2003)]; Peter A. Atkins et al., *Putting to Rest the Debate Between CSR and Current Corporate Law*, Harv. L. Sch. F. On Corp. Governance (Sept. 7, 2019), https://corpgov. law. harvard. edu/2019/09/07/putting - to - rest - the - debate - between - csr - and - current - corporate - law/[https://perma. cc/V3CQ - YM6H](提及目前的法律已经包含了企业以负社会责任方式行事的能力).

〔59〕 See supra notes 1 - 2, 56 and accompanying text.

〔60〕 See, e. g., Henry G. Manne, *The "Higher Criticism" of the Modern Corporation*, 62 Colum. L. Rev. 399, 399 (1962) ("他的关注点已经扩大到包括比股东更大的群体。"); see also, e. g., Hazen & Buckley, supra note 2, at 111 - 15(讨论从 Berle - Dodd 辩论到国外企业责任讨论的转变); Bayless Manning, *Thinking Straight about Corporate Law Reform*, 41 Law & Contemp. Probs. 3, 9 - 29 (1977)(提供公司法改革方法的分类); Cary Jones, Note, *The Modern Corporation Looks Homeward: The Berle and Means Revolution and the Corporate Paradigm*, 1975 Utah L. Rev. 471, 477 - 82(追溯多年来伯利和米恩斯观点的扩展).

> 令人吃惊的是，影响现代公司的经济因素竟被如此刻意地忽视。公司毕竟是资本主义体系中资本涨落的主要焦点，也是市场导向型经济中竞争企业的主要商业形式。现代企业在相当程度上必然是高度复杂的资本市场、略显晦涩的管理人才市场以及企业生产市场的多重压力和相互关系的结果。[61]

有许多学术文献总结了多德、伯利和米恩斯教授之间的争论，就股东至上还是管理层至上何者为上市公司治理的更佳模式展开讨论。[62]一些现代评论家仍然坚持股东至上的模式，将企业目标限制在财富最大化，[63]这与公司承认所有利益相关者的重要性的这一接受度更高的观

〔61〕 See Manne, supra note 60, at 430.

〔62〕 See, e. g., Stephen M. *Bainbridge*, *Director Primacy and Shareholder Disempowerment*, 119 Harv. L. Rev. 1735, 1735 - 36(2006)（主张董事至上为优选模式）；Stephen M. Bainbridge, *Directorv. Shareholder Primacy in the Convergence Debate*, 16 Transnat'L Law. 45, 46 (2002)（认为董事至上最能描述美国的公司治理）Robert J. Rhee, *A Legal Theory of Shareholder Primacy*, 102 Minn. L. Rev. 1951, 1951 - 56 (2018)（讨论股东至上模式）.

〔63〕 See, e. g., Stephen M. Bainbridge, The New Corporate Governance in Theory and Practice 53 (2008)（"股东财富最大化规范……毫无疑问是美国的法律。"）；Lucian A. Bebchuck & Rober to Tallarita, The Illusory Promise of Stakeholder Governance, 106 Cornell L. Rev. 91(2021)（声称股东至上主义对股东、利益相关者和社会普遍产生不利影响）；Henry Hansmann & Reinier Kraakman, Essay, The End of History for Corporate Law, 89 Geo. L. J. 439, 439 (2001)（"不再有任何与'公司法应主要致力于增加长期股东价值'争锋相对的观点。"）；Jonathan R. Macey, A Close Read of an Excellent Commentary on Dodge v. Ford, 3 Va. L. & Bus. Rev. 177, 178, 180 (2008)（声称 Dodge v. Ford 主张股东至上是法律）Roberta Romano, Comment, A Cautionary Note on Drawing Lessons from Comparative Corporate Law, 102 YALE L. J. 2021, 2023 (1993)（"它是最符合美国公司法的竞争性和扶持性方法的政策，该方法通过允许在选择机构时进行实验和创新，倾向于使公司价值最大化。"）；David G. Yosifon, The Law of Corporate Purpose, 10 Berkeley Bus. L. J. 181, 181 (2013)（"尽管我批评公司治理中的'股东至上规范'，但我坚信股东至上是法律。"）；see also, e. g., Granada Invs., Inc. v. DWG Corp., 823 F. Supp. 448, 459 (N. D. Ohio 1993)（"随着公司的发展和壮大，公司法的一个核心原则出现了：公司管理人员的唯一职责是最大化股东财富。随着时间的推移，要求公司对社会承担更多责任的呼声越来越高，然而，公司的原则是：官员的首要职责是保持股东财富最大化。今天，这似乎是自由市场社会中公司的主要目标。"）(Citations omitted).

点形成鲜明对比。对于股东/利益相关者辩论的意义,[64]有人持怀疑态度。例如,一位评论员认为,学术辩论更多的是修辞,而不是准确反映现实情况。[65] 不管有没有人怀疑,人们越来越接受企业利益相关者重要性的态度已日趋明显。

甚至美国最高法院也承认股东利益至上并非绝对的,指出"虽然营利性公司的核心目标毫无疑问是盈利,但现代公司法并不要求营利性公司以牺牲其他一切目标为代价来追求利润,而且许多公司并没有这样做。"[66]一位观察员建议,法院的意见应仅在案件涉及的宗教自由问题的背景下看待。[67] 然而,这是对法律反对绝对股东至上模式的一种过分狭隘的看法。

---

〔64〕 See, e. g., Lynn Stout, The Shareholder Value Myth: How Putting Shareholders First Harms Investors, Corporations, and the Public 25 (2012)("公司法要求董事……使股东财富最大化的观点是不正确的。");Einer Elhauge, *Sacrificing Corporate Profits in the Public Interest*, 80 N. Y. U. L. Rev. 733, 764 - 65 (2005)(断言特拉华州法律拒绝将股东至上作为唯一的治理范);David J. Berger, *Reconsidering Stockholder Primacy in an Era of Corporate Purpose*, Harv. L. Sch. F. On Corp. Governance (Mar. 4, 2019), https://corpgov. law. harvard. edu/2019/03/04/reconsidering - stockholder - primacy - in - an - era - of - corporate - purpose/[https://penna. cc/P33U - XEA4]("现在凝聚的共识是,公司必须专注于超越股东价值的公司目的。"); see also, e. g., Cathy Hwang & Yaron Nili, *Shareholder - Driven Stakeholderism*, U. Chi. L. Rev. Online (Apr. 15, 2020), https://lawreviewblog. uchicago. edu/2020/04/15/shareholder - driven - stakeholderism - hwang - nili/[https://perma. cc/CK72 - N33L](表明利益相关者的增长是由股东推动的).

〔65〕 Jeffrey M. Lipshaw, *The False Dichotomy of Corporate Governance Platitudes*, 46 J. Corp. L. 345, 351 (2021)("我仍然觉得意识形态之间关于现实世界主题的辩论比教育自己更有趣,作为一个实际问题,当企业管理战壕中的人解决这些问题时,它们很少以这种二元的方式出现。学者们(尤其是终身职位)、政治家(尤其是那些倾向于自由保守连续体的极端人士)和权威人士拥有自称意识形态纯正立场的奢侈。但它们是错误的二分法。公司高管和他们的律师知道领导和管理组织,即执行一方面是原则,另一方面是实用主义之间的紧张关系,而不是单纯的修辞是一个终生的过程。股东的成功始终与企业对部分或全部这些利益的承诺密不可分的现实选区。")。Lipshaw 还建议,商业判断规则验证了董事对各种选区的关注。Id.

〔66〕 Burwell v. Hobby Lobby Stores, Inc., 573 U. S. 682, 711 - 12(2014).

〔67〕 Rhee, supra note 62, at 2015("不难看出,保守派多数人的这一听起来很自由的声明是一种方便的、工具性的理由,是本案和本地区特有的。在手头的公司宗教自由问题上是独一无二的").

CSR 的关注度持续增长,使股东至上[68]和社会责任[69]之间的分歧难以弥合。经济学家米尔顿·弗里德曼(Milton Friedman)认为,公司有且只有一种社会责任——为其股东实现财富最大化,这是一个古老而传统的股东至上的公司宗旨观点。[70] 弗里德曼并未否定将关心社会问题作为一种积极价值的重要性。该观点背后的理由是,公司是无生命的主体。根据弗里德曼的说法,作为一个无生命的实体,公司不具备良知。因此,除了盈利使命之外,公司没有任何社会责任。虽然弗里德曼的观点风靡一时,但当今的企业界已经把社会责任作为企业使命的一部分,两者方枘圆凿。[71]

长期以来,消费者权益倡导者拉尔夫·纳德(Ralph Nader)被视为当代第一批社会责任企业的倡导者之一。1970 年,纳德帮助发起了"通用汽车运动",这是一场敦促通用汽车管理层将安全带作为安全事项纳入车辆的代理人战争。[72] 通用汽车公司的管理层成功拒绝了纳德的提

---

[68] See, e. g., Jill E. Fisch, *Measuring Efficiency in Corporate Law: The Role of Shareholder Primacy*, 31 J. CORP. L. 637, 638 (2006)(断言最大化股东价值不是评估股东至上的唯一问题);Peter Atkins et al., *Social Responsibility and Enlightened Shareholder Primacy: Views from the Courtroom and Boardroom*, Harv. L. Sch. F. On Corp. Governance(Feb. 21, 2019), https://corpgov. law. harvard. edu/2019/02/21/social - responsibility - and - enlightened - shareholder - primacy - views - from - the - courtroom - and - boardroom/[https://perma. cc/FMA4 - KDL7](讨论 ESG 与股东至上的关系).

[69] See, e. g., Virginia Harper Ho, *Why the U. S. Is Lagging on ESG Disclosure Reform*, CLS Blue Skyblog (June 2, 2020), https://clsbluesky. law. columbia. edu/2020/06/02/why - the - u - s - is - lagging - on - esg - disclosure - reform/[https://penna. cc/6QM9 - SX3L](感叹美国在 ESG 披露方面落后于其他国家的事实,并归因于"美国商业实践中股东至上的根深蒂固以及美国公众对监管的怀疑").

[70] See, e. g., Milton Friedman, *A Friedman Doctrine – The Social Responsibility of Business Is to Increase Its Profits*, N. Y. Times Mag., Sept. 13, 1970, at 32.

[71] 如上所述,这方面的最新证据是企业圆桌会议对企业宗旨的重新定义。See supra notes 30 – 34 and accompanying text. But cf Marianne M. Jennings, *The Social Responsibility of Business Is Not Social Responsibility: Assume That There Are No Angels and Allow the Free Market's Touch of Heaven*, 16 Berkeley Bus. L. J. 325, 416, 461 (2019)(表明专注于企业社会责任的公司这样做是为了自身利益).

[72] See, e. g., Donald E. Schwartz, *The Public – Interest Proxy Contest: Reflections on Campaign GM*, 69 Mich. L. Rev. 419, 425 (1971).

议。正如我们所见,管理层起初可能取得了安全带之战的胜利,但最终却输得彻底。[73]

在通用汽车运动之外,纳德和其他人呼吁通过法律,要求公司成为有社会责任感的公民,将重心放在更负责任的公司治理上。[74] 企业识别其利益相关者和支持者的必要条件是社会责任,而不是营利性和财富最大化。不出所料,这一提议遭到企业界的反对。然而,颇具讽刺意味的是,在20世纪80年代的收购狂潮中,公司说服了几个州的立法机构通过了选区法规(constituency statute),允许公司董事会在做决策时考虑股东以外的选民利益。[75] 早期选区法规的颁布是为了这些州的公司能够更有效粉碎不利的收购企图。[76] 如今大多数州都有某种形式的选区法规,[77]这些选区法规显然能敦促董事会做出可能牺牲营利能力以换取对社会负责的决策。值得注意的是,特拉华州是仅有的9个没有选区法规的州之一。[78] 另一个极端是康涅狄格州:选区法规要求在康涅狄

〔73〕 See Id. at 430.

〔74〕 See, e. g., Ralph Nader, Mark J. Green & Joel Seligman, Taming the Giant Corpora – Tion 118 – 31 (1976).

〔75〕 See, e. g., Eric W. Orts, *Beyond Shareholders: Interpreting Corporate Constituency Statutes*, 61 Geo. Wash. L. Rev. 14, 23 – 24(1992). 这些法规在很大程度上是对Revlon, Inc. v. MacAndrews & Forbes Holdings, Inc. 一案裁决的回应,该案认为在某些情况下,管理层不能做任何事情来阻碍股东价值的最大化。506 A. 2d 173, 176 (Del. 1986). 像大多数州一样,特拉华州没有选区法规。

〔76〕 See Joseph R. Shealy, Comment, *The Corporate Identity Theory Dilemma: North Carolina and the Need for Constructionist Corporate Law Reform*, 94 N. C. L. Rev. 686,688 – 92(2016) (回顾选区法规的历史);see also, e. g., Thomas Lee Hazen, *State Anti – takeover Legislation: The Second and Third Generations*, 23Wake Forest L. Rev. 77, 78 – 81(1988)(讨论州要约收购立法的影响).

〔77〕 See Kathleen Hale, Note, *Corporate Law and Stakeholders: Moving Beyond Stakeholder Statutes*, 45 Ariz. L. Rev. 823, 833 (2003) (说明41个州有某种形式的选区法规); Shealy, supra note 76, at 691 (same); Nathan E. Standley, Note, *Lessons Learned from the Capitulation of the Constituency Statute*, 4 Elon L. Rev. 209, 212 (2012) (same).

〔78〕 北卡罗来纳州也是尚未制定选区法规的9个州之一。See Shealy, supra note 76, at 696.

格州注册的上市公司董事在决策过程中考虑"社区和社会因素"。[79]

选区法规在某个州的缺失并不影响公司从事以牺牲利润和股东财富最大化为代价的对社会负责的行为。[80] 如下所述,[81] 精心起草的企业宗旨条款可以起到与选区法规相同的效果,促使公司董事会考虑股东以外的支持者的利益。事实上,使用宗旨条款可能更可取。因此,即使在那些有选区法规的州,制定宗旨条款也不失为一个好主意。

美国法律研究所的公司治理原则认为,公司可能会为了公共利益而牺牲财富最大化。[82] 因此,法院对董事会关于寻求财富最大化和公共利益之间适当平衡的决定极为尊重。[83] 一个相对较新的特拉华州案例表明,为了追求社会责任而牺牲财富最大化是有限度的。在 eBay

〔79〕 Conn. Gen. Stat. § 33 – 756(g) (2020)["拥有根据 1934 年《证券交易法》第 12 条注册的有表决权股票类别的公司的董事,除遵守第(a)至(c)款,包括本节,在确定董事合理认为符合公司最佳利益的事项时,可以考虑:(1)公司的长期和短期利益;(2) 股东的长期和短期利益,包括公司的持续独立性可能最好地满足这些利益的可能性;(3) 股东的利益公司的雇员、客户、债权人和供应商;(4)社区和社会考虑因素,包括公司任何办公室或其他设施所在的任何社区的考虑因素。董事还可酌情考虑任何其他事实,董事合理地认为在确定董事合理地认为符合公司最佳利益的事情时是适当的。"(footnote omitted)];cf Edward S. Adams & John H. Matheson, *A Statutory Model for Corporate Constituency Concerns*, 49Emory L. J. 1085, 1086 (2000)(建议各州颁布一项自治规则,要求公司在制定政策和采取行动时考虑其他支持者的利益).

〔80〕 See, e. g., David B. Guenther, *The Strange Case of the Missing Doctrine and the "Odd Exercise" of* eBay: *Why Exactly Must Corporations Maximize Profits to Shareholders?*, 12Va. L. & Bus. Rev. 427, 486 (2018)(批评 eBay 国内控股公司诉 Newmark 案是对 Dodge 诉 Ford Motors 案的危险回归。"在 Dodge 诉 Ford 的公司章程中曾出现过,90 年后,eBay 又退回到它……逆转了 Dodge 诉 Ford 的逻辑,并从现代公司的合理股东期望倒退到 19 世纪的公共秩序公司"). Dalia T. Mitchell, *From* Dodge *to* eBay: *The Elusive Corporate Purpose*, 13 Va. L. & Bus. Rev. 155, 155 – 56 (2019)(分析判例法并得出结论,法院从未真正坚持将利润最大化作为唯一的公司目标,而是法院利用商业判断规则,在财富最大化与其他公司目标之间的适当平衡方面,由董事自行决定).

〔81〕 See infra notes 108 – 119 and accompanying text.

〔82〕 Am. L. Inst., Principles of Corporate Governance: Analysis and Recommendations § 2. 01(b)(2) – (3) (1994)(提及即使以最大化利润为代价,公司经理"可能会考虑被合理认为适合负责任的商业行为的道德考虑",并且"可能会投入合理数量的资源以公共福利、人道主义、教育和慈善目的").

〔83〕 See Mitchell, supra note 80, at 155 – 56.

Domestic Holdings v. Newmark 一案中[84],特拉华州大法院拒绝基于社会责任来支持董事的行为。Craigslist 的董事们采取毒丸计划(poison pill)[85]以挫败 eBay 的收购计划,这将提升 Craigslist 的营利能力。但据其管理层透露,这也将牺牲公司对社区主义和社会价值的承诺。[86] 法院认为,Craigslist 董事将公司视为"纯粹用于慈善目的的工具"是不恰当的,并阐明:

> 然而,Craigslist 所采用的公司形式并不是实现纯粹的慈善目的的适当工具,至少在有其他股东对实现其投资回报感兴趣的情况下不是这样。吉姆和克雷格选择成立了 Craigslist 公司,作为特拉华州的一家营利性公司,并自愿接受 eBay 的数百万美元。作为交易的一部分,eBay 成为其股东。既然选择了营利性的公司形式,那么 Craigslist 的董事们就受到该形式所带来的诚信义务和标准的约束。这些标准包括为股东的利益提升公司价值。公司名称后的"Inc. "至少要有这个含义。因此,我不能接受为实施股票增值计划(the right plan)而制定的公司政策,该政策具体地、明确地、公认地寻求不为股东的利益而实现特拉华州营利性公司的经济价值最大化——无论这些股东是收入一般的个人还是网络商业的巨头。如果吉姆和克雷格是唯一受其决定影响的股东,那么就不会有人反对。然而,eBay 持有 Craigslist 的大量股份,吉姆和克雷格的行为除了影响他们自己之外,还影响到其他人。[87]

---

[84] 16 A. 3d 1, 34 (Del. Ch. 2010).

[85] 毒丸计划是一种股东权利计划,用于通过降低收购的可取性或成本过高来阻止公司收购。*Poison Pill*, Merriam - Webster, https://www. merriam - webster. com/dictionary/poison%20pill [https://penna. cc/966P - L9AB].

[86] eBay, 16 A. 3d at 33 - 35(在 Craigslist 辩称毒丸对于维持公司的社区主义运营方式是必要的之后,使 Craigslist 董事会的毒丸无效以抵御 eBay 的收购企图). 尽管法院宣布毒丸无效,但它确实允许 Craigslist 错开董事会选举,这实际上消除了 eBay 获得 Craigslist 董事会席位的能力。Id. at 41.

[87] Id. at 34 (emphasis added) (footnote omitted).

有人认为,eBay 案的判决只是一个例外[88],而不是关于公司宗旨的重要声明。讨论 eBay 案而不关注其发生背景是不合理的。eBay 案的起因是,有指控称,在阻止收购企图的过程中,控股股东采取了损害少数股东利益的不当行为。[89]

---

[88] See, e. g., Leo E. Strine, Jr., *The Dangers of Denial: The Need for a Clear – Eyed Understanding of the Power and Accountability Structure Established by the Delaware General Corporation Law*, 50 Wake Forest L. Rev. 761, 774 (2015)(表明 eBay"是一个奇怪的案例");*see* also, e. g., Mitchell, supra note 80, at 210 – 11(注意到尊重董事商业判断的"极少数例外",包括 eBay,是"有趣的案例",但"他们不能改变规则,即商业判断规则",特拉华州规定"与任何其他商业事务一样,关于公司宗旨的决定由公司董事和高管自行决定……他们已经定义并将继续定义公司在我们社会中的角色和目的"). But see, e. g., William H. Clark, Jr. & Elizabeth K. Babson, *How Benefit Corporations Are Redefining the Purpose of Business Corporations*, 38Wm. Mitchelll. Rev. 817, 828(2012)("像 Dodge v. Ford 一样,eBay 法院就股东财富最大化的要求提供了明确的声明……"). eBay 案中的争议是在抵御不受欢迎的收购企图的背景下产生的,因此牵涉到处理该特定收购背景的特拉华州判例法。See, e. g., Revlon, Inc. v. MacAndrews & Forbes Holdings, Inc., 506 A. 2d 173, 182 (Del. 1986)(声明一旦公司"出售",董事的唯一职责就是不干涉股东价值的最大化);Unocal Corp. v. Mesa Petroleum Co., 493 A. 2d 946, 955 (Del. 1985)(认为只有在所采取的行动是为了应对合理感知的对公司政策的威胁并且所采取的反应与威胁成正比时,董事才能对不想要的收购企图作出反应).

[89] See Swortwood v. Tenedorade Empresas, S. A. de C. V., No. 13 CV00362, 2014 WL 12026068, at * 6 (S. D. Cal. Sept. 9, 2014) (将 eBay 案描述为忠诚义务问题);In re Gulf Fleet Holdings, Inc., 491 B. R. 747, 776 (Bankr. W. D. La. 2013) (将 eBay 案作为涉及控股股东信托义务的案例);Silverberg v. Padda, C. A. No. 2017 – 0250, 2019 WL 5295141, at * 3 (Del. Ch. Oct. 18, 2019)(认为 eBay 案涉及控股股东的职责);CertiSign Holding, Inc. v. Kulikovsky, C. A. No. 12055, 2018 WL 2938311, at * 15 n. 184 (Del. Ch. June 7,2018)(在控股股东的自利交易中引用 eBay);RCS Creditor Tr. v. Schorsch, C. A. No. 2017 – 0178, 2018 WL 1640169, at * 3 (Del. Ch. Apr. 5, 2018)(在自我交易方面引用 eBay);In re Metrologic Instruments, Inc. S'holders Litig., C. A. No. A – 2472 – 13T1, 2017 WL 541104, at * 11 (Del. Ch. Feb. 10, 2017)(将 eBay 描述为主张当股东联合起来实施控制时,他们将被视为具有控股股东职责);In re Books – A – Million, Inc. S'holders Litig., C. A. No. 11343, 2016 WL 5874974, at * 11 n. 5 (Del. Ch. Oct. 10, 2016)(引用 eBay 关于恶意反驳商业判断规则推定的主张),aff'd, 164 A. 3d 56 (Del. 2017); Quadrant Structured Prods. Co. v. Vertin, 115 A. 3d 535, 549 n. 22 (Del. Ch. 2015) (same); In re Orchard Enters., Inc., 88 A. 3d 1, 33 n. 16 (Del. Ch. 2014) (same); Blausteinv. Lord Baltimore Cap. Corp., C. A. No. 6685, 2013 WL 1810956, at * 18 (Del. Ch. Apr. 30, 2013) (将 eBay 定性为控股股东忠诚义务案), aff'd, 84 A. 3d 954 (Del. 2014).

其他人认为 eBay 案是特拉华州重申股东至上模式的一个更有力的例子,该模式限制了公司宗旨条款促成 ESG 决策的能力。[90] 正如本文以下章节所讨论的那样,精心起草的公司宗旨条款在促成 ESG 决策方面可以发挥重要作用,否则这些决策可能会因与财富最大化目标不一致而受到质疑。[91] 例如,有人认为,“因此,问题不在于是否有合理的方法使公司宗旨变得有意义,而在于主宰美国公司治理的强大参与者是否会联合起来使之成为现实”。[92]

eBay 案的判决远非完全拒绝将社会责任作为企业决策的影响因素,法院也重申了商业判断规则的重要性,即尊重董事关于社会责任的决定,即使以牺牲财富最大化为代价,并指出:“在根据商业判断规则审查董事的决定时,法院不会质疑关于促进非股东利益(无论是通过慈善捐款、向员工支付更高的工资和福利,还是通过促进特定的企业文化)如

---

〔90〕 See, e. g. , Atkins et al. , supra note 68(“显而易见,但关键的启示是,在董事会有关考虑 ESG 的决策中,特拉华州营利性公司的董事需要专注于股东优先权的道路,并深思熟虑、谨慎和明智,就像他们被要求在所有的商业决策中一样。虽然有许多其他实质性和程序性的规则和安排,包括特拉华州普通公司法的规定,公司的注册证书和章程,可能会影响对董事会的 ESG 相关决定的诉讼挑战的结果,但它们并没有改变这一结论。”)(footnote omitted).

〔91〕 See infra notes 108 – 119 and accompanying text; see also, e. g. , Francis J. Aquilla, *Considering the Corporate Purpose*, Prac. Law the Journal: Transactions & Bus. , Feb – Mar. 2020, at 24, https://www. sullcrom. com/files/upload/PLJ _ FebMar20 _ InTheBoardroom. pdf [https://perma. cc/7FSV – EA4L](“股东至上并不禁止董事考虑股东以外的利益相关者的利益,但那些‘其他利益相关者可能仅被视为有助于促进股东的最佳利益。’”)[quoting In re Trados, Inc. S'holder Litig. , 73 A. 3d 17, 37 (2013)].

〔92〕 Robert G. Eccles, Leo E. Strine & Timothy Youmans, *Purpose with Meaning: A Practical Way Forward*, Harv. L. Sch. F. On Corp. Governance (May 16, 2020), https://corpgov. law. harvard. edu/2020/05/16/purpose – with – meaning – a – practical – way – forward/ [https://penna. cc/HQM9 – MLKA]; see Leo E. Strine, Jr. et al. , Caremark and *ESG*, *Perfect Together: A Practical Approach to Implementing an Integrated*, *Efficient*, *and Effective* Caremark *and EESG Strategy* 2 – 3 (Harv. L. Sch. , Discussion Paper No. 1037, 2020), http://www. law. harvard. edu/programs/olincenter/papers/pdf/Strine_1037. pdf[https://perma. cc/W97Q – 2RKJ](解释公司管理层可以推进符合传统公司法规范的 ESG 目标).

何最终促进股东价值的合理判断。"[93] 此外,人们早已认识到,促进社会责任行为可能会在短期内对利润产生负面影响,但从长远来看,却可以提高利润率。[94]

多年来,社会责任运动的通用术语已经形成。倡导者将 CSR 作为后来被称为企业社会责任运动的一部分。[95] 如前所述,现在已经转向以 ESG 驱动的指标作为企业社会责任运动的评估标准。[96] ESG 的突出作用在于建立了指标,倡导者可以通过这些指标来评估公司在实现 ESG 目标方面取得的成果。[97]

其他评论员探讨了企业律师及其客户在 CSR 和 ESG 愈加受重视的

---

[93] 16 A.3 d 1, 33 (Del. Ch. 2010); see also, e. g., Lipshaw, supra note 65, at 6, 26 (讨论商业判断规则在遵从董事关于各种支持者的决定方面的作用).

[94] See, e. g., Leo E. Strine, Jr., *Our Continuing Struggle with the Idea That For – Profit Corporations SeekProfit*, 47 Wake Forest L. Rev. 135, 147 n. 34 (2012) ("当然,公司可能会采取一些措施,例如提供慈善捐款或支付更高的工资,但目前不能最大化公司利润,这是公认的。然而,他们可能会这样做,因为这些活动被合理化为生产长期获得更大的利润。"); *The Rise of Responsible Investment*, KPMG, https://home.kpmg/xx/en/home/insights/2019/03/the – rise – of – responsible – investment – fs.html[https://perma.cc/WRU4 – XXM9] ("研究证实,制定适当的 ESG 政策不仅是做正确的事情和遵守法律和法规,它在财务上也是有益的。具有可持续做法的公司比没有将 ESG 因素纳入运营的公司表现更好。").

[95] See, e. g., John M. Conley & Cynthia A. Williams, *Engage, Embed, and Embellish: Theory Versus Practice in the Corporate Social Responsibility Movement*, 31 J. Corp. L. 1, 5 – 11 (2005) (对企业和活动家如何看待企业社会责任运动进行了人类学研究). Wells, supra note 2, at 130; Symposium, *Corporate Social Responsibility: Paradigm or Paradox?*, 84 Cornell L. Rev. 1282 (1999) (讨论企业社会责任的文章集).

[96] See supra notes 5 – 10 and accompanying text.

[97] See supra notes 11 – 13 and accompanying text; see also, e. g., *Why ESG Is Replacing CSR—and What This Means to Your Business*, Npower Bus. Sols. (Apr. 26, 2019), https://www.energy – hq.co.uk/information – and – resources/editorials/why – esg – is – replacing – csr – and – what – this – means – to – your – business/[https://penna.cc/BZ5E – VPUF] ("特别是,ESG 着眼于企业如何:应对气候变化,对待员工,建立信任并促进创新,和管理他们的供应链。").

背景下所面临的挑战。[98] 下文首先探讨了公司章程或公司证书中的公司宗旨条款在构筑公司使命方面的重要作用。[99] 随后讨论了共益法人的出现及其对 CSR 和 ESG 倡议的价值。[100] 最后，文章讨论了联邦证券法在多大程度上解决以及如何解决企业社会责任问题。[101]

三、公司章程和宗旨条款

下面的讨论概述了公司章程[102]、宗旨条款[103]和越权原则[104]的历史发展和演变。论述的重点是公司宗旨条款和越权原则如何激励和回馈公司的社会责任行动，即使这些行动看似与公司的盈利动机相悖。[105]

（一）公司章程

在 16 世纪和 17 世纪英国发展起来的公司法体系中，个别公司的章程由皇室授予。[106] 从概念上讲，这一点很重要，因为它表明公司首先是

---

〔98〕 See, e. g., Martin Lipton & William Savitt, *Stakeholder Governance Issues and Answers*, Harv. L. Sch. F. On Corp. Governance (Oct. 25, 2019), https://corpgov. law. harvard. edu/2019/10/25/stakeholder - governance - issues - and - answers/ [https://perma. cc/7ZZH - 5JV9]; John Wilcox Morrow Sodali, *A Common - Sense Approach to Corporate Purpose, ESG & Sustainability*, Harv. Lsch. F. On Corp. Governance (Oct. 26, 2019), https://corpgov. law. harvard. edu/2019/10/26/a - common - sense - approach - to - corporate - purpose - esg - and - sustainability/ [https://perma. cc/2FQK - P23N].

〔99〕 See infra notes 108 - 119, 141 - 151 and accompanying text.

〔100〕 See infra notes 152 - 180 and accompanying text.

〔101〕 See infra notes 181 - 293 and accompanying text.

〔102〕 See infra notes 106 - 107 and accompanying text.

〔103〕 See infra notes 108 - 119 and accompanying text.

〔104〕 See infra notes 120 - 139 and accompanying text.

〔105〕 See infra notes 141 - 151 and accompanying text.

〔106〕 See 1 James D. Cox & Thomas Lee Hazen, Treatise on the Law of Corporations § 2:2 (3d ed. 2011)（讨论英国公司法的发展）. 有关英格兰公司法历史的更多详细信息，see 3 Willi Amsearle Holdsworth, a History of English Law 469 - 75 (5th ed. 1942); 11 Willia M Searle Holdsworth, a History of English law 45 (5th ed. 1942); 1 Frederick Pollock & Frederic W. Maitland, the History of English Law Before Thetime of Edward I, at 486 - 512 (2d ed. 1898)。

作为皇室与公司实体之间的特许经营权或契约而发展起来的，议会最终通过议会法案接管了特许公司经营的职能。美国引进了这种模式，即由州立法机构的特别法案授予每个公司单独的章程。[107] 按照英国的做法，每份章程都规定了公司成立的具体目的。超出既定目的的公司行为是越权行为，因此无效。即使从个别公司特许经营模式转变为现在的一般公司法模式，情况也没有发生改变。

(二)公司宗旨条款

随着美国边境的扩张，通过立法机构的特别法案进行特许经营的效率低下，让位于如今的一般公司法模式——符合法定形式的实体即可成立。[108] 该法规要求公司有具体列举的宗旨条款，这意味着寻求广泛授权的公司制定的宗旨条款将冗长不堪。[109] 最终，这些法规让位于允许

---

〔107〕 See 1 Cox & Hazen, supra note 106, § 2:3(讨论美国公司法的演变).

〔108〕 See generally Louis K. Liggett Co. v. Lee, 288 U. S. 517, 548 - 67 (1933) (Brandeis, J., dissenting in part) (回顾美国公司法的发展); Joseph Stancliffe Davis, Essays in the Earlier History of American Corporations (1965) (same); Samuel Williston, *History of the Law of Business Corporations Before* 1800, 2 Harv. L. Rev. 105 (1888) (same). 第一个这样的法令1811年在纽约通过，允许公司注册成立20年。一项有关为制造目的成立公司的法案，ch. 67, 1811 N. Y. Laws 111; see 1 Cox & HAZEN, supra note 106, § 2: 3 (讨论美国公司法的早期历史)。

〔109〕 例如，Uniroyal Corporation 的几页宗旨条款摘录：该公司成立的目的是：(1)制造、配制、建造、种植、饲养、生产、开采、开发、购买、租赁、购买或以任何其他方式获取、进口、出口、转换、组合、复合、纺纱、扭曲、编织、编织、染色、研磨、混合、加工、引进、改进、开发、修理、设计、处理或以任何其他方式使用，以任何其他方式出租、出售、转让、交换、转让或处置，并且通常用于从事和交易以下任何或所有物品：(a)橡胶、印度橡胶、古塔胶、所有其他相关或不相关的天然树胶、人造橡胶、此类橡胶和其他树胶的回收；未加工的或加工过的天然胶乳、人工制备的粗制或再生橡胶的水分散体、合成橡胶或橡胶类或其他材料的水分散体，以及上述任何一种的等价物、衍生物和替代品，无论是现在或以后已知或使用的工业中，以及所有其他能够用于与其中任何用途类似的用途的商品和材料，以及全部或部分由其中任何用途或任何用途生产的物品、货物或商品……Thomas lee Hazen, Jerry W. Markham & John F. Coyle, Corporations and Other Business Enterprises Cases and Materials 192 - 93 (4th ed. 2016) [quoting Uniroyal, Inc., Amended Certificate of Organization (as amended Apr. 18, 1969)]. Uniroyal 宪章中的宗旨条款实际上延续了20个额外的类似段落和分段。

所谓"通用"条款的公司法。[110] 大多数采用《示范商业公司法》的州(不含极重要的特拉华州)不再要求有宗旨条款。具体而言,该法并不要求在公司章程中阐明宗旨,而是规定了相当于"通用"条款的默认条款,同时允许公司设定一条更准确的宗旨。[111] 本文认为,在这样的法规下,在公司章程中制定一条宗旨条款仍不失为一个好主意,即使它是对默认的通用条款的冗余声明。[112]

尽管公司章程中的"通用"条款具有天然的包容性,但仍可能限制公司的宗旨。[113] 例如,在一个家族企业中,创始人希望限制继任者改变家族企业的重心。虽然限制性宗旨条款的影响可以通过修改公司章程来消除,但在此之前,它仍然是扩大业务范围的阻碍。此外,限制性宗旨条款在出于特定使命而设立的非营利公司中很常见。对于希望将社会目标作为一部分企业使命的企业来说,专门起草的企业宗旨条款大有裨益,从而使那些可能与利润最大化相冲突的管理决策得到认可。许多年前,支持者主张宗旨条款具有授权意义,公司以负社会责任的方式行事在宗旨允许的范围之内;[114] 然而,这一观点似乎并没有得到很大的支持。当今的社会责任大环境为关注公司宗旨条款如何增强公司的社会责任提供了一个新的机会。

在著名的 Burwell 诉 Hobby Lobby Stores, Inc. 的判决中,[115] 美国最高法院意识到公司的宗旨可以划定公司的活动范围:

> 营利性公司在股东批准的情况下,支持各种各样的慈善事

---

[110] See, e. g., Del. Code Ann. tit. 8, § 101(b) (2020)("公司可以根据本章成立或组织,以开展或促进任何合法业务或目的,除非宪法或本州其他法律另有规定。").

[111] Model Bus. Corp. Act § 3. 01(a) (AM. BAR Ass' N 2016) ("根据本法成立的每个公司都有从事任何合法业务的目的,除非公司章程中规定了更有限的目的。").

[112] See Jill E. Fisch & Steven Davidoff Solomon, *Should Corporations Have a Purpose*? 99 Tex. L. Rev. (forthcoming 2021) (manuscript at 105 –08) (敦促使用宗旨条款).

[113] 例如,《示范法》对第 3.01 条的官方评论解释说:"许多公司可能还发现在一般目的条款中添加额外的商业目的声明是可取的。在某些州,这对于许可或资格或注册目的可能是必要的。" Model Bus. Corp. Act § 3. 01(a)cmt.

[114] See Daniel J. Morrissey, *Toward a New/Old Theory of Corporate Social Responsibility*, 40 Syracuse L. Rev. 1005, 1032 – 38 (1989) (建议除了利润动机之外,还应根据"道德和有益的公司行为"来构建公司宗旨).

[115] 573 U. S. 682, 711 – 12 (2014).

业,这类公司推进人道主义和其他利他主义目标的情况并不罕见。例子不胜枚举,只要所有者同意,营利法人司便可采取代价高昂的污染控制和能源保护措施,远超法律的最低要求。在其他国家经营设施的营利法人可能会超出当地法律对工作条件和福利的要求。如果营利法人可以追求这些有价值的目标,就没有合理的理由不可以促进宗教目标。[116]

这反映了传统的公司法原则,尽管其对该案所涉及的法规[117]的适用存在争议。[118]

尽管通用条款已被视为默认条款和惯例,公司章程中精心拟定的宗旨条款的重要性也不容忽视。随着 CSR 和 ESG 运动的重要性日益增加,问题不在于是否回应,而在于如何平衡利润和社会责任。在此情况下,公司可能会考虑精心设计的宗旨条款以帮助设定这种平衡参数。同时,对于希望将特定 ESG 目标作为关注重点的公司来说,精心设计的宗旨条款可以发挥该作用。当然,企业也可以通过决议和政策做出决定确定 CSR 和 ESG 的优先事项。由于修改公司章程需要股东批准,明确的宗旨条款为公司设定持久稳定的目标提供了机会。[119]

明确的公司宗旨为公司行为提供了参考依据。下文讨论的越权原则是与公司宗旨有关的执行机制。

(三)越权原则

"Ultra vires"是一个拉丁短语,字面意思是超越权力。[120] 作为一项

---

[116] Id. at712.

[117] The Court was interpreting the Religious Freedom Restoration Act of 1993, § 3(a)-(b), 42 U. S. C. § 2000bb-1(a)-(b).

[118] 法院在 Hobby Lobby 案中认为,公司可以援引宗教自由来选择退出强制性健康保险以购买导致堕胎的药物。

[119] E. g., Model Bus. Corp. Act §§ 2. 02(b)(2)(i), 10. 03 (Am. Bar Ass'N 2016).

[120] See, e. g., John E. Kennedy, Note, *Corporations: Powers Ultra Vires Problems Remaining After Legislative and Judicial Modification of the Doctrine*, 34 Notre Dame Law. 99, 99 (1958)["'越权'的字面翻译是'超越权力'。作为一个法律概念,它主要适用于公司,旨在了解公司行为是在(内部)还是在(超越)法律赋予公司的有限权力范围内,作为法律的一个人造生物。"].

法律原则,越权是指超出个人或实体法律权限的行为。超出公司既定目的或隐含权力的公司行为是越权行为,在任何情况下都被视为无效。[121] 现代公司法改变了这一规则,仅在三种情况下允许越权索赔:(1)在股东提起的反对公司实施越权行为的诉讼中;(2)在公司直接、间接或通过财产接管人(破产公司)、受托人或其他法律代表对公司现任或前任董事、高级职员、雇员或代理人提起的诉讼中;(3)司法部长提起的诉讼中。[122]

这意味着,公司可能不再援引该原则为自己与第三方的越权合同开脱,[123] 但越权行为仍有可能带来严重的后果。州总检察长采取行动解散商业公司的可能性极小,但针对非营利性公司,这样的补救措施几度发生。[124]

除了在非营利性公司中使用,越权原则在禁止市政公司(municipal corporation)超越市政宪章(municipal charter)限制的行为中也发挥了作用。[125] 越权原则同样可用于执行营利性公司的宗旨条款。

---

[121] See, e. g., Ashbury Ry. Carriage & Iron Co. v. Riche (1875) 7 HL 653 at 653 (Eng.)(裁定相关合同超出了公司的既定目的,因此无效).

[122] 2 Model Bus. Corp. Act § 3.04; see also Del. Code Ann. tit. 8, § 124 (2020).

[123] 应记住即使取消了第三方使用越权行为和对第三方使用越权行为,超出其权限的代理人也不能对公司产生约束力。另外,执行非法行为的合同也不会被强制执行。See, e. g., Kent Greenfield, *Ultra Vires Lives!: A Stakeholder Analysis of Corporate Illegality (with Notes on How Corporate Law Could Reinforce International Law Norms)*, 87 Va. L. Rev. 1279, 1302 - 13 (2001)(讨论非法主义如何在越权学说的限制下幸存下来).

[124] See, e. g., Shorter Coll. v. Baptist Convention, 614 S. E. 2d 37, 41 (Ga. 2005)(认为解散非营利性公司是越权);Thomas Lee Hazen & Lisa Love Hazen, *Punctilios and Nonprofit Corporate Governance—A Comprehensive Look at Nonprofit Directors' Fiduciary Duties*, 14 U. Pa. J. Bus. L. 347, 388 - 89 (2012)(讨论越权及其相关的服从义务).

[125] See, e. g., CSX Transp., Inc. v. City of Garden City, 418 F. Supp. 2d 1366, 1370 (S. D. Ga. 2006)(认为市政当局签订的赔偿合同因越权无效), aff'd, 258 F. App'x 287 (11th Cir. 2007); Buckhorn Ventures, LLC v. Forsyth Cnty., 585 S. E. 2d 229, 232 - 33 (Ga. Ct. App. 2003)(确定郡县签订的和解合同越权,因此无效); Mitchell's Bar & Rest., Inc. v. Allegheny Cnty., 924 A. 2d 730, 738 - 39 (Pa. Commw. Ct. 2007)(认为禁止在公共场所吸烟的市政条例因越权而无效).

法院对公司宗旨条款的解释一度非常严格。[126] 例如，在一个早期案件中，法院拒绝一家被特许建造和维护公路的公司扩大业务范围——在公路沿线增加一名邮差。[127] 在另一份早期判决中，美国最高法院判定铁路公司将其业务出租给另一实体的行为无效，因其不在公司章程的范围内。[128] 在最近的一个例子中，阿拉巴马州最高法院驳回了对公司高管遗孀的自愿付款请求。[129] 近年来，法院越来越倾向于通过认定公司拥有从事被质疑行为的默示权力（implied powers）来准许公司行为。例如，在一个早期案例中，一家木材公司被认为具有建立社区及相应基础设施以支持公司运营的默示权力。[130] 法院认为，默示权力允许公司实施其宗旨中没有明确规定的行为，如进行慈善捐赠。[131] 这导致宗旨

---

[126] See, e. g., Charles E. Carpenter, *Should the Doctrine of Ultra Vires Be Discarded?*, 33 Yale L. J. 49, 58 -61 (1923)（讨论越权主义的严厉性）.

[127] See Wiswall v. Greenville & Raleigh Plank Rd. Co., 56 N. C. 183, 183 (1857)（认为栈道公司经营邮车是越权）; see also, e. g., Ashbury Railway Carriage & Iron Co. v. Riche (1875) 7 HL 653 at 653 (Eng.)（认定有争议的公司目的是制造、销售和租用铁路车厢，并认为建造铁路的合同因越权而无效，即使该合同已获得股东批准）.

[128] Thomas v. R. R. Co., 101 U. S. 71, 82 -83 (1879)（指出"根据立法法规组织的公司的权力是这样的，而且只有这些法规赋予的权力"，还指出国家授予的公司特许权"在很大程度上是为了行使公共利益"。）.

[129] Adams v. Smith, 153 So. 2d 221, 222, 224 (Ala. 1963)（本案将支付给公司高管遗孀的款项定性为浪费，从而使支付无效）.

[130] State ex rel. Gentry v. Long - Bell Lumber Co., 12 S. W. 2d 64, 83 -85 (Mo. 1928) (en banc).

[131] See, e. g., A. P. Smith Mfg. Co. v. Barlow, 98 A. 2d 581, 590 (N. J. 1953)（援引隐含权力原则，并认为由于私立大学与资本主义制度一致，并且公司可以从受过良好教育的毕业生劳动力中受益，捐赠是促进公司营利的合法活动目的）; see also, e. g., Kahn v. Sullivan, 594 A. 2d 48, 61 (Del. 1991)（在一项挑战慈善捐赠以维持艺术品收藏的诉讼中批准集体诉讼和解，大法官法院的结论是，在审查指控公司浪费的索赔案的案情时，应适用的检验标准是'合理性'，在这个检验标准中，《国内税收法》中有关公司慈善捐赠的规定提供了一个有益的指导。"）[quoting Theodora Holding Corp. v. Henderson, 257 A. 2d 398, 405 (Del. Ch. 1969)]; Kelly v. Bell, 266 A. 2d 878 (Del. 1970)（重申公司的社会责任，因为法院支持公司在废除县税收后自愿向县付款）; Union Pac. R. R. v. Trs., Inc., 329 P. 2d 398, 402 (Utah 1958)（支持向联合太平洋铁路基金会捐款 5000 美元）. 如今公司法规授权慈善捐款，除非该权力在公司章程中受到限制。Del. Code Ann. tit. 8, § § 122(9), 124 (2020); Model Bus. Corp. Act § 3.02(m) (Am. Bar Ass'n 2016).

条款在质疑公司行为方面的效力十分有限。然而,一些法院创造性地运用越权原则来禁止某些公司行为。[132] 此外,还可以通过起草一条特定的宗旨条款来限制或排除对隐含权利的广泛运用。

如上所述,在与 CSR 有关的行为中,援引越权原则的做法并不成功。[133] 然而,在一些案例中,法院拒绝将社会责任作为忽视股东财富的依据。例如,一百多年前,在 Dodge v Ford Motor Co. 案中,密歇根州最高法院裁定,鉴于公司手头有大量非生产性现金,福特汽车不支付股息是越权行为。[134] 法院驳回了亨利·福特的主张,即他此举使为公司保留了利润,借此现金来推进社会责任事业。福特公司不分红的决定系依据亨利·福特的声明:

> 我的雄心壮志……是雇用更多的人;将这个工业系统的好处传播给尽可能多的人,帮助他们建立自己的生活和家园。为此,我们将最大份额的利润重新投入业务中。[135]

然而,法院不接受这一理由,并强制要求宣布分红。[136] 学者们对该案提出质疑,认为这是对将社会责任作为牺牲股东财富依据的一个重要

---

[132] See Cross v. Midtown Club, Inc. , 365 A. 2d 1227, 1231 (Conn. Super. Ct. 1976) ("俱乐部仅基于性别将女性作为会员和客人排除在外的行为和政策是越权的,超出了公司的权力……"); see also Sterner v. Saugatuck Harbor Yacht Club, Inc. , 450 A. 2d 369, 535 (Conn. 1982) (citing Crossv. Midtown Club, Inc. favorably) cf DeBernardo v. Pinewood Lake Ass'n, Inc. , No. CV980149841S, 2000 WL 274071, at * 10 (Conn. Super. Ct. Mar. 6, 2000) (认为允许驱逐成员的细则是越权的).

[133] See authorities cited supra note 131.

[134] 170 N. W. 668, 685 (Mich. 1919).

[135] Id. at 671.

[136] Id. at 685.

限制。[137] Dodge案仍然是少数采取这种观点的案例之一，[138] 可以说是股东优先权的顶峰。[139]

下文探讨了在公司章程中精心起草的宗旨条款如何验证看似与利润动机相悖的、以社会责任为动机的行为。

（四）运用企业宗旨和越权原则促进企业社会责任

上述讨论阐明了企业宗旨和越权原则的作用，对于希望将社会责任作为其一部分使命的企业来说，两者都可以发挥重要作用。[140] 精心设计的宗旨条款可以勾勒出社会责任在公司事务中的作用轮廓。如果需要，它还可以定义哪些社会责任目标构成企业关注焦点，也可以促使公司在社会责任和营利性之间取得适当的平衡。一旦取得这种授权，管理层将基于商业判断规则[141]追求这些目标。如上所述，越权原则的全盛时期发生在公司被要求起草具体的宗旨条款时。[142] 该原则在确保企业管理者不偏离企业使命方面发挥着重要作用。

---

〔137〕 See, e. g., Mitchell, supra note 80, at 210 – 11（讨论道奇的决定及其与社会责任相关的遗留问题）; Morrissey, supra note 5, at 355 – 59 (same). Compare, e. g., Macey, supra note 63, at 190（"在我看来，Dodge诉Ford案的裁决的理由在于：股东财富最大化的规则实际上是不可能执行的。该规则是理想的，除非在特殊的情况下才可能实现。只要公司董事和首席执行官声称要为股东实现利润最大化，他们的话就会被接受，因为不可能反驳这些公司官员关于他们动机的自以为是的主张。尽管如此，充分理解Dodge诉福特公司可以提供一个有趣而重要的教训，即公司法能够为投资者提供很多有价值的东西。"）. with, e. g., Lynn A. Stout, *Why We Should Stop Teaching* Dodge v. Ford, 3 Va. L. & Bus. Rev. 163, 166(2008)（认为法学教授和律师不应该认为Dodge支持财富最大化是公司的唯一目的）.

〔138〕 Another outlier is eBay Domestic Holdings, Inc. v. Newmark, 16 A. 3d 1 (Del. Ch. 2010). See supra notes 84 – 90 and accompanying text.

〔139〕 See, e. g., D. Gordon Smith, *The Shareholder Primacy Norm*, 23 J. CORP. L. 277, 278 – 79 (1998)（将道奇作为股东至上的一个例子）.

〔140〕 See supra notes 108 – 139 and accompanying text.

〔141〕 公认的商业判断规则排除了法院对公司经理的知情判断进行二次评估。See, e. g., Smith v. Van Gorkom, 488 A. 2d 858, 872 (Del. 1985)（讨论但不适用商业判断规则，因为董事没有得到足够的信息）; Shlensky v. Wrigley, 237 N. E. 2d 776, 777, 781 (111. App. Ct. 1968)（认为商业判断规则保护了董事会不在箭牌球场安装灯光的决定，尽管所有其他大联盟棒球俱乐部都从夜间棒球中获得了可观的利润）.

〔142〕 See supra notes 126 – 129 and accompanying text.

通用条款的出现在很大程度上使该原则失灵,[143]至少在营利性公司中表现如此。但通过专门起草的宗旨条款加强对社会责任的关注使越权原则枯木逢春。伯尔教授(也许是股东至上主义的最初倡导者)指出:"你不能放弃强调'商业公司存在的唯一目的是为其股东赚取利润'的观点,直到你准备向其他人提供一个明确和合理的可执行的责任计划。"[144]律师使用专门起草的以社会责任目标为重点的公司宗旨条款,可以重振越权原则,并将其作为帮助执行公司 CSR 使命的有力工具。其他主体也已经认识到,公司有责任执行其对企业社会责任的承诺,[145]而专门起草的宗旨条款可以成为公司执行对 CSR 和 ESG 的承诺的一种有效方式。

例如,公司的道德准则可以为宗旨条款的起草提供参考。大多数大公司都采用了道德准则,[146]这对私人持有的小微企业也有益处。道德准则通常侧重于企业行为和企业文化。公司与其仅制定道德准则,不如将公司的理想都明确地纳入宗旨条款中,这将更加有力。因此,可持续性、社会承诺和治理标准都可以在宗旨条款中予以阐明。这样做可以通过援引越权原则作为执行机制,促使公司管理人员对偏离道德和治理标准的行为负责。举例来说,如果企业文化违反了宗旨条款中规定的标准,将会在法庭上被质疑为越权,反过来又会导致禁令救济。在特定情形下,违反宗旨条款中规定的公司标准的管理人员和董事可能对越权行为造成的损害承担责任。正如本文后一节所讨论的,根据证券法,公司道德准则通常被视为对公司的期望而非事实表现。[147] 将道德和行为标准作为公司宗旨的一部分,使道德准则超越主观愿望这一性质局限,为挑战出格的公司行为提供基础。

---

[143] See, e. g., Fisch &Solomon, supra note 143, at 111("Today, the ultra vires doctrine has fallen into disrepair.").

[144] Berle, *Corporate Managers*, supra note 1, at 1367.

[145] See Eccles et al., supra note 92("即使广泛采用目的声明和更多地使用综合报告框架来传达公司在制定业务目标方面的进展情况,但关键的最后一步仍然存在:使公司对其目标的承诺具有可执行性。").

[146] See infra note 267 and accompanying text.

[147] 正如下文注释〔275〕和〔276〕和随附文本所讨论的,在证券欺诈诉讼中,许多法院认为公司的道德准则是对公司在开展业务中的实践的抱负而不是事实陈述。

将道德和行为准则纳入宗旨条款会导致宗旨条款变长，这在通用条款问世之前曾是一种常态。[148] 专门起草的宗旨条款连篇累牍，但这并非意图承担社会责任的公司排除它的理由。

即使没有专门起草的宗旨条款，不良企业文化和广泛的性骚扰也可以上升到州法律中受托人责任要求的程度。例如，维多利亚的秘密母公司的一名股东要求查看与公司内部发生的猖獗的性骚扰有关的账簿和记录。[149]

在过去的几十年里，大多数州都通过了共益法人组织法，旨在为寻求将社会理想目标作为其部分使命的公司提供基础。[150] 正如下一节所讨论的，尽管这些法规可能起到了很好的宣示作用，但它们并没有为在法律上执行社会责任目标提供一个强有力的基础。[151] 因此，即使是根据共益法人组织法成立的公司，其发起人及律师也最好在公司章程中加入精心起草的宗旨条款。

四、共益企业与品牌化

大多数州[152]都颁布了新的共益企业法，依据此类法规成立的营利

---

〔148〕 有关冗长宗旨条款的示例，请参见前注〔109〕和随附文本。

〔149〕 See Jeff Montgomery, *Investor Sues Victoria's Secret Parent Over "Toxic Culture"*, Law360 (June 4,2020), https://www.law360.com/articles/1280141[https://perma.cc/XQ5W – BZLP](寻求与"所谓的性骚扰和恐吓'有毒文化'有关的公司记录").投诉称，公司董事违反了诚信义务，董事缺乏独立于公司创始人、董事长和首席执行官的独立性。See, e.g., Tom C. W. Lin, Executive Private Misconduct, 88 Geo. Wash. L. Rev. 327, 383 – 90 (2020)(讨论公司宗旨、行政不当行为和诚信义务).

〔150〕 See infra notes 152 – 153 and accompanying text.

〔151〕 See infra notes 152 – 180 and accompanying text.

〔152〕 See Ronald J. Colombo, *Taking Stock of the Benefit Corporation*, 7 Tex. A&M L. Rev. 73, 75(2019) ("36个州已经通过了某种形式的互益法人立法，另外5个州正在这样做。"); *Why Pass Benefit Corporation Legislation*, Benefit Corp., https://benefitcorp.net/policymakers/why – pass – benefit – corporation – legislation [https://perma.cc/2YQ6 – BRAF] ("包括哥伦比亚特区在内的38个州已经通过了互益法人立法。").

法人能够冒着牺牲利润的风险,专注于可持续性和其他社会责任目标。[153] 共益企业法对共益企业的定义略有不同。例如,《特拉华州法》规定:"'互益企业'是指根据本法规定设立并遵守本章要求的营利法人,其目的是产生某一种公共利益或一般公共利益,并以负责任和可持续的方式运营。"[154] 示范性共益企业立法将"一般公共利益"定义为"从共益法人的业务和运营中对社会和环境的重大积极影响作为一个整体进行评估,同时考虑根据第三方标准报告的共益企业的影响"。[155]

不仅大多数州加入共益企业的浪潮,[156] 2020 年,《示范商业公司法》也采用了共益法人条款。[157] 《示范商业公司法》将"公共利益"定义为"对一个或多个社区、领域的人(不包括仅作为股东的股东)或环境产生积极影响,或减少消极影响。包括对艺术、慈善、生态、教育、文化、文学、医学、宗教、社会、生态或科学性质等的影响"。[158]

---

[153] E. g. , Del. Code Ann. tit. 8, § § 361 – 368 (2020); see 1 Cox & Hazen, supra note 106, § 2:14(讨论互益法人) Steven Munch, Note, *Improving the Benefit Corporation:How Traditional Governance Mechanisms Can Enhance the Innovative New Business Form*,7 Nw. J. L. Soc. Pol'Y 170, 173 – 74, 183 – 88 (2012)(讨论互益法人和传统的公司治理机制). 此外,一些州承认有限责任公司 (LLC) 等同于互益法人,即低利润有限责任公司 (L3C),它为那些愿意组织为 LLC 的个人提供类似的结构。See Dana Brakman Reiser, *Theorizing Forms for Social Enterprise*, 62 EMoRY L. J. 681, 689 – 92 (2013).

[154] Del. Code Ann. tit. 8, § 362.

[155] Model Benefit Corp. Legis. § 102(A) (B LAB 2017), https://benefitcorp. net/sites/default/files/Model% 20benefit% 20corp% 201egislation% 20 _ 4 _ 17 _ 17. pdf [https://penna. cc/PPJ9 – F8ZX]; see, e. g. , CAL. CORP. CODE § 14601(c) (West 2020); Haw. Rev. Stat. § 420D – 2(2020); Md. Code Ann. , Corps. & Ass'ns § 5 – 6C – 01(c)(LexisNexis 2020); N. J. Stat. Ann. § 14A:18 – 1(West 2020); N. Y. Bus. Corp. Law § 1702(b) (McKinney 2020); Vt. Stat. Ann. tit. 11A, § 21.03(a)(4) (2020); Va. Code Ann. § 13.1 – 782 (2020).

[156] 截至 2012 年,只有 9 个州被确定为具有互益法人法规。See Janine S. Hiller, *The Benefit Corporation and Corporate Social Responsibility*, 118 J. Bus. Ethics 287, 291 (2013). 不到十年,大多数州都制定了互益法人法规。See authorities cited supra note 152.

[157] Model Bus. Corp. Act § § 17. 01 – 06 (Am. Bar Ass'n 2016); see Frederick H. Alexander, *Putting Benefit Corporation Statutes into Context by Putting Context into the Statutes*, 76 Bus. Law. 109, 113 – 18 (2020)(讨论示范法中的互益法人条款).

[158] Model Bus. Corp. Act § 17 – 01(b).

尽管共益企业法很受欢迎,[159]但出于多种原因,它们并不具备必要性。[160] 首先,法院十分尊重董事的商业判断,这意味着司法不大可能干预负社会责任的决策。[161] 此外,既然可以通过制定适当的宗旨条款来实现同样的目标,[162]选择加入互益企业法到底有何益处?抛开非必要性不谈,对于希望以社会责任为重点的公司而言,共益企业法可能不足以确保实现这一目标。有评论员认为,共益企业法还远远不够,因为它们未能"明确有力地执行营利性和社会责任的双重使命"。[163] 例如,对选择加入共益企业法的公司而言,该法规并没有对他们的公司治理规范产生重大影响。[164] 如此看来,相较于仅仅依靠共益企业法,精心设计的公司宗旨条款似乎是更好的解决方案。

共益企业法存在适用法规时缺乏司法先例的潜在缺点。例如,法院如何确定管理层是否在社会责任和营利性之间取得了适当的平衡,从而

---

[159] See, e. g., Clark & Babson, supra note 88, at 845(讨论互益法人如何承担企业社会责任);Kayleen Asmus, Note, *Finding the Benefit in a New Administration: A Uniform B Corporation Legislation*, 43 J. Corp. L. 375, 390 – 93 (2018)(讨论统一互益法人立法).

[160] See, e. g., Peter Molk, *Do We Need Specialized Business Forms for Social Enterprise?*, in Cambridge Handbook of Social Enterprise Law 241, 241 (Benjamin Means & Joseph W. Yockey eds., 2019)(表明传统的经营形式足以使社会企业发挥作用,而更专业的社会企业经营形式并不显著增加价值).

[161] See, e. g., Eric M. Jamison, Note, *The Juxtaposition of Corporate Social Responsibility lnitiatives and the Pursuit of Corporate Wealth Maximization*, 57 Wayne L. Rev. 1457, 1467 – 72 (2011)(讨论 CSR 背景下的商业判断规则).

[162] Cf Mohsen Manesh, *Introducing the Totally Unnecessary Benefit LLC*, 97 N. C. L. Rev. 603, 646 – 69 (2019)(反对制定互益有限责任公司法规).

[163] Dana Brakman Reiser, *Benefit Corporations A Sustainable Form of Organization?*, 46 Wake Forestl. Rev. 591, 624 – 25 (2011); see, e. g., Tiffany M. Burba, Note, *To "B" or Not to "B": Duties of Directors and Rights of Stakeholders in Benefit Corporations*, 70 Vand. L. Rev. En Banc 329, 346 (2017), https://cdn.vanderbilt.edu/vu – wp0/wp – content/uploads/sites/278/2017/04/16073959/To – B – or – not – to – B – Duties – of – Directors – and – RIghts – of – Stakeholders – in – Benefit – Corporations. pdf [https://perma.cc/RTH5 – 7BED](指出互益法人法规中缺乏执行机制);Munch, supra note 153, at 190 (same).

[164] See Colombo, supra note 152, at 73("与预测相反……互益法人显然并没有带来太大的变化。").

满足共益法人的标准?[165]如上所述,法院在处理营利法人的相关案件时,可能会在没有利益冲突的情况下倾向于适用商业判断规则,即听从董事会的意见。[166] 然而,如果要明确共益法人这一身份背后的内涵,就必须采用一些标准,使法院能够确定某一企业是否符合法律的规定。这必然会导致一些不确定性,这是发起人不愿看到的。防止法院干预的一个方法是制定精心设计的宗旨条款;在没有共益法人存在的情况下亦是如此。因此,对于一个强调社会目标的精心设计的宗旨条款来说,共益法人的身份能额外补充些什么?

由于缺乏司法先例,共益法人的身份会造成不确定性和混乱。因此,没有制定共益企业法的州无须感到有压力而急于加入这一行列。[167] 出于类似的原因,在有共益法人制度的州,律师在选择该法规时应慎重考虑,而不是简单地依赖公司章程中精心起草的宗旨条款。特拉华州的共益企业法比其他州的法律更有力。[168] 其原因在于特拉华州通过公共福利法规特别授权代位诉讼(derivative suits)来实现公司公共福利。[169] 在选择成为共益法人后,精心起草的宗旨条款仍然势在必行。《示范商业公司法》的新共益法人条款包含了类似的诉讼权。[170] 在许多州,甚至

[165] See, e. g., Ofer Eldar, *The Role of Social Enterprise and Hybrid Organizations*, 2017 Colum. Bus. L. Rev. 92, 98 – 100(讨论了在评估混合型组织对社会企业的承诺程度与营利能力方面的困难).

[166] See Jamison, supra note 161, at 1467 – 68.

[167] 即使在没有此类法规的州,互益法人法规也已引入,但尚未颁布。例如,2015 年,一项法案要求在北卡罗来纳州采用互益法人法。H. B. 534, 2015 Gen. Assemb., Reg. Sess. (N. C. 2015). 拟议的立法没有颁布。See House Bill 534, N. C. Gen. Assemb., https://www.ncleg.gov/BillLookup/2015/H534[https://penna.cc/Q4XR – YPDE]. 2017 年提出了一个类似的法案,但没有成功。See HB 616: *North Carolina PublicBenefit Corporation Act.*, Open States, https://openstates.org/nc/bills/2017/HB616/[https://perma.cc/J42Q – HMEG].

[168] See Munch, supra note 153, at 170(指出缺乏执行机制不利于公司章程);Eccles et al., supra note 92(讨论特拉华州法规).

[169] Del. Code Ann. tit. 8, § 367 (2020); see, e. g., Eccles et al., supra note 92("它不赋予其他利益相关者强制执行的权利,而是取决于是否存在真正重视社会责任和尊重其他利益相关者的股东。").

[170] Model Bus. Corp. Act § 17.06 (Am. Bar Ass'n 2016).

在特拉华州,越权原则仍然是一个潜在的执行机制。[171]

共益法人这一名称的主要优势之一是提升品牌形象。要想有效地塑造共益法人的品牌,可以通过创造"一个前后一致的、有市场的社会企业组织的形象",[172]来提高公认公司(certified companies)的形象和声誉。一个有效的品牌形象也可以帮助共益法人吸引资金,使它们与其他自称致力于社会责任的公司区分开来。[173] 然而,选择共益法人这一身份并不是致力于社会责任的公司打造品牌的唯一途径。[174]

B lab 已成为"B corporation"的可靠认证体系。B lab 的 B corporation

---

[171] See, e. g. , Eccles et al. , supra note 92(建议公司采用详细的、包含利益相关者的目的声明和指标来报告他们在实现该目的方面取得的进展).

[172] Thomas Kelley, *Law and Choice of Entity on the Social Enterprise Frontier*, 84 Tul. L. Rev. 337,361(2009) [quoting Thomas J. Billitteri, Aspen Inst. , Mixing Mission and Business: Does Social Enterprise Need a New Legal Approach? 9 (2007)].

[173] William H. Clark, JR. & Larry Vranka, The Need and Rationale for Thebenefitcorporation: Why it is the Legal Form That Best Addresses the Needs of Social Entrepreneurs, Investors, and, Ultimately, The Public 4 (2013), https://benefitcorp. net/sites/default/files/Benefit _ Corporation _ White _ Paper. pdf [https://perma. cc/W24E - BX57].

[174] See, e. g. , Robert S. Rachofsky et al. , *Lemonade, Inc. : Harbinger of Future Public Benefit Corporation IPOs?*, CLS Blue Sky Blog (Aug. 14, 2020), https://clsbluesky. law. columbia. edu/2020/08/14/lemonade - inc - harbinger - of - future - public - benefit - corporation - ipos/[https://penna. cc/3HSC - 9UF3]["一个相关的问题是,PBC(公共利益公司)的地位对于获得公众或投资者对 ESG 问题的认可是否有必要。一家公司可以成为'负责任的、可持续的'企业公民,支持与 ESG 相关的重要事业,从而吸引与 PBC 相同的人群,而不需要正式组织为公益公司,甚至不需要被认证为 B - Corp。事实上,各种类型的营利性公司正越来越多地将次要注意力和资源投入与 ESG 相关的事业中,无论是出于纯粹的自我利益的营销和长期价值的目的,还是因为他们的员工和股东推动,或者实际上是作为公司在社会中的目的一部分更广泛的重构的。最近的具体例子包括美国银行承诺提供 10 亿美元来解决种族和经济不平等问题,黑石集团的董事长兼首席执行官最近表示,每家公司和股东都必须面对气候变化。此外,像 Etsy 和 Warby Parker 这样的小公司尽管不是 PBC 或 B - Corps,但在 ESG 问题上消费者一直抱有期待和好感。诚然,正式组织为 PBC 的公司在法律上需要为一些更广泛的社会利益而行动,因此在 ESG 问题上可能会有更大的冲击力,从长远来看也更负责任。然而,传统的公司形式可能已经在自然地朝着类似的模式发展,这可能会使 PBC 在很大程度上局限于小型公司和初创公司"。].

认证[175]使公司被识别出来后标记为共益法人,而该公司是否根据共益企业法成立则在所不问。同样,提供 ESG 评级[176]的组织也可以有效地将公司评价为“具有社会感”。

B Corporation、CSR 和 ESG 这些品牌化的内涵不仅限于社会责任。当品牌被标记为具有社会责任感时,会对企业绩效产生积极的经济影响。例如,品牌化效应可能会吸引投资经理和以社会责任为目标的共同基金和养老金计划,反过来会对公司的股价产生积极影响。另外,消费者可能对品牌化效应有积极的回应,也可能对公司不负社会责任的行为有消极的回应。[177] 这会对公司的经营利润产生重大影响。因此,消费者和投资者的意见在影响公司行为方面发挥着强有力的作用。

上文的讨论回顾了美国公司模式向越来越关注社会责任转变。如前所述,美国的公司法是建立在各州法律通过授权立法对公司进行特许

---

[175] See, e. g. , B Corp. , https://bcorporation. net/[https://perma. cc/CW8G - PNPJ]. 比如,北卡罗来纳州的政府网站鼓励承认经过认证的 B 公司。See Powerpoint, B the Change: Benefit Corporations as a Force for Good in the World 3, 9, 46, https://files. nc. gov/ncdeq/ESI/7% 20B0% 20Corporations% 20% 20Thomas% 20Tracy% 20% 26% 20Machles. pdf [https://penna. cc/F83F - CBVK].

[176] 例如,可持续发展会计准则委员会(SASB)制定了评估公司可持续发展进展的标准。See Sustainability Acct. Standards BD. , https://www. sasb. org/[https://penna. cc/8LQN - 4CPE]. There are other ESG rating services. See, e. g. , Gregor Dorfleitner et al. , *Measuring the Level and Risk of Corporate Responsibility—An Empirical Comparison of Different ESG Rating Approaches*, 16 J. Asset Mgmt. 450, 465 (2015)(比较各种 ESG 评级方法);Ruth Jebe, *The Convergence of Financial and ESG Materiality: Taking Sustainability Mainstream*, 56 Am. Bus. L. J. 645, 645 (2019)(与 SEC 的“不干涉”方法相比,推广 SASB 的可持续性方法);Betty Moy Huber & Michael Comstock, *ESG Reports and Ratings: What They Are, Why They Matter*, Harv. L. Sch. F. On Corp. Governance (July 27, 2017), https://corpgov. law. harvard. edu/2017/07/27/esg - reports - and - ratings - what - they - are - why - they - matter/ [https://penna. cc/N5W9 - 4DAF](讨论各种 ESG 评级机构及其各自的方法);cf Ronnie Cohen & Gabriele Lingenfelter, *Money Isn't Everything: Why Public Benefit Corporations Should Be Required to Disclose Non - financial Information*, 42 Del. J. Corp. L. 115, 121 (2017)(鼓励福利公司强制披露 SASB).

[177] 有一些组织将他们认为是对社会不负责任的行为的公司作为目标。See, e. g. , Boycotts List, Ethical Consumer, https://www. ethicalconsumer. org/ethical campaigns/boycotts[https://perma. cc/J7SE - 9PA3].

经营的基础上的。[178] 虽然之前有人建议制定联邦公司法规,[179]但基于州法律的公司法范式并没有改变。然而,联邦证券法中的投资者保护条款已经产生了重大影响。[180]

五、证券法和企业社会责任

联邦证券法侧重于披露,区别于侧重于公司行为的州法律。正如路易斯·布兰代斯所言,阳光是最好的消毒剂。[181] 隐含于布兰代斯著名比喻背后的是,披露可以使人们和公司感到羞愧,从而采取更负责任的行为。

以 ESG 为重点的投资者在推动企业以对社会负责的方式行事方面发挥着重要作用。近年来,美国证券交易委员会和法院更加重视投资者对社会责任的兴趣。下面的讨论概述了证券法对 CSR 的处理方式,首先讨论与社会责任相关的公司披露[182]和重大性标准[183]。随后探讨了股东在管理委托书中提出的建议作为推进 ESG 目标的工具的作用。[184] 接下来,讨论了美国证券交易委员会对各种与社会相关问题的披露方

---

[178] See, e. g. , Jennings, supra note 21, at 194 –207; Latty, supra note 21, at 601 –02.

[179] See supra note 22 and accompanying text.

[180] See supra note 23 and accompanying text.

[181] Louis D. Brandeis, Other People's Money: and How the Bankers Use IT 92 (1914) ("宣传被公认为是治疗社会和工业疾病的良方。据说阳光是最好的消毒剂;电灯是最有效率的警察。")阿拉斯戴尔 – 罗伯茨教授将这种情绪追溯至《美国联邦》中的一个早期分析。2 James Bryce, the American Commonwealth 1012 (Liberty Fund 1995) (1888)("公众舆论是一种气氛,新鲜、敏锐、充满阳光,就像美国城市的那样,阳光杀死了许多在政客聚集地孵化的有害细菌。一句话,我们可以称为普世宣传的天才,有一些不愉快的结果,但善的更多。没有什么大恶,没有什么政体上的毒疮,可以长期隐藏,一旦暴露,它就会被摧毁一半。"); Alasdair S. Roberts, *Where Brandeis Got "Sunlight Is the Best Disinfectant,"* Alasdair S. Roberts (Mar. 1, 2015), https://aroberts. us/2015/03/01/where – brandeis – got – sunlight – is – the – best – disinfectant/ [https://penna. cc/ UVB3 –62PM].

[182] See infra notes 189 – 199 and accompanying text.

[183] See infra notes 200 –223 and accompanying text.

[184] See infra notes 224 –243 and accompanying text.

法,包括公司环境和雇佣行为,[185]冲突矿物和资源开采,[186]以及公司的行为准则。[187] 最后,文章提出了增强证券法披露在推进企业社会责任中的作用的建议。[188]

(一)社会责任的一般披露

多年来,越来越多的机构投资者已经成为"道德投资者"[189],监督他们所投资公司的社会资产负债表。要求公司在财务披露的基础上进行社会责任相关的披露并不鲜见。[190] 增加与社会责任有关的披露背后的原因在于,基于公司政策产生的社会影响的高透明度有利于促进企业社

[185] See infra notes 246 – 255 and accompanying text.

[186] See infra notes 256 – 264 and accompanying text.

[187] See infra notes 265 – 276 and accompanying text.

[188] See infra notes 277 – 293 and accompanying text.

[189] See, e. g. , Elizabeth Glass Geltman & Andrew E. Skroback, *Environmental Activism and the Ethical Investor*, 22 J. Corp. L. 465, 466 – 70 (1997)(讨论道德投资者和环境运动);Maria O'Brien Hylton, "*Socially Responsible*" *Investing*: *Doing Good Versus Doing Well in an Inefficient Market*, 42 Am. U. L. Rev. 1, 2 – 6 (1992)(讨论道德投资者和社会责任投资);Michael J. Vargas, *In Defense of. Merrick Dodd*: *Corporate Social Responsibility in Modern Corporate Law and Investment Strategy*, 73 Bus. Law. 337, 374 (2018)(表明投资者确实关心 CSR 和 ESG). 道德投资者并不少见。See Danny Hakim, *On Wall St.*, *More Investors Push Social Goals*, N. Y. Times (Feb. 11, 2001), https://www.nytimes.com/2001/02/11/business/on – wall – st – more – investors – push – social – goals. html[https://perma. cc/LQG6 – 93BV](注意存在避免投资于涉及堕胎、酒精、赌博、色情、肉类业务、狩猎设备和使用动物的产品测试的公司的投资基金). 美国证券交易委员会努力确保 ESG 基金确定其具体的 ESG 目标,并反过来确保基金的投资战略实际上是通过投资于其业务与所述 ESG 目标相一致的公司来执行的。See, e. g. , Juliet Chung Dave Michaels, ESG Funds Draw SEC Scrutiny, WALL ST. J. (Dec. 16, 2019), https://www.wsj.com/articles/esg – funds – draw – sec – scrutiny – 11576492201[https://perma. cc/6V8B – VH8E](讨论 SEC 致一些投资基金的关于投资标准的信函).

[190] See, e. g. , Douglas M. Branson, *Progress in the Art of Social Accounting and Other Arguments for Disclosure on Corporate Social Responsibility*, 29 Vand. L. Rev. 539, 543 – 44 (1976)(建议企业进行社会审计以调查其社会责任努力的程度);see also, e. g. , A. A. Sommer, Jr. et al. , *Corporate Social Responsibility Panel*: *The Role of the SEC*, 28 Bus. Law. 215, 226 – 39 (1973)(讨论证券法和社会责任);Cynthia A. Williams, *The Securities and Exchange Commission and Corporate Social Transparency*, 112 Harv. L. Rev. 1197, 1199, 1293 – 96 (1999)(建议 SEC 披露可以提高企业社会透明度并对 CSR 产生积极影响).

会责任。[191] 这些与社会责任有关的披露包括公司的法律遵守情况、劳工保障、供应商/供销商标准、环境影响、慈善和政治贡献,以及公司产品对健康和安全的影响等。[192]

自19世纪70年代到21世纪初,CSR倡导者开始审视CSR与企业宗旨的融合方式。[193] 传统观点认为,与社会责任有关的披露不能"以保护投资者的需要为理由"。[194] 利用SEC的披露规定来促进公共利益的方式已经被考虑了相当长的时间,但美国证券交易委员会只是最低限度地接受了这一点。[195] 在21世纪,美国证券交易委员相较过去更易于接受投资者关于公司对社会相关问题的贡献的兴趣。[196] 法律尚未达到要

---

〔191〕 Branson, supra note 190, at 543 - 44; Williams, supra note 190, at 1199, 1293 - 96.

〔192〕 Williams, supra note 190, at 1201 - 03.

〔193〕 See Douglas M. Branson, Essay, *Corporate Social Responsibility Redux*, 76 Tul. L. Rev. 1207, 1225 (2002) ("新的企业社会责任运动与更广泛的治理趋势相融合,而不是相背离。"). Russell B. Stevenson, Jr., The SEC and the New Disclosure, 62 Cornell L. Rev. 50, 60 (1976) (分析增加社会责任信息披露的影响); Elliott J. Weiss, Disclosure and Corporate Accountability, 34 Bus. Law. 575, 596 - 603 (1979) (讨论披露对企业社会责任的影响).

〔194〕 Robert L. Knauss, *A Reappraisal of the Role of Disclosure*, 62 Mich. L. Rev. 607, 647 - 48 (1964); see, e. g., Stevenson, supra note 193, at 91("关于委员会的行动需要注意的是,在这两种情况下,它们似乎都是出于一个明确的意图,即利用披露程序来影响主要的公司行为,其主要影响只是与公共利益相关的领域。保护投资者。"). 关注社会问题,除了投资者,在其他国家都有支持。例如,将披露规定为"以社会为导向"而非"以投资者为导向"的决定长期以来一直是德国法律的一部分。See Thomas J. Schoenbaum, *The Relationship Between Corporate Disclosure and Corporate Responsibility*, 40 Fordham L. Rev. 565, 579 - 87 (1972).

〔195〕 See Stevenson, supra note 193, at 51("具有讽刺意味的是……委员会对更有想象力地实施其信息披露的压力的反应,特别是对塑造大公司社会行为的体制机制的反应,历来是极不情愿的,而且在它已经采取行动的那些领域,委员会是以不情愿的堂吉诃德的方式退缩行动的。").

〔196〕 See, e. g., Fidelity Aberdeen St. Tr., SEC No - Action Letter, 2008 WL 223122 (Jan. 22, 2008) [指出管理层既不能依据14a - 8(i)(3)条,也不能依据14a - 8(i)(7)条,从管理层的代理声明中排除以下提案。"为了确保富达公司是一家有道德的管理公司,尊重国际法的精神,是一个负责任的社会成员,股东要求基金的董事会制定监督程序,以筛选出对董事会判断为对种族灭绝、严重侵犯人权的模式或反人类罪有重大影响的公司的投资。"].

求广泛披露社会责任的程度,[197] 但法律在披露方面的进展将大大改提升企业社会责任制度的影响力。[198] 即使没有监管授权,来自机构和注重社会责任的投资者的压力也可能对增加社会责任信息的披露产生积极影响。[199]

---

[197] See, e. g., Tom Quaadman & Erik Rust, *ESG Reporting Best Practices*, Harv. L. Sch. F. On Corp. Governance (Dec. 2, 2019), https://corpgov. law. harvard. edu/2019/12/02/esg - reporting - best - practices/ [https://perma. cc/TTP9 - A9SC] (建议 SEC 报告的最佳实践); David R. Woodcock et al., *Managing Legal Risks from ESG Disclosures*, Harv. L. Sch. F. On Corp. Governance (Aug. 12, 2019), https://corpgov. law. harvard. edu/2019/08/12/managing - legal - risks - from - esg - disclosures/ [https://perma. cc/525T - S354] (SEC 披露 ESG 的自愿性).

[198] See, e. g., Williams, supra note 190, at 1199, 1293 -96.

[199] See, e. g., Virginia Harper Ho, *Risk - Related Activision: The Business Case for Monitoring NonfinancialRisk*, 41 J. Corp. L. 647, 650 -54 (2016) (讨论机构投资者监测公司 ESG 指标的潜在积极影响)。似乎有一些证据表明,ESG 评级为正面的公司对公司价值产生积极影响,而 ESG 评级较差的公司对其股票价值产生负面影响。See Carmine de Franco, *ESG Controversies and Their Impact on Performance*, 29 J. Investing, No. 2, 2020, at 33, 33 ("他的研究表明,在欧洲和美国,遭受严重争议的股票在其基准和其他由争议低或根本没有争议的股票组成的投资组合中都显著落后。"); Robert G. Eccles et al., T*heImpact of Corporate Sustainability on Organizational Processes and Performance*, 60 Mgmt. Scl. 2835, 2835 (2014) (说明积极的 ESG 分数与绩效相关); Yiwei Li et al., *The Impact of Environmental, Social, and Governance Disclosure on Firm Value: The Role of CEO Power*, 50 Brit. Acct. Rev. 60, 60 (2018) (发现 ESG 评级与公司价值之间的相关性). But see Financial Factors in Selecting Plan Investments, 85 Fed. Reg. 39,113, 39,118 n. 24 (proposed June 30, 2020) (to be codified at 29 C. F. R. pt. 2550) ("受托人应该……对 ESG 评级系统持怀疑态度……"); Amal Aouadi & Sylvain Marsat, *Do ESGControversies Matter for Firm Value? Evidence from International Data*, 151 J. Bus. Ethics 1027, 1027 (2018) (未能发现 ESG 得分与股票价值之间的强相关性); Susan N. Gary, *Best Interests in the Long Term: Fiduciary Duties and ESG Integration*, 90 U. Colo. L. Rev. 731, 789 -94 (2019) (认为审慎投资者标准要求投资经理作为受托人将 ESG 纳入其投资决策).

(二)重大性和社会责任

重大性概念是证券法披露要求的关键。例如,证券法的反欺诈条款[200]处理重大性事实遗漏[201]和错误陈述。[202] 如果一个理性的投资者在做出投资决定时认为某项事实是重要的,那么该事实就具有重大性。[203] 确定某个事实是否具备重大性,需要根据有关声明的上下文进行细致分析,而不是采用可明确适用的标准。[204]

遗漏或虚假地陈述与公司有关的社会责任问题可能具有重大性。

---

[200] The Securities Act of 1933 (1933 Act) and the Securities Exchange Act of 1934 (1934 Act) have various antifraud provisions. E. g., 1933 Act § 11, 15 U. S. C. § 77k (对1933年法案注册声明中的重大错误陈述和遗漏施加民事责任);1933 Act § 12 (a)(2), 15 U. S. C. § 77l(a)(2)(对与证券发售或出售有关的重大错误陈述和遗漏施加民事责任);1933 Act § 17(a), 15 U. S. C. § 77q(a)(一般反欺诈禁令)1934 Act § 10(b), 15 U. S. C. § 78j(b)(一般反欺诈规定)1934 Act § 14 (a), 15 U. S. C. § 78n(a)(欺诈与代理请求的联系)1934 Act § 18(a), 15 U. S. C. § 78r(a)(对SEC文件中的重大错误陈述和遗漏承担民事责任);SEC Rule lOb-5, 17 C. F. R. § 240. 10b-5 (2020)(1934年法案的一般反欺诈条款的相应规定);SEC Rule 14a-9, 17 C. F. R. § 240. 14a-9(1934年法案中与代理声明条款有关的欺诈行为的相应规定).

[201] 重大事实的遗漏是不可起诉的,除非遗漏对于防止陈述具有重大误导性是必要的。from being materiallymisleading. See, e. g., Basic Inc. v. Levinson, 485 U. S. 224, 239 n. 17 (1988)("在没有披露义务的情况下保持沉默根据规则10b-5不会产生误导。"). 但是,当SEC的文件中有特定的项目要求时,遗漏重要事实具备可诉性。

[202] See generally 3-4 Thomas Leehazen, Treatise on the Law of SEC Uritiesregulation ch. 12 (7th ed. 2016)(讨论1934年法案、其规定以及针对欺诈和操纵的私人补救措施).

[203] See Levinson, 485 U. S. at 231-32("针对被遗漏的事实的披露,必须有很大的可能性被理性的投资者视为大大改变了所提供的信息的'总组合'。")[quoting TSC Indus., Inc. v. Northway, Inc., 426 U. S. 438, 449 (1976)]; TSC Indus., 426 U. S. at 449(如果"一个理性的股东极有可能认为该事实在决定如何投票时很重要",则认为该事实具备重大性)。

[204] E. g., Matrixx Initiatives, Inc. v. Siracusano, 563 U. S. 27, 30-31 (2011)(认为一项研究缺乏统计意义并不妨碍它具有重大性);*Levinson*, 485 U. S. at 236(拒绝用价格和结构门槛来确定初步合并谈判的重要性).

大量支持者将与 ESG 相关的披露定性为重大,[205] 因此应该在递交给 SEC 的文件中予以披露。[206] 然而,到目前为止,要求强制披露 ESG 的呼声并没有得到美国证券交易委员会的回应。

考虑到投资者对重大性的理性检验,投资者对不同企业社会责任问题的充分兴趣会影响到重大性认定。[207] 一些人认为,自愿披露制度力度不足,SEC 应实施强制性 ESG 和其他与企业社会责任相关事项的披露要求。[208] 迄今为止,美国证券交易委员会尚未回应此类授权请求。[209] 一位 SEC 委员认为:ESG 评分无非是羞辱那些环境利益集团所

---

[205] See, e. g. , Jebe, supra note 176, at 645(批评 SEC 未能就可持续性采取行动,并主张将 SASB 标准作为确定 ESG 问题重大性的基础);Hana V. Vizcarra, Comment, *The Reasonable Investor and Climate - Related Information: Changing Expectations for Financial Disclosures*, 50 ENV'T L. REP. 10,106, 10,113 - 14 (2020)(支持气候变化披露的重要性);Cynthia A. Williams & Jill E. Fisch, Request for Rule making on Environmental, Social, and Governance (ESG) Disclosure 6 - 9 (Oct. 1, 2018), https://www. sec. gov/rules/petitions/2018/petn4 - 730. pdf [https://penna. cc/8K74 - 6FSS](暗示 ESG 披露是重要的).

[206] See JillE. Fisch, *Making Sustainability Disclosure Sustainable*, 107GEO. L. J. 923, 929(2019)[建议美国证券交易委员会采用基于原则的可持续发展披露,其形式是要求可持续发展讨论和分析(SD&A),与目前的管理讨论和分析以及薪酬讨论和分析的要求并行不悖]. see also, e. g. , Amanda Iacone, *Warren Urges SEC to Require Climate Change Disclosures*, Bloomberg Tax (Apr. 30, 2020), https://news. bloombergtax. com/financial - accounting/warren - urges - sec - to - require - climate - change - disclosures[https://penna. cc/GGE5 - AUUK](报告参议员伊丽莎白沃伦要求美国证券交易委员会要求披露气候变化).

[207] See Williams & Fisch, supra note 205, at 1(除其他建议外,强调 ESG 问题的"明显重要性").

[208] See Id.

[209] 除前注[205]中引用的规则制定请愿书外,其他举措都没有得到答复。See, e. g. , Anne Stausboll et al. , Comment Letter on Roundtable on Modernizing the SEC's Disclosure System (Oct. 22, 2008), https://www. sec. gov/comments/4 - 567/4567 - 20. pdf [https://perma. cc/E3YN - VDV9]. 迄今为止,最积极的回应是美国证券交易委员会主席要求美国证券交易委员会的投资者咨询委员会就投资者希望看到的 ESG 披露提供指导。Jay Clayton, Chairman, U. S. Sec. & Exch. Comm'n, Remarks at Meeting of the Investor Advisory Committee (Nov. 7, 2019), https://www. sec. gov/news/public - statement/clayton - remarks - investor - advisory - committee - 110719 [https://perma. cc/GTQ8 - YHNX].

反对的企业行为,而利益集团并非投资者。[210] 这种批评忽视了越来越多的投资者对 CSR 和 ESG 披露表露出兴趣。[211] 除此之外,许多公司利益集团也抵制强制披露 ESG 的运动。[212]

在自愿披露系统中,当事人可以在不披露和完全披露之间进行选择。在没有 SEC 指令的情况下,即使涉及重大事实,也没有义务发表声明。[213] 强制性披露责任仅限于美国证券交易委员会表格中的逐项披露。一旦公司决定发表声明,就有义务诚实、充分地进行披露。[214] 因此,一旦公司决定进行 ESG 披露,就不能只关注积极的 ESG 影响,而忽视重大、消极的活动,这些活动有助于投资者对公司关于 ESG 价值的承诺进行更准确的评估。

---

[210] See, e. g., Peirce, supra note 43(质疑 ESG 的价值);Roisman, supra note 54(认为原则性重大性认定优于强制 ESG 披露).

[211] See, e. g., Nuveen, 2020 Proxy Seasonpreview: Environmental and Social Practices Reach a Tipping Point 1 – 3 (2020), https://documents. nuveen. com/documents/nuveen/default. aspx? uniqueid = cb6df5e9 – 6268 – 4389 – 8317 – e2b1c569398e [https://penna. cc/2UA4 – TX73](显示出投资者对社会和环境问题的日益关注); see also, e. g., supra notes 170 – 172 and accompanying text.

[212] See, e. g., Crt. For Cap. Mkts. Competitiveness, U. S. Chamber of Com., Essential Information: Modernizing Our Corporate Disclosure System 3 – 5 (2017), https://www. centerforcapitalmarkets. com/wp – content/uploads/2013/08/U. S. – Chamber – Essential – Information Materiality – Report – W_FINAL – i. pdf [https://perma. cc/Z6WJ – SJCU].

[213] See, e. g., Basic Inc. v. Levinson, 485 U. S. 224, 239 n. 17 (1988).

[214] See, e. g., Meyerv. Jinko Solar Holdings Co., 761 F. 3d 245, 250 (2d Cir. 2014)("即使不存在披露信息的独立义务,一旦公司就某个问题或话题发表意见,就有义务说出全部真相。");Caiola v. Citibank, N. A., 295 F. 3d 312, 331 (2d Cir. 2002)("缺乏独立责任并不是……对……责任的抗辩,因为在选择发言时,必须如实谈论重大问题。一旦花旗银行选择讨论其对冲策略,它的披露就有责任既准确又完整。").

许多人呼吁强制披露 CSR 和 ESG。[215] SEC 应该更加鼓励自愿的企业责任和 ESG 披露,如通过安全港规则鼓励 ESG 披露。即使没有安全港规则,在 ESG 披露是一种愿望的情况下,关于道德目标和道德活动的公司陈述可能被视为一种期望从而不易受到重大错误陈述的影响。[216]

SEC 有要求披露与投资者利益相关项目的先例,尽管这些项目与公司的财务业绩没有直接关系。即使定性信息对公司财务状况不存在直接的定量影响,也不能否认其重大性。例如,商业贿赂与评估公司管理层的诚信有关,即使它对业务的影响不到 0.3%,未及时披露可能具有重大性。[217] SEC 认为管理层诚信在其他情况下同样十分重要,[218] 不道

---

[215] See, e. g., Daniel C. Etsy & Quentin Karpilow, *Harnessing Investor Interest in Sustainability: The Next Frontier in Environmental Information Regulation*, 36 YALE J. ONREG. 625, 662 – 90 (2019)(主张强制 ESG 披露). 此外,学术上支持制定规范的请愿书,这些请愿书表明 SEC 不再抵制强制要求更有意义的 ESG 和 CSR 披露。See Virginia Harper Ho, *Disclosure Overload? Lessons for Risk Disclosure & ESG Reporting Reform from the Regulation S – K Concept Release*, 65 Vill. L. Rev. 67, 93 – 126 (2020)(讨论公众对 SEC 关于现代化披露要求的概念发布的回应);supra note 205 and accompanying text.

[216] See, e. g., Retail Wholesale & Dep't Store Union Local 338 Ret. Fund v. Hewlett – Packard Co., 845 F. 3d1268, 1278 (9th Cir. 2017)(认为被指控的官员性行为不端和被指控的违反道德准则并不重要,因为道德准则是"高度理想化的","并没有直接地暗示首席执行官或其他任何人不会违反准则").

[217] SEC v. Joseph Schlitz Brewing Co., 452 F. Supp. 824, 830 (E. D. Wis. 1978)(确定未披露回扣计划具有重大性,因为该行为反映了缺乏监管诚信).

[218] In re Franchard Corp., Securities Act Release No. 4710, 42 SEC Docket 163 (July 31, 1964)(发现公司未能充分披露 CEO 滥用公司资金的情况);see, e. g., Lin, supra note 149, at 361 – 70(感叹有关高管不当行为的披露要求存在差距).

德行为本身反而显得微不足道。[219]

如果公司为了回应投资界对 ESG 指标的呼声而进行超越定性的披露，就会出现更多的披露问题。SEC 最近发布了关于公司在披露中使用财务或非财务指标的指南。SEC 告诫不要在无须披露的情况下同时使用财务和非财务指标，“这可能是必要的，以便根据其呈现的情况使 ESG 指标的呈现不具误导性”。[220]

足够的道德投资者利益是确立社会责任问题重大性的良好起点。正如下面的讨论所揭示的那样，除了少数特例，美国证券交易委员会和法院对社会责任问题并不特别关注。[221] 投资者对社会责任的兴趣并没有推动美国证券交易委员会和法院对 ESG 事项的重大性认定，但投资

---

[219] E. g., Gaines v. Haughton, 645 F. 2d 761, 778 – 79 (9th Cir. 1981)[董事为公司利益而采取的许多公司行为可能会冒犯一些股东并引起争议。投资者的社会和政治观点的多样性与整个政体的特点是一样的。公司劳动关系政策的主旨，迁移或关闭现有工业厂房的经济决定，与某些圈子里不屑一顾的外国的商业交易，开发（或不开发）特定自然资源或能源技术形式的决定，以及颁布拒绝（或接受）肯定行动原则的公司人事政策，这些只是商业判断的几个例子，这些判断被合理地委托给董事的广泛自由裁量权，但仍可能引起股东的不满，并引起对“浪费”、“不道德”甚至“不道德”商业交易的指控。根据第 14(a) 条的规定，公司董事是否有义务在为其连任而进行的委托书征集中披露所有此类公司决策？我们拒绝将第 14(a) 条规定的披露义务扩大到这些情况。虽然我们既不宽恕也不谴责这些和类似的公司行为（包括现在非法的可质疑的外国付款做法），但我们认为，受害的股东有足够的追索权，可以根据州法律对负有责任的董事进行索赔，如果所有其他方法都失败了，可以出售或交易他们在违规公司的股票，以支持更符合他们自己个人目标和价值观的企业。] Overruled on other grounds by In re McLinn, 739 F. 2d 1395 (9th Cir. 1984) (enbanc); see also, e. g., Amalgamated Clothing & Textile Workers Union v. J. P. Stevens Co., 475 F. Supp. 328, 330 (S. D. N. Y. 1979)（认为如果披露了劳动诉讼和违反劳动法的具体调查结果，则不需要披露所谓的公司政策来“阻挠”、“抵制”和“滥用”联邦劳动法）, vacated as moot per curiam, 638 F. 2d 7 (2d Cir. 1980).

[220] 管理层讨论和分析财务状况和经营成果的指南, 85 Fed. Reg. 10,568, 10,569 (Feb. 25, 2020) (tobe codified at 17 C. F. R. pts. 211, 231, 241); see, e. g., Lee Bamum et al., *Will the New SEC Guidance on Performance Metrics Impact Disclosure of ESG Metrics?*, Wall St. Law., Mar. 2020, at 9, 10.

[221] See Hazen, supra note 21, at 409 – 12（讨论 19 世纪 70 年代社会问题的披露）.

者的压力将会促使公司在递交给 SEC 的文件中增加关于社会责任的披露。[222] 强制性 ESG 披露将使美国证券监管制度与其他国家接轨。[223]

(三)股东提案规则

由于大多数股东不出席股东大会,上市公司的股东大会和投票通常通过委托代理征集的方式进行。[224] 当管理层向股东征集代理权时,SEC 规则要求一份详细的代理声明,其中包含规定的披露内容。[225] 公司股东经常提出股东提案供股东大会审议,[226] 活跃的股东在很大程度上依靠股东提案来关注 CSR 和公司治理。[227]

美国证券交易委员会第 14a-8 条规定了上市公司的股东可以要求管理层在管理层委托书(proxy statement)中加入股东提案的情况。[228] 该规则包含了管理层可以拒绝将及时提交的股东提案纳入管理层委托

[222] See Paul Rissman & Diana Kearney, *Rise of the Shadow ESG Regulators: Investment Advisers, Sustainability Accounting, and Their Effects on Corporate Social Responsibility*, 49 Env't L. Rev. 10,155, 10,156 (2019)(暗示投资者可能会迫使公司做出更多的社会责任披露).

[223] See, e. g., John Plender, *Norway and Japan Show the Conflicting Approaches to ESG Investment*, Fin. Times (June 24, 2019), https://www. ft. com/content/d059656a-934b-11e9-b7ea-60e35ef678d2[https://penna. cc/V9Y3-UJB7]; Jacqueline Poh & Mariko Ishikawa, *China Set to Lead ESG Disclosure to Lure ForeignInvestments*, Bloombergl., https://www. bloomberg. com/news/articles/2019-06-20/china-set-to-lead-esg-disclosures-to-lure-foreign-investments[https://penna. cc/3XB6-C4FR] (June 20, 2019)讨论中国的 ESG 举措 Ali Zaidi, Insight: Pending Federal ESG Legislation Could Yield Significant and Step-Wise Change, Bloomberg L. (Oct. 11, 2019), https://news. bloomberglaw. com/banking-law/insight-pending-federal-esg-legislation-could-yield-significant-and-step-wise-change [https://perma. cc/TQ74-YDTP](提及其他国家的 ESG 披露进展)。

[224] See generally2-3 Hazen, supra note 202, ch. 10(讨论代理征集的细微差别和联邦代理规则).

[225] See Schedule 14A, 17 C. F. R. § 240. 14a-101 (2020)(提供代理声明中要求的信息).

[226] See 2 Cox & Hazen, supra note 106, § 13:28(讨论一般性代理投票).

[227] 1 Cox & Hazen, supra note 106, § 2: 2; cf Brett McDonnell et al., Green Boardrooms?, 53 Conn. L. Rev. (forthcoming 2021) (manuscript at 1), https://papers. ssrn. com/sol3/papers. cfm? abstract_id=3569303[https://penna. cc/BT4V-JJAA](表明股东激进主义在改变公司行为方面并不是很成功).

[228] 17 C. F. R. § 240. 14a-8.

书的理由清单,[229]股东提案与公司的日常业务有关是被排除在外的原因之一。[230] 这成为管理层经常用来将股东提议从委托书中排除的依据。[231] SEC 对股东提案中社会问题的初步回应并不乐观。[232] 例如,在1951 年的一项裁决中,一个地区法院以公司日常业务为由,支持排除一项要求在公司巴士上进行种族融合的股东提案。[233] 在大环境下,几乎没有人怀疑,美国证券交易委员会和法院会承认希望通过公司为这类民权问题发声的股东利益。

美国证券交易委员会已经表现出对其他一些社会问题的抵制。例如,1992 年美国证券交易委员会的工作人员在一份不采取行动的信函中表态,管理层可以公司日常业务为出发点,排除要求管理层不从事歧视性雇佣行为的股东提案。[234] 排除的理由是招聘行为与公司的日常业务有关。[235] 五年后,美国证券交易委员放弃了这一有争议的立场,表示今后不得再以与雇佣和就业等日常业务有关为由排除主要关注社会问

---

[229] Id. § 240. 14a-8(i)(1)-(13).

[230] Id. § 240. 14a-8(i)(7). 这种排除法的理由是,即使根据适用的国家法律,有适当的股东提案事项,这些提案也构成了微观管理,因此不值得在管理层的委托书中留出位置。See 3 HAZEN, supra note 202, § § 10:41-:56[分析 SEC 对规则第 14a-8(i)(7)条排除股东提案的一般业务基础的解释].

[231] 有时,管理层试图依靠规则第 14a-8(i)条排除与公司业务无关的提议。See 17 C. F. R. § 240. 14a-8(i)(5). 与占公司业务相对较小部分的运营相关的股东提案在提出社会责任问题时可能仍需纳入。See, e. g., Lovenheim v. Iroquois Brands, Ltd., 618 F. Supp. 554, 561 (D. D. C. 1985)(认为与使用灌胃法生产鹅肝有关的股东提案意义重大,尽管它涉及公司业务的一小部分).

[232] 为了更全面地讨论股东提案规则和社会责任问题,see Hazen, supra note 21, at 402-09。

[233] Peck v. Greyhound Corp., 97 F. Supp. 679, 680-81 (S. D. N. Y. 1951)(认为要求一家大型巴士公司管理层停止隔离座位的股东提案可以适当地排除).该裁决是以该规则的前一个版本为基础的,该版本在今天已不再适用。虽然可以说与发行人的日常业务有关的提案仍然可以排除,但根据现行法律,它可能必须被包括在内。See 17 C. F. R. § 240. 14a-8(c)(7).

[234] Cracker Barrel Old Country Store, Inc., SEC No-Action Letter, 1992 WL 289095 (Oct. 13, 1992).

[235] Id.

题的提案。[236] 但是,如果提案主要涉及员工招聘和晋升流程,则可能会被排除在外。[237] 近年来,根据股东提案规则,股东在要求管理层纳入与社会问题相关的股东提案方面取得了相当大的成功。[238] 例如,SEC 的工作人员更容易接受与可持续发展[239]、气候变化、[240] 和 ESG 相关的股

---

[236] Amendments to Rules on Shareholder Proposals, 63 Fed. Reg. 29, 106, 29, 108 (May 28, 1998) (to be codified at 17 C. F. R. pt. 240); see, e. g., Shireen B. Rahnema, *The SEC's Reversal of* Cracker Barrel: *A Return to Uncertainty*, 7 U. MIA. BUS. L. REV. 273, 275 – 76 (1999) (感叹逐案分析的不确定性,并建议支持解决就业歧视的股东提案); Neel Rane, Comment, *Twenty Years of Shareholder Proposals After* Cracker Barrel: *An Effective Tool for Implementing LGBT Employment Protections*, 162 U. Pa. L. Rev. 929, 943 – 47 (2014) (讨论 Cracker Barrel 之后的不采取行动函的发展). Reilly S. Steel, Note, *The Underground Rulification of the Ordinary Business Operations Exclusion*, 116 Colum. L. Rev. 1547, 1547 – 51 (2016) (分析最近的无行动信函回复).

[237] See, e. g., Wal – Mart Stores, Inc., SEC No – Action Letter, 2006 WL 695801 (Mar. 16, 2006) [指出管理层可以依据第 14a – 8(i)(7)条排除一项提案,该提案要求董事会修改公司的机会平等政策,禁止恐吓行使结社自由权利、制定制度以防止公司未来违反联邦劳动法,并定期向股东发布进展报告等权利的员工]; United Parcel Servs., Inc., SEC No – Action Letter, 2004 WL 351777 (Feb. 23, 2004) (声明管理层可以排除敦促董事会就公司与国际兄弟会的关系向股东准备一份报告的提议). 在 United Parcel Services, Inc. 的案例中, SEC 工作人员的答复指出:"你认为 UPS 可以根据第 14a – 8(i)(7)条排除该提案,因为它与 UPS 的正常业务运作(公司与雇员代表之间的关系)有关,这似乎是有根据的。" SEC No – Action Letter, 2004 WL 351777, at * 1.

[238] See 3 Hazen, supra note 202, § 10: 55 (讨论股东提案规则在社会问题上的应用); see also, e. g., Virginia Harper Ho, *From Public Policy to Materiality: Non – financial Reporting, Shareholder Engagement, and Rule 14a – 8's Ordinary Business Exception*, 76 Wash. & Lee L. Rev. 1231, 1236 – 41 (2019) (认为 SEC 应该改善其对社会问题的非财务意义的处理方法).

[239] See, e. g., Host Hotels & Resorts, Inc., SEC No – Action Letter, 2018 WL 487395 (Feb. 28, 2018) [主张管理层不能依靠规则第 14a – 8(i)(3)条或第 14a – 8(i)(6)条来排除一项提案:要求公司发布年度可持续发展报告,对公司物业的运营进行尽职调查,包括酒店运营商的环境、人权和劳工做法对投资者的影响。].

[240] See, e. g., Amazon. com, Inc., SEC No – Action Letter, 2019 WL 1641356 (Apr. 3, 2019) [指出管理层不能依靠规则第 14a – 8(i)(5)条或第 14a – 8(i)(7)条来排除要求公司发布关于公司运营中产生的食物垃圾的环境和社会影响的提案,因为食物垃圾对气候变化和饥荒等社会风险有重大影响]; Ross Stores, Inc, SEC No – Action Letter, 2019 WL 993566 (Mar. 29, 2019) [指出管理层不能依靠规则第 14a – 8(i)(7)条来排除要求董事会为股东准备一份气候变化报告的提案].

东提案。[241]

美国证券交易委员会最近通过了修正案，通过提高股东资格门槛，限制股东根据股东提案规则以访问管理层委托书的权限。[242] 若和预期一致，新的门槛导致提出重大社会问题的股东提案减少，这将是一种耻辱。[243] 但从更积极的角度来看，SEC 工作人员继续要求纳入适当的与 ESG 相关的股东提案。[244] 美国证券交易委员会最近还宣布加强对 ESG 披露的审查。[245]

SEC 对股东提案和 ESG 的处理方式随着时间的推移而不断演变。下面的讨论展示了 SEC 在披露社会相关问题方面的曲折历史。

---

[241] See, e. g., Rite Aid Corp., SEC No – Action Letter, 2018 WL 818011 (Apr. 23, 2018)[声明管理层不能依据规则第 14a – 8(i)(7)条或第 14a – 8(i)(10)条来排除要求公司编制描述公司 ESG 风险和机会的可持续发展报告的提案，其中包括客户和工人的安全、隐私和安保以及环境管理].

[242] Procedural Requirements and Resubmission Thresholds Under Exchange Act Rule 14a – 8, Exchange Act Release No. 89964, 2020 WL 5763382 (Sept. 23, 2020); Procedural Requirements and Resubmission Thresholds Under Exchange Act Rule 14a – 8, 84 Fed. Reg. 66,458, 66,458 (proposed Dec. 4, 2019) (to becodified at 17 C. F. R. pt. 240).

[243] Benjamin Bain, *Carl Icahn Blasts SEC Proxy Overhaul as a "Big Step Backward"*, Bloomberg (Feb. 10, 2020), https://www.bloomberg.com/news/articles/2020 – 02 – 10/carl – icahn – blasts – sec – proxy – overhaul – as – a – big – step – backward [https://perma.cc/HEJ6 – VKFD]; Comment Letter on Proposed Rule: Procedural Requirements and Resubmission Thresholds Under Exchange Act Rule 14a – 8 (Feb. 2, 2020), https://www.sec.gov/comments/s7 – 23 – 19/s72319 – 6733997 – 207590.pdf [https://perma.cc/4YTX – A2N2].

[244] See Saijel Kishan, *Citigroup and Exxon Must Let Investors Vote on ESG Issues*, Bloomberg L. (Mar. 1, 2021), https://www.bloomberglaw.com/bloomberglawnews/ (讨论美国证券交易委员会不采取行动的回应，要求纳入与 ESG 有关的提案；其中一个与进行种族公正审计有关，另一个与公司的气候变化工作有关).

[245] See, e. g., Public Statement, Allison Herren Lee, Acting Chair, U. S. Sec. & Exch. Comm'n, Statement on the Review of Climate – Related Disclosure (Feb. 24, 2021), https://www.sec.gov/news/public – statement/lee – statement – review – climate – related – disclosure [https://perma.cc/F8AW – U3U8]; Hester M. Peirce & Elad L. Roisman, *Commissioners Discuss SEC's Enhanced Climate – Change Efforts*, Clsblue Sky Blog (Mar. 5, 2021), https://clsbluesky.law.columbia.edu/2021/03/05/commissioners – discuss – secs – enhanced – climate – change – efforts/.

(四)环境与就业披露

1974年,联邦法院命令 SEC 确定报告公司是否被要求披露:"(1)他们的公司活动对环境的影响;(2)关于他们平等就业实践的统计数据。"[246] 法院依据国家环境政策法案(NEPA),该法案要求每个联邦机构"尽最大可能""按照 NEPA 中规定的政策"解释和执行联邦法律。[247]

1975年2月,美国证券交易委员会按照法院的命令,征求公众对以下方面的意见:

> (1)委员会要求披露具有社会意义的事项的可取性;(2)这些披露是否以及基于什么理由可以被视为重要的,特别是在这些事项在经济意义上可能不被视为重要的情况下;(3)委员会要求披露主要是社会矛盾但经济意义不大事项的依据和程度;(4)这种披露对公司行为可能产生的影响(如有)。[248]

根据对以上问题的回复,美国证券交易委员会在1975年10月承认,"经济问题是国会在规定委员会披露权力时的主要关切",并决定不要求披露与不遵守联邦环境法的程度有关的信息。[249] 美国证券交易委员会关于平等就业披露的结论是:"没有任何显著特征可以证明,从投资者可能感兴趣的无数其他社会问题中挑选出平等就业是正当的。"而且,"对其中每一项的可比非重要信息的披露,总体上会使披露文件完全无法管理"。[250] 华盛顿特区巡回法院最终认为,美国证券交易委员会对公

[246] Nat. Res. Def. Council, Inc. v. SEC, 389 F. Supp. 689, 692 - 93 (D. D. C. 1974).

[247] Pub. L. No. 91 - 190, § 102, 83 Stat. 852, 853 (1969) (codified at 42 U. S. C. § § 4321 - 4347).

[248] Disclosure of Env't & Other Socially Significant Matters, 40 Fed. Reg. 7013, 7014 (SEC Feb. 18, 1975).

[249] Notice of Commission Conclusions and Rulemaking Proposals, Securities Act Release No. 5627, 8 SEC Docket 73, 1975 WL 160503, at * 5 (Oct. 14, 1975).

[250] Id. at * 20.

共利益集团建议的回应完全足以满足国家环境保护法和其他法律的要求。[251]

多年来，美国证券交易委员会越来越重视风险因素[252]的披露，导致公司在披露公司运营对环境的影响时压力越来越大。[253] 最近，SEC提议增加有关环境影响问题的现有披露要求。[254] 鉴于投资者对公司的社会责任议程越来越感兴趣，这些建议应该得到认真考虑。这种承认环境信息披露重要性的趋势可能会一直持续。[255]

（五）冲突矿产和资源开采披露

《多德－弗兰克法案》指示美国SEC制定要求披露上市公司涉及冲突矿产的相关信息的规则。[256] 该法案还指示SEC制定要求披露石油、天然气、采矿和相关公司涉及资源开采的业务的规则。[257] 根据这项法定授权，SEC通过了要求披露冲突矿产和资源开采相关信息的规则。[258] 一个地区法院以该资源开采披露规则过于宽泛为由宣布其无效。[259] 但华盛顿特区巡回法院维持了下级法院的裁决，即SEC在制定冲突矿产

---

[251] Nat. Res. Def. Council, Inc. v. SEC, 606 F. 2d 1031, 1036, 1062 (D. C. Cir. 1979).

[252] See, e. g., Item 101(c) of Regulation S－K, 17 C. F. R. § 229. 101(c)(1)(xii)(2019)(要求披露影响公司业务的环境事项). 具体而言，本条款要求披露"遵守联邦、州和地方已颁布或通过的关于向环境中排放材料的规定，或其他与保护环境有关的规定，可能对资本支出、收益和竞争地位产生的重大影响"。Id. (amended in 2020, under 17 C. F. R. § 229.10 1(c)(2)(i), 要求披露"遵守政府法规(包括环境法规)可能对注册人及其子公司的资本支出、收益和竞争地位产生的重大影响")。

[253] This is relevant to the "E" in ESG.

[254] Modernization of Regulation S－K Items 101, 103, and 105, 85 Fed. Reg. 63,726, 63,726－63,727 (Oct. 8, 2020) (to be codified at 17 C. F. R. p. 229, 239, 240).

[255] See Vizcarra, supra note 205, at 10,113－14(得出的结论是，最近的趋势表明气候信息可能被理性的投资者认为是重大的，并且法院可能会接受将气候变化披露作为重要信息).

[256] 冲突矿产被定义为包括来自刚果民主共和国或毗邻国家的矿产。Dodd－Frank Wall Street Reform and Consumer Protection Act § 1502, 15 U. S. C. § 78m(p). The concern over conflict minerals is one example of the "S" in ESG.

[257] Id. § 1504, 15 U. S. C. § 78m.

[258] 17 C. F. R. § § 240. 13p－1, 240. 13q－1.

[259] Am. Petroleum Inst. v. SEC, 953 F. Supp. 2d 5, 23 (D. D. C. 2013).

披露规则时采取了合理的行动。[260] 然而,上诉法院驳回了要求处理冲突矿物的公司在官网上说明其产品不属于“刚果共和国无冲突”(DRC conflict free)的诉讼请求,[261] 理由在于这违反了第一修正案。

资源开采的披露历史并没有就此结束。2016 年,美国证券交易委员会发布了修订后的资源开采披露要求。修订后的规则将要求从事资源开采的上市公司披露为促进石油、天然气或矿产的商业开发而支付的款项,而且这些款项“并非微不足道”。[262] 这些披露原定于 2018 年生效,但在 2017 年年初,国会颁布了立法,成功撤销了这些关于石油和天然气业务的强化披露。[263] 2020 年 12 月,美国证券交易委员会通过了一套关于资源开采披露的新规则。[264] 此规则不如第一套被废除的规则严格。

上述只是 SEC 涉足社会责任相关披露的简单列举,下述企业道德准则是与对社会负责任的企业行为相关的另一问题。

(六)企业道德准则

公司治理绩效是 ESG 的一个关键衡量标准。开展公司业务时实施的道德行为是评估公司对 ESG 承诺的关键组成部分。[265] 反过来,道德

---

[260] Nat's Ass'n of Mfrs. v. SEC, 748 F. 3d 359, 368 (D. C. Cir. 2014), aff'd on reh'g, 800 F. 3d 518(D. C. Cir. 2015).

[261] Id. at 373.

[262] See Press Release, U. S. Sec. & Exch. Comm'n, SEC Adopts Rules for Resource Extraction Issuers Under Dodd – Frank Act (June 27, 2016), https://www. sec. gov/news/pressrelease/2016 – 132. html [https:// perma. cc/QYU5 – KYMK].

[263] Act of Feb. 16, 2017, Pub. L. No. 115 – 5, 131 Stat. 10 (2017); see Nicholas Grabar & Sandra L. Flow, *Congress Rolls Back SEC Resource Extraction Payments Rule*, Harv. L. Sch. F. Oncorp. Governance (Feb. 16, 2017), https://corpgov. law. harvard. edu/2017/02/16/congress – rolls – back – sec – resource – extraction – payments – rule/[https://penna. cc/V4K5 – S6J2]; *US Senate Kills SEC Resource Extraction' Rule*, CNB C, https://www. cnbc. com/2017/02/03/us – senate – kills – sec – resource – extraction – rule. html [https://perma. cc/XB33 – XDUL] (Feb. 3, 2017); see also, e. g., Karen E. Woody, *Can Bad Law Do Good? A Retrospective on Conflict Minerals Regulation*, 78 Md. L. Rev. 291, 300 –01 (2019).

[264] 17 C. F. R. § 240. 13q – 1 (2020); see Disclosure of Payments by Resource Extraction Issuers, 85 Fed. Reg. 2522, 2527 –2528 (proposed Jan. 15, 2020) (to be codified at 17 C. F. R. pts. 240, 249b).

[265] This, of course, is the "G" in ESG.

准则是评估公司治理和治理结构的一个重要因素。[266]

道德准则已经有几十年的历史,[267] 2002 年,《萨班斯—奥克斯利法》[268]第 406 条指示 SEC 制定要求披露与上市公司道德准则有关的信息的规则,使道德准则变得更加重要。[269] 美国证券交易委员会并没有

---

[266] See, e. g. , Simon Webley & Andrea Werner, *Corporate Codes of Ethics: Necessary but Not Sufficient*, 17 BUS. ETHIcs: AEUR. REV. 405, 405 (2008) ("拥有这样的准则通常被视为企业道德政策的主要工具。"); see also, e. g. , Krista Bondy et al. , *The Adoption of Voluntary Codes of Conduct in MNCs: A Three - Country Comparative Study*, 109 Bus. & Soc'y Rev. 449, 449 (2004) ("提及公司使用 CSR 行为准则"); Patrick M. Erwin, *Corporate Codes of Conduct: The Effects of Code Content and Quality on Ethical Performance*, 99 J. Bus. Ethics 535, 535 (2011) ("企业行为准则是一种实用的 CSR 工具,通常用于管理员工行为和培养对社会负责的组织文化。").

[267] See, e. g. , Gary R. Weaver, *Corporate Codes of Ethics: Purpose, Process and Content Issues*, 32 BUS. & SoC'Y44 (1993) (分析企业道德规范); *A (Brief) History of Codes of Ethics*, Arthur W. Page Ctr. , https://pagecentertraining. psu. edu/public - relations - ethics/professional - codes - of - ethics/lesson - 1 - some - title - goes - here/a - brief - history - of - codes - of - ethics/[https://perma. cc/CAC4 - HJTR] (参考 1989 年对 150 个公司道德准则的研究). 截至 1998 年,90% 的财富 500 强公司都有道德准则。See Myrna Wulfson, *Rules of the Game: Do Corporate Codes of Ethics Work?*, 20 Rev. Bus. , Fall 1998, at 12, 13.

[268] Sarbanes - Oxley Act of 2002, Pub. L. No. 107 - 204, 116 Stat. 745 (codified as amended in scattered sections of 15, 18, 28, and 29 U. S. C.). 到 2013 年,95% 的财富 100 强公司都有道德准则。See Ahmad Sharbatoghlie et al. , *Exploring Trends in the Codes of Ethics of the Fortune 100 and Global 100 Corporations*, 32 J. MGMT. DEV. 675, 675 (2013). 独立于 Sarbanes - Oxley 的要求,SEC 并不总是接受投资者的这种担忧,因为据说它与公司的日常业务有关。See, e. g. , Verizon Commc'ns, Inc. , SEC No - Action Letter, 2010 WL 5169382, at * 1 (Jan. 10, 2011) ["根据规则第 14a - 8 (i)(7) 条,涉及普遍遵守道德商业惯例的提案通常可排除在外。"]; Monsanto Co. , SEC No - Action Letter, 2005 WL 6065453, at * 8 (Nov. 3, 2005) [声明管理层可以依据规则第 14a - 8(i)(7)条排除要求董事会设立道德监督委员会以"确保遵守孟山都行为准则、孟山都承诺和适用法律、联邦、州、省和地方政府的规章制度,包括《反海外腐败法》]; Emerson Elec. Co. , SEC No - Action Letter, 2000 WL 1469731, at * 1 (Oct. 3, 2000) (声明管理层不能从其代理声明中排除管理层审查并考虑修改公司商业道德和行为准则的股东提案). (For a discussion of Rule 14a - 8, see supra notes 228 - 231 and accompanying text.)

[269] Sarbanes - Oxley Act of 2002 § 406, 116 Stat. at 789 - 90 (codified at 15 U. S. C. § 7264).

强制要求上市公司制定道德准则,[270] 但披露要求显然对不具备道德准则的公司产生了强有力的激励,促使其制定道德准则。[271] 不具备道德规范的公司必须披露具体情况及成因。[272] 同时,不具备道德准则的公司也显得与许多已经采用道德准则的公司格格不入。[273] 公司一旦制定了道德准则,就必须进行披露,还需要说明其对道德准则的遵守情况以及保证遵守准则的适用方法。[274]

通常投资者基于道德准则披露提出的欺诈索赔不会获得支持。[275] 质疑道德准则披露具有重大误导性的困难,在很大程度上是因为公司的

---

[270] 与一般上市公司相比,根据1940年《投资顾问法》,在美国证券交易委员会注册的投资顾问必须具备道德规范。Investment Adviser Codes of Ethics, 17 C. F. R. § 275. 204A - 1 (2020); see Investment Adviser Code of Ethics, 69 Fed. Reg. 41,696, 41,696 (July 9, 2004) (to be codified at 17 C. F. R. pts. 270, 275, 279).

[271] 应制定道德准则以促进遵守适用于公司业务的法律、规则和法规。道德规范必须配备组织内有关违反规范的适当报告程序。

[272] See Disclosure Required by Sections 406 and 407 of the Sarbanes - Oxley Act of 2002, 68 Fed. Reg. 5110, 5110 (Jan. 31, 2003) (to be codified at 17 C. F. R. pts. 228, 229, 249). See generally 3 Hazen, supra note 202, § 9:97(讨论道德规范披露要求).

[273] See Note, *The Good, the Bad, and Their Corporate Codes of Ethics: Enron, Sarbanes - Oxley, and the Problems with Legislating Good Behavior*, 116 Harv. L. Rev. 2123, 2125 (2003).

[274] See Disclosure Required by Sections 406 and 407 of the Sarbanes - Oxley Act of 2002, 68 Fed. Reg. at 5117 - 5119.

[275] See, e. g., Singhv. Cigna Corp., 918 F. 3d 57,63 - 64 (2d Cir. 2019) (认为公司道德准则中的声明,表达了其对监管合规的承诺,是"虚张声势",不能支持证券欺诈索赔); In re Sinclair Broad. Grp., Inc. Sec. Litig., No. 18 - 2445, 2020 WL 571724, at * 19 (D. Md. Feb.4, 2020)("包含行为准则的声明可以被描述为不可作为的'吹嘘':公司理想的陈述,而不是过去或现在事实的陈述。"); Barilli v. Sky Solar Holdings, Ltd., 389 F. Supp. 3d 232, 253 (S. D. N. Y. 2019)(认为招股说明书中关于公司道德准则的陈述纯属吹毛求疵,因此不可采取行动); Cement & Concrete Workers Dist. Council Pension Fund v. Hewlett Packard Co., 964 F. Supp. 2d 1128, 1140 (N. D. Cal. 2013)(认为首席执行官的不当行为和被解雇并没有使他所违反的公司道德准则具有实质性的误导性). see also, e. g., Gaines v. Haughton, 645 F. 2d 761, 778 (9th Cir. 1981), *overruled on other grounds by In re* McLinn, 739 F. 2d 1395 (9th Cir. 1984) (en banc).

道德规范被认为是一种期望，而不是对公司及其雇员的实际情况的陈述。[276]

（七）对证券法和社会责任的建议

上述讨论表明，到目前为止，证券法对企业社会责任的披露要求接受度不高。目前的制度包括自愿性的 ESG 披露，以及一些 SEC 的指导，以帮助公司确定其披露内容。[277] 本文的立场是，SEC 应认真考虑强制披露 CSR 和 ESG 的请求，[278] 至少应该通过安全港规则进一步鼓励自愿的 CSR 和 ESG 披露。

2020 年 5 月，SEC 投资者咨询委员会中的一个小组委员会建议发

---

[276] See, e. g., Retail Wholesale & Dep't Store Union Local 338 Ret. Fund v. Hewlett - Packard Co., 845 F. 3d 1268, 1278 (9th Cir. 2017)（"认为该官员被指控的性行为不端和他被指控的违反道德准则的行为并不重要，并指出该公司支持公司道德准则的声明高度理想化，并没有明确暗示首席执行官或其他任何人不会违反准则"）. In re TransDigm Grp., Inc. Sec. Litig., 440 F. Supp. 3d 740, 766 (N. D. Ohio 2020)（"行为准则并不能保证公司将遵守其行为准则中规定的一切"，相反，它只是"企业抱负的宣言"[quoting Bondali v. Yum! Brands, Inc., 620 F. App'x 483, 490 (6th Cir. 2015)].

[277] See, e. g., Commission Guidance on Management's Discussion and Analysis of Financial Condition and Results of Operations, 85 Fed. Reg. 10,568, 10,569 (Feb. 25, 2020) (to be codified at 17 C. F. R. pts. 211, 231, 241)（讨论 MD&A 披露中的可持续性和指标的指南）；SEC. & Exch. Comm'Nphil., SEC Memorandum Circular No. 4: Sustainability Reporting Guidelines for Publicly - Listed Companies (2019), http://www. sec. gov. ph/wp - content/uploads/2019/10/2019MCNo04. pdf [https://perna. cc/HNQ7 - VY73]（重要性指南和参考 ESG 指标的建议）.

[278] See supra notes 213 - 215 and accompanying text.

布规范 ESG 相关披露的指南。[279] 该小组委员会支持通过确立原则条款[280]来强制披露 ESG,并使 ESG 披露标准化。[281] 目前通用标准的缺乏使投资者感到十分困惑。[282] 美国政府问责局的一份报告响应了该小组委员会提高 SEC 参与度的呼吁,该报告分析了加强 ESG 披露的各种方法。[283]

其中一种可能的方法是通过起草专门的披露文件,列出需要披露的项目,强制进行披露。这种方法通常被称为逐项披露。[284] 制定这种要求的挑战在于确定强制披露的具体内容。相反,原则性披露则只关注重

---

〔279〕 Investor – As – Owner Subcomm. , U. S. SEC. & Exch. Comm'n Inv. Advisory Comm. , Recommendation Relating to ESG Disclosure 2, 8 (May 14, 2020), https://www. sec. gov/spotlight/investor – advisory – committee – 2012/recommendation – of – the – investor – as – owner – subcommittee – on – esg – disclosure. pdf [https:// penna. cc/N8E8 – QF9A].

〔280〕 作为其建议的一部分,小组委员会建议 SEC 填补披露要求方面的现有空白:SEC 应在此问题上发挥带头作用,建立一个基于原则的框架,该框架将提供投资者(机构投资者和散户投资者)做出投资和投票决策所需的特定于发行人的材料、决策有用的信息。此披露应基于公司用于做出自己的业务决策的相同信息。如果 SEC 不带头,由于投资流动的全球性,其他司法管辖区很可能会在未来几年内实施美国发行人必须直接或间接遵循的标准进入美国市场。Id. at 9; see also, e. g. , U. S. SEC. & Exch. Comm'n Inv. Advisory Comm. , Recommendation Relating to ESG Disclosure (May 21, 2020), https://www. sec. gov/spotlight/investor – advisory – committee – 2012/esg – disclosure. pdf[https://penna. cc/8BAL – K43D].

〔281〕 具体来说,报告提出了 5 个关键点。第一,"投资者需要可靠、重要的 ESG 信息作为投资和投票决策的基础"。Investor – As – Owner Subcomm. , supra note 279, at 7. 第二,公司应提供重大的 ESG 披露。Id. at 8. 第三,标准化的 ESG 披露将为大型、中型和小型上市公司之间提供公平的竞争环境。Id. 第四,标准化的 ESG 披露将增加流入美国的资本。Id. at 9. 第五,美国应在重大 ESG 披露方面"带头"。Id.

〔282〕 Id at 7; U. S. Gov't Accountability Off. , GAO – 20 – 530, Public Companies: Disclosureof Environmental, Social, and Governance Factors and Options to Enhancethem 5 – 9(2020), https://www. gao. gov/assets/710/707949. pdf [https:// penna. cc/2ESN – QH7L](分析上市公司衡量 ESG 和制定披露的方式缺乏标准化).

〔283〕 Id. at 38.

〔284〕 See, e. g. , SEC Form 10 – K, 17 C. F. R. § 249. 310 (2020)(提供年报表格,参考单项披露要求).

大性事项，没有具体的项目要求，也不会提供披露门槛。[285] 如前所述，[286]这种披露方式的产生是基于重大性标准是高度事实性的，没有明确的规则或标准。因此，将重要性作为唯一的标准，并不能为确定所需的 ESG 披露范围提供足够的指导。至少有两位美国证券交易委员会委员对强制披露 ESG 信息持怀疑态度。[287]

S－K 规章第 303 条规定了管理层对财务状况和经营业绩的讨论和分析，并要求管理层对运营状况进行分析。[288] 除其他事项外，项目 303 要求管理层讨论"任何已知的趋势或不确定性，这些趋势或不确定性已经或合理地预期将对净销售或收入或持续经营的收入产生重大有利或不利的影响"。[289] 对于 ESG 和 CSR 事项，一种并行的方法是由 SEC 采用 ESG 或 CSR 讨论和分析要求。例如，SEC 可以要求公司讨论其对 ESG 和 CSR 的态度，讨论 ESG 和 CSR 对公司决策的影响程度，以及这些政策已经或可能对公司运营产生的重大影响程度。[290] ESG 或 CSR 讨论和分析还可能要求披露公司指南及其遵守程度。这种原则性的强制披露方法将由公司决定如何构建其 ESG 和 CSR 披露，而不会使公司过度承担证券法反欺诈规定下的责任。

在没有披露要求的情况下，鼓励 ESG 披露的首选方式是遵循 SEC 在前瞻性陈述方面所采取的做法。SEC 通过了安全港规则来鼓励公司做出前瞻性陈述。[291] 这些规则后来被国会编入法典，规定善意的、有合

---

[285] See, e. g., Rissman & Kearney, supra note 222, at 10,156(认为"决定股东态度转变进而将 CSR 推向企业意识前沿的因素是最终确定一套可持续发展主题的材料披露标准").

[286] See supra note 204 and accompanying text.

[287] See Peirce, supra note 43(表明过度关注 ESG).

[288] Item 303 of Regulation S－K, 17 C. F. R. § 229.303. For a more complete analysis of the MD & Arequirement, see 2－3 HAZEN, supra note 202, § § 9:50, 12:70.

[289] Item 303 (a)(3)(ii) of Regulation S－K, 17 C. F. R. § 229.303 (a)(3)(ii); see Commission Guidance on Management's Discussion and Analysis of Financial Condition and Results of Operations, 85 Fed. Reg. 10,568, 10,569 (Feb. 25, 2020) (to be codified at 17 C. F. R. pts. 211, 231, 241); Certain Investment Company Disclosures, 54 Fed. Reg. 22,427, 22,427－22,428 (May 24, 1989) (to be codified at 17 C. F. R. pts. 211, 231, 241, 271).

[290] See Fisch, supra note 206, at 929(建议 SEC 采用可持续性披露和分析要求).

[291] SEC Rule 175, 17 C. F. R. § 230.175; SEC Rule 3b－6, § 240.3b－6.

理依据的前瞻性陈述不会被起诉。[292] 随着越来越多的投资者对与 ESG 相关的披露表露出兴趣,美国证券交易委员会采用安全港规则来鼓励在合理基础上善意进行 ESG 披露具有合理性。[293] 善意和合理的基础要求将为进行企业社会责任和 ESG 披露的公司提供实质性保护。安全港对鼓励 ESG 披露有重大积极影响,同时使公司免于过度暴露在责任风险中。

六、结论

在过去的五十年里,公司模式发生了巨大的变化。曾几何时,人们普遍认为盈利和财富最大化是美国商业公司的主要目的,甚至是唯一目的,法律似乎也支持这一观点。然而在过去的 50 年里,公司政策和法律经历了颠覆性的转变,越来越倾向于企业社会责任。SEC 和法院在接纳 CSR 对遵守证券法的作用方面进展有限。现在是时候让 SEC 在促进 CSR 和 ESG 披露方面发挥更有意义的作用了。

SEC 参与 CSR 的机会限于受证券法披露要求约束的上市公司。SEC 在该领域的规则对希望有效地将社会责任作为其一部分使命的非上市公司没有影响。州公司法是解决与非公开上市公司有关的问题的最佳途径。

州公司法还为任何选择表明其对社会责任的承诺的上市公司提供了机会。明确的企业宗旨及其伴随的越权原则在这种向增加企业责任的转变中发挥了重要作用。大多数州通过了选区法规,然后通过法规强化这一作用,从而建立一种新的营利性公司类别——共益法人。与选区法规的情况一致,作为共益法人成立的公司允许通过促进可持续性和其他社会理想的行为来缓和盈利目标。

---

[292] 1933 Act § 27A, 15 U. S. C. § 77z-2; 1934 Act § 21E, 15 U. S. C. § 78u-5.

[293] 采用安全港的理由在于投资者认为前瞻性陈述十分重要。See Safe Harbor Rule for Projections, 44 Fed. Reg. 38,810, 38,810 (July 2, 1979) (to be codified at 17 C. F. R. pts. 230, 240, 250, 260).

本文提出了一种替代性的、更优越的方式来实现同样的结果。精心设计的公司宗旨条款可以实现相同类型的平衡，而无须选择成为共益法人。

随着CSR和ESG运动的重要性日益增加，公司应该考虑精心设计的宗旨条款是否可以帮助建立这种平衡的参数。即使是已经选择成为共益法人的公司也要考虑这个问题。此外，希望将特定的ESG目标作为其品牌建设重点的公司，应考虑通过精心设计的宗旨条款来实现这一功能。[294]

本文不建议政府强制要求公司承担社会责任。相反，这些建议侧重于法律如何更好地适应那些想要促进CSR的主体。就证券法而言，加强CSR和ESG披露将使投资者能够专注于社会责任，从而做出更明智的投资决策，这也是联邦证券法的目的。对于证券法是否应要求CSR和ESG披露存在意见分歧。尽管没有要求披露ESG，但应采用安全港规则来鼓励这些披露。对州公司法的建议是更好地运用公司宗旨条款来确定公司使命。精心设计的宗旨条款由越权原则强制执行，为公司确定和执行其使命提供了可能，有利于制定公司政策时在社会责任和营利能力之间取得理想的平衡。

（编辑：姜沅伯）

[294] 即使不考虑CSR的问题，一些紧密型公司如果想限制公司的业务范围，也可能要考虑特定的宗旨条款。此外，对于那些以合伙企业或有限责任公司形式成立的小型企业，合伙企业或经营协议中的宗旨条款同样可以纳入CSR或限制从事的商业活动范围。

【证券交易制度】

《证券法苑》(2022)
第三十六卷,第428~444页

内幕交易事实推定的抗辩无力及其矫正*

杨　狄**

摘要:资本市场交易高度复杂、多样,以推定方式认定内幕交易可强化市场监管力度。实际操作中,一方面由于约束性标准不明确,执法权自由裁量空间不当扩张,诱发以间接证据推定认定内幕交易的主观恣意,使得误判风险加大;另一方面举证责任分配的失衡和证明标准的缺失导致相对人很难在现有推定规则下进行平等抗辩。从司法逻辑分析,实质性地保障相对人针对监管机关事实推定的抗辩权,有利于内幕交易事实认定的精准性和正当性。为此,有必要在规范层面统一和细化具体抗辩事由,并在单因案件中以分阶化证明标准判识相对人抗辩事由的正当性和有效性,在多因案件中则优先甄别主要动机,再适用分阶标准综合判断。

---

* 本文系湖南省哲学社会科学规划课题"国有企业控制权安排及其制衡的法律规制研究"(21YBQ041)、湖南省教育厅课题"内幕交易事实认定中相对人抗辩条款的反思与完善"(KH48004)及广东省哲学社会科学规划课题"粤港澳大湾区营商环境法律问题研究"(GD18XTQ02)阶段性研究成果。

** 湘潭大学法学院讲师、硕士研究生导师,法学博士。

关键词：内幕交易　事实推定　弱抗辩性　营商环境优化

2018年7月，北京市高级人民法院以事实不清、程序违法为由撤销了证监会苏某鸿内幕交易行政处罚决定。该案引发了舆论对证监会“推定”内幕交易过程中的证明责任和证明标准问题的关注，并强调了保障当事人程序性权利的重要性。笔者梳理了2020年以来执法机关的行政处罚决定书，一共涉及269例内幕交易案件。[1]虽然这些案例中只有部分适用了新《证券法》(2019年修订)，但仍能从中窥见“零容忍”政策对执法的影响。法的功能不应该仅仅是惩罚，在加大执法威慑力的同时，更要“过罚相当”，既加强对违法行为的精准打击，又避免因追求公罚效率运动式执法造成对无过错相对人的苛责或对有过错相对人的失准。

一、内幕交易执法中裁量权扩张诱发事实推定的主观恣意

近年来，股指期货、证券存托凭证(CDR)、开放型指数基金(ETF)及新型证券的上市使内幕交易越来越复杂、隐蔽，在此趋势下执法强度与难度层层递进。[2] 故此，有控制地让行政机关进行自由裁量，利用间接证据推定内幕交易事实的存在，进而再由相对人举证以反证被推定事实不存在，这是充分考量执法可能性与抗辩可行性后规范证券市场的客观要求，并不违背现代法治公平原则。遗憾的是，内幕交易执法权扩张的同时，执法机关执行权标准却莫衷一是。虽然2011年《关于审理证券行政处罚案件证据若干问题的座谈会纪要》(以下简称《纪要》)对内幕交易证明责任进行了类型化区分，对“推定”的前提做了“吻合”“基本吻合”“高度吻合”的分层处理，但因为对执法机关“推

[1] 数据收集源于中国证券监督管理会网站证券期货管理信息公开目录，http://www.csrc.gov.cn/pub/zjhpublic/index.htm? channel = 3300/3313，2021年12月1日访问。

[2] 参见杨狄：《银行参与资本市场治理的法治路径及其完善——以证券存托凭证为中心》，载《求索》2020年第3期。

定”类事实本身并无明确的判断标准和要求,即使按照《纪要》需要证明符合“高度吻合”的情况,执法机关也倾向于弱化自己的证明责任,或困囿于判断“基本吻合”与“吻合”的区别。在之前广受讨论的“苏某鸿案”中,证监会就因其内幕交易推定的适用标准和条件不明确而受到诘责。〔3〕 采取不同标准,认定结果可能完全不同可参见表1〔4〕在目前的实践中,执法权的不断扩张使内幕交易认定很容易陷入一种公式化推定的局面,即接触内幕信息知情人(推定知悉)+敏感期交易(推定利用)=内幕交易。双重叠加的推定,会使误判风险加大。

表1 几组基础推定形态

推定知悉	推定利用	案例
无法证明A知情,但存在特定身份,有接触联络	A为推定知情人,在敏感期内交易股票	2021年“陈某娟内幕交易案”等
无法证明A知情,但存在便利条件,有接触联络	A为推定知情人,在敏感期内交易股票	2020年“要某内幕交易案”等
无法证明A知情,倒推与知情人有异常接触联络	A为推定知情人,在敏感期内交易股票	2021年“方某求内幕交易案”等
A为知情人,B与A熟识,C与B共居,推定C知悉	C为二次传递型推定知情人,在敏感期内交易股票	2021年“秦某锋、杨某睿内幕交易案”等

在传递型内幕交易中,执法机关没有直接证据能够证明相对人知悉且利用内幕信息,往往需要结合异常性交易来推定认定。在存在接触联络事实且有相关交易的前提下,实践中一般存在以下几种推定类型:(1)基于特定身份的推定。相对人申辩不知悉内幕信息,执法机关因其与知情人有工作接触且在接触后交易与敏感信息有关股票,推定其为法定知情人否认其申辩〔5〕。(2)基于信息获取便利的推定。相对人申辩不知情,执法机关认为其“与本案内幕信息知情人在同一办公楼办公,具有接触内幕信息的便利条件”,推定其知悉内幕信息〔6〕。(3)基于具体

〔3〕 参见北京市高级人民法院:苏某鸿诉中国证监会行政处罚、行政复议案(20180718)。

〔4〕 该表是根据2020~2022年部分典型内幕交易案进行整理。

〔5〕 中国证监会行政处罚决定书〔2021〕46号。

〔6〕 中国证监会行政处罚决定书〔2020〕63号。

案情的推定(先认定交易明显异常再反推联络异常,“高度吻合”)。相对人申辩“不知悉”且未“利用”内幕信息,“卖出股票原因系个人紧急资金需求”,执法机关认为“交易活动与内幕信息高度吻合”倒推“与知情人接触联络异常”不予采纳申辩,以环境证据推定知悉且利用。[7](4)二次传递型推定。相对人申辩传递人和自己均不知情,且未利用内幕信息,执法机关推定其为二次传递知情人,且交易行为与内幕信息高度吻合,不接受其申辩[8]。暂且不论相对人针对自己异常交易行为的说明或解释是否能够成立,但可以发现执法机关以间接证据叠加推定内幕交易构成似乎有泛化的趋势。

市场中的交易原因是非常复杂的,正常的交易行为确实有一定可能性与重大事件出现重叠。如果只是因此大概率地简单推定内幕交易的传递,同时又将“高度吻合”的证明标准不断降低很容易将一个合法的正常交易行为推定为内幕交易。有学者指出,在内幕交易案的行政执法实践中,证监会调查适用的规则不公开不透明几乎是一种常态。[9] 对据以推定的事实基础的证明程度没有一个明确的标准,对相对人在申辩中所提出反驳抗辩也没有一个恰当的说明,或虽有说明,但明显加重了相对人反驳的证明要求。

二、现有推定规则下相对人的实质抗辩权弱化

在检索的269个内幕交易案例中,除少数相对人未提出申辩外,大部分案件都进行了申辩,不少案件甚至进入了二次听证程序,监管机构对于相对人的申辩意见都会有相应书面回应。虽然从形式上看,似乎相对人的救济权力和申辩反驳都被给予了相当程度的保护和尊重,但是,仔细阅读这些处罚决定书会发现,尽管在实体法和程序法上都允许相对人针对自己异常性交易行为进行“合理解释和说明”,但在部分案件中

---

〔7〕 深监局行政处罚决定书〔2021〕4号。

〔8〕 中国证监会行政处罚决定书〔2021〕45号。

〔9〕 参见陈洁:《内幕交易事实认定中自由裁量权的适用及其规制——以内幕交易“知悉”要件的推定为视角》,载《清华法学》2018年第6期。

执法机关仍然可以选择忽略相对人的申辩意见或要求其提供明显超出其负担的证据。当然,我们不能忽视证券监管机构处理的大部分案件双方都进行了较为细致的"诉辩"交锋,大多数处罚都"过罚相当"。但对于一个具体的相对人而言,即使只有细微的处罚不精准也会带来巨大的差异。实践中,尤其反映在究竟相对人要如何举证证明其交易行为的"合理与正当"并没有一个相对明确的标准。

以深圳证监局近日公布的"方某求内幕交易案"为例。[10] 方某求于2018年年底与内幕信息知情人联络、接触后,于2019年1月28日至30日集中卖出"茂硕电源"股票规避损失,执法部门认定方某求涉嫌内幕交易并作出了行政处罚。方某求及其代理人提出申辩意见反驳推定,认为方某求集中卖出股票一是基于2018年9月已经发布的减持公告,二是基于还债的合理理由。深圳证监局提及,"对于方某求的解释,不排除有基于股票减持计划的理由",并回应"方某求对交易动机的解释不能合理说明未受内幕信息影响且明显异常的情况"。本案的争议焦点在于,相对人所主张的有证据支持的合理交易动机是否能反驳执法机关的事实推定?据执法机关已经做出的处罚决定来看,对于本案所持争议,执法机关持否定态度。即使执法机关认可相对人有一定可能是基于减持计划或者还债需求而减持股票,但基于相对人不能提出证据证明自己完全未受内幕信息影响,执法机关认为其合理解释和说明仍然不能够阻却内幕交易的违法构成。[11] 暂且不论本案事实认定是否仍处于"真伪不明"状态,仅从文书表述来看,执法机关已经明显陷入了有罪推定的怪圈,对相对人"合理解释和说明"部分的证明力度要求达到了"排除一切合理怀疑"的程度,这在举证责任的分担上是极度失衡的。

就像一开始执法机关通过推定来判断相对人行为违法一样,对于相对人"合理理由"的抗辩,执法机关同样适用自由裁量,并且,同样没有标准。区别仅在于,行政执法机关可能在弱化自己"高度吻合"证明标准的同时,却强化行政相对人"抗辩"的证明标准。举证责任分配的失

〔10〕 深监局行政处罚决定书〔2021〕4号。

〔11〕 中国证券监督管理委员会深圳监管局《行政处罚事先告知书》(〔2021〕3号):"我局认为,方某求关于交易动机的解释,不排除有给予股票减持计划的理由……其关于交易动机的辩解不能合理解释交易未受内幕信息影响。"

衡和证明标准的缺失导致相对人很难在现有推定规则下进行平等抗辩。

三、内幕交易事实认定中抗辩与推定的应然联结

（一）“有效抗辩”是对“事实推定”的自我矫正

作为法律术语的推定，可以理解为“在一个已证明的事实A和在另一个推定的事实B之间创设一种特定的法律联系”[12]。在传递型内幕交易案中推定规则的具体表现为：证明“相对人与知情人产生联络”的事实，导致“推定相对人知悉内幕信息”的结果；证明“相对人在执法机关划定的敏感期内发生特定股票交易”的事实导致“推定相对人利用内幕信息”的结果；相对人“知悉”且“利用”内幕信息则构成内幕交易。在内幕交易事实认定中，所谓抗辩是指相对人针对异常性交易提出合理解释说明与有效反证，此合理说明可以包括既定交易计划、既定命令或者其他合理交易理由等。

一般认为，事实推定至少包括两个要求：其一是推定依赖的基础事实（已证事实）与推定结果（推定事实）之间的联系是建立在经验基础上的逻辑联系。有学者认为，“推定产生于一种思维过程，即根据已知的基础事实的证明来推断出一个未知的事实，因为常识和经验表明该已知的基础事实通常会与该未知事实并存”[13]。其二是一旦出现有效反证，推定事实即破灭。有学者指出“案件中如有证据存在，而审理事实之人（陪审团）可自该证据合理地认定推定事实不存在时，推定即失去效力，是以推定仅于未能提供证据以充分辨明，使为推定事实不存在之认定时，始有其效”[14]。问题的关键不在于合理说明的范畴（法律可以列举或陈述），而在于合理说明需要达到的证明程度（有效抗辩），是高度盖然性还是绝对必然性。相对人针对内幕交易指控所提供的合理说明，是

---

〔12〕［美］罗纳德·J.艾伦等：《证券法：文本、问题和案例》，张保生等译，高等教育出版社2006年版。

〔13〕［美］乔恩·R.华尔兹：《刑事证据大全》，何家弘等译，中国人民公安大学出版社2004年版。

〔14〕李学灯：《证据法比较研究》，台北，五南图书出版公司1992年版。

否需要达到排除内幕交易的一切可能,还是说仅需要证明其所提供合理说明的真实性,而该合理说明的事实与特定交易事实之间同样可以建立起经验基础上的逻辑联系。

为了进一步说明"事实推定"与"有效抗辩"之间的关系,或者说有效抗辩需要达到的证明程度,我们需要引入另一个概念"推论"。同样是通过间接证据进行推导证明的过程,推论(inference)和推定(presumption)的区别在于:推论必须符合证明充分性的要求,这个要求可以是法定的也可以是约定的(在刑事案件中表现为排除合理怀疑,在民事案件中表现为符合高度盖然性),只考虑证据事实因素,完全建立在经验和逻辑之上获得心证的一种路径;推定则是具有一定程度的"推测与假定性",降低了证明的一般要求,甚至转移了证明责任的一种获得事实结论的便捷路径。[15] 据此,推定是法律问题,需要法律拟制才能成立,而推论是事实问题,属于演绎判断,不需要法律特别规定。遇到反证时,一旦相反证据是真实的且与结论之间能在经验基础上建立逻辑联系,推定事实结论即如泡沫般破裂。推论结论则不然,相反证据的确立只能作为证据的一种纳入整个推论过程中重新考量,只有当反对证据证明力压倒支持证据证明力时才能推翻推论的事实结论。

职是之故,判断相对人抗辩所需要达到的证明程度的前提是判断内幕交易事实认定属于推定还是推论。无论是美国 SEC10b5 - 1 所确立的"知悉即利用"规则还是我国《证券市场内幕交易行为认定指引(试行)》(以下简称《指引》,现已失效)和《纪要》"通过推定的方式适当向原告、第三人转移部分特定事实的证明责任"的规定,都是"根据基础事实导出可反驳事实的一种法律规划"[16],属于法律拟制的推定规则。通过"推定",相对弱化了内幕交易事实认定的证明标准。故此,相对人针对内幕交易指控所提供的合理说明只要是真实的,并与交易结果之间具有显性因果关系则应当自然击溃依据推定所产生的内幕交易结论。那么,关于内幕交易事实认定中有效抗辩理由的成立条件就应该包括:其一,相对人举证证明所提供的合理说明是真实存在的;其二,该合理说明

〔15〕 参见龙宗智:《推定的界限及适用》,载《法学研究》2008 年第 1 期。
〔16〕 同上注。

按照理性经验能与交易行为之间构成逻辑上的因果关系。

（二）“有效抗辩”给予相对人对“合理交易”的公平预期

如果两个交易者，只有关于敏感信息获取方面的差异，在其他交易条件均相似的前提下应该享有同样的预期利益。换句话说，一个可能了解敏感信息的相对人不应该因为该信息获利，当然，也不应该仅仅因为接近该信息而处于不利地位，即相对人对“合理交易”的公平预期[17]。例如，一个优秀的股票研究员可能仅仅因为自己参加了某公司的交流会后交易了该公司股票被认定涉嫌内幕交易，而与他做出同样操作却因生病错过了交流会的同事可能就避免了被稽查的困境。我们不希望制度的设计是鼓励违法的，但也不希望法律以单一的方式来判断一个需要长期深耕项目的最糟糕时刻（接触敏感信息涉嫌内幕交易）。问题的关键在于，在内幕交易执法中裁量权不断扩张的前提下，具有信息获取便利条件的相对人如何证明信息来源合法合规呢？这就需要排除涉案敏感信息因素，由相对人来举证证明其合理理由与交易行为之间的概率关系。结合前文分析，首先需要由相对人证明其合理理由的真实性，其次需要证明合理理由是独立于敏感信息的，最后形成完整证据链再据此计算真实、独立的合理理由与交易行为之间的必然性概率。这个概率当然不能以100%要求（排除一切合理怀疑），而应该根据不同抗辩事由分别确立证明标准，建立合理理由与交易行为的因果关系，从而形成有效抗辩，免于处罚。

四、实质性保障相对人抗辩权的衡平路径

实证研究显示，我国目前实际上是在最广义的理论基础下对国内市场的内幕交易进行执法，内幕交易认定呈现一种激进的状态。[18] 文献

---

[17] 有学者在内幕交易案件中提出过“equal profits Principle”，认为它更符合公平标准，符合市场诚信，会增加股票交易的激励。See Andrew Verstein, *Mixed Motives Insider Trading*, Iowa Law Review 106, No. 3 (March 2021): 1253 – 1314.

[18] 参见郝山、陶永祺、卫绮骐：《中国过于宽泛的内幕交易执法制度》，载《交大法学》2014年第2期。

检索的结果也证明,大多数的学术讨论都是"教条化"的,因为它接受了现有规则(《纪要》与《指引》)的基本前提并试图使其更有效的运作,即使某些规则已经失效或在法律位阶上让人诟病。通过前文分析,至少不难判断抗辩规则存在的功能和逻辑,尤其是2020年证券市场从严执法以来,真实、独立、合法、充分的有效抗辩将是平衡整个证券市场参与各方利益的调节器。

(一)统一和细化具体抗辩事由

我国关于内幕交易事实认定中当事人抗辩事由的规定主要分布在《证券法》、《指引》和最高人民法院、最高人民检察院《关于办理内幕交易、泄露内幕信息刑事案件具体应用法律若干问题的解释》(以下简称《内幕交易司法解释》)三个文件中,规定零散、效力层级不一,使抗辩规则总体上思路模糊,执法随意。[19] 应在《证券法》层面统一规定内幕交易抗辩事由,这里指符合内幕交易推定事实的构成要件但依据法律规定应予免除处罚的情形。[20] 结合现行规定,主要包括以下七种情形:(1)上市公司收购豁免。持有或者通过协议、其他安排与他人共同持有上市公司5%以上股份的自然人、法人或者其他组织收购该上市公司股份的。(2)预定交易计划豁免。该情形的成立同时需要符合"善意"原则且交易计划在特定时间内不可修改。(3)依据已被他人披露的信息而交易的。实际上,这种情形应属于直接抗辩不符合内幕交易的构成要件,即该信息不属于内幕信息。但考虑到立法路径依赖和其同时具备可豁免因素,可以先予保留。(4)履行法定或约定职务行为。针对专业机构从事股票经纪业务的经纪人职务行为的豁免,例如接受客户委托。(5)机构投资者合规豁免。专业类投资机构在机构内部建立并实施了有效的信息隔离制度,尽职调查和投资行为均符合行业规范,可以豁免

---

〔19〕 参见陈洁:《交易抗辩规则"利用自身信息交易"作为内幕——兼论我国内幕交易安全港规则的基本框架》,载《现代法学》2021年第5期。

〔20〕 笔者认为,在内幕交易事实认定抗辩中很难区分是"不构成"内幕交易抗辩还是"构成但免责"抗辩,因为允许推定,构成要件之一"知悉并利用"内幕信息本身难以到达完全清晰的状态,而实践中的抗辩往往主要是试图证明其不知悉或未利用。也就是说,从逻辑而言大部分抗辩针对的都是"不构成"内幕交易。因为"知悉即利用"的规定,先推定其符合构成要件,在此基础上设立安全港条款排除其违法责任,将其界定为免责条款也并不与现有法教义学定义冲突。

其内幕交易责任。机构投资者通过尽职调查所得信息若是与内幕信息无关,不是豁免内幕交易责任而是本身“不成立”内幕交易,但与“其他正当理由”一样,因为“瓜田李下”事实上会很难判断其信息来源的合法性与否。既如此,将机构投资者合规豁免作为一种免除处罚类型有积极意义。(6)为配合并购重组、优化公司治理结构、稳定股价上市公司回购股份的交易行为,修改后的《公司法》第142条已经允许上市公司为避免公司遭受重大损害,维护公司价值及股东权益所必需的回购行为,可以认为法律倾向于认可在特定情形下的回购有利于提振市场。(7)交易具有其他正当理由或者正当信息来源的。需要说明的是以上七种情形,尤其是第(2)(4)(5)(6)种情形,因资本市场与交易行为的复杂性和技术性,该类针对性条款也极易被滥用,其可行性还需要进一步研判。但至少能够明确的是,在证券法层面统一零散的规则,建立一个内幕交易安全港非常必要。

《行政处罚法》第34条规定:“行政机关可以依法制定行政处罚裁量基准,规范行使行政处罚裁量权。行政处罚裁量基准应当向社会公布。”《证券法》规定具体豁免情形的前提下,应由证券监管机构针对以上豁免情形制定必要的实施细则,使其在操作上具有可行性。以预定交易计划豁免为例,需明确该情形的成立同时需要符合“善意”原则且预定交易内容在特定时间内不得修改,计划内容需有相对明确的交易价格、交易时间等,计划从制定到实施需要包含完整的证据链。以机构投资者合规豁免为例,机构投资者需要有确定而具体的合规制度,该制度的实施可以有效隔离非法信息,证据链完整充分。监管机关的执法实践往往大量依赖于层次“较低”的各类行政文件,行政规则事实上构成了监管机关与相对人的行为规范,规范规定越具体、合理,抗辩规则适用就越明确、科学。

(二)单因案件中针对不同抗辩事由构建分阶证明标准

前文已经详细论证了内幕交易推定属于法律许可的可反驳的事实推定,推定转移和弱化了控方的举证责任。例如,在传递型内幕交易中执法机关证明相对人接触了内幕知情人(已证事实A)推定相对人知悉了内幕信息(推定事实Y),证明相对人交易与敏感信息关联(已证事实B)推定相对人利用了内幕交易(推定事实X),则推定事实Y+推定事实 X = 构成内幕交易。受益于推定的当事人应当承担推定规范的前提条件是满足自己的证明责任。证明相对人与内幕知情人接触(已证事实A)是很容易的,难就难在证明相对人交易与敏感信息的关联度(已证事实 B)。《纪要》针对传递性内幕交易的事实推定要求执法机关证明“高度吻合”,且《内幕交易司法解释》第 3 条也规定,对于相关交易行为是否明显异常要综合八个方面的情况予以认定。一方面,以上两个文件是否可以直接适用于行政执法是存疑的;另一方面,即使适用,“高度吻合”本身也不是一个十分明确且清晰的标准,实践中执法机关很容易就可以降低它。“盖然性证明是对一定的事实进行可反驳的推定的基础,它导致证明责任的转换。”[21]既然是法律所许可的推定,那么即使采用的是一般盖然性的证明责任标准,甚至不需要盖然性占优,也很难从法理上攻击它。只有在推论而非推定的场合,评价盖然性尺度才有意义。这就是为什么在有关内幕交易的行政诉讼类案件中,除非有明显程序性瑕疵,法院很少能推翻行政机关的事实推定。

既如此,我们换个思路,不再试图去论证已证事实 B 及其与推定事实 X 之间需要达到的盖然性尺度,而是转而研究抗辩事由 R 与已证事实 B 之间的盖然性尺度,从而击碎 B 与 X 之间的关联。在仅存在一组因果关系时,只要相对人能证明 R 与 B 之间具有因果关系,自然而然可以打破推定受益人[22]所构建的 B 与 X 之间的因果关系。问题是,相对人如何证明 R 与 B 之间的因果关系呢?如果 R 为不同的列举法定事由,是否有不同证明标准呢?

2019 年《关于民事诉讼证据的若干规定》第 10 条对当事人否认法院预先认可事实的证明区分了反驳与推翻,弱化了生效仲裁裁决所确认事实的法律效力。[23] 这说明当事人要否认某些涉公权的预决事实,无须提出相反证据达到“足以推翻”的程度,只需要达到“足以反驳”程度即可。根据最高人民法院《关于适用〈中华人民共和国民事诉讼法〉的解释》(以下简称《民事诉讼法司法解释》),足以推翻是指提出证据证明

---

〔21〕 [德]普维庭:《现代证明责任问题》,吴越译,法律出版社 2006 年版。

〔22〕 因为推定而减轻证明责任的人。

〔23〕 本条关于免证事实的规定是在 2015 年《民事诉讼法司法解释》第 93 条规定的基础上修改而来。

相反事实成立的程度,足以反驳是指提出反证的证明力动摇了法官对免证明事实的心证基础,使其处于真伪不明状态。行政机关所推定事实尚且不属于我国诉讼法上规定的免证事实,其效力应低于生效仲裁裁决所确认事实。举重以明轻,当事人否认行政机关所推定的事实,同样达到"足已反驳"程度即可。《民事诉讼法司法解释》第108条第1款规定:"人民法院经审查并结合相关事实确信待证事实的存在具有高度可能性的,应当认定该事实存在。"通说认为该条文设置了"高度盖然性"证明标准,在没有其他法律对待证事实应达到证明标准另有规定的,应适用"高度盖然性"标准。如此,"高度盖然性"标准实际上已超过反驳标准所需要达到的证明程度了,但保守来看,当R属于兜底抗辩事由时[上文所提第(7)项],适当提高标准更利于避免执法疏漏。综上,如果R与B之间的因果关系能到达高度盖然性,即足以反驳行政机关的事实推定。所谓高度盖然性,采用不少学者的定义方式:法官从证据中虽未形成事实必定如此的确信,但内心形成事实极有可能或非常可能如此的判断,如果用心证百分比衡量,至少应为85%。〔24〕

综上,在反驳行政机关内幕交易事实推定场合,针对上文所设计的抗辩免责事由中最难以证明的"其他正当交易理由",需要由相对人举证证明抗辩事由的真实性、独立性,并能与异常交易之间形成85%以上关联性,即可抗辩成功。除此之外的被明确列举的抗辩事由[上文所提第(1)~(6)项],因其属于法定列举的具体事由,相对"其他正当交易理由"的法益保护更为明确,相对人的证明责任应适当减轻,按不同的法定理由盖然性比例逐步下降:(1)其他正当理由(85%以上盖然性要求);(2)依据已被他人披露的信息而交易的(75%以上盖然性要求);(3)预定交易计划豁免(70%以上盖然性要求);(4)机构投资者合规豁免行为(60%以上盖然性要求);(5)上市公司回购豁免或职务行为(55%以上盖然性要求)(见图1)。

〔24〕 参见霍海红:《证明责任的法理与技术》,北京大学出版社2018年版。

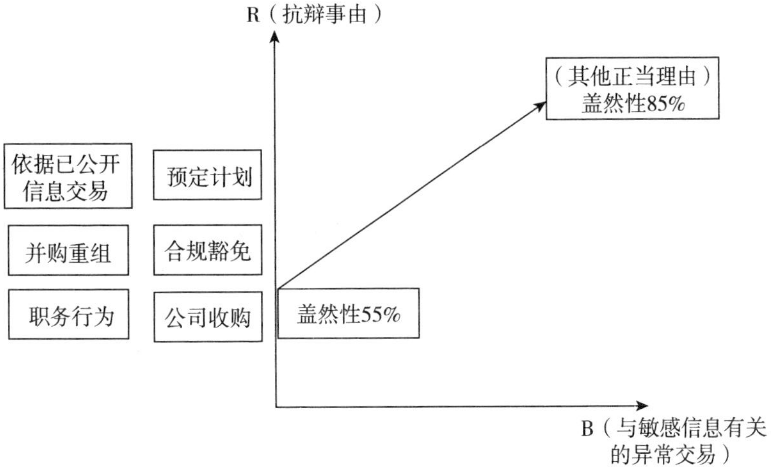

图1 单因案件中分阶证明标准示意

(三)混因案件中优先甄别主要动机

按前述逻辑我们很可能遭遇另一个现实问题,即在浩瀚的实践案例中,大量内幕交易案件因果关系并不是单一构成的。如果出现混合动机的情况,上述判识标准是否仍然可行?

解决这个问题需要将主观因素纳入行为评价体系。一言以蔽之,公法责任须以过错为前提。正如美国第九巡回法院 Smith 案[25]后法官所言"一个被证明有充分、独立、合法交易动机的被告无罪,被告可以基于其被证明的充分、独立的合法动机而被宽恕"[26]。毋庸讳言,混合动机本身不是抗辩理由,但混合动机中的合法动机当然构成抗辩理由。

1. 内幕交易主观归责原则的行刑衔接

根据2021年《关于依法从严打击证券违法活动的意见》,证券违法行为一旦达到刑事立案标准应当加快推进刑事立案、移送工作。这对证

〔25〕 在 Smith 案中,Smith 辩称他卖出股票是因为针对目标股票进行了大量的基础研究,即使他有可能利用到内幕信息,他的前期研究毫无疑问也使他具备交易的合法动机,除非控方能举证反驳他所称的合法动机。第九巡回法院法官对于混合动机的处理倾向于支持被告的合法动机,而不是惩罚被告的非法动机。See United States v. Smith, 155 F. 3d 1051 (9th Cir. 1998) (No. 97 – 50137).

〔26〕 See Andrew Verstein, *Mixed Motives Insider Trading*, Iowa Law Review 106, No. 3 (March 2021): 1253 – 1314.

券类违法犯罪行为的证据转换、构成要件等因素的行刑衔接工作提出了更为迫切的要求。我国的公法处罚机制属于行政机关和司法机关共同参与的二元处罚机制，为了避免同一法律行为在行政违法和刑事犯罪的衔接上出现障碍，"违法犯罪"行为在构成要件上应具有一致性。

一则主观过错是罪与非罪的界限。2020 年修正的《刑法》第 180 条规定内幕交易、泄露内幕信息罪要求行为人主观上有过错；《内幕交易司法解释》第 4 条规定的"免责制度"将行为人主观无过错的"四种情形"作为内幕交易罪的有效抗辩排除在犯罪之外。二则学者普遍认为 2021《行政处罚法》第 33 条第 2 款确立了行政处罚的主观归责原则〔27〕，而《行政处罚法》与《证券法》在法律位阶上应属于一般法与特别法的关系，根据从严解释原则主观归责原则应同样适用于《证券法》。三则根据语词分析，"利用"一词多用于贬义，含欺骗、隐瞒、虚假的心理手段。综上，行政机关认定内幕交易过程中必须考量相对人是否有主观过错。

在内幕交易行为中判断主观因素的最直接方式，即行为动机。动机最终是一种心理状态，具有完全合法行为动机的人不是故意违法者。比较法上，美国证券欺诈成立是以主要动机"恶意"为要件，而在我国现有的教义学框架之下，以行为人主要动机为立足点评价其心理状态与现有规则并不冲突。

2. 通过比较合法动机与非法动机的强度评价相对人主要动机

在多重因果关系中，正当的交易理由是合法动机，而涉案敏感信息是非法动机，只要交易者的合法动机比其非法动机更强或更具有说服力，则其交易行为是合法的。当然，判断主要动机本质上是比较性的，因为行为人的合法动机会发生变化，意味着同一重要的非公开信息针对不同交易者会带来不同法律评价，或者同一交易者的交易合法性会随着时间的推移而改变。例如，一位急需现金的高管可以被允许出售少量股票应急，即使其同时了解公司的一些尚未公开的负面信息。但是，如果交易者的交易行为是为了重新平衡其投资组合而抱有任何模糊的其他愿望，则其交易行为的主要动机就不再是基于交易中的合法动机，而是不

---

〔27〕 参见丁鸫文：《新〈行政处罚法〉下信息披露违法主观要件研究》，载《证券市场导报》2021 年第 6 期。

可避免地会受到非法动机影响,应受到追责。换句话说,交易者因为其合法动机的交易,是不会因为涉案重大性信息的变化而变化,才能足以令人信服的成为该交易的主要动机。主要动机评价能够平衡执法机关和相对人的举证责任。相对人承担举证责任证明其合法动机比其非法动机更强或更具有说服力,在此基础上,执法者承担反驳责任。这要求相对人证明其合理理由是真实的、充分的,并且其行为是不会因为涉案敏感信息改变而改变。执法者的反驳则需要击碎相对人所提供证据的真实性、充分性或不变性任意一环,而不仅仅只是“不予采纳”简单回应。这种负担分配更符合公平执法精神。主要动机评价需要由一个中立的执法者来比较相对人合法动机与非法动机的强度。这可能操作上会比执法者直接推定非法动机更困难,但同时它在法理的正义性上也减轻了执法者在应然层面需要证明相对人“利用”内幕信息的难度。[28] 最重要的一点是,执法者需要判断出现与涉案信息反向事实情况下相对人是否还会因其所持的正当理由进行交易。如果合法动机强于非法动机,交易仍会发生,相对人主观无过错,不可责。反之,涉案敏感信息(非法动机)将阻却交易,相对人实际上是基于非法动机交易,主观上有过错,可责。

3. 综合考量“主要动机”与“分阶标准”

需要考虑到相对人有可能使用虚假借口为其非法交易辩护。但在主要动机评价规则体系下,编造虚假理由实际上更难操作。因为相对人在提供主要动机辩护时需要让理性人相信自己在涉案信息变化时不会改变交易结果。论证自己行为的主要动机将比仅仅提供一些细枝末节来合理说明自己的交易理由在技术上更加困难。一旦主要动机虚假也更容易被执法者找到破绽从而使相对人诚信受损,地位更为不利。在混合动机的交易中,主要动机是判断行为人主观状态的最佳方式,在举证责任承担方面具有更有益的平衡性,尊重法律目标的同时为行为人提供一定程度的自由,回归到主观归责的框架之内对其交易行为作出法律

---

〔28〕 虽然在现有执法实践中,不需要证明相对人“利用”了内幕信息,但从犯罪证明逻辑而言,推定的正义性是比推论弱的,所以认可主要动机规则,会使推定认定内幕交易方式的正义性得到提高。

评价。

故此，主要动机评价（比较模式）需要与分阶证明标准综合考量。在混合动机情况下内幕交易的认定并没有达成令人满意的共识，也不可能达成共识。毕竟，每一个交易的合理理由都是独立且具体的。问题的关键不在于立法技术的局限和迥然相异的判例，而在于每个独立案件中，相对人所依据合法动机（正当理由）进行交易的可能性高于或远远高于依据非法动机（盗用/敏感信息）进行交易的可能性。也就是说，首先判断相对人的主要动机，在相对人主观无过错的前提下，再计算其合理动机与交易行为的因果关系。同样可以适用上文所确立的分阶盖然性证明标准（见图2）。

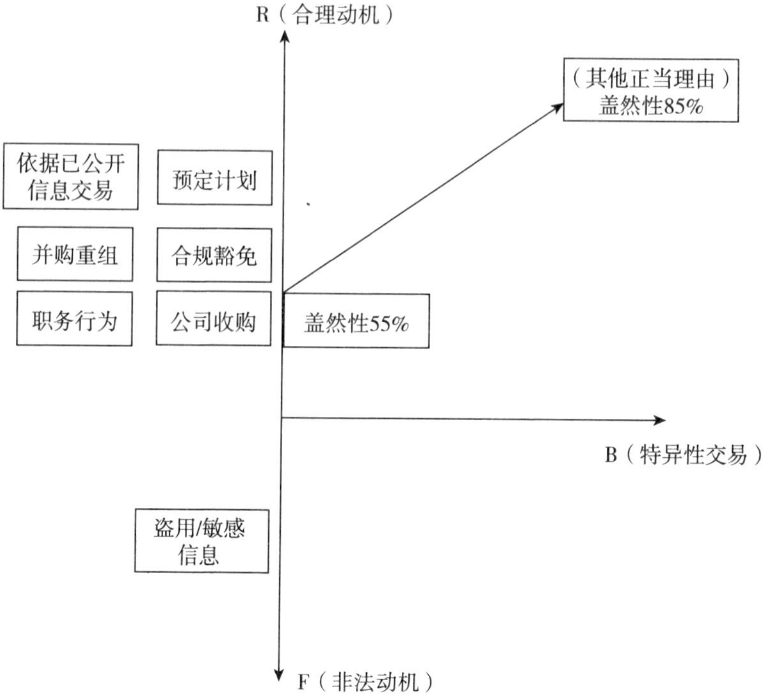

图2　混因案件中分阶证明标准示意

五、结语

目前可以观察到行政技术标准尽管不能在司法审判中作为判决的主文，但是它作为事实认定构成要件的基准，对司法审判具有某种“先决效力”，在事实上发挥着审判基准的作用。[29] 尽可能让相对人抗辩权的有效行使前置于行政执法阶段有利于行政技术标准的全面性、有效性和一贯性。在当前执法实践中，虽因规则的不明确，听证程序的效果可能不尽如人意，但听证程序仍然是相对人最重要的救济途径之一，也是相对人能充分提出抗辩理由的重要渠道。如果听证过程中，让相对中立的第三方在规范统一的内幕交易抗辩事由和细则规定下，明确相对人有效抗辩的证明标准和主观归责原则，针对推定事实程序负责人或许可以得到更精准的预判。

（编辑：宋　澜）

---

〔29〕 参见宋华琳：《论行政规则对司法的规范效应——以技术标准为中心的初步观察》，载《中国法学》2006 年第 6 期。

《证券法苑》(2022)
第三十六卷,第445~467页

我国证券市场量化交易的法律监管问题研究*

吕桐弢**

摘要:近年来,量化交易在我国证券市场快速发展,其整体规模的扩张也引起了证券监管部门的高度重视。通过实证分析可以发现,量化交易存在策略同质化、加剧市场波动、加深信息不对称程度等问题,有必要建立更为完善的量化交易监管制度。可以考虑设立准入机制、完善分级备案和实施监管沙盒,进行事前预防;通过促进行政监管与自律监管的衔接,强化事中监管;细化相关法律规定,落实事后处罚。从多个层次预防与治理新技术所可能造成的金融市场风险。

关键词:金融科技　量化交易　算法交易　算法治理　证券监管

近些年来,量化交易(quantitative trading)在国内证券市场得到了广泛的关注和应用。虽然官方并未发布权威数据,但根据国内头部量化机构"幻

---

* 本文为国家社科基金青年项目"总体国家安全观视野下网络侵入式侦查的法律规制研究"(项目号:20CFX033)阶段性研究成果。

** 西安交通大学法学院博士研究生。

方量化”估算,量化交易占全市场交易量的10% ~20%。[1] 更为重要的是,得益于近年来人工智能与大数据技术的快速发展,量化交易规模正迅速扩张。在如此庞大体量的规模和突飞猛进的增速下,量化交易可能带来的问题和风险引起了监管部门的高度重视。

2021年9月6日,证监会主席易会满指出:“在成熟市场,量化交易、高频交易比较普遍,在增强市场流动性、提升定价效率的同时,也容易引发交易趋同、波动加剧、有违市场公平等问题。最近几年,中国市场的量化交易发展较快。交易所对入市资金结构和新型交易工具怎么看?希望大家做些思考。”[2] 显然,量化交易作为一种与算法、大数据甚至机器学习有深度关联的金融科技(FinTech),正在悄无声息地影响着部分金融市场的运行机理,影响着当前以人工交易为基础设立的法律监管体系。时下,金融科技的复杂性迫切要求理论界与实务界,能够对量化交易的监管问题提出行之有效的策略和解决路径。

一、我国量化交易的发展现状

量化交易是基于对资本市场中的特征变量进行量化分析,并以此为依据而展开的交易方式。从本质上讲,量化交易是一个高度自动化的工作,是严格按照计算机算法进行买卖证券的交易决策,故而狭义的量化交易又常被称为算法交易(algorithmic trading)。有学者将其特点概括为:以数据为基础、以模型为核心、以程序化交易为手段的交易方式。[3] 据考证,最早的量化交易系统是由纽约证券交易所于20世纪70年代开发的订单转送及成交回报系统(DOT)。我国的量化交易起步较晚,直到2010年才开始陆续崭露头角,一方面,2010年沪深300股指期货上市,使得各种量化交易策略具备了基础的对冲工具。另一方面,美国金融危机使得大量就职于华尔街的华人试图回国寻找机会,他

---

〔1〕 参见《量化投资18问》,载微信公众号“幻方量化”,2022年3月22日访问。

〔2〕 吴黎华:《易会满:研究推出进一步扩大开放的相关举措》,载《经济参考报》2021年9月7日。

〔3〕 郭喜才:《量化投资的发展及其监管》,载《江西社会科学》2014年第3期。

们带来了较为先进的金融理念，使得量化交易在人才和技术方面获得了一定的发展基础。经过十余年的发展，量化交易已经在中国证券市场中愈加成熟。随着科学技术的大踏步迈进，量化交易在交易频率和交易策略方面获得了大幅的科技赋能，尤其是近些年来，数字技术带来的科技革命和产业变革与量化交易融合，更新甚至创设了诸多量化策略。

根据交易所公开的交易信息，2021 年中国证券市场百强营业部中有四十五家席位都是“新面孔”，其迭代速度远超于往年，而量化交易被认为是这一现象中最大的变量。[4] 详言之，排名前五的榜单中，三家都是量化私募大量聚集的营业部。其中，有“量化大本营”之称的华鑫证券上海分公司，成交总额更是在 2022 年第一季度跃居榜首。整体而言，量化策略的运用也成为大量私募基金的选择。根据 Wind 数据统计，截至 2022 年 3 月 7 日，我国资本市场上共有私募基金 28,121 只，其中使用量化策略的合计 9861 只，占据总量约 35%。除了量化产品众多之外，单个产品的管理规模更是发展迅速。根据 2021 年年底公布的数据，市场现有百亿级别的私募基金共计 105 家，其中 28 家是百亿量化私募，占比约 27%。更令人震惊的是，仅在 2020 ~ 2021 年两年中就有 22 家量化私募的管理规模突破了百亿级别，占总数的 79%。

从管理规模总量的变化趋势上，能更为直观地观察到量化私募的扩张速度（见图 1、图 2）。2018 ~ 2021 年，我国私募基金管理规模从 12.7 万亿元上升到 20.27 万亿元，增长了约 59%。但量化私募基金管理规模四年期间从 1500 亿元扩张到 15,000 亿元，实现了 9 倍的增幅，尤其是 2020 年和 2021 年两年，量化私募管理规模呈现爆发式增长的趋势。

---

〔4〕 费天元：《券商营业部排名大洗牌　量化交易催生硬件竞赛》，载《上海证券报》2021 年 12 月 28 日。

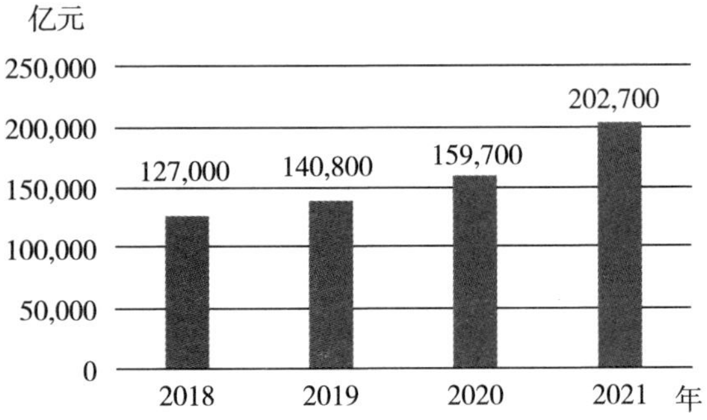

图1　2018～2021年我国私募基金管理规模

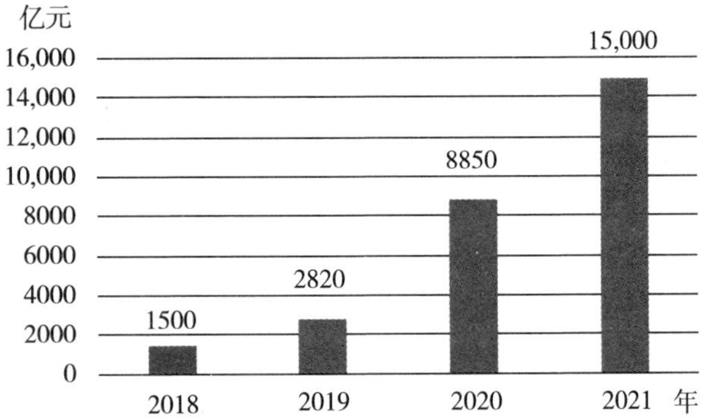

图2　2018～2021年我国量化私募基金管理规模

管理相对严格的公募基金,在量化交易上同样也保持着稳步增长。从2018年到2021年四年间,量化交易的公募基金总数增长率达到了52%。同时,因为公募基金的信息披露规则,可以看出历年量化公募的各个交易策略分布情况(见图3)。公募基金发行数量增速最快的指数型量化基金在四年间几乎翻了一倍。根据2021年第四季度公布的管理规模,指数型量化基金、主动型量化基金和量化对冲基金的总体规模分别约为1401.13亿元、883.77亿元、452.57亿元(见图4)。

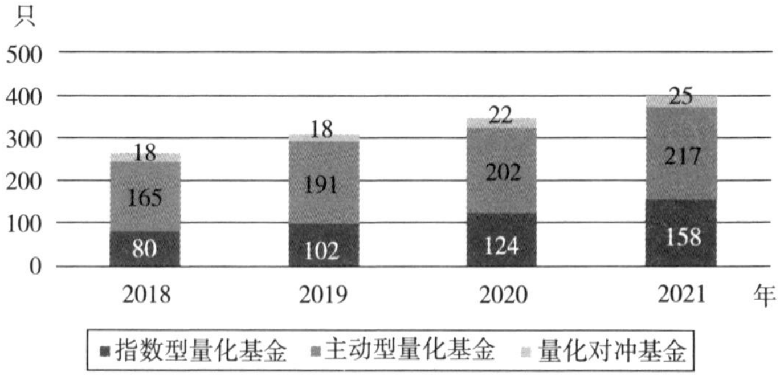

图3　2018～2021年我国公募量化基金各策略数量对比

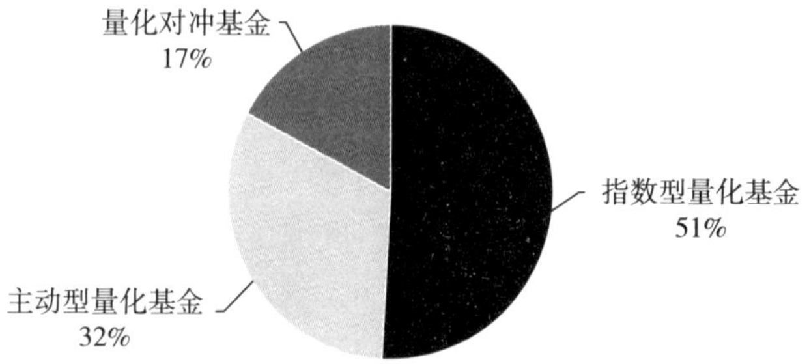

图4　2021年四季度我国公募量化基金各策略数量占比

总体而言,我国资本市场上量化交易的发展速度比较快,近两年量化交易规模增长更是特别亮眼。公募量化基金的增长,呈现逐年稳步提升的态势;而管理更为宽松、信息披露具有较强保密性的私募量化基金,在近两年则"野蛮生长",规模增长速度令人咂舌。正因如此,量化交易可能存在的风险也引起了证券监管部门的注意。

二、量化交易的风险及存在的问题

随着通信和交易技术的迭代,证券市场正在经历深刻的数字化转型。量化交易的兴起,为当前交易环境注入了新的活力,但风险亦会随之而发生潜移默化的演变。

(一)交易策略趋同,容易引发市场风险

量化交易的"策略容量"一直以来都是业内极为关注的话题。交易策略趋同潜在的传导效应,以及量化交易规模的扩大态势,会进一步放大金融市场风险发生的可能性,[5]即在短时间内促成市场的暴涨暴跌,极端情况下可能导致"恐慌指数"的出现。典型案例如2010年5月6日道琼斯工业指数盘中暴跌近1000点,创下盘中点数跌幅纪录。根据美国证监会(SEC)出具的调查报告,止损订单的接连触发成为导致"闪电崩盘"(flash crash)的主要原因之一,量化交易引发的连锁反应使得指数在瞬间暴跌。我国同样也曾发生过"光大乌龙指"等类似案件,但部分金融行业从事人员认为,量化交易非但不会导致系统性金融风险的发生,还在一定程度上有利于市场的长期稳定。具体而言,资本市场容易出现定价和估值严重不符的情况,量化交易通过模型对整个市场进行全面检查和扫描,然后根据检查和扫描结果做出更具理性的投资决策,能让市场定价长期保持在合理区间范围之内。[6]

这一观点显然是不够客观且有选择性地展示了量化交易的优势部分,而片面地忽略了其所存在的缺陷部分。根据核心算法和所用数据的不同,量化策略可以分为基本面策略和量价策略,前者更为注重策略的长期性,获益主要源于公司价值与价格的差异;后者则注重于短期的量价变动,偏向于在频繁的调仓换股之中寻找到投资获利的规律。基本面策略更符合前述观点。但中信证券在研报中表示:目前国内量化产品绝大多数布局在量价交易型策略上,基本面策略占比较低。随着量化管理人管理规模的扩张,量化交易策略将面临较大程度的拥挤。[7] 这意味着,注重短期利益的量化产品更加受到市场的追捧。因此,前述观点虽然存在一定的合理性,但犯了"一叶障目"的错误。

---

〔5〕 参见王怀勇、邓若翰:《算法趋同风险:理论证成与治理逻辑——基于金融市场的分析》,载《现代经济探讨》2021年第1期。

〔6〕 See Zheng L., Pan T., Liu J., et al., *Quantitative Trading System Based on Machine Learning in Chinese Financial Market*, Journal of Intelligent and Fuzzy Systems, Vol. 3, 2019.

〔7〕 参见刘社好:《量化基金现大幅回撤潮:策略同质化严重,未来需降低预期》,载凤凰网,https://ishare.ifeng.com/c/s/v002vodScQKDG-_YIgfqlQBYyYWetFfyWae1MZABESv0fZCk,2022年2月15日访问。

事实上,注重短期利益的量化交易策略非但不能起到稳定市场的作用,还有可能因为策略容量小、生命周期短及所用数据源相近等特征,对市场稳定产生负面影响。虽然我们没有办法获得每一个量化交易的具体策略做横向对比,但可以通过其策略所展示的结果在一定程度上印证策略是否存在同质化现象。根据公募基金每个季度公示的持仓信息,我们发现2020年第一季度到2021年第四季度,公募量化基金规模前十的持仓具有一定程度的相似性。详言之,除了其中一只基金外,另外九只基金在近两年内都或多或少地持有过相同的股票,而且持仓重复性颇高(见表1)。

表1　规模前十的量化公募基金2020~2021年前十大重仓

代码	名称	规模/亿元	贵州茅台	招商银行	隆基股份	东方财富	药明康德	宁波银行	中国平安	美的集团	中国中免
000762.OF	汇添富绝对收益策略A	226.63	√	√	×	√	√	√	√	√	√
519062.OF	海富通阿尔法对冲A	47.03	√	√	√	√	√	√	√	√	√
008140.OF	汇添富绝对收益策略C	38.91	√	√	×	√	√	√	√	√	√
001980.OF	中欧量化驱动	25.55	×	√	√	√	√	√	√	√	√
001990.OF	中欧数据挖掘多因子A	22.81	×	×	√	√	√	×	√	×	×
000006.OF	西部利得量化成长A	20.12	×	×	×	×	×	×	×	×	×
004674.OF	富国新机遇A	19.27	√	√	√	√	√	√	√	×	√
360001.OF	光大核心	18.59	×	√	√	√	×	√	√	×	√
000414.OF	嘉实绝对收益策略A	18.16	√	√	√	√	√	√	√	√	×
001416.OF	嘉实事件驱动	15.25	√	√	√	√	√	×	×	×	×

如表1所示,表1中的十只股票都是来自各个行业的“白马股”。除去指数增强型,规模前十的量化公募基金中,有九只基金都在两年内重

仓持有过东方财富,八只都重仓持有过中国平安、药明康德、招商银行,其余“白马股”也都至少有五只到七只基金曾在两年内重仓持有过。导致这一现象的原因可能有两个:第一,近年来基金抱团的趋势严重,这也间接影响了量化基金的持仓。第二,根据同样的历史数据以及相近的算法而制定的量化策略,最终呈现出来的结果也或多或少地有所相近。一般来看,量化交易依赖量化因子的数据表现,而盈利效益好的策略大多具有一定的相似性,这也在一定程度上促使了部分量化策略的同质化。

(二)“赢者通吃”,可能加剧市场波动

更值得注意的是,当前我国的量化交易头部效应明显,可能出现“赢者通吃”的局面。根据中国基金业协会、中信证券研究部等数据统计,仅 28 家百亿私募量化基金的管理规模就占据整个市场的 47.4% ,其余 9653 家瓜分剩余的市场份额,而在百亿以上的量化私募之中,“幻方量化”作为唯一的千亿级量化产品,同样占据了其中很大一部分比例。公募基金从管理规模占比图上看似乎相对更为合理,但前十大基金的规模占比同样高达 56% 。细化到具体产品层面而言,公募量化产品总数为 667 只,10 亿元以上管理规模的公募量化基金仅 50 只,占所有公募量化产品总数的 7% ,却拥有了 57% 的管理规模占比(见图 5 、图 6)。

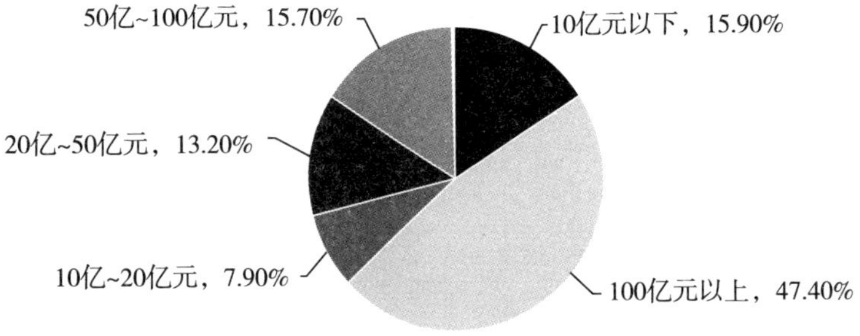

图 5　不同区间量化私募基金管理人管理规模占比

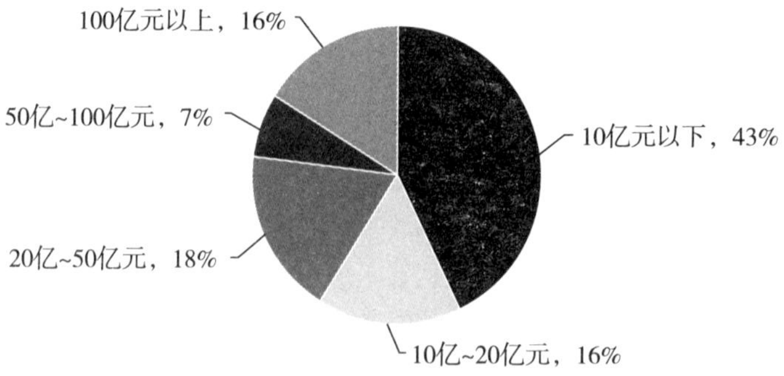

图 6　不同区间量化公募基金管理人管理规模占比

不难发现，管理规模极为集中成为我国量化产品的一大特点，加之前述的交易策略同质化严重，很难让我们不为量化交易可能导致的金融市场风险而担忧。量化交易的"赢者通吃"，使规模占比处于头部地位的量化交易机构拥有了更大的市场话语权和操作能力。此外，拥有绝对管理规模优势的头部量化产品更有着技术方面的优势。据《证券时报》的报道，目前百亿级量化私募的换手率通常在 70～90 倍，而其余头部量化换手率是 50～70 倍，高换手率有利于量化策略在结构性机会轮动和扩散的市场中完成变现。[8] 这意味着，拥有更大体量的量化产品，往往更有充沛的资金去丰富它的技术。但这种变现的代价显然会促使市场波动的加剧，要知道一般情况，大多股票每日换手率仅在 1%～2.5%。量化交易的高换手率已经对传统交易方式形成了"降维打击"，改变了证券市场的基本波动特征。2021 年 A 股两市成交额连续数十日突破万亿元，创历史最好纪录。但高成交额并没有有效地带动市场的情绪，反而在震荡的结构性行情中形成了量化交易对散户的打击。

（三）加深信息不对称程度，有违市场公平

长久以来，证券市场的信息不对称问题一直颇受监管部门的关注，部分严重不合理的信息不对称，甚至还可能构成内幕交易或者利用信息优势操纵市场的违法行为。量化交易可能会加深现有市场的信息不对称程度，进而有违市场公平。

---

〔8〕 参见许孝如、沈宁：《A 股万亿成交已成日常 量化交易约占 20%》，载《证券时报》2021 年 9 月 8 日。

通常看来，量化交易似乎是一个门槛不算高的交易方式，市面上有很多的书籍或者学习资料提供给个人投资者，以便他们构建自己的量化交易系统。美国知名量化投资组合经理艾琳·奥尔德里奇（Irene Alridge）在其著作中写道："算法执行与当今的市场不可分割。随着技术成本的大幅下降，目前大多数投资者可以负担起建立和使用先进算法的成本。"[9]事实真是如此吗？仅从技术层面来看，算法本身并不神秘，是对解决问题的策略机制的描述。[10] 但一方面，机构投资者对其大部分正在使用的量化交易策略，都或多或少予以保密；另一方面，仅拥有先进算法还远远不足以称之为一个完善的量化交易系统。全球收入最高的量化基金经理西蒙斯相信数学才是金融的未来，他认为："不管市场表面上看起来有多么混沌，金融资产的价格之间都存在某些确定的规律。"[11]然而，寻找规律需要的不仅是算法，更需要强大的算力和丰富的数据。特别是在证券市场的量化投资中，数据的地位更是极其重要。智能算法正是在这繁杂琐碎的数据中发掘变量之间的非线性关系，并通过学习和训练，获得良好的动态预测能力（见表2）。

表2　资本市场数据汇总与分类

数据类型	数据描述
证券行情数据	沪深证交所股票、基金、实时成交量明细数据、逐笔成交、集合竞价、委托队列权证、外汇、指数行情数据、系统公用表、上市公司市场研究、银行财务、期货、融资融券、静态数据、市场资讯、指数、债券、个股期权、港股主题、美股主题、新三板等
衍生品数据	商品期货、股指期货、期权的实时报价及高频数据等
宏观经济与行业经济数据	国内宏观经济数据、地区经济数据、行业经济数据、国外宏观经济数据等

〔9〕［美］艾琳·奥尔德里奇：《高频交易》，顾律君、丁鹏译，机械工业出版社2018年版，第39页。

〔10〕参见周世中、吕桐弢：《人工智能法律系统推理的方法论审思》，载《湖南社会科学》2021年第3期。

〔11〕［美］格里高利·祖克曼：《征服市场的人》，安昀等译，天津科学技术出版社2021年版，第42页。

诸如表2中的数据类型正是获取金融信息的来源，它们共同组成了一个有效的量化分析系统的基础。这些数据通常不易获取，并且想要对其进行高效且准确的分析也有硬件和专业知识的基本要求。SEC在2020年向国会提交了一份美国资本市场算法交易的报告，其中指出："近年来，可用的市场数据量、数据传播的速度以及用于分析和应对价格波动的计算机能力，都呈指数级增长……然而不同级别的市场数据的可用性、对交易所和市场数据的不同访问速度，可以使一些市场参与者优于其他市场参与者……这些对市场数据的考虑——包括不同级别的数据内容和访问速度——远远超出了传统现金股票市场的数据范畴。"[12]

国内虽然没有此类专项报告，但根据Wind统计，2018年国内券商共有59家设有金融工程团队（financial engineering，又称"金工"），而这一数据在2021年变成了85家，增长近一半。一个可见的趋势是，近些年来许多中小券商也陆续开始重视金融工程团队的组建。不言而喻，个人投资者一般很难支撑起如此复杂的量化交易系统的开发、运行和维护。此外，部分量化策略可能还涉及延迟性低的数据传递和高频甚至超频的数据处理硬件要求。因此，量化交易在事实上利用设施和技术优势抬高了部分信息壁垒，使得某些与资本市场紧密相关的事物或现象更有选择性地暴露，进而扩大了拥有数据权一方的交易优势。不难发现，量化交易可能会加深信息不对称的程度，有违市场公平。实际上，2015年证监会在就《证券期货市场程序化交易管理办法（征求意见稿）》（以下简称《程序化交易意见稿》）公开意见答记者问时，就已经明确表示：我国资本市场投资者以中小散户为主，而程序化交易主要为机构或大户所采用，过度发展程序化交易不利于公平交易。[13] 此外，利用算法技术优势，量化交易的使用方可以轻易地进行诸如幌骗（spoofing）等技术性交易策略，此类技术性交易策略会进一步扩大中小散户与机构或大户之间

---

〔12〕 SEC, *Staff Report on Algorithmic Trading in U. S. Capital Markets*, available at https://www.sec.gov/files/Algo_Trading_Report_2020.pdf, accessed May 8th, 2022.

〔13〕 需要特别说明的是，程序化交易与量化交易二者概念并不等同，但本文所讨论的狭义的量化交易均需要通过程序化交易才能得以实现。此外，《程序化交易意见稿》出台背景涉及2015年证券市场异常波动，其中大量条文涉及量化交易甚至高频交易，对本文的研究具有一定的参考意义。

的交易不平等现状。

三、我国量化交易的监管现状

量化交易的风险虽大,但在我国至今并没有引发市场的大规模恐慌性事件。在证监会频频“出重拳”的态势下,当前我国的证券市场表现依然整体平稳、有序。但监管目标的部分实现,并不意味着我国量化交易规制体系的成熟。我们首先需要厘清当前我国针对量化交易的监管现状究竟如何。从监管主体上来看,目前我国证券市场监管的主体大致分为行政监管和市场自律监管。

(一)行政监管

1. 行政许可与量化交易的准入审查

行政许可是我国证券监管中最为重要也最为常见的事前监管手段。近年来,在国务院推行行政审批制度改革的大背景下,前后共取消了近200项由中国证监会实施的行政许可事项。目前,中国证监会保留了53项行政许可审批事项,且多以法定的行政许可项目为主。

证监会公布的数据表明,2017~2021五年间证监会对量化交易的行政许可审批数量呈现逐年下降的趋势(见图7)。显然,涉及量化交易的行政许可数量和近些年量化交易在证券市场上的蓬勃发展形成了较为明显的反差。尤其2020年和2021年正是量化交易“风头正盛”的两年,相关的行政许可数量反而显著减少。其原因可能在于,这些行政许可主

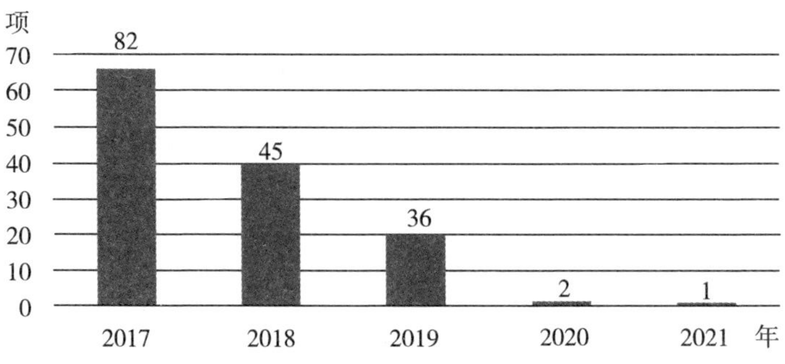

图7 2017~2021年涉及量化交易的行政许可

要针对公募量化基金的发行注册批复，而私募基金的发行注册则并不在此内。《私募投资基金监督管理暂行办法》第5条规定，设立私募基金管理机构和发行私募基金不设行政审批。这意味着，部分量化产品可能缺少相对正式的准入审查。

在证券市场中，准入机制是市场风险防范的基础性制度设置。例如，早在2008年，证监会就提出了健全证券公司市场准入机制、做好配套制度建设工作、完善相关法规体系的具体要求。〔14〕一般看来，准入机制通过事前进行相应的合规审查，能够将部分可预知或存在的风险事先排除，是现代证券市场不可或缺的制度安排之一。因此，适度地引入准入机制，或有利于遏制量化交易所可能导致的市场风险。

2. 证券监管措施及其与自律监管的衔接

证券监管措施是我国证券监督管理机构发展和规范证券期货市场，保护投资者的合法权益，维护社会经济秩序和社会公共利益，针对证券期货市场各类主体存在的各类违法或不当行为，依法所采取的监督管理措施的总称。〔15〕通常看来，证券监管措施极少涉及直接性处罚，以警告、监管谈话、出具警示函、责令改正等为主。与行政处罚相比，证券监管措施更注重提示和矫正，以防止风险的蔓延和危害结果的发生，是一种事中监管手段。近两年有不少机构因其量化交易涉嫌违规受到了证券监管措施的处分，典型如量化私募机构"福建省宽客投资管理有限公司"因发生重大事项后，未及时向中国证券投资基金业协会报告，未保存部分记录及相关资料以及未按基金合同约定完成相关操作的原因，被福建证监局出具警示函。〔16〕

当前，我国证监会共计拥有18种证券监管措施，其中不乏临时接管、限制证券期货经营机构业务活动等较为严厉的措施。但是，部分证券监管措施的法律性质依然尚不明朗，相关规定并未明确其法律效力。证券监管部门在现实的执法活动中，通常不会使用对监管对象产生重大

---

〔14〕《加强资本市场基础性制度的重大举措》，载中国证券监督管理委员会官网，http://www.csrc.gov.cn/csrc/c100028/c1002806/content.shtml，2022年3月26日访问。

〔15〕参见张红：《证券监管措施：挑战与应对》，载《政法论坛》2015年第4期。

〔16〕参见中国证券监督管理委员会福建监管局：《关于对福建省宽客投资管理有限公司采取出具警示函措施的决定》，案号：〔2021〕47号，2021年9月27日。

影响的监管措施，这使得事中监管力度受到影响。更为重要的是，证券监管措施与交易所自律监管作为事中监管的两个主要方向，需要进一步明确其二者之间的关系，形成证监会与证券交易所之间的事中监管衔接，从而消除重复监管或监管空白的可能性弊端。实际上，事中监管是证券监督管理的核心环节，需要发挥行政监管与自律监管两个方面的积极性，以维护交易秩序与安全。

3. 行政处罚及操纵市场行为的认定

行政处罚是对违法违规活动实施惩罚性措施的行为，能够处分相对人的权利与义务，是典型的事后监管方式。在证监会所作出的行政处罚中，通常将量化交易的违法违规行为认定为操纵市场或内幕交易。例如在“伊世顿公司操纵期货市场案”中，主犯及其境外技术团队通过高频交易（high－frequency trading，量化交易的一种策略）软件自动批量下单，申报价格明显偏离市场最新价格，实现包括自买自卖在内的大量交易，非法获利高达20多亿元人民币。〔17〕证监会认定其通过高频程序化交易的技术手段，形成明显高于其他投资者的交易优势，影响了正常市场的交易价格和交易量，构成市场操纵行为。在“光大乌龙指案”中，光大证券在进行ETF申赎套利交易时，因程序错误造成巨量申购和成交的原因，可能对投资者判断产生重大影响。光大证券在内幕信息依法披露前即着手反向交易，且交易数额巨大，对市场造成了严重影响。证监会认定光大证券存在内幕交易行为。

从证监会官网公布的数据来看，2001年到2017年这17年间，证监会一共处罚了117起操纵市场案件，而量化交易蓬勃发展的2020年到2021年7月，涉及操纵市场或内幕交易的行政处罚案件就超过了先前17年的总和，达到了176件。不仅如此，证监会还在其发布的专题公告中强调，证监会严厉打击的操纵市场、内幕交易行为主要表现为：通过连续交易等手段操纵流通市值较小的股票，恶意“炒小、炒差、炒新”，造成相关股票价格在短时间内暴涨暴跌。例如，私募基金实际控制人景某滥

〔17〕 高频交易又常被称为“黄牛策略”（scalping），是量化交易中常见的一种策略，它通常利用惊人的计算速度和网络速度赚取买卖间的差价。参见［美］迈克尔·德宾：《打开高频交易的黑箱》，谈效俊等译，机械工业出版社2014年版，第7页。

用杠杆交易操纵仁东控股,该股价格连续上涨后“闪崩”跌停。[18]

行政处罚的前提在于对违法事实的准确认定。经 2019 年的修订后,当前我国《证券法》将操纵市场手段的列举项由三种增至七种,并留有兜底条款。但即便是修订后的法条列举项,依然不能包含所有的操纵市场行为,尤其是缺少对于量化交易等新型市场操纵手段的认定。时至今日,依然需要以兜底条款将部分利用技术优势操纵证券市场的违法行为纳入处罚范围之中。我们应当意识到,对量化交易等利用技术优势操纵市场的行为不可能仅靠证监会专题性的稽查执法来进行惩戒,而需要更为细化的法律认定标准和更成体系的证券行政处罚办法。

(二)市场自律

1. 交易所的自律监管

交易所是证券市场上最为重要的服务提供者,同时也为集中交易提供了最基础的公平保障,承担着组织和监督证券交易的任务。在证券交易的过程中,交易所通常是最早且最为全面接触到交易信息的中心市场,内幕交易、操纵市场的行为相对容易被交易所察觉和发现,能够较为及时地进行监管。证监会发布的 2017 年典型自律管理案例中,就涉及交易所精准发现利用量化交易的方式进行利益输送的案件。在该案中,FH 私募基金利用实际控制“银华量化指数增强资产管理计划”账户,通过相互成交的方式进行利益输送,损害了相关投资者利益。同时,在实际控制关系问询中,上述当事人明知具有实际控制关系却未如实向交易所进行申报。[19] 交易所依法对该私募基金采取公开谴责和限制开仓 12 个月的自律监管措施,并将违规及处理情况记入中国资本市场诚信档案数据库。同时,将涉嫌违法违规线索移送证监会稽查局。

2. 行业协会的自律监管

行业协会作为自律组织,是证券市场监管的有益补充。在我国证券市场中,行业协会的自律监管主要表现为提供相关人员的培训、教育及

---

〔18〕 参见《证监会严厉打击操纵市场、内幕交易等证券违法活动》,载中国证券监督管理委员会官网,http://www.csrc.gov.cn/csrc/c100200/c05e21eaef5f648f58865797e491dd3a6/content.shtml,2022 年 6 月 26 日访问。

〔19〕 参见中国证券监督管理委员会:《2017 年中国资本市场法治发展报告》,法律出版社 2018 年版,第 609 页。

资质考试,对证券市场上的相关产品进行备案以及检查市场中基金产品、上市公司的信息披露和履约情况等。以中国证券投资基金业协会(以下简称中基协)为例,中基协在2021年经调查发现,天星资本的私募量化产品存在向投资人承诺收益、未按协议履行管理人职责、缺少对投资者风险识别和承担能力的评估以及没有及时更新登记备案信息等问题,依法对天星资本进行公开谴责,要求天星资本限期改正,并暂停受理其私募基金产品备案6个月的纪律处分。〔20〕

当然,除了相应的自律纪律处分之外,行业协会对量化交易的自律监管,也更多地表现在量化交易的数据上报及信息备案方面。2021年11月1日,中基协向私募基金管理人发布了《关于上线"量化私募基金运行报表"的通知》,其中要求量化私募基金管理人报送运行数据的频率将从季度提高到月度。〔21〕与此同时,中国证券业协会(以下简称中证协)也正在开展券商量化交易数据信息的月度报送工作。2021年11月4日,中证协向各大证券公司下发《关于开展证券公司量化交易数据信息报送工作的通知》,该通知要求,券商在次月前3个交易日内,按月度报送量化交易数据信息,包括自营和资产管理业务。〔22〕但是,行业协会依然缺少涉及量化交易从业人员的培训、考试以及资格获取的具体办法。此外,无论是中基协还是中证协,对于这些报备上来的数据的处理能力和规制手段也尚需加强。

四、我国量化交易的监管建议

经过上述对我国证券市场量化交易的监管现状分析,不难发现,我国证券监管部门及自律性组织,对于包含量化交易在内的金融科技监

---

〔20〕 中国证券投资基金业协会:《关于对北京天星资本股份有限公司采取责令改正的行政监管措施的决定》,案号:〔2021〕61号,2021年9月27日。

〔21〕 参见梁银研:《量化私募基金月度运行报表上线》,载《上海证券报》2021年11月3日。

〔22〕 参见徐宇:《万亿量化基金监管趋紧 基金业协会强化信息报送》,载《第一财经日报》2021年11月3日。

管,依然存在准入审查不足、行政监管与自律监管衔接以及事后监管法律规定较为笼统等问题。结合当前量化交易可能导致的风险及存在的问题,我们认为现有监管体系仍具有进一步完善的空间。具体来讲,大致可从以下几个角度进行考量。

(一)设立量化交易的准入机制

设立合理的准入机制是简单且极为有效的监管方式之一,其不仅可以过滤掉部分不符合市场风险防控要求的算法,同时也更方便对相关涉事人员进行事后追责,这一方法被广泛运用于各国资本市场。欧盟在2018年从立法角度提供了量化交易监管的完整制度框架,即《金融工具市场指令》(MiFID Ⅱ),其中对量化交易的准入机制有较为具体的规定。MiFID Ⅱ规定,证券市场中用于自动交易的算法必须经过注册、测试并包含断路器。[23] 美国金融行业监督管理局(FINRA)也对算法交易机构的人员资质管理提出了要求,与算法设计、开发、修订和日常监控相关的人员均需在FINRA进行有效注册,成为证券交易人员后方可上岗,并接受后续培训。[24] 我国香港地区同样要求电子交易的程式设计人员具有相应的资质,以此作为持牌人或注册人获核准使用算法交易的前提条件。[25]

我国对量化交易的准入机制也有所考量。《中国金融科技创新监管工具白皮书》中载明,业务合规是金融科技得以应用的前提。[26] 证监会曾就涉及量化交易的准入机制问题向社会公众征求过意见,《程序化交易意见稿》第4条规定,证券期货交易所会员自营或资产管理业务、租用证券公司交易单元的基金管理公司进行程序化交易的,应当事先向证券期货交易所申报程序化交易相关信息,由证券期货交易所负责核查;交

---

〔23〕 See Cuk, T & Van Waeyenberge, *A European Legal Framework for Algorithmic and High Frequency Trading (Mifid 2 and MAR): A Global Approach to Managing the Risks of the Modern Trading Paradigmm*, European Journal of Risk Regulation, Vol. 1, 2018.

〔24〕 参见牛丽群、韦佳、罗建宇:《关于算法交易在国内外金融市场应用及管理情况的研究》,载《中国货币市场》2020年第10期。

〔25〕 参见《证券及期货事务监察委员会持牌人或注册人操守准则》,第18.9条。

〔26〕 参见中国人民银行金融科技委员会编:《中国金融科技创新监管工具白皮书》,中国金融出版社2021年版,第9页。

易所核查后,方可进行程序化交易。但该管理办法最终并没有发布实施,与之相关的准入机制尝试暂告中止。从整体上看,行业协会的自律监管在部分准入机制的设立方面是相对完善的。以资本市场资格考试体系为例,有证券从业人员资格考试、基金从业人员资格考试、国际投资分析师考试等。此类考试的组织和资格认定一般由行业协会负责,证券公司、基金公司等从事证券业务的专业人员必须在取得从业资格的基础上,才能从事相应的证券业务活动。因此,行业协会理应承担起设立部分量化交易准入门槛的职能,适时出台相关的管理办法。

(二)完善量化交易分级备案,避免大体量交易者操控市场

量化交易作为一种金融科技,传统的监管机制在部分情况下,难以对其产生足够的约束并常常失灵。例如,在"闪电崩盘"后不久,SEC和美国商品期货交易委员会(CFTC)就联合发布了一份报告,对当天的情况进行了大致的说明。但由于缺乏或难以获得部分市场数据,且涉事的英国独立交易员未在当局注册,精确识别交易算法和查明幕后黑手却花费了五年之久。即便是在监管技术已经迭代的今天,面对量化交易产生的大量数据,可能依然需要由熟练的分析师团队进行数周的计算机辅助分析才能有效溯源。[27] 由此可见,对于量化交易运用的数据和算法进行必要的备案极为重要。鉴于此,FINRA在"闪电崩盘"尘埃落定后的不久就对量化交易使用机构提出了严格要求,其中就包括算法交易完整的监控和历史数据的回测与保存。此外,针对量化交易的备案,欧盟MiFID Ⅱ规定更为细致,不仅需要详细描述算法如何工作,更要记录算法由谁编写、操作和控制。算法代码不必备案,但对其活动将通过唯一的法人实体标识符(LEI)进行跟踪。同时,为了方便监管机构事后复盘交易活动,整个欧洲的交易机构和交易所必须同步他们的时钟,以100微秒的精度为交易活动加上时间戳,并将数据存储五年。如果系统遭到网络攻击或物理破坏,交易场所必须确保其业务安排的连续性,并将数

---

〔27〕 See Linton O. & Mahmoodzadeh S., *Implications of High – Frequency Trading for Security Markets*, Annual Review of Economics, Vol. 10, 2018.

据丢失保持在接近于零的水平。[28]

需要特别指出的是,量化交易备案不同于“算法检查”。如果将量化交易备案视作监管机构对应用于实践的算法活动形成风险性认知,而非真正了解算法技术,则可以将相关的源代码、算法数据和模型组等内容排除在备案范围之外。[29] 如此设计的优势是明显的,既能配合市场准入机制,最大限度守住安全底线,更能在此基础上保护量化交易可能涉及的商业秘密。相较于行政许可而言,这是一种更为温和的事前规制方式,同样符合“简政放权”的总体改革要求。

更进一步来看,量化交易加剧市场波动的根本原因,在于拥有超大规模体量的量化交易者对市场拥有极强的影响力。加之前文所述的量化交易“赢者通吃”现象,管理规模的集中使得我们要在量化交易备案方面同样考虑采取分级管理制度。对证券市场而言,更大的体量和规模意味着更急剧的市场波动和更为严重的市场风险。因此,在量化交易备案中,需要抓住重点、区别对待,从而更好地达至监管的预期效果。尤其对规模较大的量化交易使用方,应适当增加备案涉及的内容。以美国为例,SEC在“闪电崩盘”事件发生后不久,就提案对巨量交易者(high volume trader)分配识别代码,避免他们凭借自身的资金优势操纵市场。[30]

(三)实施监管沙盒,对量化交易进行有效监管

金融科技的监管要避免因噎废食,不计成本地追求绝对安全并不符合新技术应用的客观规律。我国银保监会金融科技相关部门负责人在公开场合明确表示,金融科技监管思路主要是在促发展和防风险之间做好平衡。

英国金融行为监管局(FCA)最早提出了实现二者间平衡的可行方

---

〔28〕 See Cuk, T & Van Waeyenberge, *A European Legal Framework for Algorithmic and High Frequency Trading (Mifid 2 and MAR): A Global Approach to Managing the Risks of the Modern Trading Paradigm*, European Journal of Risk Regulation, Vol. 1, 2018.

〔29〕 参见许可:《算法规制体系的中国建构与理论反思》,载《法律科学(西北政法大学学报)》2022年第1期。

〔30〕 参见郭朋:《国外高频交易的发展现状及启示》,载《证券市场导报》2012年第7期。

案,在英国设立了金融科技的监管沙盒(regulatory sandbox),该沙盒适用于希望在英国金融服务市场提供创新的技术企业。FCA认为,监管沙盒建立了监管方与企业的合作框架,降低了合规成本,并且增加了监管方对量化交易等金融工具的信任。这一模式逐渐在新加坡、澳大利亚、日本和我国香港地区得以复制和实施。在监管沙盒内,监管者仍然可以运用监管工具或监管手段,测试量化交易的商业模式是否适应现有的监管框架。总的来说,监管沙盒旨在在保护消费者的情况下,鼓励和引导金融科技创新。

相较而言,我国对监管沙盒的运用起步较晚。2019年12月,中国人民银行在北京启动金融科技监管沙盒的试点工作。目前,金融科技创新监管试点已扩大至北京、上海、重庆、深圳、河北雄安新区、杭州、苏州、广州、成都9个地区,且均已发布金融科技创新监管试点应用名单。截至2021年2月,9个地区共有86个创新应用对外公示,所涉及的技术应用主要集中在人工智能、大数据、安全相关技术以及区块链上。但从参与机构来看,公示的创新应用参与机构主要是银行单独申请,或银行与其名下的金融科技子公司合作申请。监管沙盒所涉领域也主要集中于风控、中小微企业融资和供应链金融,并没有直接涉及量化交易的应用。概言之,当前我国的金融科技监管沙盒对技术应用的覆盖已经相对全面,但涉及量化交易的试点应用暂处于空白阶段。

对量化交易应用设立并实施监管沙盒制度是极为必要的。监管沙盒能够加速金融监管模式从被动监督向主动服务转变,不仅能在受控的环境中测试量化交易应用或产品,更能降低量化交易应用的合规成本,帮助部分量化产品获得信任,同时在一定程度上为更合理的监管措施出台提供充足的数据支持。

(四)强化事中动态监管,促进自律监管与行政监管的衔接

事中监管最能够体现出监管的过程化与常态化。有学者研究了数次与量化交易有关的市场故障和风险,认为自动化市场具有紧密耦合和复杂交互的特点,两种特点共同决定了针对量化交易动态监管的重要性。[31] 这意味着,量化交易的监管离不开交易所面对异常情况的及时响应,需要交易所具备多维度、多时段、多波段的数据获取能力以及快速的数据处理能力。例如,CFTC 对事中动态监管就有着明确的规定,交易所需要对机构所使用的量化交易在最大限额、最高频率、执行价格、交易量和交易取消等方面进行有效的监控。此外,MiFID Ⅱ也同样要求量化交易在多时段、多个级别上受到密切监控和回检,同时第 17 条规定,交易所可以要求算法交易使用方定期或临时提供对其算法交易策略性质的描述、交易参数等详细信息。

行政监管与自律监管的衔接,关系到证券市场事中监管能否高效运作。中外资本市场发展的历史表明,市场监管必须发挥政府集中统一行政监管与市场组织者自律管理两个方面的积极性,才能使市场活动在更符合经济规律的前提下有序进行。[32] 具体到量化交易的监管而言,交易所要依托大数据监控技术,对量化交易展开动态监管,包括加强对异常交易账户信息的核实、对违法线索的综合分析研判,全面提升全链条打击的精准度。证监会则要尝试调动自律监管各方的积极性,尤其注重与拥有量化交易数据备案的行业协会以及最早接触市场交易数据的交易所之间的合作规制(cooperative regulation)。事实上,国务院在多个文件中都提到了行政机关要转变观念,加强事中事后监管。就我国的证券事中监管而言,面对量化交易风险规模和传播速度指数级的增长,更多地采取合作规制,打通事中行政监管与自律监管之间的关节,健全监管协调与监督实施机制,或许会更有利于量化交易监管的总体实现。

(五)细化法律规定,完善对操纵市场行为的认定

当前,我国法律对量化交易等新型交易方式的规定较为笼统。《证

[31] See Min, B. H. & C. Borch, *Systemic failures and organizational risk management in algorithmic trading: Normal accidents and high reliability in financial markets*, Social Studies of Science, Vol. 6, 2021.

[32] 参见禄正平:《证券法学》,商务印书馆 2019 年版,第 420 页。

券法》仅在第45条中纲要性地规定了新型交易方式的监管及自律要求。[33] 随着交易技术的发展,我国证券市场发生了一些新的变化,部分违法行为愈发隐匿和复杂,亟须更为细致的法律规定对其进行规制。典型如利用技术优势操纵市场,正日益成为当前市场滥用的新样态,导致金融市场资源分配功能无法得到充分有效的发挥,亟待完善相关操纵行为的认定以及出台更为具体的规制办法。

一般来说,通过量化交易操纵市场的行为大多都被归类为连续交易型操纵,即单独或者合谋,集中资金优势,持股、持仓优势或者利用信息优势连续买卖,操纵证券、期货交易价格或者证券、期货交易量的行为。但连续交易的定义,其实并不能精准涵盖所有量化交易操纵市场的行为。例如,在"伊世顿公司操纵期货市场案"之中,不法分子被法院认定为"非法利用技术优势操纵市场",但该案所涉操纵手段却因缺乏相关法律和司法解释的规定,适用了兜底条款。实际上,根据法院的查明,被告人采用了量化策略中的高频程序化交易方式从事股指期货合约交易,此类操纵手段的认定并无明文规定,只能依法认定为"以其他方法操纵证券、期货市场的"情形。

美国金融学会前主席阿伦·富兰克林(Allen Franklin)将操纵市场的行为归类为信息型操纵、行为型操纵和交易型操控三种。他指出,即便交易者不发布虚假信息或不利用内幕交易,也可能仅通过交易型手段实现对市场的操控并以此获利。[34] 近些年来,证券监管部门对操纵市场手段的认定,存在着较多适用兜底条款的情况。[35] 因此,为保证利用技术优势操纵市场的行为能够得到应有的法律规制,需要进一步细化法律中操纵市场行为的列举项,减少或避免兜底条款的适用。例如,ESMA较为具体地界定了量化交易操纵市场的行为,并且区分了技术优

---

〔33〕 参见《证券法》第45条规定,通过计算机程序自动生成或者下达交易指令进行程序化交易的,应当符合国务院证券监督管理机构的规定,并向证券交易所报告,不得影响证券交易所系统安全或者正常交易秩序。

〔34〕 See Franklin A & Douglas G., *Stock - Price Manipulation*, Review of Financial Studies, Vol. 3, 1992.

〔35〕 参见范林波:《操纵证券市场行为监管执法问题实证研究——以中国证监会2015~2017年三季度行政处罚决定书为视角》,载《证券法苑》(第22卷),法律出版社2017年版。

势型操纵市场和跨市场操纵两种行为。其中技术优势型操纵专指利用先进的技术手段,如算法交易、程序化交易等对市场进行操纵的行为。[36]

五、结语

相较于发达资本市场而言,国内的量化交易虽然发展速度快,但整体规模的市场占比尚处于起步阶段。事实上,量化交易在 2010 年就已经占据美国市场交易量的 75% 以上。[37] 但这并不意味着我国的量化交易就理应无序扩张,尤其在我国个人投资者较为集中的证券市场之中,量化交易已经引发了越来越多的讨论。但需要警惕的是,市场的关注呈现短期、高热度但成效不彰的特征。

林毅夫先生将中国经济成功的原因概括为,“有为政府”与“有效市场”的有机统一、相互补充、互相促进。[38] 但当我们回顾数次量化交易受到高度关注甚至政策出台的时候,不难发现其大多正处于证券市场异常波动现象极为明显的背景之下。市场对量化交易政策的出台也同样异常地敏感,往往稍有一点风吹草动,就容易引发市场的整体“情绪波动”。类似情形十分不利于引导投资者以技术中立的视角辩证地看待量化交易。当前量化交易在客观上给金融监管带来了新的挑战,但尚未造成大面积的金融风险。为了做到未雨绸缪,及时意识到风险并对其进行有效的防控极为重要。有关部门应及时地跟进相关监管措施,保障证券市场平稳、健康发展。

(编辑:姜沅伯)

---

〔36〕 ESM 对操纵市场的判断标准包括:(1)行为人的操纵行为是否干扰或者延迟交易系统的正常运转;(2)操纵行为是否影响了金融资产的供求,给其他投资者带来误导;(3)操纵行为是否影响到其他投资者的交易决策。参见彭志:《量化投资和高频交易:风险、挑战及监管》,载《南方金融》2016 年第 10 期。

〔37〕 See Hendershott T & Jones C M & Menkveld A J. , *Does Algorithmic Trading Improve Liquidity*, Social Science Electronic Publishing, Vol. 66, 2011.

〔38〕 参见林毅夫:《中国经验:经济发展和转型中有效市场与有为政府缺一不可》,载《行政管理改革》2017 年第 10 期。

《证券法苑》(2022)
第三十六卷,第468~485页

新冠肺炎疫情以来欧盟卖空监管的改革动向及其启示

徐承志*

摘要:全球范围的新冠肺炎疫情对于各国经济带来了深远影响。疫情导致的证券市场波动和个券异动也使理论界与实务界再次关注卖空交易监管问题。疫情初期,部分欧盟成员国对于卖空交易进行了及时干预。后续,欧盟层面也针对欧盟证券市场波动以及美国市场个券异动进行了回顾,提出了优化干预措施,防范"裸卖空"及完善信息披露制度的改革方案。国内市场方面,受疫情及国际局势影响,我国股市在2022年上半年也经历了一定波动。如何规范卖空交易,维护市场稳定,仍是资本市场的重要课题。在此背景下,跟踪了解欧盟等成熟市场的卖空监管改革动向及运行效果,可提供有益参考。一方面应根据我国证券市场发展程度和投资者分布特点继续坚持监管干预、防范"裸卖空"及加强信息披露;另一方面应思考前述安排的审慎性、科学性,以有效发挥卖空交易在促进价格发现、增加市场流动性等方面的积极作用。

关键词:卖空交易　监管干预　"裸卖空"　信息披露

---

* 上海财经大学法学院博士研究生。

2020年以来，由于新型冠状病毒肆虐全球，世界格局加速震荡、重构。经济领域，呈现市场衰退与政府刺激并存的景象。金融市场也在2020年初的急剧下滑之后随着疫情企稳而逐渐回升，随后在衰退和刺激之间震荡波动。

在此背景下，各国高度重视维护金融稳定发展，加强逆周期调节和金融监管。本文主要关注2020年新冠肺炎疫情以来欧盟证券监管机构ESMA（The European Securities and Markets Authority）在市场波动情况下针对卖空交易的监管措施和改革动向，以期为我国卖空交易（融券交易）[1]及其监管制度的发展完善提供参考借鉴。

一、疫情之下欧盟对于卖空交易的监管与关注

（一）市场波动：部分欧盟成员国实施卖空禁令

自2020年年初开始，受疫情冲击，全球经济深陷泥潭，海量财富蒸发，贸易投资下挫，金融市场动荡。[2] 2020年3月前后，全球股市仅在短短40个交易日内就出现了近30%的下跌，创下了有史以来最急剧的修正。据不完全统计，2020年3月11日，有近11个国家的股市发生熔断。截至2020年3月底，这场恐慌性抛售导致全球股市下跌了12万亿美元的市值。[3]

面对疫情冲击造成的市场波动，西班牙国家证券市场委员会（CNMV）、意大利证监会（CONSOB）、法国金融市场管理局（AMF）、比利时金融服务和市场管理局（FSMA）、希腊资本市场委员会（HCMC）、奥地利金融市场监管局（FMA）等国家监管机构（national

〔1〕根据中国证券业协主编的《融资融券业务知识手册》，我国的卖空交易称为融券交易，是融资融券中的交易类型之一。融资交易即借入资金买入证券，融券交易即借入证券卖出。

〔2〕参见凌朔：《疫乱交织 正道致远——回眸2020年的世界》，载新华网，http://www.xinhuanet.com/world/2020-12/21/c_1126888774.htm。

〔3〕参见吴家明：《魔幻的2020海外股市：疫情给市场留下了什么》，载中证网，https://www.cs.com.cn/hw2020/202012/t20201229_6125564.html。

competent authority，NCA）颁布了一系列卖空禁令，以求稳定证券市场。卖空禁令原先大部分规划为 2020 年 3 月 18 日至 4 月中旬，后整体推延到了 5 月 18 日。[4] 针对前述举措，ESMA 按照职责进行了评估，认为成员方实施的卖空禁令紧急措施及后续的续期确有必要[5]，并整体支持了前述干预措施。

2020 年 3 月 16 日，为提升监测力度，ESMA 发布决定，临时要求在欧盟市场的股票卖空方在其卖空头寸（net short positions，NSP）达到或超过已发行股份的 0.1% 时，就需要通知相关国家监管机构[6]，这降低了原先规定的 0.2% 的报告门槛。ESMA 表示，降低报告门槛对于监管机构监测市场动向至关重要，以确保欧盟市场的有序运行，维护金融稳定和投资者保护。后续，该临时命令共更新（延期）了 3 次，最终于 2021 年 3 月 15 日终止。[7]

（二）个券异动：美国市场 GME 事件引起欧盟关注

2021 年 1 月，部分华尔街机构投资者开始实施针对纽交所上市公司游戏驿站（GameStop，GME）的卖空操作。截至 2021 年 1 月 26 日，

---

[4] 意大利证监会（CONSOB）卖空禁令原设定的终止日期为 2020 年 3 月 18 日至 6 月 18 日，后于 2020 年 5 月 18 日提前终止。

[5] ESMA issues positive opinions on short selling bans by Austrian FMA, Belgian FSMA, French AMF, Greek HCMC and Spanish CNMV, available at https://www.esma.europa.eu/press-news/esma-news/esma-issues-positive-opinions-short-selling-bans-austrian-fma-belgian-fsma, accessed June 1, 2022.

[6] ESMA decision of 16 March 2020 to require natural or legal persons who have net short positions to temporarily lower the notification thresholds of net short positions in relation to the issued shares capital of companies whose shares are admitted to trading on a regulated market above a certain threshold to notify the competent authorities in accordance with point (a) of Article 28 (1) of Regulation (EU) No. 236/2012 of the European Parliament and of the Council, ESMA70-155-9546, available at https://www.esma.europa.eu/sites/default/files/library/esma70-155-9546_esma_decision_-_article_28_ssr_reporting_threshold.pdf, accessed June 1, 2022.

[7] ESMA to allow decision on reporting of net short position of 0.1% and above to expire, available at https://www.esma.europa.eu/press-news/esma-news/esma-allow-decision-reporting-net-short-position-01-and-above-expire, accessed June 1, 2022.

卖空方的空头头寸高达55.1亿美元，是GME流通市值的140%，[8]该股票处于重度卖空（heavy short）的状态。在此背景下，一些对手方开始号召投资者买入GME股票抬升股价对抗卖空方，在论坛Reddit上发起了与华尔街对着干的风潮。于是，众多散户抱团买入GME股票，将其股价抬升到2021年年初价格的20多倍，造成了卖空方的重大损失。[9] 后续，严重虚高的GME股价在高位并未持续太久后开始暴跌[10]，许多原先高价买入GME股票的散户也损失惨重。GME事件前后持续一个多月时间，GME股价经历的大幅波动以及“散户大战华尔街”事件均引发广泛关注。

GME事件造成个券异动也引起了欧盟方面的关注。2021年2月17日，ESMA发布一份声明，敦促散户投资者谨慎根据来自社交媒体和其他不受监管平台的信息做出投资决策，因其相关信息的可靠性和质量无法得到验证。[11] 2021年2月23日，欧洲议会经济和货币事务委员会（European Parliament Committee on Economic and Monetary Affairs, ECON－Ausschuss）专门讨论GME事件及其对欧洲市场的影响。ESMA主席Steven Maijoor在会上表示，大量购买股票和看涨期权，加上非常高的空头头寸为GME股价前所未有的价格上涨创造了条件。欧盟证券市场的空头头寸低于美国，只有20家发行人的净空头比例超过10%（最多16%）。这可以有效降低类似GME事件的轧空

---

〔8〕 参见黄世忠、李诗、于骁然：《游戏驿站股票现象的解析与启示——基于行为金融的视角》，载《财会月刊》2021年第5期。

〔9〕 参见上海交通大学上海高级金融学院、上海交通大学中国金融研究院课题组：《游戏驿站Gamestop（GME）事件核心问题分析与评价》，载中国金融研究院网，http://www.cafr.cn/Contents/images/Research/20210209040846.pdf，2022年6月1日访问。

〔10〕 Wind数据库显示，GME股票价格从1月27日的347.5美元跌到了2月19日的40.59美元。

〔11〕 ESMA highlights risks to retail investors of social media driven share trading, available at https://www.esma.europa.eu/press-news/esma-news/esma-highlights-risks-retail-investors-social-media-driven-share-trading, accessed June 1, 2022.

(short squeeze)风险。[12] 2021 年 3 月 17 日,ESMA 在 2021 年第一期的 TRV(trends, risks and vulnerabilities)报告中再次提及了 GME 事件,认为 GME 股票价格异动,最初由散户投资者使用杠杆进行大量购买引发,也因空方和期权承销商的对冲购买而放大,欧洲市场需要关注其他被严重做空的股票或金融产品是否会出现如此脱离经济基本面的价格异常波动。[13]

二、疫情之前欧盟已形成统一的卖空交易监管制度

此轮疫情引发市场波动及个券异动之前,欧盟市场针对卖空交易的监管制度在 2008 年金融危机之后已经构建成形,并在十多年的时间里整体保持稳定。为对比分析疫情以后的改革动向,先梳理回顾欧盟市场的卖空监管制度。

(一)金融危机促进欧盟市场卖空监管协同

2008 年金融危机之后,欧盟各国开始关注卖空监管与政策协同问题。从 2010 年开始,部分成员国陷入主权债务危机引起欧盟市场波动,包括法国、意大利、德国、希腊在内等国家都出台了针对证券卖空的限制性措施,但是由于各国监管政策不同,欧洲金融市场陷入分列,并导致监管套利现象的发生。[14] 为了统一金融市场的卖空监管,欧盟加快推进卖空监管立法,最终于 2012 年颁布了《卖空及信用违约互换监管条例》(SSR Regulation on Short Selling and Certain Aspect of Credit Default Swaps),对于欧盟市场卖空交易进行统一管理。SSR 主要包括

---

〔12〕 See Steven Maijoor, *Introductory statement – ECON Exchange of views in relation to GameStop share trading and related phenomena*, available at https://www. esma. europa. eu/sites/default/files/library/esma22 – 105 – 1307_introductory_statement_on_gamestop_share_trading_ – _steven_maijoor. pdf, accessed June 1, 2022.

〔13〕 See *ESMA Report on Trends*, Risks and Vulnerabilities(TRV)No. 1, 2021, available at https://www. esma. europa. eu/sites/default/files/library/esma50 – 165 – 1524_trv_1_2021. pdf, accessed June 1, 2022.

〔14〕 参见周杰:《金融危机后欧盟“证券卖空”监管立法研究——兼评我国融券卖空法律制度》,载《苏州大学学报(法学版)》2015 年第 1 期。

以下四个方面内容：

一是强调信息披露即卖空交易的透明度。第一章总则之后，SSR第二章就直接规定了净卖空头寸（NSP）透明度要求。卖空头寸的信息披露包括报告监管机构和公开披露两种安排，具体指卖空方净空头头寸达到一定标准后，应该向监管机构报告或向市场公布；向监管机构报告的标准为净空头头寸达到某一股票发行在外股本金额的0.2%，向市场公开的标准为0.5%。同时，达到报告或公布标准后，净空头头寸每往上增加0.1%也应向监管机关报告或向市场公布。

二是原则上禁止"裸卖空"。[15] SSR第三章规定了卖空交易的券源定位规则（locate rule）[16]以及无法交割之后的补券流程。卖空股票需满足以下条件之一：（1）卖空方已经借入股票，或已做出替代性的、能够产生与借入股票相同法律效果的安排；（2）卖空方已经签订了借入股票的协议，或者拥有一项绝对可执行的根据合同法或物权法所产生的请求权，该权利的行使将使得卖空方获得相关股票的所有权；（3）卖空方和第三方之间达成一项定位相关股票的安排足以让卖空方产生到期能够获得相关股票的合理预期。可见，此处规则相较于借到证券才能卖空的绝对禁止"裸卖空"要求有所放松，无法完全避免交割失败的发生。为了防止交割失败的对手方风险传导，SSR第15条规定了中央对手方自动买入证券防止交割失败，以及相应的对于卖空方交

---

〔15〕 按照卖空方在卖出证券时是否真实持有证券为区分，卖空分为有交收保障的卖空和没有交收保障的卖空。前者是指卖空方已经借入证券后再将证券出售，可以确保向买方足额及时交割证券。后者也称"裸卖空"，是指卖空投资者还未借入证券即在市场上挂单出售，待需要交割时从市场上借入证券进行交割。这一交易机制下，容许卖出并不在手的证券理论上卖出数量将不受限制，可能造成市场上卖出申报大增，造成市场抛售假象，引起证券价格滑坡风险。此外，如果卖空方在交割时不能获得证券，或者无法在规定的时间借入证券，就会出现交割失败（fail to deliver）的情况。

〔16〕 定位规则（locate rule），也称禁止无担保卖空规则（rules against uncovered short sales），要求在卖空交易之前明确证券的来源，明确券源"定位"，防止无券卖空。

割失败的惩罚性措施。[17]

三是规定监管例外。SSR 第四章规定了第三国交易以及做市商例外。第 16 条规定，证券在多地上市的情形下，主交易场所外第三国市场针对该股票卖空在很大程度上被豁免 SSR 限制规则。第 18 条规定，做市商在做市活动中的卖空交易在一定程度上也被豁免。

四是明确监管权力。SSR 第五章明确了监管权力，规定异常情况下可以实施卖空禁令。第 20 条规定，当发生严重威胁金融体系稳定以及市场信心的不利事件时，监管机构可以禁止证券卖空交易，或者对证券卖空施加限制性的条件；对于和证券卖空具有相似经济效果的金融衍生品等金融创新交易，监管机构也可以采取禁止或者其他限制措施。

（二）SSR 与 IOSCO 监管原则整体趋同

SSR 的制定颁布与国际层面的卖空监管探索整体同步。国际层面，IOSCO 于 2008 年金融危机之后组织多个地区监管机构研究如何实施卖空监管[18]，并最终提出了四个原则：一是卖空应受到适当的控制。通过可卖空证券范围控制、杠杆比例限制等[19]约束卖空行为，以降低影响金融市场有序，有效运作和稳定的潜在风险。二是卖空方应向市场或市场主管部门及时提供信息报告，提高卖空透明度的水平。三是强调监管执法的重要性，监管机构应具有全面的检查，调查和处置权力。四是允许某些类型交易作为例外，包括善意对冲，做市和套利活

---

〔17〕 SSR 第 15 条明确，在成员方建立的为股票交易提供清算服务的中央对手方应该建立符合下列要求的机制：第一，如果卖空方在结算到期后的四个交易日内，仍然不能交付相应股票，为了保证结算活动的正常进行，清算所将自动启动补购程序；第二，如果购入该股票在客观上不可行，清算所将给予买方与交付日该股股价等同的金钱赔偿，因结算失败给买方带来的任何其他损失也应该同时以金钱方式赔偿；第三，导致交付失败的卖空方将向清算所偿还因上述两项产生的任何损失。

〔18〕 参与的监管机构包括美国、英国、日本、德国、法国、中国香港等国家和地区监管机构。

〔19〕 一些地区（如中国香港）只允许卖空符合某些合格条件的股票（范围限制）；在某些司法管辖区中，要求在将股票卖空之前预先借入股票，而其他司法管辖区（如美国）有“定位”要求（禁止“裸卖空”）。在加拿大、中国香港和日本的卖空活动受价格限制规则等交易管制的约束（交易规则）；在澳大利亚、加拿大、日本和中国香港等司法管辖区，将订单提交到交易所市场执行时，要求卖空的“标记”（信息披露）；在日本等司法管辖区，保证金要求也被用作控制卖空的工具（杠杆控制）；在大多数辖区中，对于在标准结算周期内未交付库存的交易，存在某种形式的强制买入或平仓要求，旨在弥补库存的交付失败（交收安排）。

动等。[20] 可见,其基本逻辑是,在明确的限制性约束和有效的执法之下,对于卖空交易进行监测把握,重视信息披露及透明度以维护市场秩序,并允许监管规则的适当例外情形,如针对做市、对冲等行为予以监管豁免,体现灵活性和包容度。

IOSCO 原则及 SSR 监管逻辑的对比体现出一定的趋同:一是强调信息披露,吸取 2008 年金融危机中监管机构对于市场形势缺乏了解的教训[21],发挥信息披露的市场揭示功能,防止市场无序和恐慌。[22] 二是实施交易约束,原则上禁止"裸卖空",要求一定程度的交割保障。三是明确监管机构的干预权力,作为应对市场波动,维护市场稳定的重要"抓手"。

三、疫情以来欧盟卖空交易监管的改革方向

在经历了 2020 年的市场波动以及关注到美国市场 2021 年的 GME 事件后,ESMA 进行了卖空交易监管方面的梳理,并着手改革。2021 年 5 月 20 日,ESMA 建议欧盟委员会将卖空方向各国监管机构的净空头头寸(NSP)报告门槛从 0.2% 降低至 0.1%[23],便于监管机构及时了解市场情况,提高监管能力。[24] 2021 年 9 月 21 日,ESMA 发

---

〔20〕 由于这些活动通常为市场带来流动性和风险对冲,应考虑在适当情况下为这些活动增加灵活性,豁免规则适用。

〔21〕 参见美国金融危机调查委员会:《美国金融危机调查报告》,俞利军、丁志杰、刘宝成译,中信出版社 2012 年版,第 23 页。

〔22〕 参见罗黎平:《证券卖空交易信息披露及监管问题研究》,中国社会科学出版社 2017 年版,第 35 页。

〔23〕 See ESMA Proposes lowering the reporting threshold for net short position to 0.1% on a permanent basis, available at https://www.esma.europa.eu/press-news/esma-news/esma-proposes-lowering-reporting-threshold-net-short-positions-01-permanent, accessed June 1, 2022.

〔24〕 See Opinion for the adjustment of the threshold for the notification of net short positions in shares set out in Article 5(2) of Regulation (EU) No236/20121 (SSR), available at https://www.esma.europa.eu/sites/default/files/library/esma70-156-4262_opinion_for_the_adjustment_of_the_threshold_set_out_in_article_52_of_ssr_0.pdf, accessed June 1, 2022.

布《关于 SSR 某些方面评估的咨询报告》(*Consultation Paper*:*Review of Certain Aspects of the Short Selling Regulation*,以下简称《咨询报告》),评估了新冠肺炎疫情期间欧盟市场卖空监管措施的影响,并提出了针对 SSR 的多方面修改建议。2022 年 3 月 22 日,经过向市场咨询意见后,ESMA 公布了《关于 SSR 某些方面评估的最终报告》(*Final Report*:*Review of Certain Aspects of the Short Selling Regulation*)。ESMA 在关于此次征求意见及最终报告的说明[25]中指出,其审查和改革主要包括以下三个方面。

(一)对疫情期间采取的紧急措施进行实证分析并对监管机构的干预权力进行解释明确

1.疫情期间的紧急措施并未获得市场认可

ESMA 在咨询报告中对 2020 年疫情期间欧盟成员国卖空禁令的影响进行了实证分析。分析显示,2020 年卖空禁令产生了多重影响,导致市场流动性恶化,但也有助于在市场承压期间防止卖空交易额度持续增加,减少了相关股票的波动性。[26] 因此,ESMA 认为,对卖空交易采取的限制性措施有利于防止市场无序下降,SSR 中有关监管机构的紧急干预措施安排是整体有效的,并应该进行改革完善。

然而,多数回复意见并不认同这一观点,并提供了支持卖空活动的论据,论证卖空交易对市场并无危害[27],进而无须进行限制。也有一些支持者认为,在一般市场环境下,卖空发挥了价格发现的重要作用,但在极端市场条件下,如疫情期间,卖空可能会对股价造成不必要的下行压力。[28],因而确有必要实施限制。ESMA 在最终报告中承认,回复意见

---

〔25〕 See ESMA publishes its final report on the review of the Short Selling Regulation, available at https://www.esma.europa.eu/press-news/esma-news/esma-publishes-its-final-report-review-short-selling-regulation, accessed June 1, 2022.

〔26〕 See *Consultation Paper*: *Review of certain aspects of the Short Selling Regulation*, available at https://www.esma.europa.eu/press-news/consultations/consultation-paper-review-certain-aspects-short-selling-regulation, accessed June 1, 2022.

〔27〕 See *Final Report*: *Review of certain aspects of the Short Selling Regulation*, available at https://www.esma.europa.eu/sites/default/files/library/esma70-448-10_final_report_-_short_selling_regulation_review.pdf, accessed June 1, 2022.

〔28〕 Ibid.

对卖空活动效用和相关卖空禁令的看法大相径庭,无法达成一致。[29]

2. 对于监管干预权力和机制进行解释澄清

考虑到各方观点分歧较大,ESMA 决定维持现有干预机制不作改动,并适当对于部分条文进行解释澄清,从总体上确保各成员国监管机构可以灵活、高效地发布短期和长期卖空禁令,用以应对市场突发状况。干预措施方面,ESMA 明确,在符合 SSR 第 20 条规定的条件下,欧盟成员方监管机构可以采取 SSR 第 20(2)条(a)和(b)点中的一种或两种措施,而不是仅仅只能二选一;干预程序方面, ESMA 明确,与证券流动性关系最密切的欧盟成员方监管机构可以宣布实施该证券的短期卖空禁令,并对所有成员方的卖空交易产生效力,其他成员国无权反对;相应地,宣布短期禁令的成员方应及时通知 ESMA 和所有其他成员,并及时向全市场发布有关短期禁令公告。[30]

此处,ESMA 明确表示,其有关干预措施条文的解释澄清不会从根本上改变目前归属于各成员方监管机构的干预权力,因为它们目前可能已经采取了 SSR 第 20 条规定的两种干预措施;短期禁令有关程序的明确也旨在明确各方权责关系,以便于快速应对市场波动。可见,本次对于紧急措施干预权力的改革规划在争议声中被轻轻带过,并未对于现有机制进行实质性变动,体现了 ESMA 对于市场呼声的重视以及对于行政干预的谨慎态度。

(二)受 GME 事件启发对于防范“裸卖空”的定位规则进行完善

1. ESMA 拟收紧防范“裸卖空”的定位规则

美国 GME 事件也引起了欧盟的关注,与此相关的卖空头寸控制和防止“裸卖空”等也成为其本次改革的重点内容。ESMA 在《咨询报告》第 4 部分建议对 SSR 中净空头头寸(NSP)计算口径、定位规则和监管豁免清单(the list of exempted shares)进行审查和修订。其中,净空头头寸(NSP)计算口径主要讨论认购权是否应纳入测算;监管豁免清单修订主要就虽不在欧盟经济区(EEA)注册发行但是 40% 以上份额在欧盟区域交易的证券不得豁免执行 SSR 规则;而事关防范“裸卖

[29] Ibid.

[30] 同前注[27]。

空”的定位规则因其关系到防范“裸卖空”带来的重复卖空和交割失败，是 ESMA 意欲改革的重点。

ESMA 在《咨询报告》中指出，鉴于“裸卖空”行为放大卖空头寸和导致交割失败的潜在影响，以及美国市场 GME 事件带来的风险警示[31]，完善定位规则至关重要。其具体建议包括三个方面：一是提升 SSR 第 20 条中来自第三方承诺券源的可靠性，要求第三方应考虑到可能的卖出规模，确保（firmly commits）在适当的时候提供足额证券以供卖空方进行交割；二是增加记录义务（record - keeping obligation），要求卖空方将其券源定位安排（arrangements）有关记录保存 5 年，供监管机构的查验监督；三是各成员方构建协同的责任体系（harmonised sanctions），对违反定位规则实施“裸卖空”的行为实施有效制裁和威慑。可见，ESMA 要求更加明确和更为可靠的券源定位之后方可实施卖空，趋向于压缩在取得券源承诺后即实施卖空的弹性，走向更加严格可靠的有充分交割保障的卖空模式。

2. ESMA 在市场反对声中做出妥协

虽然咨询回复意见支持增加卖空方的 5 年数据保存义务，但是大部分意见反对就第三方承诺券源的定位规则进行任何更改。[32] 反对声提出，这相当于限制卖空，此类措施将对整个市场的流动性产生破坏；而且没有看到足够的证据支持这种加强定位规则的必要性。一些回复意见提到了美国证券交易委员会（Securities and Exchange Commission，SEC）关于 GME 事件的报告，指出该报告不建议对美国市场的卖空定位规则进行任何修改[33]，因而欧盟方面也无须自我加压。还有部分人认为，如果定位规则执行不到位导致交割失败，可以实施严

---

〔31〕 ESMA 在《咨询报告》中提出，美国市场上，大量购买所谓的 meme 股票和看涨期权，再加上非常高的空头头寸，为价格急剧上涨创造了条件，导致其中一些股票出现轧空的情形。

〔32〕 See *Final Report*: *Review of certain aspects of the Short Selling Regulation*, available at https://www.esma.europa.eu/sites/default/files/library/esma70 - 448 - 10_final_report_ - _short_selling_regulation_review.pdf, accessed June 1, 2022.

〔33〕 See *Staff Report on Equity and Options Market Structure Conditions in Early 2021*, available at https://www.esma.europa.eu/press - news/consultations/consultation - paper - review - certain - aspects - short - selling - regulation, accessed June 1, 2022.

格的纪律处分进行威慑,进行事后监管。[34]

在一片反对声中,ESMA 最终决定不对现有 SSR 定位规则进行修改,并承认通过执行严格的结算交割纪律及违规处分有利于防范"裸卖空"及违反定位规则的行为。但是,在最终报告中,ESMA 强调了"裸卖空"对于放大卖空交易头寸,以及潜在的交割失败对于市场的危害。相应地,虽然 ESMA 不建议修改 SSR 第 12 条定位规则,但仍然坚持应审查评估欧盟 827/2012 号实施条例第 6 条[35]的规定,确保用来卖空的证券达到"合理预期"和"易于借用或购买"的标准,并加强各成员国监管机构之间的对话,促进该领域的监管协同。[36] 可见,虽然 ESMA 考虑到市场呼声放弃了收紧 SSR 中的定位规则的规划,但依旧在朝着更加彻底的有交收保障的方向努力。

(三)进一步优化信息披露提升市场透明度

自颁布以来,SSR 一贯重视卖空头寸信息披露和市场透明度建设。本轮疫情影响及美国 GME 事件之下,ESMA 就信息披露和市场透明度提出了进一步优化方案。

《咨询报告》第 5 章讨论了空头头寸的披露尺度和披露渠道问题,主要包括以下三个方面:一是是否降低重大头寸的公开披露门槛。[37] ESMA 分析了降低公开披露门槛可能带来卖空方披露成本和其他投资者"搭便车"等问题,认为当前的公布门槛(0.5%)在市场透明度和市场效率之间提供了一个很好的折中方案,并表示欢迎公众提出完善建议及相关考虑依据。二是关于空头头寸信息汇总。ESMA 认为,可以每两周统计并公布每只证券的汇总空头头寸来提升市场透明度。三是

---

[34] See *Final Report*: *Review of certain aspects of the Short Selling Regulation*, available at https://www.esma.europa.eu/sites/default/files/library/esma70-448-10_final_report_-_short_selling_regulation_review.pdf, accessed June 1, 2022.

[35] 欧盟 827/2012 号实施条例是对于 SSR 某些条款的细化规定,其第 6 条规定了对于交易所上市证券进行买空前的具体要求,其中包括卖空前已经实现券源"定位确认"(locate confirmations)。

[36] See *Final Report*: *Review of certain aspects of the Short Selling Regulation*, available at https://www.esma.europa.eu/sites/default/files/library/esma70-448-10_final_report_-_short_selling_regulation_review.pdf, accessed June 1, 2022.

[37] ESMA 在《咨询报告》中表示,有市场主体提出,重大空头头寸公开披露门槛应从当前 SSR 6(2)规定的 0.5% 适当降低,以便公众及时了解重大空头头寸信息。

关于卖空信息的集中通知发布系统(centralized notification and publication system)。ESMA 认为,新冠肺炎疫情暴发和随后的经济波动显示,急需一套统一的信息采集和公布系统提升披露效率。因此,ESMA 提议建立欧盟层面的卖空信息披露系统,相应地,卖空交易相关主体不再需要向各个相关国家监管机构报告卖空信息,可以降低其披露成本,也可以避免成员国监管机构在国家层面重复建设和维护信息披露系统。

市场回复意见整体支持 ESMA 在信息披露方面的规划。关于公开披露门槛,大部分回复意见也不希望降低门槛,支持维持现有的 0.5% 的公开披露标准,这与 ESMA 在《咨询报告》中提出的思路一致。关于汇总每只证券层面的卖空信息以及统一的信息发布系统提议,回复意见也整体表示支持。ESMA 表示将着手这些方面的工作。[38]

四、欧盟卖空交易监管改革动向评述及其启示

新冠肺炎疫情对于欧美证券市场都带来了冲击,不同于 SEC 对于美国市场卖空交易的不干预态度,ESMA 更加积极作为,并提出了整体上支持监管干预、加强交易限制和促进市场透明度的改革建议。此后,由于收到众多反对声,ESMA 不得不放弃了加强监管干预和交易限制的规划,转为更加温和的改革措施。整个过程体现了 ESMA 及时应对市场变化,聆听市场意见,尊重市场规律的改革思维,值得审视、品位与适当借鉴。

(一)监管干预:应有之意且需科学审慎

市场平稳时期,卖空在价格发现与促进流动性方面的价值毋庸置疑,但在市场波动时期,是否引发价格下坠,进而是否应当干预甚至禁止,则是争议颇多。疫情期间,欧盟区域法国、西班牙等国卖空禁令重

---

〔38〕 See *Final Report*: *Review of certain aspects of the Short Selling Regulation*, available at https://www. esma. europa. eu/sites/default/files/library/esma70 - 448 - 10 _ final _ report_ - _short_selling_regulation_review. pdf, accessed June 1, 2022.

出江湖,而美国方面,尽管疫情初期股市经历了较大波动[39],SEC从未禁止卖空。

ESMA原先希望在适当认可干预措施的基础上,对于干预权力进行完善,但由于招致较多反对而在最终减少了提倡监管干预的笔墨。最终的改革安排也仅仅是对于既有规则措施的解释澄清,而没有增加干预权力,较为审慎克制。这也符合SSR第20条确定的干预前提与谨慎态度,一是只有出现了对于金融稳定或市场信心的严重威胁(serious threat)才能进行干预,二是干预措施必须遵循比例原则,不能对于市场效率产生严重危害。可见,监管干预作为市场机制基础上的风控安排,确有必要但也要科学审慎使用。

目前,我国也已经建立了证券价格异常波动禁止卖空机制。2015年《证券公司融资融券业务管理办法》第39条规定,融资融券交易活动出现异常,已经或者可能危及市场稳定,有必要暂停交易的,证券交易所应暂停部分或者全部证券的融资融券交易并公告。相应地,沪深交易所《融资融券交易实施细则》也明确规定,卖空交易出现异常或市场持续大幅波动时,交易所可视情况暂停特定标的证券的融资买入或融券卖出交易,暂停整个市场的融资买入或融券卖出交易以及认为必要的其他措施,并向市场公布。[40] 这一机制的前提条件较为严苛,即异常情况已经或可能危及市场稳定,才进行部分或全部禁止卖空。国内证券发展历史上,未见监管层或沪深交易所公开披露的暂停融资融券记录,足见禁止卖空在我国也是慎之又慎的非常手段。[41]

结合我国市场发展阶段及投资者结构等特点,设置多样化的监管干预措施是有依据的,但应考虑制度科学化、精细化完善。欧盟SSR

---

〔39〕 Wind数据显示,道琼斯指数从2020年2月21日的29,214.67点下跌至3月27日的18,213.65点,跌幅超过1万点。纳斯达克指数从2020年2月21日的9691.95点一路下跌至3月27日的6631.42点,跌幅超过3000点。

〔40〕 《上海证券交易所融资融券交易实施细则》(2019年修订)第53条、《深圳证券交易所融资融券交易实施细则》(2021年修订)第63条。

〔41〕 2015年夏"股灾"期间,出现了一次券商暂停融资业务的情况,中信证券、华泰证券等大型券商宣布"因交易系统技术改造"暂停融券业务。监管机构是否协调了本次业务暂停不得而知。资料来源:《融券改为T+1 多家券商暂停融券》,载新京报电子版,http://epaper.bjnews.com.cn/html/2015-08/05/content_591396.htm。

不仅在第 20 条、第 23 条规定了监管机构的卖空禁令干预权力,也在第 24 条至第 27 条规定了配套约束和评价机制,包括:卖空禁令期限不得长于 3 个月(可以延期),各成员国监管机构必须向市场说明实施卖空禁令的原因及依据,以及 ESMA 对各成员方卖空禁令应该进行评估,并可以进行矫正和干预。相应地,我国相关规则重点强调行政干预或自律监管权力,对于权力约束与配套机制方面考虑不多。本着科学审慎的态度,可以对于卖空禁令等干预措施的期限、监管机构对外公告说明义务,以及干预措施自评估或者主管部门(证监会)评估等方面进行探索和优化,进一步促进干预机制的透明度与合理性。

(二)防范"裸卖空":共识之下的宽严尺度

"裸卖空"带来过度卖空及交割失败风险传导问题。SSR 第 12 条规定了卖空交易的券源定位要求。美国《证券卖空条例》(SHO 条例)203(b)也规定了类似的定位要求:投资者的经纪商在执行卖空申报及卖空交易时,需要有充分的理由明确后续交割环节,投资者可以借到相应证券进行交割。

但是,SSR 和 SHO 条例等规则对于交割保障要求并不够彻底,并不强制要求借入证券才可以卖空,而是要求定位到证券来源或者有借入证券的协议以及类似借入安排。这种折中路线并不能完全防止无券卖空情形的出现,可能会导致重复卖空和头寸失控。但是,这种相对宽松的要求有利于市场主体更加便捷地实施卖空,在"定位到"或者"预期到"证券后就快速实施卖空,有利于抓住市场机会,提高卖空效率,也有利于促进市场流动性与活跃度。此次 ESMA 意欲收紧券源定位规则后由于市场反对而放弃可以看出,欧美监管机构并不是不了解折中做法带来的潜在"裸卖空"和交割风险,而是在市场效率和市场安全方面进行摸索平衡。

相比于欧美市场的折中路线,我国市场融券交易制度体现出了更强的安全观,实施了绝对的防止"裸卖空"策略,即要求借到证转入交易账户之后才可以进行卖空。《证券公司融资融券业务管理办法》第 38 条规定了融券卖空前端检查机制,证券交易所在确保投资者信用交易账户中有足额证券后才能执行卖空指令,从规则上和技术上完全拒绝了"裸卖空"的可能。考虑到我国市场卖空策略的普及程度和仅仅十多年的发展历史与欧美市场百年实践有一定差距,现阶段在牺牲一定市场效率基础上采取绝对禁止“裸卖空”机制也属“严”之有理,无须学习欧美退回到定位规则这一折中路线。

(三)市场透明度:不是披露得越多越好

2008 年金融危机中,监管机构对于市场交易规模缺乏掌控,教训深刻。[42] 为了防止市场无序和恐慌,各国逐渐完善了金融交易的监测监控和信息披露。[43] 信息披露及市场透明度也是 2008 年金融危机后卖空交易监管的重点方向。IOSCO 卖空监管原则强调,卖空方应向市场或主管部门及时提供卖空交易的信息,以实现有效监管,其形式主要有卖空标记(flagging of short sales)和卖空报告(short positions reporting)两种模式,前者是指对于具体卖空交易进行标识,后者则强调对于卖空额度、卖空比例等数据的报告或披露。[44]

目前,美国市场采取的是卖空标记(flagging of short sales)模式,SHO 规则要求投资者向经纪商下单卖出时必须标明卖出申报是普通卖出申报(long),还是卖空申报(short),还是豁免申报(short exempt)。欧盟方面,SSR 实施的是卖空报告(short positions reporting)模式:卖空方净空头头寸达到某一股票发行在外股本金额 0.2% 时,应该向监管机构报告;到达 0.5% 时,应该将空头头寸向市场公开。此次,ESMA 提出的改革方向是对于现有信息披露制度的进一步完善,汇总卖空方的空头头寸后,形成每只证券的卖空头寸信息,有利于了解某一证券的卖空额度和卖空比例;此外,统一的信息发布系统则有利于提高披露效率和方便公众查阅,解决了各成员国之间的信息整合问题。

那么,我们是否要把这些披露方式学习借鉴过来呢?答案:不是多多益善。交易信息披露可以帮助投资者更新自己对于标的证券内在价值的判断,做出正确的交易决策,防止一些投资者利用信息不对称的市

---

〔42〕 参见美国金融危机调查委员会:《美国金融危机调查报告》,俞利军、丁志杰、刘宝成译,中信出版社 2012 年版,第 23 页。

〔43〕 参见罗黎平:《证券卖空交易信息披露及监管问题研究》,中国社会科学出版社 2017 年版,第 35 页。

〔44〕 See *Regulation of short selling*, 2009, available at https://www.iosco.org/library/pubdocs/pdf/IOSCOPD292.pdf, accessed June 1, 2022.

场滥用[45],从而促进市场公平,抑制利用卖空交易进行市场操控。但是,过于细致、海量的卖空信息公开也可能湮没了重要的空头头寸及重度卖空证券披露,或者产生市场"杂音"[46],引发错误解读(problems of interpretation)[47]甚至是市场恐慌。此外,卖空方则希望尽量减少向市场公布其卖空头寸信息,尽量保持其卖空策略不被知晓,防止自己的私有信息丧失优势。[48] 可见,过于严厉的信息披露要求可能会较早地暴露空头的卖空策略,导致空头没有寻找不良信息,而产生利用卖空策略套利的动机,最终影响卖空机制的发挥和导致市场流动性的减少,进而影响卖空制度的生命力。因此,需要设定好空头头寸信息披露的尺度,在促进市场透明与促进投资者实施卖空策略方面达到平衡。

现阶段我国的卖空(融券)交易采用集中授信模式,由获得业务资质的证券公司对客户融券[49]。相应地,形成了以证券公司信息报告为基础的头寸报告制度,并以汇总形式公开披露各证券的卖空信息。因此,目前是围绕每只证券的卖空信息披露,没有专门针对卖空方(主体)的信息披露安排。卖空方的卖空头寸、卖空标的等信息披露可以使知情交易者通过卖空机制将坏消息释放出来,反映市场状态;而非知情交易者通过逐步学习提升投资水平[50],实现价格发现。因此,可考虑实施,规定卖空方的空头头寸达到一定程度后及时向市场公开,但公开披露的披露门槛及披露频次等有待谨慎评估确定。

---

[45] 同上。

[46] 参见袁怀宇:《卖空机制与中国证券市场运行绩效研究》,经济科学出版社2011年版,第61页。

[47] IOSCO, *Regulation of short selling*, 2009, available at https://www.iosco.org/library/pubdocs/pdf/IOSCOPD292.pdf, accessed June 1, 2022.

[48] 参见罗黎平:《证券卖空交易信息披露及监管问题研究》,中国社会科学出版社2017年版,第50页。

[49] 参见陈共炎主编、中国证券投资者保护基金有限责任公司编:《投资者手册 第2辑 3 融资融券》,中国财政经济出版社2010年版,第41~42页。

[50] 参见王攀娜:《卖空机制对分析师行为的影响研究》,经济管理出版社第2019年版,第14页。

五、结语

卖空交易有助于降低证券市场的投机性与波动性,促进价格发现,并有助于放大证券供求,增加市场交易量,从而活跃证券交易,增加市场流动性。[51] 自2010年3月证监会正式推出证券公司融资融券业务试点以来,我国的卖空交易业务已经经历了十多年的探索发展,其市场价值及监管重点也日益清晰。

秉承“严监管”的态度,我国卖空交易以客户—证券公司—证券金融公司为业务链条的集中授信模式已较为成形,配套以交易前端控制严格防范“裸卖空”,从根源上保证了市场有效监管与风险防控。在此基础上,可适当研究借鉴欧盟等成熟市场的改革动向,在提高监管措施科学性,完善市场信息披露,提升市场效率等方面进行适当尝试,以发挥卖空交易的积极价值。

(编辑:宋　澜)

---

〔51〕 参见中国证券业协会编:《融资融券业务知识手册》,中国财政经济出版社2010年版,第5~6页。

【制度研究】

《证券法苑》(2022)
第三十六卷,第486~508页

论美国证券法域外适用的边界及其对中国的启示

李健男[*]　林晓鹏[**]

摘要:2019年修订的中国《证券法》明确了证券法的域外效力,如何把握证券法域外适用的边界已经成为必须面对的现实问题。关于证券法域外适用的边界,美国近九十年的实践积累了丰富的经验和教训,值得梳理和借鉴。在"莫里森案"终审之前,行为标准与效果标准的并行乃至混用导致美国证券法域外适用长期处于边界模糊时代;"莫里森案"确立的交易标准明晰了证券法域外适用的边界,但紧随而来的《多德-弗兰克法案》又引发了激烈的边界之争,争论的焦点集中于交易标准的具体认定、"莫里森案"与《多德-弗兰克法案》之间的关系。美国的理论和司法实践表明,美国正是凭借其对证券法域外适用边界模糊性与明晰性的驾驭能力,行走于证券法域外适用确定性与灵活性之间。中国证券法的域外适用应当在立法上为域外适用的灵活性留足空间,在司法和执法上不断探索域外适用确定性与灵活性的动态平衡。

* 暨南大学法学院教授、法学博士。
** 暨南大学法学院硕士研究生。

关键词：域外适用边界　美国经验　模糊性与明晰性　平衡

一、问题的提出

近年来，随着中美经贸摩擦的不断升级，特朗普政府频频利用“长臂管辖权”和国内法的域外适用打压中国实体和企业。在这一背景下，国内法的域外适用问题成为我国国际法学界和实务界共同关注的重大问题，很多学者对此展开了全面、深入的讨论，并取得了较为丰硕的学术成果。[1] 在顶层设计层面，中共十九届四中全会通过的《中共中央关于坚持和完善中国特色社会主义制度　推进国家治理体系和治理能力现代化若干重大问题的决定》明确提出要加快中国法域外适用的法律体系建设。在立法层面，2019 年修订的《证券法》第 2 条明确了《证券法》的域外效力，为我国证券监督管理部门和司法机关域外适用《证券法》提供了法律依据，这无疑是我国国内法域外适用体系建设中的一大突破。[2]

修改后的《证券法》生效之后不到两个月，在美国纳斯达克上市的瑞幸咖啡自爆财务造假丑闻，被纳斯达克通知必须退市，且很可能面临美国证监会（SEC）和美国公众公司会计监察委员会（PCAOB）的严厉

---

〔1〕 相关研究参见李庆明：《论美国域外管辖：概念、实践及中国因应》，载《国际法研究》2019 年第 3 期；廖诗评：《中国法域外适用法律体系：现状、问题与完善》，载《中国法学》2019 年第 6 期；肖永平：《“长臂管辖权”的法理分析与对策研究》，载《中国法学》2019 年第 6 期；霍政欣：《国内法的域外效力：美国机制、学理解构与中国路径》，载《政法论坛》2020 年第 2 期；宋杰：《进取型管辖权体系的功能及其构建》，载《上海对外经贸大学学报》2020 年第 5 期；韩永红：《美国法域外适用的司法实践及中国应对》，载《环球法律评论》2020 年第 4 期。

〔2〕 《证券法》（2019 年修订）第 2 条第 4 款规定：“在中华人民共和国境外的证券发行和交易活动，扰乱中华人民共和国境内市场秩序，损害境内投资者合法权益的，依照本法有关规定处理并追究法律责任。”在此之前有不少学者主张应赋予《证券法》域外效力，相关的讨论参见邱永红：《证券跨国发行与交易中的若干法律问题》，载《中国法学》1999 年第 6 期；石佳友：《我国证券法的域外效力研究》，载《法律科学（西北政法大学学报）》2014 年第 5 期；杨峰：《我国证券法域外适用制度的构建》，载《法商研究》2016 年第 1 期。

处罚以及投资人的巨额索赔。这一事件对于在美国上市的中概股公司来说,当然不是一件好事,但也给了中国证监会域外适用中国《证券法》一次机会。事实上,中国证监会反应神速,第一时间就对瑞幸咖啡展开了调查,并拟对在美国上市的瑞幸咖啡境内运营主体及相关责任人、协助造假及帮助虚假宣传的多家第三方公司、两家新三板关联公司及相关责任人予以行政处罚。〔3〕 可以想见,随着中国金融市场的进一步开放,我国《证券法》的域外适用将成为中国证监会一项重要职责,同时也将成为中国司法机构面临的一个现实问题。〔4〕

由于国内法的域外适用涉及他国的立法管辖权、司法管辖权和执法管辖权,就不能不顾及国际法以及与相关国家的关系,如何建构和把握域外适用的边界也就成为一个必须慎重考虑的重大问题。美国是国内法域外适用体系最为完备的国家,其证券法的域外适用也已经经历了近九十年的发展历程,在证券法域外适用边界的立法建构和司法实践方面积累了不少经验和教训,对此加以梳理总结,对于我国《证券法》域外适用边界的建构无疑是一项有益的基础性工作。

二、从《证券交易法》到"莫里森案":漫长的边界模糊时代

讨论美国证券法的域外适用,必须回溯到 1934 年美国《证券交易法》(*The Securities Exchange Act of* 1934)。该法第 10(b)条规定"任何人直接或间接利用州际商业手段或工具、利用邮递或利用全国性证券

〔3〕 详见中国证监会 2020 年 7 月 31 日发布的《关于瑞幸咖啡财务造假调查处置工作情况的通报》,http://www.csrc.gov.cn/pub/newsite/zjhxwfb/xwdd/202007/t20200731_380963.html。

〔4〕 2021 年 3 月 16 日,最高人民法院发布了《关于北京金融法院案件管辖的规定》。根据该文件第 2 条的规定,北京金融法院对在我国境外上市的境内公司及境外公司损害境内投资者合法权益的证券、期货纠纷,以及境外其他金融产品和金融服务的提供者损害境内投资者合法权益的金融纠纷,实行跨区域集中管辖。

交易所任何设施"从事的特定证券欺诈行为均属违法。[5] 1942年,SEC根据第10(b)条的授权制定了10(b)-5规则。根据该规则,第10(b)条所指证券欺诈行为具体为:(1)采用任何手段、计划或策略进行欺诈;(2)对某重大事实作任何虚假陈述,或遗漏对于某重大事实的必要陈述,而这些事实在当时的情况下对于确保陈述不具有误导性是必要的;(3)参与任何构成或者可能构成欺诈或欺骗他人的行为、操作或业务活动。[6]

一般认为,《证券交易法》第10(b)条的规定为美国证券法的域外适用奠定了基础。但事实上,对于《证券交易法》是否确定了自身的域外效力问题,在美国法学界是存在争议的,并在争论中形成了肯定说和否定说两派。肯定说的主要理由是:首先,根据《证券交易法》第3(a)(17)条的规定,该法第10(b)条所指的"洲际贸易"(interstate commerce)包括任何外国与任何州之间的交易;其次,该法第10(b)条所指的"任何人"是一个非常广泛的概念。根据该法第30(b)条的规

〔5〕 第10(b)条的原文为:It shall be unlawful for any person, directly or indirectly, by the use of any means or instrumentality of interstate commerce or of the mails, or of any facility of any national securities exchange...(b) To use or employ, in connection with the purchase or sale of any security registered on a national securities exchange or any security not so registered, any manipulative or deceptive device or contrivance in contravention of such rules and regulations as the Commission may prescribe as necessary or appropriate in the public interest or for the protection of investors.

〔6〕 第10(b)-5规则的原文为:It shall be unlawful for any person, directly or indirectly, by the use of any means or instrumentality of interstate commerce, or of the mails or of any facility of any national securities exchange, (a) To employ any device, scheme, or artifice to defraud, (b) To make any untrue statement of a material fact or to omit to state a material fact necessary in order to make the statements made, in the light of the circumstances under which they were made, not misleading, or (c) To engage in any act, practice, or course of business which operates or would operate as a fraud or deceit upon any person, in connection with the purchase or sale of any security.

定,只要其在美国管辖权下从事证券业务,就要受到该法的约束;[7] 最后,自1945年始,美国反垄断领域已经明确承认了反垄断法的域外效力[8],由于证券领域与反垄断领域同样属于经济监管领域,证券法应当与反垄断法在域外效力问题上保持一致。[9] 否定说主要从探究立法者的立法意图这一角度来证成自己的观点,他们认为:当时的国会是不可能预见到金融全球化的蓬勃发展的,国会无意于美国证券法的扩张适用;[10] 同时,在解释国会立法的时候要受到反域外适用推定原则(the presumption against extraterritoriality)和Charming Betsey规则[11]的制约,从《证券交易法》的立法语言看,并没有充分的理由构成这两个规则的例外。[12]

不过,法学界的争论并未妨碍美国的司法实践对《证券交易法》域外效力的肯定。美国法院在《证券交易法》域外适用的实践中,关于美国证券法域外适用的条件,也就是美国证券法域外适用的边界,逐步形

---

〔7〕 第30(b)条的原文为:The provisions of (the Act) or of any rule or regulation thereunder shall not apply to any person insofar as he transacts a business in securities without the jurisdiction of the United States, unless he transacts such business in contravention of such rules and regulations as the Commission may prescribe as necessary or appropriate to prevent the evasion of (the Act). See Norimasa Murano, *Extraterritorial Application of the Antifraud Provisions of the Securities Exchange Act of* 1934, International Tax & Business Lawyer, Vol. 2, No. 2, 1984, pp. 299 - 301.

〔8〕 See U. S. v. Aluminum Co. of America, 148 F. 2d 416 (2d Cir. 1945).

〔9〕 See Hannah L. Buxbaum, *Multinational Class Actions Under Federal Securities Law: Managing Jurisdictional Conflict*, Columbia Journal of Transnational Law, Vol. 46, No. 1, 2007, p. 21.

〔10〕 See Daniel S. Kahn, *The Collapsing Jurisdictional Boundaries of the Antifraud Provisions of the U. S. Securities Laws: The Supreme Court and Congress Ready to Redress Forty Years of Ambiguity*, New York University Journal of Law & Business, Vol. 6, No. 2, 2010, pp. 369 - 370.

〔11〕 Charming Betsey规则是指如果存在对国会法律的其他可能解释,则不得将国会法律解释为与其他国家的法律相抵触。See Murray v. Schooner Charming Bety, 6 US (2 Cranch) 64 (1804).

〔12〕 See David Michaels, *Subject Matter Jurisdiction Over Transnational Securities Fraud: A Suggested Roadmap to the New Standard of Reasonableness*, Cornell Law Review, Vol. 71, No. 4, 1986, pp. 930 - 931; Michael J. Calhoun, *Tension on the High Seas of Transnational Securities Fraud: Broadening the Scope of United States Jurisdiction*, Loyola University Chicago Law Journal, Vol. 30, No. 4, 1999, p. 687.

成了大致两类标准:效果标准(effect test)和行为标准(conduct test)。有意思的是,这两类标准均滥觞于第二巡回上诉法院的判例。该法院在 Schoenbaum v. Firstbrook 案[13]中认为,构成证券法域外适用的前提是对美国的资本市场产生直接(direct)和实质(substantial)的效果,此所谓效果标准;而该法院在 Leasco Data Processing Equipment Corp. v. Maxwell 案[14]中却认为,证券交易主体只有在美国管辖权范围内作出实质性的行为(substantial conduct)时,才受美国证券法的约束,采取的显然是行为标准。在后来的 Bersch v. Drexel Firestone 案[15]和 IIT v. Vencap, Ltd. 案[16]中,第二巡回上诉法院又进一步指出该行为不能仅是具有准备性质的(merely preparatory)[17],可以说这是严格了行为标准的适用条件。如果按照这一裁判思路走下去,美国证券法域外适用的边界将会收缩且变得清晰,从而抑制行政机构域外适用证券法的冲动。

但后来的判例表明,不仅严格的行为标准并没有得到其他法院的认同,而且效果标准的适用条件还得以放宽。在 SEC v. Kasser 案[18]中,第三巡回上诉法院仅根据某些发生在美国境内的"旨在促进证券欺诈"的行为便认定法院具有管辖权,完全忽视了效果标准中的实质性要求,而与之类似的还有第八巡回上诉法院处理的 Continental Grain (Australia) Pty., Ltd. v. Pacific Oilseeds, Inc. 案[19];在 Des Brisay v. Goldfield Corp. 案[20]中,第九巡回上诉法院仅仅根据股票价格的波动即认定对美国证券市场产生了实质性的影响。在宽松的效果标准之下,美国《证券交易法》的域外适用呈现出愈演愈烈的扩张态势。

---

〔13〕 See 405 F. 2d 200 (2d Cir. 1968).

〔14〕 See 468 F. 2d 1326 (2d Cir. 1972).

〔15〕 See 519 F. 2d 974 (2d Cir. 1975).

〔16〕 See 519 F. 2d 1001 (2d Cir. 1975).

〔17〕 例如在 Bersch v. Drexel Firestone 案中,加拿大公司 Drexel Firestone 发布具有误导性的招股说明书,购买该公司股票的美国人和外国人在美国法院就此提起了证券欺诈诉讼。法院认为美国的律师、会计师和承销人参与了招股说明书的准备过程,但这些行为是准备性质的,不足以确保法院行使事项管辖权。

〔18〕 See 548 F. 2d 109 (3d Cir. 1977).

〔19〕 See 592 F. 2d 409 (8th Cir. 1979).

〔20〕 See 549 F. 2d 133 (9th Cir. 1977).

长期以来,美国法院根据行为标准或者效果标准,甚至是两种标准的综合[21]来解释其对案件的事项管辖权(subject matter jurisdiction),从而实现证券法的域外适用。两种标准的并行甚至混用,已经使证券法域外适用的边界变得模糊,而效果标准中衡量效果的"实质性"标准又具有广泛的解释空间,再加上在证券法域外适用领域一直缺乏联邦最高法院的判例指引,美国不同法院在"实质性"的判断方面实际上享有非常大的自由裁量权。所有这些因素的叠加,导致了美国的证券法域外适用长期处于边界模糊时代。换言之,行为标准和效果标准成为美国法院域外适用证券法的灵活性工具。[22]

三、"莫里森案":边界模糊时代的短暂终结

尽管证券法域外适用边界的模糊为美国的证券法域外适用赋予了灵活性,但也引发了两大问题:一是导致"F 立方"诉讼(foreign - cubed litigation)[23]激增,美国司法系统开始不堪重负;二是美国过多地介入"F 立方"诉讼招致了国际社会的不满。为此,美国政府开始寻求证券法的域外适用的退让之道。[24] 正是在这一背景下,2010 年联邦最高法院在 Morrison v. National Australia Bank 一案[25]("莫里森案")中对《证券交易法》的域外适用问题作出了颇具革命性的判决。

---

〔21〕 在 Itoba Ltd. v. Lep Group PLC 案中,第二巡回上诉法院综合运用两个标准解释其具有事项管辖权,从而域外适用了证券法。See 54 F. 3d 118 (2d Cir. 1995).

〔22〕 See Brandy L. Fulkerson, *Extraterritorial Jurisdiction and U. S. Securities Law: Seeking Limits for Application of the* 10(*b*) *and* 10*b* - 5 *Antifraud Provisions*, Kentucky Law Journal, Vol. 92, No. 4, 2003, pp. 1071 - 1073.

〔23〕 所谓的"F 立方"诉讼,是指在外国证券交易所(foreign exchanges)购买证券的外国投资者(foreign investors)在本国法院所提起的针对外国证券发行人(foreign issuers)的诉讼,英文文献中通常称为"foreign - cubed litigation",刘仁山教授将其称为"F 立方"诉讼,本文沿用此称谓。参见刘仁山、李婷:《美国"F 立方"证券欺诈诉讼管辖权规则及其晚近发展》,载《法学家》2012 年第 3 期。

〔24〕 See Elizabeth Cosenza, *Paradise Lost*: 10 (*b*) *after Morrison v National Australia Bank*, Chicago Journal of International Law, Vol. 11, No. 2, 2011, p. 368.

〔25〕 See 561 U. S. 247 (2010).

“莫里森案”中的被告澳大利亚国民银行(National Australia Bank)在美国纽约证券交易所挂牌交易美国存托凭证(ADRs)。Ruselll、Brain、Geraldine 等为代表的澳大利亚人向美国纽约南区地方法院提起诉讼,以澳大利亚国民银行设立在美国的子公司 Homeside 通过错误估价模型对抵押贷款服务费用的现值进行了错误估算因而导致原告方遭受投资损失为由,诉请被告赔偿其投资损失。对于本案,纽约南区地方法院认为,由于是外国行为(而不是美国国内行为)直接造成的损害,原告指控的欺诈行为与美国的联系不足,所以法院对该案缺乏事项管辖权。原告不服纽约南区地方法院的判决向第二巡回上诉法院提起上诉,第二巡回上诉法院最后以被告在美国的行为不满足行为标准的要求为由支持了纽约南区地方法院的判决。[26] 本案至此,尽管两级法院的判决都没有支持原告的诉请,事实上排除了证券法的域外适用,但是,法院是以法院对本案没有事项管辖权作为理据驳回原告诉请的,而我们知道,“长臂管辖权”与国内法的域外适用是两个既有联系但又具有本质区别的概念和问题。质言之,两审法院回避了证券法的域外适用问题。

“莫里森案”之所以后来有机会成为证券法域外适用具有里程碑意义式的判决,在于该案最终能够被联邦最高法院调卷复审。该案的复审不仅使美国证券法域外适用领域终于诞生了联邦最高法院的判决,更重要的是该判决创造性地运用“交易标准”(transaction test)终结了漫长的美国证券法域外适用边界的模糊时代。在判决中,联邦最高法院首先强调,证券法的域外效力问题是一个实体问题(a question of merit),而不是事项管辖权问题(a question of subject matter jurisdiction)。其次,联邦最高法院认为,本案的焦点不在于联邦地区法院与第二巡回上诉法院所一直反复强调的事项管辖权问题,而是原告是否享有《证券交易法》第 10(b)条的诉因(cause of action),即《证券交易法》是否具有域外效力。再次,联邦最高法院依据美国法长期存在的反域外适用推定原则否定其域外效力。根据该原则,国会可以将国内法适用范围扩展到美国境外,但是如果国会对于是否扩展保持沉

[26] See 547 F. 3d 167 (2d Cir. 2008).

默，则存在反域外适用的推定。[27] 联邦最高法院认为，从《证券交易法》的立法用语上看，国会在该问题上保持了沉默（congress silence）。最后，联邦最高法院认为《证券交易法》的立法目的在于规范美国国内的证券交易活动（domestic transactions），因此应当依据证券交易活动是否发生在美国国内为依据决定《证券交易法》是否适用。至此，关于《证券交易法》的域外适用，联邦最高法院通过复审“莫里森案”，提出了一项全新的判断标准，即交易标准。由于交易标准以证券交易活动行为地是否在美国国内作为《证券交易法》适用的依据，从而使得证券法域外适用的边界变得清晰可辨，可以认为该标准完成了对行为标准和效果标准的革命性颠覆，终结了美国证券法域外适用边界的模糊时代。

就在“莫里森案”终审判决作出后一个月，美国国会通过了《华尔街改革与消费者保护法案》（*Dodd Frank Wall Street Reform and Consumer Protection Act*，即《多德 - 弗兰克法案》）。该法案的第929P（b）条对美国证券法的域外管辖问题作出了明确规定：即使有关欺诈行为发生在美国境外，但对美国国内产生了可预见的实质性效果，美国法院对SEC和美国由此提起的诉讼享有管辖权。[28] 由于该条明确了美国法院可以根据效果标准行使域外管辖权，从而为理论界和司法界重新讨论证券法域外适用的边界问题提供了空间，比如《多德 - 弗兰克法案》是否推翻了“莫里森案”的判决？美国证券法域外适用是否重回了边界模糊时代？可见，“莫里森案”确立的证券法域外适用的清晰标准仅仅一个月之后就面临了美国国会立法的挑战，其对边界模糊时

---

〔27〕 See John H. Knox, *A Presumption Against Extrajursidictionality*, American Journal of International Law, Vol. 104, No. 3, 2010, p. 352.

〔28〕 该条原文为：（b） Extraterritorial Jurisdiction – The district courts of the United States and the United States courts of any Territory shall have jurisdiction of an action or proceeding brought or instituted by the Commission or the United States alleging a violation of the antifraud provisions of this title involving—“（1） conduct within the United States that constitutes significant steps in furtherance of the violation, even if the securities transaction occurs outside the United States and involves only foreign investors; or”（2） conduct occurring outside the United States that has a foreseeable substantial effect within the United States.

代的终结注定只是一个“美丽的瞬间”。

四、《多德 - 弗兰克法案》与“莫里森案”的纠缠:边界之争再起

(一)理论上的争论

关于《多德 - 弗兰克法案》究竟有没有推翻“莫里森案”判决,在美国法学界引发了一场激烈讨论。有的学者主张《多德 - 弗兰克法案》显然完全改变了“莫里森案”判决,[29] 主要依据是:首先,第 929P (b) 条的标题就是“联邦证券法反欺诈条款的域外管辖权”,国会赋予证券法域外效力的意图已经十分明显;[30] 其次,在《多德 - 弗兰克法案》制定过程中,该法案主要起草人坎乔斯基(Paul E. Kanjorski)曾指出,该法的主要目的就是要打破反域外适用推定原则。[31] 然而否认《多德 - 弗兰克法案》推翻了“莫里森案”判决的学者认为:《多德 - 弗兰克法案》第 929P (b)条的规定停留在事项管辖权层面,而管辖并不能和域外效力画等号;[32] 该法只赋予 SEC 域外管辖的权力,至少在私人诉讼

---

[29] See Kelley Morris White, *Is Extraterritorial Jurisdiction Still Alive – Determining the Scope of U. S. Extraterritorial Jurisdiction in Securities Cases in the Aftermath of Morrison v. National Australia Bank*, North Carolina Journal of International Law and Commercial Regulation, Vol. 37, No. 4, 2012, pp. 1228 – 1231.

[30] See Richard Painter, *Douglas Dunham and Ellen Quackenbos, When Courts and Congress Don't Say What They Mean: Initial Reactions to Morrison v. National Australia Bank and to the Extraterritorial Jurisdiction Provisions of the Dodd – Frank Act*, Minnesota Journal of International Law, Vol. 20, No. 1, 2011, p. 19.

[31] See 156 CONG. REc. H5233 (June 30, 2010) (statement of Rep. Paul Kanjorski).

[32] See Andrew Rocks, *Whoops – The Imminent Reconciliation of U. S. Securities Laws with International Comity after Morrison v. National Australia Bank and the Drafting Error in the Dodd – Frank Act*, Villanova Law Review, Vol. 56, No. 1, 2011, pp. 188 – 195; Raphael G. Toman, *The Extraterritorial Reach of the U. S. Securities Laws and Non – Conventional Securities: Recent Developments after Morrison and Dodd – Frank*, New York University Journal of Law and Business, Vol. 14, No. 2, 2018, pp. 673 – 675.

方面并没有改变"莫里森案"判决。[33] 还有的学者则认为,《多德-弗兰克法案》与"莫里森案"之间的关系是不明确的,从表面上看第929P(b)的措辞是清晰的,但实际上明确其内在含义是困难的。《多德-弗兰克法案》是否推翻"莫里森案"这一问题只能从司法实践中得出答案,但司法实践还是空白的,因此该问题是悬而未决的。[34]

(二)司法实践的回答

《多德-弗兰克法案》生效之后,美国法院在证券法域外适用问题上便需要同时面对"莫里森案"的判例和国会的立法。尽管"莫里森案"提出了交易标准使证券法的域外适用有了较为清晰的界限,但交易标准如何具体运用、如何处理"莫里森案"与《多德-弗兰克法案》之间的矛盾关系等问题悬而未决。对于这两个问题的回答,在作为判例法国家的美国,最终还得从司法实践中去找寻答案。

1. 关于交易标准的明确

对于何为国内交易这一问题,"莫里森案"只是粗略地将其划分为两类,并没有作进一步的阐释:一类是购买或出售在美国证券交易所上市的证券(the purchase or sale of a security listed on an American stock exchange);另一类是在美国购买或出售证券(purchase or sale in the United States)。对于第一种类型的国内交易,确认难度不大,但第二种类型的国内交易的认定却并非易事。众多美国学者认为,第二种类型的认定是下级法院在解释"莫里森案"时所遇到的最为棘手的几个问题之一。[35] 在以下的判例中,我们可以看到美国的各级法院在细化国内交易认定标准方面所作出的努力。

(1)交易程度问题。首先,相关的证券交易必须达到一定程度才能被认定为国内交易。例如在Plumbers' Union Local No. 12 Pension

〔33〕 See Meny Elgadeh, *Morrison v. National Austl. Bank*: *Life After Dodd - Frank*, Fordham Journal of Corporate and Financial Law, Vol. 16, No. 3, 2011, p. 593.

〔34〕 See Emily R. Christiansen, *Morrison and Dodd - Frank*: *The Impact and Intersection*, Thomas Law Journal, Vol. 8, No. 3, 2011, pp. 535 - 536.

〔35〕 See Eleanor B. Eastham, *Morrison and Cryptocurrencies*: *Is It Time to Revisit the Extraterritorial Application of Rule* 10B - 5?, Georgia Journal of International and Comparative Law, Vol. 48, No. 2, 2020, p. 584.

Fund v. Swiss Reinsurance Co. 案[36]中,纽约南区地方法院认为仅在美国发起交易不足以将交易视为国内交易。该法院指出,虽然在美国境内发出了购买指令,但最终证券是在外国市场销售的,因此不构成国内交易。在 In re Nat'l Century Fin. Enters 案[37]中,俄亥俄州地方法院同样指出,要想构成国内交易,交易的每一个重要步骤都必须发生在美国。

关于交易程度的司法实践,特别要提到 Absolute Activist Value Master Fund Ltd. v. Ficeto 案[38],因为该案对于国内交易究竟要达到何种程度这一问题作出了正面回答。在该案中,第二巡回上诉法院认为,"莫里森案"对于何为国内交易没有作出清晰的界定,因此有必要尝试明确国内交易的定义。该法院抓住交易完成的核心问题,从购买或出售证券所引起的相关主体的权利义务变动的角度,认为只有证券权利发生实质性的转移,才符合"交易"一词的基本定义。基于这一定义,该法院指出,若要构成"莫里森案"所指的国内交易,证券交易当事人必须在美国境内承担不可撤销的责任或转移所有权。在 United States v. Mandell 案[39]中,第七巡回上诉法院同样强调了上述观点。该法院判决,即使美国居民从美国境内通过外汇购买股票(该交易以购买指令或其他方式发起于美国),只要承担不可撤销的责任或转移所有权发生在国外,那么该交易便不符合国内交易的定义。

(2)主观意图问题。针对国内交易的认定是否需要考虑当事人主观上的交易意图这一疑问,第十一巡回上诉法院在 Quail Cruises Ship Mgmt. Ltd. v. Agencia de Viagens CVC Tur Limitada 案[40]中进行了解释。该法院认为,仅凭当事人在美国境内进行证券交易的意图或购买决定作出地在美国,不足以使该交易成为国内交易。在该案中,原告声称交易为国内交易,因为股票转让是根据佛罗里达州法律所规定进行的,并且相关文书是通过美国邮件发送的,这表明原告打算将交易在美

---

〔36〕 See 753 F. Supp. 2d 166 (S. D. N. Y. 2010).

〔37〕 See 846 F. Supp. 2d 828 (S. D. Ohio 2012).

〔38〕 See 677 F. 3d 60 (2d Cir. 2012).

〔39〕 See 833 F. 3d 816 (7th Cir. 2016).

〔40〕 See 645 F. 3d 1307 (11th Cir. 2011).

国进行。但法院认为,原告的意图并没有改变交易地点在国外的事实,该笔交易仍然是一笔国外交易。

(3)交叉上市问题。交叉上市[41]方式是外国公司进入美国资本市场的基本途径之一,目前有548家全球性非美国公司在美国证券交易所交叉上市。[42] 可以认为,外国公司选择在美国交叉上市表明其自愿受到美国证券法相关的规范与约束,服从相关法律机构的监管。[43] 但是,交易标准如何适用于交叉上市交易却是一大难题。

在In re Vivendi Universal, S. A. Securities Litigation案[44]中,纽约南区地方法院对这一难题作出了回答。Vivendi公司同时在纽约证券交易所和外国上市普通股,因此在外国证券市场上出售的Vivendi证券的境内外购买者据此主张交易标准此时已经满足,因为该证券也在美国证券交易所上市。对于原告的主张,法院认为,"没有迹象表明'莫里森案'打算将第10(b)条适用于虽然在国内和国外证券交易所交叉上市,但交易并非发生在美国国内证券交易所的证券。"换言之,如果证券交易是在外国市场进行的,即使这些证券在美国国内交易所上市,第10(b)条仍然不能得以适用,因而原告的主张是没有说服力的。

类似的案件还有Sgalambo v. McKenzie案[45]。该案中的加拿大公司同时在多伦多证券交易所和美国证券交易所上市。原告提出了与前案类似的主张,纽约南区地方法院也认为第10(b)条在此种情况下不能适用。在In re Royal Bank of Scotland Group PLC Securities Litigation案[46]中,纽约南区地方法院进一步指出:"如果仅因为外国公司在美国上市了证券就要求其在外国市场进行的交易也必须遵守美

〔41〕 交叉上市证券是指同时在母国证券交易所和外国证券交易所上市。

〔42〕 See *Global companies cross – listed on U. S. stock exchanges*, stockmarketmba, https://stockmarketmba.com/globalcompaniescrosslistonusexchanges.php, 2021年3月16日访问。

〔43〕 See Yuliya Guseva, *Extraterritoriality of Securities Law Redux: Litigation Five Years after Morrison v. National Australia Bank*, Columbia Business Law Review, Vol. 2017, No. 1, 2017, p. 226.

〔44〕 See 765 F. Supp. 2d 512 (S. D. N. Y. 2011).

〔45〕 See 739 F. Supp. 2d 453 (S. D. N. Y. 2010).

〔46〕 See 765 F. Supp. 2d 327 (S. D. N. Y. 2011).

国证券法,这是与'莫里森案'的精神背道而驰的做法。”法院强调,重点必须放在购买或出售进行的地方,而不是在股票上市的地方。

2.“莫里森案”与《多德-弗兰克法案》关系的明确

“莫里森案”根据反域外适用推定原则明确否定了美国证券法的域外效力,而国会旋即通过了规定SEC具有域外管辖权的《多德-弗兰克法案》。这是否意味着《多德-弗兰克法案》推翻了“莫里森案”判决?如何处理最高院的判决与国会立法的关系?美国的法院在随后的司法实践中呈现相当的踌躇甚至矛盾的状况,但最新的判例则态度坚定。

(1)回避《多德-弗兰克法案》的保守心理。在《多德-弗兰克法案》生效后的初期,美国司法实践在涉及证券法域外效力问题上基本上援用的是“莫里森案”,只有极少数判决提及《多德-弗兰克法案》,并且大多数情况下还是一笔带过的。法院之所以刻意回避《多德-弗兰克法案》,主要原因有二:一是SEC和司法部(department of justice, DOJ)提起的诉讼数量不多,法院完全没有必要自找麻烦去解释《多德-弗兰克法案》;二是交易标准更为清晰,只要法院认定相关交易符合国内交易的特征,证券法自然得以适用,费时费力去解释《多德-弗兰克法案》完全是多此一举。例如在SEC. and Exch. Comm'n v. Credit Bancorp, Ltd. 案[47]中,纽约南区地方法院认定相关交易构成国内交易,便无须涉及《多德-弗兰克法案》的适用问题,而在SEC v. Goldman Sachs & Co. and Fabrice Tourre 案[48]中,纽约南区地方法院更是直接判决“莫里森案”适用于SEC提起的诉讼。也就是说,即使诉讼的一方是SEC,法院仍然恪守“莫里森案”反域外适用推定的基本精神,而置《多德-弗兰克法案》于不顾。可见,在《多德-弗兰克法案》实施的早期阶段,法院对该法案的适用是十分谨慎与保守的。

(2)无法回避《多德-弗兰克法案》时的矛盾心理。随着越来越多的SEC和DOJ提起的证券欺诈案件涌入法院,法院不得不直面《多德-弗兰克法案》的适用问题。在这些案件中,SEC和DOJ通常依据《多

---

〔47〕 See 738 F. Supp. 2d 376 (S. D. N. Y. 2010).

〔48〕 See 790 F. Supp. 2d 147 (S. D. N. Y. 2011).

德－弗兰克法案》所赋予的行为标准或效果标准决定证券法的域外适用，法院再想回避几无可能，转而开始直接回应。在 United States v. Coffman 案〔49〕中，肯塔基州地方法院承认《多德－弗兰克法案》扩大了反欺诈条款的管辖范围。法院进一步指出，即便相关交易不满足交易标准，该法依然具有适用的可能。这就表明，至少在 SEC 或 DOJ 提起的诉讼中是不能无视《多德－弗兰克法案》的，否则国会的立法权威就荡然无存。问题在于如何理解《多德－弗兰克法案》的含义和如何协调《多德－弗兰克法案》与“莫里森案”的关系。在随后的案件中，法院尝试就《多德－弗兰克法案》与“莫里森案”之间的关系加以解释。

在 SEC v. Chi. Convention Ctr., LLC. 案〔50〕中，伊利诺伊州北区地方法院讨论了《多德－弗兰克法案》的适用问题。在该案中，SEC 指控被告以欺诈方式将价值数百万美元的证券出售给了 250 多名希望通过投资获得美国国籍的中国公民投资者。被告认为，根据“莫里森案”的交易标准，该案涉及的交易不构成国内交易，因此 SEC 的指控不成立。SEC 则提出《多德－弗兰克法案》已经恢复了行为标准或效果标准的反驳意见。法院认为，《证券交易法》第 10(b)条的含义“表面上是清楚的”(clear on its face)，且该条安排在《证券交易法》有关管辖权的部分，法院据此承认在事项管辖权方面，法院有权管辖 SEC 提起的涉外证券欺诈纠纷。法院随后仔细研究了《多德－弗兰克法案》第 929P(b)条的立法史，并承认它显然打算恢复之前的行为标准或效果标准，但法院仍然不能肯定这一立法史是否足以突破其仅赋予事项管辖权的字面含义。法院止步于承认《多德－弗兰克法案》与“莫里森案”的关系问题是“复杂的解释问题”(complex interpretation issue)，迟迟不敢给出最终性的结论。最终法院还是选择适用交易标准认定相关行为符合国内交易的特征，从而在结果上避免了在“莫里森案”和《多德－弗兰克法案》之间作出选择的矛盾。该法院在 SEC v. Battoo 案〔51〕中对《多德－弗兰克法案》的讨论也凸显了这种矛盾心态。法院

〔49〕 See 771 F. Supp. 2d 735 (E.D. Ky. 2011).

〔50〕 See 961 F. Supp. 2d 905 (N.D. Ill. 2013).

〔51〕 See 158 F. Supp. 3d 676 (N.D. Ill. 2016).

对其得出的"《多德－弗兰克法案》推翻了'莫里森案'判决"的结论表示不安。最后，法院以有关行为发生在《多德－弗兰克法案》颁布前，《多德－弗兰克法案》因而无追溯力为由再次成功回避了这一矛盾。

（3）晚近判决的坚定立场。法院的矛盾态度使得《多德－弗兰克法案》实施多年之后，在 SEC 或 DOJ 提起的证券诉讼中，证券法域外适用的边界仍然处于不确定状态，直到 2019 年第十巡回法院对 SEC v. Traffic Monsoon 案〔52〕判决的作出。

2017 年，SEC 在犹他州地方法院对 Traffic Monsoon 公司（互联网广告公司）提起诉讼，指控该公司的活动违反了《证券交易法》第 10（b）条及 SEC 的 10（b）－5 规则。Traffic Monsoon 公司辩称，90％的客户是通过互联网购买其证券的，并且这些客户在购买时都位于美国境外，因此这些交易主要是国外交易。显然，Traffic Monsoon 公司认为应当适用交易标准。SEC 对此的回应是，《多德－弗兰克法案》的表述和立法史证明国会打算恢复此前的行为—效果标准。而根据行为—效果标准，Traffic Monsoon 公司的创建、管理投资计划的行为发生在美国，因此应当适用第 10（b）条和 10（b）－5 规则。法院同意 SEC 的主张，判决在 SEC 或 DOJ 提起的诉讼中，《多德－弗兰克法案》的行为—效果标准取代了"莫里森案"的交易标准。

法院认为，第 929P（b）条是在"莫里森案"之前起草的，当时许多法院广泛采用了行为标准与效果标准，《多德－弗兰克法案》只是将已经普遍存在的标准编纂成为法律。在法案快要通过之时联邦最高法院就"莫里森案"作出判决，此时要求立法者在最后确定法案内容时去考虑"莫里森案"判决无疑是"要求一艘即将起航的战舰打开一角以收回掉落在外的救生衣"。因此，"莫里森案"完全不影响《多德－弗兰克法案》的立法本意，立法者已经十分清晰地表达了他们的立法目的，即将广泛存在的行为—效果标准编纂为法律。2019 年 1 月，第十巡回上诉法院判决维持犹他州地方法院的判决。〔53〕在判决中，第十巡回上诉法院再次强调，国会立法的历史资料已经清晰地显示立法者在 SEC 和

〔52〕 See 245 F. Supp. 3d 1275 (D. Utah 2017).

〔53〕 See No. 17－4059 (10th Cir. 2019).

DOJ 提起的诉讼中适用行为—效果标准的立法意图。

尽管 SEC v. Traffic Monsoon 案这一单个案件并不能代表美国司法实践的倾向,但如果把该案与上述案件结合起来综合考察,大致上还是可以归纳出目前美国的司法实践有关"莫里森案"与《多德 - 弗兰克法案》之间关系的基本倾向:在私人提起的证券诉讼中,法院仍然遵循"莫里森案"提出的交易标准判断证券法域外适用;在 SEC 和 DOJ 提起的公权力诉讼中,法院首先判断相关行为是否符合交易标准中的国内交易定义,如果构成国内交易就可以回避《多德 - 弗兰克法案》的适用,如果不符合国内交易定义,法院就可能依据《多德 - 弗兰克法案》恢复适用行为—效果标准判断证券法的域外适用。总之,《多德 - 弗兰克法案》的实施,使得美国法院在证券法域外适用方面更具灵活性,而这种灵活性往往会导致美国证券法域外适用的扩张。

五、基本经验:行走于确定性与灵活性之间

通过梳理美国证券法域外适用的理论和司法实践,可以发现,美国凭借其丰富的实践经验和深入的理论探讨,巧妙地行走于域外适用的确定性与灵活性之间。这种确定性和灵活性之间的巧妙平衡得益于美国对于证券法域外适用边界的模糊性和明晰性的驾驭能力。

(一)边界的明晰化是美国证券法域外适用发展的基本走向

美国近九十年的证券法域外适用历史经验告诉我们,只有保证证券法域外适用边界一定程度的清晰,证券法域外适用体系才不至于崩溃。如果固守过往边界模糊的行为—效果标准,想要进入美国资本市场的外国主体会面临严重的不确定性问题,最终只会在美国资本市场门口徘徊不前。[54] 更为可怕的是,模糊的边界必然导致域外适用毫无

---

[54] See Stephen J. Choi and Linda J. Silberman, *Transnational Litigation and Global Securities Class Actions*, Wisconsin Law Review, Vol. 2009, No. 2, 2009, p. 473.

目的地扩张，引发与其他国家的管辖权冲突，[55] 特别是当其他国家将被域外适用的情形视为“屈辱的象征”时，此种管辖权冲突更为激烈。[56] 这样，不确定性与管辖权冲突两大问题的反复累积会使美国证券法域外适用体系的正当性不断受到质疑，从而导致美国证券法的域外适用难以为继。

“莫里森案”之所以是“革命性”的，不单是因为它表达了美国在证券法域外适用方面的收缩姿态，更为重要的是它标志着美国证券法域外适用边界明晰化进程中的一次飞跃。证券法的域外适用从此有了基本清晰的边界，大大消除了行为—效果标准带来的不确定性弊端。[57] 有的学者认为交易标准的采用对于美国来说是“自缚手脚”的，边界清晰的域外适用反而弱化了美国管辖涉外证券欺诈案件的能力。[58] 但在我们看来，这种观点即便在某种意义上是成立的，但至少是短视的。这是因为：首先，交易标准是否在现实中弱化了美国相应的管辖能力还有待进一步考证，因为有实证研究表明“莫里森案”并没有显著改变涉及外国主体的诉讼类型，美国在管辖涉外证券欺诈案件的能力并没有被削弱。[59] 其次，即使美国管辖涉外证券欺诈案件的能力被削弱了，也是美国对证券法域外适用的自我合理约束，这种自我约束有助于美国证券法域外适用体系获得正当性支撑。相反，模糊的域外适用边界虽然能够在一时扩大美国的管辖能力，但从长远来看会侵蚀美国证券法域外适用的正当性。最后，有实证研究也证明了清晰边界带来的积

---

〔55〕 See Howell E. Jackson, *Variation in the Intensity of Financial Regulation: Preliminary Evidence and Potential Implications*, Yale Journal on Regulation, Vol. 24, No. 2, 2007, pp. 253 - 292.

〔56〕 See Kenneth W. Dam, *Extraterritoriality and Conflicts of Jurisdiction*, American Society of International Law Proceedings, Vol. 7, 1983, p. 371.

〔57〕 See Merritt B. Fox, *Securities Class Actions Against Foreign Issuers*, Stanford Law Review, Vol. 64, No. 5, 2012, p. 1177.

〔58〕 See Joseph Grundfest, *Morrison, the Restricted Scope of Securities Act Section* Ⅱ *Liability, and Prospects for Regulatory Reform*, Journal of Corporation Law, Vol. 41, No. 1, 2015, p. 20.

〔59〕 See Robert Bartlett, Matthew D. Cain, Jill E. Fisch and Steven Davidoff Solomon, *The Myth of Morrison: Securities Fraud Litigation against Foreign Issuers*, Business Lawyer, Vol. 74, No. 4, 2019, pp. 967 - 969.

极效果。有学者从实证角度研究了“莫里森案”对外国投资者交易行为产生的影响。研究表明,“莫里森案”对在美国交叉上市的外国公司股票产生了正效应。[60]

(二)边界的模糊性是确保美国证券法域外适用灵活性的有效工具

美国证券法域外适用的历史表明,正是边界模糊地带的始终存在和适时调整,使得美国能够在证券法域外适用方面因时而变,并在保护本国金融市场安全与尊重他国主权权威两者之间维持一种动态的平衡。如何建构证券法域外适用边界的模糊地带并在实践中适时调整,从而使得证券法域外适用在确定性和灵活性之间保持适当的比例关系,可以说这就是美国在证券法域外适用边界方面的最基本、最核心的经验。透过前文有关美国证券法适用边界问题的理论和司法实践的梳理,我们认为,美国的经验建立在以下三大基础之上。

1.“三权分立”的治理机构

反域外适用推定原则是确定联邦法规适用范围的主要工具。[61]在美国“三权分立”的治理机构之下,美国可以借助反域外适用推定原则将证券法域外适用的边界问题内化为“三权分立”的权力制约问题,再通过权力的相互制约实现边界模糊的适时调整。根据反域外适用推定原则,除非有相反意图,否则国会立法仅在美国领土管辖范围内适用。可见,该原则确实对法院解释立法活动起到一定的制约作用,而且美国在该原则的解释上也不断加以完善,[62]但立法意图的解释是一个十分复杂的问题,美国法院仍然可以通过对立法意图的解释不时拓展或限缩域外适用的边界。

[60] See Louis Gagnon and George Andrew Karolyi, *An Unexpected Test of the Bonding Hypothesis*, Review of Corporate Finance Studies, Vol. 7, 2018, pp. 101 – 156.

[61] See William S. Dodge, *The Presumption Against Extraterritoriality in Two Steps*, American Journal of International Law Unbound, Vol. 110, 2016 – 2017, pp. 45 – 50.

[62] 例如在 R. JR Nabisco, Inc. v. European Community 案和 WesternGeco LLC v. ION Geophysical Corp. 案中,法院提出以 focus 标准约束解释立法意图活动。See Kyle A. Mason, *The Presumption against Extra (subjective) Territoriality: Morrison's Confounding Focus Test*, Review of Litigation, Vol. 38, No. 3, 2019, pp. 385 – 416.

2. 强大的国际法解释能力

当法律的属地原则与全球化的现代格格不入，显得有些“古老”之际，[63] 美国率先运用效果原则对严格的属地原则进行改造，促使效果原则在国内证券法、反垄断法等领域得到广泛运用，并得到了其他国家的认可与仿效；[64] 而在不断扩张的域外适用显得进攻性十足的时候，美国又主动革新发端于欧陆的礼让学说，运用礼让原则约束域外适用。[65] 效果原则赋予美国域外适用扩张的能力，礼让原则又能保证其收缩自如，而这都是建立在美国强大的国际法解释能力之上的。美国通过对国际法的主动解释使模糊地带的界限灵活变动，既扩张了美国证券法的域外适用，又能将这种域外适用限制在不至于使美国与相关国家的关系彻底破裂的范围之内。

3. 完善的域外适用实践和理论的支撑

一方面，美国在反垄断法、刑法等领域的域外适用实践十分丰富[66]，已经形成了完备的域外适用体系，为后来的证券法域外适用边

---

〔63〕 See Paul Schiff Berman, *Global Legal Pluralism*, Southern California Law Review, Vol. 80, No. 6, 2007, pp. 1230 - 1231.

〔64〕 See Austen Parrish, *The Effects Test: Extraterritoriality's Fifth Business*, Vanderbilt Law Review, Vol. 61, No. 5, 2008, pp. 1470 - 1476; Yaad Rotem, *Economic Regulation and the Presumption against Extraterritoriality - A New Justification*, William & Mary Policy Review, Vol. 3, No. 2, 2012, pp. 249 - 252.

〔65〕 美国司法中对礼让进行了详细的讨论，例如 1964 年的 Banco Nacional de Cuba v. Sabbatino 案认为礼让是一种避免与外交关系管理发生冲突的机制；1974 年的 Scherk v. Alberto - Culver Co. 案认为礼让是为了国际贸易的利益而保护当事方期望的一种手段；1985 年的 Mitsubishi Motors Corp. v. Soler Chrysler - Plymouth Inc. 案认为礼让是尊重外国主权的标志。美国对于礼让原则的完全改造见于美国对外关系法第三次重述[The Restatement of Foreign Relations Law of the United States (Third)]，美国将礼让原则的运用建构在利益分析方法之上，由此完成了礼让原则的美国版本。See Joel R. Paul, *Comity in International Law*, Harvard International Law Journal, Vol. 32, No. 1, 1991, pp. 1 - 80.

〔66〕 关于反垄断法的域外适用，see Daniel Lim, *State Interest as the Main Impetus for U. S. Antitrust Extraterritorial Jurisdiction: Restraint through Prescriptive Comity*, Emory International Law Review, Vol. 31, No. 3, 2017, pp. 415 - 448。关于刑法的域外适用，see Dan E. Stigall, *International Law and Limitations on the Exercise of Extraterritorial Jurisdiction in U. S. Domestic Law*, Hastings International and Comparative Law Review, Vol. 35, No. 2, 2012, pp. 323 - 382。

界的建构提供了丰富的经验和素材;另一方面,美国的国内法域外适用体系理论很完备,为证券法域外适用边界的建构提供了有力的智力支撑。学者们通过提出诸如"司法普遍主义"、"司法属地主义"和"司法利益平衡主义"等不同学说对国内法域外适用展开深入的探讨。[67] 不仅如此,有关理论已经发展到从宪法层面讨论域外效力的限制框架。[68] 总之,美国完备的域外适用实践和理论为证券法域外适用边界模糊地带的建构提供了强有力的支撑。

六、对中国的启示:把握确定性与灵活性之间的动态平衡

近年来,尽管中国对外开放的国际环境发生了深刻的变化,但中国不仅没有停止反而加快了对外开放的步伐。特别是中国金融的对外开放,自习近平主席在博鳌亚洲论坛2018年年会开幕式主旨演讲中宣布扩大开放的重大举措以来,更是进入了"快车道"。随着我国金融市场与国际金融市场日益融合,中国金融主权、安全和发展利益势必越来越容易受到域外行为的冲击,客观上需要加速构建金融法域外适用法律机制。就证券法域外适用来说,尽管我国2019年修订的《证券法》第2条第4款明确了证券法的域外效力,但是迄今为止,我国还没有真正意义上的证券法域外适用的司法和执法实践。可以说,在证券法域外适用领域,我们还是一名"实习生"。所以,借鉴在证券法域外适用领域有着近90年实践的美国的经验和教训,是我们从"实习生"快速成长为"行家里手"的理性选择。如前文所述,通过调和证券法域外适用边界的明晰性和模糊性,从而实现证券法域外适用确定性与灵活性之平衡,是美国的核心经验。我们认为,在"中国处于近代以来最好的发展

---

〔67〕 See Jeffrey A. Meyer, *Dual Illegality and Geoambiguous Law: A New Rule for Extraterritorial Application of U. S. Law*, Minnesota Law Review, Vol. 95, No. 1, 2010, pp. 114 – 119.

〔68〕 See Anthony J. Colangelo, *Constitutional Limits on Extraterritorial Jurisdiction: Terrorism and the Intersection of National and International Law*, Harvard International Law Journal, Vol. 48, No. 1, 2007, pp. 121 – 202.

时期,世界处于百年未有之大变局”这一时代背景之下,中国证券法域外适用的实践,应该立足于中国发展与世界大变局的交互激荡的动态变化,不断调整和探索。在这一过程中,我们应当学习与借鉴美国有关证券法域外适用边界构建之经验,发挥中国政治和司法体制的制度性优势,实现证券法域外适用确定性和灵活性之间更高水平的动态平衡,从而达到既能有效保护我国金融市场的稳定、维护我国境内投资者合法权益,又能避免与他国形成管辖权的剧烈冲突、损害我国作为“人类命运共同体”倡导者的良好形象的目的。

(一)立法:为域外适用的灵活性留足空间

如前文所述,美国《证券交易法》并没有明确规定其自身的域外适用效力,而对国会立法的解释又受到反域外适用推定规则的限制,以至于美国《证券交易法》自身是否可以域外适用,在美国法学界是存在争议的。即便次贷危机后美国国会颁布的《多德 - 弗兰克法案》对证券法的域外管辖问题作出了明确规定,但依然有学者认为《多德 - 弗兰克法案》明确的只是事项管辖权而非域外效力。可见,在美国,由于其两党政治的固有局限性,有关证券法域外适用的立法,始终难以形成明晰的立法意志。

反观中国《证券法》第 2 条第 4 款,该款赋予《证券法》域外适用效力的意思表示则非常明确。根据该款规定,可以适用中国证券法对在中国境外发生的“扰乱中华人民共和国境内市场秩序”“损害境内投资者合法权益”的证券发行和交易活动进行处理。同时,该款还明确了域外适用的“效果标准”。应该承认,就证券法域外适用的边界来说,“扰乱中华人民共和国境内市场秩序,损害境内投资者合法权益”这一效果标准是宽泛的、模糊的,在司法和执法实践中可能会导致证券法域外适用的扩张冲动,进而对外国投资者合理预期的形成和我国金融市场的对外开放产生负面影响。但是,由于当今世界正处于百年未有的大变局之中,我们需要在证券法域外适用领域保留足够的空间和灵活性,《证券法》第 2 条第 4 款采纳的“效果标准”恰恰能够满足这一需要。至于“效果标准”可能存在的负面影响,可以通过发挥我国的制度性优势,在证券法域外适用的司法和执法实践中加以解决。

(二)司法和执法:探索域外适用确定性与灵活性的动态平衡

美国是一个“三权分立”的联邦制、判例法国家,美国证券法域外适用边界的明晰性与模糊性,以及由此带来的域外适用的明确性与灵活性,不得不在立法与司法之间、州地方法院与联邦法院之间、不同联邦法院相互之间的不断纠缠中寻找平衡。尽管美国确实做到了在证券法域外适用方面因时而变,并在保护本国金融市场安全与尊重他国主权权威两者之间维持一种动态的平衡,但这种平衡的取得显然付出了较大的纠缠成本和时间成本。

中国是单一制成文法国家,全国人民代表大会是最高的权力机关,行政机关、司法机关均由人民代表大会产生并对其负责,这种议政合一的政治制度和单一制的国体在立法、司法和行政之间的协调方面显然优于美国体制。我国证券法的域外适用的边界以及与此相关的明确性和灵活性的此消彼长,应该充分发挥我国国体和政体的优越性:首先,立法、司法和执法可以相互协调,形成合力,确保我国证券法域外适用符合中国的主权、安全和发展利益;其次,司法和执法实践应该充分利用立法赋予证券法域外适用的灵活性,根据中国发展和世界格局的变化,适时调整域外适用的边界,并通过最高人民法院类案指导制度加以实施;再次,司法和执法实践中,对于一些原本可以域外适用的情形,也可以根据中国发展、世界格局的变化以及中国与他国的双边关系,相机决策是否域外适用;最后,在平衡域外适用的确定性和灵活性的实践中,要善于运用国际社会公认的法律原则,比如国家主权原则、国际礼让原则、对等原则等,确保我国证券法的域外适用建立在国际法治基础之上。

(编辑:吴紫君)

《证券法苑》(2022)
第三十六卷,第509~529页

战略投资者的定位、功能与监管约束

——兼评上市公司再融资《“战投”监管问答》

赵洪春*

摘要:战略投资者是在相关行业或者同行业具有较强战略资源,谋求与上市公司之间的长期共同战略利益,愿意长期持有上市公司较大比例股份,帮助上市公司显著提高内在价值以及公司质量的投资者。上市公司向特定对象发行股票、引入战略投资者,是战略投资者参与上市公司治理的最常见方式之一。自2020年2月证监会发布再融资《“战投”监管问答》以来,上市公司以向特定对象发行股票的方式成功引入战略投资者的案例屈指可数,反映出制度承载功能尚未充分发挥。建议提升对战略投资者认定的包容性,提高对战略投资者锁定期要求,明确战略投资者持有股份的最小比例,完善对定价定增发行后的持续监管,以期更好发挥战略投资者的制度功能。

关键词:战略投资者　再融资　非公开发行　证券监管

* 华东政法大学博士研究生。

引　言

2020年2月14日,证监会发布《上市公司再融资制度部分条款调整涉及的相关规则》(以下简称《再融资新规》),对上市公司再融资的部分规则进行调整适用,大幅放宽了上市公司再融资的发行条件。[1]《再融资新规》发布后,上市公司申请再融资意愿强烈,短短1个月时间内先后有130余家公司发布再融资预案,其中50家公司拟通过非公开发行股票中的定价定增方式引入战略投资者。以高瓴资本入股凯莱英为代表,多家上市公司在发布引入战略投资者的预案后,公司股价短期内出现大幅上涨,引起市场关注。同时,部分机构投资者假借战略投资者之名,行投机炒作套利之实,很快引起了监管机构的注意。

2020年3月20日,证监会发布《发行监管问答——关于上市公司非公开发行股票引入战略投资者有关事项的监管要求》(以下简称《"战投"监管问答》),提高对战略投资者的认定标准,严格审核尺度,重新给刚出不到一个月的新规打上"补丁"。短时间内,诸如凯莱英(拟引入高瓴资本)、帝欧家居(拟引入碧桂园创投)、掌阅科技(拟引入百度旗下投资主体)等企业纷纷撤回申请文件或修改发行方案,导致战略投资者通过再融资方式参与上市公司治理出现"急刹车"和"速冻"问题。由于没有配套推出便利融资的措施,《"战投"监管问答》发布两年来,成功适用的公司屈指可数,截至2022年3月底,仅宁波港、德邦股份、先导智能、国轩高科、中持股份等5家公司。战略投资者,在股东资源的投入、嫁接、整合中,扮演着不可替代的角色,战略投资者身

---

〔1〕 本次修订的核心内容包括:一是允许战略投资者将定价基准日设定为非公开发行股票的董事会决议公告日、股东大会决议公告日或者发行期首日,不再将发行期首日作为非公开发行股票的唯一选择,可以提前实现"锁价"目标;二是将发行价格不低于定价基准日20个交易日公司股票均价的9折改为8折,定价折扣力度更大,打破了上市公司非公开发行长期以来的"九折定律";三是锁定期由36个月和12个月分别缩短至18个月和6个月,且不适用减持规则的相关限制,提高了参与认购股份的流动性。

份适用的受限，在一定程度上使战略投资者通过非公开发行股票中的定价定增方式进入上市公司的独特优势无从发挥，制度承载的功能丧失。

《“战投”监管问答》的推出与实施，实际上是近年来境内资本市场对战略投资者监管的一个缩影。本文以再融资《“战投”监管问答》发布两年来的实施情况为切入点，重新梳理战略投资者的功能和定位，聚焦战略投资者的身份认定以及监管导向，立足以信息披露为核心的注册制改革理念，进一步提出完善再融资中战略投资者监管的政策建议。

一、战略投资者是提升上市公司价值的重要力量

（一）战略投资者的内涵与功能作用

1999 年 7 月，证监会发布《关于进一步完善股票发行方式的通知》（证监发行字〔1999〕94 号）（已失效），其首次提到“战略投资者”的概念。根据该通知，与发行公司业务联系紧密且欲长期持有发行公司股票的法人，称为战略投资者。战略投资者应当符合一定的要求，包括战略投资者应与发行公司订立配售协议并约定其持股时间不得少于 6 个月，应当对战略投资者的主要持股情况及其股权变更情况进行及时信息披露等。2005 年 12 月，商务部和证监会联合五部委共同发布《外国投资者对上市公司战略投资管理办法》（已被修改），规范股权分置改革后外国投资者对 A 股上市公司进行战略投资，再次对“战略投资”进行了明确，即战略投资是指外国投资者对已完成股权分置改革的上市公司和股权分置改革后新上市的公司通过具有一定规模的中长期战略性并购投资。2020 年 2 月，证监会《“战投”监管问答》的发布，更进一步对“战略投资者”的定义进行了明确，即战略投资者是指具有同行业或相关行业较强的重要战略性资源，与上市公司谋求双方协调互补的长期共同战略利益，愿意长期持有上市公司较大比例股份，愿意并且有能力认真履行相应职责，委派董事实际参与公司治理，提升上市公司治理水平，帮助上市公司显著提高公司质量和内在价值，具有良好诚信记录，最近三年未受到证监会行政处罚或被追究刑事责任的投资者。相

较于前述规则,本次战略投资者的内涵更为丰富,不仅要求战略投资者具备战略性资源、愿意长期持有公司股份、持有较大比例股份,还要求委派董事参与公司治理且满足合规性要求。

境内外学者对"战略投资者"的内涵外延也作了深入分析研究。如 Barclay 认为,战略投资者是指以谋求长期战略利益为目的,与被投资方的重要业务拓展有密切联系且拥有促进被投资方业务发展的实力、持股量较大且长期持有并积极参与公司治理的投资者。[2] 王斌等认为,在公司上市后,公司面临资源不足,需要通过股权再融资等吸引股东加入时,那些拥有独特战略资源,能够产生战略整合与资源互补、谋求协同发展的投资者就是该阶段公司的战略投资者。[3] 刘凤元等认为,战略投资者指的是与商业企业具有战略合作关系或者能够为企业提供战略支撑的投资者。[4] 邸丛枝等通过对中粮资本引入战略投资者的效果分析后指出,引入战略投资者,不仅要考虑战略投资者的资金实力,更重要的是战略投资者与企业的战略相匹配,其业务发展模式、经营管理方式、客户资源和市场渠道等方面能对混改企业的经营发展带来积极影响。[5] 张继德等通过对中国联通混合所有制改革的分析后认为,向民企战略投资者非公开发行股票会稀释国有资本控股比例,分散股权结构,有利于同民营资本进行融合并相互制衡,进而提高公司治理效率。[6]

综合目前学界和实务界对战略投资者的界定来看,战略投资者呈现如下共同特征:第一,战略投资者应当具有一种或多种明显的优势资源,比如资金、技术、市场、经验等,能够对被投资公司业务拓展或综合

〔2〕 Michael J. Barclay and Clifford G. Holderness, *Negotiated Block Trades and Corporate Control*, The Journal of Finance, Vol. 46, No. 3; Papers and Proceedings, Fiftieth Annual Meeting, American Finance Association, Washington, D. C., December 28 – 30, 1990 (July, 1991), pp. 861 – 878.

〔3〕 王斌、刘一寒:《论战略投资者》,载《财务研究》2021 年第 5 期。

〔4〕 刘凤元、屈颜:《基石投资者制度——基于 A 股市场的研究》,载《西南金融》2021 年第 5 期。

〔5〕 邸丛枝、庞晴、张梅:《"引入战略投资者 + 整体借壳上市"两阶段混改的路径与效果研究——以中粮资本为例》,载《财会通讯》2022 年第 6 期。

〔6〕 张继德、刘素含:《从中国联通混合所有制改革看战略投资者的选择》,载《会计研究》2018 年第 7 期。

能力的提升具有明显帮助,这是战略投资者有别于一般投资者的重要标志。第二,战略投资者应当坚持长期主义,追求长期价值,以长时间持有公司股份为目标,有着与公司共同成长的意愿,这是战略投资者有别于资本市场投机者的重要标志。比如,《关于进一步完善股票发行方式的通知》要求持股时间不少于 6 个月,《外国投资者对上市公司战略投资管理办法》和《"战投"监管问答》要求中长期战略性并购投资或长期持有上市公司股份,都体现了这个特征。第三,战略投资者应当持有被投资公司一定规模或者比例的股份,这是战略投资者有别于一般财务投资者的重要特征,战略投资者应当是被投资公司的重要利益相关者,也正因如此,战略投资者才能有动力将其资源投入上市公司,帮助提升其市场价值。第四,战略投资者应当有强烈参与上市公司治理和生产经营的意愿,战略投资者可以通过派驻董事进入管理层,积极参与公司业务和治理,以提高经营效率与盈利水平从而获得较高的长期回报。

(二)战略投资者的监管制度架构

战略投资者的引入,不仅能为上市公司带来资金储备,还能为上市公司带来更多先进的技术和管理经验,有助于上市公司优化财务结构、提高治理水平和提升市场价值。围绕战略投资者的监管约束,中国证监会及其他监管部门持续完善相关监管规则,并集中体现在公司首发上市的发行承销、上市公司再融资以及国资国企改革等有关规则中。

1. 在首发上市的发行承销方面。证监会早在《证券发行与承销管理办法》中便已明确规定,首发股票数量在 4 亿股以上的,可以向战略投资者配售,且应当在扣除向战略投资者配售部分后确定网下网上发行比例。[7] 应当说,监管部门对于战略投资者参与公司首次公开发行,持着较为鼓励的态度。在科创板和创业板注册制改革过程中,对于战略投资者参与公司首发上市的发行承销,也都保持支持态度,并进一步细化对战略投资者的要求。以科创板为例,根据《上海证券交易所

---

〔7〕 2018 年《证券发行与承销管理办法》第 14 条第 1、2 款规定:首次公开发行股票数量在 4 亿股以上的,可以向战略投资者配售。发行人应当与战略投资者事先签署配售协议。发行人和主承销商应当在发行公告中披露战略投资者的选择标准、向战略投资者配售的股票总量、占本次发行股票的比例以及持有期限等。

科创板发行与承销规则适用指引第 1 号——首次公开发行股票》(2021 年修订)第 8 条[8]的规定,允许参与战略配售的投资者除与发行人经营业务具有战略合作关系或长期合作愿景的大型企业或其下属企业,还包括大型保险公司、国家级大型投资基金、公募基金等,进一步拓展了可参与战略配售的投资者范围。

2. 在上市公司再融资方面。关于战略投资者的内容主要体现在证监会发布的《上市公司非公开发行股票实施细则》第 7 条[9]的规定中,根据该条文,上市公司拟引入境内外战略投资者的,可以提前确定全部发行对象,并以本次非公开发行股票的董事会决议公告日、股东大会决议公告日或者发行期首日作为定价基准日,实践中,上市公司引入战略投资者也主要选择此路径。2020 年 3 月,证监会发布《"战投"监管问答》,提高了对战略投资者的认定标准。随后,科创板、创业板注册制改革中,基本延续了上述关于战略投资者的认定标准和要求。

3. 在深化国资国企改革方面。国有资产管理部门一直试图通过引入战略投资者以进一步激活国资国企改革发展的活力,支持战略投资者参与国企混改。近年来,多个文件中提出要积极引入战略投资者。比如,2018 年 10 月,全国人大常委会预算工作委员会和全国人大财政经济委员会在《关于金融企业国有资产管理情况调研报告》中指出,在坚持国有控股地位的前提下探索混合所有制改革,引入民营资本,优化

[8] 《上海证券交易所科创板发行与承销规则适用指引第 1 号——首次公开发行股票》第 8 条规定:"参与发行人战略配售的投资者主要包括:(一)与发行人经营业务具有战略合作关系或长期合作愿景的大型企业或其下属企业;(二)具有长期投资意愿的大型保险公司或其下属企业、国家级大型投资基金或其下属企业;(三)以公开募集方式设立,主要投资策略包括投资战略配售股票,且以封闭方式运作的证券投资基金;(四)参与跟投的保荐机构相关子公司;(五)发行人的高级管理人员与核心员工参与本次战略配售设立的专项资产管理计划;(六)符合法律法规、业务规则规定的其他战略投资者。"

[9] 《上市公司非公开发行股票实施细则》(2020 年修正)第 7 条第 2 款规定:"上市公司董事会决议提前确定全部发行对象,且属于下列情形之一的,定价基准日可以为关于本次非公开发行股票的董事会决议公告日、股东大会决议公告日或者发行期首日,认购的股份自发行结束之日起十八个月内不得转让:(一)上市公司的控股股东、实际控制人或其控制的关联人;(二)通过认购本次发行的股份取得上市公司实际控制权的投资者;(三)董事会拟引入的境内外战略投资者。"

股权结构,发挥战略投资者作用。时隔两年,2020 年 10 月,全国人大常委会预算工作委员会和全国人大财政经济委员会在《关于企业国有资产(不含金融企业)管理情况的调研报告》中又进一步指出,要推动混改企业聚焦核心主业,强化产业战略协同,引进战略投资者。又如,国务院在发布的《关于印发改革国有资本授权经营体制方案的通知》(国发〔2019〕9 号)中指出,鼓励有条件的企业上市,引进战略投资者,提高资本流动性,放大国有资本功能。

二、再融资监管对战略投资者的具体要求

客观来说,战略投资者的制度设计与监管始终面临着"两难":既要通过合理的制度设计最大限度发挥战略投资者的功能作用,又要防止战略投资者监管规则被滥用,甚至在执行中出现制度异化。近年来,上市公司通过再融资方式引入战略投资者,最易引起市场关注,也是战略投资者功能作用发挥最为充分的地方之一。特别是,上市公司以定价定增方式向特定对象发行股票,提前确定战略投资者,提前锁定交易价格,成为战略投资者进入上市公司最有效的方式之一。本文重点以上市公司定向增发中的战略投资者规则作为研究样本,解析战略投资者监管中的"两难"局面。

(一)战略投资者是上市公司定向增发的重要参与者

上市公司向特定对象发行股票(俗称非公开发行、定向增发),主要分为定价定增和询价定增两种类型,定价定增主要是指根据《上市公司非公开发行股票实施细则》第 7 条的规定,上市公司向特定对象发行股票时,认购价格或定价原则得以提前确定的发行方式;询价定增是指上市公司在取得发行批文后,以询价的方式确定发行价格和发行对象的发行方式。根据近 3 年数据统计,定价定增类型约占上市公司非公开发行股票实施数量的 30%。定价定增实施数量相较于询价定增数量较少,主要是因为根据《上市公司非公开发行股票实施细则》第 7 条的规定,上市公司只能在 3 种情形下采用定价定增的方式,适用要求高且适用场景有限。

相较于询价定增,定价定增方式有助于战略投资者增强预期、提前做出判断和决策,这也成为定价定增吸引战略投资者的有利方式。具体表现在:一是定价定增可以提前确定发行对象,询价定增除董事会事先确定的关联方外,其他投资者需通过询价方式确定,遵循"价格优先"的原则,公司并不能完全自主地确定投资者。二是定价定增可以提前锁定价格,可以在董事会决议公告日、股东大会决议公告日或者发行期首日中任意选择其一作为定价基准日,尤其是董事会和股东大会决议召开时间,上市公司可以在申报审核前自主择定,从而完成锁定发行价的动作,故而定价定增也被市场称为"锁价定增",而定价基准日只能为本次非公开发行股票的发行期首日,定增价格"随行就市"。三是定价定增的锁定期更长,根据目前监管要求,定价定增锁定期不少于18个月,询价定增锁定期不少于6个月。四是定价定增募集资金可以灵活使用,可以全额进行补充流动资金或偿还银行贷款,询价定增募集资金受监管约束,补充流动资金或偿还银行贷款的比例不高于30%。

作为定价定增的3种对象之一,战略投资者尽管并非定价定增的主要对象,但却是上市公司借助市场化方式、引入第三方力量的最主要路径。对此,已有不少学者进行研究和论证。章卫东等指出,定向增发引入机构投资者对公司投资效率有明显的促进作用,且在定向增发引入的不同类型机构投资者中,战略机构投资者对定向增发公司非效率投资的抑制效果更好。[10] 王孝钰等通过对2013~2019年引入了战略投资者的上市公司进行研究后指出,引入战略投资者能够从研发投入和专利授权两个层面显著提高企业创新水平。[11]

相较于引入战略投资者,大股东参与上市公司定价定增,则更容易产生利益输送的风险。有学者通过研究论证后指出,在有控股股东参与定增时,定增的折价率往往偏高,即控股股东在定增前以盈余管理或

〔10〕 章卫东等:《机构投资者与投资效率——来自深沪A股定向增发公司的经验证据》,载《会计论坛》2021年第1期。

〔11〕 王孝钰、高琪:《引入战略投资者对企业创新的影响研究》,载《投资研究》2021年第8期。

长期停牌为手段，人为压低增发前的股价。[12] 大股东可能通过选择定增发行时机、构造关联交易、包装标的资产、作出高业绩承诺等方式获得更高的并购对价或收购更多的公司股票。[13] 因此，相较于大股东认购，引入战略投资者是更加市场化的行为。对于拟通过认购本次发行的股份取得上市公司实际控制权的投资者，是实践中较为特殊的一种类型，其实质是对战略投资者功能的进一步强化和延展，新增股东进入上市公司即取得上市公司的控制权，但在立法逻辑和本意上与引入战略投资者一脉相承，皆是旨在利用外部第三方市场化力量促进上市公司价值的提升。

（二）《"战投"监管问答》对战略投资者作了规范要求

2020 年 3 月，为整治定增市场乱象，避免定价定增中战略投资者条款被滥用，指导市场主体正确理解和适用非公开发行股票引入战略投资者相关规则，证监会发布了《"战投"监管问答》，主要从实体和程序等两个方面对战略投资者的认定提出了要求。

1. 在实体方面。第一，战略投资者必须具有同行业或相关行业较强的重要战略性资源，与上市公司谋求长期共同战略利益。其中，核心在于战略投资者具有"战略性资源"且该资源与发行人属于同行业或者相关行业，一些纯财务性的投资人，很难符合该要求。为了避免市场主体对战略投资者产生歧义，监管机构还进一步就战略投资者应当具备何种条件进行了说明——包括应当具备"生产能力"，即战略投资者能够给上市公司带来核心技术资源，提升上市公司的核心竞争能力和创新能力；应当具备"销售能力"，即战略投资者能够给上市公司导流，从市场、渠道和品牌等方面提高其市场开拓能力。

第二，愿意长期持有上市公司较大比例股份，愿意并且有能力认真履行相应职责，委派董事实际参与公司治理，提升上市公司治理水平，帮助上市公司显著提高公司质量和内在价值。其中，核心在于"持有

---

〔12〕 湛晶心、孙即、洪卫青：《非公开发行股票定价机制与发行价差研究——兼评非公开发行新规》，载《金融监管研究》2017 年第 3 期。

〔13〕 孔宁宁、吴蕾、侯瑞劼：《大股东参与定增并购、业绩承诺与利益输送——基于百润股份收购巴克斯酒业案例的研究》，载《国际商务（对外经济贸易大学学报）》2020 年第 6 期。

上市公司较大比例股份”以及“委派董事实际参与公司治理”。《“战投”监管问答》未就“较大比例股份”给出具体的标准,但要求战略投资者应当向上市公司委派董事,实际上对投资者的出资比例提出了较高要求,在公司董事会席位有限的情况下,上市公司在引入战略投资者时,会充分考虑增加董事席位和战略投资者所持有的股份比例之间的联动关系、上市公司董事会人数组成以及对实际控制人控制权稳定性的影响。

此外,《再融资新规》还对战略投资者的规范提出要求,要求战略投资者具有良好的诚信记录以及最近3年未受到证监会行政处罚或被追究刑事责任,避免滥用战略投资者的身份。

2. 在程序方面。尽管监管机构从实体上作出了十分详细的规定,但考虑到战略投资者的认定仍较为原则,《“战投”监管问答》从程序上作出了要求,包括:(1)签订战略合作协议,并对未来的战略合作作出切实可行安排。(2)经股东大会审议通过,引入战略投资者将作为单独议案提交股东大会审议并经三分之二以上股东同意。(3)充分的信息披露,董事会议案中披露引入战略投资者的目的、商业合理性、合作主要内容等,非公开发行股票完成后上市公司应当在年报、半年报中披露战略合作的具体情况及效果。(4)保荐机构发表核查意见,确保投资者符合战略投资者的要求,不存在借战略投资者入股名义损害中小投资者合法权益的情形。

三、《“战投”监管问答》的实践运行情况评析

(一)《“战投”监管问答》产生的显著影响

《“战投”监管问答》的颁布,对上市公司再融资市场产生了深远的结构性影响,在一定程度上影响和改变了上市公司融资选择。

1. 前期战略投资者参与的定价定增预案纷纷终止。自2020年2月14日《再融资新规》发布以来,截至《“战投”监管问答》的发布,一个月时间先后有50家公司发布预案,拟通过定价定增方式引入战略投资者。然而,截至2022年3月底,上述50家已发布预案的公司中,23家

公司终止方案实施或无其他进展,27 家公司修改方案后继续实施,前期发布预案的上市公司基本都选择了终止或暂停定价定增方式引入战略投资者。

2. 定价定增主要用于巩固控制权或收购上市公司控制权。《“战投”监管问答》发布后的两年时间里,市场上有 134 家上市公司实施了定价定增,其中 116 家上市公司的实际控制人、控股股东及其关联方参与了定价定增,上市公司实际控制人、控股股东及其关联方成为主要认购对象,呈现“自己人玩”的态势。之所以上述对象热衷于参与定价定增,一方面是由于上市公司原股东看好公司业务的发展、公司股价处于低位、愿意增持公司股份;另一方面更多是由于定价定增的折价优势,可以打八折且锁定期仅 18 个月,可以作为资本运作的手段从中牟利。有学者通过研究后指出,大股东的机会主义行为是影响上市公司进行定向增发的重要因素,定向增发后,大股东股权将进一步集中、控制权将得到进一步增强,大股东通过低价发行侵占了中小投资者权益,应当降低大股东的认购比例、减少增发规模。〔14〕 因此,制度本应有所限制的融资路径成为了主流方式。

3. 上市公司提前确定的认购对象无法参与定价定增。《“战投”监管问答》发布后,除了控股股东和实际控制人及其关联方、通过认购本次发行的股份取得上市公司实际控制权的投资者两种类型的人之外,其他提前确定的投资者若想参与上市公司定价定增,也只能是战略投资者。然而,《“战投”监管问答》对战略投资者进行严格界定,导致定价定增供给急剧减少,呈现低频现象,两年来仅 5 家公司成功发行。在《“战投”监管问答》发布以前,上市公司提前确定的认购对象可以通过战略投资者的认定进入上市公司,当时对战略投资者的认定重心在其长期持有公司股份,对应锁定期的要求为不少于 3 年。2020 年 2 月,《再融资新规》和《“战投”监管问答》发布之后,非公开发行的锁定期缩短为 18 个月,战略投资者的认定重心随即调整为对认购对象身份的严把关。对于试图通过提前确定对象进入上市公司的投资者,包括看

〔14〕 刘白兰、朱 臻、孙进军:《定向增发、代理冲突与中小投资者保护》,载《金融理论与实践》2012 年第 4 期。

好上市公司的长期财务投资者、上市公司除实际控制人和控股股东外的其他原有股东以及其他类型股东,只要不是同行业或者相关行业的战略投资者,则基本无途径可实现,尤其是在国有企业混合改革过程中,需在申报审核前明确发行对象、锁定发行价并报相关国资部门审批。由于战略投资者身份的限制,上市公司既无法提前确定投资者,也无法确定发行价格,增加了国有上市公司向国资主管部门报批的难度,最终导致了国有上市公司难以引入投资者进行改革,形成僵局。因此,《"战投"监管问答》在一定程度上遏制了定价定增制度承载功能的发挥。

在现有制度供给存在不足的情况下,上市公司为了满足自身对于引入投资者的需求,开始探索其他替代路径,绕开《"战投"监管问答》,支持投资者弯道进入上市公司。总结目前市场操作实践,主要有3种路径可供选择:一是部分实际控制人持股比例较高的上市公司,战略投资者与实际控制人协商一致,先行由实际控制人转让部分存量股权与投资者,实际控制人再择机选择定价定增或询价定增认购新增股份,以"曲线救国"方式引入投资者,该操作实质上是利用了实际控制人的身份做了一次业务"过桥"。二是投资者入股上市公司子公司,以高瓴资本入股国瓷材料为例,尽管未能直接以战略投资者身份通过定增进入上市公司,但高瓴资本转而投资国瓷材料的全资子公司爱尔创。[15] 三是以询价定增方式参与上市公司股份认购。

因此,对于战略投资者过于严格的认定标准,在一定程度上抑制了市场正常投融资需求,促使市场主体搭建更为复杂的交易架构,增加了监管的难度,不利于监管目的的实现。

(二)《"战投"监管问答》下的典型案例分析

自《"战投"监管问答》发布以来,截至2022年3月底,两年来A股市场成功适用《"战投"监管问答》引入战略投资者的仅有5单,包括:宁波港引入上港集团、德邦股份引入韵达股份、先导智能引入宁德时代、国轩高科引入大众中国、中持股份引入长江生态集团。结合监管部门在审核中的问询要求,总结上述案例关于战略投资者的认定,主要呈

---

〔15〕 秦晓鹏:《高瓴曲线入股国瓷材料投资亮点在哪儿?》,载《英才》2021年第1期。

现以下特征。

1. 战略投资者身份的真实性。监管部门主要关注双方是否具有真实战略合作，作为新增股份的认购方是否满足战略投资者的身份要求，是否系将财务投资伪装成为战略投资。比如，宁波港引入上港集团，作为《“战投”监管问答》发布后的首单案例，尽管选择发行期首日作为定价基准日〔16〕，但审核中仍就是否符合战略投资者身份进行问询；又如，德邦股份最初发行预案中的发行对象为韵达股份控股的投资平台福杉投资，监管部门在审核问询中对此提出质疑，要求区分福杉投资和韵达股份作为认购对象给公司带来影响的区别，最终德邦股份将发行对象更改为韵达股份等。

2. 战略合作协议是否具体可行。在审核问询过程中，监管机构重点关注双方是否签署战略协议并作出切实可行的战略合作安排，要求上市公司通过定性和定量分析，说明引入战略投资者推动上市公司业绩大幅提升的具体措施，充分论证并详细披露是否能够切实有效地将国际国内领先的核心技术、渠道、市场、品牌等战略资源引入上市公司，发行人未来销售业绩大幅提升的原因及相关测算依据和过程。比如，德邦股份与先导智能在前期《战略合作协议》的基础上，针对具体合作内容签署了更详细的《补充协议》，对双方本次战略合作的合作细节与合作目标进行了明确约定，还就战略合作期间的业绩提升影响进行了测算。又如，在先导智能与宁德时代《补充协议》中还设置了违约责任条款并对外公告，确保协议具有可执行性和法律约束力。

3. 战略投资者的持股比例。目前5家公司中的战略投资者持股都在5%以上，其中，持股比例最高的为大众中国，通过定价定增取得国轩高科26.47%的股份，并成为公司的第一大股东（非实际控制人）；持股比例最低的为上港集团，持股比例为5%。

4. 认购股份的锁定期。对于认购股份的锁定期，初始预案中各家略有不同。但在最终方案中，各战略投资者皆承诺自本次非公开发行

〔16〕 相较于将发行期首日作为定价基准日，把董事会决议公告日作为定价基准日则更是上市公司和投资者的主流选择，主要是因为召开董事会的时间可控，可提前锁定低价，增厚投资收益的安全垫。

结束之日起36个月不减持本次认购取得的股份。比如，先导智能在公告预案时即确定36个月的锁定期，德邦股份则是在二轮回复中将锁定期由18个月修改为36个月。

5. 是否派驻董事。各战略投资者均有向上市公司委派董事，其中，大众中国向国轩高科委派4名董事，其中2名非独立董事和2名独立董事；长江生态集团可以向中持股份提名3名非独立董事；其他几家公司都是提名一名非独立董事。

表1 《“战投”监管问答》发布以来5家公司适用情况

序号	上市公司	战略投资者	认购比例	锁定期	是否派驻董事	战略协同性
1	宁波港*	上港集团	5%	36个月	提名1名非独立董事	上港集团作为产业投资者，具备重要战略性港口资源，可与宁波港产生协同效应
2	德邦股份	韵达股份	6.52%	36个月	提名1名非独立董事	本次非公开发行能够为上市公司带来市场、网络、销售渠道等战略性资源，促进上市公司市场拓展，推动成本下降
3	先导智能	宁德时代	7.15%	36个月	提名1名董事	先导智能作为宁德时代的上游设备供应商，双方是上下游的合作关系，二者能够实现协调互补的长期战略利益
4	国轩高科	大众中国	26.47%	36个月	提名4名董事，其中2名非独立董事及2名独立董事	大众汽车作为动力电池产业链重要的下游企业，能够为国轩高科提供广阔的市场空间，并及时反馈市场对动力电池的需求走向

续表

序号	上市公司	战略投资者	认购比例	锁定期	是否派驻董事	战略协同性
5	中持股份**	长江生态集团	19.73%	36个月	提名3名非独立董事	长江生态集团为三峡集团下属企业，整体上具备优质的环保行业资源、资金、管理、技术、投资等诸多优势，能够更好和上市公司形成战略协同，共同实现成长

*根据宁波港在审核中的反馈意见回复，上港集团承诺，认购本次非公开发行股票发行数量为发行人于本次非公开发行后总股份数的5%，认购上限金额不超过人民币37亿元，但若因发行人股价上涨导致按认购上限金额的认购比例不足前述5%的，则按认购上限金额认购所对应实际比例的股份。作为《"战投"监管问答》后首单适用的案例，宁波港选择的定价基准日为发行期首日，所以发行价格只有到发行时方能确定。之所以没有选择将董事会决议公告日、股东大会决议公告日作为定价基准日，完成提前锁价，可能原因在于公司发布预案在《再融资新规》发布之前，若更改预案，将重新履行国资审批流程，影响公司资本运作进程。

**本次非公开发行完成后，长江环保集团总计持有中持股份比例为24.73%，成为公司第一大股东。本次交易完成后，公司无控股股东和实际控制人，因此，本次交易不适用《上市公司非公开发行股票实施细则》第7条中关于"通过认购本次发行的股份取得上市公司实际控制权的投资者"的规定。

（三）《"战投"监管问答》存在一定的局限性

随着市场环境的变化，《"战投"监管问答》也表现出一定的局限性，过高的监管要求客观上抑制了部分市场正常的投融资需求，具体如下。

1. 战略投资者认定范围过窄。《"战投"监管问答》严格将战略投资者限定在同行业或相关行业，严重制约了上市公司对于社会资源的广泛利用。要求战略投资者具有同行业或相关行业较强的战略性资源，有利于上市公司引入产业资源实现协同效应，然而，过于刚性的"一刀切"方式，却忽视了上市公司对资源的多元化需求以及产业发展的复杂性，容易产生一系列问题，具体如下。

一是严格将战略投资者的范围限定在同行业或相关行业，容易导致上市公司错失商业机会，比如，虽然产业资源是公募、私募、保险机构、财务公司以及其他投资人所不擅长的方面,但这些市场参与主体除自身掌握大量的货币资金外,在技术、市场、经验等方面同样拥有大量资源。以身份论而非行为论,有失偏颇。

二是严格将战略投资者的范围限定在同行业或相关行业,容易在行业内形成"少数人"的联盟,导致其市场占有率过高,甚至导致垄断情形的出现,从而影响同行业其他企业和消费者的利益,制约了新经济的发展。

三是严格将战略投资者的范围限定在同行业或相关行业,还将导致提前确定认购对象的非公开发行难以为继。《"战投"监管问答》发布后,监管机构获得了对上市公司引入的战略投资者身份的认定权限,上市公司将难以根据自身需求提前确定认购对象,最终不得不减少此种类型的融资方式,另寻其他路径。

2. 战略投资者锁定期太短。根据2020年2月发布的《再融资新规》,战略投资者认购的股份自发行结束之日起18个月内不得转让。证监会在对《再融资新规》出台目的进行说明时,明确指出规则的本意是在"助力上市公司抗击疫情、恢复生产",然而,恰恰是这种政策福利掩盖了真正的战略投资者应长期持有的基本原则。该规定不利于调动投资人长期持有公司股份的意愿,反而容易将战略投资者异化为短期的市场投机者,借助定价的八折优惠,低买高卖。战略投资者应当坚持长期主义、追求长期价值,以长时间持有公司股份为目标。近两年审核案例中,战略投资者也都主动承诺36个月的锁定期。因此,战略投资者的18个月锁定期过于短。

3. 战略投资者持股要求不明确。《"战投"监管问答》要求必须持有较大比例的股份,对于"较大比例"如何判断,规定尚不明确。从近期通过案例的情况来看,战略投资者持股都在5%以上。然而,若将"较大比例"设定为5%,将在一定程度上限制战略投资者的引入机会,尤其是对于大市值的上市公司,由于其发行规模规模较大,募集资金往往在以十亿元、百亿元为衡量,若强制要求持有5%以上的股份,将大大增加战略投资者的资金压力,也不利于上市公司选择投资人。

四、完善再融资中战略投资者监管的思考与建议

《“战投”监管问答》的发布，有效遏制了市场滥用战略投资者身份行投机炒作的风气，抑制了上市公司利用定价定增方式进行利益输送的意图，有效维护了证券市场秩序和保护中小投资者利益，初步实现了立法者的预期目标。同时也应该看到，《“战投”监管问答》是特定时空环境下的监管安排，随着时间的推移已经不能完全适用实践需要，突出表现在一定程度上遏制了上市公司对于战略投资者的正常的投融资需求，限制了战略投资者制度功能的发挥。有必要顺应当前市场环境，对其加以改进和完善。

（一）提升对战略投资者的包容性

定向增发本质上是一系列股权认购协议的集合，[17] 是上市公司与战略投资者等认购对象以上市公司股份和认购对象的资金、资产等为对价进行的交易。在定向增发中，无论是发行对象、时间间隔还是交易方式，皆体现了公司意思自治的广泛适用，应当得到肯定，无须进行过多的干预和限制。[18] 定价定增为上市公司与有实力的投资者之间搭建了合作的通道，有利于实现双方的共赢，应当充分尊重上市公司的“理性”选择，然而，监管机构担忧的重点依然是对战略投资者过于宽松的认定，将导致上市公司和投资者滥用战略投资者身份进行监管套利。因此，需要从中选取折中方案，有“收紧”和“放松”两条路径可供参考。

一是“收紧”路径，在现有严格认定战略投资者身份的规则下，开辟新的制度路径，拓展定价定增的应用场景。首先，进一步明确战略投资者身份的认定标准，建议以“战略资源”作为监管“抓手”，设置定性和定量条款，要求上市公司和认购对象详细论证和披露认定战略投资者的依据，包括推动上市公司业绩提升的具体举措，能够给上市公司带来的核

〔17〕 张保红：《论证券非公开发行制度的重构——以投资者规则为中心》，载《政治与法律》2015 年第 4 期。

〔18〕 郑佳宁、曹凡：《定向增发中公司意思自治的适用及其限制》，载《福建师范大学学报（哲学社会科学版）》2021 年第 4 期。

心技术、渠道、市场、品牌等资源的具体情况,并对市场规模、销售业绩、管理绩效等提升情况进行充分的测算。其次,严格战略投资者在一定期间内的战略投资次数,现有《"战投"监管问答》将战略投资者限定在同行业或者相关行业,不可避免地会造成行业内资源的集聚,为了避免产业链上优势投资者滥用战略投资者身份进行大肆投资,形成行业壁垒、造成垄断,建议在规则修订和完善过程中对战略投资者在一定时期内(比如3年)通过定价定增进入上市公司的次数予以限制。对此,在先导智能引入宁德时代的注册环节中,证监会明确要求宁德时代披露未来是否有战略投资其他上市公司的计划或安排〔19〕,这在一定程度上说明限制战略投资次数亦符合监管的导向。最后,在《上市公司非公开发行股票实施细则》第7条中新增条款,明确除现有三种对象外,新增第四种认购对象,可以选择董事会决议公告日、股东大会决议公告日或者发行期首日作为定价基准日,为更多上市公司提前确定的认购对象留下路径,同时取消或减少认购价格折扣,将认购价格确定为定价基准日前二十个交易日股票交易均价或九折,避免投资者出于价差套利而参与认购。

二是"放松"路径,放松对战略投资者身份的认定。为充分发挥定价定增的"外部造血"和"抢救"功能,在定价定增战略投资者选择的问题上,应当持更加开放的态度,赋予上市公司有更多自由选择权,根据企业公司发展目标来引入战略投资者,不仅限于同行业或相关行业,其他有助于公司发展的国有投资平台、私募机构等都有参与的机会,核心在于认购对象是否能提供对上市公司所需的"战略资源",是否有切实可行的能够帮助公司创造价值、长远发展的计划和能力。对此,要充分贯彻以信息披露为核心的注册制理念,在战略投资者引入的方案中,要求上市公司、战略投资者作充分的信息披露,包括但不限于双方合作的内容、合作的目标、合作的时间跨度、合作的预计成效等,便于投资者作出决策,最终"用脚"投票。在"放松"路径下,为了避免市场主体滥用战略投资者的身份,应当在锁定期和认购价格上持保守态度,一方面延长锁定期至36个月以上;另一方面缩小价差,认购价格确定为定价基准日前

〔19〕 详细参见《关于无锡先导智能装备股份有限公司申请向特定对象发行股票的发行注册环节反馈意见落实函的回复》。

20个交易日股票交易均价或九折，同样是为了避免投资者出于价差套利而参与认购。

（二）提高对战略投资者的锁定期要求

锁定期是战略投资者承担法律责任、市场风险的最低期间要求。强调对战略投资者的锁定期要求，既是战略投资者内在含义的应有之意，也是给予其认购价格较大价格折扣的必然要求。战略投资者可以享受八折的价格折扣，并允许其提前锁定价格，规则之意就在于对其锁定期内的资本流动性损失进行补偿。因此，在此种情况下，战略投资者在参与上市公司定增时，应当有一定的锁定期，否则战略投资者将更关注定增的价差高低，而非企业本身的价值和成长性，背离规则的制定初衷。

结合现有监管实践，尽管规则允许锁定18月，但近两年通过审核案例的战略投资者也统一自愿锁定36个月，这也是《“战投”监管问答》发布之前定价定增的通行做法。因此，建议适当延长战略投资者的锁定期，明确战略投资者的锁定期不低于36个月。

（三）明确战略投资者持有股份的最小比例

战略投资者持有上市公司一定规模或者比例的股份，这是其区别于一般投资者的重要标志，其内在逻辑在于要促使战略投资者与上市公司的利益高度绑定在一起，真正向上市公司投入资源。然而，过于模糊的规则要求，将导致上市公司和战略投资者无所适从；过于刚性的指标又将导致“一刀切”情况的出现，忽视了不同规模、不同阶段企业的不同需求。从近期通过的案例来看，战略投资者持有股份基本都在5%左右。然而，若将比例设置在5%这一指标，存在一系列的潜在问题，包括：一是战略投资者持有5%以上的股份，将成为上市公司大股东，可能增加公司关联交易的比重大小，不利于上市公司关于持续减少关联交易的规范性要求；二是战略投资者要求持有5%以上的股份，将对战略投资者的资金规模提出不小要求，也不利于战略投资者的选取，以上市公司贵州茅台为例，截至2022年3月底，该公司市值2.16万亿元，若严格要求战略投资者必须持有公司5%以上股份，则贵州茅台的战略投资者必须要随时掌握1080亿元的资金规模，无疑是不小的资金压力。

因此，建议采取更加灵活弹性的制度方式，根据上市公司的市值规模大小来确定引入战略投资者持股比例要求。市值规模是一个上市公司综合实力的体现,对于市值规模较大的公司往往上市时间更长、行业地位更突出、规范运作能力更强,对于市场形象更为看重,应当放松监管要求,由市场发挥自我约束功能;对于市值规模较小的公司,往往处于成长期或者还存在不规范的地方,应当强化行政监管和自律监管的引导和约束。在具体操作上,可参照港交所上市规则第十八A章中关于资深投资者"相当数额的投资"[20]的要求,市值规模越大,要求的持股比例越小。据统计,截至2022年3月底,A股市场总计上市公司4770家,其中,1000亿以上市值公司总计136家,500亿~100亿元市值公司总计136家,100亿~500亿元市值公司总计1205家,100亿元以下市值公司总计3293家。可以看出,100亿元市值以下的公司是A股市值的主力军。再对其细分,50亿~100亿元市值公司总计1137家,20亿~50亿元市值公司总计1797家,20亿元市值以下公司总计359家。因此,结合我国A股公司市值分布情况、战略投资者的认定分析以及投入资金大小,100亿元以下的公司是目前A股市场的主力军,现有监管实践也侧重于不低于5%的持股比例要求,因此,建议100亿元市值以下公司,战略投资者持有公司股份应当不低于5%;对于100亿~1000亿元的公司,由于公司市值较大、投入资金多,战略投资者持有公司股份应当不低于3%;同理,1000亿元以上的公司,战略投资者持有公司股份应当不低于1%。有学者提出1%的比例是否过低,考虑到绝对投资额不少于10亿元已属于较大金额,且《"战投"监管问答》要求派出董事,已能充分说明对双方的重要性。此外,1%仅为监管规则最低要求,实践中可由双方根据市场行为自主决策入股比例。

(四)完善对定价定增发行后的持续监管

战略投资者参与上市公司定价定增,是一个长时间的持续过程,贯穿于上市公司前期磋商、发布预案、发行审核以及新增股份上市后的整个实施过程。因此,战略投资者参与上市公司定价定增的实施效果,十

---

[20] 港交所《有关生物科技公司是否适合上市的指引信》(GL92-18)将下列情形认为是可以接受的"相当数额的投资"的情形,主要包括:(1)就市值15亿港元至30亿港元的申请人,投资占申请人上市时已发行股本不少于5%;(2)就市值30亿港元至80亿港元的申请人,投资占申请人上市时已发行股本不少于3%;(3)就市值超过80亿港元的申请人,投资占申请人上市时已发行股本不少于1%。

分有赖于定价定增上市后的公司监管,确保战略投资者的加入切实有助于提高上市公司的综合能力和企业价值。目前,《“战投”监管问答》已作出要求,要求董事会预案要充分披露公司引入战略投资者的基本情况、引入战略投资者的目的、商业合理性以及募集资金使用安排等,在定价定增完成后,上市公司应当在年报、半年报中披露战略投资者参与战略合作的具体情况及效果,持续督导期间保荐机构应当持续关注战略投资者与上市公司战略合作情况,发现战略投资者未履行相关义务的,应当及时向监管机构报告。应当说,上述规定已经对定价定增完成后的持续监管打下了基本框架和逻辑,但也存在规定较为原则、缺乏落地举措的执行困境。

因此,建议进一步完善对定价定增发行后的持续监管。第一,上市公司应当在年报、半年报中对与战略投资者的合作情况作出进一步的详细披露,包括合作内容以及进展情况、战略投资者的主要贡献及其对公司生产经营的影响。第二,战略投资者应当在年报、半年报披露中出具专项的说明,明确是否已严格履行前期在进入公司时作出的相关承诺,是否实质性地为公司市场价值的提高作出贡献。第三,延长对于保荐机构的督导时限。目前,保荐机构对于上市公司非公开发行项目的督导时限为证券上市当年剩余时间及其后 1 个或 2 个完整会计年度(主板 1 + X,科创板和创业板 2 + X),相较于战略投资者的锁定期及合作时限明显较短,应当延长其督导时限至战略投资者锁定期的最低要求即 3 年。第四,监管机构应当明确战略投资者未履行相关义务的惩戒措施,坚决惩治滥用战略投资者身份和不履行战略投资者承诺的行为,维护公开、公平、公正的市场秩序。

(编辑:谢贵春)

《证券法苑》(2022)
第三十六卷,第530~546页

智能投顾算法规制的路径选择

栗胜男*

摘要:算法是智能投顾所依托的最底层技术。实践中,"算法黑箱"、算法同质化、算法不科学等风险的客观存在,直接影响着智能投顾的正常运行,甚至影响到金融市场的稳定与投资者合法权益的保护。由于目前有关算法法律制度的缺失,监管部门在智能投顾算法规制问题上面临着诸多亟待解决的难题。为此,本文以可信赖算法为基本准则,构建了以事前形式审查、事中持续性质量管控、事后问责为主线的智能投顾算法规制路径。

关键词:智能投顾　算法风险　法律规制

近年来,以大数据、区块链、人工智能为代表的金融科技发展迅速,并广泛应用于金融领域的多种场景。智能投顾是人工智能在金融领域的典型应用,它在创新传统金融业务模式的同时,也向金融监管部门提出了严峻挑战。这主要是因为,智能投顾具有区别于传统投资顾问的鲜明特征:它以算法为核心驱动,通过线上平台向客户提供投资咨询、投资组合选择、交易执行、投资组合再平衡等服务,

---

* 厦门大学法学院博士研究生。

几乎无人工参与。如同人类大脑,算法在智能投顾整个投资服务价值链中扮演着至关重要的角色。

从目前国内外监管实践来看,大多数国家或地区并未就智能投顾创设新的法律制度,而是在既有法律制度和监管框架内对智能投顾进行规制。[1] 然而,现行法律法规在编纂之时并未将算法考虑在内,如何对算法进行规制,是智能投顾法律规制过程中亟待解决的一大难题。对此,欧洲证券监管机构在有关《金融工具市场指令二》(MiFID Ⅱ)适当性规则的指导意见中指出,算法在智能投顾运行过程中占据重要地位,由算法引发的风险危害极大,应当将算法作为智能投顾监管的重中之重。[2]

本文首先从算法风险的角度出发,对智能投顾算法规制的必要性进行论述。其次梳理了智能投顾算法规制的主要难题,并对国内外智能投顾算法规制实践进行了考察。最后提出了智能投顾算法规制的可行路径。

一、智能投顾算法的主要风险及其规制必要性

(一)智能投顾算法的主要风险

任何事物都是价值与风险的矛盾统一体,智能投顾也不例外。智能投顾虽然在创新金融模式、推动普惠金融建设等方面发挥着重要作用,但也潜藏着一系列的风险。其中,算法风险尤为突出。具体而言,在智能投顾运行过程中,由算法引发的风险主要包括:“算法黑箱”、算法同质化以及算法不科学。

1.“算法黑箱”风险

“黑箱”,通常被用于计算机、工程学等领域,是指一种系统或者设备,人们只知道其输入输出关系,而不了解其内部结构及运行逻辑,属

---

〔1〕 这主要是因为,技术在法律上是中立的,智能投顾并未改变传统金融服务的本质属性。

〔2〕 See European Securities and Markets Authority (ESMA), *Guidelines on Certain Aspects of the MiFID Ⅱ Suitability Requirements*, 2018, p. 11.

于控制论中的概念。[3] 由于技术本身的专业性和复杂性,以及技术公司等相关主体的商业隐私政策等原因,人们对算法知之甚少,并不清楚它背后的原理与逻辑,也无法获悉算法设计开发者、实际控制者等主体之间的责任归属等信息,如同一个"黑箱",无知与疑惑困扰着使用者和监管者。

对于智能投顾而言,"算法黑箱"的危害极大。一方面,它加重了投资者与智能投顾之间的信息不对称,侵蚀着投资者与金融机构之间的信赖关系,投资者无法在知情的情况下做出合理决策,投资者的合法权益也无法得到充分保障。另一方面,算法的隐蔽性使得其极易为不法分子所利用,滋生利益输送等违法违规行为,严重威胁着金融市场的稳定,不利于智能投顾行业的健康、有序发展。其中,智能投顾提供商滥用技术优势,通过在算法内嵌入不公平、不公正的程序来牟取私利的行为尤甚,对投资者权益造成严重侵害,必须予以打击。

2. 算法同质化风险

算法同质化是指因采用相同或相似算法而生成相同或相似结果的一种现象。在智能投顾运作过程中,算法同质化风险是指因算法相同或相似而生成相同或相似的投资建议和决策,由此引发市场同向波动的风险。在股票市场实践中,曾发生过因采用相同交易策略而导致市场短期同向波动的事件。[4] 但是,在智能投顾情形下,算法同质化是否会引发市场同向波动是备受质疑的。因为,与股票市场的程序化交易不同,智能投顾以现代资产组合理论为理论基础,以资产分散配置为原则,长于大类资产配置,而且注重投资者适当性管理。所以,从理论上来看,智能投顾因算法同质化而引发市场同向波动的可能性较小。但是,智能投顾能否做到"千人千面"、资产分散配置的理念能否落实、

〔3〕 参见张淑玲:《破解黑箱:智媒时代的算法权力规制与透明实现机制》,载《中国出版》2018年第7期。

〔4〕 比如1987年10月19日的"黑色星期一"事件,在当时的市场状况下,交易者采取了类似的组合保险策略,在程序化交易的共同作用下导致了股市的急剧下跌。See Christopher L. Culp, *The Brady Report – Threat to Stock Market Stability*, available at https://fee.org/articles/the-brady-report-threat-to-stock-market-stability/, accessed Aug. 3rd, 2020.

投资者适当性管理是否到位、直接投资于股票的资产规模及比例大小是否适当，都对智能投顾算法同质化的结果有着重要影响。

从发展水平来看，当前的人工智能还处于"弱智能"阶段，距离机器自我思考、自我学习的"强智能"阶段还有很长的路程。而且，因算法同质化问题，智能投顾饱受投资者质疑，严重打击着投资者对智能投顾的信心。[5] 因此，就目前而言，智能投顾算法同质化的风险是现实存在的，应当采取相应的措施予以规制，防患于未然。

3. 算法不科学风险

通常，从事证券行业工作的人员应当具备一定的资质，投资顾问也不例外。比如，我国申请从事证券投资咨询业务的人员除满足年龄、学历、民事行为能力等要求外，还应当通过规定科目的考试，未受过刑事处罚或与证券业务相关的严重行政处罚，未被认定为证券市场禁入者，具有 2 年以上证券业务从业经历等。

在智能投顾模式下，机器代替人工，如何评估机器的业务能力和水平，考验着投资者与监管者的聪明才智。算法是人设计的，而人是不完美的，所以，算法存在缺陷甚至错误，是难以避免的。比如，算法对数据的均值回归、数据的历史波动周期等特性的依赖很大，对市场变化的敏感度低，当市场发生变化时，若算法不能作出及时调整，则很可能导致投资策略失效，给投资者带来损失。再如，如果算法采用的理论假设与实际情况之间存在较大偏差，其生成的投资建议是很难符合投资者最佳利益的；在算法错误的情形下，其所提供的投资组合也很可能与投资者的风险承受能力不匹配，对投资者的合法权益造成潜在威胁。

同时，即使算法不存在错误，智能投顾最终输出结果也可能存在不适当的情形。因为贪心算法是一种常见的算法思想，而各项的最优并不一定总能得到最终结果的最优。[6] 智能投顾在选择投资组合过程中，同时满足投资者风险承受能力、风险偏好、投资期限、投资成本等各项要求的标的，并非一定是最适合该投资者的组合。换言之，在智能投

---

〔5〕 参见欧阳剑环、林婷婷：《智能投顾直面"业绩杀"》，载《中国证券报》2018 年 8 月 3 日，第 A06 版。

〔6〕 参见尚荣华等编著：《智能算法导论》，清华大学出版社 2021 年版。

顾运行过程中算法合成谬误也是极易发生的。

此外,由于算法自动、高速等特性,由算法引起或算法助推的大面积踩踏风险也值得警惕。2010 年 5 月 6 日,美国道琼斯指数暴跌近 1000 点,20 分钟内产生大量"明显错误"的交易,正是算法交易所导致的大面积踩踏的典型事件。所以,算法不科学的风险是现实存在的,不容忽视。如何监控算法运行以保证算法质量,是智能投顾提供商和监管部门面临的又一大挑战。

(二)智能投顾算法规制的必要性

金融与风险相伴相生,从某种意义上来讲,金融法就是一部金融风险管理法。算法是支撑智能投顾运行的最底层技术,由算法衍生出的风险是智能投顾的一项重要风险,对智能投顾算法进行规制既是智能投顾本身的内在需求,也是金融风险管理的必然要求。

通常,智能投顾是指运用以算法、人工智能等技术为支撑的智能化工具向投资者提供投资咨询、投资组合选择、交易执行、投资组合再平衡、税损交割、投资规划等服务在内的智能化综合性金融服务。[7] 智能投顾的运行一般包括如下几个环节:投资者画像、资产配置与投资组合选择、交易执行与投资组合再平衡、其他增值性服务等。统观智能投顾的整个运行环节,投资者只需将自己的需求输入,智能化工具或平台即可完成全部服务,几乎无人工参与。类比传统人工投资顾问,算法如同人类大脑,在智能投顾的运行过程中扮演着极其重要、至为关键的角色,它不仅对智能投顾的运行质量起着决定性作用,还对投资者权益乃至金融市场稳定有着不可估量的潜在影响。所以,对算法进行规制,保证算法的稳健运行,是智能投顾本身的一大内在需求。

与此同时,算法的潜在风险不容忽视。无论是"算法黑箱"可能引发的智能投顾提供商等主体滥用技术优势侵害投资者的行为,还是算法同质化可能引发的市场同向波动,抑或是算法不科学可能导致的算法合成谬误、大面积踩踏等事件,都会对投资者权益造成严重侵害,甚

---

〔7〕 虽然此处用"智能化"表述,但值得注意的是,当前,人工智能的发展还处于"弱智能"阶段,远未达到"强智能"水平。See BaFin, *Challenges and Implications for the Supervision and Regulation of Financial Services*, Big Data Meets Artificial Intelligence, 2016, p. 25.

至会引发系统性金融危机。而且,作为一种新型金融风险,智能投顾算法风险除具有渗透性、传导性、潜伏性等一般金融风险的普遍特征外,其隐蔽性更强、传播速度更快、突发性极强,所以,由算法风险而造成的危害往往也是巨大的。2012年骑士资本高频交易系统故障事件,在短短的45分钟内,造成了骑士资本高达4.4亿美元的损失;[8]2013年"光大乌龙指"事件,因公司内部使用的套利策略系统出现问题,在短时间内给公司造成了1.94亿元人民币的损失,并对当日中国A股市场造成巨大冲击,[9]足以说明算法风险所造成影响是十分巨大、难以估量的。因此,必须对智能投顾算法进行规制,以防范、化解各种算法风险,保障投资者的合法权益,维护金融市场的稳定与安全,此亦为金融风险管理的必然要求。

综上,对智能投顾算法进行规制是十分必要且迫切的。然而,在智能投顾算法规制的实践中面临着诸多难题,理清这些难题并综合考察各国实践,对析出智能投顾算法的规制路径将大有裨益。

二、智能投顾算法规制的难题和实践考察

目前,在智能投顾算法规制的必要性问题上,实务界和理论界已达成共识。但是,如何规制算法仍然困扰着各国监管部门。这是因为,一方面算法具有极强的专业性和技术性,另一方面缺乏相关规制实践以供参考,所以,各国基本上还处于算法规制的探索阶段,尚未形成统一的算法规制路径。总体来看,智能投顾算法规制主要面临以下几大难题:算法透明性、算法同质化与算法质量控制。对此,各国也在积极进行有益尝试。

---

〔8〕 See Caroline Valetkevitch & Chuck Mikolajczak, *Error by Knight Capital Rips through Stock Market*, available at https://www. reuters. com/article/us - usa - nyse - tradinghalts/error - by - knight - capital - rips - through - stock - market - idUSBRE8701BN20120801.

〔9〕 参见梁雪:《光大证券不服乌龙指民事赔偿一审判决 将提起上诉》,载《证券时报》2015年10月8日,第5版。

(一)智能投顾算法公开的规制难题和实践考察

由于“算法黑箱”的诸多负面影响,智能投顾的参与主体,尤其是投资者和监管者,对算法公开的呼声极高。要求算法公开,实际上就是要求对算法相关信息进行披露,保证算法的可解释性和可追溯性。但是,算法是否有必要公开,如何公开,公开程度与公开方式为何,都是智能投顾算法公开需要解决的重要难题。对此,学术界有着很大的争议与分歧。

主张算法公开的学者一般坚持如下观点:第一,算法公开能够更好地保护投资者合法权益。因为,算法公开能够有效地缓解智能投顾提供商与投资者之间信息不对称的状况,维护投资者对智能投顾的信赖关系,敦促智能投顾更好地履行自身信义义务。同时,算法公开也能打破人们对技术中立的盲目信仰,让技术背后的人性弱点与缺陷公布于众,[10]从而避免或者减少算法内置利益冲突、算法偏见与歧视的现象,保证投资者均被公平、公正地对待。此外,算法公开还为投资者提供了很好的学习机会,激发其参与投资决策的积极性和主动型,有助于提高其自我保护意识。[11] 第二,算法公开有助于监管部门实现对智能投顾的有效监管。一方面,通过对算法理论依据、运行规则等信息的了解,监管部门能够更好地识别、防范智能投顾的潜在风险,减少技术缺陷、操作失误等引发的负面影响。另一方面,算法公开能够使监管者明晰有关算法权责的分配情况,使算法具有可追溯性,从而保证在发生算法失误情形时,有明确的问责主体。第三,算法公开能够保证算法的研发、设计、应用不偏离正确的发展轨道。技术既能带来美好与进步,也能带来灾难与毁灭,在当前算法技术研发仍处于黑箱模式的情形下,必须将算法置于一定的监督之下,才能确保其处于可理解、可解释、可追

〔10〕 参见高丝敏:《智能投资顾问模式中的主体识别和义务设定》,载《法学研究》2018 年第 5 期。

〔11〕 因为,若看不清事物的规则,不了解决定的形成过程,人们是无法提出质疑,无法真正参与其中的。参见[美]卢克·多梅尔:《算法时代》,胡小锐、钟毅译,中信出版集团股份有限公司 2016 年版,第 138 页。

溯的状态,防止其脱离、逃避现实社会的监管。[12]

反对算法公开的理由大致如下:第一,算法公开会大大加重智能投顾提供商的披露负担,使得其合规成本增加,资源配置效率降低。第二,算法公开有侵犯智能投顾提供商或者第三方算法服务商商业隐私、商业机密的可能,从而导致相关主体技术竞争优势被削弱,在市场竞争中处于被动局面。第三,由于算法的专业性与复杂性,算法公开的难度较大,极易流于形式,很难达到公开的预期效果。第四,算法公开容易引发信息超载现象,加重投资者阅读负担,从而使其忽视真正有价值的信息。更重要的是,很多时候,即便公开了,投资者也不一定能够理解。第五,算法公开容易引发"羊群效应",尤其是收益率高的算法,一旦被业界大规模效仿,极易引发算法同质化风险,威胁金融市场的稳定与安全。[13]

除完全支持和绝对反对的观点外,也有学者持折衷观点,主张有限的算法公开,具体问题具体分析,不能一概而论。[14] 上述支持与反对算法公开的观点均具有一定的说服力,迄今为止,各方学者尚未就该问题达成共识。但是,多数国家却将算法公开作为智能投顾法律规制的重要组成部分,并进行积极的探索。

美国证券交易委员会(Securities and Exchange Commission, SEC)在其官方文件《智能投顾监管指南更新》中对智能投顾的算法披露作了详细规定。具体而言,以"重要性"为披露标准,SEC 要求智能投顾提供商披露的有关算法的信息包括:[15]利用算法进行客户账户管理的声明;算法的功能(如生成投资组合建议、进行投资组合再平衡等);算法的假设和局限性;利用算法管理客户账户的潜在风险(如进行投资组合再平衡时可能未将市场变化因素考虑在内);智能投顾提供商

〔12〕 参见金东寒:《秩序的重构——人工智能与人类社会》,上海大学出版社 2017 年版,第 70 页。

〔13〕 参见邢会强等:《智能投顾时代的崛起——智能投顾法律问题研究》,中国金融出版社 2020 年版,第 307 页。

〔14〕 参见[美]卢克·多梅尔:《算法时代》,胡小锐、钟毅译,中信出版集团股份有限公司 2016 年版,第 219 页。

〔15〕 See SEC, *IM Guidance Update: Robo - advisers*, 2017, pp. 3 - 4.

推翻算法生成结果的情形说明(如市场危机时期,智能投顾提供商可以采取中止交易或者其他暂时性防御措施);算法相关第三方情况的说明,包括由此可能产生的利益冲突的说明;等等。上述信息是智能投顾提供商向 SEC 或州证券监管部门申请注册为投资顾问的必要材料,从性质上来看,美国对智能投顾算法的规制采取的是事前形式审查。

法国金融市场管理局(Autorité des marchés financiers,AMF)认为,监管者应该具备相关技术能力以对算法进行审查,并将算法审查作为智能投顾提供商获取授权许可的组成部分。[16] 荷兰金融市场监管局(the Netherlands Authority for the Financial Markets,AFM)则进一步主张,将算法审查作为智能投顾持续监管的一部分,尤其强调对输入数据(投资者信息的收集)和输出结果(投资者画像和最终生成的建议或决策)的审查,以保证投资者被公平、公正地对待。[17] 可见,AMF 和 AFM 均强调对算法进行实质审查,所不同的是,前者主张事前实质审查,后者主张事中持续性实质审查。

英国金融行为监管局(the Financial Conduct Authority,FCA)在智能投顾算法规制问题上的主张明显区别于上述国家,认为应当着重关注算法输出的结果。[18] 具体而言,监管者应该对算法生成的最终投资建议或者决策进行审查,以评估其是否符合投资者的最佳利益,只有在输出结果损害投资者权益、给投资者带来损失的情况下,才应采取相应的措施。这是因为,在 FCA 看来,算法事前审查会加重智能投顾提供商的合规成本,为达到审批标准智能投顾提供商会更倾向于选择过去保守的业务模式,从而抑制金融创新,牺牲投资者的潜在收益。[19] 所以,在智能投顾算法规制问题上,FCA 采取的是事后实质审查,即对算法进行事后追责。

---

〔16〕 See IOSCO, *Update to the Report on the IOSCO Automated Advice Tools Survey*, Final Report, 2016, p. 12.

〔17〕 See IOSCO, *Update to the Report on the IOSCO Automated Advice Tools Survey*, Final Report, 2016, p. 13.

〔18〕 See Bob Ferguson, *Robo Advice: An FCA Perspective*, available at https://www.fca.org.uk/news/speeches/robo-advice-fca-perspective, accessed Sept. 20th, 2020.

〔19〕 Ibid.

（二）智能投顾算法同质化的规制难题和实践考察

智能投顾是否存在算法同质化风险的争议一直存在。对此，业界多持肯定态度，认为智能投顾在运行过程中可能会产生算法同质化风险，算法外包更容易引发同质化风险。本文也认为，受当前人工智能发展水平的限制，在当前以及今后相当长的时期内，智能投顾算法同质化的风险是现实存在的，需要智能投顾提供商和监管部门予以管理和规制，以防范由此可能引发的系统性金融风险。但是，算法如何开发设计、采用何种基础理论、如何运作，是智能投顾提供商的内部管理事项，属于私权领域；监管部门采用何种监管手段才能既保障智能投顾提供商作为民事主体的自主性，又保障算法生成结果的多样性，也是监管部门面临的难题之一。

目前，在算法同质化规制方面，各国做出的尝试主要有鼓励差异化竞争、数据留痕、重新定义系统性重要机构等。[20] 首先，鼓励差异化竞争，比如实行现金奖励，鼓励智能投顾提供商在算法设计、客户选择、数据应用等领域的差异化竞争。如此，不仅能够促使智能投顾服务更加个性化、多元化，还能在差异化竞争中进一步放大差异，从而降低市场同质化波动的风险。其次，充分利用科技的优越性，采用数字化方式对智能投顾算法本身（包括算法研发、内在逻辑、运行依据等）、输入数据、输出结果进行系统留痕，以便进行事后追责。最后，将算法研发、算法应用等主体认定为系统性重要机构，并对其采取不同于传统金融机构的规制措施，密切关注其业务实践和市场影响。

（三）智能投顾算法质量的规制难题和实践考察

自然人投资顾问的知识结构、经验阅历等对其所提供的服务的质量有着直接影响，同样，智能投顾算法的好坏也决定着输出结果的质量。但是，算法不同于自然人，如何对算法进行评估、管控，是困扰监管者的又一算法规制难题。不同于其他算法规制难题，各国在算法质量问题上保持着高度一致，均意识到算法质量管控的重要性，并强调智能投顾提供商在算法质量管控中的责任主体地位和作用。

---

〔20〕 See Baker Tom & Dellaert Benedict, *Regulating Robo Advice across the Financial Services Industry*, Iowa Law Review, Vol. 2, 2018.

美国金融业监督机构(the Financial Industry Regulatory Authority, FINRA)指出,要尤其强调对智能投顾算法的监督与管理,智能投顾提供商应当对算法的基础理论、运行逻辑等信息有所了解,评估算法所采用的方法是否与其投资策略相一致,明确算法不适用的情形。同时,FINRA 还提出了智能投顾提供商对算法进行有效管控的框架建议,包括事前审查和事中持续性监督两部分。具体而言:[21]在事前审查阶段,智能投顾提供商应当:(1)评估数字化建议工具采用的方法是否适用于特定任务,(2)了解被输入的数据,(3)对输出结果进行测试,评估其是否符合预期目标;在事中阶段,智能投顾提供商应当对算法进行持续性监督,做到:(1)随着市场等因素的变化,评估数字化建议工具所采用的模型是否依旧适当,(2)定期对数字化建议工具的输出结果进行测试,以保证其符合预期目标,(3)指定数字化建议工具算法监管的主要负责人。此外,FINRA 主张有效的算法管控还应包括,智能投顾提供商能够保证算法的可审查性和可解释性,并在算法输出结果偏离预期时进行例外报告。[22]

澳大利亚证券投资委员会(Australia Securities and Investment Commission, ASIC)认为,作为风险管理的一部分,智能投顾提供商应当定期对算法进行检查和测试,检测频率视服务的类型、规模和复杂性而定。[23] 同时,ASIC 还就智能投顾提供商进行算法检查和测试的具体措施作出了详细指导:[24](1)具备系统设计说明书,对算法的目的、范围和内在逻辑作出说明;(2)具备算法测试的备忘录,详细记录测试方案、测试过程、测试结果、缺陷处理过程以及最终测试结果,在第一次向客户提供服务之前进行算法测试,之后定期进行测试;(3)具备算法更改变动的适当管理安排,防范未授权的算法访问;(4)采用适当的措施以记录、监测过去七年的有关算法的所有变动;(5)在相关影响因素

---

[21] See FINRA, *Report on Digital Investment Advice*, 2016, pp. 3 – 6.

[22] Ibid.

[23] See ASIC, RG 255: *Providing Digital Financial Product Advice to Retail Clients*, 2016, RG255.73.

[24] See ASIC, RG 255: *Providing Digital Financial Product Advice to Retail Clients*, 2016, RG255.74 – 75.

发生变化时，审查并更新算法；(6)在算法出现错误、可能损害客户权益或者违反法律规定时，具备应急方案以中止算法运行；(7)具备充足的人力资源和技术资源，以检测算法的表现；(8)具备适当的流程安排，以保证上述措施的落实等。

欧洲证券市场监管机构(the European Securities and Markets Authority，ESMA)在智能投顾算法质量规制问题上的主张与ASIC相同，并认为，对算法进行定期检查和测试，是智能投顾满足适当性要求的必要举措。〔25〕

综合各国实践来看，目前对智能投顾算法的规制还处于探索阶段，尚未形成统一的规制路径。而且，现行算法规制措施是否具有实际效用，还有待实践检验。因此，必须对智能投顾算法规制做进一步的探讨，至少在规制原则和路径选择上，有一个清晰的框架依赖。

三、智能投顾算法规制的基本准则和具体路径

随着人工智能、机器学习等技术的广泛应用，算法已经嵌入社会生活的方方面面，大到国家元首选举，小到网络购物，算法无处不在，在改变原本社会运转模式的同时，也改变着人与人、人与社会、人与自然之间的关系。但是，算法既可以帮助人类，也可以伤害人类，“算法黑箱”、算法失灵、算法歧视、算法共谋等现象频频出现，算法规制已然成为当今各国政要的主要议题之一。在目前缺乏足够实践经验可供参考的情况下，本文试图从价值取向的视角出发，为算法规制设定一条最基本的道德伦理准则，算法的研发者、使用者须以此为行为准绳，监管者须以此为监管标准；在此基础上，构建一条以事前形式审查、事中持续性实质审查、事后问责为主线的智能投顾算法规制路径。

(一)智能投顾算法规制的基本准则

算法的巨大潜在能量是有目共睹的，算法正在而且还会持续给人

〔25〕 See ESMA, *Guidelines on Certain Aspects of the MiFID Ⅱ Suitability Requirements*, Final Report, 2018, pp. 52 - 53.

类社会带来颠覆式改变。作为一项科学技术,算法在医疗卫生、素质教育、数字化发展等方面优势明显,推动着人类社会的创新、进步与繁荣发展。但是,与此同时,算法也对个人隐私、人类安全等造成了潜在威胁。如何平衡算法的优缺点,在实现算法优势最大化的同时,将算法风险降到最小,是智能投顾算法规制的关键和核心目标。为此,应当保证算法的可信赖性,并以此作为智能投顾算法规制的基本准则。

因为,在当今科技更新迭代日益迅速的社会环境中,信赖仍然是人类个体和社会经济发展的基石。算法只有在具备了可信赖性之后,其潜在价值才能得以充分发挥,其负面影响才能被抑制、减少。同时,保证算法的可信赖性,将有助于企业树立良好的社会形象,提升其市场竞争力,从而进一步推动市场创新和进步;也将有助于国家在享受算法带来的直接利益之外,还能享有在推动普惠金融建设、保障基本人权等方面的间接益处。此外,从更深远的角度来看,可信赖算法还能够在应对气候变化、促进性别平衡、理性利用自然资源等全球性问题上发挥自己的正向作用,推动人类社会可持续发展目标的实现。所以,应当将可信赖算法作为智能投顾算法规制的基本准则,并将其贯穿于算法的开发、设计、应用以及算法的规制之中。

具体而言,可信赖算法准则应当包含三个构成要素:合乎法律,遵守所有可适用的法律法规;合乎情理,遵守所有的伦理准则和价值理念;安全稳健,避免给人类社会造成无意识的伤害。[26] 首先,算法不能也不会在无规则的环境中发展,无论是国家层面还是国际层面,都应具备有关算法开发、设计、应用的法律法规,在必要行为、可行行为和禁止行为方面作出明确规定。其次,构建可信赖算法仅仅依靠法律是不够的,因为法律往往滞后于科技的发展,甚至落后于社会道德理念的发展,以至于无法适应、满足现代社会发展的需要,所以,还必须依赖社会伦理道德。其中,尊重人权、保证算法的公平公正,是算法规制应当遵循的最基本的伦理准则。最后,任何事物都不可能是完美的,即使合乎法律和情理,算法的非正常运行还是可能会对个人或社会造成损

---

〔26〕 See European Commission, *High - Level Expert Group on Artificial Intelligence*, Ethics Guidelines for Trustworthy AI, 2019, p. 6.

失或伤害,因此,还应采取必要措施以保障算法的稳健运行。这就要求相关主体密切监测算法的运行,具备应对各类算法突发事件的制度安排,保证算法输出结果的质量。三个要素互相补充、互相促进,缺一不可。

综上,可信赖算法准则将法律、伦理、技术融为一体,可以为智能投顾算法规制提供路径指引,因此,应当将其作为智能投顾算法规制所需遵循的基本准则,并贯穿于智能投顾算法开发、设计、应用的整个生命周期。

(二)智能投顾算法规制的具体路径

智能投顾算法规制路径的选择,除应当遵循可信赖算法准则外,还应当回应由算法产生的风险和规制难题。在综合考察各国实践和各种学术观点之后,本文认为,智能投顾算法规制应坚持如下路径:事前以形式审查为主,主要方式为披露或者备案;事中以算法质量管控为主,主要责任主体为智能投顾提供商;事后以实质审查为主,厘清法律关系,明确问责主体。具体而言:

首先,以披露或者备案为主要方式的事前形式审查。在智能投顾算法规制问题上,完全的算法公开是不可能、不必要的。因为,从计算机科学角度来看,完全的算法公开是一项难以完成的任务,而且,即便公开了也无法保证投资者能够理解。更重要的是,算法完全公开并不足以解决目前监管部门所面临的智能投顾算法规制难题。但是,有限的算法公开却是必要的、可行的,应当作为智能投顾算法规制的重要组成部分。这主要是因为,有限算法公开在防范由算法引发的利益冲突,保证算法的可解释性、可追溯性等方面发挥着重要作用。具体来说,在正式运行之前,智能投顾提供商应当对算法逻辑和主要参数等进行备案,同时还应制定智能投顾设计与运行说明书,其中要对算法的功能与局限性、与算法有关的利益冲突等事项进行详细说明。如此,一方面可以保护算法的机密性,防范算法同质化风险;另一方面可以减轻投资者与智能投顾提供商之间的信息不对称问题,是防范智能投顾提供商滥用技术优势谋取私利的第一道防线。此外,还应对算法的开发、设计人员进行登记管理,以保证算法的可解释性、可追溯性,保证事后有明确的问责主体。

其次,对以智能投顾提供商为主要责任主体的事中算法质量持续性管控。算法质量如何,直接影响着输出结果的质量和投资者权益,甚至会引发系统性金融风险,威胁金融市场的安全与稳定。对算法质量进行管控,核心目的是保证算法的科学性,保障算法的平稳运行。对此,智能投顾提供商具有明显优势和内在驱动。因为较之监管部门,智能投顾提供商对算法的了解更为全面、深入,在金融科技应用方面经验更为丰富,能够更高效地识别出算法缺陷与风险,并采取及时、有效的应对措施。而且,保证算法的质量和平稳运行,是智能投顾提供商争夺市场份额、增强自身竞争力的最基本要求。换言之,在算法质量管控方面,智能投顾提供商有着很强的内在驱动力。所以,应当将以智能投顾提供商为主要责任主体的事中算法质量管控作为智能投顾算法规制的重要部分。值得注意的是,算法运行是一个持续性的过程,因此,对算法质量的管控也应该是一个持续性的过程,智能投顾提供商应当定期对算法以及算法输出结果等进行检查、测试,以保证智能投顾算法持续、健康运行。

为实现高效的事中算法质量持续性管控,智能投顾提供商至少要做到以下几个方面:一是对算法相关信息进行持续性披露,比如影响算法结果的各类因素的重要变动、算法相关利益冲突的重要变动等,以保证投资者随时了解算法及智能投顾的运行状态,此亦为防范智能投顾提供商滥用技术优势的第二道防线;二是要具备完善的算法访问、算法修改、算法定期检查与测试的流程安排,并且要具备足够的人力资源和技术资源来落实前述事项;三是要具备算法中止(终止)的预备方案或者灾难恢复计划,对算法中止(终止)的条件、权限、后果处理等事项做出具体安排,以便在出现算法错误或者其他突发事件时,能够有效防范因算法错误或者算法助推所造成的大面积踩踏等事件的发生;四是要增加至少一名人工负责审查和复核工作,一方面审查投资者需求与投资组合的各项参数,比如在投资者风险偏好与实际投资资本之间进行衡量,再比如对投资组合中股票、债券等的比例进行权衡;另一方面对智能投顾输出结果进行复核,以弥补现阶段智能投顾的缺陷,防范算法合成谬误等情形的发生。[27] 此外，关于智能投顾输出结果人工复核，智能投顾提供商或者监管机构、行业协会应制定智能投顾输出结果适当性标准，执行复核任务的人员只需按照该标准审核输出结果即可。需要注意的是，该标准的制定，要把“将适当的产品提供给适合的投资者”等概括性、原则性的标准细化成具体指标，确保智能投顾输出结果的可量化性和复核工作的可操作性。

最后，以监管部门为主的事后算法问责。从性质上来看，事后问责是一种实质性审查。较之事前实质性审查，事后问责更具可行性。因为，从成本收益角度来看，事前实质审查的成本过高，而且面临着是否具有实质性规制效果的不确定性，在很大程度上，成本明显大于收益。但是，就事后问责而言，算法输出结果及其影响是既定的，此时对算法进行实质性审查，更具针对性和目的性，且其效果是得到实践证实的，收益显然大于成本。此外，从实用主义角度来看，事后问责强调算法运行产生的结果及其影响，关注算法背后的法律关系和责任主体。这实际上回应了法律的本质这一问题，即法律是规制人的行为的社会规范，这正是对智能投顾算法进行规制的意义所在。

事后算法问责的起因主要有两点：一是投资者的诉求；二是监管机构、自律组织、行业协会等的监督。不论起因为哪种，监管机构均是事后问责的牵头者与主要负责者。考虑到算法的特性以及智能投顾提供商在技术、信息获取等方面的优势地位，在事后算法问责阶段，一方面要强化智能投顾提供商的责任，通过实行举证责任倒置等策略，化解投资者举证难的难题，严厉打击智能投顾提供商通过操纵算法牟取私利等行为；[28] 另一方面要加强监管科技的开发与利用，以科技为武装，有效识别、防范、化解智能投顾运行过程中的各项潜在算法风险，提高

〔27〕 之所以增加人工审查和复核工作，主要是出于以下几点考虑：一是现阶段人工智能的发展水平还远未达到“强智能”阶段，参见王林、胡郁：《让人工智能走出“弱智能”瓶颈》，载《南方企业家》2016 年第 11 期；二是智能投顾尚不能完全满足信义义务的具体要求，see Melanie L. Fein, *Are Robo – Advisors Fiduciaries*?, available at https://ssrn.com/abstract=3028268, accessed Mar. 23rd, 2021；三是智能投顾算法合成谬误的风险是现实存在的。

〔28〕 此举也是防范智能投顾提供商滥用技术优势侵害投资者的第三道防线。

监管效率。[29]

四、结语

智能投顾是人工智能等金融科技在资本市场中的典型应用，一方面它高效便捷、成本低、覆盖面广、可负担性的优势使得其具有极强的市场竞争力，另一方面它选用的投资理念、运作模式具有极强的引导作用，有助于推动我国证券行业的转型。算法是智能投顾的最底层技术支撑，由算法引发的包括"算法黑箱"、算法同质化、算法合成谬误、算法不科学、算法踩踏等风险，是当今数字化、智能化时代金融行业衍生出的新类型风险，它不仅关系到智能投顾的稳健运行，还关系到投资者权益的保护和金融市场的稳定。为此，以可信赖算法为准则，强化智能投顾算法开发者、设计者、使用者的责任意识，同时依照事前形式审查、事中持续性质量管控、事后问责的路径对智能投顾算法进行规制，以期防范、化解各种算法风险，助力智能投顾的长远、合规、健康发展。

（编辑：谢贵春）

〔29〕 因算法、人工智能等技术的应用，智能投顾有着不同于传统投资顾问的风险，传统监管手段已无法满足监管需求，因此必须借助科技手段来提高监管效率。参见杨东：《监管科技：金融科技的监管挑战与维度建构》，载《中国社会科学》2018 年第 5 期。

征稿启事

《证券法苑》是上海证券交易所主办、面向国内外公开连续出版的法学学术著作,并已被中国社会科学评价中心收录为中文社会科学引文索引数据库(CSSCI)来源出版物。《证券法苑》致力于繁荣资本市场法治研究,弘扬资本市场法治理念,推动资本市场法治建设,促进资本市场健康稳定发展。

《证券法苑》坚持学术性与实践性并重、现实性和前瞻性兼顾,紧紧围绕我国资本市场的改革发展,密切关注资本市场法治动态,集中研究资本市场立法、监管执法和司法等法治活动,深入剖析资本市场法律制度和法律关系,积极探讨资本市场法治建设中的重点、难点、热点问题。

《证券法苑》设置“理论前沿”“专题研究”“名家论坛”“热点追踪”“制度研究”“市场监管”“域外法制”“法学随笔”“案例评析”等栏目,每卷根据实际情况略有不同。

2017 年起,《证券法苑》计划每季度出版 1 卷,视稿件质量全年出版 3 ~ 4 卷,诚邀各界惠赐稿件。现就征稿相关事项说明如下:

一、征稿范围

《证券法苑》选题范围包括:证券法、公司法、金融法等的法理研究,资本市场法治发展动态研究,资本市场监管的法律研究,资本市场创新的法律研究,资本市场典型法律案例研究,境外资本市场法律制度研究等。

参考选题如下(可不受此限):

1. 新《证券法》实施:我国新《证券法》实施的重大理论问题研究,《证券法》具体制度的实证研究,证券衍生品种、财资产管理产品、场外市场监管制度的完善,资本市场法律体系的构建与完善,境外资本市场法制动态及其对我国证券法制体系的借鉴意义。

2.《公司法》修订:优化营商环境背景下我国《公司法》修订的思路

与建议,上市公司控股股东、实际控制人等“关键少数”的规制路径,公司治理结构的职权与设置,非上市公众公司监管制度,股份发行与转让制度的改革方向,公司集团化趋势下的法律应对策略。

3. 注册制改革相关制度:各国(地区)证券发行注册制的比较研究,注册制的制度创新与实践评估,注册制下上市公司监管的制度实践、法律问题与对策,注册制司法保障的法律问题分析。

4. 信息披露制度:信息披露制度的完善方向,如何提高信息披露制度的有效性,如何界定信息披露的“重大性”,信息披露法律责任分配,自愿性信息披露制度的逻辑与建构。

5. 证券交易制度:多层次市场上市、交易、登记结算、转板制度的构建,错误交易撤销制度,交易技术发展(ATS、ECN、程序化交易、高频交易、暗池交易等)对传统证券交易制度的挑战与监管对策。

6. 证券监管执法:近年来境外资本市场监管体系与制度的发展变化,我国证券执法机制的完善,我国金融监管协调机制的完善,资本市场监管转型的配套制度建设。

7. 投资者保护:网络环境下的投资者保护,投资者适当性制度研究,新型证券违法行为研究,证券市场侵权民事责任与民事诉讼制度的完善,投资者保护基金制度的完善,证券市场多元化纠纷解决机制的完善。

8. 资本市场对外开放:红筹企业境内发行上市法律问题研究,证券法律冲突与法律适用,跨境监管协作机制的构建。

9. 资本市场创新法律制度:私募基金的法律规制,可交债的制度设计,市场创新对现有法律制度的冲击与立法完善。

10. 金融监管法律制度:金融业综合经营的法律问题,金融统合监管立法,全球金融监管法律制度的发展演变与最新动态,互联网金融的监管对策,金融消费者保护。

二、投稿要求

1. 论文应当立论科学、论据充足、论证严密、层次清晰、语言流畅,尤其欢迎贴近市场脉搏、具有学术深度和实践应用价值的文章。稿件篇幅以一万字左右为宜,特别优秀稿件不受此限。

2. 投稿请发送至以下电子邮箱：zqfy@ sse. com. cn（建议投稿后电话确认）。所有投稿应符合国家著作权规定、公认学术规范和本书“编辑体例”要求（详见上海证券交易所官方网站 http://www. sse. com. cn/“关于”栏目或《证券法苑》图书）。

3. 本书实行匿名审稿制度，作者投稿时请一律将作者简介（姓名、出生年月、工作单位、学位、职称、研究成果等）、通讯方式（地址、邮编、电话、电子信箱等）以及本文是否为何种课题成果等内容，另页单独注明，正文中不要出现任何个人信息。

4.《证券法苑》编辑部保留对来稿进行文字性和技术性修改的权利。《证券法苑》所载文章，均不代表上海证券交易所观点，文责由作者自负。除作者特别说明外，其文章均为其个人观点，与其所在单位、职务无关。

5. 向《证券法苑》投稿即视为授权本书将稿件纳入《中国学术期刊网络出版总库》及 CNKI 系列数据库、“北大法宝”（北大法律信息网）数据库、万方数据库以及本书确定的其他学术资源数据库，本书支付给作者的稿酬已包含上述数据库著作权使用费。如有异议，请在来稿时注明，本书将做适当处理。

6. 凡投给本书的稿件，请勿一稿多投。自投稿之日起 3 个月未接到本书用稿通知的，作者可以自行处理。稿件编辑过程中如拟被其他出版物采用的，请作者及时告知相关决定，以免重复出版。

7. 联系人：

姜沅伯　电话：021 - 68602370；

宋　澜　电话：021 - 68602679。

编辑体例

一、标题：宋体小三号字，居中。如有关于本篇文章的说明，注脚注，用上标(*)。

二、作者：宋体小四号字，居中，并用上标星号(*)作为介绍作者脚注的标志，在脚注中注明作者姓名、工作单位、职务、职称(为便于联系，另请作者向《证券法苑》联系邮箱提供通信地址、邮政编码、固定及移动电话、电子邮箱，本书对此予以保密)。如有两名作者，第二名作者用两枚上标星号(**)，依此类推。

三、中文摘要、关键词：楷体GB2312小四号字，摘要200字以内、关键词3~5个。

四、英文标题、摘要、关键词："Times New Roman"字体，标题小三号字居中，摘要与关键词小四号字。

五、正文：宋体小四号字，首行缩进，行距18磅。区分标题和要点，标题层级依次为"一、……""(一)……""1.……""(1)……"，要点层级依次为"1.……""(1)……""①……"，一段之内的要点列举使用"(1)……"一级标题采用四号宋体加粗；二级标题采用黑体小四号字不加粗；三级标题宋体小四号字，不加粗。引用具体法律文件应加书名号，如《证券法》《上市公司收购管理办法》。法条序号(第×条、第×款、第×项)、时间(世纪、年代、年月日等)、数量金额等用阿拉伯数字，但直接引用原文的从原文。

六、注释：采用脚注，全文连续注码，注码放标点之后，注码符号为"1、2、3、……"非引用原文者，注释前加"参见"；引用资料非原始出处者，注明"转引自"；数个注释引自同一资料者，可合并同注某。宋体小五号字。

注释示例如下：

1. 著作类

(独著作品)史尚宽：《民法总论》，中国政法大学出版社2000年版，第19页、第22页。

(合著作品)崔建远、韩世远:《债权保障法律制度研究》,清华大学出版社2004年版,第10页。

(多人合著作品)蔡守秋等:《可持续发展与环境资源法制建设》,中国法制出版社2003年版,第214~216页。

(编辑作品)张文显主编:《法理学》,法律出版社2004年版,第65~67页。

2. 论文类

(期刊)俞荣根、刘霜:《立法助理制度述论》,载《法学杂志》2007年第2期。

(论文集)尹田:《论动产善意取得的理论基础及相关问题》,载梁慧星主编:《民商法论丛》(第29卷),法律出版社2004年版。

(学位论文)刘晓华:《私法上的信赖保护原则研究》,山东大学2013年博士学位论文。

3. 译作类

[英]亚当·斯密:《国富论》,唐日松等译,华夏出版社2005年版,第224页。

4. 报纸类

李希慧等:《"轻轻重重"应成为一项长期的刑事政策》,载《检察日报》2005年5月26日版。

5. 古籍类

《明太祖实录》卷二十六。

6. 辞书类

《牛津法律大辞典》,光明日报出版社1988年版,第68页。

7. 网络类

梁慧星:《关于中国物权法的起草》,载北大法律信息网,http://article. chinalawinfo. com/article/user/article _ display. asp? ArticleID = 29283,2009年8月8日访问。

8. 判决书类

最高人民法院:上海大智慧股份有限公司与冯某雄证券虚假陈述责任纠纷二审民事判决书,案号:(2018)沪民终28号,2018年9月17日。

9. 外文类

从该文种注释惯例。英文注释体例如下:

著作类:

Harold U. Faulkner, *American Economic History*, New York, Harper & Brothers Publishers, 1960, pp. 23 - 25.

论文类:

Gavin Goh & Andreas R. Iiegler, *Retrospective Remedies in the WTO after Automotive Leather*, Journal of International Economic Law, Vol. 6, 2003.

网络类:

Impact Exchange, *Impact Exchange Board Listing Guide: A Board of the Stock Exchange of Mauritius*, https://iixglobal. com/wp - content/uploads/2017/04/Impact_Exchange_Listing_Guide - 2017 - 1. pdf, visited May 4, 2017.